KB190921

이스라엘의
성지 聖地

Holyland-Israel

글 · 사진 **홍 순 화**

한국성서지리연구원장

텔 라기스 한국발굴단장

한국성서지리연구원

이스라엘의 성지聖地

Holyland-Israel

글 · 사진 **홍 순 화**
한국성서지리연구원장
텔 라기스 한국발굴단장

텔 라기스의 성문지역

한국성서지리연구원

이스라엘의 성지를 마무리하면서

　이스라엘의 모든 성지를 한 권에 기록한다는 마음으로 첫 출판을 한지 12년이 지나갔고 개정판을 펴낸지도 6년이 지나갔습니다. 그동안 라기스의 발굴까지 더하여 마치면서 이스라엘에 대한 재개정판을 내어놓게 되었습니다. 이제 이 책을 1996년부터 2019년 2월까지의 성지 이스라엘의 기록을 남긴다는 마음으로 내어 놓습니다.

　먼저 성지 이스라엘을 위해 수고했던 성서 고고학자들의 수고와 헌신을 생각하며 그분들에게 존경과 감사의 마음을 전하고 싶습니다. 저는 그분들의 수고를 정리한 것뿐입니다. 그분들께서 만든 진주들을 하나의 목걸이로 만들었을 뿐입니다. 여러 가지로 과거와 비교할 수 없는 편리한 시대에 이 정도의 마무리도 못해 낸다면 성지에서 땀과 눈물과 피와 생명까지 바쳤던 성지의 선배들에게 너무 죄송하다는 마음으로 이 일을 계속했습니다. 이 책의 마무리를 위해 2019년 2월에 다시 이스라엘을 답사하였습니다. 혼자 헤르몬 산에서부터 남쪽의 신(Tsin) 광야까지 다시 답사를 했습니다. 호르산 추정지인 제벨 마두라를 찾아갔다가 5시간이나 진흙 구덩이에 빠져 다시 한 번 광야의 위력을 느꼈습니다. 르호보암의 성벽을 찾아낸 라기스도 다시 답사했습니다. 라기스를 발굴하다가 만난 친구 단 하르카비(Dan Harcabi)의 가정의 안식일 만찬에 참여하고 단 하르카비가 USB에 이어 새로 발명한 Smart Mirror를 보고 축하하는 시간도 보냈습니다. 단 하르카비는 이스라엘 방문을 언제나 환영하며 기다려주는 유대인 친구로 이스라엘 사람들의 신앙과 가정과 세계를 움직이는 힘을 체험하게 해주고 있습니다.

　처음부터 이 모든 일에 언제나 함께 해준 한국성서지리연구원의 기획실장 이태종 목사에게 감사한 마음을 전합니다. 이 일을 위해 수고해주신 분들께 감사를 드립니다. 한국성서지리연구원 원목 우기식 목사, 간사 정진영 목사. 전용재 전도사, 라기스 발굴에 헌신하셨던 강후구 교수, 최광현 박사, 장상엽 집사에게 감사를 드립니다.

텔 라기스 발굴을 후원해 준 천지 항공의 유재우 대표이사와 오세동 사장, 이스라엘의 이강근 목사, 이요셉 사장, 조남주 자매, 여호수아 무덤까지 동행해 준 이병철 목사와 이 책에 들어간 약도를 그려준 박주영 집사에게도 감사를 전합니다.

특히 담임 목사의 잦은 성지답사를 이해해주시고 기도하고 후원하시는 주심교회와 가족처럼 같이 살아가는 주심교회 교우들에게 다시 한 번 감사를 드립니다.

2004년부터 한국성서지리연구원을 맡겨주신 서울장신대학교 안주훈 총장과 늘 성원하시는 교수들과 직원들과 성지를 가르치는 보람을 알게 해 준 제자들과 성지 답사의 동지인 조광호 교수에게 감사를 전합니다. 이스라엘 성지 다큐를 제작해주신 CTS 방송의 감경철 회장과 사목 임재환 목사와 김동선 피디에게 감사를 드립니다. 성지를 위한 대가를 같이 치르는 아내 함인옥, 아들 주람, 주원과 며느리 한성은에게도 감사한 마음을 전합니다.

동계 올림픽이 열린 평창의 대화에서 태어난 사람이 그 먼 곳에 있는 예수님의 나라, 성지 그 자체인 이스라엘의 모든 성지를 답사하고 발굴하고 GPS 좌표와 사진과 영상으로 남기며 다큐멘타리까지 마무리하게 하신 하나님께 모든 영광을 돌립니다. 돌이켜보면 하나님의 은혜와 인도하심과 보호하심과 공급하심이 이 일을 계속하게 하셨습니다. 저는 1996년부터 2019년까지의 이스라엘을 기록하게 하신 그 분의 도구일 뿐입니다. 모든 영광을 하나님께 돌립니다.

2019년 5월에

홍순화

개정판을 내면서

시작한다는 마음으로 이스라엘 성지를 출판한지 벌써 7년이
지나갔습니다.

2012년 GPS 성경 지명사전을 펴낸 후에 이스라엘의 성지를
보완한 개정판을 내어놓게 되었습니다.

하나님의 은혜로 텔 라기스를 공동발굴하게 되어 2013년 7월
에 시험 발굴을 하였고 2014년 6월 22일에 발굴을 시작하면서
이스라엘의 성지를 더 알리고 싶은 마음으로 개정판을 내어놓
습니다.

초판을 발간할 때에 자료를 찾지 못했거나 장소가 확인이 않된 곳을 찾아 이스라엘
의 답사를 계속하여 찾을 수 있는 장소를 다 찾아내었습니다.

이전에는 UTM 좌표를 기록하였으나 이 개정판에서는 모든 장소의 좌표를 경위도
좌표로 바꾸어 기록했습니다.

이 책을 통하여 성경을 사랑하는 분들이 이스라엘의 성지를 더 자세히 알기를 바랍
니다. 필자는 어떤 장소는 다섯 번 만에야 찾아내는 어려움을 겪었지만 이 책을 통하
여 이스라엘의 성지를 찾아가고 찾아가서도 장소를 쉽게 확인하는 자료로 사용되기
를 바랍니다.

이스라엘의 성지들을 직접 찾아가지 못하는 분들은 위성지도로 이스라엘의 성지를
찾아보는 길라잡이가 되기를 바랍니다.

이스라엘의 성지 중에서 고고학적으로 중요한 장소들의 최신 고고학 자료는 성서고
고학을 전공하신 강후구 박사의 도움을 받았습니다.

이스라엘의 성지들을 찾아갈 수 있게 하신 하나님께 영광을 돌립니다.

2014. 3. 1

홍순화

성지(Holyland)이며,
성지(Bibleland)인 이스라엘

예수께서 태어나시고 성장하시고 구속사역을 완성하신 이스라엘, 솔로몬의 성전이 있었고 겟세마네 동산이 있고 골고다가 있는 예루살렘, 제자들과 같이 복음을 증거하시던 갈릴리 지방과 갈릴리 바다.

성경의 역사가 구체적으로 일어났던 성경속의 인물들의 삶의 현장이었던 성경의 땅!

성지(Holyland)이며 성지(Bibleland)인 이스라엘을 온 몸으로 성경을 읽기 위하여 사막과 광야와 산과 골짜기를 답사했습니다. 성경에 나온 이스라엘의 지명이 몇 곳이나 되는지 궁금했고, 학자들이 추정한 곳은 다 찾아가고 싶었습니다.

성경에 한 번 밖에 기록되지 않아 고고학자들의 관심에서 멀어진 곳까지 찾아가 보았고 찾을 가능성이 있고 갈 수 있는 곳이면 가 보았습니다.

이 일을 할 수 없게 하는 어려움들이 있었지만 해야한다는 사명과 하고 싶은 열망이 있었기에 이스라엘의 답사를 일단락 지으면서 발로 뛰며 쓴 이스라엘의 성지를 소개합니다. 이 책은 '끝' 이 아닌 '시작' 이라는 마음으로 내어 놓습니다. 계속되어질 답사와 계속되는 연구들이 이스라엘의 성지를 앞으로 더 잘 소개하게 될 것을 기대합니다.

이 책을 위해 도와주신 분들께 감사드립니다.

예루살렘에서 성경장소에 대한 최근의 고고학 자료를 조사하는 힘든 작업을 해주신 고고학을 전공하시는 강후구 전도사님과 많은 장소를 같이 답사했던 유대학연구소장 이강근 목사님께 고마운 마음을 전합니다.

이 책의 내용을 같이 검토해 준 기획실장 이태종 목사님, 연구실장 최현준 박사님과 간사인 차정훈 전도사님, 성경의 지명을 조사해주신 이대희 목사님, 성지자료를 정리해 준 오영실 전도사님께도 감사를 드립니다.

성서지리를 위해 수고하시는 한국성서지리연구원 이사장 이성희 목사님과 이사님들께 감사드리고 이 책의 출판을 후원해 주신 교회, 단체에도 감사드립니다.

담임목사의 성지답사를 이해하고 늘 기도해주는 주심교회 교우들에게도 감사드립니다.

2007. 10. 1

이스라엘의 북부

Holyland-Israel

이스라엘의 중부

이스라엘의 남부

일러두기

1. 한글 지명

한글 지명은 대한 성서공회에서 발행한 '성경전서 개역개정판'과 '성경전서 개역한글판'을 같이 사용하였으며 두 성경에 기록되지 않았으나 히브리어에 기록된 지명도 첨가했다.

본문에 기록된 한자는 관주 성경전서 간이 국한문 개역개정판과 관주 성경전서 간이 국한문 개역한글판의 한자를 사용했다.

지명의 영어는 ABD(Anchor Bible Dictionary)에 기록된 지명을 주로 사용하였으며 NIV(New International Version)을 인용했으나 경우에 따라서는 ASV와 KJV 같은 번역본을 참조하였다.

지명의 원어는 히브리어는 Biblia Hebraca Stuttgartensia(BHS)를 사용했고 헬라어는 THe Greek New Testament 3판(UBS)를 사용했으며 해석이 여러가지인 지명의 뜻은 지명과 관계가 밀접한 뜻이나 일반적인 뜻을 선택했으며 어원이 부정확한 경우에는 수록하지 않았다.

2. 용어

성경의 지명은 일반 역사나 지리에서 사용하는 것보다 성경에 기록된 지명 위주로 사용하였으나 때로는 일반 지명을 사용하기도 하거나 병용하기도 하였다.
예; 이집트-애굽, 유프라테스 강- 유브라데 강. 메소포타미아- 메소보다미아, 사해-염해, 다메섹-다마스커스

3. 지도

공간개념을 이해하기 위하여 지도를 사용하였으며 팔레스틴 지역의 길을 나타내는 지도는 아하로니의 지도를 인용하였다(Aharoni, The Land of the BiBle. P.44)
갈릴리 바다의 고대항구를 표시한 지도는 멘델 눈의 지도를 인용하였다.
(Mendel Nun, Ancient Stone Anchors and Net Sinkers From the Sea of Galilee, Kibbutz Ein Gev,1993. P.7)

4. 역사 구분

시대구분에서 금석병용기(金石倂用期)를 이 책에서는 석동기(石銅期; Chalcolithic)로 표기하였다.

5. 인명

성경에 기록된 인명을 기록하고 일반적인 이름을 병기하였다.

6. 용어

고대 거주지로 사용했던 언덕인 텔을 히브리어는 Tel로 아랍어는 Tell로 기록했으며 유적을 나타내는 아랍어 키르벳(Khirbet)은 약자(Kh.)를 주로 사용했고 히브리어는 호르밧(Horbat)을 사용했다.

7. 동명이지(同名異地)와 이명동지(異名同地)

성경의 지명이 까다로운 이유는 같은 이름을 가진 다른 장소가 있고 한 장소를 여러 이름으로 부르는 경우가 많기 때문이다. 필자는 이러한 지명을 정리하기 위하여 동명이지(同名異地:이름은 같으나 다른 장소), 이명동지(異名同地:장소는 같으나 성경 속에서 다른 이름으로 기록)로 정리하였다. 동명이지인 경우는 베들레헴[1](유다), 베들레헴[2](스불론)으로 표시했고 추정지인 경우는 브에롯[-1], 브에롯[-2]으로 표시했다.

8. 추정 장소

성경의 장소들은 지금의 장소와 동일시되지 않은 곳이 많아 추정 장소가 여러 곳이 있다. 추정 장소가 여러 곳인 경우는 가능성이 높은 곳부터 우선권을 두고 기록했다. 추정 장소는 브에롯[-1], 브에롯[-2]으로 표시했다

9. 좌표

이 책에서는 성경의 장소를 찾아보게 하기 위하여 경위도 좌표를 제공하였다.

1) 경위도 좌표
GPS의 경위도 좌표계의 표시방법은 DD(Decimal Degree)와 DMS(Degree Minutes Seconds) 방식이 있는데 NMEA 방식은 DMS를 사용하고 KML(구글어스)는 DD를 사용한다. 구글 지도에서 WGS 84 도분초(DDS) 좌표계를 통해 성경 지명의 장소를 찾는 방법은 다음과 같다.

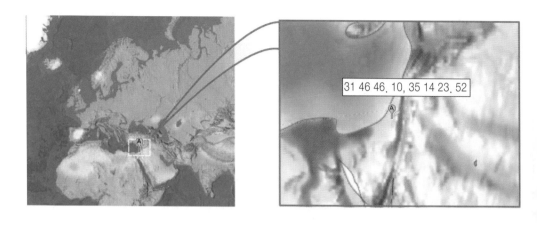

▼좌표 찍는 방법

31 46 46.10, 35 14 23.52

"겟세마네"의 좌표가 31°46′46.10″N 35°14′23.52″E 이기에, "겟세마네"를 찾으려면 31 46 46. 10, 35 14 23. 52로 입력하고 검색하면 성경의 장소를 볼 수 있으며 장소를 확대 축소하면서 다른 사람들이 올린 사진을 통해 현지의 모습을 확인할 수 있다.

경위도 좌표의 거리 계산을 알면 성지의 범위와 위치를 파악하는데 큰 도움이 된다. 위도는 1초 차이가 약 30m이고 1분 차이가 약 1,850m이고 1도 차이가 약 110,000m이며

경도는 1초 차이가 약 25m이고 1분 차이가 약 1,500m이고 1도 차이가 약 90,000m이다.

2) M.R. 좌표

M.R.은 Map Refemce의 약자로서 이스라엘과 요르단 지역과 시내 반도에서 쓰는 좌표이다. 이스라엘과 요르단과 이집트의 고고학 장소가 모두 이 좌표로 기록되어 있다. M.R. 좌표는 여섯 단위의 아라비아 숫자(좌표)로 되어 있으며 좌표에서 앞자리의 아라비아 숫자(좌표) 세 자리는 동서쪽을 나타내는 PGE를 뜻하며 뒷자리는 PGN을 뜻한다. 팔레스틴 좌표는 6단계(예: PGE 210.000 PGN 210.000)로 되어 있으나 일반적으로 3단계를 사용한다. 예 M.R. 210210).

3) UTM 좌표

예전에 구글 지도를 이용할 때에 UTM 좌표를 사용하였으나 구글 지도가 일상화되면서 경위도 좌표를 주로 사용하고 있다. 범 지구 측위 시스템(Global Positioning System)

이라고 부르는 GPS는 미국 국방성이 1992년에 완료한 군사 목적의 전파 항법 위성 시스템으로 미국 국방성이 관리하는 24개의 위성 중에서 가장 수신하기 쉬운 3~4개의 위성으로부터 전파를 수신하여 현재의 위치를 파악할 수 있는 시스템이다. 이 정보는 WGS 84라는 기준 좌표를 사용한다. UTM 좌표는 GPS를 이용하여 현재의 위치와 고도를 확인하는데 큰 도움을 준다. UTM은 국제 횡단 메르카도르 투영법(Universal Transverse Mercator)의 약어로서 지구의 표면을 경도 6°의 띠로 분할하여 지구를 60개의 구역으로 나누어 평면 좌표 체계로 만든 것이다. UTM에서는 세계 측지 좌표(Universal Transverse Mercator Grid)를 쓴다. UTM 좌표는 직사각형의 모양을 유지하고 있기에 거리와 면적과 방향을 알아내는데 편리하다는 장점이 있다. UTM 좌표는 동서를 나타내는 UTME와 남북을 나타내는 UTMN으로 나누어진다.

이 책에서 사용한 약어는 다음과 같다.

    1두남(Dunam) = 100m x 10m

    1에이커(Acre) = 4046.8㎡(약 4두남)

           키르벳(유적을 뜻하는 아랍어) Khirbet= 약자(Kh.)

        1헥타아르(ha)=1,000㎡(3,025평)

이 책에서 기록한 좌표를 측정한 GPS기계는 Garmin의 Legend, Oregon 300, Montana 650을 사용했다.

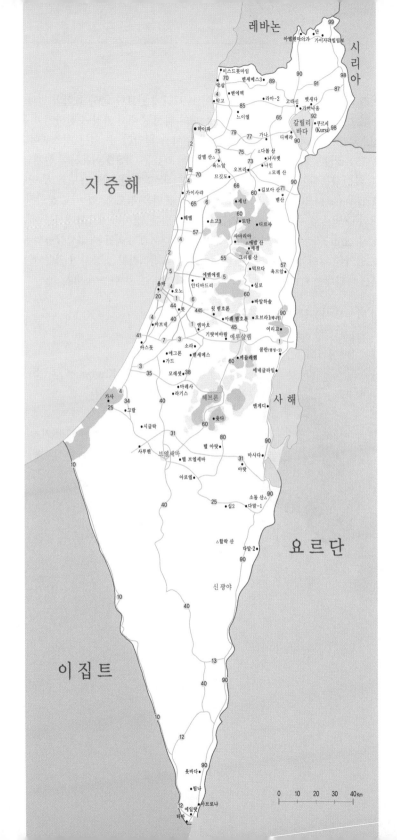

이스라엘

지중해

레바논

시리아

요르단

이집트

사 해

갈릴리 바다
(Kursi)

신 광야

0 10 20 30 40Km

이스라엘 소개

1. 이스라엘의 일반적 개요

명　칭	이스라엘 (Israel)
면　적	20,325㎢ (수면 440㎢, 육지 20,330㎢)
인　구	약 8,583,916명 (2019년)
해 안 선	273㎞
수　도	예루살렘 (Jerusalem)
정　체	공화제
독 립 일	1948. 5. 14
통　화	세겔
1인당GDP	31,175USD (2016년 기준)
종　교	유대교 75%, 이슬람교 17.7%, 기독교 2%, 드루즈(1.6%), 기타(3.9%)(2017년)
인접국가	북쪽-레바논, 동쪽-시리아 · 요르단, 남쪽-이집트
시　차	UTC +2(섬머타임 UTC +3)

2. 이스라엘에 대한 명칭

이스라엘에 대한 명칭은 여러 가지로 성경에 기록되었다. 아브라함은 우르를 떠나 가나안 땅에 들어갔다고 했으며(창 11:31; 12:5), 출애굽한 이스라엘 민족은 젖과 꿀이 흐르는 땅(출 3:8)에 들어가게 될 것이라고 했으며 모든 땅 중에 아름다운 곳이라고도 했다(겔 20:15).

성경은 이스라엘 민족이 사는 땅을 이스라엘 자손의 땅(수 11:22), 또는 이스라엘 땅(대상 22:2)이라고 불렀다.

최근에는 이스라엘 지역을 팔레스틴이라고 부르기도 하는데 이 명칭의 기원은 블레셋에서 시작된 것이다. 블레셋 족속은 해안 평야 지대의 남쪽에 있는 블레셋 평야에 살았으나 지금의 팔레스틴 사람과는 관계가 없다. 아브라함과 언약을 세운 아비멜렉이 살던 곳을 블레셋 족속의 땅(Land of Philistines)라고 불렀다.

지금의 팔레스틴은 이스라엘에서 유대인과 아랍인의 갈등을 나타내는 정치적인 용어가 되었다. 팔레스틴은 시리아의 남부 지역을 가리키는 용어였으나 로마가 헬라인들이 사용하던 명칭을 그대로 사용하였고 십자군 시대에도 계속 사용했으며 영국은 요단 강 서쪽 지역을 팔레스틴이라고 불렀다.

3. 이스라엘의 역사와 지리

이스라엘 땅은 성경에서 가장 중요한 땅이다. 아브라함과 이삭과 야곱이 살았던 땅이고 출애굽한 이스라엘 민족이 가나안을 정복하고 사사 시대를 지나 통일 왕국 시대와 분열 왕국 시대를 살았던 곳이다. 이스라엘 민족이 앗수르와 바벨론 포로에서 돌아와 다시 살았던 땅이고 바사(페르시아)로 잡혀갔다가 다시 돌아와 살았던 땅이다. 이스라엘의 지정학적인 위치는 이스라엘의 역사에 중요한 영향을 끼쳤다.

1) 대륙 사이에 있는 교량

이스라엘은 고대 문명이 일어난 대륙 사이에 있는 위치 때문에 메소포타미아 문명과 이집트 문명의 교량 역할을 하기에 지정학적으로 중요한 역할을 하였다. 두 문명은 반드시 팔레스틴을 거쳐야 왕래할 수 있었기에 고대의 모든 전쟁의 소용돌이에 휘말릴 수 밖에 없었다. 팔레스틴은 비옥한 초생달 지역 중에서 가장 척박하고 좁은 지역으로서 가장 남쪽에 위치한다.

비옥한 초생달 지역과 이집트 문명을 연결시켜주는 해변 길(Via Maris)은 두 대륙과 두 문명을 연결시켜주는 고대에서 가장 중요한 도로였다. 이스라엘 남쪽에서 이집트까지는 약 200km 정도 밖에 되지 않는다.

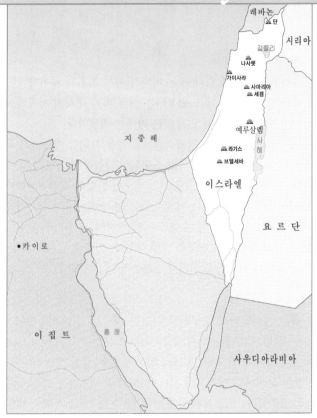

　우리가 사용하는 지도는 지도의 상단이 북쪽으로 되어 있지만 고대 히브리어의 관점으로
보면 상단이 동쪽으로 되어 있었을 것으로 추정하고 있다. 히브리어에서는 동쪽은 앞쪽을 가
리키고 서쪽은 뒤쪽이나 지중해 쪽을 가리키며 남쪽은 오른쪽을, 북쪽은 왼쪽을 가리킨다.
　사해라고 부르는 염해(소금 바다)는 동쪽 바다(겔 27:18)와 동해(욜 2:20; 슥 14:8)로 번역되
었으나 앞의 바다라는 뜻이다. 주후 6세기에 만들어진 메드바 지도는 지도의 상단이 동쪽을
가리키고 있다.

2) 바다와 사막 사이의 지역

팔레스틴은 지리적인 위치에 따라 좁은 지역 안에서 기후의 차이가 너무 심하다. 팔레스틴은 겨울철에는 비가 내리는데 10월부터는 이른 비가 내리기 시작하여 2월까지 우기가 계속되지만 여름에는 비가 전혀 오지 않는 메마른 계절이다.

바다와 사막 사이에 있기 때문에 팔레스틴의 토양은 석회암 지역이기에 이곳에 내린비는 석회암의 틈을 파고들어 지층 깊이까지 흡수되어 암석층에 이르게 되고 일부분만이 샘이 된다. 고대에는 양수기를 사용할 수 없었기 때문에 한발이 심한 지역이 되었다. 팔레스틴의 농업은 관개사업에 의하지 않는 비와 이들을 의지하는 자연적인 영농방법을 사용했기에 한발과 기근이 많았다. 요단 강의 동쪽에 있는 지역은 시내와 샘이 비교적 풍부하였지만 그로 인해 사막의 유목민의 침입을 자주 받았다. 이곳은 인간이 자신의 노력에 의해서 살아가던 애굽과 달리 하나님을 의지해야 하는 땅이었다(신 11:10-12; 8:7-8).

3) 대조가 많은 특이한 지역

팔레스틴은 좁은 지역임에도 불구하고 다양한 지세로 나누어져 있는 특이한 곳이다. 요단 계곡에 있는 갈릴리 바다는 해저 약 200m이고 사해는 해저 약 400m에 이르고 가장 깊은 곳은 400m의 깊이가 된다. 요단 계곡 양편에 있는 중앙 산악지대와 트랜스 요단은 해발 800m 이상의 고지대로 형성되어 있다. 사해의 북쪽으로는 갈릴리 바다와 사해사이에는 약 112㎞의 요단 강이 흐르지만 사해 남쪽으로는 물 한줄기 흐르지 않는 약 160㎞의 아라바 계곡이 아카바까지 계속된다. 북쪽으로는 악고 평야, 사론 평야, 블레셋 평야같은 비옥한 지대가 있고 사해까지는 농경이나 목축이 가능한 지역이지만 사해 남쪽과 브엘세바 남쪽은 황량한 네겝 사막이 시내 반도까지 이어져 있다.

이스라엘은 매우 작은 땅이기에 남한의 1/5 정도의 크기이지만 길이는 약 430㎞가 될 정도로 긴 지역이다. 이 좁은 지역에 수십 개의 독특한 지형을 가진 지역이 존재하였고 그로 인해 다양성이 있지만 이웃과 격리된 특성이 있다. 이러한 이유 때문에 이스라엘은 지파간의 특성이 유지되었고 강력한 중앙집권이 이루어지기 어려웠다.

지역적인 다양성과 특징 때문에 가나안 족속들은 생존할 수 있었고 다윗 왕조는 통일된 왕국을 오랫동안 유지할 수 없게 되었다. 신약 시대에 이스라엘은 분할통치되었고 지금의 이스라엘도 영토 문제가 매우 복잡하게 얽혀있고 종족 관계도 매우 복잡한 나라가 되었다.

다윗과 솔로몬 시대를 제외하고는 이스라엘이 전 영토를 통일하여 대륙의 교량 역할을 하는 중요한 지정학적인 영향력을 발휘하지 못하였다.

4. 이스라엘의 지형적인 구분

이스라엘의 지형을 다룰 때에는 이스라엘과 요르단을 포함하여 팔레스틴 지역의 지형으로 다루게 된다. 팔레스틴의 지형은 해안 평야지대와 중앙 산악지대와 요단지구대와 요단 동편(트랜스요르단)으로 나누며 남쪽 지역에서 블레셋 평야와 유다 산지 사이의 평지(쉐펠라)와 네겝 지역이 따로 언급되기도 한다.

1) 해안 평야 지대

해안 평야는 북쪽에서는 폭이 5km정도에 불과하나 남쪽의 가자 부근에서는 40km까지 넓어진다. 길이는 악고 북쪽 20km지점의 두로의 사닥다리에서부터 애굽 시내까지 약 260km의 길이가 된다. 이 지역은 해안 도로가 지나가는 지역이기에 매우 중요하다. 이 지역에는 악고 평야, 기손 강, 갈멜 산, 돌 평야, 사론 평야, 가이사랴, 욥바, 아벡, 룻다, 블레셋 평야, 아스돗, 아스글론, 가사, 에그론, 가드가 있다.

2) 중앙 산악 지대

중앙 산악지대는 해발 450m부터 1200m까지 이르는 지역으로 갈릴리 산지(가데스, 가나, 나사렛)와 이스르엘 계곡(므깃도, 벧산, 이스르엘, 다볼 산, 모레 산)과 사마리아 산지(사마리아, 세겜, 도단, 실로, 디르사, 벧엘, 미스바, 기브아, 벧호론)와 유다산지(베들레헴, 헤브론, 마므레, 벧술, 유대 광야, 예루살렘)가 있다.

3) 요단 지구대

이스라엘 땅이 다른 곳에서 찾을 수 없는 독특한 지형이 된 것은 요단 계곡이 있는 요단 지구대 때문이다. 요단 지구대는 레바논에 있는 레바논 산맥과 안티레바논 산맥에서 시작되어 아카바 만까지 계속되는데 길이가 약 500km가 넘는다. 이 요단 지구대는 길이가 6,500km에 이르는 시리아-아프리카 지구대와 연결되는데 터키 남동부에서 시작해서 동부 아프리카 대륙까지 연결된다. 요단 지구대는 갈릴리 바다 북쪽의 훌레 호수가 있는 해발 70m높이의 훌레 계곡(단, 가이사랴 빌립보, 하솔)과 해저 212m의 갈릴리 바다(가버나움, 벳새다, 고라신)와 직선길이는 약 100km이지만 강의 길이는 320km에 이르는 굴곡이 심한 요단 강을 따라 형성된 요단 계곡(아담, 사르단, 길갈, 여리고)지역과 해저 약 400m인 사해가 있고 아카바 만까지 길이 약 160km, 폭 7~18km의 아라바 계곡(쿰란, 엔게디)이 있다.

4) 요단 동편

요단 동편(트랜스 요르단)은 북쪽의 헤르몬 산에서부터 남쪽의 홍해까지의 지역을 가리킨다. 동쪽은 완만한 경사로 아라비아 사막과 연결되고 서쪽은 급격한 경사로 요단 지구대로 연결된다. 이 지역은 사막의 영향을 많이 받고 있기에 농업은 제한을 받고 있으나 목축에는 적합한 지역이 많다. 이 지역에는 북쪽의 바산 고원(헤르몬 산, 아스다롯, 에드레이)과 길르앗 산지(길르앗 라못, 길르앗 야베스, 데가볼리, 얍복 강, 브누엘, 마하나임, 숙곳)와 암몬 고원분지(랍바)와 모압 고원지대(길하레셋, 헤스본, 메드바, 아로엘, 느보 산)와 에돔 고원지대(보스라, 셀라)가 있다.

5) **평지(쉐펠라) 지역**은 블레셋 평야지대와 유다 산지 사이에 있는 낮은 구릉 지역을 뜻하는데 높은 유다 산지에서 보면 낮은 지역이다. 쉐펠라 지역의 고도에 대하여 견해차가 있는데 학자들에 따라 해발 100~300m, 혹은 100~450m정도의 지역을 뜻한다.

6) **남방 네겝**은 남쪽 또는 황무지라는 뜻이다. 브엘세바 남쪽에 위치한 지역으로 인간이 거주하기에는 어려운 곳이다.

5. 이스라엘의 지질

이스라엘의 지질은 퇴적암인 석회암과 현무암과 누비아 사암과 현무암으로 이루어져 있다.

1) **강석회암인 세노마니안**(Cenomanian)은 가장 오래 전에 형성된 암석층으로 두께가 두껍고 강하여 건축재료로 적당하며 물 저장 능력이 뛰어난 토질이다. 풍화된 뒤에는 적색토(Terra rossa)가 되어 비옥한 점토질의 토양이 되어 보수력이 좋아서 과수 재배에 적당하다. 석회암 지대는 석회동굴이 많아 고대에는 주거지로 많이 이용되었고 수도사나 반역자들에게 은신처를 제공하지만 도로를 만들기에는 부적합한 지형이다. 유다 산지와 요단 동편의 길르앗 산지가 해당된다.

2) **백악암인 세노니안**(Senonian)은 두께가 두껍지 않아 물저장이 어렵지만 산화되면 회반죽을 할 수 있으며 그릇과 관으로 이용할 수 있다. 풍화된 후에는 목초지가 형성되며 풍화와 침식작용으로 넓은 계곡이 형성되고 토질 자체가 천연도로를 형성하는데 매우 좋은 지질이다. 유대 광야와 서부 사마리아의 일부 지역과 모압지역의 동부가 해당된다.

3) **연석회암과 백악암인 이오센**(Eocene)은 신생대에 형성되었으며 세노마니안보다 강도가 약하기에 건축재료로 사용될 때 다루기는 쉬우나 오랜 기간을 지탱하지는 못한다. 물을 저장하는 능력이 있으며 풍화되면 유용한 토양이 된다. 천연도로를 만들기 좋으나 쉽게 침식되는 단점이 있다. 평지(쉐펠라)와 사마리아 중부와 갈릴리 지역이 해당된다.

4) **현무암**은 다양한 시기에 형성되었으며 화산용암이 다른 암석층 위로 형성된 용암층이다. 풍화된 돌은 비옥한 토양이 되나 풍화되지 않은 돌은 농경과 교통의 장애가 된다. 바산 지역이 비옥한 것은 현무암 지역이기 때문이다.

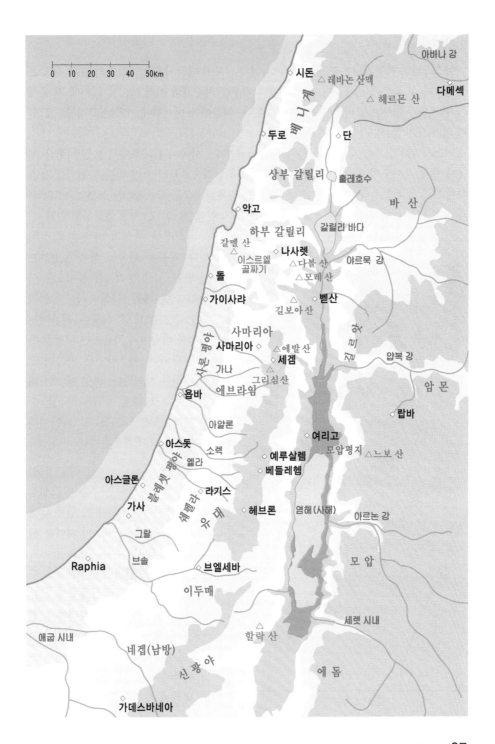

6. 이스라엘의 기후

이스라엘의 북부지방은 지중해 기후 지역의 남부에 해당되고 이스라엘의 남부 지방 은 사막 기후의 북부에 해당된다. 이스라엘의 기후는 지중해와 사막 사이에 있기에 겨 울에는 편서풍의 영향으로 비가 오는 우기가 된다. 여름에는 대서양에 발달된 고기압으로 인 해 비가 오지 않는다.

이스라엘에서 부는 바람은 서쪽과 동쪽에서 온다. 서쪽이나 북쪽에서 오는 바람은 겨 울에 주로 불어오며 기온이 내려간다. 동쪽이나 남쪽으로부터 오는 바람은 먼지를 동반 하며 뜨겁고 건조하다. 성경에서는 서쪽 또는 북쪽바람(시 147:8,18; 잠 25:23; 눅 12:54) 과 동쪽 또는 남쪽 바람(출 14:21; 욥 27:21; 37:17; 렘 4:11; 눅 12:55)을 언급하고 있다.

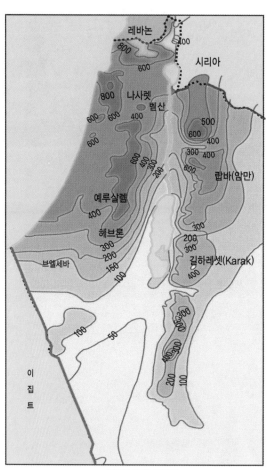

팔레스틴의 강우량

이스라엘 지역의 바람은 특징이 있다. 북풍은 겨울의 비를 동반하는 찬 바람, 남풍은 여름에 불어오는 사 막의 더운 바람, 동풍은 봄, 가을의 덥고 건조한 바람, 서풍은 여름에는 시원한 바람이나 겨울에는 비를 동반 한 바람이다. 이스라엘은 이슬이 많 이 내리는 지역이다. 연중 이슬이 내 리는 날은 네게브 지역은 250일, 중 앙 산악지역은 150~180일, 해안지역 은 200일, 요단 계곡은 50일이다.

1) 우기

겨울철에 해당되는 우기는 12월부 터 2월까지이며 예측하기 힘든 날씨 가 계속되는 계절이다. 이 때에는 사 막에도 비가 내리기도 하고 광야도 푸른 목초지로 변하며 고지에는 눈도 내리는 계절이다. 이스라엘의 비는 10~11월경에 내리는 이른비와 12월 부터 2월까지 내리는 장맛비와 3~4 월경에 내리는 늦은 비가 내린다. 중 앙 산악지대에는 집중적으로 많은 비 가 내려서 석회암 층으로 들어가 샘으로 분출된다.

2) 전환기

우기와 건기 사이에 봄과 같은 역할을 하는 4~5월의 전환기가 있다. 이 때에는 늦은 비가 내리는 계절로 3~4월에 해당되며 추수 전에 수분이 공급되는 시기이다(신 11:14; 렘 3:3; 슥 10:1; 약 5:7). 이 때에는 첫 보리가 수확되고 살구(아몬드) 꽃이 개화되며 꽃이 피고 풀은 자라지만 빨리 말라버린다(사 40:6-8). 온화한 날씨가 계속되나 동쪽과 남쪽에서 먼지가 많고 뜨거운 바람이 분다. 이 바람을 시로코(Sirocco)라고 하는데 샤라브, 함심이라고 부른다(출 14:21; 시 48:7). 이스라엘의 종교력이 시작되는 때이다(출 12:2).

3) 건기

비가 전혀 없는 계절로 5~10월이 해당되며 이스라엘에서는 가장 더운 계절인데 사막지역에서는 50℃에 육박하는 기온을 기록한다.

서쪽으로부터 미풍이 불고 밤에는 이슬이 내리며 7월과 8월에는 포도 수확이 시작된다. 이스라엘에서 이슬이 많은 이유는 지중해의 습도와 해풍 때문이다. 자연에서 오는 가장 큰 재앙은 겨울에 비가 오지 않는 것과 여름에 이슬이 내리지 않는 것이다(왕상 17:1; 삼하 1:21; 신 28:24).

4) 전환기

건기가 끝나고 이른 비가 시작되는 계절로 10~11월이 해당된다. 이 때에 곡식을 파종하며 감람나무와 포도와 과일들이 수확되며 초막절이 있는 기간이다.

7. 이스라엘의 농업

이스라엘의 농업은 관개에 의한 것이 아니기 때문에 하늘에서 내리는 비를 의지할 수밖에 없었다. 이스라엘의 대표적인 농산물은 포도주와 기름과 곡식이었다(욜 2:19; 시 104:15). 이스라엘의 농업의 대표적인 생산물은 밀, 보리, 포도, 무화과, 석류, 감람, 꿀이었다(신 8:7-8).

8. 이스라엘의 중요 도로

이스라엘은 대륙 사이의 교량 역할을 하는 지정학적인 위치 때문에 남북을 잇는 국제도로가 발달할 수 밖에 없었다. 그 뿐 아니라 중앙 산악 지대의 남북을 연결하는 족장들의 길과 요단 계곡으로 남북을 연결하는 도로가 있었다.

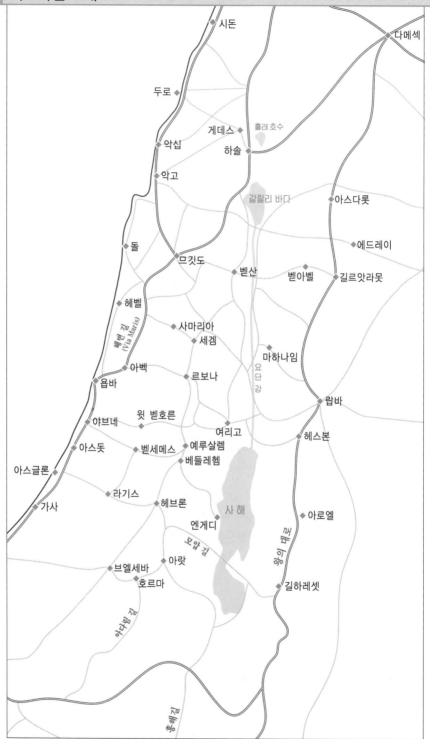

이스라엘의 고대도로 (Aharoni, The Land of the Bible. P.44)

1) 국제도로

국제도로는 해변 길과 왕의 대로가 있는데 왕의 대로(왕의 큰 길; 민 20:17; 21:22)는 에일랏부터 다메섹을 이어주는 도로이며 요르단 지역에 있다. 해변 길(사 9:1)은 지중해 해안을 따라 생겼으며 이집트와 메소포타미아를 연결하는 국제도로로서 교역로와 군사 도로의 두 가지 측면에서 모두 중요한 도로였다. 이 길은 성경의 중요한 사건이 일어난 곳으로 출애굽 때는 '블레셋 사람의 땅의 길' (출 13:17)이라고 불리었다.

2) 지방도로

남북을 연결하는 지방도로는 브엘세바에서 헤브론과 예루살렘과 세겜을 이어주는 중앙 산악 지대의 도로로서 아브라함과 야곱같은 족장들이 사용했다고 하여 족장들의 길이라고 한다. 성경에서는 이 길을 '에브랏(베들레헴) 길' (창 35:19)이라고 하였고 '세겜으로 올라가는 큰 길' (삿 21:19)이라고도 하였다. 가데스바네아에서 아랏으로 가는 길은 '아다림 길' (민 21:1)이라고 하였다. 남쪽에 있는 여리고에서 벧산까지의 요단 계곡의 길을 '들길' (삼하 18:23)이라고 부르는데 예수께서 갈릴리에서 예루살렘으로 가실 때 사용했을 것으로 추정된다.

동서를 연결하는 여러 개의 지방도로는 벧산에서 해변 길로 가는 도로와, 디르사에서 해변 길로 가는 도로, 에돔에서 브엘세바를 거쳐 가사로 가는 길, 여리고에서 벧 호론을 거쳐 욥바로 가는 길이 대표적인 고대 도로였다.

9. 이스라엘의 역사

1) 이스라엘의 연대기
[족장 시대]
[사사 시대]   주전 1200 - 1020년
[왕국 시대]   주전 1020 - 586년
　　주전 1020년   사울의 통치 시작
　　주전 1000년   다윗의 통치
　　주전 922년   왕국의 분열
　　주전 722 - 721년   북이스라엘 왕국의 멸망
　　주전 587 - 586년   남유다 왕국의 멸망
[페르시아 시대]   주전 586 - 332년
　　주전 538년   고레스 칙령
　　주전 520 - 515년 성전 재건
[헬라 시대]   주전 332 - 166년
[하스모니아 시대]   주전 166 - 63년

[로마 시대]	주전 63 - 주후 324년
주전 40년	헤롯이 로마로부터 유대인의 왕위를 얻음
주전 37 - 4년	헤롯의 통치
주후 66 - 70년	유대인의 대반란
주후 70년	제 2성전 파괴
[비잔틴 시대]	주후 324 - 640년
주후 326년	콘스탄틴 예루살렘 점령
주후 614년	페르시아의 침입
주후 638년	무슬림의 침입
[초기 아랍 시대]	주후 640 - 1099년
주후 661 - 807년	움마야아드 왕조의 통치
주후 807 - 969년	압바시드 왕조의 통치
주후 969 - 1091년	파티미드(Fatimids) 왕조의 통치
[십자군 시대]	주후 1099 - 1291년
주후 1099년	십자군의 예루살렘 정복
주후 1187년	아랍 살라딘의 승리
[마믈룩 시대]	주후 1291 - 1516년
[오토만 터키 시대]	주후 1517 - 1917년
주후 1520 - 1566년	예루살렘 성곽 건축
주후 1799년	나폴레옹의 패전
[영국 식민지 시대]	주후 1917 - 1948년
주후 1917년	발포아 선언. 영국군의 예루살렘 점령.
[이스라엘]	주후 1948년 - 현재

2) 고고학적인 시대구분

[신석기 시대]	주전 약 8000 - 주전 4500년
[석동기 시대]	주전 4500 - 주전 3300년
[초기 청동기 시대]	주전 3300 - 주전 2200년
[중기 청동기 1시대]	주전 2200 - 주전 2000년
[중기 청동기 2시대]	주전 2000 - 주전 1550년
[후기 청동기 시대]	주전 1550 - 주전 1200년
[초기 철기 시대]	주전 1200 - 주전 1000년
[후기 철기 시대]	주전 1000 - 주전 586년

※톰센의 삼시대 구분법에 근거해서 나눈 시대임.

10. 이스라엘의 지파별 성읍

구약 시대의 이스라엘을 이해하기 위하여 지파별로 살펴본 이스라엘의 성읍은 다음과 같다. 열두 지파 중에서 동쪽에 거주한 므낫세 지파와 갓 지파와 르우벤 지파의 영토는 지금의 요르단과 시리아에 있었으며 아셀 지파와 납달리 지파의 영토의 일부분은 레바논에 있다(수 13:8-33; 15:1-19:48; 20:7-21:41; 대상 4:28-33; 6:54-81; 민 32:33-42).

〈아셀 지파의 성읍들〉

할리, 베덴, 악삽, 알람멜렉, 아맛, 시홀 림낫, 벧 다곤, 벧에멕, 느이엘, 가불, 에브론, 르홉, 함몬, 가나, 라마, 호사, 악십, 움마, 아벡

레위 지파에게 분배된 성읍; 헬갓, 미살(마살), 르홉², 압돈, 후곡

〈납달리 지파의 성읍들〉

헬렙, 사아난님, 아다미 네겝, 얍느엘, 락굼, 아스낫 다볼, 훅곡, 싯딤, 세르, 락갓, 긴네렛, 아다마, 라마, 하솔, 에드레이, 엔 하솔, 이론, 믹다렐, 호렘, 벧 아낫, 벧 세메스

레위 지파에게 분배된 성읍; 도피성 갈릴리 게데스, 함못 돌(함맛; 함몬1), 가르단(기랴다임1)

〈단 지파의 성읍들〉

단(레센,레셈,라이스), 소라, 에스다올, 이르세메스, 사알랍빈, 이들라, 엘론, 딤나, 에그론, 바알랏, 여훗, 브네브락, 메얄곤, 락곤, 욥바

레위 지파에게 분배된 성읍; 아얄론, 엘드게, 깁브돈, 가드림몬1

〈스불론 지파의 성읍들〉

마랄라, 답베셋, 사릿, 기슬롯 다볼, 다브랏, 야비아, 가드 헤벨, 엣 가신, 네아, 림몬, 한나돈, 갓닷, 시므론, 이달라, 베들레헴²(스불론)

레위 지파에게 분배된 성읍; 욕느암, 나할랄, 가르다, 딤나⁴(스불론), 다볼¹(스불론), 림모노(림몬²)

〈잇사갈 지파의 성읍들〉

이스르엘, 그술롯, 수넴, 하바라임, 시온, 아나하랏, 랍빗, 에베스, 레멧, 엔간님², 엔핫다, 벧 바세스, 다볼, 사하수마, 벧 세메스

레위지파에게 분배된 성읍; 기시온, 야르못², 다브랏, 엔간님², 게데스²

〈므낫세 지파의 성읍들〉

아셀, 믹므닷, 엔답부아, 벧산(벧 스안) 이블르암, 돌, 엔돌, 다아낙, 므깃도, 아스다롯, 에드레이, 바산 왕 옥의 온 나라, 야일의 모든 고을 육십 성읍, 하봇야일, 노바(그낫)

레위 지파에게 분배된 성읍; 도피성 바산 골란, 다아낙, 가드림몬[2], 브에스드라(아스다롯)

〈에브라임 지파의 성읍들〉

아다롯 앗달(아다롯), 믹므다, 다아낫 실로, 야노아, 나아라, 답부아

레위 지파에게 분배된 성읍; 세겜, 게셀 ,벧호론(윗 벧호론, 아래 벧호론), 깁사임

〈베냐민 지파의 성읍들〉

여리고, 벧호글라, 에멕 그시스, 벧 아라바, 스마라임, 벧엘, 아윔, 바라, 오브라, 그발 암모니, 오브니, 라마, 브에롯, 미스베, 그비라, 모사, 레겜, 이르브엘, 다랄라, 셀라, 엘렙, 예루살렘(여부스), 기부앗, 기럇, 벧아웬

레위 지파에게 분배된 성읍; 게바, 기브온, 알몬, 아나돗

〈유다 지파의 성읍들〉

갑스엘, 에델, 야굴, 기나, 디모나, 아다다, 게데스, 하솔[2], 잇난, 십, 델렘, 브알롯, 하솔 하닷다, 그리욧 헤스론(하솔[3]), 아맘, 세마, 하살 갓다, 헤스몬, 벧 벨렛, 비스요댜, 이임, 산산나, 르바옷, 실힘, 에스다올, 소라, 아스나, 사노아, 엔간님[1], 답부아, 에남, 야르뭇, 아둘람, 소고, 아세가, 사아라임, 아디다임, 그데라, 그데로다임, 스난, 하다사, 믹달갓, 딜르안, 미스베, 욕드엘, 라기스, 보스갓, 에글론, 갑본, 라맘, 기들리스, 그데롯, 벧다곤, 나아마, 막게다, 입다, 아스나, 느십, 그일라, 악십, 마레사, 에그론, 아스돗, 가사, 사밀, 소고, 단나, 아납, 아님, 고센, 길로, 아랍, 두마, 에산, 야님, 벧 답부아, 아베가, 훔다, 시올, 마온, 갈멜, 십, 이스르엘, 욕드암, 사노아, 가인, 기브아, 딤나, 할훌, 벧술, 그돌, 마아랏, 벧 아놋, 엘드곤, 기럇 바알(기럇여아림), 라빠, 벧 아라바, 밋딘, 스가가, 닙산, 염성(소금 성읍), 엔 게디

레위 지파에게 분배된 성읍; 벧세메스, 립나, 얏딜, 기럇산나(기럇세벨 · 드빌), 에스드모(에스드모아), 홀론, 기럇 아르바(헤브론), 웃다

〈시므온 지파의 성읍들〉

몰라다, 하살수알(하살수심), 브엘세바(세바), 바알라(발라; 빌하), 그실(브둘; 브두엘; 벧엘[2]), 홀마(호르마), 르바옷(벧 르바옷), 맛만나(벧 말가봇), 에셈, 엘돌랏(돌랏), 시글락, 림몬, 에델, 아산

레위 지파에게 분배된 성읍; 아인[2](네겝)

〈갓 지파의 성읍들〉

아로엘, 라맛 미스베, 브도님, 드빌, 벧 하람(벧 하란), 벧 니므라, 숙곳, 사본, 디본, 아다롯, 아다롯 소반, 욕브하

레위 지파에게 분배된 성읍; 도피성 길르앗 라못, 야셀, 헤스본, 마하나임

〈르우벤 지파의 성읍들〉

디본, 바못 바알, 벧 바알므온(바알므온), 기랴다임, 십마, 세렛사할, 벧 브올,
벧여시못, 헤스본, 엘르알레, 느보

레위 지파에게 분배된 성읍; 베셀, 야하스(야사), 그데못, 메바앗(므바앗)

〈레위 지파의 성읍〉

레위 지파의 아론 자손(그핫 종족)

유다 지파; 도피성 헤브론(기럇 아르바), 립나, 얏딜, 에스드모아, 홀론(힐렌), 드빌,
웃다, 아산(고라산), 벧 세메스[1]

베냐민 지파; 기브온, 게바, 아나돗, 알몬(알레멧)

시므온 지파: 아인[2](네겝)

레위 지파의 그핫 자손의 남은 자

에브라임 지파; 세겜, 게셀, 깁사임(욕므암), 벧호론

단 지파; 엘드게, 깁브돈, 아얄론, 가드 림몬[1](단)

므낫세 반 지파; 다아낙(아넬?), 가드림몬[2](므낫세), 빌르암

레위 지파의 게르손 자손

므낫세 반 지파; 도피성 바산 골란, 브에스드라(아스다롯)

잇사갈 지파; 기시온, 다브랏 ,야르뭇[2](잇사갈; 라못[2](잇사갈)), 엔 간님[2](아넴?),
게데스[2](잇사갈)

아셀 지파; 미살(마살), 압돈, 헬갓, 르홉[2], 후곡

납달리 지파; 도피성 갈릴리 게데스, 함못 돌(함몬[1], 함맛), 가르단(기랴다임[1])

레위 지파의 므라리 자손

스불론 지파; 욕느암, 가르다, 딤나4(스불론), 나할랄, 림모노(림몬[2]), 다볼[1](스불론)

르우벤 지파; 베셀, 야하스(야사), 그데못, 므바앗(메바앗)

갓 지파; 도피성 길르앗 라못, 마하나임, 헤스본, 야셀

레위 지파의 도피성

갈릴리 게데스(납달리의 산지), 세겜(에브라임 산지), 헤브론(유다 산지),
베셀(르우벤 지파), 길르앗 라못(갓 지파), 바산 골란(므낫세 지파)

이스라엘의 지파별 영토

1부 이스라엘의 *북부*

갈릴리 바다의 일출

상부 갈릴리의 **단** 지역

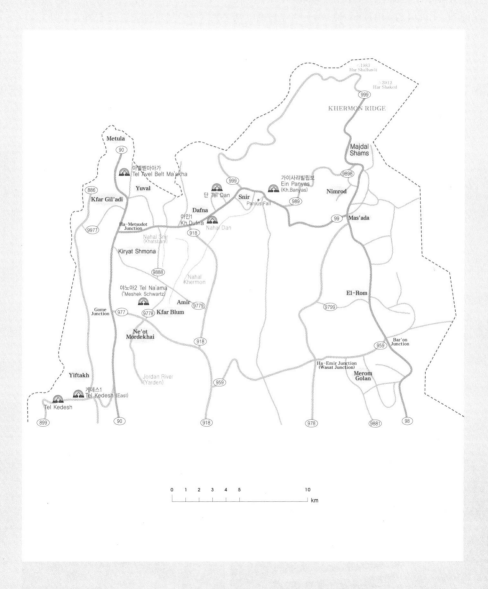

1983
Har Shalhavit

2012
Har Shaked

KHERMON RIDGE

Metula

90

아벨벧마아가
Tel Avel Belt Ma'akha

Yuval

886

Kfar Gil'adi

999

단 Tel Dan   Snir

가이사랴빌립보
Ein Panyas
(Kh.Banyas)

Majdal
Shams

9898

Nimrod

Dafna

Panius Fall

989

99   Mas'ada

아인1
Kh.Dufna

Nahal Dan

Ha-Metsudot
Junction

9977

918

Nahal Snir
(Khatsbani)

Kiryat Shmona

9888

Nahal
Khermon

아노아2 Tel Na'ama
("Meshek Schwartz)

El-Rom

Amir   9779

Gome
Junction   977   9778   Kfar Blum

9799

Ne'ot
Mordekhai

918

Bar'on
Junction

959

Ha-Emir Junction
(Wasat Junction)

Yiftakh

Jordan River
(Yarden)

게데스1
Tel Kedesh (East)

Merom
Golan

959

Tel Kedesh

899   90

918

978

9888   98

0 1 2 3 4 5   10
                                km

예수님이 제자들에게 질문할 때에 베드로가 신앙고백을 한 곳(마 16:13; 막 8:27)으로 개역한글판에서는 가이사랴 빌립보였으나 개역개정판에서는 빌립보 가이사랴로 번역되었다. 바니야스라고 부르는 이곳은 헬라 시대 이전에는 이곳에 있는 샘과 함께 바알 갓이나 바알 헤르몬으로 추정되기도 하였던 곳이나 구약 시대에는 거주지는 아닌 것으로 보인다. 바니야스는 헬라 시대에 판 신(Pan(God))을 섬기는 성소로 프톨레미 왕조는 주전 3세기에 종교 중심지로 삼았고 파니아스(Panias)라고 불렀다. 가까이에는 해변 길(사 9:1)이 지나가며 요단 강의 발원지가 되는 풍요로운 지역에 위치하고 있다. 이곳은 주전 200년부터 주전 198년의 판니움(Pannium) 전투가 있었던 곳이나. 요세푸스는 아우구스투스 황제가 헤롯 대왕에게 하사했다고 기록했다.

헤롯 대왕의 아들 빌립(헤롯 빌립 2세)은 이 지역을 다스리며 이 도시를 확장하여 가이사랴와 구분하여 가이사랴 빌립보라고 불렀다. 주후 61년에 아그립바 2세는 네로 황제에게 바치며 이곳을 네로니아스(Neronias)라고 하였으나 주후 68년에 다시 이름을 찾았다. 주후 70년에 로마 정복 후에 이곳에 있던 유대인 공동체는 살아남았다.

기독교 전승은 바니야스 동굴(Banys Cave) 부근에서 베드로가 신앙고백을 했다고 한다. 주후 4세기와 5세기에 주교좌가 있는 중요한 도시가 되었다. 7세기에 이슬람이 점령한 후에 이곳은 아랍식 발음으로 바니아스(Banyas)라고 불렀다.

로마 시대와 비잔틴 시대에는 이곳이 파니아스(Panias)나 가이사랴 파니아스(Caesarea Paneas) 라는 이름으로 기록되었다. 로마 시대와 비잔틴 시대에 이곳은 중요한 도시였기에 로마 시대의 수로가 남아있다. 7세기에 이슬람이 점령한 후에 이곳은 바니야스(Banyas)라고 불렀다. 주후 1055년에 유대인들은 이곳을 단의 요새(the fort of Dan)라고 불렀다(Cairo Genijah). 십자군은 이곳을 1128-1132년과 1140-1164년에 점령하였고 이곳을 요새화하였는데 십자군 시대의 성벽은 지금도 남아있다.

1970년대에는 바니야스는 약 350명의 무슬림이 사는 마을로 기록되어 있다. 1948년 이후에 바니야스는 시리아의 영토가 되었으나 1967년의 6일 전쟁 후에 이스라엘이 점령하였다. 이곳에는 바니야스 동굴, 판 신전, 로마 신전, 샘이 있으며 이곳에서 남쪽으로 3.5km 떨어진 곳에는 높이가 10m가 되는 바니야스 폭포가 있다.

▼바니야스

판 신전이 있던 동굴▼

단 지파가 이주해서 살았던 이스라엘의 최북단에 있는 단은 단 지파의 성읍으로 단 지파가 정복하기 전에는 라이스(삿 18:29) 또는 레센(수 19:47)이라고 부르던 곳으로 개역개정역에서는 레셈으로 번역되었다. 단 지파는 해안 평야 지역에 있는 소라, 에스다올, 아얄론, 딤나 같은 지역을 분배받았으나(수 19:40 - 48) 북쪽으로 이동하여 이곳을 차지하였다. 단은 북이스라엘 왕국 때에 여로보암이 벧엘과 이곳에 금송아지를 만들어 경배하게 하였기에 중요한 도시가 되었다(왕상 12:28-29).

단은 우상숭배의 죄를 지적할 때마다 언급된 성읍이었다(암 8:14; 왕하 10:29). 이곳은 유다 왕 아사가 요청하여 북이스라엘을 공격한 아람 왕 벤하닷에 의해 파괴되었다(왕상 15:20). 단은 이스라엘의 영토를 구분할 때 '단에서 브엘세바까지' 라고 부를 정도로 이스라엘의 북쪽 경계를 가리키는 곳이어서 지리적으로 매우 중요하다(삿 20:1; 삼상 3:20; 대하 30:5). 단은 중요한 교역로에 위치한 곳이기도 하다. 단은 헤르몬 산의 경사지 아래의 비옥한 평원 지역에 위치하고 있다. 이곳의 많은 샘들은 단 강((Nahal Dan)이 되어 요단 강의 발원지 세 곳 중의 하나가 되며 다른 수원지인 가이사랴 빌립보의 바니야스 강(Nahal Banyas/Khermon)와 스닐(Nahal Snir/Khatsbani)의 유입되는 양보다 더 큰 강이다. 요단 강의 요단은 어원적으로는 단에서 내려온다는 뜻이다. 단의 샘에서는 매초 8.5㎥의 물이 분출된다. '샘들의 우두머리' 라고 부른다. 아랍어로 엔 엘 카디라고 부르는 엔 레셈은 단에 있는 여러 샘들을 부르는 이름이며 엔 단의 남동쪽에 위치하며 에덴 동산이라고 부르는 곳의 북쪽 지역이다. 재판관의 언덕이라는 가진 텔 엘 카디(Tell el - Qadi)라고 부르는 큰 텔인 텔 단(Tel Dan)은 약 20만㎡의 크기이다.

이곳에서는 신석기 시대의 도기가 발견되어 신석기 시대부터 사람들이 정착하기 시작한 것이 확인되었다. 그 후에 약 1,500년간의 공백 이후 초기 청동기 시대에 와서 재정착이 이루어졌다. 이 시기에는 텔 전체에 걸쳐 정착이 이루어져 이 시기에 이미 도시로서의 면모를 보여주고 있다. 단은 중기 청동기 시대(주전 18세기)에 진흙으로 건축한 높이가 10-15m가 되는 경사제방으로 둘러싸인 도시로 약 50 에이커의 규모였다. 이 시대에 건축한 높이가 7m에 이르는 흙벽돌 성문이 발굴되어 보존되어 있다. 이 유적은 성벽과 성문을 지닌 요새화를 이루고 있었으며 흙벽으로 건설된 성문이 그 시기의 원형 그대로 보존된 것이 발굴을 통하여 발견되었기에 고고학적 가치가 높으며 완전한 모습을 가진 성문으로는 세계에서 가장 오래된 성문이다. 이 시기의 도시는 이집트의 저주 문서에 언급된 라이스(Laish)이다. 이곳은 중기 청동기 시대 말에 파괴된 이후에 후기 청동기 시대에 와서 다시 정착이 이루어졌다. 이곳에서 발견된 후기 청동기 시대의 한 무덤에서 나온 토기는 미케네와 사이프러스 등의 수입 토기가 발견되어 이곳이 국제적인 관계가 있는 도시임이 밝혀졌다. 초기 철기 시대(지층 VI)에는 이전의 가나안 문화와의 단절성을 보여주고 있기에 이 시기부터 이스라엘 백성이 단에 정착하였다는 것을 알 수 있다.

텔 단의 단   흙벽돌 성문

이곳은 비란(Avraham Biran) 교수에 의해 1966년부터 발굴이 시작되었다. 이곳에서는 성벽과 성문과 단이 있었던 제의 장소가 발굴되었다. 텔 단의 가장 높은 지역인 북쪽 지역(T지역)에서는 여로보암 시대에 건설된 것으로 여겨지는 단(檀)을 포함하는 제의시설이 발견되었다. 번제단이 있고 물 저장소와 제단이 있는 방과 제사장들을 위한 방들이 발굴되었다. 텔 단의 성문 바깥에 있는 광장 지역에서 1993년 7월 21일에 이스라엘 왕과 함께 "다윗의 집(왕조)가 언급된 아람어 비문이 주전 732년에 파괴된 지층에서 발견되었다. 이 비석은 깨어진 채로 발견되었고 1994년에 다른 두 부분이 발견되었다. 이 비석은 길이 32cm, 폭 22cm의 크기로 고대 아람어로 된 13줄로 되어 있다. 이 비문의 내용은 아람의 한 왕이 이스라엘의 왕을 죽이고 정복하는 내용으로 아람 왕 벤하닷이 아사 왕의 요청으로 이 지역을 정복하고 세운 승전비이다. 이 비문은 다윗과 다윗 왕조에 대해서 성경 외에서는 최초로 발견된 '다윗의 집'이라는 문자가 새겨져 있기에 중요한 유물이다. 이 비문의 9번째 줄에는 다윗 왕조(베잇트 다비드)가 기록되어 있다. 이 비문은 주전 9세기 때 아람 지역에 의하여 공격을 받은 북이스라엘 지역과 특히 단 지역의 역사를 재구성하는데 중요한 자료를 제공하고 있다. 이 비문은 이스라엘 박물관에 전시되어 있다. 텔 단에서는 주전 9세기 때의 이중문으로 세워진 성문과 성벽이 발견되었다. 성문이 있는 지역에는 세 군데에서 주상을 세워진 것이 발견되었기에 성문지역에서 제의활동이 활발히 이루어졌음이 알려졌다. 또한 이곳에서는 재판을 하였을 것으로 추정되는 시설이 발견되었다. 이 성문의 바깥에는 산당이 있었다. 이 성문과 연결된 성벽은 폭 4m 최대 43m까지 그 길이가 보전되어 있으며 주전 9세기 때에 건설되었을 것으로 여겨진다. 후기 가나안 시대의 무덤도 발견되었다. 이곳에는 제 1 성전 시대의 전형적인 성문이 있는데 세 쌍의 벽기둥이 있는 케이스메이트 성문(Casemate Gate)이 안쪽에 있다. 돌 의자와 문지방이 있는 바깥 성문과 안쪽 성문을 합하여 이스라엘 성문이라고 부른다. 이곳은 120에이커 규모의 텔 단 자연보호지역으로 지정되어 있다. 텔 단의 남쪽에는 1939년에 설립되고 2017년에 736명이 사는 단 이라는 이스라엘의 키부츠가 있다. 이곳에는 텔 단의 고고학 자료와 이 지역의 자연을 소개하는 베이트 우쉬시킨 박물관이 있다.

이스라엘 박물관에 있는 석비

아인¹ 갈릴리 Ain (עַיִן 샘)

키르벳 두프나(Kh. Dufna)   33°13′21.03″N 35°38′57.68″E

가나안 북서쪽에 있었던 성읍인 아인¹(갈릴리)은 하나님께서 모세에게 일러주신 가나안 땅의 경계에서 동쪽 경계선 부근에 있었던 성읍이다(민 34:11). 아인은 이스라엘 영토의 동쪽 경계선에 있는 아인¹(갈릴리; 민 34:11)과 레위 지파에게 주어진 아인²(네겝; 수 21:16)과 이명동지이다. 이곳은 리블라 서쪽에 위치하고 있는데(왕하 23:33) 그 위치가 확실하지는 않다. 불가타역에 다프네 샘 맞은

편 레블라로 나와 있고 랍비 문서에 아인 대신 두프나가 나와 있기에 단의 서쪽 2.4km 지점에 있는 키르벳 두프나(Kh. Dufna)로 추정된다. 키르벳 두프나는 1939년에 설립된 키부츠 다프나(Dafuna)에 있지 않다. 키르벳 두프나는 1940년에 설립되고 2017년에 665명이 사는 모샤브인 셰아르 타누브(She'ar Yashuv)에 있는 조그마한 유적이다. 어떤 이들은 갈릴리 바다 동쪽에 있는 골란 고원에 있는 키르벳 아윤(Kh. Ayun)으로 추정하기도 하는데 이곳에 대한 정확한 자료는 없다.

아벨벧마아가 Abel-Beth Maacah (אָבֵל בֵּית מַעֲכָה 벧마아가의 초장) /아벨/아벨마임
텔 아벨 벧마아가(Tel Avel Beit Maakha)　　　　　　33˚15′28.29″N 35˚34′50.32″E

다윗을 피해 도망한 세바를 요압이 죽인 곳인 아벨벧마아가는 요압 장군이 다윗에게 대항했던 비그리의 아들 세바의 군대를 추격할 때 포위했던 성읍이다(왕상 15:20). 지혜로운 여인이 세바만 제거하면 안전할 것을 요압에게 듣고 세바를 살해하고 피해를 보지 않은 성읍이다. 요압은 아벨 벧마아가에서 세바를 제거하고 예루살렘으로 돌아갔다(삼하 20:14,15). 이곳은 아람 왕 벤하닷이 함락시킨 아벨마임과 같은 곳으로 여겨지고 있다(대하 16:4). 북이스라엘의 베가 왕 때에 앗수르 왕 디글랏 빌레셀이 점령하고 주민들을 사로 잡아간 성읍 중의 하나인 아벨벧마아가도 같은 곳이다(왕하 15:29). 아벨벧마아가(왕상 15:20)는 아벨벧 마아가(왕하 15:29), 아벨과 벧마아가(삼하 20:14), 벧마아가 아벨(삼하 20:15), 아벨마임(대하 16:4)과 이명동지이다. 아벨벧마아가는 투트모세 3세의 가나안 정복 도시 목록에 기록된 119개의 도시에서 92번째에 기록되어 있다. 아벨벧마아가는 텔 아벨 벧마아가(Tel Avel Beit Maakha)라고 불리는 텔 아벨 엘 캄(Tell Abel el-Qamh)으로 동일시되고 있다. 이곳에서 청동기, 철기, 로마, 비잔틴, 아랍 시대의 토기가 발견되었다. 이곳은 2012년의 시험 발굴 후에 2013년부터 10개년 계획으로 발굴이 계속 되고 있다.

야노아 [2] 납달리 Janoah (יָנוֹחַ 휴식, 안정)
텔 나아마(Tel Naama)　　　　　　33˚10′31.64″N 35˚35′41.87″E

앗수르 왕 디글랏 빌레셀에게 점령당했던 곳으로 납달리 지파의 성읍이다. 이곳은 북이스라엘의 베가 왕 시대에 앗수르 왕 디글랏 빌레셀이 점령한 후 주민들을 앗수르로 끌고 간 성읍들 중의 한 곳이었다(왕하 15:29). 이 때 언급된 네 곳의 성읍들은 이스라엘의 북쪽 지방에 위치하였

으며 야노아는 아벨벧 마아가와 게데스 사이에 있었던 것으로 보인다.

텔 나아마(Tel Naama)는 요단 계곡에 있으며 아벨벧마아가와 게데스 사이에 있기에 이곳으로 추정된다. 이곳은 다른 추정지도 있는데 악고 북동쪽에 있는 야노아와 레바논에 있는 기브앗 하쏘게트(Givat ha-Soget)이다.

가나안 족속의 땅에서 납달리 지파의 중요한 성읍이 되었다가 도피성이 된 게데스[1](납달리)는 여호수아가 물리친 가나안의 성읍으로 납달리 지파의 영토가 되었다(수 12:22; 19:37). 후에 레위 지파 게르손 자손에게 주어진 도피성이 되었고(수 21:32) 이곳은 갈릴리 게데스(수 20:7), 납달리 게데스(삿 4:6)라고 부르기도 했으며 갈릴리에 있기에 갈릴리의 게데스(왕하 15:29)라고도 불렸다. 게데스는 성경에 세 곳의 동명이지가 있다. 게데스[1](납달리)는 납달리 지파의 영토, 게데스[2](잇사갈)는 잇사갈 지파의 영토(대상 6:72), 게데스[3](유다)는 유다 지파의 영토였다(수 15:23).

게데스는 여선지자 드보라가 바락과 함께 시스라와 싸우기 위해 스불론과 납달리를 소집시킨 곳이었다(삿 4:9-11). 앗수르 왕 디글랏 빌레셀이 북이스라엘을 공격하여 함락시킨 성읍 중의 하나이다(왕하 15:29). 게데스는 훌레(Huleh) 호수 북서쪽에 있는 텔 케데쉬(Tel Qedish)와 동일시되었다. 주전 5세기에 게데스는 상부 갈릴리의 수도가 되었다. 주전 259년에 제논(Zenon)은 게데스에 대하여 기록했고 유세비우스는 게데스에 대한 기록을 남겼다. 이곳은 1997년부터 2012년까지 발굴되었다. 2010년 부터 2012년 까지의 발굴은 페르시아 시대와 헬라 시대의 행정 건물에 집중 되었다.

텔 게데스에서 남서쪽으로 약 1.8㎞ 떨어진 곳에는 1949년에 설립된 키부츠인 말키아(Malkia)가 있는데 말기야(느 10:4)의 이름에서 유래되었다. 이곳에는 1948년에 78명이 살았던 팔레스틴 아랍 마을 알 말키야(al-Malkiyya)가 있었다. 이곳에서 초기·중기 청동기, 비잔틴, 오토만 시대의 토기들, 로마 시대의 신전, 청동기 시대의 제의 동굴이 발견되었다. 요세푸스에 의하면 게데스는 주전 1세기부터 주후 1세기 까지는 두로의 요새였다.

로마의 디도 장군은 게데스를 로마의 기지로 삼고 갈릴리의 전투를 지휘하였다. 이곳에는 주후 2-3 세기에 베니게의 신이었던 바알샤민에게 바쳐진 신전 유적이 있다.

텔 케데쉬는 동쪽의 텔(Eastern Tel Kedesh)과 서쪽에 있는 텔 케데쉬(Tel Kedesh)가 있으며 이스라엘의 국립공원이다.

텔 케데쉬(서쪽)

◀텔 케데쉬

요단 강의 수원지가 되는 헤르몬 산은 여러 가지 이름으로 불려진 안티레바논(Anti Lebanon) 산맥의 높은 산이다(시 42:6). 헤르몬 산은 시온²(헤르몬), 힐몬, 스닐, 시론과 이명동지로서 이스라엘의 북쪽 경계가 되는 지역에 있는 산으로(신 3:8; 수 11:17) 이곳은 시편 기자가 아름다움을 상징적으로 표현한 곳이다(시 133:3). 헤르몬 산은 이스라엘 민족이 빼앗은 영토의 북쪽에 있었던 산으로(신 3:9; 수 11:17) 시돈 사람들은 시론이라고 부르고(시 29:6; 신 3:9) 아모리 족속은 스닐이라고 불렀다(신 3:9). 시론은 헤르몬 산을 가리키는 시적인 표현이기도 하지만 안티레바논 산맥 전체를 상징하기도 한다.

시편에서 헤르몬 산을 힐몬이라고 불렀고 시온²(Sion) 산이라는 상징적인 표현을 했던 산이었다(시 133:3). 여호수아가 정복한 영토의 북쪽에는 헤르몬 산이 있고 남쪽에는 할락 산이 있다. 이곳에서 이스라엘의 영토를 '단에서부터 브엘세바까지' 라는 개념을 북쪽은 헤르몬 산으로부터 남쪽은 할락 산까지로 예를 들어 설명하고 있다. 이스라엘 자손이 정복하지 못한 땅 중에서 히위 족속이 살던 땅을 바알 헤르몬 산이라고 불렀으나 정확한 위치는 확인되지 않았기에 헤르몬 산과는 다른 곳으로 추정된다(삿 3:3). 헤르몬 산의 폭은 30㎞에 이르고 요단 강, 리타니 강, 다메섹으로 흐르는 강의 수원지가 된다.

헤르몬 산의 눈은 요단 강의 중요한 수원이 되어 성경에서 중요한 요단 강과 연결이 되기에 중요한 산이다. 헤르몬 산이 있는 안티레바논 산맥은 레바논과 시리아의 국경선이 되는 곳이며 해발 2,814m인 헤르몬 산의 정상은 국경선에 위치하고 있으나 시리아의 통제 아래 있다. 헤르몬 산의 정상은 같은 높이의 구분된 세 개의 정상이 모여 있는 산으로 북동쪽에서 남서쪽 방향인 안티레바논 산맥에 있으며 안티레바논 산맥은 길이가 약 150km가 된다. 헤르몬 산의 정상은 이 지역의 특별한 상황 때문에 답사하기 어려운 곳이다.

골란 고원에서 보이는 헤르몬 산 기슭

2월의 헤르몬 산 기슭

◀▲헤르몬 산의 스키장

동쪽에서 바라본 시리아의 헤르몬 산

해안 평야지대의 악고지역

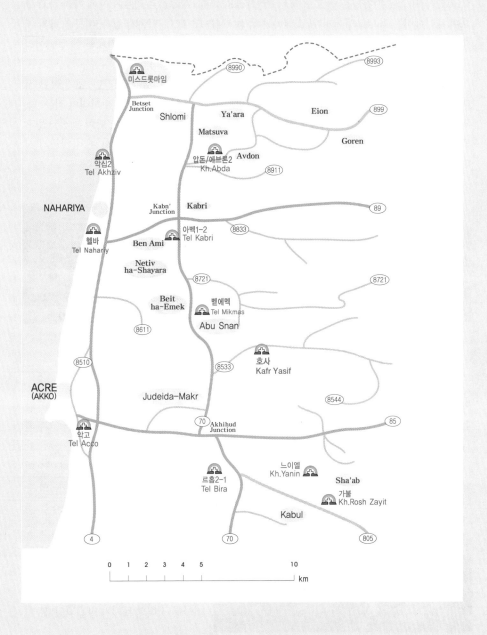

미스드롯마임

8990

8993

Betset
Junction

Shlomi

Ya'ara

Eion

899

Matsuva

Goren

악십2
Tel Akhziv

압돈/에브론2
Kh.Abda

Avdon

8911

NAHARIYA

Kabn'
Junction

Kabri

89

아벡1-2
Tel Kabri

8833

헬바
Tel Nahariy

Ben Ami

Netiv
ha-Shayara

8721

8721

Beit
ha-Emek

벧에멕
Tel Mikmas

8611

Abu Snan

8510

8533

호사
Kafr Yasif

ACRE
(AKKO)

Judeida-Makr

8544

70 Akhihud
Junction

85

악고
Tel Acco

르홉2-1
Tel Bira

느이엘
Kh.Yanin

Sha'ab

가불
Kh.Rosh Zayit

4

70

Kabul

805

0 1 2 3 4 5   10
                          km

미스르봇 마임 Misrephoth-Maim (מִשְׂרְפוֹת מַיִם 물살)

텔 로쉬 하 니크라(Tel Rosh-Ha-Niqra)　　　　　33° 05′ 02.04″N 35° 06′ 52.43″E

하솔 왕 야빈의 동맹군이 이스라엘과 메롬 물가에서 진을 쳤을 때 여호수아 군대의 습격을 받아 도망하는 동맹군을 이스라엘이 추격했던 지역이다(수 11:8). 이곳은 시돈 사람들의 영토 남부 경계에 있었던 성읍이다(수 13:6). 이 키부츠는 1949년에 설립되었으며 2017년에 1354명이 살고 있다. 미스르봇 마임은 텔 로쉬 하니크라(Tel Rosh-Ha-Niqra)로 키부츠 안에 자리 잡고 있으며 해안에서는 약 1㎞ 떨어져 있고 레바논 국경에서는 약 1.5㎞ 떨어져 있다. 이곳은 바위 지대인 로쉬 하 니크라(Rosh-Ha-Niqra)의 아래쪽에 있다. 이 텔은 아랍어로 키르벳 엘 무쉐이리페(Kh. Musheyrif), 또는 엣 타바이크(et-Tabaiq) 라고 부르던 곳이다.

　이곳은 1951-1952년에 발굴되었다. 이곳에서 초기 청동기, 철기, 로마, 비잔틴, 초기 아랍 시대의 토기가 발견되었다. 발굴을 통하여 제 1구역(Area 1) 에서는 초기 청동기 시대의 건물, 벽, 저장용 항아리가 발견되었다. 제 2구역(Area 2) 에서는 거주지와 성문, 토기, 탑이 발견되었다. 또한 로마 시대의 바위 무덤이 발굴되었다. 1953년에는 키부츠의 북서쪽에서 초기 청동기 시대의 무덤이 우연히 발견되었다.

텔 로쉬 하니크라

압돈 Avdon (עַבְדּוֹן 섬기다. 숭배하다) /에브론²

키르벳 아브다(Kh. Abda)　　　　　33° 02′ 51.44″N 35° 09′ 44.31″E

아셀 지파의 영토였으나 레위 지파 게르손 자손에게 주어진 성읍이다(수 21:30; 대상 6:74). 압돈은 이명동지로 에브론²(아셀)과 같은 곳이다. 아셀 지파의 에브론은 에브론 산(수 15:9)과 베냐민 지파의 에브론¹(베냐민; 대하 13:19)과는 다른 곳으로 동명이지이다.

　압돈은 키르벳 아브다(Kh. Abda)로 동일시되고 있다. 이곳은 악고 평야의 서쪽 끝에 있으며

해안가에 있는 악십(Tel Akhziv)의 동쪽에 위치하고 있기에 지리적으로 중요한 곳에 위치해 있다. 이곳에서 중기 청동기 시대의 주거지와 철기 시대의 요새와 로마와 비잔틴 시대의 벽이 발견되었고 페르시아, 헬라, 십자군, 마믈룩 시대의 토기가 발견되었다.

악십 [2] 아셀 Achzib (אַכְזִיב 속이는)

텔 아크지브(Tel Akhziv)   33°02′51.98″N 35°06′05.78″E

지중해 해변에 있는 아셀 지파의 성읍으로 악고에서 북쪽으로 15㎞ 떨어진 곳에 있으며 이스라엘의 국립공원이다(수 19:29). 아셀 지파는 악십과 주위에 있는 성읍들을 정복하지 못했다(삿 1:31). 악십은 탈무드에 기록된 곳이며 요세푸스의 글에는 엑딥파(Ecdippa)로, 십자군 시대에는 카살 임베르(Casal Imbert)로 불렀다. 악십은 텔 아크지브(Tel Akhziv)와 동일시되고 있다. 악십은 중기 청동기 시대에 가나안 시대의 큰 항구 도시로 높이 약 4.5m의 성벽과 해자로 둘러쌓인 도시였다. 이곳은 가까이 있는 두 개의 강을 연결하여 해자를 만들어 섬 같이 만든 요새였다. 철기 시대에는 베니게 도시(Phoenician city)였으나 아셀 지파의 영토가 되었다. 로마 시대

에는 악디파(Acdippa)라고 부르는 정거장이었고, 비잔틴 시대에는 케집(Kheziv), 게십(Gesiv)이라고 불렀다. 십자군들은 새로운 성을 건축했고 마믈룩 시대와 오토만 시대에는 텔 위에 있는 조그마한 마을이었다. 이곳에는 해안가에 있는 고대 항구와 남쪽으로 700m 떨어진 곳에 있는 또 다른 고대 항구가 있다. 고고학 발굴을 통해 악십은 석동기(주전 4500-3200년) 시대의 도시가 밝혀졌다.

아벡 [1-2] 아셀 Aphek (אָפֵק 요새) /아빅

텔 카브리(Tel Kabri)   33°00′28.23″N 35°08′32.06″E

아셀 지파가 분배 받았으나 정복하지 못한 곳이다(수 19:30). 아벡[1](아셀)은 동명이지로 성경에 아벡[2](아람; 왕상 20:26), 아벡[3](레바논; 수 13:4), 안디바드리로 불리는 아벡[4](사론; 수 12:18)이 있다. 아벡[1]은 아빅(삿 1:31)과 이명동지이기도 하다. 아벡은 두 곳의 추정지가 있는데 남쪽 추정지는 악고 남동쪽에 있는 텔 아펙(Tel Afek)이고 북쪽에서는 텔 카브리가 있는데 32 헥타르의 큰 유적지로 나하리야(Nahariya)에서 동쪽으로 4㎞ 지점에 있다. 이곳에는 4개의 큰 샘이 있으며 아랍 마을인 에트 텔(et-Tell)과 엔 나흐르(en-Nahr)의 주거지 유적도 있다.

텔 카브리는 아랍어로 텔 엘 카흐웨(Tellal-Qahweh)라고 부르던 곳으로 '커피의 언덕' 이라는 뜻이다. 이곳은 1957년부터 이스라엘 고고학청(IAA)에 의해 발굴된 곳이다. 이 지역은 80헥타아르(200에이커)의 크기로 키부츠 카브리에 위치하고 있다. 이곳에서는 신석기 시대부터 비잔틴 시대까지의 유적이 있다. 이곳은 1957-1958, 1969, 1975-1976, 1986-1993, 1999, 2004, 2005년부터 계속해서 발굴이 이루어지고 있는 곳이다. 이곳의 궁전에서 미노아 스타일의 프레스코화가 궁전에서 발견된 것과 오래되고 규모가 큰 포도주 지하 창고가 발견된 것이 큰 관심을 받고 있다.

헬바 Helbah (חֶלְבָּה 비옥함) / 알랍

텔 나하리야(Tel Nahariya)

33° 00′ 22.55″ N 35° 05′ 28.17″ E

이스라엘이 가나안 사람들을 쫓아내지 못한 아셀 지파의 성읍이다(삿 1:31). 이곳은 아셀 지파가 점령하지 못한 성읍인 알랍(삿 1:31)과 이명동지이다.

알랍은 70인역에서 마할랍(Mahalab)으로 알려졌는데 '바다가 끝이 되며' 로도 번역되었다(수 19:29). 헬바는 아셀 지파가 점령하지 못한 성읍인 알랍과 같은 곳이다. 헬바로 추정되는 곳은 두 곳이 있는데 키르벳 엘 마할립(Kh.el-Mahalib), 텔 나하리야(Tel Nahariya)가 있다.

산헤립의 앗수르 비문에는 시돈 지역의 성읍 목록에 마할리바(Mahalliba)가 언급되었기에 알랍은 마할리바와 연관되었다. 텔 나하리야는 해안 도시인 나하리야에 위치하고 있는데 2017년에 56,071 명이 사는 도시가 되었다. 이곳에서는 1980년과 1982년에 요게브(O. Yogev)에 의해 구제 발굴이 이루어졌다. 1980년에는 북쪽 기슭에 발굴이 집중되었고 1982년에는 100m 남쪽

에 있는 아크로폴리스(acropolis)에 집중 되었다. 이곳에서는 중기 청동기, 후기 청동기, 후기 페르시아, 후기 헬라 시대의 주거지가 발굴되었다. 나하리야에서는 1947, 1954-55년의 발굴을 통하여 직사각형의 청동기 시대의 신전이 발굴되었다.

◀텔 나하리야가 있는 나하리야의 주택가

벧에멕 Beth-Emek (בֵּית הָעֵמֶק 계곡의 집)

텔 미마스(Tel Mimas)

32° 57′ 55.23″ N 35° 09′ 07.99″ E

입다엘 골짜기와 느이엘 가까이에 위치한 아셀 지파의 성읍이다. 벧에멕은 성경에 한 번 기록되었다(수 19:27). 텔 미마스(Tell Mimas)는 일반적으로 벧에멕과 동일시되고 있는데 악고에서 북동쪽으로 약 11㎞ 떨어진 평야 지대의 구릉에 위치하고 있다. 텔 미마스는 텔에멕(Tel Emek)이라고 부른다. 텔 에멕의 남쪽에는 아부 스난(Abu Snan)이라는 아랍 마을이 있다. 텔 미마스의 북쪽에는 무덤이 있으며 벧 하에멕(Beth ha-Emek)이라는 키부츠가 가까이에 있다. 이 키부츠는 1949년에 설립 되었으며 2017년에는 552명이 살고 있다. 이 키부츠의 동쪽에는 아므카(Amka)라는 유대인 모샤브가 있는데 1949년에 설립 되고 2017년에는 748명이 살고 있

다. 이 모샤브는 아랍 마을 위에 세워졌다.

이 키부츠는 성경의 벧에멕의 이름을 따라 지어졌다. 1948년에 인구 1,218명이 살았던 아랍 마을 쿠웨이카트(Kuway' kat)에 세워졌다. 이곳에서는 후기 청동기, 초기·후기 철기, 페르시아, 헬라, 로마, 비잔틴 시대의 유물이 발견되었다.

악고 Acco (עַכּוֹ 뜨거워진 모래) /돌레마이 Ptolemais (Πτολεμαίς)

텔 악코(Tel Acco) /악고(Acco) /아크레(Acre)　　　　32° 55′ 15.80″N 35° 05′ 15.53″E

사도 바울이 지나간 돌레마이 항구로 두로와 시돈과 함께 중요한 항구였다. 악고는 돌레마이(행 21:7)와 이명동지로 역사적으로 중요한 곳이다. 악고는 아셀 지파가 분배 받았으나 차지하지 못한 성읍 중에서 가장 먼저 기록된 곳이다(삿 1:31). 사도 바울이 3차 선교여행을 마치고 돌아올 때 믿음의 형제들과 하루를 머물다가 가이사랴로 떠난 곳이다(행 21:7). 악고는 악고 평야의 중심지에 위치한 항구 도시이다. 지금은 악고(Acco) 또는 아크레(Acre)라고 불린다. 이곳에 텔 엘 푸크하르(Tell el-Fukhar)라고 불리는 텔 악코(Tel Acco)와 항구 유적이 있다.

악고에서 동쪽으로 1.5㎞ 떨어진 곳에 있는 텔 악코는 중기 청동기 시대부터 거주지가 되었으며 토벽으로 둘러싸인 도시였다. 1973년부터 시작한 발굴에서 중기 청동기 시대의 요새와 초기 · 중기 · 후기 청동기, 후기 철기, 페르시아, 헬라, 중세 시대의 유물이 발견되었다. 가나안에 들어온 이스라엘은 가나안 족속에게서 이곳은 정복하지 못한 땅이었다. 이스라엘은 다윗 왕 시대 때에만 이곳을 장악했다. 알렉산더의 후계자인 톨레미에 의해 돌레마이로 불렸던 이곳은 십자군 시대에는 십자군의 수도였으며, 1799년 나폴레옹 원정 때 악고는 나폴레옹을 격퇴시키기도 했던 성벽으로 둘러싸인 곳이다(32° 55′ 28.18″N 35° 04′ 15.78″E).

2012년에는 악고 남쪽에서는 2300년전의 옛 항구가 발견되었다. 악고는 2017년에 48,303명이 거주하는 도시가 되었는데 유대인, 무슬림, 기독교인, 드루즈, 바하이 교인들이 살고 있다. 악고가 있는 지역은 해안 평야 지대로 북쪽에 있는 두로의 사다리라고 불리는 곳으로부터 남쪽에 있는 갈멜 산 사이의 지역을 가리키는 악고 평원에 있으며 해안에는 악고와 악십이 있다.

텔 악코

악고 항구

아셀 지파의 영토이며 바닷가에 있었던 호사는 아셀 지파의 북쪽 지역에 있었던 성읍으로 지명으로는 성경에 한 번 기록된 곳이다(수 19:29). 호사는 두로와 함께 기록되었으며 두로의 부속도시로 보여지며 바닷가에 위치했던 성읍으로 고대 문헌에 우수(Usu)와 동일한 성읍으로 보여진다. 우스는 이집트의 세티 1세의 비문과 아마르나 문서와 안스타시(Anstasi) 1세의 파피루스와 앗수르의 산헤립과 에살핫돈의 기록에도 나오는 오랜 역사를 가진 성읍이다.

헬라 시대와 그 이후 시대에는 팔라이튀로스(Palaityros)나 옛 두로(Old Tyre)라고 불렸다. 대부분의 학자들은 호사의 추정지인 우수를 텔 라스히디예(Tell Rashidiyeh)로 추정된다.

또 다른 추정 장소는 이스라엘의 악고 북동쪽에 있는 케프르 야시프(Kefr Yasif)로서 텔 악고(Tel Acco)에서 북동쪽으로 약 8.2km 떨어져 있는 벧에멕 남동쪽에 있는 마을로 고대 유대인 묘지가 있다. 이곳을 추정되는 이유는 70인역에서 라세이프(Laseiph)로 읽혀지기 때문이나 근거는 미약하다.

이 마을은 십자군 시대에 카프레시(Cafresi), 카프리아시프(Cafriasif)라고 부르기도 했으나 십자군 시대의 유적은 확인되지 않았다. 1838년에 에드워드 로빈슨은 기독교인이 주축이 되어 무슬림과 드루즈가 같이 살고 있다고 기록했다.

이곳에는 모자이크 바닥, 고린도식 기둥들, 바위를 깎아 만든 저수조들과 오래된 유적이 남아 있다. 이 마을은 2017년에는 9,867명이 살고 있는데 기독교인 57%, 무슬림 40%와 드루즈 족이 살고 있다.

상부 갈릴리의 *메롬* 지역

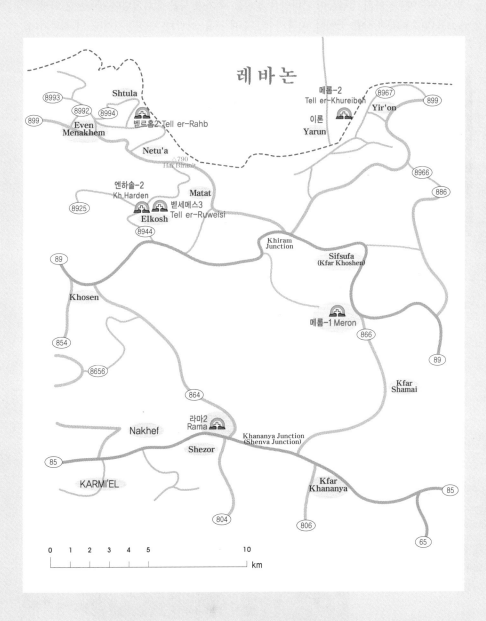

레바논

8993
Shtula
8992
8994
899
Even
Menakhem
벤르홉2 Tell er-Rahb
Netu'a
△790
Har Biranit

메롬-2
Tell er-Khureibeh
8967
Yir'on
899
이론
Yarun

8966
886

엔하솔-2
Kh.Harden
Matat
벤세메스3
Tell er-Ruweisi
8925
Elkosh
8944

Khiram
Junction

Sifsufa
(Kfar Khoshen)

89
Khosen

메롬-1 Meron
866

854
89
8656

Kfar
Shamai

864

라마2
Rama
Nakhef
Khananya Junction
(Shenva Junction)
Shezor
85
Kfar
Khananya
85
KARMI'EL
804
806
65

```
0   1   2   3   4   5        10
|___|___|___|___|___|_____|  km
```

벧르홉 Beth-Rehob (בֵּית רְחוֹב 넓은 땅) /르홉¹/베드르홉

텔 에르 라흐브(Tell er-Rahb)   33° 04′ 31.77″ N 35° 19′ 03.44″ E

다윗과 대치했던 암몬에게 군대를 제공한 곳이다. 벧르홉은 아람에 속했기에 벧르홉 아람(삼하 10:6)이라고 했으며 르홉 아람이라고도 했기에 르홉¹(아람)으로 기록되기도 했다(삼하 10:8).

벧르홉은 여호수아의 정탐꾼이 가나안을 정찰할 때 가장 북쪽에 위치했던 성읍으로 하맛 어귀 르홉(민 13:21)과 같은 곳이다. 따라서 벧르홉과 르홉¹(아람)은 이명동지이다. 단 지파가 정

복하여 단이라고 이름을 바꾼 라이스와 가까운 곳에 있었던 베드르홉은 벧르홉과 이명동지이다(삿 18:28). 벧르홉(르홉)은 투트모세 3세의 정복 도시 목록에 있었던 것으로 보인다. 벧르홉의 추정장소로는 텔 에르 라흐브(Tell er-Rahb)와 텔 엘 발라트(Tell el-Balat)가 있는데 텔 에르 라흐브는 이스라엘에 있고 텔 엘 발라트는 레바논에 있다.

벧세메스 ³ 납달리 Beit-Shemesh (בֵּית־שֶׁמֶשׁ 태양의 집)

텔 에르 루웨시(Tell er-Ruweisi)   33° 02′ 28.06″ N 35° 19′ 58.17″ E

납달리 지파에게 배당되었으나 점령하지 못한 요새화된 가나안의 성읍이다. 벧세메스¹(납달리)는 이론, 믹다렐, 호렘, 벧 아낫 부근에 있었다(수 19:38). 아하로니는 벧세메스를 텔 에르 루웨이시(Tell er-Ruweisi)와 동일시하였다. 이스라엘과 레바논의 국경

가까이에 있는 이곳에서 지표 조사를 통하여 초기 · 중기 · 후기 청동기, 초기 · 후기 철기, 페르시아, 헬라, 로마, 비잔틴, 십자군, 마믈룩 시대의 토기가 발견되었다.

메롬 ⁻¹ 메이론(Meiron)

메론(Meron)　　　　　　　　　　　　　　　32°59′14.43″N 35°26′24.35″E

메롬 물가(Water of Merom)라고 부르는 곳으로 여호수아가 이끄는 이스라엘 백성이 갈릴리 왕들의 연합군을 격파한 곳이다(수 11:5,7). 메롬은 상부 갈릴리 지방에 있는 성읍으로 투트모세 3세(Thutmose III)의 정복 도시 목록에 기록되었다. 메롬은 두 곳의 추정지가 있는데 이스라엘의 메이론(Meiron) 마을과 레바논의 국경에 있는 텔 엘 쿠레이베(Tell el-Khureibeh)이다. 갈릴리 지역의 가나안 도시 연합군의 하나였던 마돈과 메롬을 같은 곳으로 추정하기도 하나 확실하지 않다. 이곳은 야르막 산(Jebel Jarmag) 기슭에 있는 마을이다. 메이론 마을의 북서쪽에는 상부 갈릴리에서 가장 높은 해발 1,208m의 메롬 산이 있다. 올브라이트는 이곳을 메롬과 동일시하였다. 메론 마을은 1948년에 아랍 마을 마이룬(Mairun/Mirun)이 1948년에 파괴된 후에 1949년에 세워진 마을이다. 요세푸스는 이곳이 주후 1세기의 요새화된 성읍인 메로(Mero), 메로드(Meroth)라고 여겼다. 이곳에서는 1970년대 (1971-1972, 1974-1975, 1977) 에 발굴이 있었다. 이곳의 하부 도시(Lower city)에서는 주전 200-50년의 공예품 건물의 테라스, 주전 50년-주후 135년의 건축 · 공예품을 통해 마을 유적, 주후 130-250년의 확장되는 마을 유적, 주후 250-365년 건축된 회당, 주후 365-750년의 퇴락, 주후 750-1000년의 소규모의 거주지가 발견되었으며 14세기에는 버려진 마을이 되었다. 이 마을에는 유대교 랍비 아키바 (R. Akiba) 와 시몬 바르 요하이(Shimmon Bar Yohai)의 무덤이 있어 유대인들의 순례 장소가 되었다.

메이론 마을

라마 ² 납달리 Rama (רָמָה 높은 곳)

라마(Rama)　　　　　　　　　　　　　　　32°56′14.83″N 35°22′12.44″E

납달리 지파에게 분배된 견고한 성읍으로 성경에 한 번 기록되었다(수 19:36). 라마²(납달리)는 아다마와 하솔 부근에 있었으며 지금도 라마라고 불리는 이름을 간직하고 있는 현대 아랍마을

라마(Rama/Rameh/al-Rama)로 동일시되고 있다. 라마는 갈릴리 바다에서 악고로 가는 길목에 있으며 사페드(Safed)에서 남서쪽으로 12km 떨어져 있으며 악고에서 약 28km 지점에 있는 경사가

심한 산기슭에 자리 잡고 있다. 1838년에 에드워드 로빈슨에 의해 라마로 동일시된 이 마을은 유적지 위에 자리 잡고 있는 아랍인 마을이다. 이 마을의 동쪽에는 주후 2-4 세기의 로마시대 목욕탕 착유기가 있다. 남쪽과 남서쪽에는 아람 문양이 있는 건축기초와 주후 3-4 세기의 회당이 있다. 북동쪽에는 로마 목욕탕, 바실리카(basilica)가 있는데 1972년 발굴에서 큰 기둥과 모자이크가 발견되었다. 또한 4-5 세기의 토기 그릇과 비잔틴 시대의 건물 잔해가 있다. 이 라마는 십자군 시대에 중요한 거점 도시였다. 이 마을은 2017년에는 7,580명이 주민이 살고 있는데 기독교인 51%, 드루즈 29%, 무슬림 20% 로 구성되어 있다.

엔 하솔 [1] 키르벳 엘 하시레(Khirbet el-Hasireh)
호르밧 하드란(Horbat Hadran)　　　　　　　33°02′30.89″N 35°18′43.26″E

에드레이와 이론 사이에 있었던 납달리 지파의 요새인 엔 하솔은 납달리 지파의 성읍으로 성경에 한 번 기록된 성읍이다(수 19:37). 엔 하솔은 투트모세 3세의 정복 도시 목록에 기록된 곳이나 정확한 위치는 확인되지 않았다. 엔 하솔은 두 곳의 추정지가 있는데 키르벳 엘 하시레와 아이나타이다.

　　레바논과의 국경 가까이에 있는 이스라엘의 파스타(Fasuta) 마을 옆에 있는 이곳은 호르밧 하드란(Horbat Hadran)이라고 부르던 유적지이다. 이곳에서 로마 시대 이전의 주거 흔적이 발견되지 않았다.

　　메론 산(Mount Meron)의 북서쪽 기슭에 있는 파수타 마을은 2017년에 3,098명이 사는 마을로 이스라엘의 아랍계 기독교 마을이다. 십자군 시대에는 파소베(Fassove)로 알려졌다. 1881년의 팔레스틴 조사에 따르면 200명의 기독교인이 살고 있으며 근처에 좋은 샘과 두 개의 저수조가 있다고 기록했다. 이곳에는 2007년에 창립 100주년이 된 마르 엘리아스 교회(Mar Elias Church)가 있다. 2005년에는 2,900명이 살고 있는데 주민들은 기독교인과 그리스 정교회(Greek Catholic Church)의 교인들이다.

상부 갈릴리의 *하솔* 지역

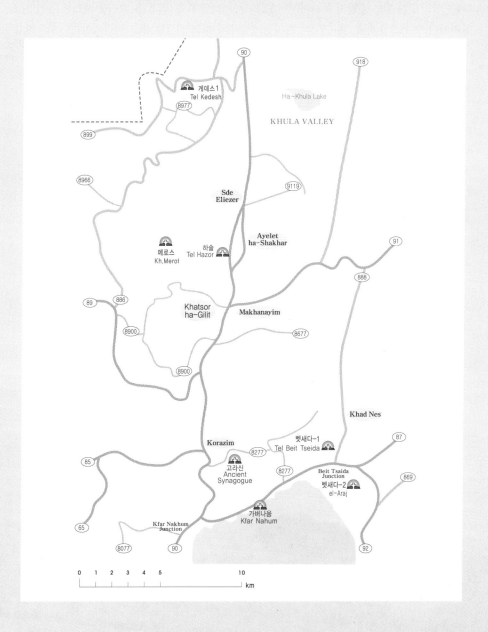

게데스1
Tel Kedesh

Ha-Khula Lake

KHULA VALLEY

Sde
Eliezer

Ayelet
ha-Shakhar

메로스
Kh.Merot

하솔
Tel Hazor

Khatsor
ha-Gilit

Makhanayim

Khad Nes

Korazim

벳새다-1
Tel Beit Tseida

고라신
Ancient
Synagogue

Beit Tsaida
Junction
벳새다-2
el-Araj

Kfar Nakhum
Junction

가버나움
Kfar Nahum

0 1 2 3 4 5   10
⊢─┴─┴─┴─┴─┤──────────┤ km

하솔[1] 갈릴리 Hazor (חָצוֹר 마을)

텔 하조르(Tel Hazor)

33° 01' 02.93" N   35° 34' 06.34" E

연합군을 조직해 여호수아에게 대항한 중요한 성읍이었던 하솔은 텔 엘 케다흐(Tell el-Qedah)라고 부르던 텔 하조르(Tel Hazor)와 동일시되었다. 하솔[1](갈릴리)은 갈릴리 바다의 북쪽에 위치한 성읍이었다(수 11:10-11). 하솔은 다섯 곳의 동명이지가 있다. 하솔[1](갈릴리)과 하솔[2](유다)는 어느 곳에 있는지 알지 못하며(수 15:23; 왕상 9:15) 하솔[3](네겝)은 그리욧 헤스론과 이명동지이며(수 15:25) 하솔[4](베냐민)의 위치는 불분명하며(느 11:33) 하솔[5](아라비아)는 다른 지역에 있다(렘 49:28; 30, 33). 하솔은 북부 갈릴리 지역의 중심도시였기에 모든 나라의 머리라고 불렸다(수 11:10). 하솔은 여호수아가 정복한 도시였으며(수11:13; 수 12:19) 납달리 지파에게 분배되었다(수 19:36). 사사 시대에는 가나안 왕 야빈이 다스렸는데 야빈은 하로셋에 있는 군대장관 시스라를 통하여 이십 년 동안 이스라엘을 다스렸다(삿 4:2-3). 사사 드보라는 바락과 함께 시스라를 격퇴하고 야빈은 멸망당했다(삿 4:15-26). 하솔은 솔로몬에 의해서 요새화가 되었고(왕상 9:15) 앗수르 왕 디글랏 빌레셀이 이곳을 점령하였다는 것이 하솔에 대한 성경의 마지막 기록이다(왕하 15:29). 하솔이 중요한 이유는 해변 길이 지나가기에 이집트와 이스라엘과 다메섹과 바벨론까지 이어 지는 도로에 위치할 뿐 아니라 주위의 풍부한 물과 비옥한 토지 때문이다. 주전 2,000년경에는 하솔의 주민이 약 이만 명이 되었다고 한다.

신전이 있던 곳

하솔은 현존 하는 가나안 도시 가운데 가장 큰 도시이다. 이스라엘의 텔 중에서 가장 큰 규모로
서 상부도시(약 10헥타아르)와 하부도시(약 70헥타아르)로 나누어져 구성되는데 모두 합쳐 그
크기가 80 헥타아르에 이른다. 이곳은 동쪽에 있는 아크로폴리스인 상부도시와 서쪽에 있는 요
새의 역할을 하는 성채인 하부도시로 이루어져 있다.

하솔은 주전 19세기 또는 주전 18세기의 것으로 알려진 이집트 저주 문서부터 시작하여 주전
18세기의 마리 문서, 주전 15세기의 투트모세 3세의 정복 도시 목록, 아멘 호텝 2세와 세티 1세
의 도시 목록에 기록되었다. 이러한 가나안 도시 역사는 주전 13세기 때까지 존재하였고, 이후
모든 왕국들의 머리였던 가나안의 역사는 끝이 나고, 주전 12세기 하반기 때부터는 상부도시의
일부에서 이스라엘의 정착 역사가 본격적으로 시작되어(지층 12) 주전 732년에 디글랏 빌레셀
3세에 의한 파괴되면서 끝이 나고(지층 5) 이후 시대에는 일부에서만 유적을 드러내고 있다.

하솔은 1928년에 가르스탕에 의하여 일부 발굴되었고, 본격적인 발굴은 1955-1958년, 1968년
에 이가엘 야딘의 지도하에 이루어졌다. 1990년 이후부터는 암논 벤 토르 교수의 지도하에 지
금까지 계속적으로 이루어지고 있다. 하부도시는 다섯 개의 주요 지층이 발견되었다. 지층 4는
방어용 언덕, 미끄럼 언덕, 성문 등이 건설되어 요새화를 갖춘 도시이며, 한 지역에서는 바위를
깎아 만든 매장지가 발견되었는데 이들은 서로 터널을 통하여 연결된 모습을 보여주고 있다(F
지역). 발굴자들에 의하여 이 지층은 주전 18세기 때의 것으로 편년되었다. 지층 3은 거대한 화
재에 의하여 파괴되었는데 이 지층의 집 바닥 밑에서는 죽은 아이들을 항아리에 매장한 것이
많이 발견되었다(주전 17-16세기). 이 지층부터 하솔에서는 종교와 관련된 장소가 하부도시에
서 발견되기 시작하는데 F지역에서는 쌍을 이루고 있는 신전이 발견되었고, H지역에서는 너
비 방 구조의 신전이 이 시기 건설되어 후기 청동기 시대 말까지 변형되면서 건축되어 신전의
기능을 하게 된다. 지층 2부터는 후기 청동기 시대의 것으로 요새화 없이 많은 거주 건물들이
이 지층에서 드러났다(주전 15세기). 지층 1-b는 주전 14세기의 아마르나 시대의 지층으로 작

지만 많은 제의 관련 물건을 담고 있는 신전이 C지역에서 처음으로 건설되었고, 주변에는 많은 거주 건물들이 자리잡고 있다. 이 지층 역시 마지막 시기에 파괴되었는데 아마도 세티 1세에 의하여 파괴된 것으로 추정하고 있다. 제일 후기의 지층인 1-a는 주전 13세기 시대의 것으로 이전 지층이 파괴된 이후 재건축된 것으로 이전 지층과의 건축적으로, 문화적으로 연속성을 보여주고 있다. 이 지층 역시 마지막 시기에 파괴되었다. 이 지층에서는 가나안 사람들의 글자도 발견되었다(D지역). 한편 마지막 두 지층에는 외국 토기인 미케네 토기가 발견되었는데 지층 1-b에서는 미케네 IIIA토기가, 지층 1-a에서는 미케네 IIIB토기가 각각 발견되었다. 상부도시에서는 초기 청동기 시대부터 시작한 총 21개의 지층이 드러났다. 지층 13까지 가나안 사람들이 거주하였고 이후부터 이스라엘 백성들이 거주하였다. 하부도시와 같이 중기 청동기 시대의 상부도시에서는 주상을 비롯한 제의 시설과 신전이 발견되었다. M지역에서는 후기 청동기 시대의 상부도시의 궁전으로 들어오는 입구가 발견되어 계속 발굴이 진행 중이다. 지층 12에서는 다른 이스라엘 정착지에서 나타나는 것처럼 많은 구덩이가 발견되었다. 이 지층과 이 다음 시기인 지층 11에서는 주상과 신전 시설이 이스라엘 백성들이 가나안의 문화를 여전히 답습하였음이 드러났다. 이후 지층 10부터 지층 5까지는 요새화된 모습이 시대를 따라 변형을 가져오며 드러났다(주전 10세기-주전 732년). 주전 10세기에는 상부도시의 절반이 되지 않는 크기로 주전 9세기부터는 상부 도시에 요새화가 되면서 사람이 거주하는 모습이 나타나게 되었다(왕상

9:15). 이곳은 요새화를 되면서 단일 돌로 된 열주들이 있는 공공 건물이 발견되었고, B지역에서는 행정 건물로 여겨지는 것이 발견되기도 하였다(주전 9세기). 한편 L지역에서는 주전 9세기에 건설된 공격에 대비한 거대한 지하 물 저장소가 드러났다. 주전 8세기 중반 지층 6에서는 뚜렷한 지진의 흔적을 지닌 건물이 발견되어 성경에 기록된 지진과 연관시키고 있다(암 1:1; 슥 14:5). 이스라엘 정착의 마지막 모습을 지닌 지층 5는 디글랏 빌레셀 3세의 원정과 연결된다(왕하 15:29).

고라신 Chorazin ($X o \rho \alpha \zeta \iota \nu$)
코라짐(Korazim)
32° 54′ 44.09″N 35° 33′ 54.35″E

고라신의 회당 터

예수님이 많은 권능을 베푸셨으나 회개하지 않은 고라신은 성경에 두 번 기록된 곳으로(마 11:21; 눅 10:13) 벳새다와 가버나움과 함께 예수님의 책망을 받은 곳이다(마 11:23). 고라신은 갈릴리 바다 옆에 있으며 가버나움과 벳새다와 가까운 지역에 있다. 고라신은 코라짐(Korazim) 마을 동쪽에 있는 약 100두남(Dunam) 크기의 유적지로 케라제(Kh.Kerazeh)로 부르고 있다. 고라신은 유세비우스가 폐허가 된 마을로 묘사한 기록이 남아 있는 곳이다. 이곳의 발굴은 1962-1964년과 1980-1987년에 이루어졌다. 고라신에 주후 1-2세기경부터 사람들이 정착했으며 지금 볼 수 있는 유적의 대부분은 마을이 확장된 3-4세기 때의 것이다. 5-6세기 때에 다시 복구되었던 마을은 8세기 때 다양한 건물이 지어졌다가 13세기 때에 정착되었다. 이곳의 회당은 윌슨(C.Wilson)에 의해 동일시되었다. 이곳의 건물 잔해는 검은색 현무암으로 되어 있으며 3세기 후반에 건축되었다가 4세기에 파괴된 것을 6세기에 재건축한 회당이 있고 회당 안에는 1927년에 회당의 남쪽에서 수케닉 교수의 발굴로 발견된 모세의 자리(마 23:1,2)라고 부르는 돌 의자가 전시되어 있으며 이 돌 의자의 진품은 이스라엘 박물관에 있다. 고라신은 1900년대에 콜(Kohl)과 왓징거(Watzinger)에 의해 회당이 발굴되었고 1920년대에 발굴이 재개 되었다가 1962-65년과 1980, 1983년에 발굴되었다. 이곳에서 서쪽으로 약1㎞ 떨어진 곳에는 1983년에 세워진 모샤브 고라신(Moshav Korazim)이 있는데 2017년에 341명이 살고 있다. 이곳에는 1948년에 440명 이살던 아랍마을 알 사마키야(al-Samakiyya)가 있었다.

모세의 자리

메로스 Meroz (מֵרוֹז)
키르벳 마루스(Kh. Marus)
33° 01′ 53.96″N 35° 31′ 50.28″E

드보라와 바락의 노래에서 여호와의 사자가 여호와를 돕지 않았기에 저주하라는 성읍으로, 성경에 한 번 기록된 곳이다(삿 5:23). 메로스는 드보라의 군대가 싸우는 것을 가까이에서 보았음에도 함께하지 않았기 때문에 혹독한 저주를 받았다고 보인다. 메로스는 하솔 부근에 있는 키르벳 마루스(Kh. Marus)로 추정되고 있다. 키르벳 마루스는 호르밧 마리스(Horvat Marish)라고 불리기도 하며, 제 이 성전 시대의 거주지와 주후 66년의 로마 항쟁 기간에 요새화된 거주지였으며 주전 4-5세기에 지어진 유대교 회당의 유적이 이곳에 남아 있다. 이곳은 로마 시대와 중세 시대에는 유대인들의 거주지였으나 16세기 부터는 무슬림의 거주지가 되었다. 1922년에는 45명, 1931년에는 59명, 1945년에는 80명의 무슬림이 살았으나 1948년 이후에는 폐허가 되었다.

키르벳 마루스

벳새다 -1 텔 베이트 체이다(Tel Beit Tseida)

텔 베이트 체이다(Tel Beit Tseida)　　　　　　　32° 54′ 37.05″N 35° 37 50.43″E

벳새다는 베드로, 안드레, 빌립의 고향이어서 제자들의 마을로 부를 수 있는 곳이다(요1:44, 12:21). 예수님은 벳새다까지 따라온 사람들을 벳새다 부근의 빈들에서 요병이어의 기적으로 오천명을 먹이셨다(눅 9:10). 이곳에서 맹인의 눈을 뜨게 하셨으나(막 8:22) 고라신과 함께 불신앙의 동네이기에 예수님의 책망을 받았다(마 11:20-23 ; 눅 10:13-15).

벳새다에 대해서는 많은 논란이 있었으나 최근에는 텔 베이트 체이다(Tel Beit Tseida)로 동일시되었다. 에트 텔(et-Tell)로 알려진 텔 베이트 체이다는 갈릴리 바다에서 북동쪽으로 약 3km 떨어진 곳에 있으며 요단 강에서 동쪽으로 약 600m 정도 떨어져 있다. 텔 베이트 체이다는 갈릴리 바다에서 떨어진 곳에 있기에 최근에야 벳새다로 추정되었다. 이곳은 헤롯 빌립의 영토였으며 벳새다 율리아스(Bethsaida Julias)로 부르기도 했다.

1987년부터 시작된 발굴을 통하여 청동기 시대와 철기 시대의 산당, 성문, 비문들이 발견되었고 월신을 숭배하였던 성읍인 증거들이 발견되었다. 이곳은 그술 왕국의 수도로 추정된다(삼하 3:3 ; 13:37,38 ; 15:8). 이곳에서 신약 시대에 어부의 집과 포도주를 만드는 집이었던 이층으로 된 집들과 로마 신전에서만 사용하던 청동 부삽이 발견되었고 로마 황제를 숭배하는 신전도 있었다.

텔 베이트 체이다

벳새다 -2 Bethseida (Βηθσαïδά 고기잡이의 집)

엘 아라즈(el-Araj)　　　　　　　32° 53′ 34.37″N 35° 37 08.91″E

벳새다로 알려진 에트 텔은 갈릴리 바다로부터 약 3km 떨어져 있기에 벳새다로 확정되지 않았다. 벳새다는 배로 갈 수 있는 곳으로 갈릴리 해변에 자리잡고 있었다(막 6:32). 엘 아라즈는 갈릴리 바다의 북쪽으로 연결되는 요단 강에서 약 200m 떨어진 곳에 있다.

멘델 눈(Mendel Nun)은 이곳을 벳새다로 추정하였다. 이곳은 갈릴리 바닷가에 있으며 막달라와 같은 로마 시대에는 해저 209m의 높이였을 것으로 추정한다. 1991년의 탐사에서 초기 로마 시대의 등잔과 그릇이 발견되었고 북쪽과 북서쪽에서는 옛 건물의 잔해도 발견되었다. 2017년의 발굴을 통하여 비잔틴 시대의 교회 유적 아래에서 주후 1-3세기의 로마 시대의 목욕탕을 발굴 하였다. 로마 시대의 유적은 해저 211m에서 발견 하였다. 이곳에서 주전 1세기에서 3세기의 토기가 발견되었다. 두 개의 동전이 발견되었는데 구리 동전은 2세기의 것이나 다른 동전은 네로 황제 시대인 주후 65-66년의 은화였다. 비잔틴 시대의 교회는 베드로와 안드레의 집 위에 건축 되었다는 주후 725년의 윌리발드(Willibald) 주교의 기록이 있다.

엘 아라즈

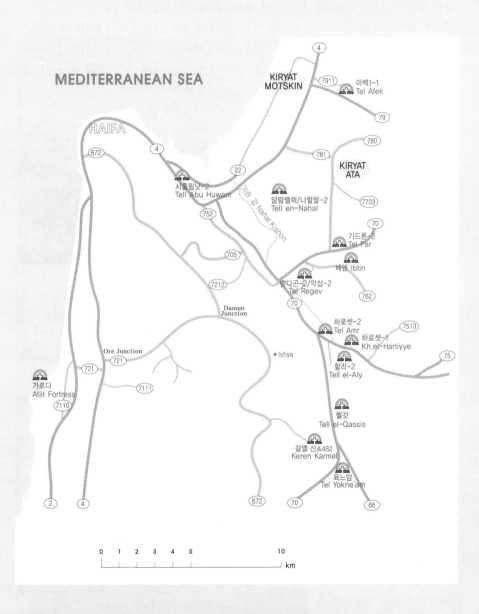

MEDITERRANEAN SEA

KIRYAT
MOTSKIN

7911

아벡1-1
Tel Afek

4

79

HAIFA

672

4

780

781

22

KIRYAT
ATA

사훌림낫-2
Tell Abu Huwam

기손 강 Nahal Kishon

알람멜렉/나할랄-2
Tell en-Nahal

7703

752

70

기드론-2
Tel Par

705

베덴 Ibtin

762

7212

빤다곤-2/악삽-2
Tel Regev

Damun
Junction

70

하로셋-2
Tel Amr

7513

Ore Junction

• Isfiya

하로셋-1
Kh.el-Hartiyye

75

721

721

할리-2
Tell el-Aly

가르다
Atlit Fortress

7111

7110

헬갓
Tell el-Qassis

갈멜 산▲482
Keren Karmel

2

4

욕느암
Tel Yokne'am

672

70

66

0 1 2 3 4 5   10
└──────────────────────┘ km

시홀 림낫 [-2] 텔 아부 후왐(Tell Abu Huwam)
텔 아부 후왐(Tell Abu Huwam)
32° 47′ 46.36″ N 35° 01′ 53.76″ E

아셀 지파의 영토 서쪽 경계에 있던 성읍으로 갈멜 산 부근에 있었다(수 19:26). 시홀 림낫은 작은 강과 연관이 있는 장소로 추정 장소는 물이 흐르는 시내로 추정된다. 시홀 림낫의 추정장소는 두 곳이다. 시홀 림낫을 갈멜 산 북쪽으로 추정할 때에는 텔 아부 후왐(Tell Abu Huwam)으로 보며 갈멜 산 남쪽으로 볼 때는 나홀 에즈 제르카(Nahr ez-Zerqa)로 추정한다.

현대 도시 하이파(Haifa)에 있는데 기손 강의 끝자락에 위치한 고대 항구 도시이다. 이곳은 고대 항구 도시였기에 오랫동안 발굴이 되었다. 이곳은 한 곳의 거주지로 10 에이커 성도의 중요한 규모이다. 이곳의 발굴은 1922, 1929, 1932-33, 1952, 1963년에 이루어졌다. 이곳에서 발

굴을 통하여 후기 청동기, 철기, 페르시아, 헬라 시대의 거주 흔적이 발견되었고 텔의 동쪽에서 후기 청동기 시대의 매장지도 발견되었다. 또한 지표조사에서 비잔틴 시대의 토기가 발견되었다.

알람멜렉 Allammelech (אֵלַמֶּלֶךְ 왕의 상수리나무)
텔 엔 나할(Tell en-Nahal)
32° 47′ 57.52″ N 35° 04′ 11.64″ E

아셀 지파가 분배받은 성읍으로 성경에 한 번 기록되었으며, 악삽과 시홀 림낫 사이에 있었던 곳이다(수 19:26). 알람멜렉은 악고 평야의 남쪽 지역에 있었을 것으로 추정된다. 알람멜렉은 일반적으로 텔 엔 나할(Tell en-Nahal)로 추정된다. 알람멜렉을 텔 엔 나할로 동일시되는 것은 그 근거가 약하다. 텔 엔 나할은 때로는 나할랄로 추정되기도 한다. 텔 엔 나할은 하이파 항구의 공장 지대에 있으며 시홀림낫 추정지인 텔 아부 후왐 가까이에 있는 높이가 약 15m가 되는 텔

로서 아직까지 발굴이 이루어지지 않았다. 잘 깎여진 돌들이 텔의 남쪽 밑바닥에 깔려있다. 이곳에서 후기 청동기, 철기, 페르시아, 비잔틴, 아랍, 십자군, 마믈룩, 오토만 시대의 토기가 발견되었다. 이곳은 제한 구역 안에 있어 답사하기 어려운 곳이다.

기손 강 Kishon River (קִישׁוֹן 꾸불꾸불한 강)
나할 키손(Nahal Kishon)

이스르엘 평야의 므깃도 앞에 있으며 엘리야가 바알 선지자들을 죽인 장소이다. 또한 시스라가
드보라와 바락에 의해 패전한 곳으로 나할 키손(Nahal Kishon)이라고 불린다. 이방 하로셋에
살던 하솔의 군대 장관 시스라는 기손 강으로 모든 군대를 출동시켰다가 혼란에 빠져 자신도
도보로 도망치다가 살해되었다(삿 4:7,13). 이 사건은 아삽의 기도에도 인용되었다(시 83:9). 기
손 강은 갈멜 산 북쪽을 흐르는 강이기에 엘리야가 바알의 선지자들을 850명을 모두 죽인 곳이
다(왕상 18:40). 다윗의 용사 중에 기손 출

신 하셈의 아들들이 있었다(대상 11:34).
기손 강은 이스르엘 골짜기와 악고 평야
를 흘러 갈멜 산 북쪽에 있는 만으로 흘러
가 지중해와 합류한다. 일년 내내 흐르는
강이며 평소에는 강이라 부르기에 어려운
작은 개울 수준이지만, 우기가 되면 쉽게
건널 수 없는 강이 된다. 기손 강은 악고
평야에서 일 년 내내 흐르는 강이 되며 강
폭이 20m까지 넓어진다.

기드론 Kidron (קִדְרוֹן 결속)
텔 파르(Tel Par)   32° 46′ 28.92″N 35° 06′ 40.97″E

스불론 지파가 분배받았으나 나할랄과 같이 가나안 사람들을 쫓아내지 못했던 성읍으로 나할
랄 옆에 있다(삿 1:30). 기드론으로 추정하는 곳은 두 곳이다. 올브라이트(Albright)는 텔 아벡
(Tel Afeq, Tell Qurdaneh)으로 추정하고 아벨(Abel)은 텔 엘 파르(Tell el-Far)로 추정한다. 텔
엘 파르는 악고 평야에 있으며 나할랄 추정지와도 가까이 있다.
　이곳은 9두남 크기의 텔로 시험 발굴을 통하여 중기 · 후기 청동기, 후기 철기, 페르시아 시대
의 것으로 보이는 거주 흔적이 발견되었고, 비잔틴 시대의 농장으로 보이는 건물 유적도 발견되
었다.

베덴 Beten (בֶּטֶן 계곡)
키르벳 입틴(Kh. Ibtin)
32° 45´ 47.78˝N 35° 06´ 35.02˝E

아셀 지파가 가족대로 제비 뽑은 영토 안에 있던 성읍이다. 할리와 악삽 부근에 있었으며 성경에 한 번 기록되었다(수 19:25). 유세비우스는 이곳이 벧세텐(Beth-Seten)이라고 불리며 돌레마이에서 8마일 떨어진 곳에 있었다고 했다. 아벨은 악고(돌레마이)에서 남동쪽으로 18㎞ 떨어진 키르벳 입틴(Kh. Ibtin)으로 추정한다. 이곳에서 해당되는 시기의 토기 조각들이 나오지 않았으나 이름이 옛 지명의 흔적을 갖고 있다.

이곳에서 고대 무덤, 채석장, 매장 동굴, 포도주 틀, 물 저장소가 발견되었으며 지표조사를 통하여 로마, 비잔틴, 마믈룩, 오토만 시대의 토기가 발견되었다. 이곳은 성경 시대의 유적과 중세, 근대의 유적이 마을 앞 언덕에 자리 잡고 있는 인상적인 곳이다. 입틴 마을은 1965년에 베드윈이 정착한 마을이며 2017년에는 2,759명이 살고 있다.

벧다곤 ² 아셀 Beth- Dagon (בֵּית דָּגוֹן 다곤의 사당)
텔 레게브(Tel Regev)
32° 45´ 30.92˝N 35° 05´ 25.15˝E

갈멜 산 동쪽에 있었으며 아셀 지파의 북쪽 해안 지방의 스물두 성읍 중의 하나였다(수 19:27). 쉐펠라(평지) 지역에 있는 유다 지파에게 분배된 곳이며 벧다곤²(아셀)은 아셀 지파의 영토였다. 벧다곤의 위치에 대하여는 성경에 갈멜 산 동쪽의 시홀 림낫 부근이며 스불론 지파와의 경계선에 있다고 기록되어 있다. 따라서 벧다곤은 최근에는 텔 레게브(Tel Regev)로 추정한다. 텔 레게브는 텔 엘 하르바즈(Tell el-Harbaj)로 불렸다. 텔 레게브를 벧다곤으로 추정하는 이유는 지리적으로나 고고학적으로나 가능성이 있는 장소이기 때문이다. 텔 레게브는 하이파에서

동남쪽으로 8㎞ 지점에 있는데 악삽의 추정 장소 중의 하나이기도 하다. 텔 레게브의 북서쪽에서 성벽이 발견되었으며 초기·후기 청동기, 철기, 헬라, 비잔틴, 아랍, 오토만 시대의 토기가 발견되었다.

하로셋 ⁻¹ Harosheth (חֲרֹשֶׁת הַגּוֹיִם 이방인의 하로셋) /하로셋학고임

키르벳 엘 하트리예(Kh. el-Hartiyye)   32° 43′ 33.92″N 35° 06′ 53.85″E

시스라의 고향이며 패전한 시스라가 도망간 하로셋학고임은 개역한글판에서 이방인의 땅 하로셋(삿 4:13)과 이방 하로셋(삿 4:16)이라고 번역되었으나 개역개정판에서 하로셋학고임으로 번역된 곳으로 성경에 두 번 기록된 곳이다(삿 4:13,16). 바락이 납달리 자손과 스불론 자손 일만 명을 모아서 다볼 산에 진을 친 것을 알게 된 가나안 군대의 시스라가 철 병거 구백 승과 모든 군사를 기손 강에서부터 하로셋학고임까지 모이게 하였다. 시스라의 군대에게 승리한 바락의 군대가 하로셋학고임까지 추격을 하였는데 시스라의 군대는 전멸하였다(삿 4:16). 하로셋학고임의

추정 장소는 키르벳 엘 하트리예(Kh. el-Hatriyye)와 텔 아므르(Tel Amr)이다. 이 두 장소는 2㎞ 밖에 떨어져 있지 않은 가까운 지역에 있다. 이곳은 이 부근에서 가장 좋은 곳에 자리 잡고 있는 지리적인 이유와 함께 명칭이 보존되어 있고 지금도 마을이 있는 곳이나 성경 시대의 고고학적인 근거는 아직 발견되지 않았다.

하로셋 ⁻² 텔 아므르(Tel Amr)

텔 아므르(Tel Amr)   32° 43′ 43.64″N 35° 05′ 47.22″E

이곳이 하로셋으로 추정되는 근거는 지리적인 이유에 있으며 고고학적인 근거는 아직 발견되지 않았다. 키르벳 엘 하트리예는 지리적인 이유와 함께 명칭이 보존되어 있기 때문에 추정의 근거가 되나 지리적인 이유로는 텔 아므르가 더 지지를 받는다.

텔 아므르는 지리적인 조건이 더 좋은 곳에 위치하여 교통의 요지에 있다. 텔 아므르에서는 지표 조사를 통하여 중기 청동기, 바사 시대의 무덤이 발견되었고 중기 · 후기 청동기, 철기, 페르시아, 헬라, 로마, 비잔틴, 십자군, 마믈룩, 오토만 시대의 토기도 발견되었다.

할리 ⁻² 텔 엘 알리(Tell el-Aly)

텔 엘 알리(Tell el-Aly)   32° 42′ 42.73″N 35° 06′ 27.56″E

악삽 지파의 땅이었던 할리는 아셀 지파가 자손을 위하여 제비 뽑아 분배받은 성읍이다(수 19:25). 할리는 성경에 헬갓과 베덴 사이에 있는 것으로 기록되어 있다.

할리의 추정장소는 텔 엘 알리(Tell el-Aly)와 텔 아릴(Tel Alil) 이다.

아벨은 텔 엘 알리를 할리로 추정했는데 추정 근거는 미약하다. 이곳에서 성벽이 없는 거주지로 바위를 깎아 만든 우물과 담이 발견되었고 석동기와 초기 청동기의 토기가 발견되었다.

헬갓 Helkath (חֶלְקַת 미끄러움)

텔 엘 카시스(Tell el-Qassis)   32° 41′ 06.48″N 35° 06′ 31.14″E

아셀 지파가 레위 지파에게 준 헬갓은 아셀 지파의 분깃이었으나 레위 지파 게르손 자손에게 주어진 네 성읍 중의 하나였다(수 19:25; 21:31). 헬갓에 목초지가 같이 있었던 것으로 보아 평야 지대에 있었다. 헬갓이라는 지명은 투트모세 3세의 정복 도시 목록에 기록되어 있었다. 헬갓은 텔 엘 카시스(Tell el-Qassis)와 동일시되고 있다. 텔 엘 카시스는 이스르엘 평야 북서쪽에 있으며 악고 평야 동쪽에 위치하는 기손 강변에 있다.

이곳은 악고와 욕느암, 므깃도, 다아낙, 벧산으로 연결되는 중요한 교역로에 위치하고 있다. 이곳은 상부와 하부로 나뉘어져 있으며 초기 청동기 시대의 가옥과 중기 청동기 시대의 요새와 철기 시대의 요새 벽과 방어벽이 있으며 페르시아 시대의 벽의 유적도 있다. 이곳에서 발굴과 지표 조사를 통하여 석동기, 초기 · 중기 · 후기 청동기, 초기 철기, 페르시아, 헬라, 로마, 비잔틴, 아랍 시대의 지층이 발견되었다. 이곳은 답베셋으로 추정되기도 한다(수 19:11).

갈멜 산에서 내려다 본 헬갓과 기손 강

가르다 Kartah (קַרְתָּה 도시)

아틸리트(Atilit)   32˚42′20.12″N 34˚56′01.61″E

성경에 한 번 나오는 지명으로 스불론 지파의 영토였으나 레위 사람 므라리 자손에게 주어진 성읍이다(수 21:34). 가르다의 위치는 확정되지 않았다. 가르다를 익살(Iksal)로 추정하기도 하지만 근거가 없으며 일반적으로는 아틀리트(Atilit)으로 추정하고 있다. 그 이유는 로마 시대에 케르다(Certha)로 부르는 지역이기 때문이다. 페니키아어에서 도시를 카르드(qarth)라고 부르기에 이 이름이 유래 되었다고 여긴다. 이곳의 요새화는 1218년에 이루어져 두 개의 큰 탑과 성벽이 완공 되었다. 이 지역의 유적은 십자군 요새 앞에 있는 중기 청동기 시대의 거주지 해변에 있는 중기 청동기 무덤, 철기 시대의 거주지, 주전 7세기의 잔해, 주전 6-5세기의 잔해, 페니키아 시대의 항구, 페니키아 무덤이 있다. 이곳에는 십자군 시대의 성벽이 동쪽과 남쪽에 쌓여 있으며 동쪽 성벽의 일부분 해자가 건설되어있다. 성벽 안에는 우물이 있으며 돌출 지역에는 해자가 건설되고 바닷가에는 십자군 시대의 성채가 자리 잡고 있다. 북쪽 해안에는 큰 규모의 십자군 묘지가 있다.

아틸리트의 요새 유적

아벡 1-1 아셀 Aphek (אֲפֵק 요새)

텔 아펙(Tel Afek)   32˚50′46.62″N 35˚06′38.87″E

아셀 지파가 분배 받았으나 정복하지 못한 곳이다(수 19:30). 아벡[1](아셀)은 동명이지로 성경에 아벡[2](아람; 왕상 20:26), 아벡[3](레바논; 수 13:4), 안디바드리로 불리는 아벡[4](사론; 수 12:18)이 있다. 아벡[1]은 아빅(삿 1:31)과 이명동지이기도 하다. 아벡은 두 곳의 추정지가 있는데 텔 아벡과 텔 카브리이다.

악고에서 남동쪽으로 약 9㎞ 정도 떨어진 곳에 있으며 물이 풍부하며 이집트와 페니키아를 연결하는 해변 도로에 있는 요충지에 있다. 이곳의 남동쪽에는 아펙(Afek)이라는 키부츠가 있고 이 지역은 아인 아벡 국립공원(Ein Afek Reserve)으로 지정되어 있다.

이곳은 석동기의 유적, 중기 청동기의 무덤들, 후기 청동기의 유적이 발굴되었다. 이곳에서는 페르시아, 헬라, 로마, 비잔틴, 십자군 시대의 토기가 발견되었다. 십자군 시대인 1154년에는 레코르다네(Recordane)라고 불렸으며 이 시대의 두 개의 수도가 발굴되었다. 1881년에 팔레스틴 연구재단(SWP)는 키르벳 쿠르다네(Kh. Khurdaneh)를 발견하였다. 쿠르다네는 제분소라는 뜻이다. 동쪽의 이곳은 십자군 시대의 댐과 연못, 제분소, 탑이 있는 요새가 남아 있는 국립공원이다.

갈멜 산 Mount Carmel (הַר כַּרְמֶל 포도원의 산)

무흐라카(Muhraka)　　　　　　　　　　32°40′21.68″N 35°05′18.24″E

엘리야가 바알 선지자들과의 영적인 대결에서 승리한 곳으로 유명한 산이다(왕상 18장). 성경에서 갈멜은 동명이지로 유다 지파에 속한 마을(수 15:55)과 갈멜 산이 있다. 갈멜 산은 벧엘을 떠난 엘리사가 사마리아로 돌아갈 때 들린 곳이며(왕하 2:25) 수넴 여인이 엘리사의 예언대로 얻은 아들이 죽었을 때 엘리사가 머물렀던 곳이다(왕하 4:25). 갈멜 산은 아름답고 언제나 푸른 곳이었으며(아 7:5; 암 1:2), 해변에 있었고(렘 46:18), 예언 때에 비유로 언급되는 중요한 장소였다(사 33:9; 암 9:3). 성경에서 갈멜 산은 '갈멜 산' 또는 '갈멜'(사 33:9; 렘 46:18)로 기록되어 있어 갈멜 성읍과 혼동되기 쉬운 지명이다. 갈멜 산은 이스라엘에서 해안 평야 지역까지 가로지른 산맥으로 길이가 약 39㎞이고 폭은 6-8㎞정도의 크기이며 가장 높은 곳은 해발 546m에 이른다.

갈멜 산 위의 대결이 있었던 장소는 해발 482m 높이의 무흐라카(Muhraka) 봉우리로 갈멜 산의 남쪽 봉우리이다. 이곳은 이스르엘 골짜기가 보이는 곳이다. 무흐라카는 '불의 제단'이란 뜻이다. 이 수도원 가까이에는 엘리야가 사용한 물을 길어 왔을 것으로 추정하는 엘 만수라 우물(Bir el-Mansura)이라고 부르는 엘 무흐라카 우물(Bir el-Muhraqa)이 있다. 지금은 갈멜 수도원이 자리 잡고 있고 엘리야의 동상이 세워져 있다.

이곳이 엘리야 사건의 장소라는 것은 유대교 전통에 근거한다. 1165년에 프랑스의 투델라(Tudela)의 랍비 베냐민(Benjamin)은 제단과 기손 강을 기록했다. 1235년에 프랑스 파리의 랍비인 야곱(Jacob)과 다른 랍비는 엘리야의 제단이라고 부르는 12개의 돌로 쌓은 기념비와 바위

를 잘라 만든 기도처가 있다고 기록했다. 이 기도처는 십자군 시대 이전에 세워졌다고 추정하며 이 자리에 1883년에 수도원이 세워졌으며 현대식 건물로 개축되었고 12개의 돌로 세운 새로운 제단이 만들어졌다.

갈멜 수도원

갈멜 산의 엘리야 동상

하부 갈릴리의 *한나돈* 지역

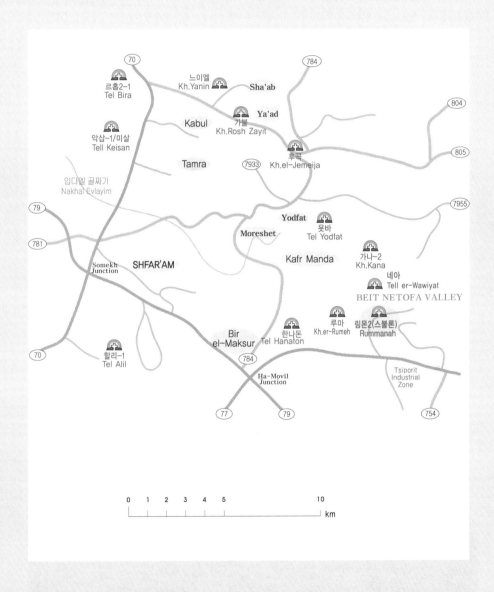

르홉2-1
Tel Bira

느이엘
Kh.Yanin

Sha'ab

Kabul

가불
Kh.Rosh Zayit

Ya'ad

악삽-1/미살
Tell Keisan

Tamra

후꼭
Kh.el-Jemeija

입다엘 골짜기
Nakhal Evlayim

Yodfat

욧바
Tel Yodfat

Moreshet

Somekh
Junction

SHFAR'AM

Kafr Manda

가나-2
Kh.Kana

네아
Tell er-Wawiyat

BEIT NETOFA VALLEY

Bir
el-Maksur

한나돈
Tel Hanaton

루마
Kh.er-Rumeh

림몬2(스불론)
Rummanah

할리-1
Tel Alil

Ha-Movil
Junction

Tsiporit
Industrial
Zone

0 1 2 3 4 5   10
                        km

르홉 [2] 아셀 Rehob (רְחֹב 넓은 곳)

텔 비라(Tel Bira)   32°54′05.75″N 35°10′09.95″E

레위 지파에게 준 아셀 지파의 성읍(수 19:28-30)이다. 가나안 정복 때에는 빼앗지 못했으나(삿 1:31) 레위 지파의 성읍으로 분배되었다(수 21:31; 대상 6:75). 르홉[2](아셀)의 추정지는 텔 비라(Tel Bira)와 벧산 남쪽에 있는 텔 르홉(Tel Rekhov)이라고 부르는 텔 에스 사림(Tell es-Sarim)이다. 올브라이트가 르홉[2](아셀)이라고 주장했던 텔 르홉은 아셀 지파의 지역에서 멀리 떨어져 있기에 최근에는 르홉의 추정지로 여기지 않는다. 텔 비라는 텔 비르웨(Tell Birwe)라고 부르던 곳이다. 텔 비라(Tel Bira)는 악

고 평야의 동쪽 끝에 있으며 이 곳에서는 중기 청동기부터 초기 · 후기 철기 시대와 헬라 시대의 토기들이 발견되었다.

이곳은 1949년에 설립되고 2017년에 839명이 사는 이스라엘 키부츠인 야수르(Yasur)의 남서쪽에 있다.

느이엘 Neiel (נְעִיאֵל 하나님께서 옮기심)

키르벳 야닌(Kh. Yanin)   32°53′36.44″N 35°13′18.63″E

아셀 지파에게 주어진 성읍으로 성경에 한 번 기록된 곳이다. 아셀 지파의 성읍으로 벧에멕과 가불 부근에 있었다(수 19:27). 대부분의 학자들은 느이엘을 키르벳 야닌(Kh. Yanin)과 동일시하고 있다. 키르벳 야닌은 악고 평야의 동쪽 부분에 있는 구릉지대에 있는데 그 주위에서 가장 전망이 좋은 곳에 위치하고 있다. 이곳은 석동기 시대부터 중기 청동기까지 거주지였다. 초기 철기 시대에 도시가 형성되었고 페르시아 시대 때는 새로운 거주지가 되었다.

이곳은 1945년에 1,460명의 아랍인이 살던 알 비르와(Al-Birwa)가 있던 곳이다. 이곳은 1852년에 에드워드 로빈슨이 기록한 마을이다. 1875년에 괴랭이 그리스 정교회의 교인이 살고 있다고 기록했던 마을이다.

아셀 지파 영토의 동쪽 경계선에 있었던 성읍이며, 벧에멕과 느이엘 부근에 있었다(수 19:27). 가불은 동명이지로 솔로몬 왕이 두로 왕 히람에게 주었던 갈릴리 지방의 20개 성읍이 있는 가불 땅인 가불2(지역)은 아셀 지파의 가불인 가불¹(성읍)과 다르다. 가불¹(성읍)으로 추정되는 곳은 키르벳 로쉬 자이트(Kh. Rosh Zayit)이다. 가불은 2017년에 13,649명의 아랍인이 사는 마을로 성경의 이름을 가지고 있지만 이곳에서는 철기 시대의 유적을 발견하지 못했다. 이곳에서는 페르시아 시대의 토기와 주후 1-4세기의 유적만 발견되었다. 이곳은 남서쪽으로 약 1.5㎞ 떨어진 아랍인 마을 가불(Kabul)이 있는 해안 평야가 내려다보이는 언덕 지대에 있다. 이곳에는 샘이 없고 바위를 판 저수지가 있다. 하부 갈릴리 지역의 지표 조사에 의하여 자세히 알려진 호르밧 로쉬 자이트(아랍어 명칭으로는 키르벳 라스 에즈-제이툰)는 성경의 지명인 가불의 이름을 간직하고 있는 근처의 아랍 마을에서 철기 시대의 유물이 나오지 않아 주목되었고 1983년도부터 쯔비 갈의 지도로 발굴되었다.정상 부분에 위치한 요새 건물 이외에 동쪽과 (A 지역) 서쪽 (B 와 C 지역)에서 발굴이 이루어졌는데(Gal and Alexandre 2000: Fig. I.6) 3개의 지층이 드러났다. 가장 오래된 지층 3은 요새화가 이루어지기 이전에 세워진 것으로 아주 제한된 마을에서의 정착 모습을 보여주고 있다. 발굴자에 의하여 이 지층은 주전 10세기 초반으로 편년되었다. 지층 2에서는 요새 건물이 산 정상 부분에서 건축되었는데 이 지층은 다시 두 개의 건축 단계로 나누어 진다. 이후 단계에서는 가로 세로 24m의 정방형의 모습을 보여주고 있다 (Gal and Alexandre 2000: Plan 5). 이 요새 건물은 잘 다듬어진 돌을 사용하여 건축되어 숙련된 건축 기술자에 의하여 건축 되었음이 분명하다. 이 건물 안에서는 많은 항아리들(총 25,000~40,000 리터의 밀 또는 다른 곡식들, 포도주 또는 기름 저장)과 함께 많은 사이프러스-페니키아 토기가 발견되어 그 당시 이 장소가 국제적 관계를 가졌음을 증거하고 있다. 이 지층은 마지막에 파괴되어 많은 양의 토기들을 남겨 놓았다. 이곳에서 나온 발견물들을 바탕으로 지층 2를 주전 10세기 하반기로 편년하고 파괴는 주전 880년경에 일어났을 것으로 추정하고 있다. 마지막 지층인 지층 1(주전 9-8세기)에서는 요새 이외에 다른 지역에서도 주거지가 건설되었다 (B와 C 지역). 정상 부분의 요새는 내부에서 새로운 벽들이 건설되어 방들이 세분되는 모습을 지니고 있어, 요새가 아닌 거주지가 되었을 것이다. 요새의 역할이 끝난 후에 A, B, C 지역에서 건물이 각각 건설되었으나 주전 8세기 말에 파괴되었는데 아마도 디글랏 빌레셀 3세의 원정 때 파괴된 것으로 추정한다.

아셀 지파에게 주어진 분깃이다. 악삽은 하솔 왕 야빈이 동맹군을 조직해 여호수아에게 대항할 때 가담했던 가나안의 성읍이었으며(수 11:1) 여호수아가 물리친 가나안 왕들의 목록에 들어가 있었다(수 12:20). 악삽은 아셀 지파가 제비 뽑아 분배받은 영토의 한 성읍이었다(수 19:25). 악 삽은 이집트의 저주 문서, 투트모세 3세가 정복한 카르낙의 목록, 텔 엘 아마르나 문서에도 기 록된 곳이다.

  악삽으로 추정되는 곳은 텔 케이산(Tell Keisan)과 키르벳 엘 하르바즈(Kh. el-Harbaj)이며 키 르벳 엘 하르바즈는 텔 레게브(Tel Regev)와 같은 곳으로 벧다곤²(아셀)으로도 추정되는 곳이 다. 악삽의 추정지인 텔 케이산(Tell Keisan)은 높이가 28m, 폭이 250m, 길이가 300m의 규모 이다. 이곳은 마살과 이명동지인 미살(수 19:26)의 추정 장소이기도 하다.

이곳은 1935-1936년에 가르스탕(J. Garstang)과 로위(A. Rowe)에 의해, 1971년에는 드보(R. de. Vaux)와 다른 고고학자들에 의해, 2002년에는 티퍼르(Y. Tepper)에 의해, 2005년과 2006 년에는 이스라엘 고고학청(IAA)에 의해, 2016년과 2018년에는 숄렌(D. Schloen)과 레만(G. Lehmann)에 의해 발굴되었다.

  이곳은 초기, 중기 청동기 시대의 요새, 철기 시대에 재건된 거주지가 발굴되었다. 8세기에 파 괴되었으나 앗수르 시대에 다시 거주지였으나 파괴되었다가 페르시아 시대와 헬라 시대에 다 시 거주지였으나 주전 2세기에 파괴 되었다.

  2018년 12월에 이곳에서는 페르시아 시대의 요새를 발굴했다. 이곳에서는 로마 시대의 유적, 비잔틴 시대의 교회가 발굴되었으며 살라딘의 근거지가 되었다. 지금 이곳은 개인 소유의 농장 이 되었다. 이곳은 텔 기손(Tel Kisson)이라고 부르기도 하며 해변 길(Via Maris)이 지나가는 중 요한 곳에 있다.

미살 Mishal (מִשְׁאָל 기도, 청원)

텔 케이산(Tell Keisan)　32° 52′ 23.40″N 35° 09′ 01.48″E

아셀 지파의 기업이었으나 레위 지파 게르손 자손에게 주어진 도피성인 미살은 성경에 두 번 기록된 곳이다 (수 19:26; 21:30). 이곳은 마살(대상 6:74)과 이명동지이며 미살 산(시 42:6)과는 동명이지이다. 이곳은 압돈과 가까운 곳에 위치한 성읍으로 목초지가 같이 있으며 해안 평야 지대에 위치한 성읍이었다. 미살 또는 악삽으로 추정되는 텔 케이산(Tell Keisan)은 발굴을 통하여 청동기, 철기 시대와 페르시아, 헬라, 하스모니아, 비잔틴 시대의 거주층이 발견되었다. 이곳을 미살로 추정하기도 하나 근거는 미약하다. 텔 케이산은 텔 기손(Tel Kison)으로 불리기도 한다.

후곡 Hukok (חֻקֹק 제정된)

키르벳 엘 제메이자(Kh. el-Jemeija)　32° 51′ 51.62″N 35° 15′ 50.08″E

후곡은 아셀 지파에게 주어진 분깃이었으나 레위 지파 게르손 자손에게 주어진 곳이다(대상 6:75). 후곡을 추정되는 것은 어렵지만 아하로니는 키르벳 엘 제메이자(Kh. el-Jemeija)로 제안한다. 이곳은 아셀 지파의 영토였던 가불에서 약 3.5km 정도 밖에 떨어져 있지 않기 때문에 아셀 지파의 영토로 보는데 무리가 없다. 후곡은 훅곡과 같은 장소로 보는 견해도 있기에 후곡은 추정되기에 매우 까다로운 장소이다. 이곳에는 시대가 확정되지 않은 저수조, 성벽이 있다.

입다엘 골짜기 Valley of Iphtah El (גֵּי יִפְתַּח־אֵל 입다엘 골짜기)

나할 에블라임(Nahal Evlayim)

성경에 두 번 기록된 곳으로 북부 지역 중앙에 자리 잡은 스불론 지파의 영토와 해안 평야 지역에 자리 잡은 아셀 지파의 경계선에 있었다(수 19:14,27). 하나님께서 열어주신다는 뜻을 가진 입다엘 골짜기는 확실하지 않지만 지파별 영토의 구분에 따라 나할 에블라임(Nahal Evlayim)으로 추정된다. 이곳은 악고로부터 하부 갈릴리를 가로지르는 골짜기이고 이 골짜기는 벧 네토파 계곡(Beth Netofa Valley)과 연결된다.

입다엘 골짜기로 추정하는 나할 에블라임 ▶

욧바 Jotbah (יָטְבָה 즐거움)

텔 요드파트(Tel Yodfat)　　　　　　　　　32°49′56.01″N 35°16′39.31″E

유다 왕 므낫세의 아내였던 므술레멧의 고향인 욧바는 성경에 한 번 기록된 곳이다(왕하 21:19). 므술레멧은 므낫세의 후계자인 므낫세의 아들 아몬의 모친이었다. 욧바는 디글랏 빌 레셋 3세(Tiglath-pileser III)에 의해서 정복된 곳이었으며 로마 시대에는 요드파트 (Yotapata/Yodpat)로 불렸다. 욧바는 텔 요트바타(Yodfat/Jotapata)로 동일시되고 있다. 이 곳은 철기 시대 부터의 요새로 보여지는 곳이며 주전 4세기와 주전 3세기의 유적이 발견되었 다. 이곳은 주전 2세기에도 유대인의 거주지였다. 미슈나(Mishnah)에 의하면 이 성읍은 여호 수아의 가나안 정복때부터 성벽으로 둘러 쌓였다고 한다. 주후 1세기에 이곳은 50두남의 크 기로 확장되었다. 이 성읍은 주후 67년의 로마 항쟁때 후에 로마 황제가 된 베스파시안에 의 해 포위되어 47일만에 함락되어 40,000명이 살해되고 1,200명의 여자와 어린 아이들이 포로

가 되었고 이곳의 지휘관인 요세푸스가 투항하였다. 1960년에 이곳에서 북서쪽으로 약 1㎞ 떨어진 곳에 요드 팟(Yodfat) 키부츠가 설립되어 2017년에 829명이 살고 있다. 이곳은 1847년에 슐츠(E. G. Schultz)에 의해 확정 되었다. 1992년부터 2000년까지 이스라엘 고고학청 (IAA)에 의해 여섯 시즌 발굴되어 요새, 저수조들, 전투 현장의 광범위한 증거, 대규모 무덤이 발굴되었다.

가나 1-2 Cana (*Kavâ* 갈대)

키르벳 카나(Kh. Kana)　　　　　　　　　32°49′19.51″N 35°18′10.36″E

나사렛에서 북쪽으로 약 19㎞ 떨어진 곳에 있다. 이곳의 명칭은 아랍어로 카나 엘 제릴 (Qana el-Jelil)인데 '갈대의 마을' 이라는 뜻을 가지고 있다. 요세푸스는 자신이 가나라는 갈 릴리 마을에서 살았다고 했다. 주후 12세기부터는 이곳을 갈릴리 가나로 알고 순례자들이 찾아왔었다고 한다. 이곳은 베트 넵토아 계곡이 시작되는 산기슭에 있는 마을이었다. 이곳에 는 저수조와 거주지의 유적이 있고 주후 1세기의 토기 조각과 동전이 많이 출토되었다.
베트 넵토아(Bet Netofa)계곡에서 100m 정도의 높은 석회암 노출 지역에 있는 유적이다. 에드 워즈(D. Edwads)와 멕큘러(Mcollough)가 주전 200년경부터 주후 650년 사이의 마을 유적을 발굴 하였다.
이곳에는 로마 시대의 회당들과 유대인들의 정결례를 위한 몇 개의 미크베(Mikveh)를 발견 했 다. 남쪽 기슭에서는 예배 장소로 보이는 동굴 유적지가 있다. 이곳에는 신약 시대의 시대로 보

이는 제단, 석관 뚜껑, 석기가 있는 선반과 돌로 된 그릇들 이 발견되었다. 아람 마을의 유적과 교회나 수도원으로 모 이고 유적이 동굴 유적지 남쪽에서 발견되기도 했다. 그뿐 아니라 비잔틴 시대와 중세 시대 역사적인 자료를 통해 가 나로 주장되고 있다. 십자군 지도들은 이곳을 가나로 기록 하고 있고 주후 1101-1103년의 새울프(Saewulf)는 이곳을 가나로 동일시하였다.

네아 Neah (נֵעָה 동요, 동작)

텔 엘 와위야트(Tell el-Wawiyat)   32˚47′55.93″N 35˚18′17.27″E

스불론 지파가 가족대로 제비를 뽑아 얻은 영토에 있으며 성경에 한 번 기록된 스불론 지파 영토의 성읍이다(수 19:13). 네아는 스불론 지파의 동쪽에 있었으며 엣 가신과 림몬 사이에 있었고 림몬에 더 가까이 있었지만 림몬은 룸마네(Rummane) 마을로 동일시되었고, 네아는 림몬에서 1km 떨어진 텔 엘 와위야트(Tell el-Wawiyat)로 동일시되었다. 히브리어로 텔 와위트(Tel Wawit)라고 불린다. 벤 넵토파 계곡(Bet Netofa valley)에 있는 텔 와야트에서 중기·후기 청동기와 철기 시대의 유적이 발견되었고, 두 개의 건물터도 발견되었다.

림몬² 스불론 Rimmon (רִמּוֹן 고함치다) /림모노

루만나(Rummanah)   32˚47′17.08″N 35˚18′39.04″E

스불론 지파가 분배 받은 곳으로 네아와 한나돈 부근에 있었던 성읍이다(수 19:13). 림몬은 므라리 자손에게 분배된 스불론 지파의 림모노와 이명동지이다(대상 6:77). 림몬²(스불론)은 일반적으로 현대 마을 루만네(Rummanah)와 동일시되고 있다. 루만네는 나사렛에서 북쪽으로 9㎞ 떨어진 곳에 위치한 베트 넵도아 계곡의 남쪽의 언덕 지대에 있는 아랍인 마을이다. 에드워드 로빈슨은 1852년에 이 마을을 지나가면서 림몬으로 동일시했다. 이곳에서는 청동기 시대와 철기 시대의 토

기, 철기 시대와 페르시아 시대의 건물 페르시아 시대의 무덤, 로마 시대의 건축물, 마믈룩 시대의 유적이 발견되었다. 이곳은 2017년에 1,182명이 사는 아랍 마을이다.

루마 Rumah (רוּמָה 높이)

키르벳 에르 루메(Kh. er-Rumeh)   32˚47′19.02″N 35˚17′37.97″E

유다 왕국의 함락을 보고 바벨론으로 끌려간 유다 왕 여호야김의 모친인 스비다의 고향으로 성경에 한 번 기록된 곳이다(왕하 23:36). 루마는 일반적으로 키르벳 에르 루메(Kh. er-Rumeh)로 동일시되고 있다. 이곳은 림몬²(스불론)으로 추정되는 루만네에서 서쪽으로 약 1.5㎞ 지점에 있으며 베트 넵도아 계곡에 접해 있다.

찌포리 국립공원에 속한 이곳은 1차 성전 시대의 성읍이며 주전 732년에 앗수르왕 디글랏 빌레셋 3세(앗수르 왕 불 : 왕하 15:19)의 원정 기록에 기록된 성이다. 로마 시대에는 로마에 대항한 형제들인 네티르(Netir)와 필립(Philip)의 집이 있었다. 이곳에는 바르 코크바 시대에 터널로 연결된 방들이 있다.

한나돈 Hannathon (חַנָּתֹן 은혜로운)

텔 한나톤(Tel Hannaton)   32° 47′ 07.04″N 35° 15′ 27.00″E

스불론 지파의 북쪽 경계에 있던 한나돈은
림몬 가까이에 있던 곳이며 입다엘 골짜
기 부근에 있었다(수 19:14). 한나돈은 주전
733-732년의 앗수르의 디글랏 빌레셋 3세
의 연대기에 기록된 곳이다. 한나돈은 텔
엘 베데이예(Tell el-Badawiya)로 동일시되
었으며 이곳을 텔 한나돈(Tel Hannaton)으
로 부른다. 넬 한나돈은 베트 넵도아 계곡
의 남서쪽에 있는 평야 가운데 있으며 약
50두남 크기이다. 이곳에서는 석동기, 중
기·후기 청동기, 초기·후기 철기, 페르시
아, 로마, 비잔틴, 마믈룩, 오토만 시대의 토
기가 발견되었다.

중기 청동기 시대와 철기 시대의 거주지
인 이곳은 카프르 만다(Kafr Manda)라는
2017년에 인구가 19,326명이 사는 아랍 마
을에서 남쪽으로 2㎞ 지점에 있으며 키부
츠 한나돈에서 약 1㎞ 떨어져 있다.

할리 ¯¹ 텔 아릴(Tel Alil)

텔 아릴(Tel Alil)   32° 46′ 21.70″N 35° 09′ 19.34″E

아하로니는 텔 아릴을 할리로 추정된다. 이곳은 키르벳 라스 아리(Kh. Ras Ali)로 불리어졌던
곳이다. 텔 아릴은 5헥타아르의 크기의 유적으로 고대의 이름이 남아 있을 뿐만 아니라 초기 청
동기와 후기 청동기 시대부터 철기 시대 초기까지 사람들이 거주했던 고고학적 근거가 있는 곳

이다. 이곳에는 라스
아리(Ras Ali)라는 아
랍 마을이 있다. 이
마을에도 1945년에
는 80명의 무슬림이
살고 있었으며 2017
년에 인구가 596명이
살고 있다.

하부 갈릴리의 나사렛지역

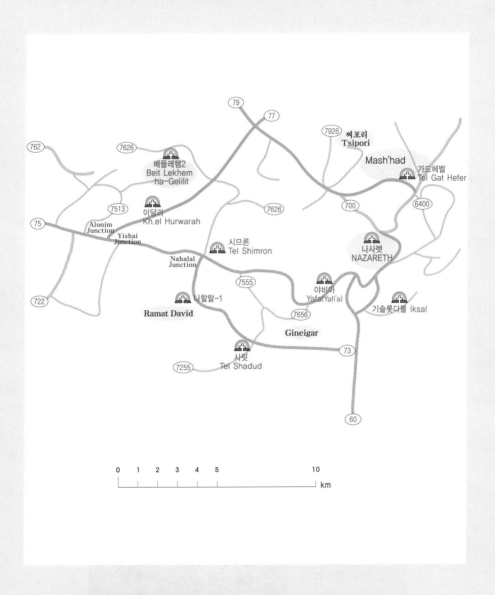

베들레헴 [2] 스불론 Bethlehem(בֵּית לֶחֶם 떡 집, 빵 집)

베들레헴(Bet Lehem)   32° 44′ 05.40″N 35° 11′ 08.23″E

사사 입산이 장사된 곳으로 스불론의 영토 안에 있다. 베들레헴[2](스불론)은 갓닷, 나할랄, 시므온, 이달라와 같은 지역 안에 있었다(수 19:15). 베들레헴은 지금도 베들레헴 하겔리트(Beit Lehkem Hageliliit)라고 불리고 있으며 1948년에 갈릴리의 베들레헴(Bethlehem of Galilee) 라고 부르는 모샤브가 있다. 이 마을은 2017년에는 788명의 주민이 살고 있다. 베들레헴 마을은 아셀 지파와 스불론 지파의 경계에 위치하고 있으며 이스르엘 골짜기 서쪽 가장자리에 있는 해발 120m 석회암 언덕의 남쪽 경계에 있다.

주후 3세기에 이곳은 유세비우스에 의해 스불론 족속의 베들레헴으로 언급되었다. 이곳을 유다 베들레헴과 구분하기 위해 베들레헴 주리야(Beth Lehem Zuriya)로 부르기도 했다. 이 장소는 성전 파괴 후 말기야의 제사장 구역의 집이었던 것으로 미쉬나에 기록되어 있다. 1596년의 오토만 시대의 세금 기록에 이 마을은 베들레헴(Bayt Lahm)이라고 불렸으며 27가구와 2명의 독신남이 살고 있는 무슬림 마을이었다. 1875년에 괴랭이 이 마을에 대한 기록을 남겼다. 1922년에는 기독교인 111명과 무슬림 113명이 살고 있었다. 이곳은 1880년에 퇴락한 집들이 몇 채 있는 작은 마을로 남쪽 입구에는 회당이 있었고 동쪽에는 교회 건물로 보이는 돌로 된 건물이 있었다고 기록되어 있다. 1965년에 모샤브로 가는 길을 닦는 중에 발굴을 시도했고 1975년에 마을의 북동쪽에서 7세기 것으로 보이는 바위로 깎아 만든 공공건물과 산업설비 등을 발굴했다.

이 마을의 중앙 구릉에 돌로 된 많은 건물 기초들, 기둥들, 올리브 오일 짜는 틀 같은 것들이 있었고 모샤브의 서쪽 집들 근처에서 건물 기초, 기둥 조각, 기둥 기초, 올리브 오일 틀 등의 구조물이 발견되었다. 건물과 토기의 대부분은 주후 4-5세기의 비잔틴 시대의 것이지만 움마야드, 아바시드, 마믈룩 시대의 것도 발견되었다.

1984년에 제2 성전시대에 제작된 흰 모자이크로 된 포도주 틀과 구덩이를 이곳에서 발견했다. 1992년과 2003년 사이에 다섯 차례의 발굴이 이루어졌다. 이곳에는 1948년에 세워진 모샤브인 베들레헴 하겔리트가 있으며 2017년에는 788명의 주민이 살고 있다.

베들레헴 마을 입구

이달라 Idalah (יְדַאֲלָה)

키르벳 엘 후르와라(Kh. el-Hurwarah) 32° 43′ 26.36″ N 35° 11′ 06.18″ E

성경에 한 번 기록된 스불론 지파의 땅으로 주위에 갓닷, 나할랄, 시므론, 베들레헴이 있었다 (수 19:15). 예루살렘 탈무드의 이드알라로서 후리야(Huriyah)라고 불리는 장소로 키르벳 엘 후르와라(Kh. el-Hurwarah)와 동일시되고 있다. 이곳에 고대 거주지의 유적이 보이나 수십 년

동안 경작지로 변하여 돌들이 치워져 무더기로 쌓여있다. 이 곳에서는 지표조사를 통하여 석동기, 초기 청동기, 중기 청동기, 로마, 비잔틴, 아랍 시대 의 토기가 발견되었다. 이곳은 베들레헴 ²(스불론)에 있으며 므깃도에서 북쪽으로 약 15㎞ 지점에 있는 지역이다.

키르벳 엘 후르와라

가드헤벨 Gath Hepher (גַּת הַחֵפֶר 포도즙 짜는 틀)

텔 가드헤페르(Tel Gat-hefer) 32° 44′ 17.64″ N 35° 19′ 10.09″ E

스불론 지파와 납달리 지파의 경계선에 있던 성읍(수 19:13)이며, 아밋대의 아들 선지자 요나 의 출생지이다(왕하 14:25). 가드헤벨은 텔 가드헤페르(Tel Gath Hepher)와 동일시되었다. 이 곳은 갈릴리로 가는 길에 위치해 있으며 찌포리에서 동쪽으로 4km, 나사렛에서 북동쪽으로 4km 떨어진 곳이다. 지금은 아랍인 마을 메시헤드(Mashead)가 있다. 이 마을은 1838년에 에드워 드 로빈슨의 기록에 있으며 2017년에 8,091명의 무슬림이 사는 아랍 마을이다. 제롬은 요나의 무덤이 찌포리에서 약 3.2㎞ 떨어진 곳에 있었다고 기록했다. 텔 가드헤페르는 언덕 아래 부분 의 크기가 5 헥타아르이고 정상은 2.5헥타아르의 크기로 초기·중기·후기 청동기 시대의 주 거지가 있었고 전기 철기 시대의 이스라엘의 조그만 주거지가 있었다. 이곳에서는 초기 청동기 시대부터 로마, 비잔틴 시대까지의 토기가 출토되었다. 텔 가드헤페르는 앗수르의 침공 전에는 요새화된 성읍이었고, 바사 시대에는 새로운 주거지였 다.

나사렛 사람이라고 불리게 된 예수님이 성장하신 곳으로 신약성경에서만 나오는 곳이다. 예수님의 부모인 마리아와 요셉이 이집트에서 돌아와 머무른 곳이다(마 2:23). 사람들이 예수님을 나사렛 예수(막 1:24)라고 불렀는데 나사렛은 좋은 평판을 지닌 곳이 아니었다고 보인다(요 1:46). 성경은 나사렛을 예수님의 고향이기에 본동네1(나사렛)라고 기록하였다(눅 2:39). 나사렛에는 공생애를 시작하신 예수께서 나사렛 회당에서 가르치시는 것을 듣고 분노한 나사렛 사람들이 예수님을 죽이려고 한 낭떠러지가 있다(눅 4:24-30).

　나사렛에는 이스르엘 골짜기가 보이는 절벽이 있는 산봉우리를 절벽 산(Mount Precipice)이라고 부르며 이곳은 나사렛에서 약 2㎞ 떨어져 있다. 이곳을 예수님을 밀쳐내리고 했던 산 낭떠러지로 여기고 있다. 나사렛에서는 중기 청동기, 초기 철기 시대의 토기가 출토되었으며, 주후 4세기까지는 작은 마을이었다. 2층 구조로 된 이 교회는 마리아가 천사 가브리엘에게 잉태한 소식을 들은 곳으로 1층에는 동굴 구조로 된 마리아의 집이 보존되어 있다. 그 옆에는 비잔틴 시대와 십자군 시대의 옛 교회 터가 있다.

　수태고지 교회의 북쪽에는 1914년에 십자군 시대의 교회 위에 건축된 요셉 교회가 있다. 이 교회는 지하에 있는 동굴을 요셉의 집으로 추정하였다.

　수태고지의 북쪽 출구로 나가면 나사렛에서 발견된 주거지가 있다. 2009년 12월21일에 이스

라엘 고고학 협회에서는 초기 로마 시대인 주전 40년부터 주후 70년의 주거지라고 발표했다.

　이 주거지에서는 두 개의 방이 있는 가옥과 저수조와 로마 시대의 토기 조각과 생활 도구들이 발견되었다. 그동안 나사렛에서 주후 1세기의 무덤들이 발견 되기도 했다. 나사렛에는 고대

수태고지교회

나사렛 회당

예수님을 죽이려고 했던 절벽

우물이 있는데 이곳을 마리아의 우물이라고 부르며 그리스 정교회에서는 이곳에 수태고지 기념 교회(St. Gabriel's Greek Orthdox Church)를 세웠다. 나사렛 회당이 있던 자리에 회당(The Synagogue Church)가 있는데 그리스 정교회에서 1887년에 건축하였다.

나사렛은 나사렛 산지의 중앙에 있는 분지에 있는 마을이며 남쪽에는 이스르엘 골짜기가 있고 북쪽에는 벧 네토파 계곡(Beth Netofa Valley)가 있다. 나사렛에서 북서쪽으로 약 6km 떨어진 곳에는 갈릴리 지역의 행정 중심지인 찌포리(Zippori)가 있으며 동북쪽에는 요나의 고향인 가드헤벨이 있다. 나사렛은 스불론 지파의 영토에 속한 곳이며 구약 성경에는 기록 되지 않은 마을이다. 나사렛은 이스라엘에서는 인구가 약 5만명이 되고 가장 큰 아랍 도시이며 동방정교회의 아랍 기독교인들이 살고 있다. 나사렛에는 여러 교파가 주장하는 수태고지 기념교회가 18개가 된다.

가장 잘 알려진 로마 카톨릭의 수태고지 기념 교회는 요셉의 집으로 추정되는 곳에 세워졌다. 콘스탄틴 대제의 어머니 헬레나는 나사렛에 수태고지 기념교회를 세웠다.

이 교회는 614년에 바사에 의해 파괴되었으나 1102년에 십자군에 의해 다시 건축되었다 이 교회는 파괴되고 다시 건축하다가 1954년부터 옛 교회 터 위에 다시 건축되었다가 1969년에 이탈리아의 건축가인 지오반니 무치오(Giovdni Muzzio)가 다시 건축했다. 이 교회는 백합 모양의 첨탑으로 높이가 55m이다. 2층으로 된 이 교회는 마리아가 천사 가브리엘에게 잉태한 소식을 들은 곳으로 1층에는 동굴 구조로된 마리아의 집이 보존되어 있다.

동굴에 있는 마리아의 집

요셉교회

주거지 유적

마리아 샘

야비아 Japhia (יָפִיעַ 빛나는)

야파(Yafa)   32° 41′ 13.41″ N 35° 16′ 30.70″ E

스불론 지파의 남쪽 경계에 있었던 곳으로 스불론의 영토에 있는 성읍이다. 야비아는 성경에 한 번 기록되었다(수 19:12). 야비아는 다브랏과 가드헤벨 부근에 있었던 것으로 추정된다. 야비아는 아마르나 문서에 기록된 야푸(Yapu)로 여겨지며 요세푸스 때부터 야파로 불렸고, 로마, 비잔틴 시대 때는 야피아(Japhia)라고 불렸다. 야비아는 현대 마을 야파(Yafa)와 동일시되고 있다. 야파는 나사렛의 야파라는 뜻으로 야파 앤 나세리예(Yafa an Naseriyye) 라고 부르기

도 하며 2017년에 18,676명이 사는 마을이다. 로마와의 전쟁 때 이곳은 요새로 사용되었으나. 야비아는 나사렛에서 남서쪽으로 약 3㎞ 정도 떨어져 있다. 이곳에서는 철기 시대(주전 10-주전 9세기), 헬라 시대(주전 2-주전 1세기), 로마 시대(주후 4세기)의 토기가 발견되었다. 고대 마을터에서 바위를 전달한 무덤과 저수조가 발견되기도 했다. 이 마을은 1838년에 에드워드 로빈슨이 30가구가 살고 있으며 교회의 유적이 있다고 기록한 곳이다.

시므론 Shimron (שִׁמְרוֹן 감시하는 망대)

텔 쉬므론(Tel Shimron)   32° 42′ 17.17″ N 35° 12′ 43.38″ E

이곳은 하솔 왕 야빈과 연합하여 여호수아에게 대항했던 가나안의 성읍이다(수 11:1). 여호수아에게 멸망당한 시므론은 스불론의 영토가 되었다(수 19:15). 시므론은 나할랄과 이달라 부근에 있었던 성읍이다. 미슈나와 탈무드에서는 시므론을 시모니아(Simonia)라고 하였고 요세푸스는 시므론을 키르벳 에스 사무니예라고 불렀다. 시므론은 키르벳 에스 사무니예로 불리던 곳이었으나 텔 쉬므론(Tel Shimron)으로 동일시되었다. 시므론은 나사렛에서 서쪽으로 약 8㎞ 지점, 므깃도의 북쪽에 있으며 이 지역에서 가장 좋은 위치에 있다. 이곳에서 중기 · 후기의 청동기 유물이 발견되었다. 이곳은 아마르나 서신과 저주 문서에 쉬몬(Shim' on)으로 기록되었고 헬라 시대에는 큰 거주지로 쉬모니아(Shimonia)로 불렸다. 1838년에 에드워드 로빈슨은 세무니예(Semunieh)라고 부르는 조그만 아랍 마을로 기록했다.

이곳에는 1948년에 키부츠 티모림(Timorim)이 세워졌으나 1953년에 남쪽으로 옮겨져 모샤브 쉬투피(Mo shav Shitufi)가 되었다. 이곳에는 1948년에 148명이 살던 팔레스틴 기독교 마을인 마알울(Ma' alul)이 있었다. 이곳에서 서쪽으로 약 500m 떨어진 곳에 있는 유대인 마을 팀라트(Timrat)는 1981년에 세워졌으며 2017년에는 1,275명의 주민이 살고 있다.

나할랄 Nahalol (נַהֲלֹל 초장) /나할롤

텔 엘 베이다(Tell el-Beida)　　　　　　　　32°40′44.62″N 35°11′48.95″E

　스불론 지파에게 할당되었으나 이스라엘이 가나안 주민을 쫓아내지 못한 곳이다(수 19:15; 21:35). 나할랄은 나할롤(삿 1:30)과 이명동지이다. 성경에서 나할랄로 추정되는 장소는 두 곳이다. 이스르엘 계곡의 텔 엘 베이다(Tell el-Beida)와 악고 평야 남쪽에 있는 텔 엔 나흘(Tell en-Nahl)이다. 텔 엔 나흘은 알람멜렉 추정지이기도 하다(알람멜렉을 보라).

　나할랄을 텔 엘 베이다로 보는 근거는 이곳은 세 개의 샘물이 있어 물이 풍부하고 비옥한 평야에 자리 잡고 있어 이름의 뜻과 연결되기 때문에 이곳은 초기 청동기부터 초기 · 후기 철기 시대와 바사, 로마, 비잔틴 시대까지의 주거지였다.

　이곳 가까이에 1921년에 나할랄이라는 모샤브가 세워졌다. 이곳의 남쪽에서 중기 · 후기 청동기 시대의 건물 및 유적이 발견되었고, 남동쪽 경사지에서 철기 시대 말의 건물 유적이 발견되었다. 또한 바사 시대의 깎은 돌로 된 건물 모퉁이가 드러났다. 서쪽에서 비잔틴 시대의 벽과 5-6세기 때의 동전들이 발견되었으며 십자군, 마믈룩 시대의 토기와 거주 흔적이 발견되었다.

라맛 다비드에 사는 유대인

그술롯 Chesulloth (כְּסֻלוֹת 신뢰) /기슬롯 다볼

익살(Iksal)　　　　　　　　32°40′53.18″N 35°19′14.75″E

　스불론 지파와 잇사갈 지파의 경계에 있었으며 사릿과 다브랏 가까이에 있었던 잇사갈 지파의 성읍이다(수 19:18). 이곳은 성경에 한 번 기록된 지명인 기슬롯 다볼(수 19:12)과 이명동지이다. 이 마을의 동쪽에서는 십자군과 마믈룩 시대의 아치 모양의 건물이 발견되었다. 익살은 고대 이름을 보존하고 있으나 철기 시대의 유적은 발견되지 않았다. 익살은 그술롯과 연결되는 지명을 가진 성경의 장소들이 가까이에 있기 때문에 현대 아랍 마을 익살(Iksal)은 그술롯으로 동일시되고 있다. 이 마을은 요세푸스에 의해 샬롯드(Xaloth)으로 알려진 마을이며 1838년에 에드워드 로빈슨이 기록한 마을이다. 이곳은 2007년에 12,174명이 사는 아랍 마을이다. 이곳에서는 발굴을 통하여 로마시대와 비잔틴 시대의 유적이 발견되었다.

　이곳에서는 매장 동굴, 석관, 공동매장지, 토기, 접시, 보석, 농기구, 포도주틀이 발견되었다.

성경에 한 번도 기록되지 않은 갈릴리 지역의 성읍이었던 찌포리(Zippori)는 역사적으로 매우 중요한 곳이다. 이곳은 나사렛에서 북서쪽으로 6㎞ 떨어진 곳이므로 예수님과 연결되어 생각할 수밖에 없는 성읍이다. 찌포리는 1931년에 워터맨 교수가 발굴하여 서기 1세기의 로마 극장 (4,500명 수용)과 별장의 유적을 발굴하였다.

1976년의 이스라엘 전국에 대한 유적 조사 때에 중요성이 확인되었다. 1985년 부터 히브리대학과 듀크 대학의 공동발굴로 회당과 고급주택들이 발굴되었다. 찌포리는 주전 7세기에 앗수르 점령 후에 도시가 세워진 것으로 보이며 헬라시대 까지 갈릴리 북부 지역의 행정 도시의 역할을 하였다. 이곳은 주전 64년에 폼페이의 예루살렘 점령 이후에 중요한 도시가 되었다.

로마는 찌포리를 갈릴리 지역의 행정 중심지로 삼았기 때문에 이 지역에서 제일 중요한 성읍이 되었다. 갈릴리를 통치했던 헤롯 안티파스는 디베랴를 수도로 정할 때까지 이곳을 오토크라토리스(자치적인 도시)라고 불렀으며 왕국의 수도로 삼았다. 서기 20년에 갈릴리 왕국은 티베리아스로 옮겨졌다. 예루살렘이 로마에 의해 멸망당한 후에 찌포리는 서기 200년 경에는 유대인의 중심지가 되어 산헤드린 공회가 이곳에서 모이기도 했으며 로마의 자치 도시가 되었고 비잔틴 시대에도 중요한 도시의 역할을 했다.

이곳에는 12세기에 건축된 십자군 요새가 건축되었다. 이곳은 성전기사단이 장악했으며 1187년에 이곳에서 떠난 십자군은 핫틴의 뿔 전투에서 패전했고 아랍군대는 찌포리를 폐허로 만들었다. 주후 18세기에 찌포리의 망대는 재건되었다. 십자군 시대에 마리아의 고향이 찌포리라는 기독교 전승이 시작되었기에 서쪽에는 마리아의 모친 안나 기념교회가 건축되었다.

찌포리에서 나온 등잔

찌포리의 유적

하부 갈릴리의 *가나* 지역

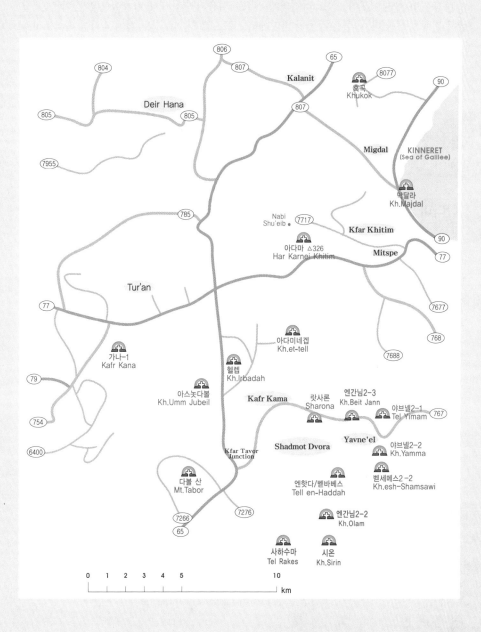

804

805 ∙ Deir Hana ∙ 805

7955

806

807

Kalanit

65

807

8077

훗곡
Khukok

90

Migdal

KINNERET
(Sea of Galilee)

785

Nabi
Shu'eib ∙

7717

Kfar Khitim

막달라
Kh.Majdal

90

아다마 △326
Har Karnei Khitim

Mitspe

77

Tur'an

77

7677

768

아다미네겝
Kh.et-tell

7688

가나-1
Kafr Kana

79

헬렙
Kh.Irbadah

아스놋다볼
Kh.Umm Jubeil

Kafr Kama

랏사론
Sharona

엔간님2-3
Kh.Beit Jann

야브넬2-1
Tel Yimam

767

754

6400

Kfar Tavor
Junction

Shadmot Dvora

Yavne'el

야브넬2-2
Kh.Yamma

벤세메스2-2
Kh.esh-Shamsawi

다볼 산
Mt.Tabor

엔핫다/벤바베스
Tell en-Haddah

7266

65

7276

엔간님2-2
Kh.Olam

사하수마
Tel Rakes

시온
Kh.Sirin

0	1	2	3	4	5					10	

km

훅곡 Hukkok (חֻקֹּק 제정된)
야쿡(Yaquq)
32° 53′ 07.19″ N 35° 28′ 47.92″ E

납달리 지파의 서쪽 경계에 있었던 납달리 지파의 성읍인 훅곡은 스불론 지파와 아셀 지파의 경계선에 있었던 성읍이다. 훅곡은 아스놋 다볼 옆에 있었으며 요단 강과 가까운 지역에 있는 성읍이었다(수 19:34). 훅곡은 일반적으로 아랍 마을이었던 야쿡(Yaquq)과 동일시되고 있다. 이 마을은 1968년 이후에는 이스라엘의 훈련소로 사용되었다. 고대 마을이 있었던 야쿡은 발굴이 진행 중에 있다. 야쿡은 갈릴리 바다에서 서쪽으로 약 9㎞ 정도 떨어진 나할 훅콕(Nahal

Hukkok) 옆의 구릉에 있으며 가까이에는 고대 거주지가 남아 있다. 이곳에서 동쪽으로 약 1.3km 떨어진 곳에 훅콕 키부츠가 있다. 이스라엘은 마을이나 강이나 산의 이름을 성경의 지명으로 정하는 경우가 많은데 가까이에 성경의 장소가 있다고 추정되는 근거로 볼 수도 있다. 후곡을 훅곡과 같은 곳으로 보는 견해도 있기 때문에 후곡은 추정되기에 매우 어려운 장소이다.

아다마 Adamah (אֲדָמָה 땅)
칸 하틴(Qarn-hattin)
32° 47′ 57.37″ N 35° 27′ 34.06″ E

납달리 지파의 분깃으로 요새화된 성읍인 이곳은 칸 하틴(Qarn-hattin)으로 동일시된다(수 19:36). 칸 하틴은 해변 길로 통과하며 상부 갈릴리와 하부 갈릴리로 통하는 간선도로와 지중해와 요단 계곡으로 가는 간선도로가 지나가는 중요한 지역에 있으며 주위에서 가장 높은 위치에 있는 천연 요새로 적합한 둥근 언덕이다. 이곳은 화산 활동에 의하여 형성된 해발 326m의 언덕이며 갈릴리 바다에서 서쪽으로 7㎞ 떨어진 곳에 위치하고 있다. 1187년 7월 4일에 십자군과 살라딘의 이슬람 군대가 전투를 벌인 힛틴 전투(Battle of Hittin)가 벌어진 '힛틴의 뿔'(Horns of Hittin)로 알려진 곳이다. 이곳에서는 석동기와 초기 청동기 토기가 발견되었으며 가나안 시대의 성읍이 있었기에 납달리 지파의 성읍이었던 싯딤(수 19:35)로 추정되기도 한다. 주전 3세기에는 카파르 힛틴(Kfar Hittin)으로 로마 시대에는 카파르 힛타야(Kfar Hittaya)로 알려졌으며 주후 4세기에는 유대인 마을이 되었다.

1838년에 에드워드 로빈슨은 돌로 된 조그마한 마을이라고 기록했으며 1945년에는 1,190명이, 1948년에는 1,380명의 아랍인이 사는 마을이었으나 1948년에 사라졌다. 이 마을 자리에는

카파르 제이팀(Kfar Zeitum)이라는 모샤브가 1950년에 세워졌으며 2017년에는 786명의 유대인이 살고 있다. 카파르 제이팀에서 동쪽으로 약 600m 떨어진 곳에는 유대인 정착촌 아르벨(Arbel)도 힛틴 자리에 세워졌다. 동쪽으로 약 3㎞ 떨어진 곳에는 1936년에 설립된 카파르 힛틴(Kfar Hittin) 이라는 모샤브가 있다.

◀분화구

예수님이 혼인잔치에서 물로 포도주를 만드신 표적을 보여주신 곳인 가나¹(갈릴리)는 갈릴리에 위치하고 있어 갈릴리 가나(요 2:1)라고 불렸다. 이곳은 나다나엘의 고향으로 나다나엘은 갈릴리 가나 사람으로 기록되었다(요 1:43-51; 21:2). 예수님은 이곳에서 가버나움에 사는 왕의 신하의 병을 말씀으로 고쳐주셨다(요 4:46-54). 성경에는 세 곳의 가나가 나오는데 가나¹(Cana; 갈릴리)와 가나²(Kanah; 아셀)과 에브라임 지파와 므낫세 지파 사이의 경계선이었던 가나 (Kanah) 시내(수 16:8; 17:9)가 있다. 가나¹(갈릴리)의 추정지는 두 곳이 있다.

나사렛에서 북동쪽으로 약 7㎞ 지점에 있으며 고고학적인 증거는 미약하나 그리스정교회와 로마교회의 전승 때문에 지지를 받고 있다. 이곳은 가버나움과 벳새다로 가는 길에 있어 갈릴리 바다로 가는 중세의 순례자들이 방문하기 쉬운 곳이기에 가나로 정해졌을 가능성이 크다. 이곳은 주후 3세기경부터 순례 장소가 되었다. 이곳에는 4-5세기경의 회당 터 위에 1881년 천주교에서 세운 기념교회와 그리스정교회에서 세운 교회가 있다. 천주교 기념교회에서 100m 떨어진 곳에는 1885년에 세워진 나다나엘 기념교회가 있다. 이곳에는 신석기 시대부터 마믈룩 시대까지의 유적이 있다.

가나 샘(Kanna Spring) 가까이의 발굴을 통해 초기 석동기 시대 유적이 있는 초기 청동기 시대의 주거지가 발견되었는데 성벽이 있는 요새였다. 가나는 아마르나 서신에 기록된 성읍이며 요세푸스가 기록한 곳이다.

1881년의 팔레스틴 조사에는 200명의 기독교인과 200명이 무슬림이 살고 있으며 1945년에는 503명의 기독교인과 672명이 무슬림이 산다고 기록되어 있다. 2017년에 이곳에는 21,967명이 살고 있다.

성 프란치스코회 소속의 혼인잔치 교회

◀나다나엘 기념교회

헬렙 Heleph (חֵלֶף 바꾸다)
키르벳 이르바다(Kh. 'Irbadah)　　　32°43′24.86″N　35°24′48.76″E

납달리 지파의 영토의 남쪽 경계에 있었던 헬렙은 성경에 한 번 기록된 곳이다 (수 19: 33). 이곳은 납달리 지파의 경계가 시작되는 중요한 성읍이다. 헬렙은 키르벳 이르바다(Kh. Irbadah)로 추정되고 있는데 이곳은 다볼 산에서 4㎞ 북서쪽으로 떨어진 곳에 있다. 이곳에서 현무암으로 만들어진 두 개의 직사각형 건물 유적이 발견되었고 지표 조사를 통하여 후기 철기, 헬라, 비잔틴 시대의 토기가 발견되었다. 이곳은 동쪽에서 서쪽으로 가는 도로와 남북으로 가는 도로가

만나는 지점에 위치하고 있다. 이 지역에는 오스만 터키 시대와 그 이전 시대의 대상들의 숙소 유적(Kh. et-Tuggar)가 있다. 이곳은 1944년에설립된 키부츠 베이트 케세트(Beit Keshet)에서 동쪽으로 약 1.5km 떨어져 있고 1878년에 시작된 크파르 카마(Kfar Kama)에서 서쪽으로 2km 떨어져 있다. 이곳에서 주전 9-8세기의 토기들이 발견되었다.

아다미 네겝 Adami-Nekeb (אֲדָמִי הַנֶּקֶב 좁은 길의 붉은 곳)
키르벳 에트 텔(Kh. et-Tell)　　　32°44′56.57″N　35°27′33.61″E

아다미 네겝은 성경에 한 번 기록된 성읍으로 납달리 지파의 남서쪽 경계에 있었던 곳이다(수 19:33). 아다미 네겝은 갈릴리 바다와 다볼 산 사이에 있었던 곳으로 보인다. 아다미 네겝의 아담은 '사람' 이나 '땅' 의 뜻이고 네겝은 '관통하다' 의 뜻을 가지고 있는 지명이다. 아다미 네겝은 키르벳 에트 텔(Kh. et-Tell)로 추정되기도 하고 때로는 키르벳 에드 다미예(Kh. ed-Damiyeh)로 추정되기도 한다. 키르 벳 에드 다미예와 키르 벳 에트 텔은 연결되어 있고 더 높은 곳이 키르벳 에트 텔이다. 이곳은 청동기 시대의 유적으로 텔 아다미(Tell Adami)라고 부르기도 하며 아다미 계곡(Nahal Adami)의 북쪽에 위치하고 있다. 이곳은 1949년에 설립되고 2017년에 574명이 살고 있는 모샤브인 스데 일란(Sde Ilan)에서 동쪽으로 약 3km 떨어져 있다.

랏사론 Lasharon (לַשָּׁרוֹן 평야)

사로나(Sarona)   32° 42′ 50.09″N 35° 28′ 22.67″E

여호수아가 정복한 가나안의 성읍으로 아벡과 함께 언급되었으며 성경에 한 번 기록된 곳이다 (수 12:18). 이곳에 대한 설명은 아벡과 함께 기록되어 있어 아벡과 연결하여 추정되기도 한다. 유세비우스는 다볼 산과 갈릴리 바다 사이에 사로나(Sarona)라고 불리는 지역이라고 언급하였기에 사로나를 랏사론으로 추정하기도 하나 근거는 약하다. 랏사론의 현대 마을 사로나 남쪽에는 유적인 호르밧 사로나(Horbat Sarona)가 갈릴리 바다로 가는 길의 남쪽에 있으며 아인 사로나(Ein Sarona)라는 표지판이 있다. 이 지역에는 1938년에 시작된 이스라엘의 모샤브인 사로나(Sharona)가 있는데 2017년에 572명의 주민이 살고 있다.

사로나는 13세기의 하마위(Yaqut al-Hamawi)의 기록에 있으며 1517년에 17 가정의 무슬림이 살고 있다고 기록된 마을이다. 1875년에 괴랭은 이 마을에 대하여 기록하였고 1881년의 팔레스틴 조사에는 250명의 무슬림이 사는 마을이라고 기록하였다.

아인 사로나▶

엔핫다 En Haddah (עֵין חַדָּה 신선한 샘)

텔 엔 핫다(Tell en-Haddah)   32° 41′ 02.43″N 35° 29′ 16.29″E

잇사갈 지파에게 배당된 엔핫다는 성경에 한 번 기록된 곳으로 잇사갈 지파에게 주어진 영토의 성읍이다(수 19:21). 엔핫다의 위치는 엔간님과 벧바세스 사이에 있다는 기록 때문에 두 장소의 사이에 있었다고 추정된다. 엔핫다는 일반적으로 텔 엔 핫다(Tell en-Haddah)로 동일시되고 있는데 그 근거는 예전에 있었던 마을 엘 하다데(el-Hadatheh)와 이름이 유사하기 때문이다. 하다데 마을은 1596년에 121명의 무슬림이 사는 마을이었다. 괴랭(Victor Gue'rin)은 1875년에 이 마을을 기록하였고 1881년에 팔레스틴 조사(SWP)에서는 250명의 무슬림이 사는 마을이었으나 1931년에는 368명이 살고 있었다. 1948년에는 603명이 살고 있었으나 1998년 5월 12일부터 버려진 마을이 되었다. 지금은 1946년에 시작된 모샤브인 카라르 퀴스(Kfar Qish / Kfar Qish) 주민들의 경작지가 되었다.

벧 바세스 Beth Pazzez (בֵית פַּצֵּץ 분산(分散)의 집)
텔 엔 핫다(Tel en-Haddah)
32° 41′ 02.43″N 35° 29′ 16.29″E

스불론 동쪽에 있는 잇사갈 지파의 영토로, 성경에 한 번 기록되었다(수 19:21). 벧 바세스는 엔 간님과 엔핫다 부근에 있었으며 다볼 산 동쪽에 있었다. 벧 바세스는 텔 엔 핫다(Tell en-Hadda)로 추정되기도 하나 근거는 미약하며, 이곳은 엔핫다의 추정지이기도 하다. 이곳은 요단 강과 다볼 산 사이에 위치하고 있다.

엔간님 2-3 잇사갈 Engannim (עֵין גַּנִּים 동산의 샘) /언간님
키르벳 베이트 얀(Kh. Beit Jann)
32° 42′ 48.98″N 35° 29′ 43.25″E

잇사갈의 영토 안에 있었던 레위인의 성읍인 엔간님²(잇사갈)은 잇사갈 지파의 영토였으나 레위 지파 게르손 자손에게 주어진 네 성읍 중 하나이다. 엔간님²(잇사갈)은 개역한글판에서 언간님으로 번역되었으나 개역개정판에서 엔간님으로 정리되었다(수 19:21; 21:29). 엔간님은 세 곳의 추정지가 있는데 제닌(Jenin), 올람(Olam), 키르벳 베이트 얀(Kh. Beit Jann)이다.

 잇사갈 지파 영토의 북동쪽에 위치하고 있으며 와디 사르나(Nahal Sharona)의 입구인 키르벳 아르투사(Kh. Artushah)에서 1.5㎞ 떨어진 평야의 돌출부에 있다. 이곳은 베이트 간(Beit Gan) 마을 서쪽에 있고 갈릴리 바다에서 서쪽으로 7㎞ 떨어져 있다. 이곳에서 지표 조사를 통하여 후기 철기 시대의 토기가 발견되었다.

얍느엘 2-1 납달리 Jabneel (יַבְנְאֵל 하나님께서 세우시다)

텔 인암(Tel Yinam)   32°42′47.44″N 35°30′43.06′

납달리 지파의 성읍으로 갈릴리 지역에 있다. 얍느엘²(납달리)은 아다미네겝과 락굼 사이에 있으며 요단 강 가까이에 있다(수 19:33). 얍느엘²(납달리)은 두 곳의 추정지가 있는데, 키르벳 얌마(Kh. Yamma)와 텔 위암(Tel Yinam) 두 곳으로 추정된다. 얍느엘의 추정지 두 곳은 현대 얍느엘 마을을 중심으로 키르벳 얌마는 남쪽에 있고 텔 인암은 동쪽에 있으며 두 유적지는 2㎞ 정도 떨어져 있다.

야브넬(Yavneel) 마을은 1901년에 세워진 오래된 유대인 공동체로서 2017년에는 4,281명이 살고 있다 .이곳은 오토만 시대에는 옘마(Yemma)로 알려진 무슬림 마을이었다. 1931년에는 유대인 391명 무슬림 56명 이었으

나 1945년에는 590명의 주민이 유대인이었다. 이곳은 얍느엘 계곡의 서쪽 부근에 있으며 예전에 텔 엔 나암(Tell en-Naam)으로 불렸다. 이곳에서 신석기 시대의 토기, 부싯돌, 돌칼이 발견되었고 초기 · 중기 · 후기 청동기, 초기 · 후기 철기, 로마, 비잔틴 시대의 거주지가 발견되었다.

얍느엘 2-2 키르벳 얌마(Kh. Yamma)

키르벳 얌마(Kh. Yamma)   32°41′52.51″N 35°30′37.09′E

얍느엘은 동명이지로서 해안지역에 있는 얍느엘¹(유다; 수 15:11)로서 야브네(대하 26:6)와 이명동지인 곳이다. 얍느엘²(납달리)은 납달리 지파에게 분배된 곳으로 갈릴리 지역에 있다. 얍느엘²(납달리)은 아다미네겝과 락굼 사이에 있으며 요단 강 가까이에 있다. 얍느엘²(납달리)은 두 곳의 추정지가 있는데, 키르벳 얌마(Kh. Yamma)와 텔 인암(Tel Yin am)이 있다. 얍느엘의 추정지 두 곳은 현대 얍느엘 마을을 중심으로 키르벳 얌마는 남쪽에 있고 텔 인암은 동쪽에 있는데 두 유적지는 2㎞ 정도 떨어져 있다.

현대 마을 얍느엘(Yavneel)의 남쪽에 있는 규모가 큰 유적지로 발굴된 텔 인암의 동남쪽에 있는 유적지이다. 아직까지 발굴되지 않았으나 이곳에서 후기 철기, 페르시아 시대의 토기가 발견되었다.

벧세메스 [2-1] 잇사갈 Beith Shemesh(בֵּית־שֶׁמֶשׁ 태양의 집)
키르벳 에쉬 삼사위(Kh, esh-Shamsawi) 32°41´06.13˝N 35°31´21.22˝E

잇사갈 지파의 경계선에 있는 성읍으로 성경에 한 번 기록되었다(수 19:22). 벧세메스[2](잇사갈)는 동명이지로 이스라엘에 세 곳이 있고 이집트에도 한 곳이 있다. 벧세메스[1](쉐펠라)는 쉐펠라 지역에 있고(수 15:10) 벧세메스[2](잇사갈)는 요단 강 부근에 있다. 벧세메스[3](납달리)는 납달리 지파에게 할당되었으나 벧아낫과 함께 점령하지 못한 요새화된 가나안의 성읍이었다. 벧세메

스[2](잇사갈)의 위치를 알 수 있는 것은 사하수마와 요단 강 사이에 있다는 것이나. 벧세메스[2](잇사갈)로 추정되는 곳은 키르벳 에쉬 삼사위(Kh. esh-Shamsawi)와 우베이디야(Ubeidiya)가 있다. 아하로니는 키르벳 에쉬 삼사위를 벧세메스로 추정했다.

이곳이 추정 되는 이유는 이름의 유사성을 가지고 있기 때문이다. 이곳은 얍느엘 마을의 남쪽의 구릉지에 있다.

아스놋 다볼 Aznoth-tabor (אַזְנוֹת תָּבוֹר 날카로운 채석장)
키르벳 움 주베일(Kh, Umm-Jubeil) 32°43´41.43˝N 35°23´02.44˝E

성경에 한 번 기록된 곳으로 납달리 지파의 서쪽 경계에 있었던 성읍이다(수 19:34). 이 지역에서 남쪽은 스불론 지파의 영토이고 서쪽은 아셀 지파의 영토이다. 아스놋 다볼은 다볼이라는 이름 때문에 다볼 산과 관련이 있는 것으로 보인다. 아스놋 다볼은 키르벳 움 주베일(Kh.

Umm-Jubeil)로 동일시된다. 이곳은 조그마한 언덕 위에 있으며 주위가 잘 보이는 고지 위에 있다. 이곳에서 고대의 요새 시설과 벽의 기초와 깎아 만든 몇 개의 무덤이 발견되었고 후기 철기, 로마, 비잔틴 시대의 토기가 발견되었다.

다볼 산 Mount Tabor (הַר תָּבוֹר 높은 산, 채석장의 산)

타보르 산(Mount Tabor)   32° 41′ 08.92″N 35° 23′ 25.73″E

납달리 지파, 스불론 지파, 잇사갈 지파의 경계가 되며 가장 전망이 좋은 곳으로 갈릴리 산지의 하부 갈릴리에 있는 해발 588m의 아름다운 봉우리이다(렘 46:18). 이곳은 하솔 왕 야빈의 군대장관 시스라를 공격하기 위하여 드보라의 지시를 받은 바락이 군대를 모은 곳이다(삿 4:6,12,14).

다볼 산은 하나님을 영화롭게 하는 산으로 묘사되었다(시 89:12). 다볼 산은 예수께서 변화하신 산으로 추정되었다(마 17:1-9; 막 9:2-10; 눅 9:28-36; 벧후 1:16-21). 다볼 산을 변화 산으로 추정하는 것은 확실하지 않다. 예수께서 변화하신 산은 높은 산이었으며 거룩한 산이었다고 성경에 기록되었다. 변화 산은 다볼 산보다도 헤르몬 산의 남쪽 봉우리 중의 하나로 추정하는 것이 더 설득력이 있다. 다볼 산에 주후 6세기 이후로 교회가 세워졌고 십자군 시대의 교회 터 위에 1911년에 세워진 엘리야 교회와 1924년에 세워진 주 변모 교회가 있다.

다볼 산을 변화산으로 여기고 순례하는 일은 주후 4세기부터 시작되었으며 매년 8월 6일은 기념일로 지킨다. 비잔틴 시대에 다볼 산 정상에는 교회와 수도원이 건축되었으나 947년에 무슬림이 이곳을 점령했다.

1099년에 십자군이 이곳을 점령했으나 1212년에는 무슬림이 차지하였으나 1229년에는 기독교가 다시 점령 했다가 1263년에 마믈룩이 다시 차지했다. 이곳에는 로마 카톨릭이 1919-1924년에 이탈리아 건축가인 안토니오 바르루치(Antonio Barluzzi)의 설계로 건축한 교회가 있다.

잇사갈 지파의 경계선에 있는 성읍으로 성경에 한 번 기록된 지명(수 19:19)이며 하바라임과 아나하랏 부근에 있었다. 시온³(잇사갈)의 추정지는 다볼 산의 남동쪽에 있는 키르벳 시린(Kh. Sirin)과 나사렛 동쪽에 있는 아윤 에스 샤인(Ayun es-Shain)이다. 시온으로 추정 가능성이 더 높은 키르벳 시린은 잇사갈 영토 안에 있으며 시온과 비슷한 명칭을 사용하고 있어 시온³(잇사갈)으로 추정된다. 키르벳 시린에는 팔레스틴 아랍 마을인 시린(Sirin)이 있었다. 이 마을은 로마 시대부터 있었으며 가까이에 샘이 있고 비잔틴 시대의 유적이 남아있다. 이 마을은 주후 7세기에 사마리아 사람들이 거주하였다. 이 마을은 주후 1168년인 십자군 시대에는 로세린(Losserin)으로 알려졌다. 1838년에 에드워드 로빈슨은 이 마을을 기록했고 1875년에 괴랭은 400명이 사는 마을이며 두 개의 교회 유적이 있으며 그 중 하나는 모스크로 바뀌었다고 기록했다. 940명이 거주하던 이 마을은 1948년에 이스라엘 군대의 공격으로 파괴되었다.

갈릴리 바다의 어부들

요단 지구대의 *갈릴리* 지역

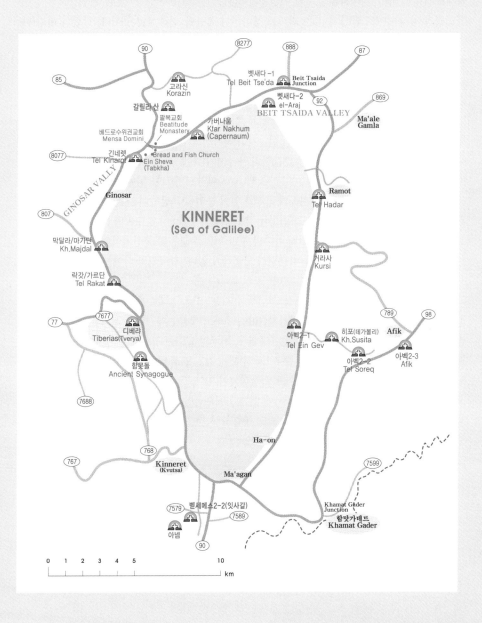

긴네렛(Kinneret)

긴네렛 바다는 갈릴리 바다와 같은 지명으로 성경에 한 번 기록되었다(수 13:27). 긴네롯이라는 지명은 긴네롯 바다로 보이기도 하고 성읍 이름으로도 볼 수 있는 지명이 성경에 한 번 더 기록된 지명이다(수 11:2). 긴네롯 바다는 긴네렛 바다, 갈릴리 바다, 갈릴리 호수, 디베랴 바다, 디베랴의 갈릴리 바다, 게네사렛 호수와 이명동지이다.

갈릴리 바다는 예수님이 수많은 기적을 행하면서 복음을 전하셨던 곳이다. 갈릴리 바다(마 4:18; 막 1:16; 요 6:1)는 갈릴리 호수(막 7:31; 마 15:29), 디베랴 바다(요 6:1; 개역한글판), 디베랴 호수(요 1:21), 디베랴의 갈릴리 바다(요 6:1; 개역개정판), 긴네렛 바다(수 13:27; 민 34:11; 신 3:17), 긴네롯 바다(수 12:3; 수 11:2 참고), 게네사렛 호수(눅 5:1)라는 여러 가지 이름으로 기록되었다.

갈릴리 바다는 남북의 길이가 21km이고 평균 폭이 12km이며 수심이 약 50m인 민물 호수로 해수면보다 200m 낮은 곳에 있다. 이곳은 현악기의 하나인 입금(立琴, 키노르, Kinnereth)과 같이 생겼다고 하여 '긴네렛'이라고 불린다. 갈릴리 바다는 주위에 수면보다 약 400m 높은 현무암 언덕이 있고 북서쪽에는 게네사렛 땅(마 14:34; 막 6:53)이라고 부르는 평야가 있고 북동쪽에는 벳새다 평야가 있다. 남쪽에는 요단 계곡의 평지가 있어 농업에 적당하여 갈릴리 바다 주위는 농업과 어업이 발달되었다. 갈릴리 바다는 연평균 강수량이 약 400mm 정도이며 온난한 기후를 가지고 있다. 예수님이 사역하실 때 갈릴리 바다의 주변 지역은 교통의 중심지이면서 많은 사람들이 살았던 지역이기에 아홉 개의 성읍이 갈릴리 해변에 있었다. 갈릴리 바다에는 예수 그리스도의 사역과 관계된 중요한 기념 교회들이 있다.

오병이어 교회는 오병이어의 기적을 기념해서 지은 기념 교회로 벳새다 빈들에서는 떨어진 곳에 건축되었다. 이곳을 아랍어로 타브가(Tabgha)라고 부르는데 '일곱 개의 샘'이란 뜻의 그리스어 '헵타페곤'(Heptapegon)'에서 유래했다. 지금의 교회는 1982년에 세워졌는데 이 터에는 주후 4세기부터 교회가 있었으며, 주후 5세기 때 중건된 교회 바닥은 오병이어가 조각된 모자이크를 비롯한 다양한 동식물의 모자이크로 장식되어 있다.

베드로 수위권 교회는 타브가(Tabgha)에 있는데 예수님이 부활 후에 갈릴리의 제자들에게 나타나셨을 때 베드로에게 '내 양을 먹이라'고 분부하신 것을 기념하여 1933년에 세워진 교회로 주후 4세기 교회 터 위에 세워졌다. 교회 안에 있는 멘사 도미니(Mensa Domini; 주님의 식탁)라고 부르는 바위가 있는데 이 바위에서 베드로가 수위권을 받았다고 한다.

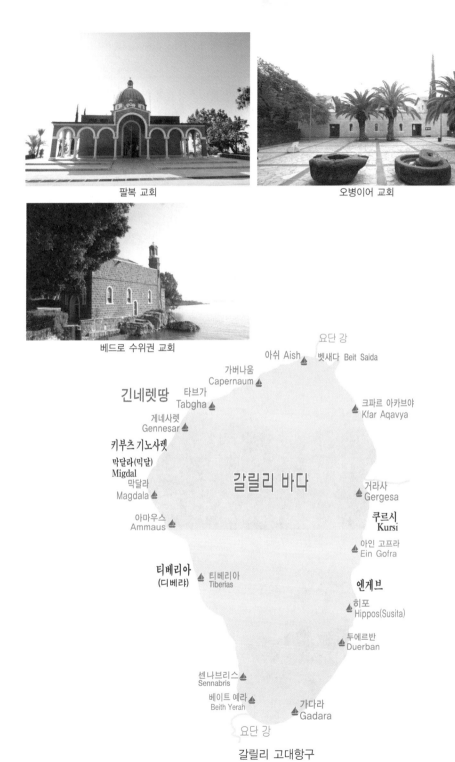

팔복 교회

오병이어 교회

베드로 수위권 교회

요단 강

아쉬 Aish

벳새다 Beit Saida

가버나움
Capernaum

긴네렛땅

타브가
Tabgha

크파르 아카브야
Kfar Aqavya

게네사렛
Gennesar

키부츠 기노사렛

막달라(믹달)
Migdal

갈릴리 바다

막달라
Magdala

거라사
Gergesa

아마우스
Ammaus

쿠르시
Kursi

아인 고프라
Ein Gofra

티베리아
(디베랴)

티베리아
Tiberias

엔게브

히포
Hippos(Susita)

두에르반
Duerban

센나브리스
Sennabris

베이트 예라
Beith Yerah

가다라
Gadara

요단 강

갈릴리 고대항구

(Mendel Nun, Ancient Stone Anchors and Net Sinkers From the Sea of Galilee, Kibbutz Ein Gev,1993. P.7)

아람의 벤하닷이 남유다 아사 왕의 요청으로 공격한 북이스라엘의 영토 중 하나인 긴네렛 온 땅(왕상 15:20)은 납달리의 요새인 긴네렛 주변 지역이었다. 게네사렛 땅(마 14:34; 막 6:53)과 같은 곳으로 갈릴리 바다의 북서쪽에 있는 평야를 가리키는데 디베랴(Tiberias)와 가버나움 사이에 위치한다. 긴네렛은 동명이지로 갈릴리 호수를 가리키는 긴네렛 바다 (수 13:27), 지역을 가리키는 긴네렛 땅(왕상 15:20), 납달리의 성읍이었던 긴네렛(수 19:35)이 있다. 긴네렛 땅은 게네사렛 땅 (마 14:34; 막 6:53)과 이명동지이다.

긴네렛 평원과 비둘기 계곡(아르벨 산)

납달리의 요새인 긴네렛 주변 지역인 게네사렛 땅(마 14:34; 막 6:53)은 긴네렛 땅(왕상 15:20)과 같은 곳으로 갈릴리 바다의 북서쪽에 있는 평야를 가리키는데 디베랴(Tiberias)와 가버나움 사이에 위치한다. 갈릴리 바다의 북서쪽에 있는 이 평야는 약 5㎞×2.4㎞의 크기로 해저 200m의 지역에 있다. 이곳은 므깃도에서 하솔, 시리아, 메소포타미아로 가는 해변 길(Via Maris)을 지나며 중요 도시로 연결되는 지방도로가 있다.

　예수님은 게네사렛 땅에서 모든 병자들을 고치는 기적을 베푸셨다(마 14:34-36; 막 6:53). 이 지역은 예수님의 복음 사역 중심지로 가버나움, 긴네렛 성읍, 막달라가 있다. 이곳에는 긴노사르(Kinosar)라는 키부츠가 있는데 1985년과 1986년의 가뭄 때 주전 40년에서부터 주후 100년 사이에 만들어진 길이가 8.2m, 폭이 2.3m인 배가 발견되어 전시되어 있다.

텔 긴네레트

팔복 교회에서 바라본 긴네렛

긴네렛³ 성읍 Chinnereth (עָרֵי כִּנָרֶת) 하프(수금)

텔 긴네레트(Tel Khinnereth)
32° 52′ 13.76″N 35° 32′ 27.71″E

납달리 지파의 요새화된 성읍으로 갈릴리 바닷가에 있었던 성읍이며 주위에 함맛과 락갓과 아다마 같은 성읍이 있었다. 이곳은 긴네렛 땅(게네사렛 땅)에 있어 지역 이름과 성읍 이름이 같은 곳이다. 긴네렛 성읍은 긴네롯이 성읍인지 긴네렛 바다를 가리키는지 확실하지 않지만 이명동지이다(수 11:2). 긴네렛은 투트모세 3세의 정복 도시 목록의 34번에 있는 요단 계곡의 도시였다. 갈릴리 바다를 긴네렛 바다라고 부르는 것은 긴네렛 앞에 있는 바다의 의미도 있다.

긴네렛은 텔 엘 오레이메(Tell el-Oreimeh)로 불리어졌던 텔 긴네레트(Tel Khinnereth)로 긴네렛 바다의 서쪽 해안가에 있는 언덕이다. 이곳의 서쪽에는 초기·후기 청동기의 도시 성벽이 있다. 초기·후기 청동기의 토기 조각들과 중기·후기 청동기의 유물이 발견되었다. 또한 주전 10세기의 거주지가 발견되었는데 6 에이커의 규모이다. 이곳에서 주전 8-9세기의 거주지도 발견되었다.

1994-1999년간 프리츠의 지도로 독일인들에 의하여 발굴되었다. 이 발굴을 통하여 초기 청동기 시대의 유물, 중기 청동기 말, 후기 청동기 초기, 초기 철기 시대의 유물 및 유적이 드러났다. 중기 청동기 시대와 후기 청동기 시대에는 정교한 미끄럼 벽과 성벽을 포함한 요새화 시설이 발견되었고, 언덕 아래 자락에서는 개인 건물들이 발견되었다. 주요 유적은 초기 철기 시대의 것으로 총 세 개의 지층이 발견되었다(지층 6-4). 한편 지층 5는 많은 토기 유물들을 발굴이 되어 그 시기는 파괴되었다는 것을 보여주고 있다. 초기 철기 시대에는 초반부터 이 지점이 성벽을 갖춘 도시였음이 드러났다. 지층 6은 뜰을 가진 형태로 보아 아람 사람들에 의하여 건설된 것으로 보인다. 지층 6은 지층 5의 시기의 마지막인 주전 11세기 말경에 다윗과 아람 사람들과의 전쟁 때에 파괴된 것으로 여겨진다. 이곳의 중요한 발견물 중의 하나는 지층 5에서 발견된 직각형의 거리로서, 이미 주전 11세기에 계획에 의한 도시가 건설되었음을 보여주는 것이다. 이 도시의 파괴 이후 지층 4인 주전 10세기의 거주 흔적이 조금 발견되었다. 지층 2에서는 주전 8세기 초반에 요아스 왕에 의한 아람 사람들의 위협이 완전히 없어진 이후에 도시가 재건되었다(왕하 13:10-13). 이 도시는 디글랏빌레셋 3세에 의하여 파괴되었고 성서에서는 언급되지 않았지만 주전 700년경에 다시 파괴되었으며 그후에는 사람이 거주하지 않게 되었다.

텔 긴네레트

갈릴리 산 Mountain in Galilee
팔복교회(The Church of the Beatitudes)　　　　32°52′51.04″N 35°33′21.45″E

예수님이 부활하신 후에 제자들과 만나기로 지시하신 산(마 28:16)으로 이곳은 예수님의 지상명령 (마 28:18-20)이 선포된 중요한 장소이다. 이곳은 예수님과 제자들이 잘 아는 곳으로 주위가 잘 보이는 좋은 장소이다. 일반적으로 갈릴리 산을 예수님이 팔복을 선포하신 곳에 세운 팔복교회가 있는

갈릴리 바다 동북쪽에 있는 산과 동일시하고 있다(마 5:1). 팔복교회는 예수님의 산상수훈의 여덟가지 복을 기념하기 위해 세워졌는데 주후 4세기 비잔틴 교회 터 옆에 이탈리아 건축가 안토니오 바르루치(Antonio Barluzzi)가 설계하여 1938년에 지어진 갈릴리 바다 주위에서 전망이 아주 좋은 곳에 있다.

막달라 Magdala (Μαγδαλά 탑)
키르벳 메즈델(Kh. Mejdel)　　　　32°49′29.42″N 35°30′54.54″E

막달라 마리아의 고향인 막달라는 막달라 출신의 마리아 때문에 알려진 곳이다(마 27:56). 마가단은 막달라와 같은 곳이거나 막달라 지방의 한 구역으로 보이므로 이명동지로 추정되며 달마누다도 이명동지로 추정된다. 막달라는 갈릴리 바다의 주변 도로와 평야로 가는 도로의 교차점에 있어 수비 탑이나 망루의 역할을 하였기 때문에 '탑' 이란 이름이 붙여졌다. 탈무드에서는 막달라가 디베랴 북서쪽에서 약 5km 떨어진 곳이며 믹달 눈야(Migdal Nunya)라고 불리어졌는데, 이 말은 절인 물고기의 탑이란 뜻으로 절인 고기를 공급했던 어촌을 추측케 한다. 막달라는 갈릴리 바다 가에 있는 키르벳 메즈델(Kh. Mejdel)로 동일시되고 있다. 이곳에 1세기 때의 로마 시대 도로와 유대교 회당이 있다. 이곳은 주후 132년의 제2차 유대인 반란의 중심지가 되어 로마에 의해 파괴되었다. 이곳에 막달라의 무덤이라고 전해지는 무덤이 있다.

막달라의 해변가에서는 막달라 센터를 위한 터 파기에서 막달라의 유적지가 발굴되었다.

2009년에 유대교 회당이 발견되었는데 갈릴리 지역에서 발견전 주후 1세기의 회당으로는 유일한 곳이다. 이곳에서는 돌 의자와 바닥의 모자이크가 발견되었고 회당 중앙에서는 막달라 돌이라고 부르는 메노라(촛대)가 문양이 새긴 돌이 발견되었다. 이곳에서는 주후 1세기의 주택과 도로가 발굴되었으며 동전과 그릇들이 출토되었다.

가르단 Kartan (קַרְתָּן 도시지역) /기랴다임

텔 락카트(Tel Raqqat)   32° 48′ 24.48″N 35° 31′ 32.66″E

납달리 지파에게 주어진 도피성으로 레위 지파 게르손 자손에게 주어진 세 성읍중 하나이다 (수 21:32). 갈릴리 게데스는 도피성이고 함못돌과 가르단은 레위 지파의 성읍니다. 가르단은 이명동지로 기랴다임(대상 6:76)으로도 불렸다. 기랴다임은 동명이지로 요단 강 동쪽에 있는 르우벤 지파의 성읍이었던 곳도 있었다(민 32:37; 수 13:19). 가르단의 추정지는 이스라엘에 한 곳, 레바논에 한 곳이 있다.

텔 락카트

락갓 Rakkath (רַקַּת 해변가)

텔 라카트(Tel Raqqat)   32° 48′ 24.48″N 35° 31′ 32.66″E

납달리 지파의 영토로 주어진 성읍인 락갓은 성경에 한 번 기록된 곳이다(수 19:35). 락갓은 갈 릴리 바닷가에 있는 함맛과 긴네렛 사이에 있었던 성읍으로 보인다. 락갓으로 추정되는 곳은 텔 락카트(Tel Raqqat)와 성경에 디베랴로 기록된 티베리아스(Tiberias)이다. 미슈나와 탈무드 는 락갓의 위치를 현재의 티베리아스의 자리에 있을 것이라고 보고 있다.

락갓의 추정지로 키르벳 엘 쿠네이티레(Kh. el-Quneitireh)라고 불리던 곳이다. 이곳은 아인 엘 후리예(Ain el-Fuliyeh) 바로 위에 있다. 이곳에서 초기·중기·후기 청동기 시대와 철기 시 대, 페르시아 시대, 비잔틴 시대의 토기 조각들이 발견되었다. 이곳을 가르단(기랴다임)으로 추 정하기도 한다. 텔 라카트는 티베리아 스에서 북쪽으로 1 km 지점의 갈릴리 바닷가에 있는 언 덕 위의 요충지에 있는 견고한 요새 같은 성읍이다.

락굼 Lakkum (לַקּוּם 방해, 길을 막다)

키르벳 만수라(Kh. Mansurah)　　　　　32˚41´53.30˝N 35˚33´07.78˝E

납달리 자손의 영토 경계선에 있었던 성읍으로 성경에 한 번 기록된 납달리의 성읍이다(수 19:33). 얍느엘과 요단 강 사이에 있기에 납달리 지파의 경계선에 있었다. 대부분의 학자들은 락굼을 키르벳 엘 만수라(Kh. el-Mansurah)로 동일시하고 있는데 요단 강에서 멀리 떨어져 있다는 문제점이 있다.

디베랴 Tiberias ($Τιβεριάς$ 티베리우스)

티베리아스(Tiberias)　　　　　32˚47´24.97˝N 35˚32´25.63˝E

납달리 지파의 영토에 있는 신약시대의 성읍으로 이곳은 도시 이름(요 6:23)이지만 갈릴리 바다를 가리키는 디베랴 바다(요 6:1; 21:1 개역한글판)와 디베랴 호수(요 21:1 개역개정판)와 이름이 같은 성읍이다. 갈릴리 바다와 이명동지인 디베랴 바다는 개역한글판에서는 디베랴 바다라고 번역하였으나 개역개정판에서는 디베랴의 갈릴리 바다라고 번역하였다(요 6:1).

디베랴로 불리는 티베리아스는 헤롯 안티파스가 주후 18-22년에 건설하여 갈릴리 수도가 되었고 로마 황제 티베리우스의 이름을 따라 티베리아스(Tiberias)라고 불렸다. 주후 61년의 아그립바 2세때에 디베랴는 가이사랴 빌립보 구역에 편입되었다. 이곳은 가버나움에서 남서쪽으로 약 10㎞ 떨어진 곳으로 유대 전통에는 락갓의 추정지로 보고 있다. 예루살렘 멸망 이후 많은 유대인들이 티베리아스에 살았다. 주후 67년에 유대인 1차 반란때 지금도 남아 있는 성벽이 건축되었으나 로마군에게 함락되었다. 주후 100년에 로마의 행정 구역에 편입되었고 하드리안 시대에는 하드리안을 위한 신전이 건축되었다.

주후 132-135년의 바르 코크바 혁명 이후에는 유대인의 중심지가 되었고 이곳에서 예루살렘 탈무드가 완성되었다. 주후 218-222년의 엘라가발루스가 통치할 때에 로마의 도시로 격상되었다. 6세기 부터 10세기 까지 디베랴는 유대교의 중심지가 되었다. 지금의 티베리아스는 갈릴리 바다의 중심 도시이며 상업 휴양도시이다.

이곳에서 로마 시대의 목욕탕, 시장, 거리, 공공건물이 발견되었고, 북쪽에서는 6세기의 회당이 드러났다. 이와 함께 비잔틴 시대의 성벽과 십자군 시대의 교회가 발견되었고 도시 남쪽의 발굴을 통해서 로마 시대와 아랍 초기 시대의 성문을 비롯하여 8-11세기 때의 건물이 발견되었다. 디베랴는 락갓의 추정지이기도 하다. 락갓으로 추정되는 곳은 텔 락카트와 디베랴인 티베리아스(Tiberias)이다. 미슈나와 탈무드는 락갓의 위치를 현재의 티베리아스의 자리에 있을 것이라고 보고 있다.

함맛 Hammath (חַמַּת 온천들) /함못 돌/함몬[2]

함맘 타바리예(Hammam Tabariyeh)　　　　　　　32°45′57.90″N 35°33′02.51″E

납달리 지파의 견고한 요새였던 성읍으로 갈릴리 지역에 있었으며 성경에 한 번 기록되었다 (수 19:35). 함맛은 함몬[1](레위; 대상 6:76)과 함못 돌(수 21:32)과 이명동지이다. 함몬[1](레위)은 아셀 지파의 영토로 레바논에 있는 함몬[2](아셀)과는 동명이지이다. 함맛은 함맘 타바리예 (Hammam Tabariyeh)와 동일시되고 있지만 로마 시대 이전의 유적을 찾지 못해 고고학적인 근거가 없다. 함맘 타바리예는 갈릴리 바닷가에 있는데 티베리아스 남쪽 3㎞ 지점에 있는 온천 이 있는 곳이다. 이곳은 하솔로 가는 교역로가 지나가는 중요한 위치에 있다. 이곳에서 남쪽으로 조금만 내려가면 악고와 다볼 산으로 가는 도로가 있다.

아벡[2-1]　아람 Aphek (אֲפֵק 요새)

텔 엔 게브(Tel Ein Gev)　　　　　　　　　　32°47′07.04″N 35°38′16.86″E

아람 왕 벤하닷이 이스라엘과 전쟁할 때 대치했던 곳에 있는 아람의 성읍으로 패전한 아람 군대가 후퇴한 곳이다. 아람 군대가 퇴각할 때 성벽이 무너져 이만 칠천 명이 죽었고 벤하닷은 골방에 숨었다(왕상 20:26-30). 아벡은 엘리사가 죽음을 앞두고 이스라엘 왕 요아스에게 마지막 예언을 할 때 아벡에서 아람 군대를 칠 것이라고 예언한 곳이다(왕하 13:17).

아하로니는 갈릴리 바닷가에 있는 텔 엔 게브로 추정한다. 이곳은 키부츠 엔 게브 안에 있는 유적이다. 이곳은 키르벳 엘아스헤크(Kh.el-Asheq)로 불렸던 곳이다. 이곳에서는 선사, 후기 철기, 헬라 시대의 유물과 철기 시대의 공공 건물을 포함한 거주 흔적이 발견되었다.

텔 엔게브는 지금까지 두 번에 걸쳐 발굴되었다. 1961년도에 이스라엘 학자들(B. 마자르, A. 비란, I. 두나예브스키, M. 도탄)에 의하여 발굴되었고, 1990년부터 2005년도까지는 이스라엘과 일본의 공동 발굴(M. 코카비, Y. 파즈, H. 카나세키, A. 수기모토)이 이루어졌다. 이곳에서는 네 개 또는 다섯 개의 주요한 지층이 발견되었다. 지층 1에서는 로마, 비잔틴, 헬라, 페르시아 시대의 것이 혼합되어 나타났다. 가장 오래된 지층은 마자르가 발견한 지층 4와 지층 5이다. 이곳에서는 공공 건물이 발견되었고 이 건물 한쪽에서는 부엌이 있으며 인장이 발견되었다. 지층 3에서는 길이가 35m가 되는 벽이 텔의 북동쪽에서 발견되었다. 이곳에서는 7개의 방이 드러났고, 모든 바닥은 돌로 덮여졌다. 이곳에서는 기둥 열주로 삼분된 공공 건물이 세 개가 발견되었다. 높이의 차이가 있기는 하지만, 이 둘은 동시대의 건물로 파악된다. 지층 2에서는 앞선 시대의 공공 건물이 사용되지 않고 대신 두 개의 새로운 기둥을 지닌 건물들이 남쪽 지역에 세워졌다. 이 건물은 이전 시대의 바닥과 건물의 돌들을 사용하였다. 새 건물은 이 텔의 북동쪽에서 발견되었고 전의 것보다는 약간 좁게 건설되었다. 이 건물의 바닥에 세워진 기둥 중 하나의 꼭지 부분이 지층 1의 가옥의 바닥 높이에 다다른다. 이 지층의 건물 바닥에서 나온 소수의 토기는 주전 8세기의 것이다. 지층 3에서는 페르시아 시대(주전 5세기)의 지층 유적이 발견되었다. 이 시기에 팠던 몇 개의 구덩이들이 있지만 건축 유적은 발견되지 않았다. 이것의 시작을 주전 10세기 또는 주전 9세기로 추정되고 있다. 지층 4 또는 지층 3은 주전 9세기에 존재하였던 것은 분명하기에 이 장소가 벤 하닷이 아합 군대로부터 도망한 사건이 일어났던 장소라고 할 수 있을 것이다(왕상 20:30).

표 1. 텔 엔게브 발굴 층위 관계 (A. Sugimoto, ASOR 2012)

게이오 대학 발굴 층위	마자르의 발굴 층위	일본 대학의 발굴 층위	주요 유물	주요 유적
지층 KI	발견되지 않음	지층 J3-J1	구덩이 (페르시아 시대), 거주 건물과 망대? (헬라 시대), 석회 가마들 (로마 시대)	
지층 KII 지층 1	지층 M2*-M1*,	지층J4	기둥을 가진 건물들, 석회 바닥(뜰?)	
지층 KIII	지층 M3*,지층 M4-M2*	지층 J5	기둥을 가진 건물늘, 요새, 상자모양 벽들	아람어 비문
지층 KIV 지층 M5	지층 M4*,	발견되지 않음 (L510 참조)	부엌을 겸비한 큰 공공 건물, 옹벽	인장

아벡 2-2 텔 소렉(Tel Soreq)

텔 소렉(Tel Soreq)
32° 46′ 15.83″N 35° 40′ 33.46″E

엔 게브에서 아픽(Afik)으로 올라가는 계곡의 북쪽에 있는데 초기·중기 청동기 시대의 유적이 있다. 주전 9-8세기 청동기 시대의 요새화된 곳이나 유적의 규모가 너무 작기에 아벡으로 확정되지 않았다. 이곳에서 철기와 헬라 시대의 유물도 발견되었다. 텔 소렉 가까이에 데가볼리 중의 하나인 히포(Hippo)가 있다.

아벡 2-3 아픽(Afik)

키부츠 아픽 (Afik)
32° 46′ 44.59″N 35° 41′ 54.34″E

현대 마을 아픽은 아벡이라는 이름을 가지고 있기에 아벡의 추정지로 보기도 한다. 유세비우스는 이곳을 아벡으로 추정되었으나 고고학적인 근거는 확인되지 않았다.

키부츠 아픽(Afik)은 1972년에 갈릴리 동쪽의 골란 고원에 세워졌으며 2017년에 인구가 295명인 곳이다. 이 키부츠는 고대 아벡에 세워졌기에 성경 지명으로 지어졌다. 이 키부츠는 1972년 5월8일에 포기한 시리아 마을 피크(FIq) 부근에 설립되었다. 피크는 1967년에 2,800명이 살던 마을로 해발 349m의 고지 위에 있다. 피크는 고대 마을 자리에 있어 라틴어와 헬라어로 된 명문들이 발견되었으며 이집트와 시리아를 잇는 교통로에 있어 13세기의 숙소인 칸 엘 아카바(Khan al-Aqabah)가 있었다.

텔 하다르 Tel Hadar

텔 하다르(Tel Hadar)
32° 51′ 00.79″N 35° 38′ 58.45″E

예수께서 떡 일곱 개와 물고기 두 어 마리를 가지고 사천명을 먹이신 기적을 베푸셨다(마 15:32-39; 막 8:1-10). 이 장소가 어디인지는 잘 알 수 없지만 게네사렛 땅에 있을 것으로 추정하는 마가단 또는 달마누다로 배를 타고 떠나셨다는 기록을 보면 갈릴리 바다의 동쪽 지역으로

추정할 수 있다. 갈릴리 지역의 순례를 안내하는 지도*에는 이곳을 사천명을 먹이신 기적의 장소로 소개하고 있지만 더 정확한 근거는 확인하지 못했다. (The Survey of Israel.2000 Pilgrim' s Map) 이곳은 1968년에 발견되어 1987년에 텔 아비브대학에 의해 발굴이 시작되었다. 이곳은 발굴에 의하여 초기 철기 시대 거주지, 재건축된 초기 철기 시대 거주지, 주전 11세기의 화재에 의한 파괴층, 주전 9세기의 재건축된 거주

지, 초기 철기 시대 후기 철기 시대에 앗수르에 의한 파괴층이 포함된 6개의 지층이 드러났다. 로마시대에 이곳은 데가볼리 지역이었다.

이곳은 1968년에 발견되고 조사되어 1987년에 발굴되었다. 이곳은 코카비(M Kochavi)와 베크(P. Beck)의 지도로 발굴되어 주전 9-8세기와 주전 11세기의 유적이 발굴되었다.

이곳에서는 중기 청동기, 후기 청동기의 토기가 발견되기도 했다. 이곳에서는 이중 성벽이 발견되었는데 내벽은 2.5m이고 외벽은 4m에 이른다. 텔 하다르는 엔게브의 변두리에 있는 작은 농경 마을이었으며 주전 733-주전 732년에 파괴되었다.

거라사인의 땅 Gerasa (Γερασηνός) /가다라 Gadara (Γαδαρηνός)
쿠르시(Kursi)   32° 39′ 15.12″N 35° 40′ 38.60″E

귀신들린 사람을 고쳐준 예수님의 기적이 일어난 거라사인의 지방(막 5:1) 또는 거라사인의 땅(눅 8:26,37)이라는 지역의 이름으로 성경에 기록되어 있다. 이를 통해 이 도시가 있는 지역에서 기적이 일어났다는 것으로 이해할 수 있다. 귀신들린 사람을 고쳐준 예수님의 기적이 일어난 가다라 지방은 성읍의 이름이 아니라 지역의 이름으로 성경에 한 번 기록되어 있다(마 8:28). 가다라는 갈릴리 바다의 동남쪽 10km 떨어진 곳에 있었던 도시로 데가볼리(Decapolis)에 속했다. 예수님의 기적이 일어난 곳이 '가다라' 라고 되어 있지 않고 '가다라 지방' 으로 되어 있기 때문에 이 도시가 있는 지역에서 기적이 일어났다는 것으로 이해할 수 있다.

갈릴리 바다 동쪽에 있는 쿠르시(Kursi 32° 49′ 35.10″N 35° 39′ 00.01″E)는 지리적인 여건과 전승 때문에 기적이 일어난 현장으로 보인다. 쿠르시는 가다라에서 북쪽으로 약 19km 떨어진 갈릴리 바다의 동쪽에 있다. 예수님은 이곳의 무덤 사이에 사는 귀신들린 사람을 고쳐주셨다. 이곳을 이 기적이 일어난 거라사인의 땅으로 보는 이유는 갈릴리 바다 옆에 있는 비탈에 위치해 있고, 이 지역에서는 돼지 떼가 사육될 수 있는 이방인의 땅이며, 주후 5세기의 교회와 수도원이 1970년에 발굴되었기 때문이다. 이스라엘의 차페리스(Vasslios Tzaferis)와 우르만(Dan Urman)에 의해서 발굴된 후에 1982년부터 공개되었다. 이곳에서 제단과 교회 바닥이었던 모자이크, 십자가 모양이 있는 기둥, 물 저장소, 기도소가 발견되었다. 이곳의 교회는 614년에 페르시아의 침략으로 훼손되었다가 재건되었으나 8세기 초에 화재로 파괴되었다.

9세기에 아랍인들이 주거지와 곡물 저장소로 사용하다가 그 후에 폐허가 되었다. 이곳은 1982년 9월에 이스라엘의 국립공원으로 지정되었다.

갈릴리 선교의 중심지였던 가버나움은 예수님이 나사렛을 떠나신 후에 선교의 중심지로 정한 곳이다(마 4:12,13).

가버나움은 본동네²(가버나움)라고 기록되기도 하였다(마 9:1). 본동네¹(나사렛)는 나사렛을 가리키기도 했다(눅 2:39). 가버나움은 크파르 나훔(Kfar Nahum)으로 동일시되었다. 예수님은 이곳의 회당에서 가르치셨으며(요 6:59) 백부장의 종을 치유하셨고(마 8:5-13) 왕의 신하의 아들을 치유하셨다(요 4:46-54). 예수님은 가버나움에서 많은 기적을 베푸셨으나 백성들이 회개하지 않아 책망하셨다(마 11:23).

가버나움은 벧산과 디메섹을 잇는 도로가 지나가는 중요한 위치에 있어 세관, 군대의 초소가 있었다. 가버나움은 신약 시대에는 작은 마을이었으나 헤롯 안디바의 영토인 갈릴리와 빌립의 영토의 경계선에 있었다. 가버나움은 1838년 에드워드 로빈슨이 발견하였고 1866년에 윌슨(C. W. Wilson)이 회당의 유적을 찾아내었고, 1894년에 프란시스코회가 유적을 확인하고 보존하였다. 1905년부터 독일의 콜(H. Kohl)과 바찡거(Carl Watzinger)가 발굴을 시작하였고, 1905-1905년, 1921-1926년에 계속 발굴되었다. 1968년의 발굴을 통하여 베드로의 집이 발굴되었다. 이곳은 중기·후기 청동기 시대부터 사람이 살았던 주거지였다. 가버나움에는 갈릴리 산간 지방에서 가져온 석회암으로 지어진 주후 4-5세기 때의 회당 유적이 남아 있다. 이 회당에서는 약 3만개의 로마 시대 주화가 발굴되었다. 이 회당의 기도실의 출입문은 세개이며 예루살렘을 향해 세워졌다.이 회당의 현무암 기초는 주후 1세기 회당의 것으로 추정되고 있다. 회당에서 30m 떨어진 주후 1세기경의 집터 위에는 5세기경에 건축한 팔각형의 교회가 있었으며 7세기경까지 사용되었다. 이 유적 위에 이탈리아 건축가 아베타(Avetta)가 설계한 현대식 교회가 1990년에 지어졌다. 가버나움 회당의 북쪽에는 로마 시대의 도로가 있었다.

◀가버나움의 회당

요단 강 Jordan River 티(יַרְדֵּן׳ Ἰορδάνης 내려오는 강)

야르덴(Yarden)

33˚ 14′ 54.75″N 35˚ 41′ 39.74″E

헤르몬 산 기슭에서 발원하여 염해(사해)까지 흐르는 요단 강은 서쪽에 있는 가나안 땅과 요단 동쪽 지역으로 구분하는 자연적인 경계선이다. 갈릴리 바다의 남쪽의 하부 요단 강은 지금은 이스라엘과 요르단의 국경선이다. 요단 강은 요단 지구대라고 불리는 요단 계곡 안에 있기에 해수면(Sea Level)보다 더 낮은 곳을 흐르며 갈릴리 바다에서 사해까지의 직선거리는 약 105km 이지만 약 320km의 길이로 흐르는 강이기에 사행천(蛇行川)이라고 불린다. 요단강의 수원지는 단에서 시작하는 단 강(Nahal Dan), 빌립보 가이사랴에서 시작되는 헤르몬 강(Nahal Hermon) 스닐에서 시작되는 스닐 강(Hahal Snir)이다. 이중에서 단에서 나오는 물이 가장 많아 일년에 238,000,000m³의 물이 요단강으로 흘러간다. 요단은 어원적으로는 '단에서 내려오는' 이라는 뜻이다.

요단 강은 수원지에서 갈릴리 바다까지는 약 29km이고 수원지에서 남쪽으로 11km 지점에는 훌레 호수가 있었다. 훌레 호수는 폭이 약 3.2km이고 길이가 약 4.8km이며 수심이 2.7~4.8m의 크기로 해발 69m의 지역에 있었다. 지금은 매립되어 폭과 길이가 약 1km 정도의 호수이다. 요단 강은 하란에서 돌아오던 야곱이 브니엘에서 기도하면서 지팡이만 가지고 요단 강을 건넜던 과거를 회상할 때에 처음으로 기록되었다(창 32:10). 이곳은 출애굽한 이스라엘 백성들이 하나님의 역사로 물이 멈춘 요단 강을 건너 가나안 땅으로 들어간 기적의 현장이 되었다(수 1:2; 3:11,13,17). 이스라엘 백성들이 가나안에 정착했을 때 요단 강은 베냐민 지파의 동쪽 경계가 되었다(수 18:20).

사사 시대에 모압과 에글론이 여리고를 점령하였을 때 에훗이 에글론 왕을 죽인 후에 이스라엘 자손이 요단 강 나루를 점령하고 도망가는 모압 사람 만 명을 죽였다(삿 3:28). 기드온은 미디안과 아말렉과 동방 사람들을 무찌르고 벧 바라와 요단 강에 이르는 수로를 점령하였다(삿 7:24). 기드온은 요단 강을 건너 미디안 사람들을 추격하였다(삿 8:4). 암몬 자손들은 길르앗 지방에 이스라엘을 열여덟 해 동안 억압하였을 뿐 아니라 요단 강을 건너 유다 지파와 베냐민 지파와 에브라임 지파를 공격하여 이스라엘을 괴롭혔다(삿 10:9). 사사 입다 때에 길르앗 사람들과 에브라임 사람들이 싸울 때에 길르앗 사람들은 요단 강 나루턱을 장악하고 에브라임 사람인지를 가려내기 위해 쉽볼렛을 발음하지 못하면 잡아 죽이는 사건이 일어났다(삿 12:5). 사울 때에 블레셋 사람들을 두려워한 이스라엘 사람들 중의 일부분은 요단 강을 건너 갓 지파의 영토와 길르앗으로 피난하기도 했다(삼상 13:7).

다윗과 이스보셋이 내전을 할 때에 요압이 거느리던 다윗의 군대와 대치하던 이스보셋의 부하 아브넬의 군대는 요단 강을 건너 마하나임으로 퇴각하였다(삼하 2:29). 다윗은 아람을 공격하기 위

해 요단 강을 건넜고 헬람에서 전투를 벌여 승리하였다(삼하 10:17). 다윗은 압살롬의 반역으로 요단 강을 건너 마하나임으로 피신했다가(삼하 17:22) 진압한 후에 요단 강을 다시 건너 예루살렘으로 돌아왔다(삼하 19:15).

엘리야 선지자는 요단 강 가에 있는 그릿 시내로 피신했고(왕상 17:3,5) 요단 강 가에서 승천했다(왕하 2:6,7,13). 아람 군대의 나아만 장군은 요단 강에서 일곱 번 몸을 담근 후에 치유를 받았다(왕하 5:14). 엘리사의 제자들은 요단 강에 떨어진 쇠도끼가 떠오르는 기적을 체험했다(왕하 6:6,7). 사마리아가 포위되었다가 아람 군대가 급하게 퇴각한 후에 사마리아 군대는 요단 강까지 아람 군대가 후퇴한 것을 확인하였다(왕하 7:15). 요단 강물은 정월에 모든 언덕이 넘치는 때가 되는데 요단 강 동쪽에 사는 갓 자손 중에서 다윗을 도운 용사들은 요단 강을 건너 요단 골짜기에 있는 사람들을 도망하게 하였다(대상 12:15).

요단 강은 욥기에 베헤못의 비유에서도 언급되었다(욥 40:23). 예레미야는 에돔이 받을 심판을 예언할 때에 요단 강의 깊은 숲의 사자를 언급하였다(렘 49:14; 50:44). 스가랴는 요단의 자랑을 언급하였다(슥 11:3). 에스겔은 이스라엘 영토의 동쪽 경계선이 길르앗과 이스라엘 땅 사이의 요단 강이라고 하였다(겔 47:18). 세례 요한은 요단 강 부근에서 사역했고 요단 강에서 세례를 베풀었다(마 3:5,6; 막 1:5). 예수님께서는 요단 강에서 세례를 받으셨고(마 3:13; 막 1:9; 요 1:28), 세례 요한이 세례를 베풀던 곳에 다시 가셔서 머물기도 하셨다(요 10:40). 예수님은 유대 지방만이 아니라 요단 강 건너편에서도 복음을 가르치셨다(막 10:1).

요단 강 유역은 계단처럼 되어 있는 삼단식 구조로서 요단 강이 흐르는 요단 강 유역의 밀림지대(조르)와 회색의 점토 지대와 경작과 거주가 가능한 곳으로 고르라고 불리는 요단 평지가 있다. 요단 강가의 중간 지대는 밀림이 형성되어 사자까지 사는 곳이었다(렘 49:14; 50:44). 요단 강 유역의 평지는 서쪽으로는 여리고 평지가 있고 요단 강 동쪽에는 서쪽보다 더 길고 넓은 평지가 형성되어 있다. 솔로몬은 요단 강 동쪽의 요단 평지의 숙곳과 사르단 사이에서 성전에서 사용할 놋 기구를 제작하였다(왕상 7:46).

요단 강은 우기 때에 범람하는 곳으로 알려져 있다(렘 12:5; 욥 40:23). 이스라엘 백성들이 요단 강을 건넌 때는 보리를 수확하는 시기인 3~4월경으로 보인다. 요단 강은 평상시에는 폭이 27~30m이고 깊이가 1-3m이지만 봄에 늦은 비가 내리면 강물이 넘쳐서 폭도 넓어지고 깊이도 더 깊어지며 유속도 빨라져 급류가 되어 요단 강을 건너는 것은 불가능에 가깝게 여겨진다(수 3:15-17).

히포 Hippo

키르벳 수시타(Kh. Susita) 32° 46′ 44.18″N 35° 39′ 35.46″E

히포(Hippos)는 성경에 나오는 성읍은 아니지만 데가볼리 중의 하나였다(마4:25; 막5:20; 7:31). 데가볼리는 헬라어로 '10개의 도시'의 뜻으로 로마와 비잔틴 시대의 동맹도시로 요르단 계곡과 요단의 동쪽에 위치하였고 시리아의 다메섹까지 포함되었다. 헬라의 도시였던 히포는 갈릴리 바다의 동쪽 약 2km 지점에 위치하고 있으며 갈릴리 바다보다 약 350m 위에 있었다. 갈릴리 바다에는 히포 항구가 있었다. 히포는 '말'이란 뜻이며 아랍시대 때는 수시타(Susita)로 불리워졌다. 히포는 주전 3세기부터 주후 7세기 까지의 그레코 로마(Greco-Roman)도시이며 무슬림이 정복했던 이 도시는 주후 749년에 지진으로 버려진 도시가 되었다.

이곳은 아랍어로는 칼랏 알 히슨(Qal' at al-Hisn)또는 후슨(Husn)으로 불려졌다. 히포는 비잔틴시대에는 주교좌(Seat of Bishop)이었다. 헬라시대에 시작된 도시인 히포는 로마 시대에는 계획 도시가 되었고 잘 정비된 중심 도로 북쪽에는 네 개의 교회 중의 하나인 교회의 모자이크 바닥이 발견되었다. 이곳에서는 헬라, 로마, 비잔틴, 아랍 시대의 유적이 발견되었다.

함맛 가데르 Hammat Gader

함맛 가데르(Hammat Gader) 32° 41′ 10.42″N 35° 40′ 02.36″E

함맛 가데르는 성경에 나온 성읍이 아니지만 갈릴리 바다에서 동쪽에서 약 7km 떨어진 야르묵 강 북쪽에 고대도시이다. 이곳은 야르묵 계곡 안에 있으며 길이가 1450m이고 너비가 500m이며 면적은 180 에이커에 이른다. 함맛 가데르는 아랍식의 이름을 보존하고 있다.

이곳에는 다섯 개의 온천이 있으며 고대 회당이 발견된 텔 엘 함메(Tell el-Hammeh)에서는 초기 청동기의 토기도 발견되었다. 이곳에서는 로마 극장과 로마 시대의 목욕탕이 발견되었다.

합환채

백합화(아네모네)

로뎀 나무의 꽃

해안 평야지대의 *가이사라*지역

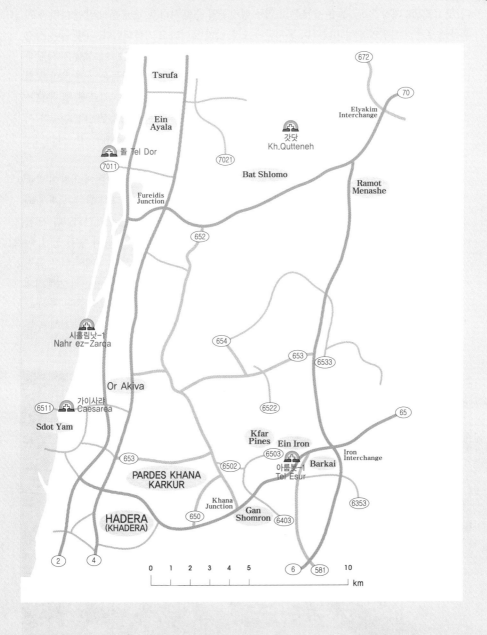

Tsrufa

Ein Ayala

돌 Tel Dor

7011

Fureidis Junction

7021

Bat Shlomo

갓닷 Kh.Qutteneh

Elyakim Interchange

672

70

Ramot Menashe

652

시홀림낫-1 Nahr ez-Zarqa

Or Akiva

654

653

6533

가이사랴 Caesarea

6511

Sdot Yam

6522

65

653

6502

Kfar Pines

6503

Ein Iron

아룸봇-1 Tel Esur

Barkai

Iron Interchange

PARDES KHANA KARKUR

Khana Junction

Gan Shomron

6403

6353

HADERA (KHADERA)

650

2   4

0 1 2 3 4 5   10

6 581

km

텔 도르(Tel Dor)

아셀 지파의 영토였다가 므낫세 지파의 영토가 된 지중해 연안 언덕 위에 있는 이곳은 하솔 왕 야빈과 함께 동맹하여 여호수아의 군대와 싸워서 패전한 가나안의 성읍이었다 (수 11:2; 17:11). 돌은 므낫세 지파가 분배받았으나 차지하지 못했다가 강성해진 뒤에 노역을 시킨 곳이다(삿 1:27-28; 대상 7:29). 돌은 솔로몬의 열두 행정구역 중의 하나로, 솔로몬의 딸인 다밧과 결혼한 솔로몬의 사위인 벤아비나답이 통치한 곳으로 나밧 돌이라고 기록되었다. 나밧 돌은 성경에 한 번 기록된 곳으로 '돌의 높은 땅'의 뜻을 가진 곳이다(왕상 4:11). 이 성읍은 사갈루(Zakkalu) 족속이 점령해서 블레셋 사람들과 섞여 살았다. 후에 시돈 사람들은 돌과 욥바를 점령하기도 했고 주전 64년에 폼페이우스가 자치지역으로 만들기도 했다. 키르벳 엘 부르즈(Khirbet el-Burj)라고 부르던 이곳을 돌과 동일시하여 텔 도르(Tel Dor)라고 부른다. 이곳은 서쪽 바다의 언덕에 있다는 성경의 기록이 일치하는 곳이다. 이곳은 가이사랴에서 약 14㎞ 떨어진 북쪽 해안에 있다.

이곳은 1923-1924년에 가르스탕에 의하여, 1950년과 1952년에는 레이보비츠에 의하여 발굴되었다. 그후 스테른 교수의 지도로 1980년부터 1990년까지, 2000년부터 다시 발굴이 재개 되었다. 지금까지 총 11개 지역의 발굴을 통하여 가나안 사람들의 지층이 일부 발견되었다. 또한 해양 민족의 하나인 시킬 사람들의 지층으로 여겨지는 초기 철기 시대의 지층과 후기 철기, 페르시아, 헬라, 로마, 비잔틴, 십자군 시대의 유적이 발견되었다. 초기 철기 시대에서 나온 유적과 뼈로 된 철제 칼 손잡이, 단일 채색 토기, 두 채색 토기, 제기 같은 유물과 웬아몬의 여행기에서 기술된 내용은 도르에 해양 민족인 터제커(Tjekker)인들이 거주하였음을 보여준다. 특히 그 지층에서 발견된 페니키아 토기는 그 당시 텔 도르가 국제적인 관계를 가졌음을 증거해 주는 것이다.

갓닷 Kattath (קַטָּת 적음)
키르벳 쿳테네(Kh. Qutteneh)

성경에 한 번 기록된 스불론 지파의 성읍이다(수 19:15). 갓닷의 위치를 알려주는 내용은 나할랄과 시므론 같은 성읍과 가까운 곳이라는 것밖에 없다. 갓닷을 키르벳 쿳테네(Kh. Qutteneh)로 추정하고 있는데 이곳의 이름이 갓닷과 유사하기 때문이다(32° 37′ 32.35″N 35° 01′ 58.36″E). 이곳은 직경이 70m가 되는 유적으로 고대 건물의 기초, 기둥들의 기초, 착유틀, 로마 시대와 비잔틴 시대의 토기가 발견되었다. 이곳은 갈멜 산의 남서쪽 경사지에 위치하며 스불론 지파의 영토 안에 있고 입구에 중요한 시설이 있기에 출입이 통제되어 있는 지역이다.

갓닷으로 들어가는 입구

시홀 림낫 ⁻¹ Shihor-libnath (שִׁיחוֹר לִבְנָת)
나흘 에즈 제르카(Nahr ez-Zerqa)　　　　32° 32′ 20.51″N 34° 54′ 09.49″E

아셀 지파의 영토 서쪽 경계에 있던 성읍으로 갈멜 산 부근에 있었다(수 19:26). 시홀 림낫은 작은 강과 연관이 있는 장소로 추정 장소는 물이 흐르는 시내로 추정된다. 시홀 림낫의 추정장소는 두 곳이다. 시홀 림낫을 갈멜 산 북쪽으로 추정할 때에는 텔 아부 후왐(Tell Abu Huwam)으로 보며 갈멜 산 남쪽으로 볼 때는 나흘 에즈 제르카(Nahr ez-Zerqa)로 추정한다.

이곳은 돌(Dor)의 남쪽 9.6km 지점에 흐르는 탄니밈 강(Nahal Taninim)이 지중해와 만나는 지역이다. 나흘 에즈 제르카는 '악어의 강' 이란 뜻이다. 이 지역에는 텔 타닌님(Tell Taninim)과 지스르 에즈 자르카(Jisraz-Zarqr)라는 아랍 마을이 있다. 이 마을은 2014년에 13,689명이 사는 마을이다.

가이사랴 북쪽에 있는 이 강은 비잔틴 시대에는 지중해와 연결하는 강 입구에서 북동쪽으로 약 1.5km 떨어진 댐에서 가이사랴까지 연결된 수도교가 건설되어 가이사랴의 수원지가 되었다.

나흘 에즈 제르카

아룹봇 Arubboth (אֲרֻבּוֹת 비둘기장들)
텔 에수르(Tel Esur)　　　　32° 28′ 55.00″N 35° 01′ 09.28″E

솔로몬의 신하인 벤헤셋이 주관한 성읍인 이곳은 성경에 한 번 기록된 곳이다(왕상 4:10). 벤헤셋이 주관했던 지역이 소고와 헤벨까지를 포함하고 있었기에 아룹봇의 위치를 추정할 수 있다. 아룹봇 추정지역은 두 곳이 있는데 텔 엘 아사위르(Tell el-Assawir)라고 불리던 텔 에수르(Tel Esur)와 키르벳 엘 함맘(Kh. el-Hamam)이다. 키르벳 엘 함맘은 지역적으로 접근하기 매우 어려운 곳에 있다. 텔 엘 에수르는 비옥하고 수자원이 풍부한 해안 평야지대에 있으며 서쪽에서 므깃도로 가는 길목에 있으며 나할 이론(Nahal Iron; Wadi Ara)의 옆에 위치해 있다. 이곳은

1953년에 도단(M.Dothan)에 의해 발굴되었고 그 후에 1970, 1977, 1995년에도 발굴이 이루어 졌다. 발굴을 통하여 신석기, 석동기, 초기 청동 기의 지층이 발견되었다. 그뿐 아니라 초기·중 기 청동기 시대의 무덤이 드러났으며 오토만 시 대의 방어벽이 발견되었다. 이곳에서 지표 조사 를 통하여 석동기, 청동기, 초기·후기 철기, 페 르시아, 로마 시대의 토기가 발견되있고 발굴을 통하여 철기 시대의 유적이 발견되었다.

가이사랴 Caesarea (Καισάρεια 가이사의 성읍)

케사리아(Caesarea)   32° 29′ 49.49″ N 34° 53′ 22.03″ E

사도 바울이 2년 동안 갇혔던 항구 도시이며 고넬료가 살았던 가이사랴는 빌립보 가이사랴와는 다 른 곳이다. 가이사랴는 빌립이 해안평야 지대를 전도할 때 들린 곳이며(행 8:40), 베드로를 영접한 백부장 고넬료가 살았던 도시였다(행 10:1). 헤롯 왕은 사라진 베드로를 지키던 파수꾼들을 처형한 뒤에 가이사랴로 갔다(행 12:19). 사도 바울은 2차 선교여행 때 가이사랴를 거쳐 안디옥으로 갔고 (행 18:22) 3차 선교여행 때 예루살렘으로 돌아올 때 이곳에 있는 빌립 집사의 집에 머물렀다(행 21:8). 바울은 로마로 압송되어 갈 때 가이사랴에서 2년 동안 억류되었다(행 25:4-6).

이곳은 사론 평야의 북쪽 지역에 위치하고 있으며 악어 강으로 부르는 타니님 강과 하데라 강 사 이에 있는 낮은 만이 형성되어 있어 배들의 정박지로 이용되던 곳이다. 이곳은 페르시아 시대 때에 는 베니게 사람들의 거주지였다. 헬라 시대에는 번영했던 곳으로 스트라톤 망대(Straton's Tower/Stratonos Pyrgos)로 기록된 곳이다. 주전 103년에 하스모니안 왕궁의 영토였던 이곳은 로 마가 정복하여 헤롯 대왕에게 주어졌다. 헤롯 대왕은 인공으로 항구도시를 건설하고 로마 황제인 케이사르를 위하여 가이사랴라는 이름으로 정했다. 이 도시는 12년 동안 건설되어 주전 10년경 에 완공을 축하하는 축제가 열렸다. 주전 6년에는 로마가 팔레스틴을 통치하는 본부가 있는 도시가 되었으며 이방인과 유대인이 함께 사는 도시가 되었다. 이곳은 유대인 반란을 진압한 베스타시안 이 황제가 된 것을 선포한 도시가 되었다. 주후 3-4세기에는 오리겐과 가이사랴의 요세푸스(260-

340년)가 살았던 기독교에서 중요한 도시였다. 비 잔틴 시대에도 번성한 이곳은 6세기 말에는 성벽이 완성된 큰 도시가 되었다. 아랍 점령 후에는 쇠퇴하 였으나 9세기에 다시 요새화되었다. 십자군 시대에 십자군이 주후1101년 5월 17일에 점령했고 1251년 에 다시 요새화가 이루어졌다. 1265년에 마믈룩에 이곳을 점령한 후에는 폐허가 되었다. 19세기의 오 스만 터키는 처음에는 보스니아 피난민을 위한 정

빌라도의 이름이 적힌 비문

착지로 사용하다가 십자군 요새를 재건축하여 행정 중심지로 만들었다.

이곳의 발굴은 1873년에 시작되었다. 1947년에 부분적인 발굴이 시작되었으나 1959년부터 1964년에 대대적인 발굴이 이루어졌다. 이곳에서 1961년 야외극장을 발굴하면서 빌라도와 디베리우스의 이름이 적힌 비문이 발견되었다. 이 비문은 네 줄의 라틴어로 기록되었다. 헤롯 대왕은 물 문제를 해결하기 위하여 수니 샘(Shuni Spring)에서 가이사랴까지 수도교를 건설해 물을 공급받게 했다. 이 수도교는 아치 형태의 다리 위에 수도를 만들었으며 지스르 에즈 자르카 남쪽 지역 까지는 지중해변을 따라 가다가 지스르 에즈 자르카 남쪽 지역에서는 동쪽에 있는 언덕으로 연결되었다. 수니 샘은 지스르 에즈 자르카의 동쪽에 있는 언덕 지역이기에 터널로 연결되었다. 수니 샘의 물로는 부족하기에 동북 쪽으로 연결되는 수로(Channel)가 건설되었다. 주후 130년경에 로마의 하드리아누스 황제는 바르 코크바 반란 때에 이곳에 주둔하는 로마 군대를 위하여 새로운 수로를 만들어 확장했다. 비잔틴 시대에는 세 번째의 수도가 건설되었다. 12세기의 십자군 시대에는 네 번째의 수도가 다시 건설되었다. 도수교는 높은 수도교와 낮은 수도교가 있다. 높은 수도교(The High Level Aqueduct)는 가이사랴에서 높이가 8m에 이르며 1km마다 20cm의 높이가 다르게 건설되어 물이 흐르게 하였다. 비잔틴 시대에 건설된 수도교는 높이가 5.5m이기에 낮은 수도교(The low Aqueduct)라고 부른다. 이 낮은 수도교는 높은 수도교에서 동쪽으로 약 11m 떨어진 곳에 있으며 타니님 강과 지중해가 만나는 곳에서 동북쪽에서 약 1.5km 떨어진 곳에 만든 댐에서부터 연결되었다. 가이사랴는 1992년부터는 이스라엘 고고학청(IAA)과 하이퍼 대학에 의해 발굴이 진행되고 있다. 2018년에는 주후 2-3세기의 모자이크가 발견되었다. 이곳은 1945년에는 30명의 기독교인과 950명이 살았고 1948년에 1,114명이 살던 아랍 마을 키사르야(Qisarya)가 있던 곳이다. 가이사랴 유적의 남쪽에는 1936년에 설립되고 1940년에 가이사랴 유적의 남쪽 경계선에 지역에 있는 유대인 키부츠인 스도트 얌(Sdot Yam)이 있다. 이 키부츠는 2017년에 1,32명이 사는 곳이다. 가이사랴에는 4,000명을 수용하는 헤롯 대왕 때부터 비잔틴 시대까지 사용된 로마식 극장, 해변에 돌출된 궁전(Promontory Palace), 헤롯 시대 전차 경주장, 방파제가 400m의 방파제가 있던 거대한 인공 항구인 세바스토스(Sebastos), 헤롯 대왕이 신전들을 세우기 위해 건설한 단(podium), 성벽의 길이가

900m이고 성벽 높이가 13m인 아랍 시대부터 십자군 시대까지의 요새화 된 중세 도시, 로마 시대의 성벽, 2600m가 넘는 비잔틴 시대의 성벽, 2세기의 전차 경주장, 비잔틴 시대의 주거지와 상업지구와 목욕탕의 유적들이 있다.

엔게브 키부츠 안에 있는 박물관

갈릴리 바다의 어부

이스르엘 계곡의 므깃도 지역

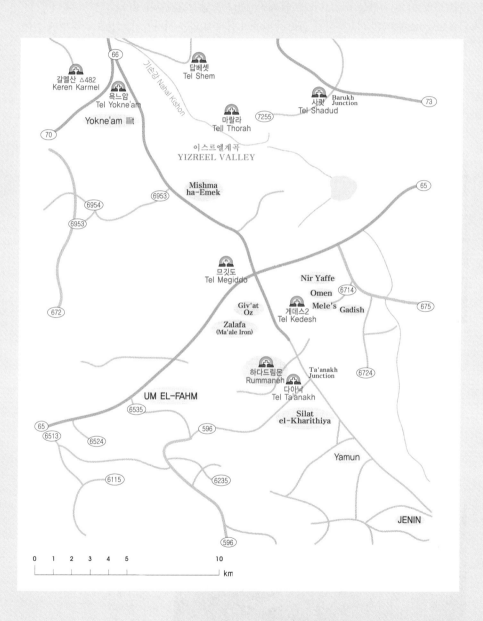

갈멜산 △482
Keren Karmel

66

욕느암
Tel Yokne'am

Yokne'am Ilit

70

기손강 Nahal Kishon

답베셋
Tel Shem

마랄라
Tell Thorah

7255

사룻
Tel Shadud

Barukh
Junction

73

이스르엘계곡
YIZREEL VALLEY

Mishma
ha-Emek

6953

6954

6953

65

므깃도
Tel Megiddo

Nir Yaffe

Omen

Giv'at
Oz

게데스2
Tel Kedesh

Mele's Gadish

6714

675

672

Zalafa
(Ma'ale Iron)

하다드림몬
Rummaneh

다아낙
Tel Ta'anakh

Ta'anakh
Junction

6724

UM EL-FAHM

6535

Silat
el-Kharithiya

65
6513

6524

596

Yamun

6115

6235

JENIN

596

0 1 2 3 4 5   10
                            km

욕느암[1] 스불론 Jokneam (יָקְנְעָם 백성들이 소유한)

텔 욕크네암(Tel Yokneam)   32°39′52.45″N 35°06′33.66″E

스불론 지파 영토의 서쪽 경계선에 있었으며(수 19:11) 레위 지파 므라리 자손에게 주어진 성읍이다(수 19:11; 21:34). 욕느암은 투트모세 3세가 점령한 119개의 가나안 성읍 명단에서 113번째로 기록된 성읍이다. 욕느암은 동명이지로서 요단 계곡에 있는 욕느암[1](스불론)과 욕느암[2](에브라임)이 있다(왕상 4:12). 이스르엘 계곡에는 욕느암[1](스불론)이 있다.

욕느암[1](스불론)은 여호수아가 물리친 왕들의 목록에 있는 가나안의 성읍으로 갈멜에 있는 욕느암 왕이라고 기록되었다. 욕느암은 텔 케이문(Tell Qeimun/Qamun)과 동일시되었기에 이제는 텔 욕크네암(Tel Yokneam)으로 부른다. 이곳은 길멜을 통과하는 통로를 지키는 요새였는데 므깃도에서 악고 평원으로 가는 통로의 지선에 있었고 높이가 가장 낮은 통행로였다. 십자군들은 욕느암을 가인의 산(Mountain of Cain)이라고 불렀다.

나폴레옹은 악고를 공격하기 위하여 이곳을 지나갔다. 이곳에 초기 청동기 시대부터 마믈룩 시대까지 연속적인 거주 층이 있으며 후기 철기 시대의 두 개의 요새와 마믈룩 시대의 공동 매장지가 발견되었다.

이곳에는 1948년까지 아랍인 마을이었던 키라(Qira)가 있었다. 지금은 욕느암 일리트(Yokneam Illit)라는 도시가 있다.

답베셋 Dabbesheth (הַדַּבָּשֶׁת 낙타 등의 혹)

텔 쉠(Tel Shem)   32°40′11.86″N 35°09′22.79″E

스불론 지파의 경계에 있었던 이스르엘 골짜기의 이곳은 성경에 한 번 기록되었으며 스불론 지파의 서쪽 경계에 있었던 성읍이다(수 19:11). 답베셋은 마랄라와 욕느암 부근에 있었다.

답베셋은 '낙타 등의 혹'이라는 뜻이 있기에 거주지이거나 경계 표일 수도 있다. 답베셋은 욕느암 북쪽에 있는 텔 쉠(Tel Shem)으로 추정하고 있을 뿐인데 근거는 미약하다. 텔 쉠은 군부대 안에 있어 답사할 수 없는 지역에 있다.

사릿 Sarid (שָׂרִיד 생존자)
텔 샤두드(Tel Shadud)   32° 39′ 36.54″N 35° 14′ 03.39″E

스불론 지파의 경계에 있는 이스르엘 골짜기에 있으며 성경에 두 번 기록된 성읍이다(수 19:10,12). 사릿은 텔 샤두드(Tell Shadud)로 동일시되고 있는데 아하로니는 이름의 유사성 때문에 지지하고 있다. 텔 샤두드는 이스르엘 골짜기 북쪽에 있는 작은 규모의 텔(Tell)로 므깃도에서 북동쪽으로 약 10㎞ 떨어진 곳에 있다. 이곳은 후기 청동기, 철기, 헬라, 로마, 초기 아랍 시대의 거주지였다.

텔 샤두드는 1926년에 설립되고 2017년에 863명이 사는 키부츠인 사릿(Sarid)의 이크네이피스(Ikhneifis) 또는 카나피스(Khanafis)라고 부르는 무슬림 마을이었다. 이 마을은 1799년에 나폴레옹의 침공 때의 지도에 기록되었고 1838년에 나사렛 부근에 있는 마을로 기록되었다. 1922년에 이 마을은 38명의 무슬림과 한 명의 기독교인이 살았다.

마랄라 Maralah (מַרְעֲלָה 내리막)
텔 쏘라(Tell Thorah)   32° 39′ 14.65″N 35° 10′ 08.62″E

스불론 지파의 서쪽 경계에 있었던 이스르엘 골짜기에 있었으며, 성경에 한 번 기록되었다(수 19:11). 마랄라는 답베셋과 욕느암 부근에 있었을 것이다. 마랄라로 추정되는 텔 쏘라(Tell Thorah)는 기손 강 북동쪽으로 1㎞ 지점에 위치하고 있으며 3두남 크기의 작은 텔이다. 이곳에서 후기 청동기 시대의 흙으로 만든 미케네 신상과 석회 곤봉 머리의 유물이 발견되었고 후기 청동기, 초기·후기 철기, 페르시아, 헬라, 로마, 비잔틴, 아랍 초기, 십자군, 마믈룩, 오토만 시대의 토기가 발견되었다. 이곳은 이스르엘 계곡에 있는 비행장의 남쪽에 있다.

텔 쏘라에서 남동쪽으로 약 1.6km 떨어진 곳에 있는 크파르 바르츠(Kfar Baruch)는 1926년에 설립된 모샤브로서 2017년에 572명이 살고 있다.

아마겟돈 전쟁터로 알려진 전략 요충지에 있는 이곳은 이스라엘이 정복한 영토에서 최초로 기록된 곳이었다(수 12:21). 므낫세 지파가 잇사갈 지파와 아셀 지파의 경계 안에서 분배받은 성읍 중의 하나로 언덕 위의 높은 곳에 있었다(수 17:11). 텔 므깃도(Tel Megiddo)라고 불리는 므깃도에서 므낫세 지파는 므깃도의 주민을 쫓아내지 못하여 가나안 사람들이 살고 있었고 이스라엘이 강력해진 후에야 부역을 시켰다(삿 1:27,28).

솔로몬이 이스라엘을 열두 구역으로 나누어 통치할 때에 바아나가 다스렸으며(왕상 4:12), 솔로몬은 므깃도를 건축하였다(왕상 9:15). 예후가 반란을 일으킬 때에 유다 왕 아하시야를 구르 비탈에서 공격하였고 부상을 입은 아하시야는 므깃도에서 죽었다(왕하 9:27; 대하 35:22). 요시야 왕은 애굽 왕 바로 느고가 앗수르를 치려고 가는 것을 므깃도에서 막다가 전사하였다(왕하 23:30).

므깃도가 중요한 도시가 된 것은 남북으로 지나가는 해변 길과 악고와 벧산을 연결하는 동서의 연결 도로가 교차하는 요충지에 므깃도가 있었고 큰 전쟁을 치를 수 있는 이스르엘 평지에 있었기 때문이다. 역사적으로도 나폴레옹이 1799년에 터키군과 싸웠고 1차 세계대전 중에 알렌비 장군이 터키군을 격퇴하였다. 므깃도는 아마겟돈 전쟁이 벌어질 것으로 알려져 있다(계 16:16). 히브리어의 하르 므깃도(הַר מְגִדּוֹ, Har Megiddo)가 헬라어로 음역 표기되었기 때문이므로 므깃도와 아마겟돈은 이명동지이다. 이곳에서는 대규모의 발굴이 이루어져 수많은 시대

유물이 발굴되었다. 이곳에서는 석동기 시대의 신전 유물, 철기 시대의 건물, 솔로몬 시대의 방어벽이 있는 성문과 마구간, 아합 왕 시대의 거대한 지하 수로, 여로보암 시대의 곡식 저장소가 발견되었다.

　주후 14세기부터 지금의 텔 므깃도는 구약성경의 므깃도와 동일시되었기에 이 장소는 역사, 지리, 고고학자들의 중요한 연구 장소가 되었다. 북이스라엘의 곡창지대인 이스르엘 평야가 훤히 내려다 보이는 갈멜 산 자락에 위치한 이곳은 중요한 국제 도로인 해변 길이 지나는 길목에 자리잡고 있다. 이곳은 산업과 교통의 요지에 위치한 자연적으로 정착한 이후부터 최근 1948년 독립전쟁에 이르기까지 가장 중요한 전투 장소가 되기도 하였다. 한편 성서 이외의 역사서에도 므깃도는 주전 15세기의 투트모세 3세의 정복 도시 기록에서부터 시작하여, 다아낙 편지, 아마르나 서신들, 세티 1세의 정복 목록, 파피루스 아나스타시 1, 시삭의 정복 목록 등에서 언급되어 그 중요성이 입증된다.

　므깃도는 1903년에서 1905년까지 슈마허에 의하여 처음으로 발굴되었고, 1925년에서 1939년까지 미국 시카고 대학교 의하여 므깃도 전체의 정착 역사를 모두 드러내려는 계획으로 발굴되었다. 2차 세계 대전 이후 이 장소에 대한 발굴이 주춤하다가 1960년대(1960, 1961, 1966, 1967년)와 1970년대 초(1971년)에 야딘에 의하여 발굴되었다. 1992년도 이후에 우시쉬킨과 핀켈쉬타인의 감독 아래 다시 므깃도 발굴이 재개되어 현재까지도 발굴이 계속되고 있다.

　지금까지의 발굴을 통하여 신석기 시대부터 페르시아 시대까지 총 20개의 거주 지층이 알려졌다. 각 지층, 관련된 연대, 중요한 고고학적 발견물은 다음과 같다.

초기 청동기 시대의 신전터

후기 청동기 시대의 성문

표2. 신석기 시대부터 페르시아 시대까지 각 지층, 관련된 연대, 주요한 고고학적 발견물

지층	고고학적 시기	대략적 연대	주요 발견물 또는 관련 사건
I	페르시아 시대	주전 550-332년	도시 성벽과 성문이 없음
II IIIA	후기 철기 시대 말	주전 620/610-550년 주전 732-620/610년	요시야 시대, 느고에 의한 요시야 죽음 앗수르의 행정도시
IIIB IVA	후기 철기 시대 중 후기 철기 시대 중	주전 790-732년 주전 925-790년	곡식 저장고. '여로보암의 종 쉐마' 인장 마구간, 수로 시설. 도시 성벽과 성문에 의한 요새화– 오므리와 아합 시대의 '전차 도시'
VA-IVB	후기 철기 시대 초	주전 980-925년	두 개의 궁전, 성문. 하수로 #629, 바로 시삭의 침공에 의한 파괴
VB	후기 철기 시대 초	주전 1050-980년	다윗 시대의 도시
VIA VIB	초기 철기 시대	주전 1100-1050년 주전 1140-1000년	다윗에 의한 가나안 도시 파괴 (망대 신전?)
VIIA	후기 청동기 시대 말/ 후기 청동기 시대 말/	주전 1250-1100년	람세스 6세의 카르투쉬?, 가나안 도시의 연속성
VIIB	후기 청동기 시대 중	주전 1380-1250년	
VIII	후기 청동기 시대 초/중	주전 1520-1380년	궁전과 성문. 길가메쉬 서사시 토판?, 아마르나 시대와 그 이후의 가나안 도시 국가
IX	후기 청동기 시대 초	주전 1590-1520년	
X	중기 청동기 시대 말	주전 1650-1590년	'망대 신전' 건설
XI	중기 청동기 시대 말	주전 1730-1650년	
XII	중기 청동기 시대 말	주전 1850-1730년	
XIII	중기 청동기 시대 중	주전 2000-1850년	
XIV	중기 청동기 시대 초/ 중기 청동기 시대 중	주전 2200/ 2150-200년	
XV	초기 청동기 시대 말	주전 2350-2200년	쌍둥이 신전
XVI	초기 청동기 시대 말	주전 2500-2350년	
XVII	초기 청동기 시대 말	주전 2650-2500년	도시 성벽, 제단을 지닌 신전 건설
XVIII	초기 청동기 시대 중	주전 2900-2650년	
XIX	석동기 시대/ 초기 청동기 시대 초	주전 3500-3000년	
XX	신석기 시대	주전 5000년	주전 6000년 이전 토기 신석기 시대의 유물 토기 이전 신석기 시대의 유물

게데스 [2] 잇사갈 Kedesh (קֶדֶשׁ 성소)

텔 케데쉬(Tel Kedesh)   32° 33′ 34.81″N   35° 12′ 58.25″E

잇사갈 지파의 분깃으로 다아낙과 므깃도 사이에 있는 게데스[2](잇사갈)는 동명이지로 훌라 계곡에 있는 게데스[1](납달리), 이스르엘 계곡에 있는 게데스[2](잇사갈), 유다 지파의 게데스[3](유다)가 있다. 게데스[2](잇사갈)는 잇사갈의 영토였으나 레위 지파 게르손 자손에게 주어진 성읍이다 (대상 6:72).

게데쉬는 텔 아부 쿠데이스(Tell Abu Qudeis)라고 불리던 텔 케데쉬(Tel Kedesh)와 동일시되었다. 텔 게데스는 이스르엘 골짜기에 있는 다아낙과 므깃도 사이에 있는 언덕이다. 텔 케데쉬에서 철기 시대의 성벽과 페르시아, 후기 로마 시대, 초기 아랍 시대의 유적이 발굴되었다.

이곳에서 특히 드보라 전쟁의 시기인 주전 12세기의 제의 장소가 발견되어서 많은 학자들은 사사기 5:19의 기록과 연결해서 드보라와 바락이 시스라와 싸운 게데스가 이곳일 수 있다고 추론하기도 한다.

하다드림몬 Hadadrimmon (הֲדַדְרִמּוֹן)

루만네(Rummaneh)   32° 31′ 29.28″N   35° 12′ 25.63″E

스가랴의 예언에서 그날이 오면 예루살렘에서 슬프게 통곡할 일에 대한 비유에서 언급된 곳이다(슥 12:11). 하다드림몬은 바알 신과 연결시켜서 해석하는 학자들도 있으나 므깃도 골짜기의 성읍으로 보는 견해도 있다. 하다드림몬이 어디인지는 확실하지 않지만 어떤 학자들은 다아낙과 므깃도 부근에 있는 루만네(Rummaneh) 마을로 동일시하기도 한다. 이곳은 팔레스틴 지역에 자리 잡고 있고 마을 중심지에는 오래된 무덤이 있는 언덕이 있다.

루만네 마을은 팔레스틴의 아랍 마을로 고대의 유적인 바위를 깎아 만든 저수조와 동굴과 우물이 있다. 이 마을은 오토만 시대에는 12가정이 살고 있었으며 괴랭(Victor Guerin)이 1863년에 답사하여 이곳을 하다드림몬으로 추정하였다. 제롬은 하다드림몬을 막시미아노폴리스(Maximianopolis)로 추정하는데 이곳은 림몬[2](스불론)으로 추정하는 루만나이다.

바락이 가나안 왕들과 전투를 하였던 므깃도 물가에 있는 곳으로 여호수아가 물리친 왕의 목록에 들어있었으며(수 12:21) 므낫세 지파에게 분배되었으나 살고 있는 주민들을 쫓아내지 못한 성읍이었다(수 17:11; 삿 1:27; 대상 7:29). 그 후에 다아낙은 레위 사람 그핫 자손에게 주어졌다(수 21:25). 이스라엘은 힘이 강해진 후에야 이곳을 통치할 수 있었다(삿 1:28).

다아낙은 드보라와 바락이 시스라의 전쟁에서 승전을 노래할 때 가나안 왕들이 므깃도 물가에 있는 다아낙에서 싸웠으나 은을 탈취하지 못한 싸움이었다고 한 곳이다(삿 5:19). 다아낙은 솔로몬의 행정구역에서 바아나가 맡은 구역에 포함되었다(왕상 4:12).

다아낙은 텔 타아낙(Tell Tanakh)와 동일시되었다. 이곳은 악고 평원과 제닌 지역을 연결하는 도로와 벧산에서 사론 평야를 연결하는 도로의 교차로에 있었으며 므깃도와 제닌의 중간 지점에 있었다. 이곳은 약 80두남 크기의 큰 텔(Tell)로 발굴과 지표 조사를 통하여 초기·중기·후기 청동기, 초기·후기 철기, 페르시아 시대의 지층과 토기가 발견되었다.

1966년의 발굴을 통하여 주전 10세기의 점토로 만든 높이가 53cm로 4층으로 되어 있는 제대가 발견되었다. 이것에는 여러 가지 종교적인 형상이 새겨져 있어 중요한 유물이다.

이 제대의 1층에서는 사자와 벌거벗은 여인, 2층에서는 그룹의 형상, 3층에서는 산양 두 마리와 나무 한 그루, 4층에서는 태양 모양의 원반을 업고 있는 송아지가 있다.

이스르엘 계곡의 나인 지역

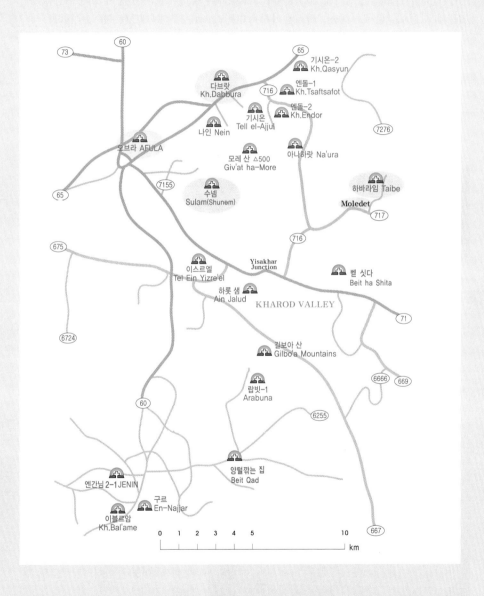

기시온 ⁻¹ Kishion (קִשְׁיוֹן 딱딱한 땅)

키르벳 카시윤(Kh. Qasyun)   32˚39´43.05˝N 35˚23´36.97˝E

잇사갈 지파의 영토였으나 레위 지파의 게르손 자손에게 분배된 레위 지파의 성읍이다(수 21:28). 기시온은 하바라임, 아나하랏, 랍빗, 에베스의 부근에 있었던 성읍이다. 이곳은 투트모세 3세의 정복 도시 목록 중에서 37번째 도시로 기록되어 있다. 이곳은 남북으로 연결된 해변 길(Via Maris)이 보이는 지역에 있기에 매우 중요한 위치에 있다. 기시온은 세 곳의 추정장소가 있는데 텔 엘 아줄(Tell el-Ajjul), 키르벳 카시윤 (Kh. Qasyun), 텔 레케스(Tel Rekes)이다.

다볼 산에서 남쪽으로 2㎞ 지점에 있다. 이곳은 50두남 크기의 텔로 신석기, 석동기, 청동기, 철기부터 아랍 초기의 토기가 발견되었고, 초기 청동기 거주지, 중기 청동기, 철기 시대의 무덤이 발견되었다.

키르벳 카시윤에서 홍주원, 최창모 교수

기시온 ⁻² Kishion (קִשְׁיוֹן 딱딱한 땅)

텔 엘 아줄(Tell el-Ajjul)   32˚39´43.05˝N 35˚23´36.97˝E

잇사갈 지파의 영토였으나 레위 지파의 게르손 자손에게 분배된 레위 지파의 성읍이다(수 21:28). 기시온은 하바라임, 아나하랏, 랍빗, 에베스의 부근에 있었던 성읍이다. 이곳은 투트모세 3세의 정복 도시 목록 중에서 37번째 도시로 기록되어 있다. 이곳은 남북으로 연결된 해변 길(Via Maris)이 보이는 지역에 있기에 매우 중요한 위치에 있다. 기시온은 세 곳의 추정장소가 있는데 텔 엘 아줄(Tell el-Ajjul), 키르벳 카시윤 (Kh. Qasyun), 텔 레케스(Tel Rekes)이다.

다볼 산에서 남남서쪽으로 7㎞ 떨어져 있으며 지리적으로 전략적인 위치에 있다. 이곳은 지표 조사를 통해 중기 청동기, 후기 철기, 페르시아, 비잔틴 시대의 토기가 발견되었고 텔의 남쪽에는 나폴레옹 군대의 캠프 흔적이 있다. 이곳은 아나하랏으로도 추정되는 곳이다.

엔돌 ⁻¹ En Dor (עֵין דֹאר 도르의 샘)

키르벳 짜프짜포트(Kh. Tsaftsafot)   32° 38′ 34.28″ N 35° 23′ 24.15″ E

므낫세 지파의 땅인 엔돌은 므낫세 자손이 분배 받았으나 가나안 사람들을 쫓아내지 못하고 강성해진 후에야 사역을 시킨 가나안 성읍 중의 하나였다(수 17:11-13). 시스라와 야빈은 엔돌에서 패망하였다(시 83:9,10). 이곳은 사울 왕이 수넴에 진치고 있는 블레셋과의 전투를 앞두고 신접한 여인을 찾아간 곳이다(삼상 28:7). 엔돌은 이스르엘 평야의 북쪽에 있다. 엔돌의 추정장소는 키르벳 짜프짜포트(Kh. Tsaftsafot), 키르벳 엔도르(Kh. Endor), 텔 엘 아줄 (Tell el-Ajjul)이다.

이곳에서 청동기 시대, 후기 철기, 페르시아, 헬라, 로마, 비잔틴, 아랍 초기, 마믈룩, 오토만 시대의 토기와 비잔틴 시대와 초기 아랍 시대의 기름 짜는 틀이 발견되었다. 이곳은 키르벳 엔도르 앞에 있는 계곡에 위치하고 있으며 기시온의 추정지이기도 하다.

엔돌 ⁻² En Dor (עֵין דֹאר 도르의 샘)

키르벳 엔도르(Kh. Eindor)   32° 38′ 18.11″ N 35° 22′ 42.57″ E

엔돌의 추정장소는 키르벳 짜프짜포트(Kh. Tsaftsafot), 키르벳 엔도르(Kh. Eindor), 텔 엘 아줄 (Tell el-Ajjul)이다.

키르벳 엔도르는 60두남 크기로 아랍 마을 인두르의 유적이다. 이곳은 중앙 동굴 안쪽에서 물이 흘러나오고 매장 동굴이 있다. 이곳에서 로마, 마믈룩, 오토만 시대의 토기가 발견되었고 발굴을 통하여 로마 시대의 바위를 깎은 매장 동굴이 발견되었다. 이곳에서 나온 유물은 키브츠 엔돌의 박물관에 보존되어 있다. 성경의 장소의 이름으로 세워진 키부츠 엔돌은 크르벳 엔도르에서 북동쪽으로 약 3.8km 떨어져 있다. 키부츠 엔돌은 1948년에 설립되었으며 2017년에 1,029명이 살고 있다.

다브랏 Daberath (דָּבְרַת 말, 언약)
키르벳 다브라(Kh. Dabbura)
32° 41′ 50.17″ N 35° 22′ 40.49″ E

잇사갈 지파의 영토였으나 레위 지파 게르손 자손에게 주어진 성읍이다(수 21:28; 대상 6:72). 다브랏은 잇사갈 지파와 스불론 지파의 경계선에 있는 성읍으로 보인다(수 19:12).

다브랏은 키르벳 다부라(Kh. Dabbura)와 동일시되고 있다. 이곳은 다볼 산에서 서쪽으로 약 3㎞ 떨어진 곳에 있는 현대 마을 다부리야(Daburiya) 동쪽에 있다.

키르벳 다부라는 다볼 산 북서쪽에 있는데 청동기, 철기, 페르시아, 헬라 시대의 토기와 물 저장소와 고대 건물이 드러난 곳이다. 다부리야 중심지에는 십자군 시대의 교회 유적이 있다. 1187년의 살라딘 정복 이후에 십자군 탑 위에 모스크가 세워졌다. 1838년에 에드워드 로빈슨은 무슬림 마을이었고 1945년에는 30명의 기독교인과 1,260명의 무슬림이 살고 있었다.

발굴을 통하여 중기 청동기나 로마 시대의 성벽, 철기 시대와 헬라 시대의 토기, 후기 로마 시대나 비잔틴 시대의 거주지 유적, 착유기 같은 시설이 발견되었다. 이 마을은 2007년에 8,734명이 사는 아랍 마을이다.

키르벳 다브라

오브라² 므낫세 Ophrah (עָפְרָה 암사슴)
아플라(Afula)
32° 36′ 25.57″ N 35° 17 25.90″ E

기드온이 여호와 살롬의 단을 쌓은 오브라는 여호와의 사자가 기드온에게 표적을 보여 주었고 기드온은 여호와를 위하여 단을 쌓은 곳이다(삿 6:11,24). 오브라는 동명이지로서 예루살렘 북동쪽에 있는 에브라임과 이명동인인 오브라¹(베냐민)이 있고(수 18:23), 기드온이 살았던 오브라²(므낫세)가 있다. 오브라에서 여호와의 사자가 기드온에게 표적을 보여 주었고 기드온은 여호와를 위하여 여호와 살롬이라는 이름의 단을 쌓았다(삿 6:11, 24). 기드온은 오브라에 금으로 에봇을 만들었는데 온 이스라엘이 에봇을 섬기는 죄를 지었다(삿 8:27). 아비멜렉은 오브라에 있는 한 바위 위에서 자기 형제 칠십 명을 죽였다(삿 9:5).

오브라는 아플라(Afula)와 동일시되고 있다. 아플라는 이스르엘 평야의 중심 도시이며 교통의 요지에 있다. 이스르엘 계곡의 동북쪽에 위치한 오브라의 언덕에는 도시가 개발되면서 고대 유적지는 좁은 면적만 보존되고 있다. 아플라 시내의 중심이 가까이에 있는 텔 아플라는 약 6에이커 정도이다. 텔의 남쪽 언덕은 잘 보존되어 있다. 텔 아플라는 후기 청동기부터 13세기인 아윱비드 시대까지의 거주지였다. 이곳의 발굴은 1948년에 시작되어 초기 청동기, 중기 청동기, 후기 청동기, 철기, 로마 시대의 무덤들이 발견되었다. 이곳에서는 남쪽 정상에서 십자군, 마믈룩 시대의 요새가 초기 청동기 시대 주거지와 비잔틴 시대 착유기가 발견되었다. 1950-1951년의 북서쪽 기슭의 발굴을 통하여 중기 청동기의 텔 엘 예후디예(Tell el-Yahudiyeh)와 다른 토기 작업장이 발견되었다.

1990년대의 몇 번의 소규모 발굴을 통해 석동기부터 후기 비잔틴과 마믈룩 시대의 연속적인 주거지가 발견되었다. 2012년의 발굴에서는 남쪽 정상에서 십자군, 마믈룩 시대의 요새가 발굴되었다. 이곳에서는 초기 청동기와 로마 시대 거주지가 발견되었고 초기 청동기, 철기 시대의 토기, 헬라 시대의 가구, 13세기의 유리 통 조각이 발견되었다. 아플라 시는 2017년에 49,169명이 사는 도시이다.

나인 Nain (*Ναίν*)
네인(Nein)

32°37′50.63″N 35°21′00.34″E

예수님이 죽은 과부의 아들을 살리신 곳으로 성경에 한 번 기록되었다(눅 7:11,12). 대부분의 학자들은 아랍인 마을 네인(Nein)을 나인으로 동일시한다. 나인은 모레 산의 북서쪽 경사지에 있으며 이스르엘 평야가 보이는 곳에 위치해 있다. 이곳은 나사렛에서 남동쪽으로 약 8㎞가 되고 가버나움에서 약 40㎞ 떨어져 있다. 이 마을은 유세비우스와 제롬의 기록에 있는 마을이다. 나인에는 11세기의 십자군 시대에 교회가 건축되었다가 1880년에 프란체스코회에서 재건축한 '과부의 아들 교회' 라고 부르는 교회가 있다. 이곳의 마을 위쪽에는 고대 매장지가 발견되었고 북동쪽에서 바위를 깎아 만든 포도주 틀이 발견되었다. 또한 중기 청동기, 로마, 비잔틴, 마믈룩 시대의 토기도 발견되었다. 이곳에 있는 호르밧 하드닷(Horbat Haddad /Khirbat et-Taiyiba)에서는 발굴이 계속되고 있다. 2001년에 아부라야(R. Abu Raya)의 지도로 모스크에서 서쪽으로 100m 떨어진 곳에서 구조 발굴이 이루어졌다. 이곳에서는 두 지역(A, B Squares)에서 움마야드, 십자군, 아윱비드, 마믈룩 시대의 유물이 발견되었다. 2005년에는 저수조와 성벽이 발굴되었다. 2007년에 아부 지단(Abu Zidan)의 지도로 비잔틴 시대의 교회 남동쪽으로 70m 떨어진 곳에서 헬라 시대, 로마 시대, 마믈룩 시대, 오토만 시대의 유적이 발굴되었다. 2013년에는 로마 시대와 비잔틴 시대의 무덤이 발견되었다.

하바라임 Hapharaim (חֲפָרַיִם 두 구덩이)
타이베(Taibe)

32°36′14.65″N 35°26′39.52″E

잇사갈 지파에게 주어진 하바라임은 성경에 한 번 기록된 곳으로 잇사갈 지파에게 분배된 성읍이다(수 19:17-19). 그술롯과 수넴과 시온과 아나하랏 부근에 있었던 성읍이다. 하바라임은 투트모세 3세의 가나안 정복 도시 목록 중 53번째로 기록된 곳이며 시삭 왕이 함락시킨 팔레스틴

의 성읍 목록 중에서는 18번째로 기록되었다. 하바라임은 현대마을 타이베(Taibe/et-Taiyiba)와 동일시된다. 이곳에서 지표 조사를 통하여 헬라, 로마, 비잔틴, 마믈룩, 오토만 시대의 토기가 발견되었다. 마을 안에는 십자군 시대의 요새 흔적이 남아있고 요새 남쪽에는 여러 개의 방을 가진 마믈룩 시대의 건물이 있다.

수넴 Shunem (שׁוּנֵם 두 안식처)

술람(Sulam)   32˚36´19.49˝N 35˚20´01.94˝E

엘리사를 공경하였다가 죽은 아들까지 살아나는 복을 받은 여인이 살았던 곳이다. 수넴은 잇사갈 지파의 성읍으로 이스르엘, 그술롯, 하바라임 부근에 있었던 곳이다(수 19:18). 수넴은 사울 군대와 싸우기 위해 블레셋 군대가 진을 쳤던 곳이다(삼상 28:4). 다윗이 노년에 시중을 들었던 아비삭은 수넴 여인이었다(왕상 1:15). 수넴은 주전 14세기의 아마르나 서신에 기록되었으며 투트모세 3세의 정복 도시 목록에 기록되었고 시삭에 의해 점령되었던 목록에도 기록되었다. 수넴은 현대 마을 술람(Sulam)과 동일시된다. 술람은 청동기 시대부터 아랍 시대까지 사람이 거주했던 곳이다. 수넴은 10두남 크기의 텔이며 지금은 술람(Sulam)이라는 2017년 현재 2,545명이 살고 있는 아랍 마을이 자리 잡고 있다. 이곳의 정상에는 매장지가 있고 마을 중앙의 남쪽에는 우물이 있다. 이곳에서 후기 청동기, 초기·후기 철기, 페르시아, 로마, 비잔틴, 마믈룩, 오토만 시대의 토기가 발견되었다.

이곳에서는 2003년 8월의 구제 발굴에서 초기 이슬람 시대의 토기와 화석이 발견되었다. 이

곳에서는 2004년 2월에 구제 발굴을 통하여 초기 청동기로 로마 시대의 유물이 발굴되었다. 청동기 시대의 건물, 토기와 로마 시대의 토기, 동전, 동물 뼈, 대리석 조각이 출토되었고 비잔틴 시대의 동전 2개도 출토 되었다. 2006년에는 마믈룩 시대의 거주지가 발굴되었다. 2007년 8월과 11월의 발굴에서 철기 시대, 비잔틴 시대, 초기 이슬람 시대의 토기가 발견되었다.

아나하랏 ⁻¹ Anaharath (אֲנָחֲרַת 좁은 길)

나우라(Naura)   32˚36´47.77˝N 35˚23´29.06˝E

성경에 한 번 기록된 잇사갈 지파의 성읍이다 (수 19:19). 아나하랏은 잇사갈 지파가 제비 뽑아 분배받은 곳으로 그술롯과 수넴, 하바라임,시온의 부근에 있었다. 이곳은 투트모세 3세(Tutumose III)의 정복 도시 목록에 기록되어 있다. 이곳의 추정 장소는 세 곳이 있는데 현대 마을 나우라(Naura), 텔 레케스(Tel Rekes), 텔 엘 아줄(Tell el-Ajjul)이다. 텔 엘 아줄(Tell el-Ajjul)

은 기시온의 추정지이기도 하다.

현대 마을 나우라는 2017년에 현재 2,2241명이 사는 아랍 마을이다. 잇사갈 지파의 영토에 속하며 아나하랏이라는 이름이 고대 이름 속에 살아 있다. 나우라는 모레 산의 동쪽에 자리 잡고 있으며 오브라로 추정되는 아플라(Afula)에서 동쪽으로 10㎞ 떨어진 언덕 위에 있다. 이곳은 45두남 크기의 텔로서 초기, 중기, 후기 청동기, 후기 철기, 페르시아 시대의 토기가 이곳에서 발견되었다.

모레 산 Hill of Moreh (גִּבְעַת הַמּוֹרֶה 교훈의 산)
기브앗 하모레(Giv' at Ha More)　　32° 37 00.84″N 35° 20′ 56.05″E

하롯 샘에 진을 친 기드온 군사들과 대치한 미디안 군사들이 진을 쳤던 곳이다. 예벨 다히 (Jebel Dahi)라고 부르는 기브앗 하모레(Givat ha More)와 동일시되고 있다(삿 7:1).

　성경에서 모레는 두 곳이 나오는데 세겜의 모레 상수리 나무가 있는 곳(창 12:6)과 이스르엘 골짜기에 있는 모레 산이 있다. 하롯 샘과 모레 산 사이의 계곡은 약 5㎞ 정도의 넓이가 된다. 이곳에서는 마을 지도자의 무덤과 고대 건물의 기초가 발견되었고 지표 조사를 통하여 페르시아, 비잔틴, 오토만 시대의 토기와 헬라 시대의 동전이 발견되었다.

하롯 샘 Harod (עֵין חֲרֹד 전율의 샘)
아인 잘루드(Ain Jalud)　　32° 32′ 58.49″N 35° 21′ 22.07″E

기드온이 미디안 사람들과 전쟁하기 전에 진을 쳤던 하롯 샘은 모레 산 앞 골짜기에 진을 친 미디안 군사들과 대치한 기브온의 군대가 모였던 곳이다(삿 7:1). 하롯이라는 이름은 다윗의 부하였던 삼훗과 엘리가의 고향인 하롯(삼하 23:25)과 이스르엘 골짜기의 하롯 샘으로 성경에 두번 기록되었다. 하롯 샘은 모레 산 앞 골짜기에 진을 친 미디안 군사들과 대치한 기브온의 군대가 진을 쳤던 곳이다 전통적으로 하롯 샘은 아인 잘루드(Ain Jalud)로 동일시되었다. 하롯 샘은 길보아 산맥의 북서쪽에 위치하고 있는데 이 지역을 하롯 골짜기(Kharod Valley)라고 하며 하롯 강(Nahal Kharod)이 흐르고 하롯 샘 국립공원(Maayan Kharod)이 조성되어 있다.

이스르엘[1] 잇사갈 Jezreel (יִזְרְעֶאל 하나님께서 씨를 뿌리신다)
텔 이즈르엘(Tel Yizeel)
32° 33′ 25.74″N 35° 19′ 43.75″E

잇사갈 지파에 속한 성읍(수 19:18)으로 아합 왕 때에는 왕의 거주지가 되었다(왕상 18: 45,46). 이스르엘은 동명이지로 길보아산 기슭에 있는 이스르엘[1](잇사갈)과 헤브론 지역의 이스르엘[2] (유다)과 이스르엘 골짜기가 있다. 이곳은 솔로몬 왕 때 다섯 번째 행정구역이었다(왕상 4:12). 이곳은 아합의 아들인 요람 왕이 전쟁에서 부상하여 후송된 곳이며(왕하 8:29; 대하 22:6) 예후 의 반란이 일어났던 곳이다(왕하 9:16-27; 10:11). 이스르엘은 텔 이즈르엘(Tel Yizreel)과 동일 시되었다. 이곳은 비옥한 이스르엘 골짜기의 북동쪽에 위치하고 있으며 서북쪽으로 이스르엘 골짜기가 있고 동남쪽으로 하롯 골짜기가 있는 요충지이다. 이곳에서는 후기 철기 시대의 요새 와 석동기, 초기 · 중기 · 후기 청동기, 페르시아, 헬라, 초기 로마, 비잔틴, 오토만 시대의 유적

과 토기가 발견되었다. 1987년에 건물 공사를 하다가 유적이 발견되어 1990년부터 1996년까지 이스라엘의 우쉬시킨 교수 와 영국의 우드헤드에 의해 구제 발굴이 시작되었다. 이 발굴 을 통해 주전 9세기의 아합 시대의 요새가 발견되었다. 이곳 의 궁전은 289m x 157m의 직사각형이며 이곳의 성벽 주위에 는 깊이가 6.5m이고 폭이 8-12m인 해자가 발굴되었다. 성벽 의 모서리에는 망대가 있었다.

이스르엘 골짜기 Valley of Jezreel (עֵמֶק יִזְרְעֶאל 이스르엘 골짜기)
이스르엘 계곡(Yizreel Valley)

갈릴리와 사마리아의 경계를 이루고 있는 곳으로 수많은 역사적 사건의 현장이다. 여호수아가 요셉 자손들에게 스스로 개척하여 땅을 차지하라고 할 때에 요셉 자손들이 이곳 주민들의 강함 을 호소했던 곳이다(수 17:16). 이곳은 이스라엘을 쳐들어온 미디안, 아말렉, 동방 사람들이 모 여 진을 쳤던 곳이다(삿 6:33). 호세아의 예언에 이스라엘의 범죄 때문에 이스르엘 골짜기에서 활을 꺾을 것이라고 언급되었다(호 1:5). 이스르엘은 동명이지로 이스르엘[1](잇사갈; 수 19:18), 이스르엘[2](유다; 수 15:56), 이스르엘 골짜기가 있다. 이스르엘 계곡은 헬라어의 음역으로 에스 드렐론 골짜기라고 불리기도 했다. 지금도 이스르엘 계곡(Yizreel Valley)이라고 불리는 이곳은 중앙 산악 지대를 갈릴리 산지와 사마리아 산지로 분리시키는 역할을 하고 있다.

이스르엘 골짜기는 풍부한 수자원과 비옥한 충적토로 인하여 농업이 발달한 지역이기에 이 스라엘의 곡창지대이다. 이스르엘 골짜기는 이스르엘 평원이라고 불릴 정도로 넓은 지역이다.

이곳은 해안 평야 지대와 연결되어 서쪽의 악고 평원과 동쪽 의 벧산 지역의 평원과 연결된다. 이 골짜기에는 많은 샘이 있 어 서쪽으로 기손 강이 흐르고 동쪽으로 하롯 강이 흐른다. 이 지역에 므깃도, 게데스[2](잇사갈), 오브라, 이블르암, 이스르엘 같은 성읍들이 있다. 이스르엘 골짜기는 국제 도로인 해변 길 이 지나가기에 거대한 정류장(Grand Central Station)이라고 불리기도 하는 중요한 지역이다.

랍빗 [-1] Rabbith (רַבִּית 무리)

아라보네(Araboneh)   32° 30′ 34.90″N 35° 21′ 53.61″E

성경에 한 번 기록된 잇사갈 지파의 성읍이다(수 19:20). 랍빗은 스불론 지파 영토의 동쪽에 있는 잇사갈 영토로 아나하랏, 기시온, 에베스, 레멧과 같이 기록된 성읍이다. 랍빗은 아나하랏과 기시온 사이에 있었다. 두 곳의 추정지가 다볼 산 남쪽이어서 지리적으로 추정할 수밖에 없다. 기시온은 다볼 산 남쪽에 있었을 것으로 추정되며 아나하랏도 다볼 산 남쪽에 있어서 랍빗도 다볼 산 남쪽에 있었을 것으로 추정된다. 그러나 추정근거는 미약하다. 랍빗의 두 추정지는 아라보네와 라바(Raba)이다.

노벨(Knobel)에 의해 추정된 곳으로 이곳에 대한 추정 근거는 미약하며 이곳에 대한 자료도 찾지 못했다. 아라보네는 길보아 산 남쪽 기슭에 자리 잡은 팔레스틴의 아랍 마을이다.

아라보네 마을

길보아 산 Mount Gilboa (הַר הַגִּלְבֹּעַ 끓는 샘)

길보아 산(Mount Gilboa)   32° 32′ 05.47″N 35° 22′ 33.10″E

사울 왕이 블레셋과의 전투 중에 세 아들과 함께 전사한 곳이다(삼상 31:1). 길보아 산은 요단 계곡에서 이스르엘 평야로 통하는 길목에 있기 때문에 전투가 자주 일어나는 곳이다. 기브온이 미디안 군대와 전쟁할 때 기브온 군대가 하롯 샘 부근에 진을 쳤다(삿 7:1). 다윗은 요나단의 죽음을 슬퍼하면서 요나단이 전사한 길보아 산을 저주했다(삼하 1:21). 길보아 산에는 해발 302m의 사울 산(Har Shaul)이 있고 서쪽의 봉우리가 기브앗 요나단(Givat Yonatan)이다. 길보아 산은 제벨 후쿠아(Jebel Fuguah)로 불리며 길이가 18km이고 폭이 9km이며 최고봉이 536m인 작은 산맥과 같은 곳이다.

길보아 산의 사울 산

남쪽에서 본 길보아 산

벧 싯다 Beth Shittah (הַשִּׁטָּה בֵּית 조각목(아카시아)의 집)

벧 하시타 (TBeit Hashita)　　　　　　32°32′55.31″N 35°26′20.30″E

기드온의 군대에게 패전한 미디안 군대가 도망친 곳이다. 스레라의 벧 싯다라고 기록된 성읍으로 성경에 한 번 기록되었다(삿 7:22). 벧 싯다는 요단 강의 동쪽에 있는 샤타(Shatta)와 텔 슬레이하트(Tell Sleihat)로 추정되고 있다. 샤타는 하롯에서 동쪽으로 약 4km 떨어지고, 벧산에서 북서쪽으로 약 8.8km 떨어진 곳이다.

지금 베이트 하시타 키부츠는 1935년에 설립되었으며 2017년에 1,251명이 살고 있다. 이 키부츠는 오토만 시대의 마을이었던 샤타(Shatta / Shutta)에 위치하고 있다. 1838년에 에드워드 로빈슨은 이 마을을 기록했다. 1922년에 이 마을은 280명이 살고 있었는데 277명의 무슬림과

3명의 기독교인이 살고 있다고 했다. 샤타에 세워진 이 키부츠의 이름은 성경의 지명에 따라 베이트 하시타가 되었다. 1948년에 63명이 거주하던 아랍 마을 유브라(Yubia)와 1948년에 124명이 거주하던 알 무라시스(Al-Murdssas)가 이 키부츠에 흡수되었다.

구르 Gur (גּוּר 거주하다, 체재하다)

키르벳 엔 나자르(Kh. en-Najjar)　　　　32°26′38.29″N 35°17′45.38″E

예후의 부하들이 아하시야 왕을 공격했던 이블르암 가까운 곳에 있는 구르 비탈은 성경에 한 번 기록된 곳으로 예후가 쫓아간 유다 왕 아하시야에게 부상을 입힌 곳이다(왕하 9:27). 구르 비탈은 이블르암 가까운 곳으로 비탈 길로 묘사되어 있다. 이블르암이 키르벳 벨라메(Kh. Belameh)로 동일시되었고 벧하간이 제닌(Jenin)으로 동일시되었다. 구르 비탈은 키르벳 엔 나자르(Kh. en-Najjar)로 동일시되고 있으므로 이블르암으로 추정하는 키르벳 벨라메의 맞은편 언덕에 있다. 이곳은 와디 벨라메(Wadi Belameh)의 동쪽에 있으며 고대 도로가 지나간 곳으로 현대에도 도로가 지나가고 있다. 아랍어 나자르(Najjar)는 구르라는 이름을 보존하고 있다.

키르벳 엔 나자르는 약 25두남 크기의 텔(Tell)이며 제닌(Jenin)의 남쪽에 있다. 이곳에서 석동기 시대의 유적이 발견되었으며, 또한 이곳은 초기·중기·후기 청동기와 후기 철기 시대의 거주지였다.

정원의 정자 길/동산 정자 길 Beth-Haggan (בֵּית הַגָּן 정원의 집)

제닌(Jenin) 32°27 37.01˝N 35°17 45.60˝E

예후에게 쫓긴 유다 왕 아하시야가 도망간 곳으로 이블르암과 구르 비탈 가까이에 있는 정원의
정자길은 개역개정판에서 정원의 정자 길로 번역되었고 개역한글판에서 동산 정자(東山 亭子)
길로 번역되었으나 새번역에서 벳하간으로 번역되었다(왕하 9: 27). 이곳은 현대도시가 있는
제닌(Jenin)으로 동일시되었다.

이곳에서는 초기 · 중기 · 후기 청동기,
초기 · 후기 철기, 헬라 시대부터 오토만
시대까지의 모든 시대의 도자기가 출토되
었다. 이곳이 고대에는 숨을 수 있는 산림
지대였기에 아하시야가 피신했을 것이라
고 추정된다.

제닌의 부르킨(Burqin) 지역

엔간님 2-1 잇사갈 Engannim (עֵין גַּנִּים 동산의 샘) /언간님

제닌(Jenin) 32°27 42.32˝N 35°18 03.80˝E

잇사갈의 영토 안에 있었던 레위인의 성읍인 엔간님²(잇사갈)은 잇사갈 지파의 영토였으나 레
위 지파 게르손 자손에게 주어진 네 성읍 중 하나이다. 엔간님²(잇사갈)은 개역한글판에서 언간
님으로 번역되었으나 개역개정판에서 엔간님으로 정리되었다(수 19:21; 21:29). 엔간님은 세
곳의 추정지가 있는데 제닌(Jenin), 올람(Olam), 키르벳 베이트 얀(Kh. Beit Jann)이다.

로빈슨(Robinson)은 제닌을 엔간님²(잇사갈)로 추정했지만 제닌은 므낫세 지파의 영토였다
는 문제가 있다. 제닌 가까이에는 므낫세 지파의 영토인 이블르암이 있었기에 제닌은 엔간님으
로 동일시되지 못하였다. 제닌에서 지표 조사를 통하여 초기 · 중기 · 후기 청동기, 초기 · 후기
철기, 페르시아, 헬라, 전기 · 후기 로마, 비잔틴, 초기 아랍, 오토만 시대의 토기가 발견되었다.

제닌은 주전 14세기의 아마르나 서신에 기록된 지나(Gina)로 동일시되었다. 이곳에 있는 아
인 제닌(Ain Jenin)에서는 하딩(G.I. Harding)에 의해서 주전 8세기의 페니키아 테라코타 램프
(terracotta lamp)들이 발견되었다. 로마 시대에는 지내(Ginae)라고 불렸고 갈릴리 사람들의 예

루살렘으로 가는 길목이었다. 제닌
은 1953년에 요르단이 난민캠프를
설립한 곳이다.

제닌은 2007년에 39,004명이 사
는 팔레스틴의 아랍 도시이다.

◀제닌의 버스 정류장

이블르암 Ibleam (יִבְלְעָם 백성을 삼켜버리는)/발르암

키르벳 벨라메(Kh. Belameh)   32°26′40.63″N 35°17′24.65″E

잇사갈의 영토와 아셀 영토 안에 있었던 므낫세의 성읍이었으나 점령하지 못하여 가나안 사람들이 그대로 살고 있었던 곳이다(삿 1:27). 이블르암은 이명동지로서 므낫세 지파의 영토 안에 있는 레위 지파의 성읍이었던 빌르암(대상 6:70)과 같은 곳이다. 이곳은 투트모세 3세의 정복 도시 목록에 기록된 곳이다. 이블르암은 일반적으로 키르벳 벨라메와 동일시되고 있다. 이 지역에는 지금은 제닌(Jenin)이라는 도시가 있어 성읍의 구분이 없어졌으나 고대의 이블르암, 구르는 다른 성읍이었다. 키르벳 벨라메(Kh. Belameh)는 약 90두남 크기의 큰 텔(Tell)이며 이곳에서 몇 개의 건물 흔적이 발견되었고 초기·중기·후기 청동기, 초기·후기 철기, 페르시아, 헬라, 로마, 비잔틴 시대의 토기들이 발견되었다. 이곳은 팔레스틴 지역 안에 깊숙히 자리 잡고 있다.

양털 깎는 집 The Shearing House (בֵּית עֵקֶד הָרֹעִים 목자들의 결속하는 집)

베이트 갓(Bethacath)   32°28′09.41″N 35°21′20.24″E

예후가 사마리아로 내려가다가 만난 유다 왕 아하시야의 형제들 42명을 모두 죽인 이곳은 이스르엘과 사마리아 사이에 있었다(왕하 10:12,14).

이곳은 목자들의 결속하는 집이라는 뜻을 가진 곳으로 오노마스티콘(Onomasticon)에서는 레기오(Legio)에서 약 24km 떨어진 벧아갓(Bethacath)이라는 마을로 추정되었다. 이 마을은 갈멜 산 남쪽 평야에 있는 조그마한 아랍 마을인 베이트 갓(Beit Qad)으로 추정된다. 공동번역과 새번역에서는 벳에겟(왕하 10:14)과 벳에

켓하로임(왕하 10:12)이라고 번역됐다.

이곳에서는 로마 시대의 건축물과 비잔틴 시대의 토기들이 발견되었다. 1596년의 오토만 시대에는 20가정의 무슬림이 살고 있었다. 1870년에 괴랭은 200명이 사는 마을이라고 기록했다. 이곳은 2016년에 1,799명이 거주하는 팔레스틴 아랍마을이다.

이스라엘의 중부

기드론 계곡의 나귀

요단 계곡의 목자와 양

요단 계곡의 *벧산* 지역

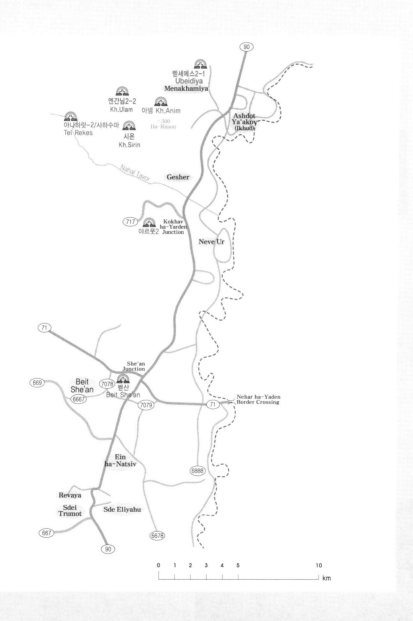

벧세메스2-1
Ubeidiya
Menakhamiya

엔간님2-2
Kh.Ulam

아넴 Kh.Anim

300
Ha-Rimon

Ashdot
Ya'akov
(Ikhud)

아나하랏-2/사하수마
Tel Rekes

시온
Kh.Sirin

Nahal Tavor

Gesher

717

야르못2

Kokhav
ha-Yarden
Junction

Neve Ur

71

She'an
Junction

669

**Beit
She'an**

7078

벧산
Beit She'an

6667

7079

71

Nehar ha-Yaden
Border Crossing

Ein
ha-Natsiv

6888

Revaya

Sdei
Trumot

Sde Eliyahu

667

6678

90

90

0 1 2 3 4 5   10

km

엔간님 ²⁻² 잇사갈 Engannim (עֵין גַּנִּים 동산의 샘) / 언간님
올람(Olam)
32° 40′ 40.95″N 35° 29′ 29.32″E

잇사갈의 영토 안에 있었던 레위인의 성읍인 엔간님²(잇사갈)은 잇사갈 지파의 영토였으나 레위 지파 게르손 자손에게 주어진 네 성읍 중 하나이다. 엔간님²(잇사갈)은 개역한글판에서 언간님으로 번역되었으나 개역개정판에서 엔간님으로 정리되었다(수 19:21; 21:29). 엔간님은 세 곳의 추정지가 있는데 제닌(Jenin), 올람(Olam), 키르벳 베이트 얀(Kh. Beit Jann)이다.

이곳은 엔핫다로 추정되는 텔엔 하드다(Tell en-Haddah)에서 남동쪽으로 2㎞ 떨어진 지점에 있으며 요단 계곡에서 서쪽으로 5㎞ 떨어진 곳이다. 이곳에서 초기 철기, 로마, 비잔틴, 아랍 시대의 토기들이 발견되었다. 유세비우스는 이곳을 울라마(Ullama)와 동일시하였다.

아넴 Anem (עֲנֵם 두 개의 샘)
키르벳 아님(Kh. Anim)
32° 40′ 25.14″N 35° 32′ 46.10″E

잇사갈 지파의 영토였으나 레위 지파 게르손 자손에게 주어진 아넴은 성경에 한 번 기록된 레위 지파의 성읍이다(대상 6:72,73). 아넴의 위치를 찾을 수 있는 근거는 잇사갈의 영토인 것과 게데스, 다브랏, 라못이 같이 언급되었다는 것이다. 아넴은 엔간님과 같은 이명동지로 보는 주장과 별개의 장소로 보는 주장이 있다. 아벨(Abel)은 아넴을 키르벳 아님(Kh. Anim)으로 추정되고 있다. 잇사갈 영토 안에 있는 이곳은 해저 86m 위치에 있는 요단 계곡의 서쪽 산기슭에 자리 잡고 있다. 이곳은 1920년대 초에 지표 조사가 이루어졌으나 자료가 충분하지 않다.

아나하랏⁻² Anaharath (אֲנָחֲרָת 좁은 길)

텔 레케스(Tel Rekes)　　　　　　　　32° 39′ 12.87″N 35° 27′ 57.79″E

성경에 한 번 기록된 잇사갈 지파의 성읍이다 (수 19:19). 아나하랏은 잇사갈 지파가 제비 뽑아 분배받은 곳으로 그술롯과 수넴, 하바라임, 시온의 부근에 있었다. 이곳은 투트모세 3세 (Tutumose III)의 정복 도시 목록에 기록되어 있다. 이곳의 추정 장소는 세 곳이 있는데 현대 마을 나우라(Naura), 텔 레케스(Tel Rekes), 텔 엘 아줄(Tell el-Ajjul)이다. 텔 엘 아줄(Tell el-Ajjul)은 기시온의 추정지이기도 하다.

이곳은 텔 엘 무크하르하쉬(Tell el-Mukharhash) 라고 불리던 곳으로 사하수마의 추정지이기도 하나 1970년과 1980년대의 조사와 연구를 통해 이곳은 아나하랏으로 추정되었다.

텔 레케스 옆을 흐르는 나할 다볼(Nahal Tavor)

사하수마 Shahazumah (שַׁחֲצִימָה 두 산당)

텔 레케스(Tel Rekes)　　　　　　　　32° 39′ 12.87″N 35° 27′ 57.79″E

잇사갈 자손의 경계에 있는 성읍으로 성경에 한 번 기록된 곳으로 다볼과 벧세메스 사이에 있으며 요단 강과 가까이 있다(수 19:22). 사하수마로 추정되는 텔 레케스(Tel Rekes)는 아나하랏의 추정지이기도 하다(수 19:19). 이곳은 45두남 크기의 텔로 나할 다볼(Nahal Tavor) 옆에 있으며 다볼 산에서 남동쪽으로 7㎞ 지점에 있다. 이곳에서 초기 · 중기 · 후기 청동기, 후기 철기, 페르시아 시대의 토기가 발견되었다.

텔 레케스

길보아 산 전투에서 전사한 사울과 아들들의 시신이 성벽에 걸렸던 곳이며(삼상 31:10), 야베스의 사람들이 시신을 취하여 장례를 치른 곳이다(삼상 31:12). 벧산은 므낫세 지파가 분배받은 영토였으나 가나안 사람들을 쫓아내지 못한 성읍이었으며(삿 1:27; 대상 7:29), 벧산은 벧스안(삿 1:27; 왕상 4:12; 대상 7:29), 벳산(삼하 21:12; 개역개정판 벧산)과 이명동지이다. 이곳은 솔로몬이 이스라엘을 행정구역으로 나눌 때 바아나가 담당했던 지역이었다(왕상 4:12). 벧산은 하롯 강 동쪽에 있는데 이 지역은 물이 풍부하고 비옥하여 중요한 교통로가 되었다. 주전 16세기부터 12세기 때까지 이곳은 이집트의 영지가 되었다.

텔 벧산(Tel Beth Shean)으로 동일시하는 벧산은 '요새 언덕' 이라는 뜻으로 텔 엘 후슨(Tell el-Husn)이라고 불렀다. 이곳에서 신석기 시대부터 중세기 시대까지의 약 20여 개의 주거층이 발견되었고 가나안 시대의 다섯 개의 신전과 철기 시대의 건물, 헬라 시대의 제우스 신전이 발견되었다. 비잔틴 시대의 교회터도 발견되었다. 벧산은 앗수르의 침략으로 파괴되었다가 헬라 시대 때는 스키토폴리스(Scythopolis)라는 도시가 세워진 곳이다. 주전 2세기 말에 벧산은 하스모니안의 통치를 받았으며 중요한 도시로 성경에 기록된 데가볼리 중의 하나가 되었다(마 4:25; 막 5:20; 7:31). 벧산은 주전 2세기부터 주후 6세기까지 로마와 비잔틴 도시로 발전하였다.

벧산은 비잔틴 시대에 인구가 수만 명에 이르는 큰 도시가 되었고 주위에 교회와 수도원들이 생겼다. 큰 지진이 일어난 아랍 시대에는 다시 벧산으로 불렀고 십자군 시대에는 요새가 세워졌으며, 오토만 시대에는 작은 마을이 되었다. 이곳에는 로마 시대의 신전, 7,000-10,000명을 수용하는 극장, 목욕탕, 열주로, 광장, 아고라 등이 있다. 벧산은 발굴을 통하여 석동기, 초기·중기·후기 청동기, 초기·후기 철기, 로마, 비잔틴, 아랍 시대 초기의 지층과 유적이 발견되었다. 이곳에서 특히 후기 청동기 시대와 초기 철기 시대 초에 이집트인들의 거주 흔적이 분명하게 드러났다.

텔 벧산은 1921년에서 1933년까지 피셔, 로브, 피츠게랄드의 지도로 펜실베니아대학교에 의하여 발굴되었다. 이 발굴을 통하여 총 17개의 지층이 드러났는데, 정착 역사는 이미 신석기/석동기 시대부터 시작되어(지층 17), 초기 아랍 시대(지층 1)까지 거주하였음이 알려졌다. 1983년에 야딘과 게바에 의하여 철기 시대에 집중하여 짧은 기간의 발굴이 이루어져 4개의 지층이 드러났다.

마지막 발굴은 1989년도부터 1996년도까지 히브리대학교의 아미하이 마자르에 의하여 이루어져 새로운 유적과 유물들을 드러내었고, 이를 바탕으로 이전의 발굴과 펜실베니아 대학교 발굴에서 불분명한 지층 관계들을 분명하게 하며 그 지층들이 어떠한 고고학적 의미가 있는지를 논의하였다. 이 마지막 발굴은 최근까지 나온 네 권의 발굴 보고서로 마무리 되었다. 이곳에서 발견된 대표적 유적과 유물로는 이집트가 가나안 지역을 다스린 시기인 후기 청동기 시대의 신전, 제의 관련 유물들, 이집트 고위 관리가 거주하였을 것으로 여겨지는 건물, 건물 안에서의 이집트어로 된 비문과 람세스 3세의 석좌상 등이 있다. 이는 주전 12세기 초까지 벧산에 이집트인들이 상주하면서 그 주변 지역에 정치적인 영향을 미쳤음을 보여주는 증거이다. 이것은 므깃도에서 발견된 람세스 6세의 카르투쉬가 적혀진 청동 발판과 함께 이스르엘 계곡과 벧산 계곡에 펼쳐진 이집트의 영향력을 보여주는 중요한 증거이다.

마자르의 발굴에 따르면 거대한 화재가 네 번에 걸쳐 일어났다. 첫 번째는 주전 14세기에, 두 번째는 주전 1100년도에, 세 번째는 주전 11세기 말에, 마지막으로 주전 9세기 중반에 일어났다. 두 번째 파괴는 블레셋에 의하여, 세 번째의 파괴는 다윗에 의하여 일어난 것으로 추정된다. 그 이후 벧산은 이스라엘의 정착도시가 되었다. 하롯 강의 건너 편의 북쪽에서 발굴된 무덤 지역에서 나온 인형관의 뚜껑에 묘사된 것은 블레셋이 착용하였던 투구, 머리 띠 등의 장식과 유사하여 주전 11세기 때에 블레셋 민족이 벧산에 용병으로 거주하였음을 보여준다. 벧산과 므깃도에 대한 성경의 기록과 같이 므낫세 지파가 분배를 받았으나 차지하지 못한 성읍으로 기록하고 있어 고고학적 발굴 결과와 성경의 일치성을 보여주고 있다.

로마 극장

야르뭇 [2] 잇사갈 Jarmuth (יַרְמוּת 높음) /레멧/라못[2]

벨보아 성(Castle of Belvoir)   32° 35′ 44.05″N 35° 31′ 17.35″E

잇사갈 영토 안에 있었던 레위 지파 게르손 자손의 성읍이다(수 21:29). 이곳은 레멧(수 19:21)
과 라못[2](잇사갈; 대상 6:73)과 이명동지이다. 야르뭇은 십자군의 성채인 벨보아 성(Castle of
Belvoir)으로 추정된다. 이곳은 해발 312m 높이에 있으며 요단 계곡보다 약 550m 높은 곳에 위
치하고 있기에 요단 계곡과 길르앗 지역까지 볼 수 있는 좋은 위치에 있다. 벨보아 성은 1168년

십자군 기사단이 건축했으며 1181-
1183년까지 살라딘의 공격을 막아냈
다. 1187년의 힛틴 패전후에도 벨보아
요새는 견디어 냈으나 1189년에 항복
하였고 십자군이 1220년에 파괴되었
다. 이곳은 잇사갈의 영토에 있고 벧산
이 약 10㎞ 북쪽에 있다. 이곳에서 아
직까지 철기 시대의 고고학적 증거는
발견하지 못하였다.

벨보아 성

벧세메스 [2-1] 잇사갈 Beith Shemesh (בֵּית־שֶׁמֶשׁ 태양의 집)

텔 우베이디야(Tell Ubeidiya)   32° 41′ 18.83″N 35° 33′ 42.94″E

갈릴리 바다에서 남서쪽으로 약 3km 떨어져 있는 남쪽에 있는 요단 강 서쪽 언덕으로 주거지
의 유적이 남아있다. 이곳은 요단 계곡과 골란 고원에서 악고로 가는 교차로에 있다. 1948년까
지 이곳에는 221명이 사는 알 우바이디예(Al-Ubaydiyya)라는 아랍 마을의 유적이 있다. 1838
년에 에드워드 로빈슨은 이곳이 무슬림 마을이라고 기록했다. 이곳에 선사 시대의 유적인 우메
이디야(Ubeidiya Prehistoric Site)가 있으며 하마, 말, 사슴, 물고기, 새 등의 뼈와 손 도끼, 부싯
돌 자르는 칼, 둥근 석회암들이 이곳에서 발견되었다.

  우베이디야는 키부츠 벤제라와 메나헤미아(Nenahemid) 사이에 위치 한다. 이곳은 1959년에
발견되었고 1960년과 1974년에 발굴되었다. 델 우베이디야는 1927년에 세워진 키부츠 벤 제라
(Beit Zera)에서 서쪽으로 약 800m 떨어진 곳에 있다. 우베이디야 선사 시대 유적은 텔 부근이

며 야브넬 시내 남쪽에
서 키부츠 아피킴
(Afikim)의 주민이 발
견했다. 이곳의 발견물
은 이스라엘 박물관에
전시되어 있다.

◀우베이디야

사마리아 산지의 *세겜* 지역

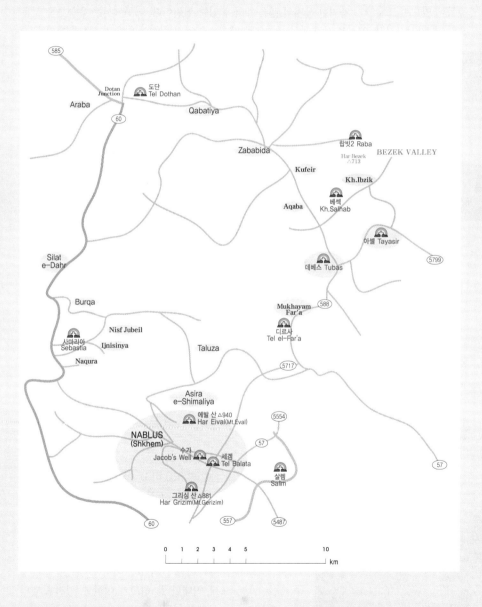

585

도단
Dotan
Junction
Tel Dothan

Araba

60

Qabatiya

Zababida

랍빗2 Raba

Har Bezek
△713

BEZEK VALLEY

Kufeir

Kh.Ibzik

베섹
Kh.Salhab

Aqaba

아셀 Tayasir

5799

데베스 Tubas

Silat
e-Dahr

Burqa

Mukhayam
Far'a

588

Nisf Jubeil

디르사
Tel el-Far'a

사마리아
Sebastia

Ijnisinya

Taluza

Naqura

5717

Asira
e-Shimaliya

에발 산 △940
Har Eival(Mt.Eval)

5554

NABLUS
(Shkhem)

수가
Jacob's Well

세겜
Tel Balata

57

살렘
Salim

57

그리심 산 △881
Har Grizim(Mt.Gerizim)

60

557

5487

0 1 2 3 4 5   10
                         km

도단 Dothan (דֹּתָן 두 개의 우물)

텔 도탄(Tel Dothan) 32° 24′ 48.13″ N 35° 14′ 15.43″ E

요셉이 양을 치러 간 형제들을 만났다가 팔려간 사건이 일어난 곳이다(창 37:17). 도단은 또한 선지자 엘리사가 아람 왕에 의해서 포위되었던 곳이다(왕하 6:13). 엘리사는 기도의 응답으로 아람 군대의 눈을 멀게 한 후 사마리아 성으로까지 끌고 가서 풀어주었다.

도단은 텔 도탄(Tel Dothan)과 동일시되었다. 도단은 북쪽에 있는 이스르엘 계곡이 지나가는 길목에 있으며 므낫세가 차지한 산지의 넓은 계곡에 있는 평원이다. 이곳에서는 우슬초를 식용으로 재배하고 있다. 이곳은 세겜에서 북쪽으로 약 9km 떨어진 지점에 있으며 헤브론에서 북쪽

으로 100km 떨어진 도단 평야에 위치하고 있다. 이곳에서는 초기 · 중기 · 후기 청동기, 초기 · 후기 철기, 헬라, 로마, 마믈룩 시대의 거주지의 유적이 발견되었고 서쪽 지역에서 후기 청동기 시대에서 초기 철기 시대의 것으로 보이는 무덤들이 발견되었다.

이 텔의 북쪽에는 요셉의 우물이라고 부르는 우물이 있다. 유대인들은 도단에서 서쪽으로 약 20km 떨어진 곳에 1977년에 메보 도단(Mevo Dothan)이라는 거주지를 세웠는데 2017년에 393명이 살고 있다(32° 25′ 13.99″N 35° 10′ 26.77″E).

디르사 Tirzah (תִּרְצָה 기쁨, 즐거움)

텔 엘 파라(Tell el-Farah) 32° 17′ 15.94″N 35° 20′ 17.59″E

여호수아가 물리친 가나안의 성읍이었다가 여로보암 1세부터 오므리 왕이 사마리아로 천도할 때까지 북이스라엘 왕국의 수도였던 중요한 도시였다(왕상 16:22-24).

디르사로 동일시되는 텔 엘 파라(Tell el-Farah)는 세겜에서 벧산으로 가는 도로의 길목에 있는 요충지에 있었으며 세겜 보다 방어가 용이한 지역에 있었다. 이곳은 텔 사루헨도 텔 엘 파라라고 부르기에 구분하기 위하여 북쪽의 텔 엘 파라(Tell el Farah-North)라고 부르기도 한다. 이곳은 사마리아에서는 동쪽으로 약 13km 떨어져 있고 세겜에서는 동북쪽으로 약 11km 떨어진 전망 좋은 언덕 지대에 위치해 있다. 텔 엘 파라는 폭이 590m의 큰 도시였으며 발굴된 유물들의 시기가 디르사의 시기와 일치한다.

올브라이트(W. F. Albright)는 이곳을 디르사로 동일시했다. 이곳은 드보(R. de. Vaux)의 지도

아래 1946년부터 1960년까지 발굴되었다. 네 지역으로 나누어져 발굴이 된 이곳에서는 신석기, 초기 · 중기 · 후기 청동기, 초기 · 후기 철기 시대의 많은 유물이 있는 거주층이 발견되었다. 또한 헬라, 로마 시대의 유물과 주후 13-14세기의 무슬림의 무덤이 발견되었으며 후기 철기 시대의 이스라엘의 가옥 구조를 가진 가옥이 발견되었다. 이곳에서는 성벽과 성문, 성소, 궁전, 요새, 거대한 돌, 하토르 여신상, 성전 모델의 테라코타(terracotta)가 발굴되었다.

사마리아¹ 성읍 Samaria (שֹׁמְרוֹן 망대)

세바스티아(Sebastiya)

32°16′37.31″N 35°11′33.29″E

오므리 왕이 건설한 북이스라엘의 수도였다. 은 두 달란트를 주고 이 땅을 산 오므리 왕은 이 땅의 주인이었던 세멜의 이름에 기인하여 사마리아라고 불렀다(왕상 16:24). 주전 876년 북이스라엘 왕 오므리는 디르사에서 이곳으로 수도를 옮겼다(왕상 16:29). 오므리의 아들 아합 왕은 궁을 건설하고 상아궁(왕상 22:39)이라고 불렀다. 아합의 아들 아하시야는 이곳 난간에서 떨어져 중상을 입었으며(왕하 1:2) 길르앗 라못의 전쟁 중에 부상당한 아합은 이곳에서 죽었다(왕상 22:37). 아람 왕 벤하닷은 사마리아를 포위했으나 함락시키지 못했다(왕상 20:1-21; 왕하 6:25). 앗수르는 므나헴이 재위할 때 사마리아를 포위 공격하고 이스르엘 북쪽과 길르앗을 점령했다(왕하 15:19-29). 앗수르의 살만에셀이 3년간 포위하여 사마리아를 파괴하였고 사르곤은 북이스라엘 주민과 다른 정복민을 이주시켰다(왕하 17:21-24; 18:10-12). 느헤미야가 예루살렘 성을 재건할 때 사마리아 사람들은 비웃었다(느 4:1-3).

주전 332년에 알렉산더에 의해 파괴되었던 사마리아는 주전 3-2세기에 번영한 헬라 제국의 도시였다가 주전 106년에 하스몬 왕가의 요한 히르카누스에 의해 파괴되었다. 주전 30년에 헤롯 대왕은 자신을 도운 외국인 용병들을 이곳에 정착시키고 성전을 건축하여 로마의 아우구스투스 황제에게 헌정하였다.

사마리아는 주전 37년에 로마에 의해 유대의 왕이 된 헤롯이 사마리아를 선물로 받고 로마 도시를 건설하고 황제의 헬라어 이름인 세바스티예(Sebastiya)로 불렀다. 하버드대학교 발굴단은 1900년대 초부터 사마리아의 발굴을 통해 오므리 황조의 궁전을 발굴했다. 이곳의 주요 유적지는 3,700m의 로마 시대의 성벽, 서쪽 문, 600여 개의 돌기둥이 있는 1.7㎞의 도로, 북이스라엘 왕국 시대의 성벽, 로마 공회당, 원형 극장, 헬라 시대의 둥근 탑, 아합 왕의 상아 궁전 등이 있다. 궁전의 중앙에 있는 4번 건물에서 500여개의 상아 조각이 나왔다. 이곳에서 후기 철기, 페르시아, 헬라, 로마, 비잔틴 시대의 유적이 발견되었고 초기 청동기 시대의 토기가 발견되었다. 그 뿐 아니라 후기 철기 시대인 8세기의 지층에서 히브리어로 쓴 토기 조각들과 수많은 상아 제품들이 발견되었고 사르곤 2세 때의 것으로 보이는 아카드어의 비문 조각도 발견되었다.

사마리아는 동명이지로 사마리아¹(성읍)와 사마리아²(지역)이 있다. 초대교회 전통에 의하면 세례 요한이 사마리아에 묻혔기에 남쪽 경사지에는 주후 5세기에 요한 기념교회가 세워지고 후에 수도원 건물이 건축되기도 했다.

로마 포럼

그리심 산과 에발 산 사이에 있으며 요셉의 무덤이 있는 곳이다. 아브라함과 야곱이 살았던 중요한 성읍이었다. 아브라함이 가나안 땅에 들어와서 여호와께 단을 쌓은 곳이며(창 12:6) 밧단아람에서 돌아온 야곱이 단을 쌓고 엘엘로헤이스라엘이라고 부른 곳이다(창 33:18-20). 야곱은 이곳에서 신상을 묻었으며(창 35:4) 야곱의 아들들이 세겜에서 양을 치다가 도단으로 옮겨가서 그곳으로 찾아온 요셉을 팔아버렸다(창 37:12-14). 세겜은 요단 강변의 땅을 얻은 므낫세 지파의 경계선인 믹므닷 맞은편에 있었으며 에브라임 산지에 있었다(수 17:7; 20:7). 레위 지파의 그핫 자손에게 도피성으로 주어졌다(대상 6:67). 여호수아는 이스라엘의 모든 지파를 세겜에 모으고 고별사를 하였고(수 24:1) 애굽의 총리였던 요셉의 뼈가 세겜에 장사되었다(수 24:32). 기드온의 아들인 아비멜렉은 이스라엘을 다스릴 때 세겜 사람들이 반란을 일으키자 무자비하게 진압하였다(삿 9:42-45). 솔로몬이 죽고 난 후 온 이스라엘이 르호보암을 왕으로 추대하려고 세겜에 모일 정도로 세겜은 중요한 도시였다(대하 10:1).

세겜은 에브라임 산지와 이스르엘 계곡 사이에 위치한 므낫세 산지의 중심이 되는 중요한 도시로 사마리아 지방의 중심지이다. 세겜은 유다 산지의 예루살렘과 대조되는 곳이다. 세겜은 자연적인 교통로의 중심지로 남쪽으로 예루살렘으로 이어지는 족장들의 도로가 연결되어 있고 북서쪽으로 지중해의 해변 길과 연결되며 북동쪽으로 요단 계곡으로 연결되어 벧산과 이어지는 요충지였다. 세겜은 주위에 비옥한 농경지가 있었고 개방된 지역이어서 외부의 침략에 방어하기 어려웠다. 북이스라엘은 방어가 용이한 디르사와 사마리아로 천도하기도 했다.

세겜은 지금의 텔 발라타(Tel Balata)와 동일시된다. '발라타'는 상수리 나무를 뜻하는 아랍어에서 유래되었다. 1903년에 독일의 고고학자들은 나블루스의 동쪽의 텔 발라타에서 유적을 발견했다. 세겜은 1913년에 셀린이 발굴하였고 1928년, 1932년, 1934년과 1950-60년대의 발굴이 이루어졌다. 이곳에서 석동기, 초기 · 중기 · 후기 청동기, 초기 · 후기 철기, 페르시아, 헬라 시대까지 24개의 거주지 층이 발견되었다. 이곳에 있는 요새화된 신전은 바알브릿 신전으로 추정되며 주전 11세기의 화재로 무너진 것이 확인되었다. 세겜은 지금은 로마 시대부터 불리운 나블로스라는 도시이며 이것은 '새로운 도시'라는 뜻이다. 그리심 산 위에는 사마리아인들이 살고 있으며 세겜에는 요셉의 무덤과 야곱의 우물이 있다.

텔 발라타

▼그리심 산과 세겜과 에발 산

수가 Sychar (Συχάρ) /야곱의 우물
비르 야아쿱(Bir Yaaqub)
32°12′34.23″N 35°17′06.03″E

사마리아 여인이 예수님을 만난 야곱의 우물이 있는 곳으로 성경에 한 번 기록되었다(요 4:5). 수가의 위치를 추정하는 것은 어렵지만 텔 발라타(Tel Balatah)가 있는 고대 세겜 가까이에 있는 야곱의 우물(Bir Yaaqub)이 있는 곳으로 이 지역은 아스카르(Askar)라고 부르는 현대 마을이다. 비잔틴 시대에 야곱의 우물 위에 교회를 세웠으나 529년에 파괴되었고 십자군 시대인

1187년에 다시 건축되었다. 1914년에 러시아 정교회가 건축을 시작했다가 1차 세계대전으로 중단되었고 그리스 정교회가 재개하여 건축하였다.

에발 산 Mount Ebal (הַר עֵיבָל 벌거숭이 산)
에발 산(Mount Ebal)
32°14′31.49″N 35°15′39.96″E

하나님께서 모세에게 가나안 땅에 들어간 이스라엘 민족이 하나님과의 언약을 굳게 하기 위하여 그리심 산에서 축복을 선포하고 건너편 에발 산에서는 저주를 선포했다(신 11:29). 모세는 에발 산에서 다듬지 않은 돌로 단을 쌓으라고 하였고(신 27:4-6), 르우벤, 갓, 스불론, 단, 납달리 지파를 에발 산에 세웠다(신 27:13). 여호수아는 에발 산에 단을 쌓았다(수 8:30,31).

에발 산은 해발 940m이며 세겜이 있는 나블루스의 북쪽에 있다. 나블루스는 그리심 산과 에발 산 사이에 있는 도시이며 에발 산이 북쪽에 있고 그리심 산이 남쪽에 있다. 1980년에 있었던 므낫세 지파의 지역 발굴에서 에발 산 북동쪽 경계면에서 이스라엘의 정착 때인 철기 시대의 장소가 발견되었다. 아랍어로 엘 부르낫(el-Burnat)으로 알려진 이 장소는 산등성이로 길게 늘어져 있으며 해발 800m에 있었다. 이 장소는 이중 돌 방벽으로 둘러 싸여 있는 큰 삼각형 모양

이었으며 건물 잔해는 발견되지 않았다. 이 장소는 두 개의 층으로 이루어져 있으며 주전 1240-1200년과 주전 1200-1140년대의 것으로 알려졌다. 철기 시대의 유적이 포함된 12개의 장소가 에발 산 북동쪽 경사면에서 발견되었다.

그리심 산 Mount Gerizim (הַר גְּרִזִים 제거된 산)

그리심 산(Mount Gerizim)　　　　　　　　　32°12′07.02″N 35°16′22.58″E

에발 산 맞은편에 있으며 축복이 선포된 그리심 산은 하나님께서 모세에게 이스라엘 민족이 가나안 땅에 들어간 후 언약을 굳게 하기 위하여 축복을 선언하라고 하신 곳이다(신 11:29). 모세는 시므온, 레위, 유다, 잇사갈, 요셉, 베냐민 지파를 그리심 산에 서게 하였다(신 27:12). 여호수아는 모세의 지시대로 순종하였다(수 8:33). 그리심 산은 아비멜렉의 즉위에 불만을 품은 요담이 그리심 산 꼭대기에서 세겜 사람들에게 부당함을 외친 곳이기도 하다(삿 9:7).

그리심 산(Mount Gerizim)은 세겜이 있는 나블루스(Nablus)에 있으며 에발 산 남쪽에 있는 해발 881m의 산이며 나블루스보다 500m 더 높은 곳이다. 그리심 산에서는 세 곳의 지역에서 발굴되었는데 사마리아인의 희생 제사를 드리는 장소, 토기, 올리브 착유기, 돌로 된 욕조가 발견되었다.

사마리아에 사는 사람들은 앗수르의 사르곤 2세에 의해 포로가 되어 가기도 했지만 사마리아 지역에 남아 있기도 했다. 그들은 앗수르의 이민 정책에 따라 이주해온 사람들과 섞여 살면서 이방신을 섬기기도 했다(왕하 17:24). 신약 시대에는 헬라와 로마의 도시가 되면서 유대인들이 기피하는 지역이 되었다. 주전 4세기 경에는 그리심 산위에 사마리아 성전이 세워졌으나 주전 113년에 하스몬 왕조의 히르카누스가 파괴했다.

사마리아인들은 주전 2세기부터 독자적인 종교를 형성했다고 보여진다. 사마리아인들은 그리심 산에 거주하였으며 만명 정도가 거주한 것으로 추정한다. 사마리아 인들은 모세오경만을 믿으며 그리심 산에 모여 살고 있다. 그들은 유월절, 무교절, 초막절, 칠칠절, 새해 속죄일을 지킨다. 아라스 성전터에서는 사마리아 인들의 유월절 제사가 드려지는데 양 40마리가 제물로 바쳐진다.

지금 살아 있는 사마리아인은 2015년에는 780명으로 그리심 산에 380명이 살고 있고 이스라엘 텔아비브 부근에 있는 홀론에 400명이 살고있다. 사마리아인은 1917년에는 147명까지 인구가 줄어드는 위기를 만났다. 홀론으로 떠난 사마리아 인은 1905년에 떠났던 사람들이다.

사마리아인의 회당

유월절 제사

제단　여호수아 제단　altar　(מִזְבֵּחַ 제단, 번제단, 향단)
엘 부르낫(el-Burnat)　　　32°14´22.28˝N 35°17´15.61˝E

여호수아는 에발 산에 한 제단을 쌓았다. 이 제단은 모세가 이스라엘 자손에게 명령한 것과 같이 쇠 연장으로 다듬지 아니한 새 돌로 만든 제단이었다(신 27:1-10; 수 8:30-35). 이 단은 개역개정판에 서는 제단 곧 돌단으로 번역되었고 개역한글판에서는 단 곧 돌단으로 번역되었다(신 27:5). 1986년 에 이스라엘의 고고학자인 제르탈(Zertal)은 여호수아가 세운 에발 산 제단을 발견했다고 발표하 였다. 1982년부터 1989년까지의 발굴을 통해 철기 시대에 건설된  제단이 발견되었다. 이 제단은 높이가 4m이고 한 면이 9m가 되는 사각형의 큰 제단이다. 제단 주위는 1.5m의 돌로 된 울타리가 쌓 여 있으며 출입구가 만들어져 있다. 이곳은 해발 790m의 고지 위 에 있으며 에발 산의 동쪽에 있다. 이 유적지는 엘 부르낫(el-Burnat)이라고 부르며 14두남(dunam) 크기의 엘 부르낫(el-Burnat)의 A지역과 3두남 크기의 엘 부르낫(el-Burnat) B지역으 로 구분된다.

모레　Morah (מוֹרֶה 교훈)
카비르 산(Har Kabir)　　　32°14´32.39˝N 35°19´38.35˝E

하나님의 인도하심에 순종하여 아브라함이 가나안에 도착한 세겜 땅에는 '모레의 상수리나무'가 있었던 장소가 있었다. 이곳은 과거에 가나안 사람들의 예배 장소인 것이 확실한 곳이다(창 12:6-8). 그리심 산과 에발 산 사이 세겜에 있는 모레 상수리나무는 길갈 맞은편에 있었다(신 11:30). 아 브라함은 가나안 사람들이 살고 있는 이곳에서 이 땅을 주시겠다는 하나님의 약속을 듣고 제단을 쌓았다(창 12:7). 야곱은 세겜 사람들에게서 받은 이방 신상과 귀고리들을 세겜 근처 상수리나무 아 래에 묻었다(창 35:4). 여호수아는 세겜에서 큰 돌을 가져다가 여호와의 성소 곁에 있는 상수리나무 아래 세웠다(수 24:26). 아비멜렉과 싸우던 가알이 아비멜렉의 군대가 므오느님 상수리나무 길을 따라 오는 것을 보게 되었는데 그때의 내려오는 것을 본 므오느님 상수리나무는 세겜 근처에 있는 상수리나무와 같은 나무로 보기 어렵다(삿 9:37). 모레는 동명이지로 상수리 나무가 있었던 세겜 땅 의 모레와 기드온과 싸우는 미디안 사람들이 진을 쳤던 골짜기에 있는 모레 산이 있다.

　모레는 세겜의 동쪽에 있는 카비르 산(Har Kabir)으로 추정한다. 이스라엘 사람들은 이 산 위에 엘 론 모레(Elon More)를 건설해서 살고 있다. 세겜의 동쪽에 있는 해발 767m의 카비르 산(Har Kabir) 정상에는 유대인들이 모레 상수리나무라고 하는 나 무가 북쪽 정상 가까운 곳에 있다(창 12:6). 이곳은 에발 산 의 동쪽에 있으며 해지는 쪽으로 가는 길의 동쪽에 있으며  해발 940m의 그리심 산과 세겜과 해발 881m의 에발 산과 디르사와 디르사가 있는 계곡인 와디 디르사(Wadi Tirtsa; Wadi el-Fara)를 한 눈에 볼 수 있는 곳이다. 이 지역을 지나 가는 길이 해지는 쪽으로 가는 길이다.

해지는 쪽으로 가는 길 the way of the going down of the sun
(דֶּרֶךְ מְבוֹא הַשֶּׁמֶשׁ 해가 지는 쪽(서쪽)으로 가는 길)

모세가 가나안 입성을 준비하는 이스라엘에게 그리심 산에서는 축복을 선포하고 에발 산에 서는 저주를 선포하라고 하였다. 모세는 이 두 산이 해 지는 쪽으로 가는 길 뒤에 있다고 설명 하였다. 이곳은 가나안 사람들의 땅에 있는데 길갈을 마주 보고 서 있고 그 옆에는 모레의 상 수리나무가 서 있다고 하였다(신 11:30). 아브라함은 세겜 땅 모레 상수리나무에서 제단을 쌓 았다(창 12:7). 세겜이 있는 나블루스의 동쪽에 있는 해발 767m의 카비르(Kabir) 산의 정상 의 북쪽에는 큰 상수리나무가 있는데 이스라엘 사람들은 이곳이 모레의 상수리나무라고 주

장한다. 이곳에는 엘론 모레(Elon More)라는 유대인 정 착촌이 있다. 성경시대의 세겜이 있는 나블루스에서 북 쪽으로 향하는 도로는 와디 엘 파라(Wadi el-Fara)와 이 어져서 동쪽에 있는 요단 계곡과 연결된다. 이 지역을 지 나가는 길이 해지는 쪽으로 가는 길이다.

와디 엘 파라(Wadi el-Fara)는 디르사가 있는 계곡인 와디 디르사(Wadi Tirtsa)라고 부르기도 한다.

랍빗 -2 Rabbith (רַבִּית 무리)
라바(Raba)   32° 23′ 10.46″N 35° 23′ 00.10″E

성경에 한 번 기록된 잇사갈 지파의 성읍이다(수 19:20). 랍빗은 스불론 지파 영토의 동쪽에 있 는 잇사갈 영토로 아나하랏, 기시온, 에베스, 레멧과 같이 기록된 성읍이다. 랍빗은 아나하랏과 기시온 사이에 있었다. 두 곳의 추정지가 다볼 산 남쪽이어서 지리적으로 추정할 수밖에 없다. 기시온은 다볼 산 남쪽에 있었을 것으로 추정되며 아나하랏도 다볼 산 남쪽에 있어서 랍빗도 다볼 산 남쪽에 있었을 것으로 추정된다. 그러나 추정근거는 미약하다. 랍빗의 두 추정지는 아 라보네와 라바(Raba)이다.

라바는 길보아 산 남쪽 지역에 있으며 베섹 계곡(Bezek Valley)의 서쪽에 자리 잡고 있는 팔 레스틴 지역의 아랍 마을로 2007년에 2,174명이 살고 있다. 이 마을에서는 페르시아, 헬라, 로 마, 비잔틴, 초기 이슬람, 중기 이슬람 시대의 토기가 발견되었다. 1838년에 에드워드 로빈슨

이 기록한 마을이다. 1870년에는 이 마을 북쪽에는 데이 브 아브 다이프(Deir Abu Daif)가 있었으며 1882년에는 이 마을이 돌로 된 마을이라고 기록되어 있다. 1872년의 SWP(Survey of Western Palestin)에 의하면 이 마을에는 세 곳의 폐허가 있는데 두 곳은 교회(Chapel)로 추정된다. 세 번째 유적은 쿠스르 셰이크 라바(Kusr Sheikh Raba)라 고 부른다.

아셀[1] 므낫세 Aser (אָשֵׁר 행복한, 고귀한)
타야시르(Tayasir)
32° 20′ 28.13″ N 35° 23′ 48.47″ E

성경에 한 번 기록된 곳으로 므낫세 지파의 성읍이다(수 17:7). 스가랴의 예언에 나온 아셀(Azel)은 예루살렘 부근의 어느 지점으로 추측되는 곳이기에 아셀(Aser)과는 다른 장소이다. 아셀은 므낫세의 영토를 설명할 때 처음으로 언급되는 성읍인데 세겜 부근으로 추정된다. 아셀은 타야시르(Tayasir)로 추정되는데 세겜에서 북동쪽으로 22㎞ 지점에 있는 밀카 골짜기(Nahal Milkha) 서쪽에 있는 현대 마을이다. 이곳은 고대 유적지 위에 타이시르라는 2007년에 2,489명이 사는 아랍 마을이 들어서 있다. 이곳의 서쪽에서는 고대 건물의 흔적이 발견되었으며 중기 청동기, 초기 철기, 비잔틴 시대의 토기가 발견되었다. 이곳은 가나안 시대의 주거지이며 로마 시대의 궁전, 올리브 틀, 동굴과 모스크가 발견되었다.

데베스 Thebez (תֵּבֵץ 창백함)
투바스(Tubas)
32° 19′ 13.55″ N 35° 22′ 08.65″ E

아비멜렉이 공격하다가 한 여인이 던진 맷돌 위짝에 맞아 전사한 곳으로 성경에 한 번 기록된 성읍이다(삿 9:50-55). 아비멜렉은 중상을 입은 후 병기 잡은 소년에게 자신을 찌르라고 하여 죽었다. 데베스는 세겜 가까이에 있는 성읍으로 보인다.

데베스는 현대 아랍 마을 투바스(Tubas)로 동일시되고 있는데 이 마을은 2007년에 16,154명이 살고 있다. 이 마을은 1838년에 에드워드 로빈슨이 이름 때문에 데베스로 동일시하였다

이 지역은 비옥한 지역에 위치하고 있으며 세겜에서 북동쪽으로 약 18㎞ 정도 떨어져 있고 아셀 추정지인 타아시르에서 남서쪽으로 4㎞ 떨어져 있다. 아랍마을이 형성되어 있는 이 유적지는 50두남의 크기이며 후기 철기 시대의 무덤이 발견되었다. 이곳에서 지표조사를 통하여 로마 후기, 비잔틴, 아랍 초기, 오토만 시대의 토기가 발견되었으며 로마 시대의 묘지와 올리브 틀이 발견되었다.

살렘[2-2] 살림 Salim
살림(Salim)
32° 12′ 31.72″ N 35° 19′ 56.68″ E

세례 요한이 세례를 준 애논 가까이에 있었던 곳으로 성경에 한 번 기록되었다(요 3:23). 살렘[2](요단 강)으로 추정하는 장소는 텔 살렘(Tel Shalem)과 살림(Salim)이라고 부르는 마을이 있다. 올브라이트는 이 마을 근처에 물이 풍부한 와디 파라(Wadi Fara)에 있는 아이눈(Ainun)이라는 샘이 있다고 추정한다. 그러나 세례 요한이 싫어하는 사마리아 지역이라는 점이 문제가 있다. 이 마을은 2006년에 5,100명이 살고 있는 아랍인 마을로 세겜(Nablus)에서 동쪽으로 약 6.6㎞ 떨어져 있다. 이곳에서는 지표조사를 통하여 초기 청동기, 후기 철기, 헬라, 로마, 비잔틴, 아랍, 마믈룩, 오토만 시대의 토기가 발견되었다. 이 마을에는 시대가 확인되지 않은 저수조, 바위를 깎은 무덤들의 유적이 있다.

키르벳 입지크(Kh. Ibziq)   32° 22′ 28.93″N 35° 24′ 13.58″E

사울이 길르앗 야베스를 구원하기 위해 이스라엘 백성들을 소집한 곳으로 유다가 가나안 족속과 브리스 족속을 죽인 곳(삿 1:4-7)과는 동명이지이다. 이곳에 모인 이스라엘 백성은 30만 명이었다(삼상 11:6-11). 베섹은 길르앗 야베스로 보는 요르단의 텔 아부 카라즈(Tell Abu-Kharaz)와 가까운 곳이어야 하며 30만 명의 큰 백성들이 모일 수 있는 곳이어야 한다. 이곳에서 길르앗 야베스는 서쪽으로 약 18㎞ 떨어져 있다. 고대 도로 옆에 있으며 후기 철기 시대의 거주지였다. 키르벳 입지크에서 후기 철기, 페르시아, 헬라, 비잔틴, 오토만 시대의 토기가 발견되었다. 이곳은 세겜과 므낫세의 산지에서 요단 계곡에 이르는 고대 도로에 있어 기브아에서 출발한 사울이 요단 강을 건너 야베스 길르앗에 이르는 기장 편리한 길에 위치해 있다. 이곳은 팔레스틴 지역 안에서도 접근하기 어려운 곳에 있기에 답사하기가 매우 어렵다. 요단 계곡의

경사지에 있는 언덕의 동쪽 비탈에 있는 이곳은 키르벳 입지크라고 부르는 아랍 마을이 있는데 2005년에 350명이 살고 있는 지역이다. 이곳에는 두 곳의 유적지가 있는데 낮은 곳에 있는 키르벳(al-Tahta)과 높은 곳에 있는 키르벳(al-Fauqa)이 있다. 낮은 곳에 있는 유적에서는 비잔틴, 초기 이슬람 시대의 토기가 발견되었다. 일반적으로 키르벳 이지크라고 부르는 높은 곳의 유적에서는 철기 시대부터 비잔틴 시대의 토기가 발견되었다.

키르벳 살하브 (Kh.Salhab)   32° 21′ 14.83″N 35° 22′ 25.10″E

이곳은 해발 430m에 있는 므낫세 산지의 작은 텔(Tell)이다. 이곳은 데베스에서 북쪽으로 4㎞ 떨어진 곳에 있는 아랍 마을로 2005년에 60명이 사는 마을이다. 이곳은 키르벳 이지크에서 남서쪽으로 약 3.6㎞ 떨어져 있다

1870년에 이곳을 답사한 프랑스 탐험가 괴랭(Victor Guerin)은 이곳에 대한 기록을 남겼다.

이곳에는 고대 건물의 기초와 성벽이 마을 곳곳에 있는데 이스라엘의 고고학자인 제르탈(Zertal)은 로마 시대와 비잔틴 시대 이전의 유적이라고 추정한다.

키르벳 살하브는 넓은 계곡 옆에 위치하고 있어 많은 군사가 모일 수 있는 지형이다. 이곳은 3두남 크기로 초기·후기 철기, 비잔틴, 오토만 시대의 토기가 발견되었으며 오래된 주거지가 있다.

사론 평야의 *헤벨* 지역

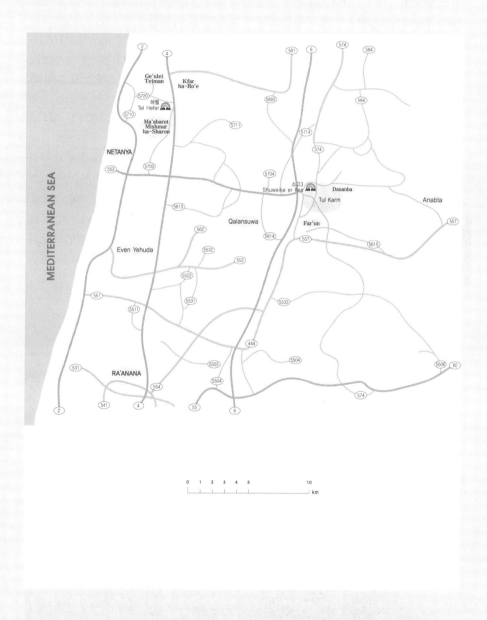

헤벨 Hepher (חֵפֶר 구덩이)
텔 헤벨(Tel Hefer)
32° 22′ 18.26″ N 34° 54′ 22.97″ E

여호수아가 물리친 가나안의 성읍이며 솔로몬의 세 번째 행정구역이었던 사론 평야의 헤벨은
여호수아가 물리친 왕들의 목록에 있는 가나안의 성읍이었다(수 12:17). 헤벨은 므낫세의 영토
안에 있으며 답부아 가까이 있었던 성읍으로 기록되었다. 헤벨은 솔로몬이 왕과 왕실을 위하여
양식을 공급하기 위해 두었던 열두 지방 장관 중의 하나인 벤헤셋이 다스렸던 곳이기도 했다
(왕상 4:10). 헤벨은 아룹봇과 소고³(사론) 부근에 있었기 때문에 해안에 있는 사론 평야에 위치
했다고 보인다. 헤벨은 텔 헤벨(Tel Hefer)과 동일시되었다. 이곳은 텔 엘 이프샤르(Tell el-
Ifshar)라고 불리던 곳이다. 이곳은 1872년에 조사가 시작되었고 1930년대 초기에 마자르(B.
Mazar)가 답사했으나 1979년 이후에 발굴되기 시작하였다. 이곳의 발굴은 세 곳(A, B, C 지역)
에서 이루어졌다.

이곳에서는 발굴을 통하여 초기 청동기 시대의 거주지와 토기, 중기 청동기 시대의 토기와 무
덤, 후기 청동기 시대의 거주지와 토기와 등잔
이 발견되었다. 후기 청동기 시대의 토기 중에
는 구브로(키프로스)에서 수입된 토기도 발견되
었다. 이곳에서는 철기 시대의 토기와 주거지,
페르시아와 헬라 시대의 토기, 로마 시대와 비
잔틴 시대의 주거지가 발견되었고 특별히 초기
청동기 시대의 무기가 텔 헤벨에서 북동쪽으로
3.4km 떨어진 곳에서 발견되었다.

소고³ 사론 Socoh (שׂוֹכֹה 가시가 많은 곳)
텔 에르 라스(Tell er-Ras)
32° 20′ 18.42″ N 35° 01′ 59.27″ E

벤헤셋이 주관했던 솔로몬의 행정구역이 있었던 곳이다(왕상 4:10). 소고는 쉐펠라 지역에 있
는 소고¹(쉐펠라; 수 15:35), 유다 남쪽 중앙 산악 지대에 있는 소고²(유다; 수 15: 48), 소고³(사
론)와 동명이지이다. 이곳은 아룹봇과 헤벨 부근에 있었고 투트모세 3세의 정복 도시 목록과
시삭 왕의 정복 도시 목록에 있었다.

이곳은 사마리아 북서쪽으로 약 16km 지점에 있고 현대 마을 툴 칼므(Tul Karm)에서 북쪽으
로 3km 지점에 있는 텔 에르 라스(Tell er-Ras)로 동일시되고 있다.

요단 계곡의 애논 지역

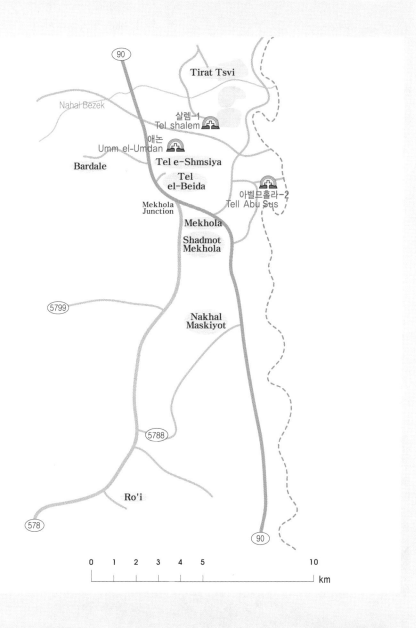

살렘 [2-1] 요단 강 Salim ($\Sigma \alpha \lambda \epsilon i \mu$ 평화)
텔 살렘(Tel Shalem)
32° 23′ 57.29″N 35° 31′ 35.71″E

세례 요한이 세례를 준 애논 가까이에 있었던 곳으로 성경에 한 번 기록되었다(요 3:23). 살렘[2] (요단 강)으로 추정하는 장소는 텔 살렘(Tel Shalem)과 살림(Salim)이라고 부르는 마을이 있다. 애논으로 추정하는 움 엘 움단(Umm el Umdan)에서 동북쪽으로 1km 정도 떨어진 요단 계곡에

있는 곳이다. 이곳은 벧산에서 남쪽으로 약 12.8km 떨어진 곳에 있는 15누남 크기의 텔(Tell)로 상부 텔과 하부 텔로 나누어진다. 상부 텔에서 흙벽돌로 된 4-5m 넓이의 벽이 발견되었다. 이곳에서 지표 조사로 초기 청동기, 후기 철기, 비잔틴, 아랍 초기, 마믈룩 시대의 토기가 발견되었다.

애논 Aenon ($A i \nu \acute{\omega} \nu$) 샘터
움 엘 움단(Umm el-Umdan)
32° 23′ 12.75″N 35° 31′ 15.61″E

세례 요한이 세례 준 곳으로 애논은 성경에 한 번 기록되었으며 물이 많은 지역에 있는 장소이다(요 3:23). 애논은 샘을 뜻하는 단어에서 온 것으로 보인다. 애논은 살렘(Shalim) 가까운 곳으로 물이 많은 지역이기에 살렘을 어느 곳으로 추정하느냐에 따라서 추정지가 달라진다. 살렘의 추정지가 텔 살렘(Tel Shalem)과 세겜 동쪽에 있는 살림(Salim)이지만 일반적으로 살렘은 텔 살렘으로 추정된다. 애논으로 추정되는 곳은 두 곳이 있다. 유세비우스는 메드바 지도(Medeba Map)에 의지해 벧산에서 남쪽으로 약 13km 정도 떨어진 곳이라고 기록했다. 유세비우스도 벧산에서 남쪽으로 13km 정도 떨어진 텔 에르 리드가(Tell er- Ridgha) 부근으로 보았는데 이 지역은 움 엘 움단(Umm el-Umdan)이라고 부르는 곳이다(M.R 199/199). 이 지역에는 지금도 네 곳의 샘물이 있고 물이 풍부하여 농경지가 되어 있으며 확인되지 않은 유적들이 있고 팔레스틴 지구에 위치하고 있다. 이곳은 텔 에 삼시야(Tell e-Samsiya)의 동북쪽에서 약 1km 떨어진 지역이다. 또 한 곳의 추정지는 베다니로 추정하는 요르단의 와디 카르라르(Wadi Kharrar)이다. 이곳은 바셋 알 카르라르(Basset al-Kharrar)라고 부르는 지역으로 세례 요한이 세례를 준 샘이 있다는 기록이 있으며 엘리야 언덕이라는 곳의 동쪽 지역이다.

솔로몬 시대의 다섯 번째 행정구역으로 엘리야의 후계자인 엘리사의 고향이다(왕상 4:12; 19:16). '춤추는 초원'이라는 이름의 뜻과 연결하여 아벨므홀라가 농업 지역이었을 것이라고 추정되는 근거가 된다. 300명의 정예 군사로 구성된 기드온 군대가 도망가는 미디안 군대를 추적하다가 중지한 지역이다(삿 7:22).

아벨므홀라의 정확한 위치를 추정되는 것은 매우 어렵다. 이곳의 위치를 추정하는 학자들은 요단 강의 동쪽으로 추정할 때에는 텔 엘 마끌룹(Tell el-Maqlub)으로 추정하며 서쪽으로 추정할 때에는 텔 아부 수스(Tell Abu Sus)로 추정한다.

텔 엘 마끌룹은 요단 강 동쪽에게 있어 요르단에 있으나 텔 아브 수스는 요단 강 서쪽에 있기에 이스라엘에 있다. 이곳은 30두남 크기의 텔로 고대의 건물과 초기 청동기부터 후기 철기 시대까지의 5개의 지층이 군사기지 건설로 드러났다. 지표 조사에 의하여 석동기, 청동기, 초기·후기 철기, 헬라, 비잔틴 시대의 토기가 발견되었다. 텔 아브 수스는 이스라엘과 요르단의 국경선의 비무장 지대에 있다.

요단 계곡의 목자와 양

드고아 아이들의 물맷돌

올리브를 수확하는 팔레스틴 노인

사론 평야의 오노 지역

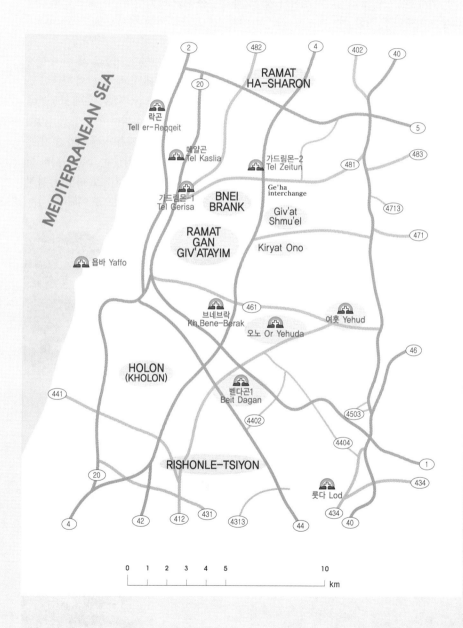

MEDITERRANEAN SEA

RAMAT HA-SHARON

락곤
Tell er-Reqqeit

메얄곤
Tel Kaslia

가드림몬-2
Tel Zeitun

Ge'ha interchange

가드림몬-1
Tel Gerisa

BNEI BRANK

Giv'at Shmu'el

RAMAT GAN GIV'ATAYIM

Kiryat Ono

욥바 Yaffo

브네브락
Kh.Bene-Berak

오노 Or Yehuda

여훗 Yehud

HOLON (KHOLON)

벧다곤1
Beit Dagan

RISHONLE-TSIYON

롯다 Lod

0 1 2 3 4 5   10
km

메얄곤 -1 Mejarkon- (מֵי-הַיַּרְקוֹן 황톳물)

텔 카실레(Tel Qasile)   32° 06' 05.41″N 34° 47' 43.58″E

텔아비브(Tel Aviv)의 경계에 있는 야르콘 강의 북쪽 언덕에 있는 곳이다. 이곳은 구리 용광로
가 출토되어 관심을 끈 곳이며 솔로몬 때의 항구 요새(대하 2:16)이며 백향목을 운반한 장소로
추정되기도 한다(스 3:7).

아벡과 지중해 사이에 위치하여 성서의 메얄곤과 동일시 되는 텔 카실레는 야르콘 강 유역에
자리잡은 성읍이다. 지금 이곳에는 텔 아비브 에레쯔 이스라엘 박물관(Eretz-Israel Museum,
Tel Aviv)이 자리 잡고 있다.

이곳은 선박을 통하여 내륙까지 물품을 가져올 수 있는 항구 도시였다. 이곳은 세 번에 걸쳐
서 발굴되었다. 1949-51년도에 벤자민 마자르에 의하여 발굴되었는데 이 때 '오빌의 황금이 벳
호론으로' 라는 히브리어 글자가 적혀진 것이 지층 7에서 발견되었다. 1967-68년도에 박물관에
의하여 구제 발굴이 아마하이 마자르에 감독하에 이루어졌고 그후에 아마하이 마자르는 1980
년대에 다시 이곳을 발굴하였다. 이곳에서는 블레셋 토기를 포함하는 지층이 세 개가 초기 철
기 시대 문맥에서 발견되어 이 지점에 블레셋인들이 정착하였음이 증거되었다. 그뿐 아니라 이
곳에서는 이 지층들 모두에서 블레셋인들의 신전이 발전하는 형태로 발견되기도 하였다. 마지
막 지층은 파괴되었는데 므깃도 지층 6과 동일하게 다윗에 의하여 파괴된 것으로 이해된다.

지층	고고학적 연대	대략적 연대	주요한 발견물 또는 관련된 역사/사건
I	지표면	현대	
II	아랍 시대 초기-마믈룩 시대 비잔틴 시대	주후 7-13세기? 주후 4-6세기	대상 여관? 목욕탕 유적
III	후기 로마 시대	주후 3-4세기	건물(시장 건물?)
IV	헤롯 시대	주후 1세기	구덩이, terra sigilata 토기
V	헬라 시대	주전 3-2세기	
VI	페르시아 시대	주전 5-4세기	구덩이, Attic 토기, 히브리어 인장, 알렉산더 동전
VII	후기 철기 시대 중/말?	주전 8세기?/7세기?	히브리어 비문, 유다 왕국의 토기, 디글랏 빌레셀 파괴
VIII	후기 철기 시대 초/중?	주전 10세기?/9세기?	공공 건물, 시삭의 파괴?
IX1-2	후기 철기 시대 초	주전 10세기	새로운 성읍의 모습
X	초기 철기 시대 말/ 후기 철기 시대 초	전 11세기 말/ 주전 10세기 초	블레셋 신전?, 블레셋 두 채색 토기, 4방 가옥의 원형?, 심각한 파괴(다윗에 의한 파괴?)
XI XII	초기 철기 시대 중 초기 철기 시대 중	주전 12세기 말- 주전 11세기 초	블레셋 신전?, 블레셋 두 채색 토기

메얄곤 ⁻² Mejarkon(מֵי־הַיַּרְקוֹן 황톳물)

텔 제리사(Tell Gerisa)   32° 05′ 30.39″N 34° 48′ 27.26″E

단 지파의 영토이며 욥바 근처에 있었던 곳으로 성경에 한 번 기록된 단 지파의 성읍이다(수 19:46). 메얄곤은 가드림몬과 락곤, 욥바 부근에 위치했기에 해안 평야 지대에 있었다. 메얄곤 으로 추정되는 장소는 텔 카실레(Tel Qasile)와 텔 제리사(Tel Gerisa)의 두 곳이 있다.

메얄곤은 야르콘 강 부근에 있는 것으로 보인다. 아벨(Abel)은 메얄곤을 텔 제리사로 동일시하 였다. 텔 제리사는 야르콘 강변의 남쪽에 위치하고 있으며 물이 풍부한 지역이다. 텔 제리사 초기 청동기 시대의 건물 유적, 풍뎅이, 토기와 중기 청동기의 거주 흔적, 토기, 청동 무기, 보석들이 발 견되었고 후기 청동기의 유물 과 토기도 발견되었다.

이곳에서 철기 시대의 요새 화된 흔적이 발견되었고 여 러 가지 용기들과 청동 심벌 즈, 인장, 요리 도구, 토기들이 발견되었다. 이곳은 나폴레옹 언덕이라고 불리기도 한다. 메얄곤 추정 장소 중 하나인 텔 제리사는 가드림몬으로 추 정되는 곳이기도 하다.

가드림몬[1-1] 단 Gath-rimmon (נַת־רִמּוֹן 석류들의 즙을 내는 틀)
텔 제리사(Tel Gerisa)　　　　　　　　　　　　32˚05′30.39″N 34˚48′27.26″E

단 지파의 영토였으나 레위 지파에게 준 가드림몬(수 19:45)은 레위 지파 그핫 자손에게 분배되된 성읍과 목초지였다(수 21:24; 대상 6:69). 이곳은 투트모세 3세의 정복 도시 목록에 기록된 지역으로 보기도 한다. 이곳에 기록된 가드(Gath)는 블레셋의 성읍인 가드로 보기도 하나 가드림몬으로 보는 견해도 있다. 가드림몬으로 추정되는 곳은 텔 아부 제이툰(Tell Abu Zeitun)과 텔 제리사(Tel Gerisa)이다.

텔 제리사는 야르콘 강에서 남쪽으로 약 500m 떨어져 있고 지중해에서는 동쪽으로 약 3.5㎞ 떨어져 있다. 이곳은 나폴레옹의 언덕이라고 부르기도 했다. 이곳은 강의 입구에 있어 바다로부부터의 침입을 막을 수 있는 중요한 위치에 있었다. 이곳에서 초기 · 중기 · 후기 청동기 시대의 유물이 발견되었고 철기 시대의 요새화된 흔적과 생활 도구들, 토기가 발견되었다. 이곳은 메얄곤(수 19:46)으로도 추정되는 곳이다.

가드림몬[1-2] (נַת־רִמּוֹן 석류들의 즙을 내는 틀)
텔 아부 제이툰(Tell Abu Zeitun)　　　　　　　32˚05′58.51″N 34˚50′13.16″E

텔 아부 제이툰은 욥바로부터 아벡으로 가는 중요 도로에 위치해 있으며 야르콘 계곡에 있는 조그만 언덕이다. 텔 아부 제이툰은 지중해에서 6㎞ 떨어져 있고 야르콘 강에서 조금 떨어져 있고 해변 길 가까이에 있었다. 이곳은 3두남 크기의 텔(Tell)로 후기 청동기, 전기 · 후기 철기, 페르시아, 헬라, 아랍 시대의 유물이 발견되었다.

브네브락 Bene Barak (בְּנֵי בְרַק 천둥의 아들들)
알 카리야(al-Khayriyya)　　　　　　　　32° 02′ 21.04″N 34° 49′ 44.16″E

단 지파의 성읍으로 성경에 한 번 기록된 곳이며 여훗과 가드림몬 부근에 있었으며 욥바 가까이에 있는 해안 평야 지대에 있었다(수 19:45). 브네브락은 지금의 이븐 이브라크(Ibn Ibraq)라는 고대 이름을 가지고 있던 아랍 마을인 알 카리야(al-Khayriyya) 마을과 동일시되었다.

이븐 이브라크(Ibn Ibraq)는 바락(Barak) 또는 이브라크(Ibraq)의 아들이라는 뜻이다. 이곳은 앗수르 시대에는 바나이 베르카(Banai Berka), 로마 시대에는 베네베락(Beneberak)이라고 불렀다. 이곳에서는 후기 로마 시대와 비잔틴 시대 도자기가 발견되었으며 주후 938년경에는 신전이 건설되었다. 십자군 시대에는 붐브라크(Bombrac)라고 불렀다. 아랍 마을 알 카리야는 1948년의 이스라엘 독립전쟁 때부터 폐허가 되어 사람이 거의 살지 않는 지역이되었다. 이 지

역의 북쪽에는 라마트 간 동물원(Ramat Gan Zoological Centrel Safari)이 있고 남쪽에는 옛 마을 터와 농장이 있으며 4번 도로와 461번 도로가 연결되는 메수빔 인터 체인지(Mesubin Inter Change)가 있다. 이 마을이 있었던 지역은 히리야(Hiriya)라고 부르는 곳이 되었다. 현대 도시 브네브락은 1924년에 시작되었고 2017년에 193,774명이 사는 도시이다.

오노 Ono (אוֹנוֹ 강함)
오르 예후다(Or Yehuda)　　　　　　　　32° 01′ 47.70″N 34° 51′ 22.04″E

바벨론에서 돌아온 엘바알 집안이 재건한 오노는 엘바알의 아들들인 에벨과 미삼과 세멧이 세운 베냐민 지파의 성읍으로 가까이에 롯이 있었다(대상 8:12). 바벨론 포로 생활에서 돌아온 유대인들이 오노 주위에 정착했다(느 7:37; 11:35). 느헤미야의 사역을 반대한 산발랏과 도비야와 게셈이 느헤미야를 해치려고 음모를 꾸며 만나자고 한 오노 평지의 한 마을이었다(느 6:2). 이곳은 무슬림 마을이었던 케프르 아나(Kefr Ana))와 사퀴야(Saqiya)가 있던 곳에 세워졌다.

1931년에 카프로 아나는 1,824명이 살았고 사퀴야는 663명이 살았다. 이곳은 오르 예후다(Or Yehuda)라는 현대 마을이다. 이 마을은 2017년에 36,706명이 사는 도시가 되었다. 이곳은 이집트의 카르낙에 있는 투트모세 3세의 정복 도시 목록에 나오는 곳이다.

벧다곤[1] 유다 Beth-Dagon (בֵּית דָּגוֹן 다곤의 사당)

베이트 다간(Beit Dagan)　　　　　　　　　　32°00′02.34″N 34°49′58.12″E

유다 지파에 소속된 벧다곤1(유다)은 평지 (쉐펠라)에 있었던 열여섯 성읍 중의 하나로 그데롯과 나아마 부근에 있었다. 벧다곤은 동명이지로서 아셀 지파에 속한 벧다곤[2](아셀; 수 19:27)와 유다 지파에 속한 벧다곤[1](유다)이 있다. 유다 지파에 소속된 벧다곤[1](유다)와 벧다곤[2](아셀)은 성경에 한 번씩 기록된 장소이다. 유다 지파에 속한 벧다곤[1](유다)는 베이트 다간(Beit Dajan)으로 추정된다. 베이트 다간은 잇수르와 고대 이집트 문서에도 기록되어 있다. 4세기의 제롬은 이곳이 큰 마을이라고 기록했으며 이곳은 메드바 지도에도 기록된 곳이다. 주후 724-743년에 움마야드는 이곳에 궁전을 건축했다. 이곳에는 11세기에 파티마드 군대의 본부가 있었으며 십자군 시대인 1191년에는 카살 맨(Casal Maen)이라고 부르는 조그마한 성채가 세워졌다. 1596년에는 115 가정의 무슬림이 살고 있다고 기록되었다. 1838년에 에드워드 로빈슨은 무슬림 마을이라고 기록했다. 1945년에 3,840명이 살고 있던 아랍 마을 베이트 다간(Bayt Dagan)은 1948년에 파괴되었다. 베이트 다간(Beit

Dajan)은 아랍 마을 베이트 다간 위에 세워졌다.
　이곳은 2017년에 7,143명이 살고 있다. 베이트 다간은 욥바에서 남동쪽으로 약 9㎞ 지점에 있다. 이곳에서의 고고학적인 증거는 발견되지 않았으나 100두남 크기의 유적으로 이곳에서 초기 철기 시대와 후기 철기 시대의 토기가 발견되었다.

룻다 Lydda (Λύδδα 투쟁) /롯/로드

로드 Lod　　　　　　　　　　　　　　　　31°57′24.32″N 34°53′50.42″E

베드로가 애니아를 치유한 룻다(행 9:32, 35, 38)와　바벨론 포로에서 돌아온 유대인들이 살던 로드(스 2:33)와 엘바알의 아들들이 세운 성읍 롯(대상 8:12)은 이명동지이다.
　로드는 바벨론 포로에서 돌아온 유대인들이 정착하여 회복시킨 마을들의 서쪽 편에 있었던 성읍이다(스 2:33). 베냐민 자손인 엘바알의 아들들이 세운 성읍인 롯(대상 8:12)과 베드로가 애니아를 치유한 룻다(행 9:32)는 같은 성읍으로 로드와 이명동지이다. 룻다는 베드로가 중풍으로 누운 지 8년 된 애니아를 치유하여 룻다와 사론 지역에 사는 사람들이 믿게 된 곳으로 사론 평야에 있다. 이곳은 엘 루드(el-Ludd)라고 불리는 로드(Lod)와 동일시되었다. 로드는 2017년에 74,604명이 사는 도시이다. 이곳은 투트모세 3세의 정복 도시 목록에 기록된 곳이다. 또한

이집트와 바벨론으로 가는 도로와 욥바에서 예루살렘으로 가는 도로에 있었다. 이러한 전략적인 위치에 있어 로드는 고대 성읍의 이름으로 보존되어 있다. 이곳은 메드바 지도에도 기록된 중요한 성읍이다. 이 지역은 급격한 도시화로 인하여 고대 성읍의 유적을 발굴하지 못했지만 일부분의 지역에서 신석기 시대와 석동기 시대의 유물이 출토되었다.
　주전 5600-주전 5250년경의 토기가 발견되었으며 1996년에 이스라엘 고고학청(IAA)에 의해 주후 3세기경 잘 보존된 모자이크가 발굴되었다.

욥바 Joppa (יָפוֹ 아름다움)

텔 아비브 야파(Tel Aviv-Yaffa)   32°03′16.76″N 34°45′07.80″E

욥바는 성경에서 중요한 성읍으로 많은 사건이 일어난 항구 도시이다. 욥바는 단 지파의 영토
로 할당된 곳으로(수 19:46), 솔로몬 시대에는 레바논에서 보낸 백향목을 운반하는 곳이었다
(대하 2:16; 스 3:7). 선지자 요나는 하나님께 불순종하여 다시스로 도망갈 때 욥바에서 배를 탔
다(욘 1:3). 이곳에서 죽은 다비다를 베드로가 기도하여 다시 살리는 역사가 일어났으며 베드로
는 무두장이 시몬의 집에서 며칠을 머물렀다(행 9:38-43).

이곳에서 머물던 베드로는 백부장 고넬료의 초청을 받아 가이사랴로 갔다(행 10:32). 욥바는
텔 아비브 야파(Tel Aviv-Yaffa)의 해안가에 있다. 텔 아비브 야파는 1948년부터 1967년까지 이
스라엘의 수도였고 지금도 제일 중요한 도시의 역할을 하고 있다. 텔 아비브는 포로된 유대인
들이 머무른 그발 강 가의 델 아빕(Tell Abib)에서 유래되었다(겔3:15).

욥바에서는 중기 청동기 시대와 후기 청동기 시대의 성문, 성벽과 블레셋 시대의 신전이 발굴
되었고 철기 시대의 가옥과 페르시아 시대와 헬라 시대의 유물로 발굴되었다.
블레셋의 성읍이던 욥바는 솔로몬때는 이스라엘의 항구 도시였으며 앗수르, 바벨론, 헬라의 도
시였다가 하스모니아 왕조때 이스라엘의 영토가 되었다. 헤롯은 유대인의 거주지인 욥바 대신
새로운 항구인 가이사랴를 건설했다.

욥바의 발굴은 1937-1938, 1950-1955, 1970년에 발굴되었다. 이곳에는 1654년 세워지고
1894년에 재건된 베드로교회라고 부르는 프란치스코 수도원과 베드로교회가 있고 무두장이
시몬의 집이 있다. 개역개정판에서 시몬이라 하는 무두장이 집으로 번역된 이곳은 개역한글판
에서 시몬이라 하는 피장(皮匠)의 집으로 번역되었다(행 9:43).

베드로교회

무두장이 시몬의 집

여훗 Jehud (יְהֻד 찬양)
여훗(Yehud)
32° 01′ 57.81″N 34° 53′ 18.67″E

단 지파가 제비 뽑아 얻은 성읍으로 성경에 한 번 기록된 곳이다(수 19:45). 여훗은 바알랏과 브네브락 부근에 있었던 성읍으로 해안 평야 지대에 있었다(수 19:44,45). 여훗은 현대 마을 여훗(Yehud)으로 동일시되고 있다. 이곳에서 중기 청동기, 철기 시대의 토기 조각들이 발견되었다. 여훗은 주전 2000년경부터 거주지 였으며 이스라엘의 성읍이었다.

　오토만 시대에는 야후디야(Yahudiya)로 불렸으며 126가정의 무슬림이 살던 마을이었다. 1838년에 에드워드 로빈슨은 엘 여후디야 무슬림 마을(el-Yehudiye) 로 기록했다. 1932년에 이 마을은 알 아바시야(Al-Abbasiyya)로 개명되었다. 1945년에는 5,800명이 주민이 살았는데

150명이 유대인이었다.

　1948년 5월4일에 이 아랍인 마을은 사라지고 유대인들의 거주지가 되었다.

　2007년에 여훗은 25,604명이 사는 도시이다.

락곤 Rakkon (רַקּוֹן 가늘은)
텔 에르 레케이트(Tell er-Reqqeit)
32° 07′ 52.82″N 34° 47′ 13.20″E

단 지파의 영토 서쪽 경계에 있는 성경에 한 번 기록된 곳으로 메얄곤과 욥바 부근에 위치한다(수 19:46). 락곤은 지중해 연안이나 야르콘 강(River Yarkon) 부근에 있었던 곳으로 보인다. 락곤은 야르콘 강과 지중해가 연결되는 지점의 북쪽에 있는 지중해 해안가에 있는 텔 에르 레게

이트(Tell er-Reqqeit)로 추정되고 있으며 텔 정상에 군부대가 자리 잡고 있다.

사론 평야의 아벡 지역

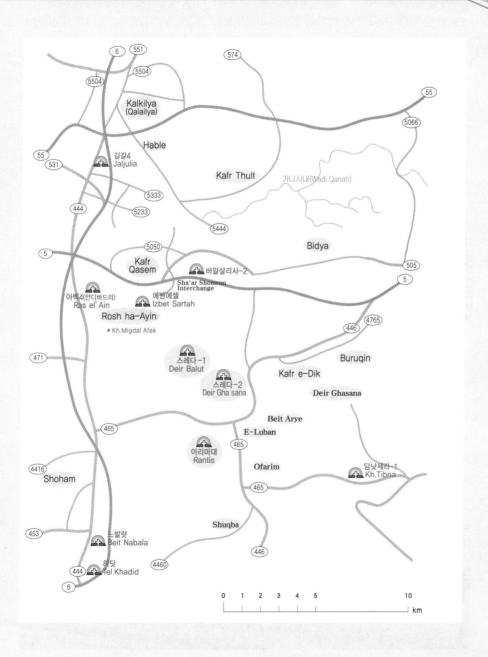

574

551
6

5504

5504

Kalkilya
(Qalailya)

55

5066

Hable

55
531

길갈4
Jaljulia

Kafr Thult

가나시내(Wadi Qanah)

5333

5233

444

5444

5050

Bidya

5
Kafr
Qasem

바알살리사-2
Sha'ar Shomron
Interchange

505

5

아벡4(안디바드리)
Ras el' Ain

에벤에셀
Izbet Sartah

Rosh ha-Ayin

446
4765

• Kh.Migdal Afek

471

스레다-1
Deir Balut

Buruqin

스레다-2
Deir Gha sana

Kafr e-Dik

Deir Ghasana

Beit Arye

465

E-Luban

아리마대
Rantis

465

Ofarim

딤낫세라-1
Kh.Tibna

4416

Shoham

465

453

느발랏
Beit Nabala

Shuqba

446

4460

하딧
Tel Khadid

444

6

0 1 2 3 4 5   10
└─────────────────┘ km

길갈⁴ 가나안 Gilgal (גִּלְגָּל 구르다, 수레바퀴)
잘줄리아 (Jaljulia)　　　　　32°09′11.07″N 34°56′58.38″E

성경에 한 번 기록된 장소로 여호수아가 정복한 왕들의 목록에 있었던 성읍이다. 고임 왕이 통치하던 나라로 돌 왕국 옆에 있었다(수 12:23). 길갈⁴(가나안)은 돌과 디르사 사이에 있었던 곳으로 추정될 뿐이다(수 12:23,24). 길갈에 대한 설명은 이곳밖에 없기에 사론 평야에 있는 것으로 보인다. 길갈⁴(가나안)은 현대 마을 잘줄리아(Jaljulye/Jaljulia)로 추정되는데 고대의 이름이 보존되어 있기 때문이다. 이곳은 아벡(사론)의 북쪽으로 4㎞ 지점에 있으며 옆으로는 가나 시내가 있다.

이곳은 갈굴리스(Galgulis)로, 십자군 시대인 1241년에는 조르길리아(Jorgilia)로 불렀다. 2000년부터 계속되는 발굴은 이스라엘 고고학청(IAA)에 의한 발굴로 아윱(S. Ayyub)의 지도로 마믈룩칸(Mamlukkhan)의 남동쪽으로 30-40m 떨어진 지역에서 이루어졌다. 이곳에서는 50만년전의 돌 도끼가 발견되었다.

가나 시내 Kanah (נַחַל קָנָה 갈대)
와디 가나(Wadi Qanah)　　　　　32°08′56.69″N 34°57′49.97″E

이곳은 에브라임과 므낫세 사이의 경계에 있었던 시내였다(수 16:8; 17:9). 에브라임 지파의 영토는 답부아에서 시작하여 서쪽에 있는 가나 시내를 지나 지중해까지 연결된다(수 16:8). 므낫세 지파의 영토를 설명하는 기준이 가나 시내였기에 가나 시내는 이스라엘에서 중요한 곳이었다. 가나 시내는 므낫세 지파의 경계를 설명하는 기준이 되었기에 중요한 곳이다. 가나 시내는 서쪽에 있는 지중해로 향하다가 야르콘 강의 중류와 연결된다.

사론[1](평야) Sharon (שָׁרוֹן 평원)
Sharon

이스라엘의 해안 지대에 있는 평원이다. 사론은 다윗의 소 떼를 먹이는 비옥한 목초지였고 사론 출신의 시드래가 관리하였다(대상 27:29). 사론 평야는 수선화가 피는 아름다운 곳이며(아 2:1; 사 35:2) 양들이 풀을 뜯는 목장이 있는 풍요로운 곳이다(사 65:10). 이사야는 이스라엘이 비참한 상황이 되는 비유로 사론 평야 같은 곳이 사막이 되고 레바논 숲이 황폐해지며 바산과 갈멜의 나무들이 사라진다고 묘사했다(사 33:9). 베드로는 룻다에 갔다가 여덟 해 동안 중풍병으로 누운 애니아를 치유하였다. 이것을 보았던 룻다와 룻다가 있는 사론 지역의 사람들이 주께로 돌아오는 역사가 일어났다(행 9:35). 사론 평야는 갈멜 산 남쪽에서부터 욥바의 북쪽으로 흐르는 야르콘(Yarkon) 강까지의 지역이다. 야르콘 강은 길이가 약 27km에 이르는 이스라엘 해안 평야지대에서 가장 긴 강이다. 아벡[4](사론)이라고 불리는 안디바드리에서부터 메얄곤과 가드림몬이 있는 지역을 흘러 락곤의 남쪽에서 지중해로 연결된다. 사론 평야는 연간 강수량이 약 600mm에 이르는 곳이며 해안 지역에 있는 모래 언덕으로 습지가 형성되어 있어 수풀이 울창한 곳이었다. 신약시대까지 이 지역은 거주지로 적합하지 않았으나 해변 길이 사론 평야의 동쪽 지역 성읍들을 지나가므로 중요한 지역이 되었다. 사론 평야는 이스라엘의 다른 평야 지대와 마찬가지로 모래와 석회암 지대여서 거주가 어려운 지역이 되어 자연적인 항구가 생기지 않았다. 사론 평야는 욥바, 가이사랴, 룻다, 오노, 여훗, 브네브락, 헤벨 같은 성경에 기록된 성읍들이 있는 지역이다. 사론은 동명이지로 사론[1](평야)과 요단 동편의 사론[2](바산)이 있다.

에벤에셀[1] 성읍 Ebenezer (אֶבֶן הָעֵזֶר 도움의 돌)
이즈베트 사르타(Izbet Sartah)   32° 06′ 16.72″N 34° 57′ 52.35″E

엘리 제사장 때에 블레셋과의 처음 전쟁에서 패전한 곳이다(삼상 4:1,2). 이곳은 동명이지로 승리한 후에 붙인 돌의 이름인 에벤에셀[2](돌; 삼상 7:12)이 있다. 이스라엘 군대는 에벤에셀에 진을 치고 블레셋 군대는 아벡[4](사론; 안디바드리)에서 진을 쳤는데 이스라엘 군대 4,000명이 이 전쟁에서 전사했다. 이곳에서는 패전하여 당황한 이스라엘 군대가 실로에 있던 법궤를 가지고 왔으나 또 다시 패전하여 삼만 명이 전사하고 이스라엘은 언약궤를 빼앗겼다(삼상 5:1).

에벤에셀은 이즈베트 사르타(Izbet Sartah)로 동일시되고 있다. 이곳에서 발굴을 통하여 세 개의 지층이 발견되었으며 후기 청동기, 초기. 후기 철기 시대의 거주지와 토기들이 발견되었다. 1973년에 코카비(M.Kochavi)에 의하여, 1976년부터 1978년에는 코카비와 핑켈스타인(I. Finkelstein)에 의해서 발굴되었다. 이곳에서는 중앙에 4개의 방이 있는 건물이 발견 되었고 다섯 줄이 기록된 프로토 가나안 오스트라콘(Proto-Cannaanit Ostracon)이 발견되어 관심을 끌었다.

아벡[4] 사론 Afek (אֲפֵק 요새) / 안디바드리

라스 엘 아인(Ras el-' Ain)
32°06´19.31˝N 34°55´48.58˝E

이곳은 에벤에셀 전투에서 블레셋 사람들이 진을 쳤던 곳이다(삼상 4:1). 이곳은 사도 바울이 가이사랴로 가다가 머무른 안디바드리(행 23:31)와 이명동지이다. 이곳은 여호수아의 군대가 가나안을 정복할 때 멸망시킨 왕들의 목록에 있었던 곳이다(수 12:18). 이곳은 헤벨과 랏사론 사이에 있었던 곳으로 보이며 라스 엘 아인(Ras el-Ain)으로 동일시된다. 주후 1세기경에 이곳에 아벡이라는 탑이 있었다. 이곳은 야르콘(Yarkon) 강의 수원지가 있는 비옥한 땅이며 해안 평야 지대에서 에브라임 산악 지대로 가는 길에 있는 전략적인 요충지였다. 이집트의 저주문서(Egyptian Exercration Texts)에 나오는 아벡은 아벡[4](사론)을 지칭하는 것으로 보인다. 로마 시대에는 헤롯 왕이 부친 안디파테르를 기념하여 이곳을 안디바드리로 불렀다. 성경에 한 번 기록된 안디바드리는 로마 시대의 역마 정거장으로 사도 바울이 가이사랴로 호송될 때 하룻밤을 머무른 곳이다(행 23:31). 약 50헥타르 크기의 아벡은 야르콘 강 옆에 자리잡고 있어 풍부한 수자원을 바탕으로 도시가 형성되었다.

이 장소는 또한 해변길이 지나가는 중요한 길목에 위치하고 있어서 남쪽에 있는 도시들을 북쪽에 있는 도시들과 연결시켜 주는 중요한 역할을 감당하였다. 이곳은 1930년대에 오리(Ory), 1970년대에 코카비(Kochavi)의 지도로 총 8개 지역에서 발굴되었다. 발굴을 통해 아벡에서 가장 오래된 유적으로 석동기 시대의 것이 발견되었고, 이후 초기 청동기 시대부터의 정착 유적이 드러났고, 중기 청동기 시대에는 궁전이 세워져 도시 국가로서의 면모를 갖추었다. 후기 청동기 시대에 세워진 지방장관의 건물에서는 우가릿 통치자가 이집트 공관원에게 보내는 편지와 힛타이트 왕이 보내는 편지를 포함한 가장 중요한 유물인 다양한 언어(수메르어, 아카드어, 가나안어)로 새겨진 토판들과 미케네 토기, 힛타이트 물품들과 같은 국제적 상품들이 발견되어 그 당시 아벡이 국제적으로 중요한 역할을 하였음을 드러낸다. 초기 철기 시대에 와서는 다른 지점들과 유사하게 구덩이들이 발견되었고, 그 안에서는 블레셋 토기들이 발견되었다. 발굴된 유적에 따르면 언덕 위에는 철기 시대(주전 1200-924년) 동안에 블레셋 도시가 있었고 그 후에 이스라엘 정착촌들은 이곳에 있었다. 이후 헬라 시대에는 이곳에 페개(Pegae: 그리스어로

.아벡 탑(미라벨 요새)

'샘')라는 도시가 설립되었다. 초기 로마 시대인 주전 9년에 헤롯은 이 도시를 확장하였고 이 도시 이름을 그의 아버지 이름을 따서 안티파트리스(Antipartris)라고 명명하였다. 비잔틴 시대(324-638년) 동안에 군사적인 특성을 가진 작은 도시가 이곳에 있었으며 발굴은 움마야드 시대(680-744년)의 왕궁을 드러내었다.

십자군 시대(1099-1291년)의 자료에 의하면 이블린 가문의 기사단에 속한 영토가 이곳에 있었다. 그들의 성채는 텔 아벡에서 보이는 오늘날 미그달 체텍으로 알려진 미라벨(Mirabel: "조용한 샘들의 타워")에 있었다. 언덕 위에 있는 성채는 1572년부터 1574년 사이의 오스만 터키 시기에 지어졌으며 비나르 바쉬(Binar Bashi: "샘들의 머리")라고 불려졌다. 그것의 목적은 갈멜산과 가자 사이의 해변 길의 부분에 대한 아벡 길을 보호하는 것이었다. 이 성채는 로마 도시인 안티파트리스 성채라고 불렀다.

라스 엘 아인

느발랏 Neballat (נְבַלָּט 어리석음, 사악함)

베이트 나발라(Beit Nabala)   31°59′06.64″N 34°57′22.19″E

바벨론 포로에서 돌아온 베냐민 지파가 정착한 베냐민 지파의 성읍으로 성경에 한 번 기록된 곳이다(느 11:34). 하딧과 스보임과 로드 부근에 있는 곳으로 기록되어 있다(느 11:34,35). 이곳은 베이트 나발라(Beit Nabala)와 동일시되고 있다. 이곳은 하딧에서 북쪽으로 약 3㎞ 지점에 있고 로드에서는 동쪽으로 약 6㎞ 지점에 있다. 이곳에서 후기 철기 시대와 페르시아 시대의 유물이 출토되었다. 이곳의 정상과 비탈에는 아랍 시대의 폐허와 고대의 물 저장소가 있으며 고대의 다듬어진 돌을 후대 사람들이 재사용한 것이 있다.

베이트 나발랏은 1948년까지 2,680명의 주민이 살던 아랍 마을이었던 1838년에 에드워드 로빈슨은 이 마을을 기록하고 1870년에 괴랭(Victor Guerin)은 900명이 사는 마을이라고 기록했다.

하딧 Hadid (חָדִיד 날카로운)
텔 하디드(Tel Hadid)
31°57′51.54″N 34°57′03.89″E

이곳은 바벨론 포로에서 돌아온 베냐민 지파가 정착한 성읍으로 깃다임과 스보임과 느발랏과 로드 부근에 있었던 곳으로 기록되었다(느 11:32-34). 이곳은 투트모세 3세의 정복 도시목록에 기록되어 있으며 미슈나(Mishna)에서 여호수아 시대 이후에 요새가 된 성읍으로 묘사되고 있다. 요세푸스의 기록에 의하면 나바티안 아르타스 3세(Aretas III)가 알렉산더 얀네우스(Alexander Janneus)를 히딧 근처에서 물리쳤다고 한다. 하딧은 텔 하디드(Tel Hadid)로 동일시되고 있는데 느발랏 남쪽 3㎞ 지점에 있고 로드에서 동쪽으로 약 6㎞ 지점에 있다. 해발 147m의 고립된 언덕인 하디드는 헬라 시대에는 아디다(Adida)로 알려졌다. 이 지역에는 하디드라는 키브츠가 1949년에 시작되었다가 1950년에는 모샤브가 되었는데 2017년에는 인구가 888명이다.

이곳에서는 지표 조사를 통하여 후기 청동기부터 오토만 시대까지의 토기가 발견되었다. 이곳의 발굴로 중기 청동기 시대의 토기와 주전 8세기 때의 건물과 주전 7세기 초의 신(新) 앗수르 쐐기 문자가 쓰여진 토판도 발굴되었으며 로마 시대 무덤과 비잔틴 시대부터 아랍 초기 시대까지 사용된 포도주 틀도 발견되었다. 2008년에 이스라엘 고고학청(IAA)에 의하여 텔 하디드의 발굴을 통하여 철기 시대의 두 개의 큰 건물, 매장 동굴, 성벽, 토기, 림말렉 인장(LMLK Seal)이 발견되었다.

바알 살리사⁻² Baal-Shalishah (בַּעַל שָׁלִשָׁה 살리사의 주인)
키르벳 시리스야(Kh. Sirisya)
32°06′38.53″N 35°00′44.99″E

길갈에 있는 엘리사에게 채소와 떡을 가지고 온 사람이 살았던 성읍으로 성경에 한 번 기록되었다(왕하 4:42). 엘리사는 먹을 것이 필요한 사람 100명에게 보리떡 20개와 자루에 담긴 채소를 주어 충분히 먹게 하고 남는 기적이 일어나게 하였다. 이곳은 엘리사 선지자가 머물던 길갈(벧엘) 지역에 있었던 곳으로 보이며, 어느 지방보다도 과실이 잘 익는 지역이라고 한다. 이곳은 키르벳 엘 마르자메(Kh. Marjameh)와 키르벳 시리스야(Kh. el-Sirisya)라는 두 곳의 추정지가 있다. 이곳으로 추정되는 키르벳 시리스야는 사론 평야가 바라보이는 언덕 지대에 있으며 길갈로 보이는 잘줄리야에서 남동쪽으로 약 7㎞ 떨어진 곳에 있다. 이곳은 또 다른 추정지인 이곳은 인구가 약 4500명이 사는 아랍인 마을 케프르 틸트(Kefr Thilth)에서 남서쪽으로 약 6㎞ 떨어진 곳에 있으며 비옥한 지역에 사방이 계곡으로 격리되고 전망이 좋은 곳이다.

틸트는 '셋'이나 '세번째'의 뜻을 가진 시리아 이름(Syriacname)을 가졌기에 바알살리사로 추정한다. 이 마을은 1838년에 에드워드 로빈슨의 기록에 있는 마을이다. 아랍어 시리스야는 히브리어의 살리사(Salisa)과 같은 뜻이 있다. 이곳에서 후기 철기, 로마, 비잔틴, 십자군, 마믈룩 시대의 토기가 발견되었으며 저수조와 동굴 거주지와 성벽이 있다.

스레다 [1-1] 에브라임 Zeredah (צְרֵדָה 찌르기)
데이르 발루트(Deir Balut)   32° 03′ 51.18″N 35° 01′ 32.28″E

솔로몬 왕에게 반기를 들었던 여로보암의 고향인 스레다¹(에브라임)는 성경에 한 번 기록되었다 (왕상 11:26). 스레다 출신의 여로보암은 솔로몬의 신하인 느밧의 아들이며 어머니의 이름은 스루아였다. 여로보암은 북이스라엘 왕국을 시작하였다. 스레다는 요단 강 계곡에 있는 요르단의 스레다²(요단; 대하 4:17)와 동명이지이다. 스레다는 에브라임 지파의 영토 변두리 지역으로 추정된다. 스레다의 추정지는 데이르 발루트(Deir Balut)와 데이르 가사네(Deir Ghasaneh)인데 두 장소가 모두 팔레스틴 지역에 있어 답사가 어려운 곳이다.

데이르 발루트(Deir Balut)는 옛 유적지가 있는 언덕 위에 사람들의 거주지가 있는 인구 3,100명이 사는 아랍 마을로 매우 폐쇄적인 마을이다.

괴랭(Victor Guerin)은 1870년에 언덕 위에 유적이 있는 큰 마을로 대부분의 집들이 큰 돌로 건축되었다고 기록하였다. 이곳에서는 철기, 로마, 비잔틴, 움마야드, 아바시드, 십자군, 아윱비드 시대의 토기가 발견되었고 기독교 시대의 바위 무덤들이 있다.

스레다 [1-2] 에브라임 Zeredah (צְרֵדָה 찌르기)
데이르 가사네(Deir Ghasaneh)   32° 02′ 48.11″N 35° 05′ 52.64″E

기사나의 '수도원'(Deir)이라는 뜻을 가진 팔레스틴의 아랍인 마을인 이 마을은 '매우 멋있는' 또는 '젊고 아름나운' 뜻을 기지고 있다. 데이르 가사네와 베이트 리마(Beit Rina)의 두 마을은 바니 제이드(Bani Zeid)라는 팔레스틴 마을이다. 이 지역은 세겜(Nablus)에 올리브를 공급하는 올리브 나무 재배 지역이다. 데이르 가사네에서는 철기, 헬라, 로마, 비잔틴, 십자군, 아윱비드. 마믈룩. 초기 오토만 시대의 토기가 발견되었다.

특히 비잔틴 시대의 도자기와 대리석 기둥이 발견되었다. 이곳에는 마믈룩 시대의 많은 가옥과 건축물이 남아 있다. 이곳은 1838년의 에드워드 로빈슨의 답사에 기록된 마을이다.

아리마대 Arimathdea ('Αρμαγεδδών 고지대)
란티스(Rantis)   32° 01′ 44.13″N 35° 01′ 09.03″E

솔로몬 왕에게 반기를 들었던 여로보암의 고향인 스레다¹(에브라임)는 성경에 한 번 기록되었다 (왕상 11:26). 스레다 출신의 여로보암은 솔로몬의 신하인 느밧의 아들이며 어머니의 이름은 스루아였다. 여로보암은 북이스라엘 왕국을 시작하였다. 스레다는 요단 강 계곡에 있는 요르단의 스레다²(요단)와 동명이지이다. 스레다는 에브라임 지파의 영토 변두리 지역으로 추정된다. 스레다의 추정지는 데이르 발루트(Deir Balut)와 데이르 가사나(Deir Ghasana)인데 두 장소가 모두 팔레스틴 지역에 있어 답사가 어려운 곳이다. 데이르 발루트(Deir Balut)는 옛 유적지가 있는 언덕 위에 사람들의 거주지가 있는 조그마한 아랍마을로 매우 폐쇄적인 마을이다.

딤낫헤레스⁻² Timnath Heres (תִּמְנַת־חֶרֶס 태양의 일부분) /딤낫세라-2
키플 하레스(Kifl Hares)
32°06′52.10″N 35°08′31.48″E

여호수아가 묻힌 딤낫세라의 추정지는 두 곳으로 키르벳 티브나(Kh. Tibnah)와 카플 하레스 (Kifl Haris))이다. 이곳으로 추정할 수 있는 근거는 에브라임 산지와 가아스 산 북쪽이라는 것이다. 그러나 가아스 산의 위치는 불명확하다. 키플 하레스는 약 3,300명이 사는 아랍인 마을로 1838년에 에드워드 로빈슨이 하리스(Kefr Harith)로 기록한 곳이다. 이곳은 하레스의 동쪽에 있는 마을로 중기 청동기, 철기, 페르시아, 헬라, 로마, 비잔틴, 움마야드, 십자군, 아윱비드, 마물룩 시대의 토기가 발견되었다. 이곳은 여호수아 마을(Kefr Ishu' a/ Joshua village)로 부르기도 하였다. 이곳에선 여호수아 무덤이라는 모스크가 있어 유대인들의 순례자가 되었다. 이 무덤은 1877년의 사마리아 전승에 기록되어 있다.

딤낫헤레스⁻¹ Timnath Heres (תִּמְנַת־חֶרֶס 태양의 일부분) /딤낫세라-1
키르벳 티브나(Kh. Tibnah)
32°00′30.75″N 35°06′24.96″E

딤낫세라의 추정지이다. 이곳은 에브라임 산지의 남쪽의 경사지에 있으며 세겜에서 남서쪽으로 24㎞ 지점에 있다. 이곳은 중기·후기 청동기의 거주지였으며 초기 철기 시대에는 크기가 35-40두남이 되는 큰 성읍이었다. 초기 청동기 시대부터 마물룩 시대까지의 모든 시대의 토기가 이곳에서 출토되었다. 이곳의 북동쪽에는 16개의 바위를 깎아 만든 무덤으로 그 중에 8개가 기념비가 적힌 무덤으로 주전 1세기부터 주후 2세기까지의 무덤으로 추정한다. 티브나는 1596년의 마을 목록에 무슬림이 사는 마을로 기록된 곳이다. 키르벳 티브나는 고대 로마 도로 남쪽에 기록되어 있다. 이곳에는 아인 티브나(Ain Tibna), 묘지, 두 개의 샘이 있었던 아랍 마을의 유적이다. 1866년의 묘지에 대한 기록이 남아 있다. 여호

수아가 살다가 묻힌 곳으로 추정하는 이곳은 하나님께서 이스라엘의 영도자인 여호수아에게 주신 성읍이다 (수 24:30). 딤낫세라와 딤낫헤레스는 이명동지로 여호수아서에서는 딤낫세라(수 19:50; 24:30), 사사기에서는 딤낫헤레스(삿 2:9)로 기록되어 있다. 여호수아는 가아스 산 북쪽에 있는 딤낫세라에 묻혔다.

사마리아 산지의 *실로* 지역

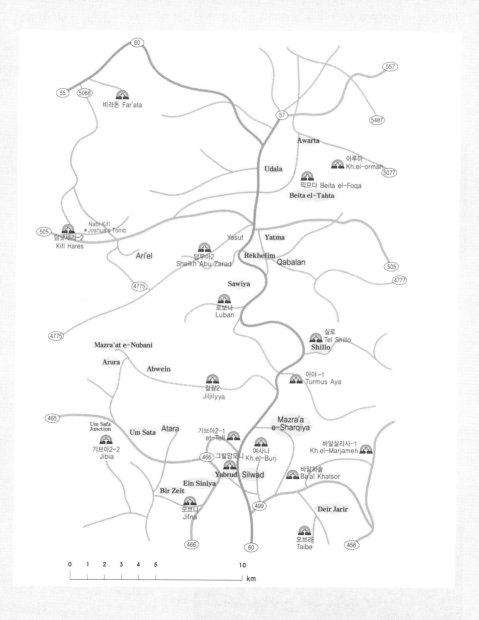

비라돈 Pirathon (פּרְעָתוֹן 군주다운, 정상)
파라타(Farata)　　　　　　　　　　　　　32°11′25.40″N 35°09′55.73″E

에브라임의 사사인 힐렐의 아들과 다윗의 군대 장관 브나야가 살았던 곳으로 에브라임 산악 지대에 있었다. 이곳은 아말렉 사람들의 산지였다. 이곳은 이스라엘의 지도자인 사사인 압돈을 배출한 특별한 마을로 압돈은 죽은 후에 이곳 고향 땅에 묻혔다(삿 12:13). 비라돈은 24,000명을 거느렸던 다윗의 군대 장관인 브나야의 출신지이기도 했다(삼하 23:30; 대상 11:31; 27:14).

　비라돈은 일반적으로 아랍 마을 파라타(Farata)로 추정되고 있다. 이 마을에는 1997년에는 467명이 아랍인이 살고 있다. 이곳은 고대 세겜에서 남동쪽으로 약 10㎞ 떨어진 곳에 있는 언덕 위에 있다. 이곳에 고대 성벽, 저수조, 동굴, 고대 거주지의 유적이 있으며 지표 조사를 통하여 후기 철기, 로마, 비잔틴, 아랍, 오토만 시대의 토기가 이곳에서 발견되었다.

믹므다 Michmethath (מִכְמְתָת 숨은 곳, 은폐) / 믹므닷
베이타 엘 포카(Beita el-Foqa)　　　　　　　32°08′35.34″N 35°17′11.02″E

에브라임과 므낫세 지파의 경계에 있었던 세겜 근처에 위치하며 에브라임 지파의 북쪽 경계에 있었던 성읍이다(수 16:6). 믹므다는 다아낙 실로와 연결되는 지역에 있다. 믹므다는 믹므닷(수 17:7)이지만 히브리어로는 같은 지명이나 번역의 차이일 뿐이다. 이곳은 개역한글판과 개역개정판에서 믹므다(수 16:6), 믹므닷(수 17:7)로 번역되었다.

　믹므다의 추정에 대해서는 자료들이 불확실하기 때문에 가능한 지역을 제시하는데 불과하다.

그 중 하나가 베이타 엘 포카(Beita el-Foqa)라는 현대 마을인데 세겜에서 동남쪽으로 약 7㎞ 떨어진 곳이며 아루마로 가는 길목에 있다. 이곳에서는 중기 청동기의 매장지가 발견되었고 초기·중기 청동기, 초기·후기 철기, 페르시아, 헬라, 로마, 비잔틴, 십자군, 마믈룩, 오토만 초기 시대의 토기가 발견되었다.

아루마 Arumah (אֲרוּמָה 높은 곳)
키르벳 엘 오르마(Kh. el-Ormah) 32°08′37.93″N 35°19′17.63″E

성경에 한 번 기록된 곳으로 세겜 사람들이 아비멜렉을 배반하자 세겜에서 떠난 아비멜렉이 머물렀던 곳이다(삿 9:41). 아루마는 일반적으로 키르벳 엘 오르마(Kh. el-Ormah)로 동일시된다. 그 근거는 높은 곳에 위치하고 있어 세겜이 바라보이는 곳에 있으며 이곳이 세겜과 실로의 중간지점에 있기 때문이다. 키르벳 호르마는 팔레스틴 지역에 있으며 과수원이 있는 지역에 키르

벳 호르마가 있다. 이곳은 세겜 지역이 한 눈에 바라보이는 높은 곳에 있는 요충지에 있다. 이곳에서 지표 조사를 통하여 청동기, 초기 · 후기 철기, 헬라, 로마 시대의 토기가 발견되었다.

답부아² 에브라임 Tappuah (תַּפּוּחַ 사과) / 엔 답부아 / 딥사¹
텔 아부 자라드(Tell Abu Zarad) 32°06′15.73″N 35°13′52.75″E

답부아는 동명이지로 답부아¹(유다)와 답부아²(에브라임; 수 16:8)가 있으며 답부아²(에브라임)는 엔 답부아와 이명동지이다(수 17:7).

여호수아가 멸망시킨 가나안의 성읍(수 12:17)으로 에브라임 지파에게 주어진 성읍이다(수 17:7,8). 답부아는 딥사¹(에브라임)와 같은 곳으로 보는데 살룸을 죽이고 이스라엘 왕이 된 므나헴이 딥사 사람들이 성문을 열어주지 않자 잔인하게 주민들을 학살한 곳이다(왕하 15:16). 답부아는 텔 아부 자라드(Tell Abu Zarad)로 추정되고 있다. 이곳에서는 지표 조사를 통하여 초기 · 중기 · 후기 청동기, 초기 · 후기 철기, 페르시아, 헬레니즘, 로마, 비잔틴 시대의 토기가 발견되었다.

답부아 땅은 므낫세 지파에게 주어졌으며 답부아²(에브라임)는 므낫세 지파의 경계선에 있기에 에브라임 지파의 영토가 되었다(수 16:8;17:8). 이곳은 아랍 마을 야수브(Yasuf)와 이스카카(Iskaka) 사이에 있다.

2007년에 1,621명의 주민이 사는 야수브의 북동쪽과 남서쪽 지역에서는 큰 묘지가 있으며 철기, 로마, 십자군, 마믈룩, 초기 오토만 시대의 도자기가 발견되었다.

르보나 Lebonah (לְבוֹנָה 하얀)
엘 룹반(el-Lubban)

실로 북쪽에 있었던 에브라임 지파의 성읍으로 성경에 한 번 나오는 곳이다. 베냐민 지파를 위하여 실로에서 있는 축제에서 약탈혼을 허락한 내용에서 실로를 설명할 때 언급된 성읍이다(삿 21:19). 이곳은 벧엘의 북쪽에 있었던 성읍이었다. 르보나는 현대 마을 엘 룹반(el-Lubban)으로 동일시되고 있다. 이곳은 공식적인 이름은 알 루반 알 가리비야(al Lubban al Gharibi) 이다. 이곳은 실로에서 서북쪽으로 약 5km 정도 떨어진 곳에 있다. 이곳에서 남쪽으로 약 2km 떨어진 곳에는 1983년에 세워진 유대인 정착촌으로 2017년에 813명이 살고 있는 르보나(Maale Levona)이 있으며 동쪽에 있는 골짜기는 르보나 계곡이라고 불린다. 이곳에서 지표 조사를 통하여 철기, 헬레니즘, 로마, 비잔틴, 아랍, 십자군, 마믈룩, 오토만 시대의 토기가 발견되었다.

이곳에는 고대 건물의 유적이 있으며 모스크는 교회의 기둥으로 보이는 다섯 개의 기둥들이 있다. 이곳에는 돌로 만든 저수조, 동굴이 있다. 이 마을은 탈무드에는 베트 라반(Beit Laban)으로 기록 되어 있으며 1838년에는 루벤 란티스(Lubban Rentis)라고 기록되어 있다. 이 마을은 2007년에도 1,476명의 아랍인이 살았다.

아야⁻¹ Aija (עַיָּה /아사
아야(Aija)

에브라임 자손들이 살았던 벧엘 옆에 있는 성읍이다. 아야는 에브라임 지파의 성읍이며 바벨론 포로 귀환 후 이스라엘 백성을 재배치할 때 베냐민 지파에게 분배한 성읍이다(느 11:31). 아야와 아사(대상 7:28)는 이명동지이다. 아야는 세겜 부근에 있었으며 믹마스와 벧엘 가까이에 있는 곳이다. 아야는 두 곳의 추정지가 있는데 아랍 마을 아야(Aija), 키르벳 하이야(Kh. Haiyah) 이다. 아야를 아랍 마을 아야로 보는 이유는 이 마을에 그 이름이 보존되어 있기 때문이다. 이 마을은 2007년에는 4,597명의 아랍인이 살고 있는데 미국 시민권을 가진 부유한 아랍인들이

많이 살고 있다. 이곳에서는 지표 조사를 통하여 후기 철기, 페르시아, 로마, 비잔틴, 십자군, 마믈룩, 오토만 시대의 토기가 발견되었다.

이곳에서 발견된 주후 3세기의 로마 시대 석관은 예루살렘의 록펠러 박물관에 전시되어 있다. 1838년에 에드워드 로빈슨은 이 마을을 투르무스 아야(Turmus Aya)라고 기록했다.

법궤가 있었던 이스라엘 민족의 중심지로 이스라엘 민족이 모여 성막을 세운 곳이며 남아 있는 땅을 분배하기 위하여 제비 뽑은 곳이기에 이스라엘 종교 중심지가 되었다(수 18:1-10).

사무엘은 실로에 있는 엘리 제사장에게 와서 어린 시절을 보냈다가(삼상 1:20) 이스라엘의 지도자가 되었다(삼상 3:20). 이곳에 있던 법궤가 블레셋과의 전쟁 때에 빼앗기고 두 아들의 전사 소식을 들은 엘리 제사장이 비참하게 죽은 곳이다(삼상 4:12-22).

이스라엘 민족은 베냐민 지파를 위하여 실로의 축제에 온 여자들을 약탈하여 혼인하는 것을 묵인하였다(삿 21:16-24). 실로 출신의 선지자 아히야는 여로보암에게 북이스라엘의 왕이 될 것이라고 예언했다(왕상 14:1-16). 에브라임 산지의 중심지인 실로의 위치는 세겜으로 올라가는 길의 동편에 있으며 르보나에서 남쪽이고 벧엘에서 북쪽에 있고 포도원이 있는 지역이라고 하였다(삿 21:19). 텔 실로(Tell Shilo)라고 불리는 이곳은 예루살렘에서 북쪽으로 약 32㎞ 지점에 있고 세겜에서 남쪽으로 약 20㎞ 지점에 있다.

실로는 주전 18-16세기에 성벽으로 둘러싸인 큰 성읍이었으나 그 후에는 12세기까지는 작은 마을이었다. 사사 시대에는 다시 큰 성읍을 이루었다가 파괴되었다. 이곳에서 발굴을 통하여 중기·후기 청동기, 철기 시대와 그 이후 시대의 지층이 발견되었다. 또한 지표 조사를 통하여 중기 청동기 시대부터 오토만 시대까지의 토기가 발견되었으며 복원된 비잔틴 시대의 회당 유적이 있다.

실로는 1938년 미국의 에드워드 로빈슨에 의해서 확인되었다. 이곳은 키르벳 세일룬이라고 불렸다. 실로는 1926-1932년에는 덴마크의 학자들이 발굴하였고 1981-1984년에는 핑켈스타인 교수에 의해 이스라엘의 발굴되었다

이곳에서는 주전 19-18세기의 거주지가 발굴되었으며 주전 18세기의 성벽은 두께가 4m이고 높이가 7m 이상이 되는 규모였다. 주전 12-11세기의 2층 구조의 가옥은 종교적인 장소로 추정된다. 이곳에서는 전형적인 이스라엘 토기가 발견되었고 희생제물의 동물 뼈들이 발견되었다. 발견된 곡식 창고에서의 불에 탄 보리는 주전 11세기의 화재로 블레셋의 공격을 보여 주고 있다. 2006년에는 주후 4세기 말에서 5세기 초에 세워진 비잔틴 시대의 교회 건물이 발견되었고 최근에는 북쪽 지역에서는 회막이 있던 장소로 추정하는 지역이 발견되었다.

길갈² 벧엘 Gilgal (גִּלְגָּל 구르다, 수레바퀴)
질쥴리예(Jiljilyya)
32° 01´ 54.92˝N 35° 13´ 21.01˝E

엘리야와 엘리사가 승천하는 장소로 여리고로 갈 때 떠났던 성읍이다(왕하 2:1). 길갈을 여리고 근처에 있는 다른 장소인 길갈¹로 추정하는 학자들도 있지만 길갈에서 떠난 엘리야와 엘리사가 벧엘을 거쳐갔기 때문에 이곳으로 추정한다(왕하 2:2-3). 길갈²(벧엘)을 질쥴리예(Jiljilyya)로 추정하는 근거는 벧엘로 내려갔다고 하는 설명 때문에 벧엘보다 더 높은 지역에 있을 것이라는

기록 때문이다. 이곳은 벧엘 북쪽 약 12㎞ 지점에 있는 해발 768m의 높은 언덕에 있는 유적이 있는 아랍인 마을로 1997년에는 723명의 아랍인이 살고 있는 마을이다.

1838년에 에드워드 로빈슨은 이곳을 지명 때문에 길갈로 동일시하였고 올브라이트나 아벨 같은 학자도 동의 하였다.

이곳에선 철기, 로마, 비잔틴, 움마야드, 십자군, 아윱비드 시대의 토기가 발견되었다.

오브니 Ophni (עָפְנִי)
지프나(Jifna)
31° 57´ 45.24˝N 35° 12´ 55.60˝E

베냐민 지파의 열두 성읍의 하나로 오브니는 베냐민 지파에게 분배된 성읍으로 성경에 한 번 기록된 곳이다(수 18:24). 오브니는 그발 암모니와 게바 사이에 있는 성읍으로 추정되기에 베냐민 지파의 북쪽 지역에 있었던 성읍이었다. 오브니는 지금의 벧엘의 북서쪽 약 4.8㎞ 지점에 있는 지프나(Jifna)로 추정되고 있다. 지프나는 2007년에 1,716명이 살고 있는 아랍 마을이다. 요세푸스는 지금의 지프나를 그 시대에는 예루살렘 다음으로 중요한 도시였던 고프나(Gophna)로 언급하였다. 지프나는 예루살렘과 세겜 사이의 남북을 잇는 족장들의 도로와 사론 평야에서 벧엘로 이어지는 동서 간의 도로의 교차로에 있었다. 이곳은 메드바 지도에 기록된 곳이다. 1838년에 에드워드 로빈슨은 이곳을 오브니로 동일시 하였다. 이곳은 요셉과 마리아가 예루살렘을 방문하고 예수님을 잃어버린 줄도 모르고 나사렛으로 돌아갈 때 하룻밤을 머

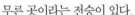

문 곳이라는 전승이 있다.

비잔틴 시대의 기독교 마을인 이곳에는 성 조지교회가 있다. 이 교회는 6세기에 건축되었다가 무너졌으나 10세기에 십자군에 의해 다시 건축되었으나 아윱비드 시대에 무너졌지만 이 교회의 유적은 여행자들의 명소가 되었다. 이곳에서는 두 개의 교회와 십자군 시대의 요새 유적이 있고 비잔틴, 아랍, 오토만 시대의 토기가 이곳에서 발견되었다. 이곳에는 후에 감옥이 된 로마 시대 건축물인 탑이 있다.

기브아 ²⁻¹ 에브라임 Gibeah (גִּבְעָה 언덕, 고지)
에트 텔(et-Tell)
32° 01´ 14.74˝N 35° 15´ 44.82˝E

대제사장의 가문인 아론의 손자 비느하스의 땅으로 에브라임 지파에 분배된 성읍으로 아론의
아들인 엘르아살이 묻힌 곳이다(수 24:33). 기브아²(에브라임)의 위치는 막연한 추정이지만, 추
정 장소로 에트 텔(et-Tell)과 지비아(Jibia)가 있다.

　기브아²(에브라임¹)는 개역한글판이나 개역개정판에 에브라임 산지로 나와 있으나 공동번역
에서는 '비느하스의 성 기브아'에 묻혔다고 번역되었다. 기브아는 '언덕(hill)' 이란 뜻이 있는
단어이다.

　북쪽으로 올라가는 족장 도로와 주위가 잘 보이는 요충지이다. 이곳에서는 지표 조사를 통해
초기 청동기, 초기 · 후기 철기, 페르시아, 헬라, 로마, 비잔틴, 아랍 오토만 시대 초기의 토기가
발견되었다. 또한 저수조와 옛 건물의 잔해가 많이 남아 있다.

기브아 ²⁻² 에브라임 Gibeah (גִּבְעָה 언덕, 고지)
지비아(Jibia)
31° 59´ 53.74˝N 35° 09´ 34.80˝E

지비아는 2007년에 139명의 아랍인이 살고 있는 마을이다. 이 마을은 1838년에 무슬림 마을
지비아(Jibia)로 기록되었다. 이 마을의 이름의 기원은 밝혀지지 않았다. 이 마을에는 여러 곳의

유적이 있는데 바위를 깎은 연
못과 무덤이 있다. 이곳에 있는
키르벳 마씨야 (Khirbet
Massiya)에는 거리, 기둥, 모자
이크, 착유틀이 발견되었다, 또
한 헬라, 비잔틴, 아랍, 마믈룩,
오토만 시대의 토기가 발견되
었다. 지비아는 오브니로 추정
되는 지프나(Jifna)에서 북서쪽
으로 약 7㎞ 떨어진 곳에 있다.

그발 암모니 Chephar Ammoni (כְּפַר הָעַמֹּנִי 암몬족의 마을)
키르벳 카프르 아나(Kh. Kafr Ana)　　　　31°57′58.34″N 35°14′54.68″E

베냐민 지파가 살았던 열두 성읍 중의 하나로 오브라와 오브니 부근에 있으며 성경에 한 번 기록된 곳이다(수 18:24). 그발 암모니는 키르벳 카프르 아나(Kh. Kafr Ana)로 추정되는 곳이다. 키르벳 카프르 아나는 벧엘의 북동쪽 약 3㎞ 지점에 있다.

야브루드(Yabrud)는 2007년에 644명의 아랍인이 사는 마을이다. 이 마을에서는 철기, 비잔틴, 십자군, 아율비드, 마믈룩 시대의 토기가 발견되었다.

이곳은 아랍 마을 야브루드(Yabrud)의 북쪽에 있으며 중세기의 마을로 잘 보존되어 있다. 이곳에서는 지표조사를 통하여 후기 철기 말기, 헬레니즘, 로마, 비잔틴, 십자군, 마믈룩, 오토만 초기 시대의 토기가 발견되었다.

여사나 Jeshanah (יְשָׁנָה 오래된)
부르즈 엘 이사네(Burj el-Isaneh)　　　　32°00′00.51″N 36°15′32.14″E

성경에 한 번 기록된 곳으로 유다 왕 아비야가 북이스라엘의 여로보암과 싸워 이겼을 때에 빼앗은 성읍들 중의 하나이다(대하 13: 19). 이곳은 벧엘과 에브론 사이에 있었던 성읍으로 남유다와 북이스라엘의 경계에 있었던 곳이다. 이곳은 안티고누스(Antigonus)의 장군 파푸스(Pappus)의 사령부가 있었던 곳으로 헤롯의 군대가 승전한 곳이며 요세푸스는 이곳을 이사나

스(Isanas)라고 불렀다. 여사나는 부르즈 엘 이사네(Burj el-Isaneh)로 동일시되고 있다. 이곳에서 지표 조사를 통하여 초기, 후기 철기, 페르시아, 헬라, 로마, 비잔틴, 아랍, 십자군, 마믈룩, 초기 오토만 시대의 토기가 발견되었다. 이곳은 아랍 마을 실와드(Silwad)의 북쪽 언덕 지대에 있다. 실와드는 2006년에 6,123명이 사는 해발 815m에 위치한 아랍인 마을이다.

바알 살리사 [1] Baal-Shalishah (בַּעַל שָׁלִשָׁה 살리사의 주인)
키르벳 엘 마르자메(Kh. el-Marjameh)　　31°59´30.14˝N 35°19´55.41˝E

길갈에 있는 엘리사에게 채소와 떡을 가지고 온 사람이 살았던 성읍으로 성경에 한 번 기록되었다(왕하 4:42). 엘리사는 먹을 것이 필요한 사람 100명에게 보리 떡 20개와 자루에 담긴 채소를 주어 충분히 먹게 하고 남는 기적이 일어나게 하였다. 이곳은 엘리사 선지자가 머물던 길갈 [2](벧엘) 지역에 있었던 곳으로 보이며, 어느 지방보다도 과실이 잘 익는 지역이라고 한다. 이곳은 키르벳 엘 마르자메(Kh. Marjameh)와 키르벳 시리스야(Kh. el-Sirisya)라는 두 곳의 추정지가 있다.

이곳으로 추정되는 키르벳 엘 마르자메는 요단 강에서 서쪽으로 약 20㎞ 떨어진 곳에 위치한 성읍이다. 이곳은 바알하솔의 동쪽 경사지에 있으며 해발 450m의 지역에 있는 유적이다. 에브라임 산지에서 가장 중요한 우물인 아인 사미야(Ein Samiya) 부근에 있다. 이곳은 길갈을 여리고 근처에 있는 길갈로 동일시할 때 추정될 수 있는 곳이다.

올브라이트(W. F. Albright)는 이곳을 바알하솔 옆에 있는 에브라임(삼하 13:23; 요 11:54) 추정하나 칼라이(Z. Kallai)는 1968년에 이곳을 조사하고 바알 살리사로 동일시하였다. 이곳은 1975년과 1978년에 마자르(A.Mazar)의 지도로 조사와 발굴이 이루어졌다. 이곳은 수자원을 보호하기 위해 세워졌다. 이곳에서는 중기 청동기 시대의 매장 동굴, 철기 시대의 성읍이 발견되었다. 거주지의 북쪽 모서리에서는 4m의 성벽과 가옥이 발견되었다. 북쪽 지역에서는 큰 건물의 기초가 발견되었다 (14.5x30m), 남쪽 지역에서는 기반암 위에 세워진 건물이 발견되었다. 이곳에서는 주전10-주전 9세기의 토기가 발견되었다. 이곳의 요새는 이 지역에서 이스라엘의 요새로는 유일하며 이곳에서는 토기는 주전 722년에 파괴된 것을 보여 주고 있다.

아인 사미야

바알하솔 Baal-Hazor (בַּעַל חָצוֹר 마을의 주인)
엘 아수르 산(Jebel el-Asur)　　　　31°58′45.23″N 35°16′44.26″E

압살롬이 암논을 살해할 때 잔치를 베풀었던 이곳은 성경에 한 번 기록되었다(삼하 13: 23). 이 곳은 압살롬이 양털을 깎던 곳으로 산악 지역이었다. 바알하솔은 일반적으로 엘 아수르 산 (Jebel el-Asur)으로 동일시되고 있다. 이곳은 해발 1,016m의 높은 산인데 여사나에서 남쪽으로 약 3㎞ 떨어져 있고 군부대가 주둔하고 있어 접근할 수 없다. 오브라에서 북쪽으로 약 3㎞ 정도 떨어진 곳에 있다. 이스라엘 지도에는 바알하솔(Baal-hazor/Baal Khatsor)이라고 표시 되어 있다.

시클라멘(Cyclamen)

다아낫 실로지역

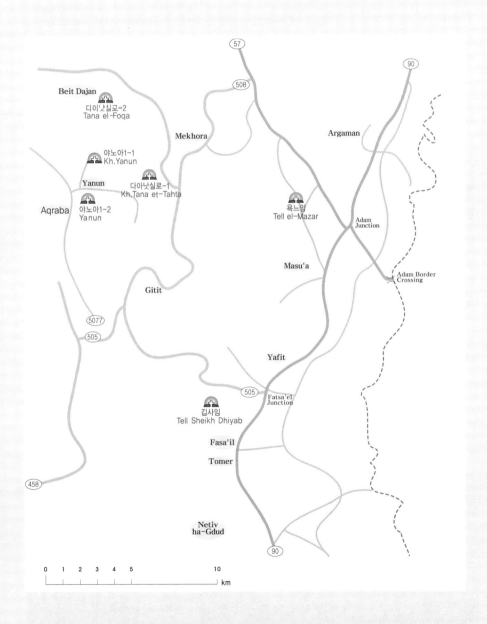

57

508

90

Beit Dajan
디이낫실로-2
Tana el-Foqa

Mekhora

Argaman

야노아1-1
Kh.Yanun

Yanun

다아낫실로-1
Kh.Tana et-Tahta

욕느암
Tell el-Mazar

Aqraba

야노아1-2
Yanun

Adam
Junction

Masu'a

Adam Border
Crossing

Gitit

5077

505

Yafit

505

Fatsa'el
Junction

깁사임
Tell Sheikh Dhiyab

Fasa'il

Tomer

458

Netiv
ha-Gdud

90

0 1 2 3 4 5   10
└─┴─┴─┴─┴─┴────────────┘ km

에브라임 지파의 동쪽 경계선에 있었던 이곳은 성경에 한 번 기록된 곳으로 에브라임 지파의 동쪽 경계선에 있었던 성읍이다(수 16:6). 에브라임 지파와 므낫세 지파의 경계선은 성경에 두 번 기록되어 있다(수 16:6,7; 17:7). 이곳은 믹므다와 야노아 사이에 있었던 곳으로 기록되어 있다.

다아낫 실로로 추정되는 지역은 두 곳이 있는데 키르벳 타나 에트 타흐타(Kh. Tana et-Tahta)와 키르벳 타나 엘 포카(Kh. Tana el-Foqa)이다. 추정지 두 곳 모두가 이스라엘이 거주하는 동안에 주거지였던 증거가 있다. 키르벳 타나 에트 타흐타는 낮은 곳에 있는 유적지로 키르벳 타나 엘 포카보다 남동쪽으로 약 4km 정도 떨어져 있고 유적지 부근에는 또 다른 우물이 있다. 키르벳 타나 엘 포카는 높은 곳에 있다는 뜻으로 키르벳 타나 에트 타흐타보다 북서쪽으로 4km 떨어져 있는 높은 구릉 위에 있다.

이곳에서 초기, 후기 철기, 페르시아, 헬라, 로마, 비잔틴, 아랍, 십자군, 마믈룩, 오토만 시대의 토기가 발견되었다. 이곳은 야노아에서 북쪽으로 약 3.5km 떨어진 곳에 위치하고 있으며 야노아와의 사이에는 해발 866m의 산이 가로막고 있다.

다아낫 실로 [-1] Taanath-Shiloh(תַּאֲנַת שִׁלֹה 실로에 가까이 감)
키르벳 타나 에트 타흐타 (Kh. Tana et-Tahta)　32°09′11.10″N 35°23′41.35″E

에브라임 지파의 동쪽 경계선에 있었던 이곳은 성경에 한 번 기록된 곳으로 에브라임 지파의 동쪽 경계선에 있었던 성읍이다(수 16:6). 에브라임 지파와 므낫세 지파의 경계선은 성경에 두 번 기록되어 있다(수 16:6,7; 17:7). 이곳은 믹므다와 야노아 사이에 있었던 곳으로 기록되어 있다.

다아낫실로로 추정되는 지역은 두 곳이 있는데 키르벳 타나 에트 타흐타(Kh. Tana et-Tahta)와 키르벳 타나 엘 포카(Kh. Tana el-Foqa)이다. 추정지 두 곳 모두가 이스라엘이 거주하는 동안에 주거지였던 증거가 있다. 키르벳 타나 에트 타흐타는 낮은 곳에 있는 유적지로 키르벳 타나 엘 포카보다 남동쪽으로 약 4km 정도 떨어져 있고 유적지 부근에는 또 다른 우물이 있다. 키르벳 타나 엘 포카는 높은 곳에 있다는 뜻으로 키르벳 타나 에트 타흐타보다 북서쪽으로 4km 떨어져 있는 높은 구릉 위에 있다.

이곳에서 초기, 후기 철기, 페르시아, 헬라, 로마, 비잔틴, 아랍, 십자군, 마믈룩, 오토만 시대의 토기가 발견되었다. 이곳은 야노아에서 동쪽으로 약 3.5km 떨어진 곳에 있으며 동쪽으로 내려가면 요단 골짜기로 연결된다. 이곳에서 요단 강까지는 약 15km 떨어져 있다.

야노아 [1-1] 에브라임 Janoah (יָנוֹחַ 휴식, 안정)
키르벳 야눈(Kh. Yanun) 32° 09′ 30.62″N 35° 21′ 35.62″E

에브라임 지파의 동쪽 경계에 있었던 성읍이다. 이곳은 다아낫 실로 옆에 있는 에브라임 산악 지대에 있었던 성읍이다(수 16:6,7). 야노아[1](에브라임)와 북쪽에 있는 납달리 지파의 야노아[2](납달리)는 동명이지이다. 이곳의 추정지는 야눈(Yanun)과 키르벳 야눈(Kh. Yanun)이 있다. 두 곳의 추정지는 가까운 곳에 위치하고 있다.

키르벳 야눈은 야눈(Yanun)에서 동북쪽으로 1.5km 떨어져 있는 곳이다. 다아낙 실로의 추정지 두 곳에서 약 3km 정도 떨어진 곳에 있다. 이 유적지 부근에 매장 동굴이 있으며 지표 조사를 통하여 철기, 로마, 비잔틴, 십자군, 마믈룩, 초기 오토만 시대의 토기가 발견되었다. 이곳에서는 전기 철기 시대(Iron age I)의 토기가 출토되었다. 야눈에서는 출토되지 않았기에 야노아는 키르벳 야눈일 가능성이 더 높다.

야노아 [1-2] 에브라임 Janoah (יָנוֹחַ 휴식, 안정)
야눈(Yanun) 32° 08′ 43.75″N 35° 21′ 19.99″E

에브라임 지파의 동쪽 경계에 있었던 성읍이다. 이곳은 다아낫 실로 옆에 있는 에브라임 산악 지대에 있었던 성읍이다(수 16:6,7). 야노아[1](에브라임)와 북쪽에 있는 납달리 지파의 야노아[2](납달리)는 동명이지이다. 이곳의 추정지는 야눈(Yanun)과 키르벳 야눈(Kh. Yanun)이 있다. 두 곳의 추정지는 가까운 곳에 위치하고 있다.

성경의 이름을 간직한 곳으로 철기 시대의 유적이 있다. 야눈(Yanun)은 키르벳 야눈의 남서쪽 1.5km 지점에 있는 아랍 마을로 2007년에 102명이 주민이 사는 곳이다. 이곳에서는 후기 철기, 로마, 비잔틴, 십자군, 아윱비드 시대의 토기가 발견되었다.

에드워드 로빈슨은 1852년에 야눈을 방문했는데 대부분 폐허가 되고 몇 가정만 살고 있다고 기록 했다.

이곳에는 여호수아의 아버지 눈(Neby Nun)의 성소인 모스크가 있는데 나비눈(Nabimun)이라고 부른다.

욕므암 Jokmeam (יָקְמְעָם 백성들이 모은) /욕느암² 에브라임 Jokneam
텔 엘 마자르(Tell el-Mazar) 32°08′22.86″N 35°28′59.30″E

에브라임 지파의 분깃 중에서 레위 지파 그핫 자손에게 준 성읍이다(대상 6:68). 욕므암은 이명
동지로서 요단 계곡에 있는 욕느암²(에브라임; 왕상 4:12)과 같은 곳이다. 욕느암²(에브라임)은
같은 곳이기에 솔로몬의 열두 행정구역 중의 하나로서 바아나가 맡았던 요단 계곡의 성읍이었

다. 욕므암은 깁사임(수 21:22)과 같은
곳으로 추정되기도 한다. 욕므암은 텔 엘
마자르(Tell el-Mazar)로 추정된다. 이곳
이 추정되는 이유는 솔로몬의 행정구역
에서 바아나가 맡은 제 5구역의 범위 안
에 있기 때문이다. 이곳에서 바위를 깎아
만든 인공 수로가 발견되었으며 초기 청
동기, 후기 철기, 비잔틴 시대의 토기가
발견되었다.

깁사임 Kibzaim (קִבְצַיִם 갑절의 무더기)
텔 세이크 디야브(Tel Sheikh Dhiyab) 32°02′47.80″N 35°25′47.32″E

에브라임 지파의 영토였으나 레위 지파의 그핫 자손에게 주어진 도피성으로 성경에 한 번 나오
는 지명이다(수 21:22). 깁사임은 가까이에 있는 욕므암과 같은 곳으로 추정되기도 하고 추정
지가 같은 곳이 있어 혼동되기도 한다. 깁사임의 추정지는 텔 세이크 디야브(Tel Sheikh
Dhiyab), 텔 엘 마자르(Tell el-Mazar), 텔 엘 쿠신(Tell el-Qusin)이다. 텔 엘 마자르(Tell el-
Mazar)와 가까운 지역에 위치하고 있는 유적이기에 욕므암으로 추정되기도 한다. 텔 엘 쿠신
(Tell el-Qusin)은 이 지역에서 떨어진 곳에 있다.

텔 세이크 디야브(Tell Sheikh Dhiyab)는 욕므암의 추정지이기도 하는데 세 곳 중에 가장 가
능성이 높은 지역이다. 여리고에서 북쪽으로 22㎞ 지점에 있으며 요단 계곡의 서쪽 경사면의
평지에 위치하고 있고 요단 강에서 서쪽으로 9㎞ 지점에 있다. 이곳에서 석동기, 초기 · 중기 청
동기, 초기 철기, 헬라, 로마, 비잔틴, 아랍 시대의 토기들이 발견되었다.

갈릴리 바다의 일출

갈릴리 바다의 일몰

블레셋 평야의 *아스돗* 지역

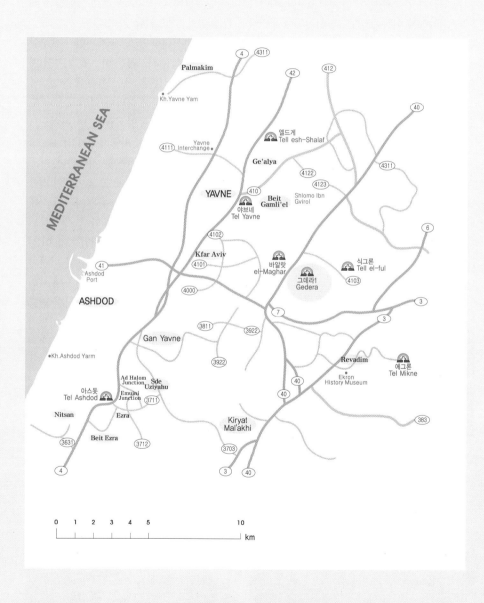

MEDITERRANEAN SEA

Palmakim

4 4311

42 412

40

Kh.Yavne Yam

엘드게
Tell esh-Shalaf

Yavne
Interchange 4111

Ge'alya

4311

4122

YAVNE 4123 Shlomo Ibn Gvirol

410 Beit Gamli'el
야브네
Tel Yavne

4102

Kfar Aviv
4101

바알캇
el-Maghar

식그론
Tell el-ful

6

그데라1
Gedera 4103

41
Ashdod Port

ASHDOD 4000

7

3

3

Gan Yavne

3811 3922

Kh.Ashdod Yarm

3922

Revadim 에그론
Tell Mikne

Ad Halom Junction Sde Uziyahu Ekron History Museum

아스돗
Tel Ashdod Emuini Junction 3711

40

Nitsan Ezra 40

383

3631 Beit Ezra 3712

Kiryat Mal'akhi

4 3703

3 40

0 1 2 3 4 5 10

km

다곤의 신전이 있었던 블레셋의 해안 도시이다. 블레셋의 다섯 도시 중의 하나였고(수 13:3) 유다 지파에 분배된 성읍이었다(수 15:46,47). 아스돗은 헬라 시대에 아소도라고 불렸기에 아소도와 이명동지이다(행 8:40). 여호수아가 이스라엘 땅에서 아낙 자손을 전멸시킨 곳을 기록할 때에 가사와 가드와 같이 언급된 곳이다(수 11:22). 에벤에셀에서 승리한 블레셋 사람들은 빼앗은 언약궤를 이곳에 있는 다곤 신전에 두었다가 큰 재앙을 만났다(삼상 5:1-7). 웃시야 왕은 블레셋과의 전투에서 승리하여 아스돗을 헐고 다시 건축하였다(대하 26:6). 느헤미야가 예루살렘 성을 건축할 때 아스돗 사람들도 반대하였고(느 4:7) 앗수르 왕 사르곤은 아스돗을 쳐서 빼앗았다(사 20:1). 예레미야, 아모스, 스바냐, 스가랴는 아스돗의 심판을 예언했다(렘 25:20; 암 1:8; 3:9; 습 2:4; 슥 9:7). 에디오피아의 내시에게 전도한 빌립은 이곳에 나타나 여러 곳을 전도하면서 가이사랴로 갔다(행 8:40). 성경의 아스돗은 텔 아쉬도드와 동일시된다. 텔 아쉬도드(Tel Ashdod)는 아스글론에서 북쪽으로 약 15㎞ 떨어진 지점에 있으며 지중해에서 약 4㎞ 떨어진 내륙에 있다. 가사로부터 욥바에 이르는 해변 길은 텔 아쉬도드의 동쪽을 지나간다. 아스돗은 해변 길에 위치하며 후기 청동기 시대부터 몇 차례에 걸쳐 역사 문헌에도 그 이름이 기록되어 있다. 1960년대 초부터 70년대 초에 이르기까지 9회에 걸쳐 발굴된 아스돗은 가나안 시대부터 비잔틴 시대까지 유적과 유물을 드러내었다. 아스돗은 비록 석동기 시대와 초기 청동기 시대의 토기가 발견되기는 하였지만 본격적인 정착은 중기 청동기 말기에 시작되었는데, 이 시

기 다른 지점들과 마찬가지로 성문이 이곳에 세워져 도시-국가로서의 면모를 갖추었다. 후기 청동기 시대에는 돌로 포장된 거리와 뜰 등이 일반 가옥 건물 등과 함께 되었는데 이 시기에 나온 유물들은 이집트, 사이프러스, 미케

아스돗에 있는 요나의 언덕

네 등지에서 수입된 것들이 발견되어 국제적 관계를 지녔음을 알 수 있다.

후기 청동기 시대의 지층은 화재로 파괴되었으며 이후 초기 철기 시대부터 블레셋 정착의 모습이 현저하게 나타난다. 미케네 토기 전통을 이어받은 단색 토기가 지층 13에서 등장하기 시작한 것은 주전 12세기 초의 람세스 3세 시기에 해양민족과 전투하는 과정 가운데 블레셋이 정착한 모습을 보여준 것이라 할 수 있다. 지층 12-11의 블레셋 도시는 요새화되어 점차 발전된 도시의 모습이 드러났다. 토기도 단색 토기에서 두 채색 토기로 변모한 모습을 지니고, 블레셋인들의 종교적 모습을 알 수 있는 의자모양을 하고 있는 긴목 형태의 여신상 ('아쉬도다' 여신상)이 함께 출토되었다. 주전 10세기로 편년되는 지층 10에서도 아스돗은 도시 성벽과 성문을 지닌 도시의 모습을 지녔는데 이 지층의 성문은 하솔, 므깃도, 게셀에서 발견된 6실 성문과 유사한 모습을 갖고 있다. 주전 8세기로 편년되는 지층 8은 화재로 파괴되었는데, 파괴된 유적과 함께 많은 인골과 뼈들이 발견되어 이는 성서와 역사기록에서 알려진 사르곤 2세의 침략에 기인한 것이다.

이후의 지층에서는 (지층 7) D지역에서 토기 가마가 발견되어 그 당시 아스돗이 토기를 제작하는 중심 장소로 사용되었음을 알 수 있는데 이 지층도 역시 파괴되었는데 이는 아마도 이집트의 프삼메틱 1세에 의한 것으로 추정된다. 이 지층과 이후의 지층(지층 6)에서 발견된 히브리어 글자가 쓰여진 무게 추, 람멜렉 인장 등은 이 당시 아스돗과 유다가 밀접한 관계에 있었음을 보여준다. 발굴자는 주전 7세기 말 요시야 시기에 아스돗이 유다의 세력에 의하여 정복되었을 것이라고 추측하고 있다. 아스돗은 이후 페르시아 시대(지층 5), 헬라 시대(지층 4), 초기 및 후기 로마 시대(지층 3-2)를 거쳐 비잔틴 시대(지층 1)에 이르기까지의 유적이 드러났다.

엘드게 Elteke (אֶלְתְּקֵה 두려운 하나님)
텔 에쉬 샬라프(Tell esh-Shalaf)   31°53′34.14″N 34°46′07.58″E

단 지파의 영토였으나 레위 지파 그핫 자손에게 주어진 성읍으로 에그론과 깁브돈이 가까이에 있었다(수 19:44; 21:23). 주전 701년에 산헤립(Sennacherib)과 이집트 · 에디오피아 연합군이 격전을 벌였는데 산헤립이 엘드게와 딤나를 공격하고 승리하여 유다를 침략했던 곳이다.

엘드게의 추정장소는 텔 미크네(Tel Miqne)와 텔 에쉬 샬라프(Tell esh-Shalaf)인데 텔 미크네는 에그론으로 동일시되기에 텔 에쉬 샬라프가 더 가능성이 있다. 텔 에쉬 샬라프는 해안 평

야 지대에 있는데 텔 미크네에서 북서쪽으로 16㎞ 떨어져 있고 야브네(Yavne)에서 북동쪽으로 3㎞ 지점에 있다. 이곳에서 중기 청동기 시대의 무덤과 후기 청동기, 초기 · 후기 철기, 페르시아, 헬라 시대의 토기가 발견되었고 특히 중기 철기 시대인 주전 8세기의 토기도 발견되었다.

얍느엘 [1] 유다 (יַבְנְאֵל 하나님께서 세우시다) /야브네

텔 야브네(Tel Yavne)

31°51′58.55″N 34°44′52.64″E

유다 지파의 서쪽 경계에 있었던 성읍이었다(수 15:11). 얍느엘은 동명이지로서 해안지역에 있는 얍느엘[1](유다)과 갈릴리 지역의 얍느엘[2](납달리)이 있다. 이곳은 야브네(대하 26:6)와 이명동지이기도 하다. 이곳은 해안평야에 있었으며 식그론과   바알라 산 가까이에 있었다. 웃시야 왕은 블레셋 군대와 싸워서 이곳의 성벽을 허물어 버리고 블레셋 지역에 유다 성읍들을 세웠다(대하 26:6). 이곳은 현대마을 야브네(Yavne)에 있는 텔 야브네(Tel Yavne)이다.

자연 언덕인 쿠르카르(Kurkarhill)에 있는 텔 야브네에서도 철기 시대와 헬라 시대와 비잔틴 시대의 유적이 남아 있다. 또한 십자군 시대의 요새 폐허와 교회터 위에 세운 마믈룩 시대의 사원이 있다. 이곳은 헬라 시대 때에 얌니아(Jamnia)라고 불리었고 얌니아 종교회의가 열린 곳이다. 로마 시대에는 얌니아(Jamnid / Iqmnia)로 불렸다.

야브네 얌(Yavne-Yam; 31°55′22.07″N 34°41′36.33″E)은 얍느엘[1](유다)에서 북서쪽으로 약 8km 떨어진 곳에 있는 야브네의 항구로 추정되는 곳이다. 2001년에 이스라엘 고고학청(IAA)의 구제 발굴을 통하여 후기 청동기부터 후기 철기 시대까지의 매장지가 북쪽 지역에서 발견되었다. 신전이 있는 언덕에서는 커다란 블레셋 제의 기구(Phillistine fa Vissa)가 발견되었다. 단 바하(Dan Baha)의 지도하에 이루어진 두 시즌의 발굴로 철기 시대와 페르시아 시대의 토기가 발견되었다.

이곳은 소렉 골짜기가 지중해로 합류하는 지점 남쪽에 있는 키부츠 팜마킴(Kibbutz Palmakhim)의 가까이에 있는 해변의 고대 해안 도시의 유적이다. 이곳에는 동쪽의 길이가 약 800m가 되는 성벽이 남아있다. 주전 2000년부터 1800년경인 중기 청동기 시대에 건축된 것으로 추정되는 성문이 이곳에서 발견되었다. 이 항구는 중기 청동기 시대부터 주후 12세기까지 사용되었다. 야브네 얌은 최근에도 발굴이 진행 중에 있는 유적으로 해안가에 있는 언덕을 아랍어로 미네트 루빈(Minet Rubin)이라고 부른다.

야브네 얌

마믈룩 시대의 미나렛(Mamluk minaret)

바알랏 Baalath (בַּעֲלָה 여주인) / 바알라 산
엘 마그하르(el-Maghar)
31° 50′ 22.85″N 34° 47′ 00.01″E

단 지파의 서쪽에 있었으며 솔로몬이 다시 건축한 곳이다. 이곳은 단 지파에게 주어진 성읍으로 깁브돈과 여훗 부근에 있었던 곳이다(수 19:44,45). 바알랏은 유다 지파 경계선에 있었던 바알라³(산)와 이명동지로 보인다(수 15:11). 솔로몬은 게셀, 벧호론과 함께 모든 국고성, 병거성, 마병의 성들을 건축하면서 바알랏도 건축하였다(왕상 9:18; 대하 8:6). 바알랏은 엘 마그하르(el-Maghar)와 동일시되고 있다. 이곳에서 청동기, 철기 시대의 토기 조각들과 헬라 비문이 발견되었다.

이곳은 1517년의 오토만 시대에 22가정의 무슬림이 살던 마을이었으며 1838년에 에드워드 로빈슨은 엘 무그하르(el-Mughar)라는 무슬림 마을이라고 기록했다. 1863년에 괴랭은 200명이 사는 무슬림 마을로 기록 했으며 1882년에 팔레스틴 조사에는 북쪽과 서쪽에 우물이 있는 마을로 기록했다. 1848년에 2,018명이 살던 아랍 마을이었으나 폐허가 되었고 1948년에 이 마을의 동쪽에는 베이트 엘라자리(Beit Elazari)라는 이스라엘 모샤브가 설립되었는데 2017년에 1,543명의 주민이 살고 있다

식그론 Shikkeron (שִׁכְּרוֹן 술취함)
텔 엘 풀(Tell el-Ful)
31° 49′ 09.11″N 34° 48′ 45.34″E

유다 지파의 영토이며 에그론 북쪽에 있었던 성경에 한 번 기록된 곳으로 유다 지파의 북쪽 경계선에 있는 성읍이다(수 15:11). 식그론은 에그론과 얍느엘 사이에 있으며 바다 가까이에 있는 곳이다. 식그론은 텔 엘 풀(Tell el-Ful)로 추정되고 있다.

이곳은 소렉 골짜기(Sorek Valley) 북쪽에 있으며 에그론으로 동일시되는 텔 미크네(Tell Miqne)에서 북서쪽으로 약 6km 떨어져 있고 얍느엘에서 남동쪽으로 약 11km 지점에 있는 농경지 가운데 있는 조그마한 텔(Tell)이다.

옮겨진 법궤 때문에 큰 환난을 당한 블레셋의 다섯 도시 중 가장 북쪽에 있던 곳이다(수 13:3). 에그론은 유다 지파의 성읍이었으나(수 15:11,46) 단 지파에게 다시 분배된 곳이었다(수 19:43). 유다 지파는 에그론을 점령하였으나(삿 1:18) 후에는 블레셋의 영토가 되었다. 블레셋은 빼앗아간 언약궤 때문에 재앙이 일어나자 언약궤를 가드에서 에그론으로 옮겼다(삼상 5:10). 사무엘 때 이스라엘은 에그론으로부터 가드까지의 땅을 다시 점령하였다(삼상 7:14). 아합 왕의 아들 아하시야는 에그론의 바알세붑에게 자신의 병이 치유될 것인지를 묻기 위해 사자를 보냈다(왕하 1:2). 예레미야, 아모스, 스바냐, 스가랴는 에그론의 멸망을 예언하였다(렘 25:20; 암 1:8; 습 2:4; 슥 9:5,7).

에그론은 키르벳 엘 무칸나(Kh. el-Muqanna)로 불리던 텔 미크네(Tel Miqne)로 동일시되었다. 이곳은 20만㎡의 크기로 하솔이 확장되기 전까지는 팔레스틴 지역에서는 가장 큰 텔 중의 하나였다. 예루살렘에서 남서쪽으로 35㎞ 지점에 있으며 소렉 골짜기의 평지 한 가운데에 자리 잡고 있으며 나할 팀나(Nahal Timna)가 지나가고 있다. 텔 미크네 입구에 있는 라바딤(Ravadim) 키브츠에는 에그론 고고학 박물관 (Ekron History Museum)이 있다.

고고학적 발굴에 의하여 블레셋 물질문화와 특히 에그론이란 이름이 언급된 비문으로 인하여 텔 미크네는 블레셋 다섯 도시의 하나인 에그론으로 동일시되었다. 이곳은 1981-1982, 1984-1993년 동안 도탄(T. Dothan)과 기틴(S. Gitin)의 지도 하에 7개 지역으로 나누어져 발굴되었다 (Fields I-VII).

이곳에서는 석동기 시대, 초기 및 중기 청동기 시대의 유적은 드러나지 않았으나 후기 청동기 시대 지층에서 유물과 토기가 발견되었다. 이후에는 후기 청동기 시대부터 후기 철기 시대(지층 9에서 지층 1A)까지는 발굴을 통하여 계속적으로 정착된 모습이 알려졌다(주전 15세기-주전 7세기). 후기 청동기 시대의 세 개의 연속된 지층이 북동쪽 지역의 아크로폴리스 지역에서는 가나안의 유물과 함께 이집트, 구브로(키프러스), 헷타이트의 유물 등이 드러나 에그론이 국제적인 관계를 맺고 있었음이 알려졌다. 후기 청동기 시대 말(지층 8A)이후, 에그론은 초기 철

기 시대에 블레셋인들의 도시로 변화하게 되는데, 지층 7에서 블레셋 사람들이 가져온 것으로 알려진 미케네 IIIC:1b토기가 발견되었다. 이 지층에서는 요새화가 처음에는 북동쪽에만 이루어지다가(Field I), 후에는 하부 도시로 확대되어 에그론이 큰 세력으로 커졌음을 알게 되었다(지층 6-4, Field I, III). 하부 도시 중앙 지역에서는(Field IV) 블레셋 사람들의 신전(Buildings 351과 350)과 이와 더불어 제의적 용품들이 발견되어 당시 블레셋인들의 제의적 활동이 어떠하였는지를 알려주었다. 주전 10세기부터 주전 8세기 말까지 에그론은 그 크기가 50에이커에서 10에이커로 5분의 1로 줄어들어 그 세력이 미약했음이 드러났다.

이 시기에는 상부 도시에서만 사람들이 거주하였다. 하부 도시는 주전 7세기 때에 와서야 거주하게 되는데 (지층 1C-1A), 이 시기에는 올리브 기름 산업이 크게 발달되었다. Field III에서 발굴을 통하여 102개의 올리브 기름 짜는 틀이 발견되었다. 이것은 매년 1000톤의 올리브 기름을 생산할 수 있는 시설로서 주전 7세기 때 에그론이 고대 근동 지역에서 가장 큰 올리브 산업 중심지였음을 보여주었다.

그데라[1] 유다 Gederah (הַגְּדֵרָה 성벽, 포도원의 담) / 산울
게데라(Gedera)   31° 49′ 22.53″ N 34° 46′ 38.88″ E

유다 지파의 영토 중에서 평지에 있던 그데라[1](유다)는 유다 지파의 성읍으로 쉐펠라 지역에 있는 열네 성읍 중의 하나로 아세가, 사아라임, 아디다임, 그데로다임 부근에 있었다(수 15:36). 그데라는 동명이지로 그데라[1](유다; 수 15:36)과 요사밧의 고향인 그데라[2](기브온)이 있다. 그데라는 개역한글판이나 개역개정판에서는 산울로 번역되었기에 산울과 그데라[1](유다)는 이명동지로 볼 수 있으며 공동번역서는 산울이 그데라로 번역되었다(대상 4:23).

최근에는 게데라를 그데라[1](유다)로 추정한다. 이곳은 유다 지파의 서쪽 경계에 있으며 쉐펠라 지역에 있는 성읍이기에 그데라[1]로 추정된다. 소렉 골짜기가 지나가고 바알랏과 식그론 사이의 남쪽에 있는 이 마을의 동쪽은 마카비 시대의 요새인 케드론(Kedron)으로 보이는 중요한 장소이다. 이 마을은 1884년에 세워졌으며 2017년에 인구가 27,498명이 살고 있다.

케드론으로 추정되는 텔 카트라(Tel Qatra)는 후기 청동기부터 초기 이슬람 시대까지 거주지였다. 이 텔의 남쪽 지역은 1948년까지 있었던 아랍 마을 카트라(Qatra)가 있었는데 이 마을은 1945년에 1945년에 1,210명의 아랍 사람들이 살고 있었다. 이 지역에 1949년에 모샤브 기드론(Kidron)이 세워졌다.

네겝의 양떼

맛만나 부근의 목자와 양

쉐펠라의 벧세메스 지역

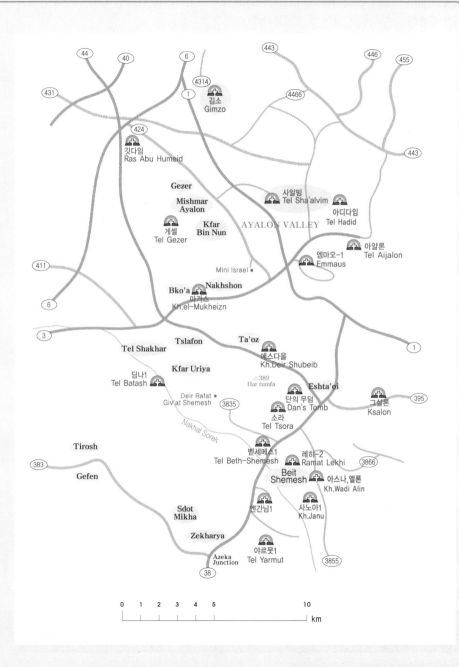

Gimzo / 김소
Gimzo

깃다임
Ras Abu Humeid

Gezer

Mishmar
Ayalon

사알빔
Tel Sha'alvim

아디다임
Tel Hadid

AYALON VALLEY

게셀
Tel Gezer

Kfar
Bin Nun

아얄론
Tel Aijalon

엠마오-1
Emmaus

Mini Israel

Bko'a
마가스
Kh.el-Mukheizn

Nakhshon

Tslafon

Ta'oz

Tel Shakhar

에스다올
Kh.Deir Shubeib

Kfar Uriya

△389
Har tumfa

Eshta'oi

딤나
Tel Batash

Deir Rafat
Giv'at Shemesh

단의 무덤
Dan's Tomb

그살론
Ksalon

소라
Tel Tsora

Nakhal Sorek

Tirosh

벧세메스-1
Tel Beth-Shemesh

레히-2
Ramat Lekhi

Gefen

Beit
Shemesh

아스나,엘론
Kh.Wadi Alin

Sdot
Mikha

엔간님1

사노아
Kh.Janu

Zekharya

야르뭇1
Tel Yarmut

Azeka
Junction

0 1 2 3 4 5   10
└─────────────┴────────┘ km

쉐펠라 (Shephelah)

이스라엘에서 충돌이 잦은 격전지이기에 많은 사건의 배경이 되는 평지(平地; 쉐펠라)는 삼손 같은 인물이 성장한 곳이다. 이곳은 다윗이 쉐펠라(평지) 지역인 엘라 골짜기에서 골리앗을 죽여 민족적인 영웅이 된 곳이다. 평지는 유다 지파에 분배된 지역으로 해안 평야 지대의 블레셋 평야와 유다 산지 사이에 있는 야산 지역이다.

여호수아가 가나안 땅을 정복하고 난 후에 정복한 땅을 지리적으로 기록한 부분에는 산지와 네겝과 평지와 경사지가 포함되어 있는데 평지는 쉐펠라 지역이며 경사지는 중앙산악지대의 동쪽 경사지역을 가리킨다(수 10:40). 한글성경에는 평지라고 번역되어 있으나 쉐펠라를 가르키는 평지(수 10:40; 11:16; 12:8; 15:33; 삿 1:9; 왕상 10:27; 렘17:26; 33:13)와 지형적인 평지(왕상 20:23,25)와 어느 성읍 주위의 평지와 같이 평지로 번역되어 있기에 혼동을 주는 지명이다.

이곳은 히브리어로 쉐펠라(Shephelah)라는 고유명사로 기록되어 있으며 히브리어 본문에서 스무 번 기록되어 있다.

쉐펠라(Shephelah)는 한글 성경에는 평야(平野; 대상 27:28), 평원(平原; 슥 7:7)로 번역되었으며 개역개정판에서 한 곳을 저지대(低地帶; 렘 32:44)로 번역되기도 하였다. 쉐펠라(평지)는 '낮은 지역'의 뜻으로 유다 산지에서 보면 평지라고 볼 수 있다. 쉐펠라의 기준은 차이가 있지만 일반적으로 해발 100m에서 450m 부근까지의 높이가 되는 지역으로 보고 있다. 쉐펠라는 이스라엘의 유다 산

지와 해안 평야 사이에 있는 지형을 가리킨다. 이곳의 북쪽 경계는 아얄론 골짜기이며 남쪽 경계는 와디 엘 헤시(Wadi el-Hesi)이다.

평지(쉐펠라)가 중요한 지형적인 이유는 유다 산지로 이어지는 계곡들이 있기 때문이다. 이 지역은 유다 산지로 가는 자연적인 통로가 되기도 하지만 예루살렘으로 가는 길목을 지키는 방어선이 되는 곳이기에 중요한 지역이다. 이 지역은 계곡에 있는 비옥한 적색 토양으로 인해 비옥한 농경지와 방목지이기에 경제적으로도 중요한 지역이었다.

이 지역은 풍부함을 가리키는 상징이 된 지역이었다(왕상 10:27; 대하 1:15; 9:27; 대상 27:28). 그뿐 아니라 해안 지역의 폭염이나 유다 산지의 추위가 없는 좋은 기후를 가진 지역이기에 거주지로도 적합하여 이 지역에 많은 성읍들이 있었다. 이곳에 아얄론 골짜기(수 10:12), 소렉 골짜기(삿 16:4), 엘라 골짜기(삼상 17:2), 스바다 골짜기(대하 14:10)가 있다. 평지(쉐펠라)에는 유다 지파의 열네 성읍이 있었는데 그 성읍들은 에스다올, 소라, 아스나, 사노아, 엔간님, 답부아, 에남, 야르뭇, 아둘람, 소고, 아세가, 사아라임, 아디다임, 그데라, 그데로다임이다.

김소 Gimzo (גִּמְזוֹ)

김조(Gimzo)   31˚55′35.28″N 34˚56′32.90″E

유다 왕국이 블레셋에게 빼앗긴 성읍 중 하나로 성경에 한 번 기록된 곳이다. 아하스 왕 때 블레셋 사람들이 유다 평지와 네게브 지방을 침략하여 빼앗은 성읍 중 하나였다 (대하 28:18). 김소라는 이름은 이 지역에 많은 돌무화과 (뽕나무; Sycamore tree 대하 1:15)인 고메즈(Gomez)에서 유래한다. 이곳은 벧세메스, 아얄론, 소고, 딤나 부근에 있는 성읍이었다. 김소는 모샤브 김조(Moshav Gimzo)로 동일시되었다. 모샤브 김조는 이곳에 있는 아랍 마을 김주(Jimzu)가 있었다. 1948년 독립전쟁후에 1950년에 이곳에 모샤브가 세워졌고 2017년에는 1,201명이 살고 있다. 이 마을에는 텔 김조가 있으며 이곳에서는 헬라, 로마, 비잔틴 시대의 토기가 발견되었다.

김소마을 입구에 있는 텔 김조

깃다임 Gittaim (גִּתַּיִם 두 개의 포도주틀)
라스 아부 후메이드(Ras Abu Humeid)　　　31°54′08.36″N 34°53′26.58″E

다윗 시대의 내전 상황에서 브에롯 사람들이 박해를 피해 갔던 피난처였던 깃다임은 사울의 아들 이스보셋의 군 지휘관 레갑의 고향으로 브에롯 사람들이 난을 피해 갔다고 계속해서 머물러 살고 있던 성읍이다(삼하 4:3). 바벨론 포로 귀환 후에 베냐민 지파는 깃다임에서 정착했다(느 11:33). 깃다임의 뜻은 "두 개의 가드(Double Gath)", 또는 "두 개의 포도주 틀(Double Winepress)"이다. 깃다임으로 추정되는 곳은 라스 아부 후메이드(Ras Abu Humeid)이다. 이

곳을 깁브돈으로 추정하기도 했으나 요새화된 성읍이 아니어서 설득력이 없어졌고 깃다임으로 추정된다. 이곳은 게셀에서 북서쪽으로 6㎞ 떨어져 있으며 비옥한 평야 지대에 있는 낮은 언덕이다. 이곳에서 초기 · 후기 철기 시대와 페르시아, 로마, 비잔틴, 아랍 시대의 유물이 발견되었다.

깁브돈 Gibbethon (גִּבְּתוֹן 오르막, 언덕)
텔 말라트(Tell Malat)　　　31°51′22.31″N 34°51′55.24″E

여호수아가 레위 지파 고핫 자손에게 준 지역으로 단 지파의 성읍이었다(수 19:44; 21:23). 유다 왕 아사 때 북이스라엘 여로보암의 아들인 나답이 바아사에게 살해된 곳이었는데 이때 깁브돈은 블레셋의 영토였다(왕상 15:27). 유다 왕 아사 때 북이스라엘에서는 시므리가 디르사에서 칠 일 동안 왕이 되었다. 블레셋 땅인 깁브돈을 치려고 포진 중인 북이스라엘 군대는 지휘관인 오므리를 왕으로 추대하였고 북이스라엘의 왕이 된 오므리는 모든 병력을 이끌고 디르사를 포위하여 함락시켰고 시므리는 왕궁 요새에서 불을 지르고 죽었다(왕상 16:15-17).

깁브돈은 투트모세 3세의 정복 도시 목록에 기록된 곳이었다. 깁브돈의 추정 장소는 텔 말라트(Tell Malat), 라스 아부 하미드(Ras Abu Hamid)이다. 라스 아부 하미드는 요새화된 성읍이

아니었으나 텔 말라트는 요새화된 성읍이었기에 깁브돈의 추정 장소와 동일시된다. 텔 말라트는 지중해에서 20㎞ 떨어진 해안 평야 지대에 있는 조그마한 언덕 위에 있다. 이곳에서는 초기 · 중기 · 후기 청동기, 초기 · 후기 철기 시대, 페르시아, 로마, 비잔틴, 아랍 시대의 유물이 출토되었다.

텔 말라트

엔간님¹ 유다 En-Gannim (עֵין גַּנִּים 동산의 샘)
베이트 지말(Beit Jimal)　　　　　　　　31°43′28.01″N 34°58′35.72″E

유다 지파의 영토로 쉐펠라(평지)에 있는 평범한 성읍이었으며 주위에 에스다올, 소라, 아스나, 사노아, 답부아, 아둘람이 있었다. 엔간님은 동명이지로 엔간님¹(유다; 수 15: 34), 엔간님²(잇사갈; 수 21:29)이 있다. 이곳은 개역한글판에서 언간님(수 19:21)으로 번역된 지명이었으나 개역개정판에서 엔간님으로 번역되었다. 이곳은 쉐펠라(평지)에 있는 베이트 지말(Beit Jimal)과 동일시되고 있다. 이곳은 1838년에 에드워드 로빈슨이 무슬림 마을인 베이트 엘 제말(Beit el-Jemal)로 기록한 곳이다 베이트 지말은 '낙타의 집' 이라는 뜻이다. 베이트 지말 가까이에는 후기 로마 시대의 중요한 성읍이었던 베이트 나티프(Bayt Nattif / Beit Nattif) 가 있었다.

이곳은 카톨릭 수도원이 자리잡고 있으며, 수도원 안에는 스데반의 무덤이 있다고 하는 동굴이 있기에 스데반 교회가 있다. 이 교회는 5세기인 비잔틴 시대의 교회가 1916년에 발견되어 1930년에 건축되었다. 이 교회 안에는 15세기의 모자이크가 있다. 2017년에는 6세기의 비잔틴 시대의 수도원이 발굴되었는데 큰 규모의 모자이크가 발견되었다.

사알빔 Shaalbim (שַׁעַלְבִים 여우들의 거처) /사알림/사알랍빈/사알본
텔 사알빔(Tel Shaalbim)　　　　　　　　31°52′09.08″N 34°59′11.65″E

단 지파가 할당받았으나 점령하지 못했던 아모리의 성읍인 사알빔은 요셉 가문의 힘이 강성한 후에야 아모리 족속에게 노역을 시킨 곳이었다(삿 1:34,35). 사알빔은 이명동지로 사알림(삼상 9:4), 사알랍빈(수 19:42), 사알본(삼하 23:32; 대상 11:33)과 같은 곳이다. 사알빔은 솔로몬 때 두 번째의 행정 구역이 된 성읍이었다(왕상 4:9). 사알빔 가까이에는 단 지파의 경계 안에 마아가와 벤세메스가 있었다. 이곳은 다윗의 용사 중 엘리아바와 요난의 고향이었고(삼하 23:32; 대상 11:33) 사울이 암나귀들을 찾아다닌 지역 중 한 곳이었다(삼상 9:4). 사알빔은 아얄론 골짜기에 있는 텔 사알빔(Tel Shaalbim)으로 동일시되었다.

이곳에서 1949년의 발굴을 통해 비잔틴 시대(주후 4-5세기) 바실리카 양식의 모자이크가 있는 사마리아인들의 회당 건물이 발견되었다. 이 모자이크는 15.4X8m 의 크기이다. 이곳은 1948년 전에는 살비트(Salbit)라는 팔레스틴 아랍 마을이 있었던 곳이나 지금은 키부츠 사알빔이 있다. 제롬(347-420년)은 이곳이 셀레비(Selebi)라고 기록했다.

게셀 Gezer (גֶּזֶר 지분, 한부분)
텔 게셀(Tel Gezer)
31° 51′ 32.20″ N 34° 55′ 06.44″ E

애굽의 바로 왕이 점령하여 딸에게 주었다가 솔로몬이 정략결혼으로 되찾아 다시 건축한 요새였다. 게셀은 가나안의 중요한 도시로 여호수아의 군대에 의해 패전한 도시였으나(수 10:33) 이스라엘은 이곳에서 가나안 사람들을 쫓아내지 못하였다(수 16:10). 후에 게셀은 레위 지파 그핫 자손에게 분배되었으며(수 21:21) 솔로몬 때 이집트의 바로는 이곳을 점령하여 사위가 된 솔로몬에게 게셀을 선물로 주었고(왕상 9:16) 솔로몬은 이곳을 요새로 만들었다(왕상 9:17). 게셀은 텔 엘 자자리(Tell el-Jazari)로 부르던 33에이커 크기의 텔 게셀(Tel Gezer)과 동일시되었다. 요새화된 도시였던 게셀에서는 가나안의 거대한 성소와 솔로몬의 성문이 발견되었고 1년 동안의 농사 활동을 기록한 게셀의 농사력도 발견되었다.

이 장소는 1871년 틀레몽 간노가 처음으로 지점 확인을 하였고 2년 후에 그는 언덕 근처에 있는 그 유명한 경계 비문을 처음으로 발견하였다. 그것은 헤롯 시대 때의 유대인들의 비문으로 "게셀의 경계"라고 쓰여 이 장소가 고대의 게셀임을 확증시켜 주었다. 게셀은 경사면이 세펠라 북쪽 지역과 만나는 유대 산등성이의 자락 끝에 위치하고 있다.

이곳은 두 시기에 걸쳐서 발굴되었는데 처음은 1940-50년대에 메칼리스터에 의하여 이루어졌다. 그는 셈족 시기로 1,2,3 시기로 나누어 초기 청동기 시대부터 철기 시대까지 편년하였지만, 시기를 명확하게 구분하기가 어렵다. 1960년대 히브리 유니온 칼리지의 라이터와 이후 디버에 의하여 발굴되었다. 세겜을 발굴한 이후 게셀 발굴을 시작한 미국인들을 통하여 게셀의 층위학적인 관계와 지층들에서 나온 유적과 유물을 역사적, 성서적 사건과 기술들과 관련시키고자 시도하였다. 이곳에서는 발굴은 통하여 26개의 지층이 확인되었다. 게셀은 석동기 시대부터 정착하기 시작하였고(지층 26), 초기 청동기 시대에 와서는 다른 장소와는 달리 요새화가 이루어지지 않고 동굴에 거주하거나 빈약한 모습의 가옥에 거주한 모습을 지녔다(지층 25-22). 중기 청동기 중반에 와서 게셀은 가장 번영된 시기를 맞이하게 되는데 (지층 21), 이 시기에 요

게셀의 농사력
－이스탄불 고고학박물관

새화는 이루어지지 않았지만 정교한 가옥의 등장, 계획화된 모습의 가옥과 뜰의 배열, 정교한 석회 바닥 등의 건축 모습을 보여주고 있다. 그 이후 게셀은 처음으로 요새화된 도시의 모습을 가지게 된다. 망대와 성문을 건축되었으며, 최대 높이 3m에 이르는 거대한 돌들이 일렬로 늘어선 주상들과 제의 시설이 이 시기에 등장하였다(지층 19-18).

투트모세 3세의 정복에 의한 파괴 이후 게셀은 후기 청동기 시기에는 국제적인 관계를 지닌 것으로 판단되는 구브로(키프로스) 수입 토기, 이집트 유리, 알라바스터, 상아 제품, 미케네 영향을 받은 테라 코타 관 등이 이 시기의 지층들에서 출토되었다. 또한 후기 청동기 시대에 처음으로 바깥쪽에 성벽이 다시 건설되었고, 수로가 이 시기에 건설되었을 것으로 추정된다. 다른 장소인 하솔, 므깃도, 벧세메스, 아랏 등에서 알려진 수로는 그 형태가 잘 알려진 반면 게셀에서 발견된 수로는 어떠한 형태인지 아직까지 자세히 알려지지 않았다. 철기 시대의 지층(지층 13-11)에서 발견된 블레셋 토기들은 블레셋과의 밀접한 관계를 보여주는 것이다. 이후의 두 지층(지층 10-9)은 블레셋 이후와 솔로몬 이전 시기의 중간기로서 심각한 파괴로 종말을 맞이하게되었다. 이 때의 파괴는 이집트 21왕조의 시아문에 의한 것으로 추정되고 있다. 지층 8의 도시는 야딘에 의하여 주장된 바 솔로몬의 도시로서 하솔, 므깃도와 함께 쉐펠라 지역에 세워진 도시의 모습을 보여주고 있다. 게셀에서도 6실 성문과 포곽벽으로 이루어진 요새화의 모습을 보여주고 있으며 이와 함께 궁전이 건설되었다. 주전 9세기 때의 게셀은 성문이 재건되어 4실 성문의 모습을 지녔는데, 이는 므깃도 지층 4A에서 발견된 것과 동일한 것이다. 이 성문과 궁전은 주전 8세기 말 디글랏 빌레셀 3세의 원정 때 (주전 733-732년) 파괴되었다(지층 6).

이후 게셀은 앗수르의 영향을 받는 도시가 되었으며 두 개의 앗수르 토판이 발견되었다. 유다 왕정이 찍힌 항아리 손잡이가 발견되어 요시야 시대 때 유다의 통치권에 속하였을 것으로 추정된다(지층 5). 이 지층은 6세기 초에 바벨론의 원정으로 심한 파괴를 겪은 이후 한 동안 버려졌다가 주전 5-4세기 때 빈약한 모습의 정착 형태를 보여주었다(지층 4). 그후에 주전 3-2세기인 헬라 시대를 거쳐(지층 3-2) 초기 로마 시대의 유적이 발굴을 통하여 알려졌다 (지층 1).

청동기 시대(주전 2000-1600년)의 제의가 있었던 종교적인 장소의 주상들

마가스 Makaz (מָקַץ 잘라내다)
키르벳 엘 무케이즌(Kh. el-Mukheizn)　　　　31° 49′ 55.86″N 34° 55′ 48.14″E

솔로몬에게 식량을 공급한 성읍 중 하나로 성경에 한 번 기록된 곳이다. 솔로몬의 행정구역의 두 번째에 해당되는 벤데겔이 다스리는 곳에 있는 성읍이다(왕상 4:8,9). 이곳은 키르벳 엘 무케이즌(Kh. el-Mukheizn)으로 동일시된다. 이곳은 사알빔과 벧세메스 가까이에 있어 단 지파의 경계 안에 있었다. 이곳은 쉐펠라(평지) 지역에 있으며 아얄론 골짜기와 소렉 골짜기 사이에 있었을 것으로 추정된다. 이곳은 게셀과 딤나 사이에 위치하는데 게셀에서 남동쪽으로 약 4km 지점에 있고 딤나에서 북동쪽으로 약 6km 지점에 있다.

엠마오 ⁻¹ Emmaus (Ἐμμαύς)
라투룬(Laturn)　　　　31° 50′ 21.74″N 34° 59′ 21.20″E

낙심하여 돌아가던 제자들이 부활하신 예수를 만난 엠마오는 예수께서 고향으로 돌아가는 제자들을 만나 다시 예루살렘으로 돌아가게 한 중요한 곳이다(눅 24:13). 엠마오로 추정되는 곳은 네 곳이 있을 정도로 정확한 위치가 확인되지 않고 있다. 엠마오 추정장소는 라투룬(Laturn), 엘 쿠베이바(el-Qubeiba), 기럇여아림으로 추정되는 아부 고쉬(Abu Ghosh), 모사(Moza)가 있다. 엠마오(Emmaus)라고 불리는 라투룬은 예루살렘에서 약 30km, 엘 쿠베이바는 약 12km, 아부 고쉬는 약 17km, 모사는 약 6km 떨어져 있다.

　라투룬은 엠마오(Emmaus) 또는 임와스(Imwas)라고 불리고 있다. 엠마오로 동일시되고 있는 이곳은 엠마오 니코폴리스로 불려졌으며 로마의 지도책에도 기록된 곳이다. 유세비우스와 제롬은 엠마오가 니고폴리스(Nicopolis)라고 불려졌다고 했다. 이곳에는 지금도 남아 있는 비잔틴 시대의 교회가 세워졌다. 이곳에서는 신 구약 중간시대의 성벽, 1세기의 매장 동굴, 3세기의 로마 목욕탕, 비잔틴 시대의 교회, 착유기, 무덤과 유물들이 발굴되었다. 시내산 사본(Codex Sinaiticus)의 누가복음은 예루살렘에서 엠마오까지가 160 스타디움(약 30km)라고 기록되어 있다. 주후 68년에 로마의 베스파시아누스 황제는 이곳에 요새화된 캠프를 세웠으며 주후 131년에 지진으로 파괴되었으나 재건되고 '승리의 마을' 이란 뜻의 니고볼리(Nicopolis)로 개명되었다. 7세기에 이곳은 임와스로 불려졌다. 이곳은 12세기에도 동방정교회에 의해 엠마

오로 동일시되었다. 1838년에 에드워드 로빈슨은 이곳을 답사하였다. 1863년에 괴랭은 이곳을 엠마오 니고볼리(Emmaus Nicopolis)로 동일시하였다. 1949년에 요르단의 영토가 되었으나 1967년 6월 7일 이후에 폐허가 되었다. 임와스(Imwas)는 아얄론과 같이 캐나다 공원 안에 있으며 1967년까지 2,015명이 살던 팔레스틴 아랍 마을이다. 1973년에 캐나다의 유대인 후원으로 아얄론 계곡에 있는 큰 공원이 되었다.

아디다임 Adithaim (עֲדִיתַיִם 이중장식)
텔 하디드(Tel Hadid)
31° 52′ 46.95″N 35° 00′ 52.35″E

유다 지파의 성읍 중에서 쉐펠라(평지)에 있는 열네 성읍 중의 하나로 성경에 한 번 기록된 성읍으로 사아라임과 그데라 부근에 있었다(수 15:36). 아벨(Abel)은 아디다임이 시삭 왕의 도시 목록의 25번(Kdtm)으로 보았으며 엘 하디데(el-Haditheh)라고 불리던 텔 하디드(Tel Hadid)로

추정했다. 이곳은 하딧의 추정지인 텔 하디드와는 다른 곳이다(느 11: 34). 이곳은 아얄론 추정지인 얄로(Yalo)에서 북서쪽으로 4km 떨어진 언덕 지대에 있는 텔(Tell)로 모딘 마카빔 레우트(Modin-Maccabim-Reut)라는 도시의 남쪽에 있으며 언덕 위에는 고대 거주지와 고대 건물 유적이 있다.

에스다올 Eshtaol (אֶשְׁתָּאוֹל 청원)
키르벳 데이르 슈베이브(Kh. Deir Shubeib)
31° 47′ 49.90″N 34° 59′ 10.82″E

단 지파 영토의 동쪽에 있었던 소라와 이르세메스 사이에 있는 단 지파의 성읍으로 기록되었으나 유다 지파의 성읍으로도 기록된 곳이다(수 15:33; 19:41). 하나님의 영이 삼손을 움직이기 시작하신 곳인 에스다올은 삼손이 하나님의 신에 감동되었을 때 마하네단의 위치를 설명할 때에 언급된 곳으로 소라와 마하네단 가까이에 있었다(삿 13:25). 에스다올은 고대이름이 남아 있는 키르벳 데이르 슈베이브(Kh. Deir Shubeib)로 동일시되고 있다.

이곳은 에스다올이라고 불리는 현대 마을 1948년 독립전쟁 전에 있었던 아랍 마을이 었던 이쉬와(lshwa)와 이슬린(lslin)과 가까이 있는 유적이다. 이곳은 55두남 크기의 유적으로 소렉 골짜기와 소라가 있는 지역을 한 눈에 바라볼 수 있는 높은 지역이다. 이곳에서 초기 청동기, 후기 철기, 페르시아, 헬라, 로마, 비잔틴, 마믈룩, 오토만 시대의 유물이 나왔다. 팔레스틴 역사학자인 칼리디(Walid Khalidi)는 북쪽으로 0.5㎞ 떨어진 곳에 있는 데이르 아부 알 쿠부스(Dayr Abu al Qubus)를 에스다올로 추정 하기도 한다.

2007년부터 2012년까지 이루어진 이스라엘 고고학청(lsreal Antiquities Authority)에 의해 발굴이 이루어졌다.

에스다올 교차로와 심손(Shimshon) 교차로 부근의 발굴과 신석기, 석동기, 청동기의 유적이 발견되었으며 바위를 절단한 무덤, 채석장, 성벽이 발견되었다.

아얄론 [1] 단 Aijalon (אַיָּלוֹן 사슴의)

텔 아얄론(Tell Aijalon)

31˚50′28.22″N 35˚01′24.67″E

달이 멈춘 기적이 일어난 아얄론 골짜기에 있었던 아얄론은 단 지파의 영토였으며 에브라임 지파의 경계가 되는 성읍이었다(수 19:42; 삿 1:35). 이곳은 레위 지파 그핫 자손에게 다시 주어진 성읍이다(수 21:24; 대상 6:69). 아얄론은 동명이지로서 단 지파의 아얄론[1](단), 아얄론[2](스불론), 아얄론 골짜기가 있다. 단 지파는 아얄론 사람들을 쫓아내지 못하였으나 후에 에브라임 지파가 그들을 다스렸다(삿 1:35). 요나단은 믹마스 전투 때 패주하는 블레셋 군대를 아얄론 지역까지 추격했다(삼상 14:31). 베냐민 지파의 브리아와 세마는 아얄론을 다스렸다(대상 8:13). 르호보암이 국방을 강화할 때에 아얄론은 요새로 건축이 되었다(대하 11:10).

아얄론은 텔 얄로(Tell Yalo)와 텔 코카(Tell Qoqa)와 동일시되었다. 텔 얄로는 예루살렘에서 서남쪽으로 20㎞ 떨어져 있고 게셀에서 동남쪽으로 10㎞ 떨어져 있으며 아얄론 골짜기가 한눈에 내려다보이는 위치에 있다. 텔 코카는 조그마한 계곡으로 분리되어 있으며 텔 얄로의 남동쪽에 있는데 같은 성읍으로 보아도 무리가 없는 가까운 곳에 있다. 텔 얄로는 중기 · 후기 청동기, 전기 · 후기 철기, 페르시아, 로마, 비잔틴, 중세기, 오토만 시대의 거주지였다. 텔 코카에서는 초기 · 중기 · 후기 청동기, 초기 · 후기 철기 시대의 토기가 발견되었다.

얄로에는 팔레스틴 아랍 마을 얄로가 있었으며 1838년에 에드워드 로빈슨이 제롬과 유세비우스의 기록에 근거 하여 지명에 유사성으로 인해 아얄론으로 동일시하였다. 십자군 시대에 카스트룸 아르날디(Castrum Arnaldi)라는 십자군 요새가 되었다. 얄로는 1945년에는 1,220명이, 1961년에는 1,644명이 살았는데 1948년 전쟁 후에는 피난민이 오면서 인구가 급증하였고, 1967년 전쟁 후에는 이스라엘의 영토가 되면서 마을은 파괴되었다.

지금은 캐나다 공원으로 되어 있으며 이 공원 지역 안에는 얄로와 엠마오의 추정지 중의 하나인 임와스(Imwas)와 데이르 아윱(Dayr Ayyub)이 있었으며 북동쪽에는 베이트 누바(Bayt Nuba)가 있었다. 베이트 누바는 성경의 눕으로 추정되기도 한다. 베이트 누바는 1970년에 세워진 유대인 거주지인 메노 호론(Mero Horon)에 있었던 팔레스틴 아랍 마을이다.

텔 코카(Tell Qoqa)

텔 얄로

소라 Zorah (צָרְעָה 말벌들의 장소)
텔 소라(Tell Zorah)

이스라엘의 영웅인 삼손의 아버지 마노아의 고향이다. 소라는 단 지파에 배당된 성읍으로 에스다올과 함께 단 지파의 중심이 되었다(수 19:41). 이곳은 삼손이 태어났으며 삼손이 묻힌 곳이다(삿 13:2; 16:31). 단 지파가 북쪽으로 터전을 옮긴 후에는 유다 지파의 영토가 되어 기럇여아림 자손이 거주했다(수 15:33; 대상 2:54,55). 르호보암이 쉐펠라 지역의 성읍들을 요새화 할 때 소라도 포함되었고(대하 11:10) 바벨론에서 돌아온 유대인들도 이곳에 정착하였다(느 11:29). 소라는 아마르나 서신에도 기록이 되었는데 게셀 왕국에 속한 성읍이었다. 텔 소라(Tell Zora)라고 불리는 이곳은 소렉 골짜기가 내려다보이는 높은 산봉우리에 있는 45두남 크기의 유적으로, 후기 철기, 로마, 비잔틴, 오토만 시대의 유물이 발견되었으며 이곳에는 최근에 만든 삼손과 마노아의 가묘가 있다. 텔 소라에는 1948년에 394명이 살았던 아랍 마을 사라(Sar' a)가 있었다. 이 마을은 수라(Sur' a)나 조라(Zorah)로 불렸던 로마 시대에는 사레아(Sarea)로 불렸으며 해발 350m의 고지 위에 있다. 요세푸스는 이 마을을 사라사트(Sarasat)라고 기록했다.

1517년의 오토만 시대에는 무슬림 17가정 94명이 살고 있었다. 1838년에 에드워드 로빈슨은 이 마을을 기록했고 1863년 괴랭은 약 300명의 주민이 살고 있다고 기록했다. 콘더(C. R. conder)는 1873년에 이곳을 방문 하고 성경의 소라라고 서술했다. 이 마을의 남서쪽 2km 지점에는 1948년에 설립된 소라(Zorah /Tzora)가 있으며 2017년에 908명의 주민이 살고 있다.

소렉 골짜기 Valley of Sorek (נַחַל שׂוֹרֵק 포도나무의 골짜기)
나할 소렉(Nahal Sorek)

삼손이 사랑한 여인 들릴라가 살던 곳으로 성경에 한 번 기록되었으나(삿 16:4), 소렉 골짜기에 대한 내용은 여러 번 등장하는 중요한 지역이다. 소렉 골짜기는 지금도 소렉 골짜기(Nahal Sorek)라고 불린다. 쉐펠라(평지) 지역에 있는 소렉 골짜기는 단 지파가 분깃으로 받은 지역에 있었으며(수 19:40-43), 삼손의 활동 무대였다(삿 13:1-16:31). 이곳은 블레셋으로부터 언약궤가 귀환한 통로였다(삼상 6:1-21). 유다 왕 아마샤와 이스라엘 왕 요아스 사이의 전투가 일어난 지역이었으나(왕하 14:8-14), 후에 유다 왕 아하스 때 블레셋이 이 지역을 점령하였다(대하 28:16-21). 소렉 골짜기가 있는 지역에 벧세메스, 소라, 에스다올, 에그론, 딤나가 있다.

딤나 [1] 쉐펠라 Timnah (תִּמְנָה 분배)

텔 엘 바타쉬(Tell el-Batashi)

31° 47′ 06.98″ N 34° 54′ 42.06″ E

삼손이 결혼한 블레셋 여자가 살았던 단 지파에 속한 성읍으로(수 19:43) 삼손이 살던 소라 가까이에 있던 블레셋의 땅이었다(삿 14:1,2). 삼손은 딤나의 블레셋 여인과 결혼했으나 블레셋 사람들은 삼손에 대한 보복으로 삼손의 아내와 장인을 살해했다(삿 15:6). 이곳은 쉐펠라(평지)의 소렉 골짜기에 있었기에 블레셋과 전쟁이 자주 일어난 곳이었다(대하 28:18).

딤나는 텔 엘 바타쉬(Tell el-Batashi)와 동일시된다. 이곳은 언덕 위에 있는 텔이 아니라 소렉 골짜기의 평지 위에 인공으로 세워진 특징이 있다. 소렉 골짜기의 남쪽 둑 근처에 자리잡은 텔 바타쉬는 벧세메스에서 서쪽으로 약 7km 떨어진 곳에 위치하고 있다. 이 지점이 성경의 어떤 장소와 동일시될 수 있는가 논란이 있다가 서쪽의 텔 미크네가 블레셋 도시의 하나인 에그론으로 확증되면서 이 장소는 성서 몇 구절에서 이 지역 주변에 있는 도시로 언급되고 있는 딤나로 동일시되고 있다. 이곳은 1977년부터 1989년까지 켈름과 마자르에 의해 발굴되었다.

거의 정사각형 모습을 하고 있는 이 장소는 아래 쪽에서 가로와 세로가 약 200m가 되는 약 4 헥타르 크기를 지니고 있다. 이곳에서는 총 12개의 지층이 발견되었으며, 중기 청동기 시대부터 정착하기 시작하여 페르시아 시대까지 사람들이 정착한 모습을 보여주고 있다.

지층	시대	주요 발견물	관련된 민족과 사건
1	페르시아 시대		페르시아 시대, 빈약한 정착
2	후기 철기 시대 말 (주전 7세기)		주전 약 600년 느브갓네살에 의한 파괴 (화재), 그 당시는 에그론 왕국의 지배를 받은 도시
3	후기 철기 시대 중 (주전 8세기)	12개의 람멜렉 인장, 도시 성벽과 성문	주전 701년 부분적인 파괴, 산헤립에 의한 정복 (엘테케, 딤나, 에그론), 웃시야 시대 때 유다 도시로 병합
정착 공백 기간 (주전 9세기)			
4	후기 철기 시대 초 (주전 10세기)	빈약한 건물, 요새화 되지 아니함. 적색 덧입힘과 손마름질 된 토기의 등장, 비문: 벤 하난	다윗과 솔로몬 시대, 주전 926/925년 시삭에 의한 파괴
5	초기 철기 시대 (주전 12세기 말-11세기)	블레셋 두 채색 토기	블레셋인들의 도시
6	후기 청동기 시대 말 (주전 13세기)		가나안인들
7	후기 청동기 시대 중 (주전 14세기)	수입토기들, 아멘호텝 3세의 스캐럽	아마르나 시대, 화재로 파괴
8	후기 청동기 시대 초 (주전 15세기 말)	족장 건물?, 수입 토기 화재로 파괴	
9	후기 청동기 시대 초 (주전 15세기)	성벽	화재로 파괴
10	중기 청동기 시대 말- 후기 청동기 시대 초 (주전 16세기-15세기)	두 채색 토기	화재로 파괴
11	중기 청동기 시대 중	약 5미터의 방어벽, 해자?, 요새	가나안인들
12	중기 청동기 시대 중	약 5미터의 방어벽, 해자?, 요새	가나안인들

마하네단 Mahaneh-Dan (מַחֲנֵה־דָן 단의 진영)

단의 무덤(Dan's Tomb) 31° 47′ 08.80″N 34° 59′ 55.97″E

마하네단은 소라와 에스다올 사이에 있으며 기럇여아림 뒤에 있었다. 성경에 두 번 기록된 성읍으로 삼손이 여호와의 신에게 감동을 받았던 곳이다(삿 13:25). 새로운 땅을 찾아 떠나는 단지파의 육백 명이 진을 쳤던 곳이다(삿 18:12). 마하네단이 어느 곳이었는지는 정확히 알 수 없으나 장소가 확인된 소라와 에스다올 사이로 추정한다. 이스라엘 사람들이 단의 무덤이라고 하는 곳이 있다.

그살론 Chesalon (כְּסָלוֹן 신뢰) /여아림 산
케슬라(Kesla)
31˚46´39.49˝N 35˚04´03.25˝E

유다 지파의 영토이며 유다 지파의 북쪽 경계선의 서쪽에 있는 곳으로 성경에 한 번 기록되었다(수 15:10). 그살론은 예루살렘 시쪽으로 약 20㎞ 지점에 있는 케슬라(Kesla/Kasla)의 폐허로 추정되고 있는데, 그 근거는 이름을 보존하고 있기 때문이다. 그살론은 요새화된 마을이 아니기 때문에 텔(Tell)을 형성하고 있지 않다. 그살론은 세일 산과 벧세메스 사이에 있으며 여아림 산과 같은 곳이기에 이명동지이다. 여아림 산은 '숲이 있는 산'이란 뜻으로 유다 산지의 숲이 우거진 곳이다. 1945년에 450명 살았던 이곳은 케슬라 라는 아랍 마을이 1948년까지 자리 잡고 있었다. 이 마을은 1596년의 오토만 시대에는 키스리(Kisli), 키스라(Kisla)로 불렀다. 1863년에 괴랭(Victor Guerin)의 기록에 29가정 83명이 살고 있다고 했다 1883년에는 케슬라(Kesla)라고 기록되었다. 이 마을은 가나안 시대, 이스라엘 시대, 로마 시대의 유적과 다른 시대의 몇 개의 유적(Khirbet)도 남아 있다.

사노아[1] 쉐펠라 Zanoah (זָנוֹחַ 악취, 역겨운)
키르벳 자누(Kh. Zanu)
31˚43´11.04˝N 34˚59´57.56˝E

유다 지파의 성읍 중 쉐펠라(평지)에 있었던 곳으로, 소라, 아스나, 엔간님 부근에 있었던 곳이다(수 15:34). 사노아는 동명이지로 두 곳 모두 유다 지파의 영토로 사노아[1](쉐펠라; 수 15:34)와 사노아[2](마온; 수 15:56)가 있다. 이곳은 키르벳 자누(Kh. Zanu)로 동일시되었다. 이곳은 62두

남 크기의 유적지로 후기 청동기, 후기 철기, 페르시아, 헬라, 비잔틴, 오토만 시대의 토기가 이곳에서 발견되었다.

콘더(C. R. Conder)와 키체너(H. H. Kitchener)는 1881년에 이곳을 답사했다. 키르벳 자누의 북쪽에는 1950년에 예멘에서 온 유대인들이 세운 모샤브 사노아가 자리잡고 있다. 이곳에는 2017년에 486명의 유대인이 살고 있다.

레히 -2 Lekhi (לְהִי 턱뼈)
키르벳 에스 시야그(Kh. es-Siyyagh)   31˚ 44´ 56.01˝N 34˚ 58´ 54.12˝E

삼손이 나귀의 턱뼈로 천 명의 블레셋 사람을 죽인 곳이다. 삼손이 블레셋 아내와 장인을 살해한 블레셋 사람들에게 보복하자 블레셋 사람들이 유다를 공격하기 위해 레히에 모였다(삿 15:9). 레히에는 라맛 레히와 엔학고레가 있다. 라맛 레히는 삼손이 나귀의 턱뼈로 블레셋 사람 천 명을 죽이고 나서 턱뼈를 던지고 난 후 '턱 뼈의 산'이라는 뜻으로 라맛 레히라고 불렸다(삿 15:17). 목이 말라 부르짖는 삼손을 위해 주신 샘물은 '부르짖은 자의 샘'이라는 뜻으로 엔학고레라고 불렸다(삿 15:19). 레히에 대한 근거는 미약하지만 학자들은 레히의 추정 장소를 키르벳 라퀴야(Kh. Laqiya)와 키르벳 에스 시야그(Kh. es-Siyyagh)로 보고 있다.

딤나에서 동쪽으로 7㎞ 지점에 있는 현대 벧세메스가 있는 곳으로 지리적으로 볼 때 이곳이 레히라고 추정이 가능한 곳이다. 지금 이스라엘에서 이 지역을 라맛 레히(Ramat Lekhi)라고 부르고 있다.

엘론 Elon (אֵילוֹן 상수리나무)
키르벳 와디 알린(Kh. Wadi Alin)   31˚ 44´ 40.15˝N 34˚ 59´ 43.45˝E

단 지파에게 분배된 성읍인 엘론은 성경에 한 번 기록된 지명으로 이들라와 딤나 부근에 있었던 곳이다(수 19:43). 엘론은 벧세메스에서 동쪽으로 약 1.5㎞ 떨어진 키르벳 와디 알린(Kh.Wadi Alin)으로 추정되기도 한다. 이곳에 동굴 거주지의 유적이 남아있으며 이곳은 아스나 [1](쉐펠라)의 추정지이기도 하다.

아스나 [1] 쉐펠라 Ashnah (אַשְׁנָה 강한)
키르벳 와디 알린(Kh.Wadi Allin)   31˚ 44´ 40.15˝N 34˚ 59´ 43.45˝E

쉐펠라(평지)에 있는 열네 성읍 중 하나로 소라와 사노아 부근에 있었다(수 15:33). 유다 지파의 성읍에 동명이지로 두 곳의 아스나가 있는데 아스나 [1](쉐펠라)와 아스나 [2](그일라)가 있다. 이곳은 두 곳의 추정지가 있는데 키르벳 와디 알린(Kh.Wadi Allin)과 아세가 동쪽의 아슬린(Aslin)이다. 키르벳 와디 알린(Kh. Wadi Allin)은 쉐펠라(평지) 지역에 있는 벧세메스 남동쪽에 있는 주택가에 있는 유적으로 동굴 거주지의 유적이 남아 있다.

블레셋에서 돌아온 언약궤 때문에 기뻐하였던 곳이다. 이곳은 레위인에게 분배된 성읍으로(수 21:16) 유다 지파의 북쪽 경계에 있었으며(수 15:10) 텔 벧세메스(Tell Beit Shemesh)와 동일시 되었다. 벧세메스(삼상 6:13)는 성경에 네 곳에 기록되었으며 벧세메스[1](쉐펠라), 벧세메스[2](잇사갈), 벧세메스[3](납달리), 벧세메스[4](애굽)가 그곳이며 동명이지이다. 벧세메스[4](애굽)가 있던 단 지파의 성읍이었던 이르세메스(수19:41)와 이명동지이다. 벧세메스는 블레셋과의 경계선에 있었으며 소렉 골짜기에 있었다. 이곳은 소렉 골짜기에 있는 담나에서 서쪽으로 약 6㎞ 떨어져 있고 소렉 골짜기 맞은 편에는 소라가 있다. 유다 왕 아마샤와 북이스라엘 왕 요아스가 이곳에서 전쟁을 하였고 아마샤가 패전했다(왕하 14:11-14). 유다 왕 아하스는 앗수르의 도움으로 이곳을 차지한다(대하 28:18).

텔 에르 루메 레(Tell er-Rumeileh)라고 부르던 텔 벧세메스는 해발 250m의 높이에 있으며 이곳에서 중기 · 후기 청동기 시대와 전기 철기 시대의 거주지, 후기 철기 시대의 토기, 헬라, 로마, 비잔틴, 중세기 시대의 유물들이 발견되었다. 텔 벧세메스에서 중기 청동기 시대의 도시 성벽과 무덤이 발굴되었으며 후기 청동기 시대의 주거지와 유물들이 발견되었다. 이곳에서 초기 · 후기 철기 시대의 인장이 새겨진 토기와 블레셋 스타일의 토기도 발견되었고 헬라, 로마, 비잔틴, 중세기 시대의 토기, 동전, 유물들이 발견되었다. 이곳에는 비잔틴 시대에는 수도원이 있었다.

이곳의 발굴은 1911-12년과 1928-33년에 미국발굴단과 영국발굴단에서 발굴하였다. 1971년에는 이스라엘의 엠쉬타인에 의해 발굴되어 가나안의 신전이 있는 성읍이 발견되었다. 1990년부터 이스라엘의 부니모비취와 레더만 교수에 의해 지금까지 발굴이 계속 되고 있다. 이곳에서는 선사 시대의 이층으로 된 이스라엘의 가옥이 발굴되었다. 사사 시대부터는 돼지 뼈가 전연 발굴 되지 않아 이스라엘 사람들이 거주하고 있는 것이 확인되었다.

주전 8-6세기의 저수조가 발견되었는데 암반을 파서 만들었으며 지하에 4개의 큰 홀이 있는 큰 공간을 가진 유적으로 800㎥의 물을 저장 할 수 있다. 주전 8세기에는 에그론과 같이 올리브 유를 생산하는 도시의 유적이 발견되었다. 필자가 이곳을 답사 할 때 한 고고학자가 같이 발굴을 하자고 권했던 추억이 있는 곳이기도 하다.

현대 벧세메스는 2017년에 114,400명이 사는 도시이다.

텔 벧세메스의 유적

기럇여아림 지역

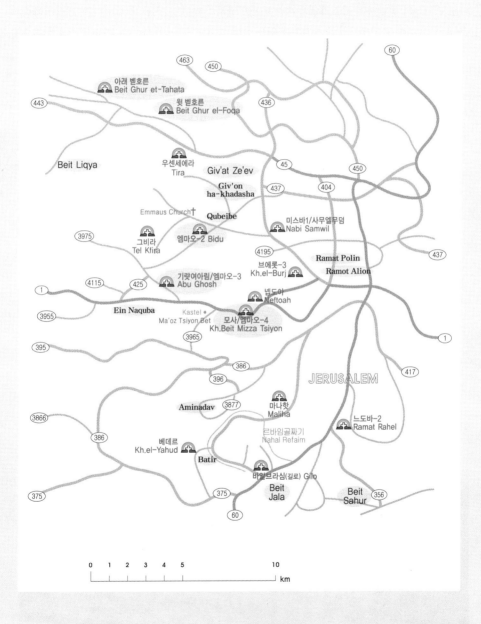

아래 벧호른
Beit Ghur et-Tahata

윗 벧호른
Beit Ghur el-Foqa

우센세에라
Tira

Beit Liqya

Giv'at Ze'ev

Giv'on
ha-khadasha

Emmaus Church †

Qubeibe

미스바1/사무엘무덤
Nabi Samwil

그비라
Tel Kfira

엠마오-2 Bidu

기럇여아림/엠마오-3
Abu Ghosh

브에롯-3
Kh.el-Burj

Ramat Polin
Ramot Alion

Ein Naquba

Kastel ●
Ma'oz Tsiyon Bet

넵도아
Neftoah

모사/엠마오-4
Kh.Beit Mizza Tsiyon

JERUSALEM

Aminadav

마나핫
Maliha

느도바-2
Ramat Rahel

르바임골짜기
Nahal Refaim

베데르
Kh.el-Yahud

Batir

바알브라심(길로) Gilo

Beit
Jala

Beit
Sahur

0 1 2 3 4 5   10
                          km

이십 년 동안 언약궤를 모신 아비나답의 집이 있는 기럇여아림은 이명동지로 기럇(수 18:28), 기럇바알(수 15:60), 바알라(수 15:9, 10; 대상 13:6), 바알레유다(삼하 6:2)와 같은 곳이다. 이곳은 엠마오의 추정 장소이기도 하다(엠마오-3). 기럇여아림은 기브온 지역에 있던 네 성읍 중 하나로 기브온과 동맹하여 이스라엘을 속여서 멸망당하지 않았던 성읍이다(수 9:17). 기럇여아림은 유다 지파와 베냐민 지파의 경계선에 있는 유다 지파의 성읍(수 15:9)으로 유다 지파가 진을 쳤던 마하네단 부근에 있었다(삿 18:12). 언약궤의 재앙을 두려워하는 벧세메스 사람들이 기럇여아림으로 언약궤를 보냈기에 기럇여아림 사람들은 산에 사는 아비나답의 집에 언약궤를 20년 동안 모셨다(삼상 7:1; 삼하 6:3). 바벨론 포로에서 다시 돌아온 사람들의 명단에 기럇여아림 사람들이 포함되어 있었다(느 7:29). 예레미야 시대에 하나님의 예언을 전한 우리야가 기럇여아림 출신이었다(렘 26: 20). 기럇여아림은 예루살렘에서 서쪽으로 15km 지점에 있는 아부 고쉬(Abu Ghosh)로 동일시된다. 이곳에서 후기 청동기, 철기 시대의 토기들이 발견되었고 이 마을의 언덕에는 1899년에 건축된 십자군 시대의 교회 터 위에 세워진 수도원이 있다. 아부 고쉬 마을 북동쪽에는 신석기 시대의; 유적이 있다. 1923년에 베네덱트 신부가 헤롯 시대의 무덤 두 개를 발굴했다. 1928년에 뉴빌(R. Neuville)가 약간의 부싯돌과 석기를 발견했다. 1941년과 1944년에 드보(R. De vaux)와 스테베(A.M. Steve)의 지도로 베네딕트 수도원의 동쪽과 남쪽에서 발굴이 이루어졌다. 로마 시대의 저수조(16.25x20.7m)가 발견되었는데 이 저수조 위에는 십자군 시대의 교회가 건축되었다. 이 교회는 1142년부터 1187년까지 사용되었으며 19세기 말

에 부분적으로 개축된 이 교회는 대부분이 남아 있다. 1950년에는 페로(J. Perrot)가 발굴을 했다.

1967-1971년까지 레쉐발리어(M. Lechevallier)의 지도로 발굴이 이루어졌다. 이곳에서는 돌로 된 손 도끼, 비잔틴 시대와 아랍 시대의 토기, 십자군 시대와 마믈룩 시대의 토기, 초기 아랍 시대의 여행자 숙소가 발견되었다.

윗 벧호론 Beth-Horon (בֵּית חוֹרֹן עֶלְיוֹן 우묵한 곳)
베이트 우르 엘 포카(Beit Ur el-Foqa) 31° 53′ 14.29″N 35° 06′ 43.20″E

에브라임의 영토였으나 레위 지파에게 분배된 성읍(수 21:22; 대상 6:68)으로 에브라임의 딸 세에라가 세웠다(수 16:5; 대상 7:24). 여호수아는 기브온을 공격한 다섯 왕의 군대를 도륙하고 벧호론에 올라가는 비탈에서 추격하여 아세가까지 추격했다(수 10:10).

벧호론 길(the way to Beth Horon)은 해변에서 유다 산지로 올라가는 길 중에서 가장 북쪽에 있다(삼상 13:18). 이곳은 중요한 지역에 있는 성읍이기에 솔로몬 시대에 견고한 요새로 다시 건축되었다(대하 8:5; 왕상 9:17). 이 성읍은 윗 벧호론과 아래 벧호론으로 나누는데 윗 벧호론은 아래 벧호론 보다 높은 지역에 있어 해발 597m의 고지 위에 위치한다. 윗 벧호론은 베이트 우르 엘 포카(Beit Ur el-Foqa)와 동일시되었는데 이곳은 6두남의 크기로 중기 청동기, 초기 · 후기 철기, 페르시아, 헬라, 로마, 비잔틴 시대의 토기가 이곳에서 나왔으며, 마을의 북동쪽에서는 바위를 깎은 큰 연못이 발견되었다.

이곳은 2007년에 864명의 주민이 살고 있는  팔레스틴의 이 마을 남동쪽에는 19977년에 세워지고 2017년에는 1,274명이 사는 유대인 정착촌인 벧호론이 있다.

아래 벧호론 Beth-Horon (בֵּית־חוֹרֹן תַּחְתּוֹן 아래 벧 호론)
베이트 우르 엘 타흐타(Beit Ur et-Tahta) 31° 53′ 41.84″N 35° 05′ 06.20″E

에브라임 지파였으나 레위 지파에게 분배된 성읍(수 21:22; 대상 6:68)으로 유다 산지로 올라가는 길에 위치한 성읍이다(수 16:3; 왕상 9:17; 대하 8:5). 이 지역에 이름이 같은 두 성읍이 약 3km 정도 떨어져 있어 윗 벧호론과 아래 벧호론으로 불린다. 여호수아가 기브온을 공격한 다섯 왕의 군대를 도륙하고 추격을 시작한 벧호론은 예루살렘으로 올라가는 비탈길에 있다(수 10:10). 솔로몬은 중요한 지역에 있는 윗 벧호론과 아래 벧호론을 견고한 성읍으로 건축하였다(대하 8:5). 이곳은 개역개정판에서 아래 벧호론(수 16:3; 왕상 9:17), 아랫 벧호론(대하 8:5)이라고 번역되었고 개역한글판에서 아래 벧호론이라고 번역되었다(수 16:3; 왕상 9:17; 대하 8:5). 벧호론은 이집트의 시삭이 르호보암에게 빼앗은 성읍이며 유다의 마카비는 시리아의 군대를 벧 호론 비탈길에서 격파했다. 아래 벧호론은 베이트 우르 에트 타흐타(Beit Ur et-Tahta)와 동일시되었다. 이곳은 28 두남의 크기로서 해발 407m의 고지에 있는 중기 · 후기 청동기, 초기 · 후기 철기, 페르시아, 헬라, 로마, 비잔틴 시대의 토기가 발견되었다. 2001년에 마을의 남쪽에서 제 2성전 시대의 유물이 있는 매장 동굴이 발견되었고 마을의 서쪽에서는 비잔틴 시대의 교회 유적이 발견되었다. 이곳은 2007년에 4,561명이 사는 팔레스틴의 아랍 마을이다. 유대인들

은 벧호론에서 남서쪽으로 8km 떨어진 곳에  메노 호론(Mevo Horon)이라는 정착촌을 1970년에 세웠다. 이곳은 2017년에 2,589명의 주민이 살고 있다. 이곳은 놉의 추정지 이기도 한 베이트 누바(Bayt Nuba)라는 팔레스틴 아랍 마을 자리에 세워 졌다.

우센세에라 Uzzen Sheerah (אֻזֵּן שֶׁאֱרָה 세라의 귀)
베이트 시라(Beit Sira)
31°52′12.08″N 35°07′52.79″E

우센세에라는 성경에 한 번 기록된 곳으로 에브라임의 딸인 세라가 건설한 성읍이다(대상 7:24). 세라는 윗성 벧호론과 우센세에라를 같이 건설하였기에 두 곳은 가까이 있는 성읍이다. 이곳은 아랍 마을 티라(Tira)와 동일시되었는데 베이트 시라(Beit Sira)라고 불렸던 마을이다. 티라(Tira)는 해발 623m의 고지 위에 자리 잡고 있으며 1997년에 1161명의 아랍인이 살고 있는 팔레스틴 지역의 아랍 마을이다. 이곳에서 지표 조사를 통하여 모자이크 바닥이 있는 교

회의 흔적이 발견되었고 비잔틴 시대의 토기도 발견되었으며 로마 시대의 것으로 추정되는 토기도 발견되었다. 1838년에 에드워드 로빈슨은 이 마을이 무슬림들이 사는 마을 이라고 기록했다.

그비라 Chephirah (כְּפִירָה 마을, 작은 촌락)
텔 크비라(Tel Kfira)
31°49′51.02″N 35°06′25.20″E

베냐민 지파의 성읍으로 기브온 주민들이 거짓 맹세로 이스라엘을 속여 멸망당하지 않은 곳이다(수 9:17; 수 18:26). 그비라는 베냐민 지파의 성읍으로 미스베와 모사 부근에 있었다(수 18:26). 그비라는 바벨론 포로에서 1차로 귀환한 귀환자의 명단에 기록된 곳이다(스 2:25). 그비라는 키르벳 엘 케피레(Kh. el-Kefireh)라고 부르던 텔 크비라(Tel Kfira)와 동일시되었다. 이곳은 기럇여아림에서 북쪽으로 약 2.4km에 있으며 기브온에서 남서쪽으로 약 8km 떨어져 있다. 이곳은 팔레스틴 지구에 있는 2006년에 7500명이 사는 아랍 마을 카탄나(Qatanna)에 위치하고 있다. 1838년에 에드워드 로빈슨은 이 마을이 카툰네(Katunneh)라는 무슬림 마을이라고 기록했다. 이 성읍은 성채와 하부 도시로 이루어졌으며 9개의 탑으로 둘러싸여 있으며 가장 높은 곳은 해발 774m에 있다 .

이곳에서는 세 개의 성문, 채석장, 저수조가 발견되었다.이곳에서 초기 청동기, 초기 철기, 헬

라, 로마, 비잔틴, 이슬람 초기, 오토만 시대의 토기가 발견되었다.

이곳은 독일고고학자 카렐 브리젠(Karel J.H.Vriezen)에 의해 1970, 1973, 1974년에 조사된 곳이다.

엠마오 -2 Emmaus (Ἐμμαύς)
엘 쿠베이바 (el-Qubeiba)
31°50′24.92″N 35°08′05.68″E

낙심하여 돌아가던 제자들이 부활하신 예수를 만난 엠마오는 예수께서 고향으로 돌아가는 제자들을 만나 다시 예루살렘으로 돌아가게 한 중요한 곳이다(눅 24:13). 엠마오로 추정되는 곳은 네 곳이 있을 정도로 정확한 위치가 확인되지 않고 있다. 엠마오 추정장소는 라투룬(Latrun), 비두(Bidu)에 있는 엘 쿠베이바(al-Que beibah), 기럇여아림으로 추정되는 아부 고쉬(Abu Ghosh), 모사(Moza)가 있다. 엠마오(Emmaus)라고 불리는 라투룬은 예루살렘에서 약 30㎞, 비두의 엘 쿠베이바는 약 12㎞, 아부 고쉬는 약 17㎞, 모사는 약 6㎞ 떨어져 있다.

비두(Bidu) 부근에 있는 엘 쿠베이바는 북쪽으로 가는 로마 시대의 길에 위치하고 있으며 사무엘의 무덤으로 알려진 나비 삼월(Nabi Samwil)을 지나간다.

이곳을 엠마오로 추정되는 근거는 십자군 시대에 이 부근에서 카스텔룸 엠마오(Castellum Emmaus)라는 옛 로마 군대의 요새를 발견했기 때문이다. 이곳에서 비잔틴, 십자군 시대의 바실리카(Basilica)의 유적이 발굴되었다. 13세기에 이곳은 순례자들에게 엠마오로 알려졌다. 1838년에 에드워드 로빈슨은 이곳이 무슬림 마을이라고 기록했다. 이곳은 2010년에 3,321명이 사는 팔레스틴 안에 있는 아랍 마을이다.

바알브라심 Baal Perazim (בַּעַל פְּרָצִים 멸하는 바알)
하 길로(Har Giloh)
31°43′52.94″N 35°11′12.81″E

하나님의 도우심으로 승전한 다윗이 블레셋 군사들을 물리친 후 이름을 지은 곳이다(삼하 5:20; 대상 14:11). 바알브라심은 성경에 두 번 기록되었으나 다윗이 블레셋의 군대를 물리친 곳에 대한 중복된 기록이기에 한 사건에만 나타난 지명이다. 바알브라심은 이사야의 예언에서 하나님께서 진노하셔서 기브온 골짜기에서처럼 일어나신다고 하는 장소인 브라심 산과 이명동지로 보인다(사 28:21). 블레셋 사람들이 다윗을 공격하기 위해 쳐들어와 르바임 골짜기를 가득 메우고 있었으나 다윗이 하나님의 명령대로 순종하여 승리한 곳이다. 다윗은 여호와께서 물을 흩음같이 적군을 흩으셨다는 뜻으로 이곳을 바알브라심이라고 하였다. 바알브라심은 르바임 골짜기 옆에 있는 언덕인 길로(Gilo)와 동일시되고 있다. 이곳을 아히도벨의 고향인 길로로 추정하기도 하지만 길로는 헤브론 북서쪽의 키르벳 잘라(Kh. Jala)와 동일시되고 있다. 이곳은 구제 발굴로 1978, 1982년에 마자르(A. Mazar)에 의해 이루어졌다. 이곳은 8두남의 크기로 발굴을 통하여 초기·후기 철기 시대의 건물이 이곳에서 발견되었다. 이곳에서 가장 높은 곳에서는 망루의 역할을 하는 사각형의 탑(11.5X11.15m)이 발굴되었다. 이곳에서 지표 조사를 통하여 초기·후기 철기,

로마, 비잔틴 시대의 토기가 발견되었다. 이 유적지는 하 길로(Har Gilo)라는 이스라엘의 거주지에 있으며 예루살렘에서 남쪽으로 약 5㎞ 떨어져 있고 베들레헴에서 서쪽으로 약 2㎞ 떨어진 곳이다. 이곳은 1968년에 설립하였으며 2017년에는 1,568명이 살고 있다.

베냐민 자손이 가족대로 받은 삶의 터전으로 성경에 한 번 기록된 베냐민 지파의 성읍이었다
(수 18:26). 모사는 그비라, 레겜, 이르브엘 부근에 있었던 베냐민 지파의 열네 성읍 중의 하나
였다. 모사는 예루살렘에서 서쪽으로 약 7㎞에 있는 키르벳 밋짜(Kh. Mizza)로 추정하는데 그
근거는 이 지역이 베냐민 지파의 영토이며 이름을 보존하고 있고 고고학적인 증거도 있기 때문
이다. 이곳에는 긴급 발굴작업이 진행되고 있으며 철기 시대의 주거지와 많은 유물이 발견되었
다. 이곳은 엠마오로 추정되는 네 장소 중의 한 곳이다.

　모사는 히브리어로 '수원' 이라는 뜻으로 수원지에 자리 잡고 있다. 이곳의 주변에서는 지역
의 신석기 시대와 관련된 유적과 유물이 지표 조사와 발굴을 통하여 알려졌다. 모사에서는
1993년에 처음으로 발굴이 이루어져 2000년대 초까지 (2002, 2003년) 간헐적으로 발굴이 시행
되었다. 이곳의 지층은 총 12개로 나누어져 알려졌는데, 일곱 번째 지층은 심각한 파괴의 모습
을 보여주고 있다. 이 지층에서 나온 토기는 주로 주전 10세기의 토기이다. 이 지층은 중앙 산
악지역으로 원정을 온 시삭에 의하여 파괴되었을 것으로 추정되고 있다. 이곳에서는 후기 철기
시대 말경에서의 곡식 저장고, 저장소, 히브리어 비문이 발견되어 그 당시 중앙 산악 지역에서

의 생활과 경제의 모습을 보여주고
있다. 최근에 이곳에서는 신상 등의
제의 용품들이 발견되어 이스라엘 사
람들의 종교에 관한 새로운 이해를
가져다 주었다. 지층 별 관련 연대와
주요 발견물은 다음과 같다.

키르벳 밋짜

지층	고고학적 연대	대략적 연대	주요한 발견물 또는 관련된 역사/사건
I	오토만 시대 아랍 시대와 그 이후	주후 16-20세기 주후 7세기 이후	
II	비잔틴 시대	주후 6-7세기	
III	헬라 시대	주전 2세기	
IV	후기 철기 시대 말	주전 7-6세기 초	36개의 곡식 저장소, 소규모 저장 창고,
V	후기 철기 시대 중	주전 8세기	히브리어 비문
VI	후기 철기 시대 초	주전 10-9세기	네 개의 곡식 저장소
VII	초기 철기 시대 말/ 후기 철기 시대 초	주전 11-10세기	돌로 된 바닥, 화재로 인한 파괴- 시삭에 의한 파괴?
VIII	중기 청동기 시대	주전 18-17세기	
IX	초기 청동기 시대 초	주전 35-34세기	
X	토기 신석기 시대	주전 6천년대	
XI	토기 이전 신석기 시대 중	주전 8천년대-7천년대	
XII	토기 이전 신석기 시대 초	주전 8천년대 초	

베데르 산 Bether(הַר בֶּתֶר 산의 집, 산의 성소)

키르벳 엘 야후드(Kh. el-Yahudh)　　　　31°43′46.76″N 35°08′08.49″E

베들레헴 부근의 아름다운 곳에 있는 이곳은 아가서에서 시적인 표현으로 한 번 기록되었다
(아 2:17). 베데르 산이라고 기록된 이곳은 높은 곳에 위치하고 있다. 베데르는 키르벳 엘 야후
드(Kh. el-Yahudh)로 동일시되고 있다. 이곳은 베들레헴에서 서쪽으로 6.4㎞ 떨어진 곳에 있으
며 2007년에도 3,967명이 사는 현대 마을 바티르(Batir) 옆 언덕 위에 있다. 이 마을은 키르벳
엘 야후드의 북동쪽에 있다. 이 키르벳은 유대인들의 폐허(ruin of Jews)의 뜻이다. 이곳은 르바
임 골짜기의 언덕 위에 있어 르바임 골짜기와 주위가 잘 보이는 요충지이다. 이곳에서 지표 조
사를 통하여 초기·후기 철기, 페르시아, 헬라, 로마 시대의 토기가 발견되었다. 이곳은 유대인
들의 항쟁인 바르 코크바 전투의 마지막 장소였다. 이 마을은 1838년에 에드워드 로빈슨이,
1860년대에는 괴랭이 답사한 곳이다. 바티르 옆의 계곡에는 예루살렘에서 욥바로 가는 철도가
있으며 이곳은 2014년에 유네스코 문화유산에 등록되었다. 이 마을에는 바티르 샘과 자바 샘
이 있어 물이 풍부한 곳이다.

키르벳 엘 야후드

바티르 샘

넵도아 샘물 Nephtoah (מַעְיַן מֵי נֶפְתּוֹחַ 열린 샘)

넵도아 물(Me Naftoah)

31°47′41.04″N 35°11′47.09″E

유다와 베냐민의 경계선에 있었고 성경에 두 번 기록된 곳이다(수 15:9; 18:15). 이곳은 샘물의 근원이라고 되어 있고 예루살렘의 북서쪽에 위치해 있었던 것으로 보인다. 넵도아는 예루살렘

북서쪽 약 4.5㎞에 있었다. 아랍 이름으로 리프타(Lifta), 히브리어로는 넵도아 물(Me Naftoah)라고 부르는 곳과 동일시되고 있다. 넵도아 지역에는 여러 곳의 샘이 있어 물이 매우 풍부하다. 이곳에서 고대 건물 유적과 바위를 파서 만든 동굴 무덤과 모자이크 바닥이 발견되었고 후기 철기, 로마, 중세기 시대의 토기도 발견되었다.

◀◀ 쉬어가는 page

성전산 무지개

베냐민 산지의 아이 지역

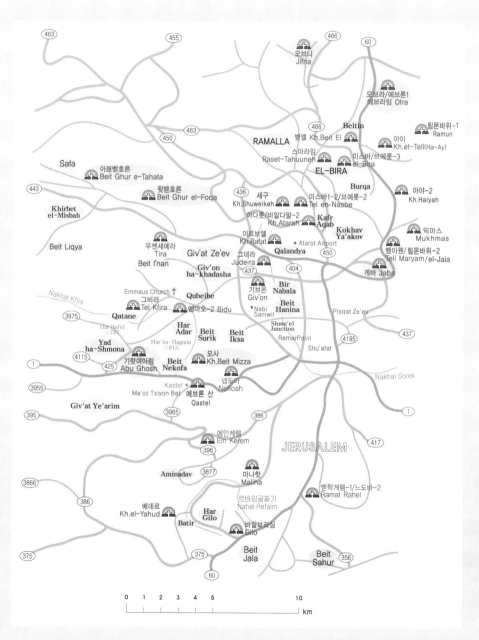

오브디 Jifna

오브라/에브론1 에브라임 Ofra

림몬바위-1 Ramun

벧엘 Kh.Beit El

아이 Kh.et-Tell(Ha-Ay)

Beitin

RAMALLA

스마라임 Raset-Tahuuneh

미스바1/브에롯-3 엘-Bira

EL-BIRA

Burqa

아야-2 Kh.Haiyah

Safa

아래벧호론 Beit Ghur e-Tahata

윗벧호론 Beit Ghur el-Foqa

세구 Kh.Shuweikeh

미스바-2/브에롯-2 Tel en-Nasbe

Khirbet el-Misbah

아다롯/바알다말-2 Kh.Atarah

Kafr Aqab

Kokhav Ya'akov

믹마스 Mukhmas

Beit Liqya

우센세에라 Tira

이르브엘 Kh.Rafat

벧아웬/림몬바위-2 Tell Maryam/el-Jaia

Beit I'nan

Giv'at Ze'ev

고데라 Judeira

• Atarot Airport

Qalandya

게바 Jaba

Giv'on ha-khadasha

Bir Nabala

기브온 Giv'on

Emmaus Church †

Qubeibe

그비라 Tel Kfira

엠마오-2 Bidu

• Nabi Samwil

Beit Hanina

Pisqat Ze'ev

Nakhal Kfira

Qatane

Har Adar

Beit Surik

Beit Iksa

Shmu'el Junction

RamarPolin

Shu'afat

Har Rafid △787

Yad ha-Shmona

Har ha-Hagana △815

모사 Kh.Beit Mizza

기랏여아림 Abu Ghosh

Beit Nekofa

Nakhal Sorek

Kastel •
Ma'oz Tsiyon Bet

넵도아 Neftoah

Giv'at Ye'arim

에브론 산 Qastel

에인케렘 Ein Kerem

JERUSALEM

Aminadav

마나핫 Maliha

벧학게렘-1/느도바-2 Ramat Rahel

르바임골짜기 Nahal Refaim

베데르 Kh.el-Yahud

Har Gilo

Batir

바알브라심 Gilo

Beit Jala

Beit Sahur

0 1 2 3 4 5   10
km

벧엘 [1] 베냐민 Bethel (בֵּית אֵל 하나님의 집) / 루스 / 엘벧엘
키르벳 베이트 엘(Kh. Beit El)   31° 55′ 21.31″ N 35° 14′ 42.43″ E

벧엘은 '하나님의 집' 이란 뜻을 가진 성읍으로 세겜을 떠난 아브라함이 단을 쌓은 곳(창 12:8)이며 야곱이 꿈을 꾸고 단을 쌓은 곳이다(창 28:18,19). 야곱은 밧단아람에서 돌아온 후에 하몰 집안에 대한 보복으로 환난을 당한 후에 벧엘로 다시 와서 엘벧엘이라는 단(창 35:7)을 쌓았으며 리브가의 유모 드보라가 죽은 후에 벧엘에 있는 상수리 나무 아래에 장사하고 '곡함의 나무' 라는 뜻으로 알론바굿이라고 불렸다(창 35:8). 벧엘은 베냐민 지파의 북쪽 경계에 있었던 성읍이다(수 8:9-17). 요셉 가운데 이곳을 점령할 때에 입구를 가르쳐 준 사람의 가족만을 살려 주었고 이 사람은 헷 족속의 땅으로 가서 루스[2](헷)을 건설하였다(삿 1:25,26). 이 성읍의 옛 이름은 루스였기에 루스[1](벧엘)과 벧엘은 이명동지이다. 벧엘은 동명이지로서 베델1(베냐민)과 베델[2](브둘; 수 19:4)가 있다. 베냐민 지파와 싸우던 이스라엘이 언약궤를 옮겨 놓았고 하나님께 전쟁의 승패를 물었던 곳이다(삿 20:19-28). 이곳은 사무엘이 정기적으로 순회할 때 순방하였으며(삼상 7:16) 드보라는 벧엘 부근의 종려나무 아래에서 이스라엘을 다스렸다(삿 4:5). 북 이스라엘의 여로보암의 금송아지가 있었던 곳이기도 하다(왕상 12:26-33). 벧엘은 북 왕조의 성소의 역할을 하다가 앗수르의 영토가 되었다. 앗수르 왕은 벧엘에 포로된 제사장 한 사람을 보내 하나님 경외하기를 가르치게 하였다(왕하 17:27-28). 벧엘은 바벨론에서 귀환한 유대인들 이 재건하였는데 이때에 돌아온 벧엘과 아이 사람들은 223명이었다(스 2:28). 1838년에 에드워드 로빈슨은 아랍 이름인 베이틴(Beitin)을 벧엘로 동일시하였다. 이곳은 1934년에 올브라이트(W. F. Albright)와 켈소(J. L. Kelso)에 의해 일부분 발굴되었다가 1954, 1957년에 켈소에 의해 발굴되었다. 이 성읍은 아브라함 시대보다 한 세기 이전에 세워졌다.

발굴을 통하여 석동기 시대의 부싯돌, 토기, 짐승 뼈가 발견되었다. 이곳은 초기 청동기 시대에 사람들이 정착하기 시작하여 가나안 시대의 무덤들, 주거지, 착유기가 이 마을의 북쪽과 남동쪽 지역에서 발견되었으며 가나안 신전의 폐허도 발견되었다. 이곳에서는 힉소스 시대(주전 1750년-주전1550년)에 건축된 서벽과 거주지가 발견되었다. 중기 청동기 시대에는 요새화된 성읍으로 루스라는 성읍으로 보여 진다. 북동쪽과 북서쪽 성벽에서 두 개의 성문들이 발견되었고, 지진으로 파괴된 두 번째 신전도 발견되었다. 헬라 시대에 바키데스(Bacchides)는 이 성읍을 강화시켰다. 로마의 베스파시아누스는 황제가 되기 전 마지막으로 이곳을 점령했고 로마군을 주둔시킨 중요한 곳이었다. 이곳에서는 초기 청동기, 중기 청동기, 후기 청동기, 철기, 페르시아, 헬라, 로마, 비잔틴, 십자군, 아유비드 시대의 토기가 발견되었다. 비잔틴 시대에 인구가 늘어났으며 이 시대의 유적은 북동쪽에 남아있다. 비잔틴 시대에는 매년 10월 18일에 축제가 벌어졌다. 이곳에 세워진 교회는 이슬람 군대에 의해 파괴되었으나 12세기에 십자군들이 다시 건축하였다.

십자군을 몰아낸 아유비드 군대는 교회를 파괴하였고 마을은 폐허가 되었다. 오토만 시대인 1517년 이후 마을은 다시 세워졌고 19세기에 교회가 있던 곳의 부근에 모스크가 세워졌다. 1863년에 괴랭(Victor Guerin)은 400명이 거주한다고 기록했다. 1882년에 팔레스틴 조사에는 북쪽으로 탑이 있고 성 요셉(St. Joseph)에게 봉헌된 십자군 시대의 교회의 남쪽 벽과 좋은 샘이 있다고 기록했다. 이곳의 상징은 교회의 폐허(Ruins of Church)라는 뜻의 아랍어인 '알 무카터(al-Mugater)', '키르벳 알 케니세(Kh. al-Kenise)' 라고 부르는 유적이다. 다른 유적은 베틴의 탑이라는 뜻의 알 부르즈 베이틴(al Burj Beitin)으로 마을의 북쪽에 있다. 이 탑은 비잔틴 시대의 수도원의 유적으로 이곳이 아브라함이 제단을 쌓은 곳으로 믿고 있는 사람도 있다. 베이틴은 2007년에 3,155명이 사

베이틴에 있는 십자군 시대의 교회

는 아랍인 마을이다. 1977년에 유대인들이 베이틴에서 서북쪽으로 약 2㎞ 떨어진 곳에 벧엘(Beit El)이라는 정착촌을 세웠으며 2017년에 6,101명이 살고 있다. 벧엘 정착촌 북동쪽에 있는 아르티 산(Jebel Artis/Pisgat Ya' akov)의 북동쪽에는 주후 7세기 경에 세워진 모스크가 있는데 이곳을 야곱이 돌베개에 기름을 부으며 서원했던 곳이라고 한다(좌표 31°56′58.88″N 35°13′57.30″E).

아이[1] 벧엘 Ai (יעַ 폐허)

에트 텔(et-Tell)
31°54′59.19″N 35°15′41.75″E

아간의 범죄 때문에 패전한 조그만 성읍이다. 아이는 아브라함이 베델 동쪽에 있는 산악 지대로 옮겨 하나님을 위하여 단을 쌓을 때 성경에 처음 기록된 성읍이다(창 12:8). 아이는 가나안을 정복한 이스라엘이 여리고 다음으로 정복한 곳이다. 이스라엘은 아간의 범죄 때문에 패전하게 되고 아골 골짜기에서 아간을 징벌함으로 승전하게 되었다(수 7장). 여호수아는 아이를 불사르고 영원한 폐허로 만들었다(수 8:28). 바벨론에서 스룹바벨과 같이 돌아온 사람들 중에 벧엘과 아이 사람도 있었는데(스 2:28) 인원은 123명이었다(느 7:32). 아이는 아이[1](벧엘), 아이[2](암몬)와 동명이지이다. 아이는 앗수르 군대가 침공하는 길에 있던 아얏과 이명동지이다(사 10:28). 베냐민 자손이 벧엘 부근에 살 때 아야라는 성읍이 나오는데 아이를 아야와 같은 곳으로 보는 이론도

있다(느 11:31). 그러나 아야를 아이와 같은 곳으로 보기에는 무리가 따르며 아야도 두 곳의 추정지가 있다. 아이는 벧엘에서 남동쪽으로 약 3.2㎞ 떨어진 곳에 있는 에트 텔(et-Tell)로 동일시되고 있다. 이곳은 필레스틴 지역 인에 있기에 답사하기 어려운 곳이다. 에트 텔은 약 90두남 크기로 발굴과 지표 조사를 통하여 초기 청동기, 초기 철기 시대의 지층과 토기가 이곳에서 발견되었다. 이 성읍은 초기 청동기 시대인 주전 3000-2300년 경의 유적으로 성읍의 중앙에는 신전과 궁전으로 보이는 공공건물이 발견되었고 망대가 있는 성벽으로 둘러 싸여 있다.

아이[1-2]

키르벳 엣 마카티르(Kh. ⟨aqatir)
31°54′55.44″N 35°14′57.28″E

이곳은 브라이언트 우드(Bryant Wood)에 의하여 발굴되었다. 이곳은 에트 텔에서 서쪽으로 약 1㎞ 떨어져 있다. 이곳에서는 15세기로 추정 되는 성벽과 성문 지역이 발굴 되었고 예수님 시대의 유대인 거주지도 발굴되었다. 또한 비잔틴 시대의 교회터도 발굴되었다. 이곳에서는 초기 청동기, 중기 청동기, 후기 청동기, 후기 헬라, 초기 로마, 비잔틴 시대의 토기가 발견되었다.

스마라임[1] 베냐민 Zemaraim (צְמָרַיִם 이중의 봉우리)
라스 에트 타후네(Ras et-Tahuneh)　　　　　31°55´22.76˝N 35°12´54.05˝E

베냐민 지파의 북쪽 경계선에 있었던 베냐민 지파의 성읍인 스마라임은 성경에 한 번 기록되었
으며 벧 아라바와 벧엘 사이에 있다(수 18:21,22). 스마라임은 에브라임 산악 지대에 있는 스마
라임[2](에브라임)과 동명이지이다. 이곳은 카르낙 신전에 있는 시삭의 목록에 기록되어 있는 곳
이다. 스마라임은 벧엘 남쪽에 있는 아랍 마을 라스 에트 타후네(Ras et-Tahuneh)로 추정되고
있으나 근거는 미약하다. 이곳은 5두남 크기의 유적인데 지표 조사에서 초기 · 중기 청동기, 초
기 · 후기 철기, 로마, 비잔틴, 초기 오토만 시대의 토기가 이곳에서 나왔다. 이곳은 엘 비레에
서 약 1㎞ 북동쪽에 있는 도시화가 된 곳이다.

아다롯[1] 에브라임 Ataroth (עֲטָרוֹת 왕관들)
키르벳 아타라(Kh. Atarah)　　　　　31°52´46.92˝N 35°13´05.34˝E

이곳은 에브라임 자손의 영토의 동쪽에 있었던 성읍이다(수 16:2,7). 아다롯은 요르단에 있는
갓 자손이 분배받은 아다롯[2](갓; 민 32:34)과는 동명이지이며 아다롯 앗달과는 이명동지이다
(수 16:5). 아다롯은 키르벳 아타라(Kh. Atarah)와 동일시되고 있는데 키르베 아타라는 미스바
로 추정되는 텔 엔 나스베의 언덕 아래의 골짜기에 있기에 혼동되기 쉬운 곳이다. 이곳은 아랍
마을 아타라(Attara)에 있는데 이 마을은 2007년에 인구가 2,270명이 사는 마을이다. 1838년에
에드워드 로빈슨은 이곳을 아다롯으로 동일시하였다.

키르벳 아타라는 바알다말
로 추정되는 곳이기도 하다.
이곳은 3.5두남 크기의 유적
인데 두 개의 저수조와 공동
매장지와 바위를 깎아 만든
포도주 틀과 모자이크 바닥이
발견되었고 비잔틴 시대의 토
기가 발견되었다.

이르브엘 Irpeel (יִרְפְאֵל 하나님이 고쳐주신다)
키르벳 라파트(Kh. Rafat)
31°52′09.88″N 35°11′30.83″E

베냐민 지파의 성읍으로 성경에 한 번 기록된 곳이며 레겜과 다랄라 사이에 있었다 (수 18:27). 이르브엘은 키르벳 라파트(Kh. Rafat)와 동일시된다. 키르벳 라파트에는 아랍 마을이 자리 잡고 있다. 이곳은 14두남 크기로서 지표조사를 통하여 헬라, 비잔틴, 아랍 초기 시대의 토기가 이곳에서 발견되었다. 이 마을은 1838년에 에드워드 로빈슨이 기록한 마을이며 2006년에 2100명이 사는 팔레스틴 아랍 마을이다.

미스바¹⁻² 베냐민 Mizpah (מִצְפָּה 망대, 파수하다) /미스베¹
텔 엔 나스베(Tell en-Nasbeh)
31°53′05.25″N 35°13′00.10″E

사무엘이 사울을 왕으로 추대한 곳이며 예루살렘이 수도가 되기 전에는 이스라엘의 중심지의 역할을 했던 이곳은 베냐민의 성읍이었다. 미스바¹(베냐민; 삼상 7:5)와 미스베¹(베냐민; 수 18:26)는 이명동지이기에 같은 장소로 사용된다. 이곳은 베냐민 지파에게 분배된 곳으로 기브아에서 살해된 레위 사람의 첩 때문에 이스라엘이 모인 곳이다(삿 20:1). 사무엘 시대에는 이스라엘이 블레셋과의 전쟁을 앞두고 이곳에 모여서 금식 기도를 하였다(삼상 7:5,6). 사무엘은 미스바에서 이스라엘의 모든 지파를 모으고 사울을 왕으로 추대하였다(삼상 10:17).

이곳은 예루살렘 북쪽에서 12㎞ 떨어져 있으며 고고학적으로 지지를 받고 있는 곳으로 세로 260m, 가로 130m로 7.7에이커 정도의 크기의 텔(Tell)이며 발굴을 통하여 석동기, 초기 청동기, 초기 · 후기 철기, 페르시아, 헬라, 로마 시대의 토기가 이곳에서 발견되었다. 텔 엔 나스베는 1926년과 1935년 사이에 바데(R. Bade)에 의해 다섯 지역이 발굴되었는데 이곳의 약2/3 정도를 발굴했으나, 중앙 부분은 심하게 침식되었고, 바위틈 조형물을 제외하고는 매장물이 거의 없었다고 한다.

이곳은 후기 철기 시대에 계획된 마을이며 바벨론 시대의 마을이어서 중요한 곳이다. 이곳에서 석동기와 초기 청동기 시대의 것인 세 개의 무덤들과 두 개의 동굴들이 발견되었다. 텔 엔 나스베는 초기 청동기 시대에서 철기 시대 초까지 사람이 살지 않았으나 철기 시대의 주거지와 저수조들이 발견되었다. 키르벳 아타라(Kh. Atarah)와 동일시되고 있는 아다롯은 텔 엔 나스베의 언덕 아래의 골짜기에 있다.

에브라임 Ephraim (Ἐφραιμ두 배의 땅) / 오브라[1] 베냐민
타이베(Taibe)

십자가를 지기 위해 예루살렘으로 오신 예수님이 유월절 전에 유대인들을 피해기 위해 머무르신 한적한 마을이다(요 11:54). 이곳은 베냐민 지파의 성읍으로 오브라[1](베냐민; 수 18:23)와 이명동지이다. 오브라[1](베냐민)는 바알 하솔 옆에 있는 에브라임과 같은 곳이다(삼하 13:23). 오브라[1](베냐민)는 베냐민 지파가 분배받은 성읍이다. 에브라임은 믹마스에서 북쪽으로 약 8㎞ 떨어져 있고 예루살렘에서 북동쪽으로 약 15㎞ 떨어진 해발 850m 고지 위에 있는 타이베(Taibe) 마을로 동일시되고 있다. 지금의 에브라임은 아랍계 기독교인들이 살고 있는 마을이어서 교회가 있다. 이곳에서는 지표 조사를 통하여 초기·후기 철기, 페르시아, 헬라, 로마, 비잔틴, 십자군, 초기 오토만 시대의 도기가 발견되었다. 이곳은 에브론의 추정지이기도 하다.

이 마을의 동쪽에는 5세기에 건축된 성조지교회(St. George's Church)가 있고 가까이에 12세기에 십자군이 세운 다른 교회가 있다. 십자군은 이곳을 엘리야의 성(the castle of St. Elias)라고 부르며 요새화하였다.

1187년 살라딘에 의해 함락되었다. 오토만 시대인 1596년에 이곳에는 63명의 무슬림 가정과 기독교인 23 가정이 살고 있었다. 1838년에 에드워드 로빈슨은 기독교 마을로 300-400명이 살고 있다고 기록했고, 괴랭은 1863년에 800명의 기독교인이 살고 있다고 기록 했다. 1922년에 영국 통치 때에 954명이 기독교인과 7명의 무슬림이 살고 있었다. 1927년에 비잔틴 교회 외에 그리스 정교회가 세워졌다. 1945년에는 1,180명의 기독교인과 150명의 무슬림이 살고 있었다. 타이베는 2010년에 1,452명이 거주하는 팔레스틴에서 마지막 남은 기독교인 마을이다.

타이베의 교회

스바림 Shebarim (שְׁבָרִים 파괴, 파멸)
와디 막쿡(Wadi Makkuk)

성경에 한 번 기록된 곳으로 아이를 공격한 이스라엘 군사 삼천 명이 퇴각하다가 삼십육 명이 전사한 곳이다(수 7:5). 스바림은 여리고와 아이 사이에 있는 곳이나 정확한 위치는 확인되지 않으나 지리적으로 보면 아이 성(et-Tell)에서 동쪽으로 5㎞ 떨어진 와디 막쿡(Wadi Makkuk) 부근으로 추정될 수 있다

믹마스 Michmas (מִכְמָשׂ 숨겨진 곳)
무크마스(Mukhmas)
31° 52′ 13.18″N 35° 16′ 40.40″E

믹마스는 보세스 바위와 세네 바위가 부근에 있으며 사울과 요나단의 군대가 블레셋과 전쟁할 때에 기록된 곳이다. 요나단이 게바에 있는 블레셋 수비대를 공격하자 블레셋 대군이 믹마스에 진을 쳤다. 이때 요나단이 병기 든 자와 함께 믹마스를 공격하여 일어난 혼란 때문에 사울의 군대는 승리를 거두었다(삼상 14:4-6). 이사야는 앗수르 왕이 이스라엘을 공격할 때 믹마스에서 장비를 두었다고 기록했다(사 10:28).

바벨론 포로에서 돌아왔을 때 믹마스 사람들도 귀환했으며(스 2:27; 느 7:31) 베냐민 자손들이 이 지역에 거주했다(느 11:31-36). 믹마스는 무크마스(Mukhmas)와 동일시되고 있다. 무크마스라는 아랍 마을이 있는 이곳에서 지표 조사를 통하여 중기 청동기, 초기 · 후기 철기, 페르시아,

헬라, 로마, 비잔틴, 오토만 시대의 토기가 발견되었다. 이곳에서는 교회로 보여지는 석축, 성벽, 건물의 유적이 발견되었다. 이곳은 1838년에 에드워드 로빈슨이 무슬림 마을이라고 기록했다. 이곳은 2006년에 1,878명의 아랍인이 사는 마을이다.

벧아웬[1] 베냐민 Beth-Aven (בֵּית אָוֶן 악한 자의 집)
텔 마리얌(Tell Maryam)
31° 52′ 09.34″N 35° 16′ 04.94″E

베냐민 지파에게 분배된 곳으로 아이 성 부근에 있다. 벧아웬은 성경에 일곱 번 기록되었다(수 7:2; 18:12; 삼상 13:5; 14:23; 호 4:15; 5:8; 10:5). 벧아웬[1](베냐민)은 동명이지로 벧아웬[2](벧엘)이 있다. 여호수아가 여리고에서 정탐꾼을 아이로 보낼 때 아이는 벧아웬 곁에 있었던 성읍이었고 벧엘 동쪽에 있었다(수 7:2). 벧아웬은 베냐민 지파의 북쪽 경계선에 있었고 부근에 황무지가 있었다(수 18:12).

사울이 블레셋과 싸울 때 블레셋 군대가 모인 믹마스는 벧아웬 동쪽에 있었으며(삼상 13:5), 벧아웬은 하나님의 구원으로 전쟁이 피해간 성읍이었다(삼상 14:23). 호세아의 예언에서 벧아웬은 세 번 언급되었다(호 4:15; 5:8; 10:5).

벧아웬은 우상을 나타내는 사악한 집이라는 뜻을 가지고 있다. 벧아웬[1](베냐민)의 추정지는 매우 까다로운 문제이기에 이곳을 벧엘이라고 추정하기도 하나 확실하지 않다. 벧아웬은 믹마스 서쪽으로 1km 지점되는 언덕에 있는 텔 마리얌으로 동일시되는데 이곳은 미그론으로 추정되는 장소이다.

미그론 Migron (מִגְרוֹן 절벽, 험한 곳)
텔 마리얌(Tell Maryam)
31° 52′ 09.34″N 35° 16′ 04.94″E

요나단의 용맹으로 블레셋과의 전투에서 대승을 거둘 때에 블레셋과 싸우기 위해 모인 육백 명 가량의 사울의 부대가 머무른 곳이다. 기브아 사울의 집 외곽에 있었으며 사울은 블레셋 군대의 동태를 살피기 위해 이곳에 있는 석류나무 아래에 있었다(삼상 14:2). 이곳은 앗수르 왕이 쳐들어올 때 아얏을 지나 믹마스로 갈 때 지나간 성읍이다. 앗수르 왕은 믹마스에서 머물렀다

가 게바로 가서 하룻밤을 보냈다(사 10:28). 미그론은 텔 마리얌(Tell Maryam) 으로 추정되고 있는데 벧 아웬 추정지와 같다. 텔 마리얌은 0.5두남 크기의 조그마한 텔(Tell)이다. 이곳에서는 돌로 된 고대 건물의 흔적과 저수조와 수로가 발견되었으며 헬라, 로마, 비잔틴, 아랍 초기 시대의 토기가 발견되었다.

게바 Geba (גֶּבַע 언덕)
자바(Jaba)
31° 51′ 31.26″N 35° 15′ 38.34″E

유다 왕 아사는 유다 왕국보다 강한 북이스라엘 왕국의 바아사 왕의 침입으로 라마를 빼앗겨 큰 타격을 받았다. 이에 아람 왕 벤하닷에게 왕궁은 물론 성전의 은금을 모아 예물로 보내 외세의 힘으로 라마를 되찾았다. 게바는 라마의 돌과 목재 등의 건축 재료를 옮겨 건축한 요새인 특별한 성읍이다(왕상 15:22). 베냐민 지파에게 주어진 성읍이었으나(수 18:24) 후에 제사장 아론 자손에게 주어졌다(수 21:17). 요나단은 게바에 있는 블레셋 수비대를 공격하였고 (삼상 13:3), 블레셋과의 큰 전쟁 때 사울과 요나단은 이곳에서 진을 쳤다가 믹마스에 있는 블레셋 군을 공격하였다(삼상 13:16).

유다 왕 아사 때 이곳을 요새화할 정도로 중요한 곳에 위치한 성읍이었다. 아사 왕은 베냐민 지파의 영토는 게바와 미스바를 건축하였다(왕상 15:22). 바벨론 포로 이후에도 베냐민 지파는 이곳에서 살았다(느 11:31; 12:29). 이곳은 자바(Jaba)라는 아랍 마을과 동일시되고 있다. 자바는 해발 664m에 위치하며 2006년에 3,239명이 사는 팔레스틴 아랍 마을이다. 자바에 있는 20두남 크기의 텔(Tell)에서는 모자이크 포장, 공동묘지, 동굴 무덤, 물 저장소, 포도주 틀이 발견되었고 중기 청동기 초기 · 후기 철기, 헬라, 로마, 비잔틴, 아랍 초기, 오토만 시대의 토기가 발견되었다.

에브론 [1] 베냐민 Ephron (עֶפְרוֹן 새끼 사슴)
타이베(Taibe)   31° 57′ 09.98″N 35° 18′ 08.25″E

솔로몬의 손자로 3년 동안 유다의 왕이던 아비야의 군대가 배가 되는 병력을 가진 북이스라엘 군대의 포위 속에서 하나님께 부르짖고 승리한 후에 여로보암에게 빼앗은 성읍 중의 하나이다. 이곳은 벧엘과 여사나 주위에 있는 성읍이다(대하 13:19). 에브론은 동명이지로 에브론[1](베냐민; 대하 13:19)과 에브론[2](아셀; 수 19:28)이 있으며 두 곳의 히브리어는 다른 지명이며 에브론 산(수 15:9)과는 다른 곳이다.

에브론으로 추정되는 곳은 벧엘에서 북동쪽으로 약 6km 떨어진 타이베(Taibe) 마을이다. 이곳은 에브라임과 이명동지인 오브라[1] (베냐민)와 추정지가 같은 곳이다. 에브론은 믹마스에서 북쪽으로 약 8km 떨어져 있다. 이곳은 에브라임의 추정지이기도 하다.

타이베의 성 조지교회

브에롯 [-2] Beeroth (בְּאֵרוֹת 우물, 샘) / 베롯
키르벳 엘 부르즈(Kh. el-Burj)   31° 49′ 25.12″N 35° 11′ 13.20″E

이곳은 브에롯 사람들이란 뜻을 가진 브에롯(삼하 4:5)과 브에롯 성읍이 있다(수 9:17). 브에롯은 기브온과 함께 속임수로 이스라엘과 화친을 맺은 성읍이었다(수 9:19). 브에롯은 요압의 무기 잡은 자였던 나하레의 고향인 베롯과 이명동지이다(대상 11:39). 브에롯은 베냐민 지파의 성읍으로 기브온, 라마, 미스베, 그비라, 기럇여아림 부근에 있었던 성읍이었다(수 9:17; 18:25). 브에롯은 지명과 인명이 혼합되어 브에롯 출신의 사람들과 브에롯이 같이 쓰이기도 했다(스 2:25; 느 7:29). 브에롯과 같이 기록된 여러 성읍 중에서 기브온, 그비라, 기럇여아림은 위치가 확정되었지만 브에롯의 추정지는 확정되지 않아 여러 곳의 추정지가 있다. 이곳은 '요새' 의 뜻을 가지고 있는 조그마한 텔로 이곳에서는 발굴을 통하여 중기 청동기, 초기 · 후기 철기, 페르시아, 헬라, 로마, 십자군 시대의 유물이 발견되었다.

브에롯 ⁻¹ Beeroth (בְּאֵרֹות 우물, 샘) /베롯
엘 비레(el-Bireh)
31°54′45.46″N 35°13′16.83″E

이곳은 브에롯 사람들이란 뜻을 가진 브에롯(삼하 4:5)과 브에롯 성읍이 있다(수 9:17). 브에롯은 기브온과 함께 속임수로 이스라엘과 화친을 맺은 성읍이었다(수 9:19). 브에롯은 요압의 무기 잡은 자였던 나하레의 고향인 베롯과 이명동지이다(대상 11:39). 브에롯은 베냐민 지파의 성읍으로 기브온, 라마, 미스베, 그비라, 기럇여아림 부근에 있었던 성읍이었다(수9:17; 18:25). 브에롯은 지명과 인명이 혼합되어 브에롯 출신의 사람들과 브에롯이 같이 쓰이기도 했다(스 2:25; 느 7:29). 브에롯과 같이 기록된 여러 성읍 중에서 기브온, 그비라, 기럇여아림은 위치가 확정되었지만 브에롯의 추정지는 확정되지 않아 여러 곳의 추정지가 있다. 예루실렘 북쪽에 있는 라말라 동쪽 약 1.6km 지점에 있는데 이 지역은 베냐민 영토의 북쪽에 위치하고 있다. 엘 비레는 세겜에서 예루살렘으로 오는 도로에 위치하고 있으며 이곳을 브에롯으로 추정하는 이유는 이름의 유사성과 유세비우스의 기록 때문이다. 엘 비레는 우물이라는 뜻으로 이곳에 많은 샘들이 있기 때문이다. 이곳은 1967-68년의 조사에서 초기 · 중기 청동기 철기 시대의 토기가 많이 발견되었다. 브에롯으로 추정되는 가장 확실한 장소는 엘 비레이다.

엘 비레는 우물이라는 뜻으로 이곳에 많은 샘들이 있기 때문이다. 1838년에 에드워드 로빈슨은 브에롯으로 추정했으나 현대 학자들은 키르벳 엘 부르즈로 추정한다. 이곳은 이름의 유사성으로 벧엘로 추정되기도 한다. 십자군들은 이곳을 비라(Birra), 카스트룸 마호메리아(Castrum Mahomeria)라고 불렀다. 해발 846m의 고지로서 2007년에 40,680명의 아랍인이 사는 도시이다.

아야 ⁻² Aija (עַיָּה 폐허)
키르벳 하이야(Kh. Haiyah)
31°54′18.21″N 35°16′11.95″E

에브라임 자손들이 살았던 벧엘 옆에 있는 성읍이다. 아야는 에브라임 지파의 성읍이며 바벨론 포로 귀환 후 이스라엘 백성을 재배치할 때 베냐민 지파에게 분배한 성읍이다(느 11:31). 아야와 아사(대상 7:28)는 이명동지이다. 아야는 세겜 부근에 있었으며 믹마스와 벧엘 가까이에 있

는 곳이다. 아야는 두 곳의 추정지가 있는데 현대 마을 아야(Aija), 키르벳 하이야(Kh. Haiyah)이다.
아이¹(벧엘)에서 남동쪽으로 약 1.2km 떨어진 데이르 디브완(Deir Dibwan)이라는 마을에 있는 유적이다. 이 마을의 남쪽 비탈의 주택과 올리브 농장이 있는 지역에 고대 성벽의 기초와 주거지의 유적이 남아 있다. 데이드 드브완은 1838년에 에드워드 로빈슨이 기록한 무슬림 마을이며 2006년에 5,252명의 아랍인이 사는 마을이다.

세구 Secu (שֶׂכוּ 망대)
키르벳 슈웨이케(Kh. Shuweikeh)
31°53′11.06″N 35°12′37.49″E

도망간 다윗을 잡기 위해 직접 라마로 간 사울 왕이 사무엘과 다윗의 행방을 물은 장소이며 라마 부근에 있는 장소로 성경에 한 번 기록되었다(삼상 19:22). 세구는 라마에서 북쪽으로 약 4.8km 떨어진 곳에 있는 키르벳 슈웨이케(Kh. Shuweikeh)로 추정된다. 키르벳 슈웨이케는 미스바의 추정지인 텔 엔 나스베에서 서쪽으로 약 500m 떨어진 곳에 있는 있는 유적으로 팔레스틴 지역의 주택가에 위치하고 있다. 이곳에서 기둥들이 있는 건물의 흔적, 계단, 물 저장소, 무덤이 발견되었고 헬라, 로마, 비잔틴, 초기 이슬람 시대의 토기 조각들이 발견되었다.

에브론 산 Mount Ephron (הַר עֶפְרוֹן 새끼 사슴의 산)
카스텔(Qastel)
31°47 44.61″N 35°08′38.71″E

유다 지파의 경계에 있었던 산으로 이 산에는 성읍들이 있었으며 성경에 한 번 기록된 지명이다(수 15:9). 이 산이 넵도아 샘물과 기럇여아림 부근에 있었기에 모사 부근에 있는 요새인 카스텔(Qastel)로 추정된다. 이곳은 예루살렘에서 서쪽으로 8km 떨어진 곳으로 십자군 때에는 십자군 성채가 있었다.

1168년경에 십자군 성채는 벨베르(Belveer), 베아베리움(Beauverium)이라고 불렀다. 이 성채는 주후 1191-1192년경에 슐탄 알 아일(al-Ail)1세에 의해 파괴되었다. 아랍은 정복한 이 성채를 다시 카스탈(Qastal)이라고 불렀다. 1863년에 괴랭(Victor Guerin)은 이 마을의 건물들이 유적위에 세워진 것을 발견했다. 카스텔은 산꼭대기에 있던 아랍 마을로 1945년에도 90명의 아랍 사람들이 살고 있었다. 1948년 전쟁에서 매우 중요한 요지였다. 아랍이 점령하였던 이곳은 1948년에 다시 이스라엘이 점령되었으나 아랍측이 다시 반격을 시도하여 되찾았던 격전지였다. 지금은 이스라엘의 공원이 되었다.

림몬 바위[-1] the rock of Rimmon (סֶלַע הָרִמּוֹן 석류 바위)
라문(Rammun)
31°55′37.62″N 35°18′02.85″E

기브아 사람들의 범죄를 보호하려다가 이스라엘 민족 전체와 싸우다가 패전한 베냐민 사람들이 피신한 비극적인 장소로 기브아 부근에 있었다(삿 20:45). 잔혹한 동족 전쟁에서 살아남은 육백 명의 베냐민 사람들은 이곳에서 넉 달 동안을 지냈다(삿 20:47). 동족과의 전쟁이 끝난 뒤에 미스바에 모인 이스라엘 자손은 한 지파가 끊어질 안타까운 현실 속에서 림몬 바위에 있는 베냐민 사람들에게 평화를 공포하였다. 이런 이유때문에 림몬 바위는 이스라엘 역사에서 특별한 장소가 되었다(삿 21:13).

림몬 바위는 두 곳의 추정지가 있는데 라문(Rammun)과 엘 자이아(el-Jaia)이다. 라문은 벧엘에서 동쪽으로 약 6.4km 되는 석회석 노출부로 보이는 지역에 있다. 이곳은 기브아에서 동북쪽으로 약 13km 떨어져 있다. 이 지역에는 굴이 많이 있어 은신할 수 있고 협곡들이 있어 피난처가 될 수 있는 지형이다. 이곳에서는 철기, 헬라, 로마, 비잔틴, 십자군, 아유비드 마믈룩 시대의 토기와 고대 저수조와 모자이크가 발견되었다. 이 마을은 메드바 지도에서 여리고와 베델

사이에 표시되어 있으며 모스크에서는 비잔틴, 십자군, 아유비드, 마믈룩, 오토만 시대의 모자이크가 발견되었다. 십자군 문양의 메달들이 발견되었다. 이 마을은 1938년의 에드워드 로빈슨의 기록에 있는 마을이며 이 마을은 2007년에 2,626명이 살고 있는 마을이다.

림몬 바위[-2] the rock of Rimmon (סֶלַע הָרִמּוֹן 석류 바위)
엘 자이아(el-Jaia)
31°51′23.72″N 35°16′48.50″E

엘 자이아는 게바로 추정하는 자바(Jaba)에서 동쪽으로 약 1.5km 지점에 있다. 믹마스로 추정되는 무크마스에서는 남쪽으로 약 1.3km 지점이다. 엘 자이아는 자바 마을의 동쪽에 있는 믹마스 골짜기(Nahal Mikhmas)에 있는 바위가 많은 지역의 이름이다. 이곳은 이스라엘의 키부츠인 게바 빈야민(Geva Binyamin)에서 북쪽으로 약 600m 떨어진 곳으로 깊이가 약 25-30m

가 되는 골짜기의 주위에 자연적인 굴들이 많이 있다. 이곳은 특별한 유적지가 없는 곳이다.

베냐민 산지의 *기브온* 지역

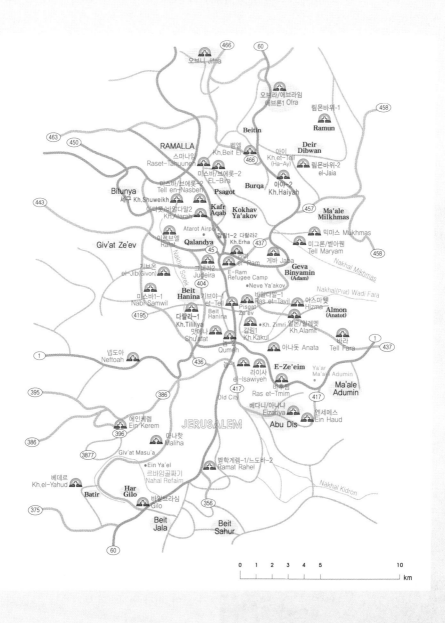

기브온 Gibeon (גִּבְעוֹן 작은 산이 많은)
엘 집(el-Jib)
31°50′56.18″N 35°11′12.07″E

이스라엘을 속여 화친을 맺어 멸망을 피한 성읍인 기브온은 아모리 다섯 왕의 공격을 받았으나 여호수아의 군대에 의해 구원 받은 성읍이다(수 9:3,17). 여호수아의 군대가 기브온을 위해 싸울 때 태양과 달이 멈추는 기적이 일어났다(수 10:2,13). 기브온은 베냐민의 영토가 되었으나 (수 18:25) 후에 아론 자손에게 주어졌다(수 21:17). 이곳에서는 헬갓 핫수림(삼하 2:16)의 비극과 요압이 아마사를 살해한 사건(삼하 20:8), 사울의 일곱 아들이 처형당한 비극도 일어났다(삼하 21:1-9). 솔로몬은 기브온의 산당에서 일천 번제를 드리고, 꿈에 하나님의 응답을 받았다(왕상 3:4-15). 예레미야에게 반항한 거짓 선지자 하나냐가 이곳 출신이었다. 또한 이곳 사람들은 느헤미야의 성벽 재건에 동참했다(느 3:7).

기브온은 예루살렘에서 북서쪽 약 9.6㎞ 떨어진 엘 집(el-Jib)으로 동일시되었다. 엘집(el-Jib/al Jib)은 2006년에 47,000명이 살고 있는 아랍 마을이다. 1838년에 에드워드 로빈슨은 이곳을 기브온으로 동일시하였다. 이곳에서 발견된 항아리 손잡이에서 기브온이라는 이름이 발견되어 기브온으로 확정되었다. 엘집은 1956-1962년에 미국의 프리차드에 의해 발굴되었다. 이곳에서 발견된 바위 연못은 고대의 급수시설로 유명하다. 이 저수조는 지름이 11.8m이고 깊이가 10.8m이며 내려가는 계단이 93개로 되어 있다. 이 텔은 60두남 크기의 텔로 초기 · 중기 청동기, 후기 청동기, 후기 철기 시대의 공동 매장지가 발견되었고 초기 · 중기 청동기, 초기 · 후기 철기, 페르시아, 헬라, 로마, 비잔틴 시대의 토기도 발견되었다.

바알다말 Baal Tamar (בַּעַל תָּמָר 종려나무의 주인)
라스 에트 타빌(Ras et- Tavil)
31°50′00.20″N 35°14′29.29″E

동족인 이스라엘 군대와 베냐민 지파의 군대가 최후의 전투를 벌인 곳으로 성경에 한 번 기록되었다(삿 20:33). 이스라엘 군대는 주력부대를 바알다말에 배치하였고 매복부대를 기브아 주변에 배치하였다가 베냐민 군대를 급습하였다.

바알다말은 라스 에트 타빌(Ras et- Tavil)로 추정된다. 바알다말의 다른 추정지는 키르벳 아다롯(Kh. Atarah)인데 이곳은 아다롯으로 추정되기도 한다.

기브아에서 동쪽으로 약 500m 떨어진 곳에 있는 피스캇 제브의 중앙에 있기에 지리적으로 추정이 가능한 곳이다. 이곳에서 동굴 무덤, 바위로 만든 포도주 틀과 신석기, 후기 철기, 로마, 비잔틴 시대의 토기가 발견되었다.

놉 1-1 이스라엘 Nob (נֹב 부글부글 끓게 하다)
라스 엘 메수아리프(Ras el-Mesuarif)
31° 47´ 35.36˝ N   35° 14´ 41.41˝ E

피신 중인 다윗이 제사장 아히멜렉에게 진설병과 골리앗의 칼을 얻은 곳이다. 동명이지로 이집트의 놉과 다른 곳이다(사 19:13). 놉은 사울을 피해 도망치는 다윗이 방문한 제사장들의 성읍이다(삼상 22:19). 도망가던 다윗은 이곳에서 진설병과 골리앗의 칼을 가지고 떠났다(삼상 21:1-9). 이 일로 인해 분노한 사울이 제사장들과 주민과 가축까지 죽이는 잔인한 보복을 하였다. 이사야는 앗수르가 예루살렘을 공격할 때 놉에 진을 치고 예루살렘 산을 향하여 협박할 것이라고 예언했다(사 10:32). 이곳은 바벨론 포로에서 돌아온 사람들이 다시 정착한 성읍이다(느 11: 32). 놉은 이사야의 예언에서 보면 예루살렘 북쪽에 위치한 것으로 보이며 예루살렘 성을 바라볼 수 있는 높은 곳에 있다. 놉의 추정지는 라스 엘 메수아리프(Ras el-Mesuarif)와 쿠메(Qumeh)와 위치가 불분명한 라스 움 엣 탈라(Ras Umm et-Tala)가 있다. 또 다른 추정지인 이사위야(Isawiyeh)는 예루살렘이 보이지 않는 지역에 있기에 추정 가능성이 낮은 곳이다(이사위야는 라이사의 추정지이기에 라이사를 보라).

이곳은 올브라이트(Albright)가 주장하는 곳으로 라스 엘 메수아리프는 예루살렘 북쪽에 있는

해발 806m 지점에 있으며 히브리 대학이 있는 스코푸스 산에 있다. 라스 엘 메수아리프는 아랍어로 '전망할 수 있는 정상' 이라는 뜻을 가지고 있기에 스코푸스 산 정상으로 추정할 수 있다. 이곳은 하나님을 경배하는 마루턱과 연결될 수 있는 곳이다. 이곳에서는 로마 시대의 무덤이 발견되었다.

놉 1-2 이스라엘 Nob (נֹב 부글부글 끓게 하다)
쿠메 (Qumeh)
31° 48´ 47.75˝ N   35° 14´ 13.34˝ E

쿠메는 라스 엘 메수아리프보다 더 북쪽에 있는 언덕으로 전망이 좋은 곳에 위치하고 있다. 이곳에서는 언덕의 비탈에서 세 개의 저장소와 주후 4-5세기 때의 동전이 발견되었고 후기 철기, 비잔틴, 중세 시대의 토기도 발견되었다.

아스마웻 Azmaveth (עַזְמָוֶת 죽음에서 강한 자) / 벧아스마웻

히즈메(Hizmeh)   31˚50´07.66˝N 35˚15´46.18˝E

바벨론 포로에서 42명의 아스마웻 사람들이 귀환했다는 기록이 있는 베냐민 지파의 성읍이다
(스 2:24). 느헤미야 시대 성벽 봉헌식 때에 노래하는 사람들이 모였는데 아스마웻 사람들도
함께 참여했다(느 12:29). 아스마웻은 벧아스마웻과 이명동지이다(느 7:28).

아스마웻은 올브라이트 같은 많은 학자늘에 의헤 아랍 마을 히즈메(Hizmeh)와 동일시되고
있는네, 그 이유는 게바와 아나돗에 가깝다는 지리적인 이유 때문이다. 이곳은 예루살렘에서 7

km 떨어져 있다. 이곳은 제 2싱전 시대
에 석회석으로 석기를 만드는 곳이었으
며 비잔틴 시대의 도기도 발견되었다.
오토만 시대에 함자(Hamza)로 기록 되
었고 1838년에 에드워드 로빈슨이,
1863년에 괴랭이 200명이 사는 마을로
기록했다. 이 마을은 2007년에 5,632명
이 무슬림이 살고 있는 아랍 마을이다.

바라 Parah (פָּרָה 암소의 마을)

키르벳 엘 파라(Kh. el Farah)   31˚49´59.87˝N 35˚18´07.01˝E

베냐민 지파의 성읍으로 성경에 한 번 기록되었으며 아윔과 오브라 부근에 있었다(수 18:23).
바라는 예루살렘에서 북쪽으로 약 10㎞ 떨어진 텔 파라(Tell Fara)로 추정되고 있는데 이곳이
베델이나 베냐민 지파의 오브라 부근에 위치하고 있기 때문이다. 이곳에 예루살렘 성에 물을
공급하던 샘이 있었는데 이곳은 예레미야가 허리띠를 감춘 유브라데로 추정되기도 한다(렘
13:4). 텔 파라에 대한 고고학적인 증거는 확인되지 않으나 이곳에는 유대인 정착촌 알몬이 있
다. 이곳의 동쪽에는 키르벳 엘 파라(Kh. el-Farah) 부르는 곳이다.

이곳은 와디 켈트(Wadi kelt)의 상류이며 아인 프랏(Ein Prat)이라고 부르는 아인 바라(Em

Fara)라고 부르는 샘이 있으며 그리스
정교회의 하리툰 수도원(Haritun
monastry)이 있다. 지금은 국립공원
(Ein Prat (Ein Fara) Reserve)이 되었다.
알몬 유대인 정착촌(Almon / Anatot)
은 1982년에 설립되어 2017년에 1,391
명의 주민이 살고 있다.

알몬 Almon (עַלְמוֹן 숨겨진) /알레멧
키르벳 알미트(Kh. Almit)
31°49′30.23″N 35°16′25.44″E

베냐민 지파의 영토였으나 제사장 아론 가문에게 주어진 열세 성읍 중 하나이다. 알몬은 성경에 한 번 기록되었다(수 21:18). 알몬과 알레멧(대상 6:60)은 이명동지이다. 이곳은 기브온과 게바와 알몬 부근에 있다. 이곳은 키르벳 알미트(Kh. Almit)라고 불리며, 70두남 크기로 이곳에서 거주 동굴, 고대 건물의 흔적, 저장 동굴, 매장 동굴, 저수조, 모자이크 바닥, 포도주 틀, 타작 마당이 발견되었고 중기 청동기, 초기·후기 철기, 페르시아, 헬라, 로마, 비잔틴, 오토만 시대의 토기도 발견되었다. 키르벳 알미트 가까운 곳에는 1982년에 설립된 알몬(Almon, Mateh Binyamin)이라는 유대인 마을이 있는데 2017년에는 1,391명이 살고 있다.

맛메나 Mademenah (מַדְמֵנָה 거름더미)
슈파트(Shufat)
31°49′11.43″N 35°13′21.45″E

선지자 이사야가 앗수르 왕의 공격 때문에 피난할 것을 예고 받은 곳으로 성경에 한 번 기록되었다(사 10:31). 맛메나 주위에는 갈림, 라이사, 아나돗, 게빔이 있었다. 슈파트(Shufat)라는 아랍 마을은 예루살렘 동북부 지역에 있으며 인구가 1997년에는 14,923명이 살고 있었으나 급격한 인구증가로 2017년에는 약 35,000명이 살고 있다. 이곳은 성경의 미스바, 놉, 게빔으로 추정되기도 했던 중요한 지역이다.

1838년에 에드워드 로빈슨은 이곳이 고대 성벽이 있는 조그만 마을이라고 기록했다. 이곳에서 깎아 만든 돌로 만든 직사각형의 건물 흔적, 물 저장소, 포도주 틀이 발견되었다. 이곳에서 지표 조사를 통하여 후기 철기 시대의 토기가 발견되었다.

1991년에 주전 2세기의 요새화된 주거지가 발견되었고 기도실이나 회당으로 보이는 주전 1세기의 건물로 발견되었으나 2008년에 회당은 아닌 것으로 밝혀졌다. 이 거주지는 주전 31년의 지진 후에 버려졌다. 이곳에서는 로마 시대의 유대인 거주지, 주후 2-4세기의 거주지도 발견되었다.

갈림 [1-1] 베냐민 Gallim (גַּלִּים 더미들)
키르벳 카쿨 Kh. Kakul
31° 48′ 55.25″N 35° 15′ 02.05″E

이사야 선지자가 앗수르의 침략 때 외칠 것을 요구한 갈림[1](베냐민)은 동명이지로 이사야가 예언한 갈림[1](베냐민)이 있고(사 10:30) 사울이 다윗의 아내 미갈을 이곳에 사는 발디라는 사람에게 준 기록이 있는 갈림[2](발디)이 있다(삼상 25:44). 갈림[1](베냐민)은 예루살렘 북쪽 지역에 있었던 성읍인데 앗수르 군대가 침략했을 때 긴겅하던 베냐민 지파의 땅에 있었을 것으로 여겨진다. 앗수르 군대가 게바에 도착하여 이스라엘 사람들이 도망가도록 두려움을 주었다. 이사야는

갈림 사람들에게는 외치라고 하였고 가까이 있는 라이사 사람들은 들으라고 하였다. 갈림은 키르벳 카쿨(Kh. Kakul)이나 키르벳 에르하(Kh. Erha)로 추정되고 있다.

이곳에서 고대 건물, 무덤, 포도주틀, 저수조, 기름 짜는 돌 등이 발견되었고 후기 철기, 헬라, 로마, 비잔틴, 아랍 초기, 마믈룩, 오토만 시대의 토기도 발견되었다.

라이사 Laisha (לַיְשָׁה 사자)
엘 이사위예(el-Isawiyeh)
31° 47′ 48.94″N 35° 14′ 45.38″E

이사야 선지자가 앗수르의 공격 때 예언의 말씀을 자세히 들으라고 전한 곳으로 성경에 한 번 기록된 성읍이다(사 10:30). 이 성읍의 주위에는 갈림, 아나돗, 맛메나, 게빔이 있었다. 라이사로 추정되는 엘 이사위예(el-Isawiyeh)는 예루살렘 가까이에 위치하고 있으며 스코푸스 산(Mount Scopus)에 있는 프렌치 언덕(French Hill)의 발치에 있다.

이곳을 1838년에 방문한 에드워드 로빈슨은 이 마을이 조그마한 마을이라고 기록했다. 이곳

에는 주후 1세기의 로마 시대의 매장 동굴이 있으며 이 시대의 토기도 발견되었다. 1964년에 1,300명이 살았던 마을이었으나 1967년 이후에는 이스라엘의 점령지가 되었다. 놉으로 추정되기도 하나 놉으로 추정되는 근거가 너무 미약하기에 라이사로 추정한다. 이곳에서 로마 시대 이후의 몇 개의 동굴 무덤과 벽이 발견되었다.

아나돗 Anathoth (עֲנָתוֹת 응답)
아나타(Anata)
31°48′36.65″N 35°15′31.85″E

베냐민 지파의 영토였으나 아론 자손에게 주어진 성읍 중의 하나이다(수 21:18). 아나돗은 솔로몬이 죽이지 않고 낙향하도록 선처한 제사장 아비아달의 고향이며(왕상 2:26), 예레미야의 고향이었다(렘 1:1). 예레미야는 예언 때문에 아나돗 사람들의 심한 반발을 받았다(렘 11:21). 다윗 왕 때의 아비에셀(삼하 23:27)과 예후(대상 12:3)도 아나돗 출신이었다. 이사야는 앗수르의 침략 때 아나돗을 가련하다고 예언하였다(사 10:30). 바벨론 포로 귀환 때 아나돗 사람들이 돌아왔고(스 2:23), 느헤미야 시대에는 베냐민 지파가 살았던 마을이다(느 11:32).

아나돗은 유다 산지가 끝나고 유다 광야가 시작되는 지역에 있기에 지리적으로 매우 중요한 곳에 위치하고 있다. 아나돗은 이름이 보존되어 있는 아나타(Anata) 마을로 추정되고 라스 엘 하루베(Ras el-Harrubeh; 31°48′29.24″N 35°15′34.24″E)도 추정지로 거론되며 두 유적지는 같은 도시 안에 있다.

아나타는 예루살렘의 구도시(old city)에서 북동쪽으로 4㎞ 떨어진 곳에 있는 아랍 마을이다. 이 마을은 2006년에 9,600명이 사는 곳이다. 1838년에 에드워드 로빈슨은 이곳을 아나돗으로 동일시하였다. 이 마을은 오래된 석재를 재사용한 가옥들이 많으며 저수조, 동굴들, 고대 경작지, 비잔틴 시대의 교회가 있었다.

아나돗은 1838년에 무슬림 마을이 되었다. 아나타에는 선지자 살레(셀라; Shelah)에게 봉헌된 모스크와 예레미야의 아랍화된 이름일 가능성이 있는 루미아(Rumia)에게 봉헌된 동굴이 있다.

바후림 Bahurim (בַּחוּרִים 젊은이의 마을) /바하룸
라스 에트 트밈(Ras et-Tmim)
31°47′15.91″N 35°15′44.64″E

다윗이 압살롬 반역 때문에 도망할 때 저주했던 시므이가 살던 곳으로 베냐민 지파의 영토 안에 있었던 성읍이다. 바후림은 바하룸(대상 11:33)과 이명동지이다. 아브넬이 다윗의 아내인 미갈을 다윗에게로 다시 데리고 올 때 발디엘이 울면서 따라온 곳이다(삼하 3:16). 이곳은 한 여인이 다윗의 첩자였던 요나단과 아히마하스를 우물 속에 숨겨줬던 곳이며(삼하 17:18; 19:16), 다윗의 용사였던 아스마웻의 고향이기도 하다(삼하 23:31).

바후림의 추정지는 예루살렘과 요단 계곡을 연결하는 길에 있는 라스 에트 트밈(Ras et-Tmim)과 키르벳 이브 케단(Kh. Ibqedan)이다. 라스 에트 트밈은 예루살렘과 여리고를 연결하는 로마 시대의 도로에 있으며 감람 산 동쪽에 있는 마을인 제에임(E-Zeeim)이다.

엔 세메스 En-shemesh (עֵין שֶׁמֶשׁ 태양의 샘)
에인 하우드(Ein Haud)
31° 46′ 26.69″N 35° 16′ 15.85″E

예루살렘 동쪽에 있는 이곳은 성경에 두 번 기록된 곳으로 유다 지파의 북쪽 경계와 베냐민의
남쪽 경계에 있었다(수 15:7; 18:17). 엔 세메스는 예루살렘에서 동쪽으로 약 5㎞ 지점에 있는
에인 하우드(Ein Haud)와 동일시된다. 이 샘을 15세기 이후에는 '사도들의 샘'이라고 불렀는
데 예루살렘으로 올라간 사도들이 이곳에서 물을 마셨기 때문이라고 한다. 이곳은 여리고에서

베다니를 거쳐 예루살렘으로
올라가는 계곡 길에 위치하고
있으나 부근에 분리 장벽이 세
워져 있고 골짜기 깊숙이 자리
잡고 있어 찾아가기 어려운 지
역이다. 이곳에서 후기 철기,
로마, 오토만 시대의 토기가
발견되었다.

◀◀ 쉬어가는 page

오병이어 교회

벳바게 Bethphage (Βηθφαγη 익지 않은 무화과의 집)
아부 디스(Abu Dis)　　　　　31°46′39.16″N 35°15′03.11″E

예수님이 예루살렘의 승리의 입성 때 나귀를 구하러 보낸 감람 산에 있는 이곳은 신약성경에만 세 번 기록된 곳으로 감람산 벳바게라고 부르는 마을이다(마 21:1; 막 11:1; 눅 19:29). 벳바게는 철 늦게 열리거나 익지 않은 것 같지만 먹을 수 있는 무화과가 열리는 지역이어서 '익지 않은 무화과의 집'이란 뜻이 붙여진 지역이다. 벳바게는 예수님이 예루살렘으로 승리의 입성을 하실 때에 한 번 나오는 곳으로 마가복음과 누가복음에는 베다니와 함께 기록되었다. 이곳이 베다니보다 먼저 나오는 것은 예수님이 동쪽에서 오셨기에 베다니보다 동쪽에 있는 마을로 보인다. 벳바게는 아랍 마을인 아부 디스(Abu Dis)에 위치하고 있다. 아부 디스는 2016년에 12,604명이 사는 아랍 마을이며 예루살렘과는 분리 장벽으로 막혀 있다.

이곳에서는 고대 건물, 저수조, 포도주 틀, 동굴, 납골당이 발견되었고 후기 로마, 비잔틴 시대의 도자기가 발견되었다. 아부 디스는 베다니 남동쪽에 있으며 감람 산의 남동쪽 경사지 아래쪽에 있어서 베다니와는 깊은 계곡으로 분리되어 있다.

벳바게는 예수님이 승리의 입성을 앞두고 제자들에게 나귀를 가져오라고 지시하신 마을이다. 이곳에서 예수님은 나귀를 타고 승리의 입성을 하였다. 이 마을은 1세기에 성전의 진설병을 만들던 제사장들이 살던 곳이다. 이곳에 비잔틴 시대와 십자군 시대에 두 번 교회가 세워졌으며 지금의 교회는 1883년에 세워졌다. 이 교회는 프란시스코 교회로 1955년에 이탈리아 건축가

안토니아 바르루치(Antonio Barluzzi)가 건축했다. 이 교회는 예수께서 예루살렘 성전에 입성할 때에 나귀를 탔던 장소로 알려진 곳에 세워진 교회이다.

이 교회에서 겟세마네까지는 약 1㎞ 떨어져 있으며 나사로 무덤을 남동쪽으로 약 800m 떨어져 있다. 12세기의 십자군 시대부터 매년 종려주일이 되면 이곳에서부터 골고다 언덕까지 십자가 행렬이 시작된다.

베다니 [1] 감람 산 Bethany (בֵּית עֲנִיָּה 가난하고 고통 받는 자들의 집) / 아나냐

에이자리야(Eizariya)   31° 46′ 17.73″ N 35° 15′ 21.48″ E

나사로가 살았던 마을로 예루살렘 가까이에 있다(요 11:1). 베다니는 동명이지로 예수께서 세례를 받으신 베다니 [2] (요단 강)와 감람산에 있는 베다니 [1] (감람산)가 있다. 베다니 [1] (감람산)은 베냐민 자손들이 느헤미야 시대에 거주하던 아나냐(느 11:32)와 이명동지이다. 베다니의 어원은 확실하지 않으나 '내추야자의 집' 이라는 아람어에서 유래하였다고 추정되기도 하고, '가난하고 고동 받는 자들의 집' 으로 추정되기도 한다.

베다니는 예루살렘의 동쪽 약 3㎞ 지점에 있다. 감람 산 동쪽의 경사지에 위치한 베다니는 마르다, 마리아, 나사로가 살던 마을이기에 예수께서 죽은 나사로를 살리신 기적이 일어났던 곳이고(요 11:1-44), 마리아가 예수님을 위하여 향유를 부은 곳이다(요 12:1-8). 베다니는 예수께서 예루살렘 입성을 하실 때 머무르셨던 마을이다(마 21:17). 이곳은 승천하시는 예수께서 제자들을 떠나신 곳이기도 하다(눅 24:50,51). 아랍인들은 이 마을을 나사로의 이름을 따서 에이자리야(Eizariya)라고 부른다. 이마을은 2007년에 17,606명의 주민이 살고 있는 팔레스틴 아랍마을이다.

이곳에는 나사로의 집으로 알려진 곳에 주후 4세기부터 교회가 세워졌으며, 1952-55년에 이탈리아 건축가 안토니오 바르루치(Antonio Barluzzi)가 설계한 성 나사로 프란시스카 교회가 그 터 위에 세워졌다. 이 교회에서 언덕 위로 올라가면 나사로의 무덤이라는 지하실이 있다. 나사로의 무덤 서쪽에는 1965년에 세워진 그리스 정교회의 교회가 있다.

나사로 무덤은 4세기에 와서 유세비우스(330년)와 순례자(333년)에 의해 언급되었다. 390년에 제롬에 의해서 나사로 교회가 언급되고 410년에 순례자 에게리아(Egeria)에 의해 확증되었다. 나자리움(Nazarium)은 교회와 나사로 무덤으로 이루어졌다. 6세기에 지진으로 파괴된 후에 다시 크게 건축되었다. 다시 건축된 교회는 십자군 시대까지 이어지다가 1187년에 예루살렘 함락 후에 손상을 입었다.

1384년에 모스크가 세워졌고 16세기의 오토만 시대에는 큰 규모의 알 우자이르(al Vzair) 모스크가 세워졌다. 100년이 지난 후에 프란시스코회는 무덤의 북쪽을 뚫어 새로운 출입구를 만들고 나사로의 무덤을 복원했다. 1838년에 에드워드 로빈슨은 이 마을이 20가정이 사는 가난한 무슬림 마을이라고 기록했다. 나사로의 무덤은 입구에서 27개의 계단을 내려가는 곳에 2 m의 크기이다.

마나핫 Manahath (מָנַחַת 샘물, 휴식처)
말리하(Maliha)
31°45′09.37″N 35°11′16.68″E

베냐민 자손 중에서 에훗의 아들들은 게바 주민의 우두머리였으나 사로잡혀 마나핫으로 갔다(대상 8:6). 이스라엘 계보 중에 살마의 자손을 마나핫 족속이라고 기록되어 있는데 마나핫은 마하낫과 같은 곳으로 개역한글판에서 마하낫으로 번역되었으나 개역개정판에서 마나핫으로 고쳐졌다(대상 2:54). 마나핫의 이름은 예루살렘 남서쪽의 말리하(Maliha)에 그 이름의 흔적이 남아 있다. 이 지역에는 1948년에는 2250명이 살고 말리하(Malha, al Maliha)라는 아랍 마을이 있었다.

1838년에 에드워드 로빈슨은 이곳을 무슬림 마을인 엘 말리하(el Maliha)라고 기록했다. 이곳은 르바임 골짜기가 시작되는 지점에 있으며 도시화가 진행되고 있는 곳이다. 이곳은 지표 조사를 통하여 석동기, 중기·후기 청동기, 후기 철기, 헬라, 로마, 비잔틴 시대의 토기가 발견되었다. 1987년부터 1990년까지의 이 지역에 있는 쇼핑센터와 동물원 지역에서는 초기 청동기(주전 2200-주전 2100년), 중기 청동기(주전 1700-주전 1800년의) 성읍이 발견되었다. 또한 발굴을 통하여 가나안 시대의 거주층이 발견되었다.

느도바 [-2] Netophah (נְטֹפָה)
라맛 라헬 (Ramat Rahel)
31°44′25.08″N 35°12′59.80″E

베들레헴 부근에 있는 다윗의 용사들의 고향이었던 느도바는 성경에 나온 인물들의 고향으로 자주 언급된 성읍이다. 이곳은 유다 산지였던 베들레헴 부근에 있었던 성읍이었다(대상 2:54). 다윗의 용사 마하래와 헬렙의 고향이었고(삼하 23:28,29) 그달리야의 부하였던 스라야의 출신지였다(왕하 25:23; 렘 40:8,9). 바벨론 포로에서 스룹바벨과 함께 돌아온 사람들 중에 느도바 사람들이 있었고(스 2:22; 느 7:26) 레위인들도 느도바에서 살았다(대상 9:16). 느헤미야의 예루살렘 성벽 낙성식 때에 이곳 사람들도 노래하였다(느 12:27,28). 느도바는 두 곳의 추정지가 있

는데 키르벳 베드 팔루(Kh. Bedd Faluh)와 라맛 라헬(Ramat Rahel)이다.

마자르(Mazar)는 예루살렘 가까이에 있는 라맛 라헬을 느도바의 추정지로 본다. 지리적인 조건으로 보면 라맛 라헬이 유력하다. 이곳은 벧학게렘의 추정지이기도 하다. 이곳에서 주전 8-7세기의 성벽, 개인 주택의 흔적, 토기와 페르시아, 헬라, 로마, 초기 아랍 시대의 유적과 비잔틴 시대의 교회와 수도원 유적이 발견되었다.

기브아[4] 베냐민 Gibeah (גִּבְעָה 언덕, 고지)
텔 엘 풀(Tell el-Ful)
31° 49′ 24.06″ N 35° 13′ 51.49″ E

사울 왕의 고향이며 이스라엘의 중심지 역할을 했던 베냐민의 성읍이기에 베냐민 기브아라고 불렀다(삼상 13:2,15; 14:16). 이곳은 사울이 살고 있기에 개역한글판에서 사울의 기브아(삼상 11:4; 사 10:29)라고 부르기도 했으나 개역개정판에서 사울이 사는 기브아라고 번역했다(삼상 11:4). 성경에는 기브아가 동명이지로 네 곳이 있는데, 기브아[1](유다; 수 15:57)와 기브아[2](에브라임; 수 24:33)와 기브아[3](기부앗)와 기브아[4](베냐민)가 있다. 기브아[4](베냐민)는 사울 왕의 고향(삼상 10:26)이며 사울이 왕이 된 후에도 이 지역의 중심지 역할을 하였다(삼상 13:2). 이곳은 레위 사람의 첩을 살해하는 악행 때문에 베냐민 지파가 전멸 직전까지 가는 비극이 시작된 성읍이었다(삿 19장). 기브아[4](베냐민)는 앗수르가 예루살렘을 공격할 때 공격로였으며(사 10:29) 호세아의 예언에도 기록된 중요한 성읍이었다(호 9:9; 10:9). 기브아[4](베냐민)는 예루살렘에서 북쪽으로 약 5㎞ 떨어진 전망 좋은 언덕인 텔 엘 풀(Tell el-Ful)과 동일시되었다.

이곳에서 발굴을 통하여 초기·후기 철기, 페르시아, 하스모니안, 헤롯 시대의 지층이 드러났다. 올브라이트는 철기 시대의 마을의 흔적과 요새로 건설된 성채의 유적을 발견했다. 이곳의 지표 조사를 통하여 초기·후기 철기, 헤롯 시대의 토기가 발견되었고 람멜렉 인장 손잡이도 발견되었다. 이곳은 요르단이 통치할 때 요르단 왕의 궁전을 건축하다가 중지된 건축물이 있다. 1964년에 왕궁을 건축하기 직전의 발굴에서 성경 시대의 거주지와 발견된 유물을 통하여 기브아로 동일시되었다. 로빈슨 같은 학자들은 기브아를 게바로 보았지만, 오늘날 많은 학자들이 텔 엘-풀을 베냐민 지파의 기브아로 동일시하고 있다. 처음으로 텔 엘 풀을 기브아로 동일시한 이는 예루살렘에서 목회자로 있었던 독일인 발렌티너이며 괴랭은 텔 엘 풀이 거의 확실하게 기브아라고 선언하였다. 그러나 이후 콘더는 게바가 현대 지역 제바 이고 기브아는 그 주변 지역이라고 주장하였다. 텔 엘 풀은 베냐민 지파의 한 장소인 오브니라고 주장하였다.

이후 학자들 간에는 텔 엘 풀을 성서의 어디로 볼 것인지에 대한 논쟁이 있었다. 기브아가 어디인가를 결정하는데 어려움을 더하는 것이 성경에 기브아와 게바가 사용된다는 점이다. 기브

아와 게바는 같은 장소를 다른 이름으로 사용한 것인가? 올브라이트는 기브아를 표현할 때 항상 정관사를 사용하여 하-기브아라고 표현하였다는 것을 지적하면서 예루살렘에서 북쪽 에브라임 지역으로 가는 길에 있는 높이 솟아 있는 언덕인 텔 엘 풀이라는 점을 지적하였다. 또한 이사야 10장 28-32절 구절을 들면서 앗수르가 예루살렘을 공격할 때 사용한 길은 믹마스, 게바, 아나돗, 예루살렘으로 이어지는 와디 에츠-츠웨이닛이라고 지적하면서 사사기에 나온 기브아는 게바라고 주장한 메칼리스터의 의견에 반대하면서 올브라이트는 만약 고대의 길이 와디 에츠-츠웨이닛이 사용되었다면 아나돗이나 믹마스를 기브아와 함께 언급하였지 라마나 기브아를 언급하지 않았을 것이라고 주장하였다.

1868년에 기브아를 처음으로 챨스 워렌이 2주에 걸쳐서 발굴하였다. 거친 벽들과 토기가 발견되었지만, 그것들은 그에게 아무런 의미를 주지 못하였다. 이후 올브라이트가 1922-23년, 1933년에 발굴하였고 그 후에 폴 랩이 1964년에 한 번 더 발굴하였다.

발굴을 통하여 언덕 중앙 쪽에 요새로 부르는 건물이 드러났는데, 시기를 따라 변화를 거쳐 세 단계로 나뉘어 진다. 세 번째 요새(요새 3)에 대하여는 이견이 별로 없으나, 첫 번째, 두 번째 요새(요새 1과 2)에 대하여는 의견이 나뉜다. 첫 번째 요새는 초기 철기 시대에 지어진 것으로 남서쪽의 한 부분만이 발굴에서 명백하게 드러났다. 발굴자에 따르면 이 첫 번째 요새는 다윗에 의하여 재건되어 두 번째 요새로 건설되었다. 한편 알브레히트 알트와 벤자민 마자르는 첫 번째 요새는 블레셋이 지은 요새로서 이후에 사울이 와서 두 번째 요새에서 정착한 것으로 이해되었다 (아래 지층별 역사를 보라).

표5. 지층별 역사

시대	연 대	특 징
I	주전 1200-1150년 (요새화 이전 시대)	청동기 시대의 특징을 보여주는 어떠한 토기도 발견되지 않음, 이후 두 번째 시대의 토기와 유사한 토기를 지닌다. 주전 13세기 말에 건설되어서 주전 12세기 말쯤에 불타서 파괴되었다.
II	주전 1025-950년 (요새 I 과 II) - 파괴됨, 요새 I이 불에 타서 파괴됨. 요새 II는 단지 벽들이 해체되고 버려짐, 불에 의한 파괴는 없다.	채색된 토기와 마름질된 토기가 나타남 (불규칙적). 발견된 요새에는 1층에서 2층으로 올라가는 계단이 발견됨. 너비는 1미터 높이는 25센티미터. 이 요새는 오직 바깥 벽으로만 방어 가능 (너비 200-230센티미터). 요새 II의 돌은 요새 I의 것보다 더 나은 것이다.
III	주전 650-587년 A 단계 (요새 III) 주전 587-537년 B 단계	
IV	주전 175-135년, A 단계 주전 135-100년, B 단계 주전 100-63년, C 단계	
V	주후 약 70년	

벧학게렘 [1] Beth-Hakkerem (בֵּית הַכֶּרֶם 포도원의 집)
라맛 라헬(Ramat Rahel)
31°44′25.08″N 35°12′59.80″E

느헤미야가 예루살렘 성을 재건할 때에 분문을 중수했던 레갑의 아들 말기야가 다스리던 지방이다. 베냐민 사람들에게 예루살렘에서 피난하라는 예레미야의 예언에서 깃발을 올리라고 했던 곳이다(느 3:14; 렘 6:1). 벧학게렘은 예루살렘 가까이에 있었으며 깃발 신호를 보이거나 봉화를 올릴 수 있는 높은 곳에 있었다. 벧학게렘은 세 곳의 추정지가 있는데 라맛 라헬, 에인 케렘, 헤로디움이다. 라맛라헬은 1926년에 시작한 키부츠로 2017년에는 519명이 살고 있다. 라맛 라헬은 키르벳 에스살라(Kh. es-Sallah)로 부르던 곳이다.

이곳의 발굴은 1930-31, 1959-1962, 2004, 1984, 2008년에 이루어졌다. 2004년의 발굴에서는 왕궁이나 행정 건물로 보이는 건물이 발굴되었고 2008년에는 주후 1세기의 조리용 솥과 15개의 큰 금화가 발견되었다. 이곳에서 주전 8-7세기의 성벽, 개인 주택의 흔적, 토기와 페르시아,

헬라, 로마, 초기 아랍 시대의 유적과 비잔틴 시대의 교회와 수도원 유적이 발견되었다. 그뿐 아니라 헬라, 헤롯, 로마 시대의 무덤 동굴, 비둘기 양육장, 물 저장소와 5개의 정결 욕조가 발견되기도 했다. 이곳의 지표 조사를 통하여 후기 철기, 페르시아, 하스모니아, 헬라, 후기 로마, 비잔틴, 초기 아랍 시대의 토기도 발견되었다.

하롯 유다 Harod (חָרֹד 전율)
키르벳 엘 하레단(Kh. el-Haredan)
M.R.178/126

다윗의 신하인 삼훗과 엘리가의 고향인 하롯은 성경에 한 번 기록된 성읍이다(삼하 23:25). 이곳은 예루살렘에서 남쪽으로 떨어진 키르벳 엘 하레단(Kh. el-Haredan)으로 추정되기도 한다. 성경에 하롯은 동명이지로서 기드온이 진을 친 하롯 샘과 유다 지역에 있었던 성읍인 하롯이 있다. 이곳은 베들레헴 동쪽으로 6km 떨어진 우베이디야(al-Ubeidiya)의 동북쪽에 있는 유적지로 기드론 시내 북쪽의 유대광야에 있다. 유적지로 이곳에 대한 자세한 정보는 없는 곳이다.

우베이디야는 성 데오도시우스가 장사된 529년에 수도원(Monastery of St. Theodosius)에서 동쪽으로 1km 떨어진 곳으로 2007년에 10,753명이 사는 팔레스틴 아랍인 마을이다.

그데라² 기브온 Gederah (גְּדֵרָה 성벽, 포도원의 담)
주데이라(Judeira)　　　　　　　　　　31° 51′ 30.57″N 35° 11′ 50.96″E

유다 지파의 영토 중에서 평지에 있던 그데라¹(유다)는 유다 지파의 성읍으로 쉐펠라 지역에 있는 열네 성읍 중의 하나로 아세가, 사아라임, 아디다임, 그데로다임 부근에 있었다(수 15:36). 그데라는 동명이지로 그데라¹(유다; 수 15:36)과 요사밧의 고향인 그데라²(기브온)이 있다. 그데라는 개역한글판이나 개역개정판에서는 산울로 번역되었기에 산울과 그데라¹(유다)는 이명 동지로 볼 수 있으며 공동번역서는 산울이 그데라로 번역되었다(대상 4:23).

다윗이 시글락에 숨어 있을 때 싸움을 도운 용사 중의 한 사람인 요사밧의 출신지이다(대상 12:4).

이곳은 기브온에서 북동쪽 가까이에 있는 현대 마을 주데이라(Judeira)로 추정하고 있다. 이 마을은 로마 시대의 거주지였으며 오토만 시대에는 자드라(Jadira)라고 불렸다 1838년에 에드워드 로빈슨은 엘 제디레(el-Jedireh)라는 무슬림 마을이었다고 기록했다. 1863년에 괴랭은 이 마을을 기록했다. 이 마을은 2006년에 2,121명이 사는 팔레스틴의 아랍 마을이다.

갈림¹⁻² 베냐민 Gallim (גַּלִּים 더미들)
키르벳 에르하 (Kh. Erha)　　　　　　　31° 50′ 45.21″N 35° 14′ 15.64″E

이사야 선지자가 앗수르의 침략 때 외칠 것을 요구한 갈림¹(베냐민)은 동명이지로 이사야가 예언한 갈림¹(베냐민)이 있고(사 10:30) 사울이 다윗의 아내 미갈을 이곳에 사는 발디라는 사람에게 준 기록이 있는 갈림²(발디)이 있다(삼상 25:44). 갈림¹(베냐민)은 예루살렘 북쪽 지역에 있었던 성읍인데 앗수르 군대가 침략했을 때 진격하던 베냐민 지파의 땅에 있었을 것으로 여겨진다. 앗수르 군대가 게바에 도착하여 이스라엘 사람들이 도망가도록 두려움을 주었다. 이사야는

갈림 사람들에게는 외치라고 하였고 가까이 있는 라이사 사람들은 들으라고 하였다. 갈림은 키르벳 카쿨(Kh. Kakul)이나 키르벳 에르하(Kh. Erha)로 추정되고 있다.

이곳은 아벨(Abel)이 갈림으로 추정하는 곳으로 라마의 추정지인 에르 람(er-Ram) 남쪽 주택가의 언덕 위에 있는 철기 시대의 유적지로 팔레스틴 지역에 있다. 이곳은 다랄라의 추정지이기도 하다.

다랄라 ⁻¹ Taralah (תַּרְאֲלָה 실을 감음)
키르벳 틸리야 (Kh. Tililiya)
31˚48ʹ58.11ʺN 35˚12ʹ19.35ʺE

예루살렘 부근에 있었던 베냐민 지파의 성읍으로 성경에 한 번 기록된 곳이다. 이르브엘과 셀라 부근에 있었다(수 18:27). 다랄리의 추정지는 두 곳으로 키르벳 틸리야 (Kh. Tililiya)와 키르벳 에르하(Kh. Erha)로 예루살렘 북쪽 지역에 있다.

이곳은 프레스(Press)가 추정하는 곳으로 소렉 골짜기(Nahal Sorek)의 서쪽에 있는 베트 이차(Beit Iksa)의 동쪽에 있으며, 이스라엘 모샤브인 라못 알론(Ramot Alon)의 이곳에 있는 요

새는 제2성전 시대인 하스 모니안, 헤롯 시대의 유적이다. 이 지역의 라못 숲(Ramot Forest)에서는 1차 성전시대의 포도주틀이 발견되었다. 주택 지역의 언덕 위에 있는 유적지이다.

이스라엘 모샤브인 라못 알몬의 주택 지역의 언덕위에 있는 유적이다.

다랄라 ⁻² Taralah (תַּרְאֲלָה 실을 감음)
키르벳 에르하 (Kh. Erha)
31˚50ʹ45.21ʺN 35˚14ʹ15.64ʺE

예루살렘 부근에 있었던 베냐민 지파의 성읍으로 성경에 한 번 기록된 곳이다. 이르브엘과 셀라 부근에 있었다(수 18:27). 다랄라의 추정지는 두 곳으로 키르벳 틸리야 (Kh. Tililiya)와 키르벳 에르하(Kh. Erha)로 예루살렘 북쪽 지역에 있다.

이곳은 아벨(Abel)이 추정하는 곳으로 라마의 추정지인 에르 람(er-Ram) 남쪽 주택가의 언덕 위에 있는 철기 시대의 유적지이며 팔레스틴 지역에 있다.

이곳은 갈림의 추정지이기도 하다.

라마[1] 베냐민 Ramah (רָמָה 높은 곳)

에르 람(er-Ram)

31°51′08.34″N 35°13′55.34″E

예루살렘 북방에 있는 베냐민 지파의 기업이며 요새가 되었던 성읍(수 18:25)으로 이스라엘 왕바아사가 국경을 강화하기 위해 라마를 요새화하다가 포기한 곳이다. 유다 왕 아사는 라마를건축하던 돌과 재목으로 게바와 미스바를 건축하였다(왕상 15:17,22; 대하 16:1,6). 라마는 기브온과 브에롯 사이에 있었으며(수 18:25) 에브라임 산지에 위치해 있었다. 드보라의 종려나무가라마와 벧엘 사이에 있었다고 한다(삿 4:5). 이곳은 베냐민 지파의 기브아 부근에 있었으며(삿19:13) 게바 가까이에 있었다(사 10:29).

이곳은 사무엘이 머물렀던 고향이자 묻힌 곳이며(삼상 1:1; 8:4; 25:1) 다윗이 사울을 피해갔던 곳이다(삼상 19:19; 20:1). 예레미야는 바벨론으로 잡혀가다가 라마에서 해방되었고(렘40:1), 그는 라마에서 통곡소리가 들릴 것이라고 예언했다(렘 31:15; 마 2:18). 라마는 포로에서돌아온 베냐민 지파가 다시 거주한 곳이다(스 2:26). 라마다임 소빔을 란티스(Rantis)나 베이트리마(Beit Rima)로 보는 견해도 있으나 라마[1](베냐민)와 라마다임 소빔을 같은 곳으로 보는 견해가 더 설득력이 있다. 그렇게 보면 라마[1](베냐민), 라마다임 소빔, 라마 나욧, 나욧은 이명동지이다.

라마는 동명이지로 라마[1](베냐민), 라마[2](납달리), 라마[3](아셀), 라마[4](네겝), 라마[5](길르앗)가있다. 라마[1](베냐민)는 일반적으로 예루살렘에서 북쪽으로 7㎞ 지점에 있는 에르 람(er-Ram)으로 동일시되고 있다. 에르 람은 2006년에 25,595명이 사는 아랍 마을이다. 이곳은 30두남 크기의 유적으로 초기 · 후기 철기, 페르시아, 헬라, 로마, 비잔틴, 아랍 초기, 오토만 시대의 토기가발견되었다.

이곳은 십자군 시대에는 아람(Aram), 하람(Haram), 라마(Rama)같은 이름으로 불리워졌다.오토만 시대에는 라마(Rama)라고 불렸으며 28 가정이 살고 있었다.

1838년에 에드워드 로빈슨은 이 마을이 가난하고 조그만 마을이지만 큰 돌들과 기둥들이 흩어져 있는 중요한 장소라고 기록했다. 1883년의 조사에서는 건물 기둥, 저수조, 성벽, 채석장이발견되었다고 한다. 이곳에서는 십자군 시대의 탑과 교회가 있었는데 이 교회는 모스크로 개조되었다.

사무엘이 사울을 왕으로 추대한 곳이기에 예루살렘이 수도가 되기 전에는 이스라엘의 중심
지의 역할을 했던 미스바¹(베냐민)은 베냐민의 성읍이었다. 미스바¹(베냐민; 삼상 7:5)와 미스
베¹(베냐민; 수 18:26)는 이명동지이기에 같은 장소로 사용된다. 이곳은 베냐민 지파에게 분배
된 곳으로 기브아에서 살해된 레위 사람의 첩 때문에 이스라엘이 모인 곳이다(삿 20:1). 사무
엘 시대에 이스라엘은 블레셋과의 전쟁을 앞두고 모여서 금식 기도 하였다(삼상 7:5-6). 사무
엘은 미스바에서 이스라엘의 모든 지파를 모으고 사울을 왕으로 추대하였다(삼상 10:7). 이스
라엘이 분열된 후에 미스바는 요새로서 중요한 위치에 있었다. 남 유다 왕국은 라마의 요새를
파괴하고 미스바까지 영토를 확장하였다(왕상 15:22; 대하 16:6). 유다 왕국을 멸망시킨 바벨
론은 총독으로 임명한 그달리야를 미스바에 머무르게 하였으며(왕하 25:22-25), 느헤미야가
예루살렘 성을 재건할 때 미스바를 다스리던 살룸도 참여하였다(느 3:15). 성경에는 미스바가
다섯 곳의 동명이지가 있고 미스베와 이명동인인 곳도 있기에 성경 지명 중에서 가장 혼동하
기 쉬운 장소이다. 미스바 ¹(베냐민)은 두 곳의 추정지가 있다.

미스바¹(베냐민)으로 추정되는 나비 삼월은 사무엘의 무덤으로 알려져 있으며 로빈슨
(Robinson)에 의하여 미스바로 추정되었다. 이곳은 예루살렘에서 북서쪽으로 8㎞떨어져 있
는 고지대이며 전망이 가장 좋은 군사적으로 중요한 요충지에 있다.

나비 삼월은 선지자 사무엘의 아랍어 이름인 사무엘의 무덤이 있는 곳이다. 이곳에는 비잔틴
시대에 세워진 수도원이 있었다. 이 수도원은 6세기의 유스티아누스 황제 때에 재건되고 규모
가 더 커졌다. 이곳은 기독교인과 유대인과 무슬림의 순례 장소가 되었다. 1099년에 십자군을
이곳을 점령하고 '기쁨의 산' 이라는 뜻으로 몬트 데 조이에(Monde de Joie)라고 부르고 요새
를 건설했다. 이곳에는 1157년에 교회가 건설되었으나 살라딘의 아유비드 시대에는 모스크가
되었다. 15세기에 유대들은 모스크 가까이에 회당을 세웠다. 1596년에 이 마을에는 5 가정
의 무슬림이 살고 있었고 1879년에는 6 가정 20명이 살고 있었다.

영국과의 전쟁으로 손상을 입은 이 마을은 1921년에 다시 건축되고 다시 거주지가 되었으며
모스크가 다시 건축되었고 1922년에는 121명이 살고 있었다. 1967년 전쟁 후에 이곳은 이스
라엘이 점령하였다. 이곳은 2007년에 160명이 살고 있는 아랍 마을이다. 이곳은 가나안 시대
의 성읍인 마스파트(Masfat) 위에 세워졌다고 주장하기도 한다. 이곳에서는 로마 시대의 유적,
십자군 시대의 요새와 교회, 저수조와 무덤이 발견되었다. 1992년부터 2003년까지 이자크 마
겐(Yitghak Magen)이 발굴했다. 이곳에서는 주전 8세기부터 7세기까지의 거주지와 비잔틴
시대의 수도원이 발굴되었다.

사무엘의 무덤

에인 케렘(Ein Kerem)은 직접적으로 성경에 나오는 지명은 아니지만 성경에는 세례 요한이 태어난 '유대 한 동네'(눅 1:39)라고 기록된 곳이다. 예루살렘에서 서쪽으로 약 7.5km 떨어진 곳에 있는 에인 케렘은 '포도원의 샘'이란 뜻으로 사가랴와 엘리사벳에게서 세례요한이 태어난 곳이다(눅 1:39). 이곳은 사가랴의 집이 있었던 곳(눅 1:40)으로 벧학게렘의 추정지(렘 6:1; 느 3:14)중의 하나이기도 하다. 에인 케렘에는 세례요한이 탄생했다는 곳에 세워진 세례 요한 탄생 교회(Church of St. John the Baptist)가 있다. 1674년에 스페인의 화가들이 그린 벽화가 있는 원형 제단이 있다. 주후 530년에 로마의 데오도시 황제는 이곳이 세례 요한의 고향으로 인정하였다. 마리아는 약 106km가 떨어진 나사렛에서 이곳으로 와서 삼 개월을 머물다가 돌아갔다. 세례 요한 교회의 남서쪽에는 1955년에 안토니오 바르루치가 건축한 마리아가 엘리사벳을 방문한 것을 기념하는 프란시스코회의 마리아 방문 교회(Church of Visitation)가 있다. 이 교회 안에는 세례 요한의 가족이 마셨다는 우물이 있고 엘리사벳이 헤롯 군사들에게서 세례 요한을 숨긴 동굴이 있다(마 2:16). 십자군 시대부터 마리아의 샘(Mary's spring)이라고 부르는 샘물이 있다. 마리아 샘물 위에는 1828-1829년에 세워진 모스크가 있다. 러시아 정교회는 1871년부터 건축을 시작하였고 1894년에 그리스 정교회도 이곳에 들어왔으며 시온수녀원은 1860, 1861년에 건축되었다.

세례 요한 탄생 교회는 카톨릭 교회로서 비잔틴 시대에 세워졌다가 6세기 때 무너졌고 아랍 시대에는 대상들의 숙소가되었다. 1485년부터 프란체스코의 소유가 되었으며 1621년에는 프란시스코회가 다시 건축한 후 1897년에 교회가 확장되어 재건축되었다. 이 교회 지하에는 세례 요한이 탄생했다는 동굴이 있다. 1941, 1942년의 발굴을 통하여 무덤용 동굴, 돌로 된 방, 포도주 틀, 모자이크 타일의 예배실, 주후 1세기의 토기가 발굴되었다. 에인 케렘에는 1894년에 오래된 교회 터 위에 동방정교회에서 건축한 또 하나의 세례 요한 기념교회가 있다.

에인 케렘 지역의 발굴은 팔레스틴 탐험재단(PEF)에 의해 1866년부터 1877년까지 발굴되었다. 1941년, 1942년의 발굴을 통하여 동굴 무덤, 포도주 틀, 모자이크 타일이 있는 예배실, 주후 1세기의 토기가 발견되었다. 이 지역에서는 청동기 시대의 토기, 제 2성전 시대의 유대교 정결례 시설, 무덤, 성벽이 발견되었다. 세례 요한 교회의 발굴을 통하여 주상 조각(아프로디테 또는 비너스)과 비잔틴 시대의 도자기가 발견되었다. 1838년에 에드워드 로빈슨은 이곳을 무슬림과 기독교인들이 사는 아인 카림(Ain Karim)으로 기록했다. 이곳은 1922년에는 1,282명의 무슬림과 453명의 기독교인이 살고 있었으며 1948년에는 3,689명의 주민이 살고 있었다.

세례 요한 탄생 교회

마리아 방문 교회

마리아의 샘

◀◀ 쉬어가는 page

엔게디의 야생 염소(ibex)

여리고의 무지개

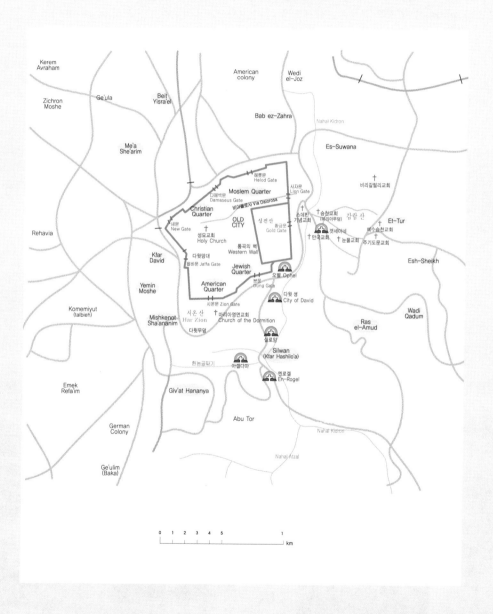

Kerem Avraham

American colony

Wedi el-Joz

Zichron Moshe

Ge'ula

Beit Yisra'el

Bab ez-Zahra

Nahal Kidron

Me'a She'arim

Es-Suwana

헤롯문 Helod Gate

다메섹문 Damaseus Gate

Moslem Quarter

사자문 Zion Gate

비리갈릴리교회

Christian Quarter

비아돌로사 Via Dolorosa

승천교회 (마리아무덤)

감람산

Et-Tur

Rehavia

새문 New Gate

OLD CITY

성전산

스데반 기념교회

황금문 Gold Gate

겟세마네

예수승천교회

성묘교회 Holy Church

안국교회

눈물교회

주기도문교회

통곡의 벽 Western Wall

Kfar David

다윗망대

Esh-Sheikh

욥바문 Jaffa Gate

Jewish Quarter

오벨 Ophel

Yemin Moshe

American Quarter

분문 Dung Gate

다윗 성 City of David

Wadi Qadum

Komemiyut (talbieh)

시온문 Zion Gate

Mishkenot Sha'ananim

시온산 Har Zion

마리아영면교회 Church of the Dormition

실로암

Ras el-Amud

다윗무덤

Silwan (Kfar Hashilo'a)

Emek Refa'im

힌놈골짜기

아셀다마

엔로겔 En-Rogel

Giv'at Hananya

German Colony

Abu Tor

Nahal Kidron

Ge'ulim (Baka)

Nahal Atzal

0 1 2 3 4 5   1
|——————————————————| km

예루살렘 Jerusalem (יְרוּשָׁלַיִם Ἱερουσαλήμ 살렘의 기초) /살렘1/여부스/아리엘
제루살렘 Jerusalem

하나님의 성전이 있고 십자가의 현장이었던 골고다가 있는 예루살렘은 다윗에 의해 점령되어 이스라엘 역사상 가장 중요한 도시가 되었다 (시 122:6,7). 예루살렘은 전통적으로 '평화의 도시'라는 뜻으로 불렸다. 예루살렘은 성경에서 여러 가지의 이명동지로 불린다. 성경에서 예루살렘은 살렘(예루살렘; 창 14:18), 예루살렘(수 10:1), 여부스(수 18:28), 시온산성(삼하 5:7), 다윗 성(삼하 5:7), 시온(왕상 8:1; 대하 5:2), 아리엘(사 29:7), 여호와의 성읍(사 60:14), 하나님의 성(시 46:4), 거룩한 성(느 11:1), 모리아 산(대하 3:1), 처녀 예루살렘(애 2:13), 주의 성(단 9:16), 주의 거룩한 산(단 9:16)으로 불렸다.

예루살렘은 해발 700-1000m에 이르는 유다 산지에 위치하고 있기에 전략적으로 방어가 용이한 곳에 자리 잡고 있다. 예루살렘은 고립된 유다 산지에 있었으나 남북으로 족장 도로가 지나가고 동쪽에 여리고에서 올라오는 길과 믹마스와 게바가 있는 스보임 골짜기의 길이 있었고 서쪽에서 소렉 골짜기의 길이 있었으며 소렉 골짜기의 상류인 르바임 골짜기와 아얄론 골짜기를 통해서 올라오는 길이 있는 요충지였다.

예루살렘의 구 시가지(Old city)가 있는 지역은 튜로니아(Turoniah) 지층으로 이 지층에 속한 멜렉(Meleke)이라는 암석은 부드러워 가공하기 쉽지만 공기에 노출된 후에는 더 단단해지는 특성이 있다. 다메섹 문 부근에 있는 솔로몬의 채석장에서 이 암석이 채석되었다. 이 암석은 궁전과 회당과 성벽의 건축 재료로 사용하였지만 무덤으로도 사용되었다. 감람 산과 예루살렘 남쪽은 세노니아(Senonian) 지층이 주된 지질로 되어 있다. 이 암석은 잘 부수어지기에 건축 재료로 적합하지 않지만 굴이나 무덤을 파기에는 쉬운 지질이다. 예루살렘의 서쪽 지역으로 신도시(New city)가 있는 지역은 세노마니안(Cenomanian) 지층으로 매우 단단한 암석이기에 건축 재료로 사용하기가 어려웠다.

시온 산

힌놈의 골짜기

다윗 성

기드론 골짜기

예루살렘은 세 개의 언덕으로 이루어졌다. 동부 구릉 지대(Easter Hill)는 예루살렘에서 최초로 사람들이 살던 지역으로 성전 산과 오벨과 다윗 성이 있는 지역이다. 이 지역은 지금보다 더 적은 규모이고 더 가파른 지세였으나 다윗과 솔로몬 때에 일부가 확장되고 솔로몬과 헤롯 대왕이 성전을 세우기 위해 축대를 쌓아 더 넓어지고 평평한 지역이 되어 옛 지형과 달라졌다. 성전 산은 남쪽의 오벨보다 더 높은 지대로 둥근 모양의 언덕이었으나 지금은 평지가 되어 있다. 성전 산 지역은 해발 745m이고 오벨은 해발 705m의 지역이다. 서부 구릉 지대(Wester Hill)는 동부 구릉지대보다 더 넓고 높은 지역으로 이곳에 있는 시온 산은 해발 765m의 지역이다. 이 지역은 동쪽에 비탈로 이어지는 중앙 계곡이 있기에 동부 구릉지대와 연결하는 다리를 놓았으며 이 다리의 흔적이 로빈슨 아치이다. 북부 구릉지대(Nothern Hill)는 동부와 서부 구릉지대보다 더 넓고 높은 지역으로 예루살렘이 공격당할 때에 취약한 지역이 되었다.

예루살렘의 성전 산과 다윗 성이 있는 지역은 힌놈의 아들 골짜기와 기드론 시내와 티로포에온 골짜기로 삼면이 골짜기로 되어 방어가 용이한 지형이었다. 티로포에온 골짜기(Tyropoeon Valley)는 서쪽에 있는 골짜기이다. 예루살렘은 산악 지역에 있었기에 강이 없고 농경지가 없는 불리한 지형에 있었다. 예루살렘의 기드론 골짜기에 기혼 샘과 엔 로겔이 있어 물을 공급받을 수 있었다.

예루살렘은 지난 3,000년간 계속하여 거주지가 되었기에 환경적으로나 지형적으로 많은 변화가 있었다. 예루살렘은 주기적인 지진과 계속된 파괴와 건축과 확장으로 인해 고고학 발굴이 매우 어려운 곳이 되었지만 발굴작업이 진행되고 있다. 지금의 예루살렘 성은 주후 1538년에 오스만 터키의 슐레이만 대제가 증축하였다. 황금 문은 비잔틴 시대에 개축하였으며 무슬림들이 1530년에 봉쇄하였다(겔 44:1-2). 지금은 구 도시(Old City)라고 불리는 예루살렘 성은 성전 산 구역과 유대인 구역과 기독교인 구역과 아랍인 구역과 아르메니안 구역으로 구분되어져 있다.

예루살렘은 아브라함이 이삭을 바치려고 했던 모리아 산이 있던 곳이다(창 22:2; 대하3:1). 하나님의 제사장인 멜기세덱은 살렘 왕이었는데 살렘은 예루살렘으로 추정된다(창 14:18). 여호수아 시대에 예루살렘은 아모리 족속으로 알려진 아도니세덱이 다스리고 있었다(수 10:1-5). 예루살렘에 살던 주민들은 여부스 사람이었는데 유다 자손이 쫓아내지 못하였다(수 15:63). 이스라엘 자손이 가나안 땅을 분배받을 때 예루살렘은 베냐민 지파에게 주어졌다(수 18:28). 사사 시대에 유다 자손은 예루살렘을 쳐서 점령하였다(삿 1:8). 다윗은 여부스 사람들이 살던 시온 산성을 점령하고 다윗 성이라고 하였다(삼하 5:8). 다윗이 점령한 여부스 사람들의 성읍은 기혼 샘 위에 있었으며 약 4만m²의 규모였으며 계단식 석조 구조물이 있다. 지금도 예루살렘의 남동쪽 언덕은 다윗 성으로 부른다. 다윗은 예루살렘을 정복한 후에 동쪽 언덕의 북쪽까지로 예루살렘을 확장시켰고 성을 다시 쌓았다(대상 11:8). 다윗은 북쪽의 높은 지대에 있는 아라우나의 타작 마당을 사서 여호와의 제단을 쌓았다(대상 21:18-28; 삼하 24:18-24). 솔로몬은 남쪽보다 약 75m가 높은 이 지역에 성전을 세웠으며 예루살렘을 더 확장시켰다.

히스기야 시대에 예루살렘은 확장되었고 앗수르의 침입에 대비하여 거대한 성벽이 세워졌다(사 22:10). 예루살렘은 주전 586년 바벨론 왕 느부갓네살에 의해 약탈되고 파괴되었다(왕하 25:8-12). 느헤미야는 파괴되었던 예루살렘 성을 52일 만에 다시 건축하였다(느 6:15,16). 예루살렘은 1세기에 헤롯 대왕은 성전 산을 확장하여 성전을 증축하였고 성전의 북쪽에 안토니아 요새를 세웠다. 그는 헤롯 왕궁을 건축하고 예루살렘 성벽을 확장하였다. 주후 70년에 로마의 공격으로 예루살렘 성전은 파괴되고 그 자리에 바위 돔 사원과 엘 악사 사원이 자리 잡고 있다.

신약성경에 예루살렘은 동방 박사들이 헤롯 대왕에게 나타난 것으로 처음 기록되었다(마 2:1-3). 요셉은 헤롯 대왕이 죽은 후에 그의 아들인 아켈라오가 예루살렘이 있는 유대의 왕이 된 것을 듣고 갈릴리 지방으로 떠나 나사렛에 정착했다(마 2:19-22). 예수님은 열두 살이 되어서 유월절에 예루살렘을 방문하였다(눅 2:41-45). 예수님은 마지막이 다가오면서 십자가를 지실 예루살렘으로 올라가기로 결심하셨다(눅 9:51; 13:33,34). 예루살렘에 가신 예수님은 성전에 들어가시고 성전을 정결하게 하였다(막11:11,15-19). 예루살렘에서 예수님은 다락방에서 최후의 만찬을 나누었다(마 26:18; 막 14:13-15; 눅 22:10-12).

감람 산에 있는 겟세마네에서 체포되신 예수님은 가야바의 장인 안나스에게 끌려갔다가 대제사장 가야바 앞에서 문초를 받았다(요 18:13; 마 26:57; 막 14:53; 눅 22:54). 예루살렘에서 예수님은 빌라도의 재판을 받았다(마 27:1-4; 막 15:1-5; 눅 23:1-5; 요 18:33-38; 19:8-11). 예루살렘에서 예수님은 자기 십자가를 지고 가다가(요 19:17) 시몬이 대신 십자가를 지는 일이 일어났다(마 27:32; 막 15:21; 눅 23:26).

예루살렘은 예수님이 너희와 너희 자녀를 위하여 울라고 말씀한 곳이다(눅 23:28). 예루살렘은 예수님이 십자가를 지신 골고다가 있는 곳이다(마 27:33; 막 15:22; 눅 23:33; 요 19:17). 예루살렘은 예수님의 시신을 두었던 요셉의 무덤이 있는 곳이다(마 27:57-61; 막 15:42-47; 눅 23:50-56; 요 19:38). 예루살렘은 부활한 예수께서 막달라 마리아와 제자들에게 나타나시고(요 20:11-18, 19-29; 눅 24: 33-49) 승천하신 곳이다(행 1:9). 예루살렘에서는 오순절 날에 성령의 역사가 일어났고 초대 교회의 중심인 예루살렘 교회가 있었던 곳이다(행 2:1-13).

예루살렘의 제 1성전이 있던 이곳은 아브라함이 이삭을 번제로 드리려고 했던 모리아 산이다 (창 22:2). 이곳은 다윗 왕이 아리우나 에게 값을 주고 사서 단을 쌓은 아라우나의 타작마당으로(삼하 24:18-25) 여부스 사람 오르난의 타작마당이라고도 기록되었다(대상 21:18,28). 솔로몬은 이곳에 예루살렘 성전(제1성전)을 세웠다(대하 3:1,2; 왕상 6:37,38). 주전 586년에 바벨론은 솔로몬의 성전을 파괴했다. 바벨론 포로에서 돌아온 스룹바벨은 이곳에 성전을 다시 지었으나 스룹바벨 성전은 안티오쿠스 에피파네스 4세 때와 로마의 폼페이 시대, 헤롯 초기 시대에 손상을 입었기에 헤롯 대왕은 성전 산을 확장하고 성전을 건축하였다. 헤롯 대왕은 주전 20-19년에 8년에 걸쳐 성전 주위에 있는 세 개의 골짜기를 메워 큰 옹벽을 쌓았다.

성전 산이 있는 동쪽 면의 길이는 468m, 서쪽 면의 길이는 485m, 남쪽 면의 길이는 278m, 북쪽 면의 길이는 315m이다. 성전 산 북쪽에는 로마군의 안토니아 요새가 있었다. 요세푸스는 성전이 18개월 동안 건축되었다고 했다. 헤롯 성전은 보수와 증축을 계속하여 주후 63년에 완공되었으나 주후 70년에 로마가 예루살렘을 점령하고 파괴했다. 성전으로 가는 길은 오벨 지역에 있는 훌다의 문과 서쪽에 있는 로빈슨 아치가 있다.

예수님은 성전 산이 있는 성전에서 사람들을 가르치기도 하셨다(마 21:23). 예수님의 예언대로 이곳은 주후 70년 아브월 9일 로마 장군 디도에 의해 파괴되었다(막 13:1-2). 주후 135년에 하드리안은 성전 산에 주피터 신전을 세우고 예루살렘을 알리아 카피톨리나(Aelia apitolina)라고 불렀다. 콘스탄티누스는 다시 예루살렘이라고 불렀다.

비잔틴 시대에는 교회나 수도원이나 공용 건물로 보이는 모자이크 바닥이 발견되었다. 637년에 이슬람이 점령한 후에 칼리프 우마르(Umar)는 하람 에쉬 샤리프(Haram esh sharif)라고 부르는 성전 산에서 아브라함 바위라고 부르게 된 바위의 남쪽에 알 악사(Al Aqsa) 사원을 건축했다. 주후 691년에 칼리프 아브드 알 말리크(Abd al Malik)는 바위 주위에 팔각형 건물을 건축했다. 이슬람에서 예루살렘은 메카와 메디나와 같이 3대 성지가 되었다. 십자군 시대에 성전기사단(Knights Templar)는 성전 산의 바위 돔 사원을 사용했고 알 악사 사원을 본부로 사용했다. 주후 1187년 살라딘은 바위 돔 사원과 알 악사를 다시 찾았다 마믈룩 시대에 성전 산 지역은 확장되었다. 오토만 시대인 1516년부터 19세기 초까지 성전 산에는 무슬림 만이 출입할 수 있었다.

1867년 촬스 워렌은 팔레스틴 탐사재단(P. E. F)의 후원으로 성전 산 지역을 비밀스럽게 발굴을 했다. 1922년과 1924년에 바위 돔 사원은 회복되었다. 1952년에 요르단 정부는 바위 돔 사원을 알루미늄으로 개조하였고 1959년부터 1964년까지 두 번째 수리를 하였는데 황금색 칠을 하였기에 황금사원이라고 부르게 되었다. 1994년에 요르단의 후세인 왕은 650만불을 기증하여 1200장으로 이루어진 황금 돔의 패널을 24K의 금으로 도금하게 하였다.

바위 돔 사원

가야바의 집 House of Caiaphas

스데반 기념교회 Church of St. Stephen

막달라 마리아 교회 Church of Mary (Magdalene)

마리아 영면교회 Dormition of the Virgin

헤롯 왕가의 무덤 Herod's Cave

예루살렘 카르도

왕들의 무덤 Tombs of the Kings

비리 갈릴리 교회 Viri Galilaei Church

마가 교회 St. Mark Church

예수 승천 교회 Russian Church of the Ascension

야고보 교회 St. James Church

이스라엘 박물관에 있는 주후 1세기의 예루살렘 모형

예루살렘 남동쪽 지역인 오벨은 예루살렘의 거주지이기에 유다 왕들은 이곳을 중요하게 여기고 성을 쌓았다(대하 27:3; 33:14). 오벨은 언덕을 가리키는 말이다. 느디님 사람들은 오벨에 거주하면서 예루살렘 성을 보수하였다(느 3:26,27; 11:21). 오벨은 성전 산의 서쪽 벽과 남쪽 벽의 바깥의 지역이다. 이곳에서 많은 발굴이 이루어졌는데 로빈슨이 성전으로 올라가는 아지를 발견하여 로빈슨 아치(Robinson Arch)라고 불린다. 이곳에는 남쪽 지역에서 예루살렘으로 들어가는 두 개의 문이 있는데 이 문은 홀다 문(Hulda gate)라고 부른다. 헤롯 시대의 건축한 두 개의 문에서 삼중문으로 들어가는 문이고 이중문은 나오는 문이었다. 이 문은 무슬림들이 돌로

막아 버려서 출입할 수 없다. 1970년대에는 벤자민 마자르가, 1994-2000년에는 에일랏 마자르(Eilat Mazar)와 로니 리흐가 발굴했다. 이곳에서는 10개 이상의 정결탕, 저수조(주전2세기), 가옥(비잔틴 시대)가 발견되었고 크기가 1.27㎝ 의 히스기야의 인장이 발견되었다. 이 도장에는 두 날개가 달린 양원(Sun disk)와 앙크(ankh)가 있다.

느헤미야가 주도하여 중수한 예루살렘의 서쪽 성벽으로 옛문의 남쪽 성벽이었다. 이 성벽은 기브온 사람 믈라댜와 메로놋 사람 야돈이 기브온 사람들과 미스바 사람들과 더불어 중수하였다(느 3:7,8).

그 다음 부분은 웃시엘과 하나냐 같은 사람들이 같이 중수하였다. 넓은 성벽부터 여다야의 집이 마주하는 지역까지는 예루살렘 지방의 절반을 다스리는 후르의 아들 르바야가 중수하였다(느 3:9). 히스기야는 예루살렘의 남쪽에 분문에서부터 골짜기 문에 이르는 지역에 히스기야

성벽(Hezekiah's Wall)을 건축했는데 이 성벽을 외성이라고 했다(대하 32:5).

히스기야 시대에 건축한 성벽의 일부가 나흐만 아비가드(Nahman Avigad) 교수에 1970년대에 발굴했다(사 22:9-10). 이 성벽은 예루살렘의 구 시가지의 유대인 구역에 있으며 길이가 65m이며 폭이 7m의 규모인데 이 성벽은 넓은 성벽으로 추정하기도 한다.

서쪽 벽(통곡의 벽)과 서쪽 터널

로마에 의해 주후 70년에 파괴되지 않은 헤롯 성전의 서쪽 벽은 예루살렘에서 쫓겨난 유대인들이 주후 4세기에 성벽 방문이 허락되어 성전을 기억하며 통곡하며 기도했기에 통곡의 벽이라고 부른다. 약 20m의 높이로 25층의 돌들이 쌓였으며 주후 3-5세기부터 유대인들의 기도 장소가 되었으며, 현재의 서쪽 벽은 헤롯 대왕 때에 쌓은 성벽 위에 주후 7세기의 우마야드가 쌓은 성벽이 있으며 그 위에 1866년에 오토만 시대에 쌓은 성벽과 1967년 이전에 수니파가 쌓은 성벽으로 이루어져 있다. 1967년의 6일 전쟁후에 성전이 파괴된 후에 유대인 지역이 되었다. 1967년에 이스라엘 종교국은 무슬림 지역에 있는 성전 산 서쪽 성벽 지역을 땅속으로 파고 들어가 20년 만에 주후 1세기의 예루살렘 성벽을 복원하였다. 이 터널은 2006년부터 공개되기 시작하였다. 서쪽 벽은 488m의 길이가 되며 서쪽 벽의 입구에서부터 비아돌로로사 지점 부근의 무슬림 지역으로 연결된다. 이 터널은 13개의 지점으로 구분한다.

1지점은 성벽을 향해 들어가는 70m의 아치로 70년에 파괴되었으나 2-3세기에 복원되고 7세기에 다시 수리된 성전 산과 시가지를 연결한다. 2지점은 제 2성전 시대의 계단, 3지점은 성전 모델이 전시된 홀, 4지점은 서쪽 벽, 5지점은 1867년 워렌이 발굴한 워렌 게이트로 봉인되어 있다. 이곳은 성전 산의 지하로서 봉인된 문에는 지성소로 들어가던 곳이라는 것을 알려주는 두 개의 유리관이 있다. 6지점은 중세의 저수조, 7지점은 서쪽 벽 터널, 8지점은 다듬은 암반, 9지점은 하스모니안 시대의 저수조, 10지점은 방어용 벽, 11지점은 제2성전 시대의 포장도로, 12지점은 하스모니안 시대의 수로, 13지점은 하스모니안 시대의 저수조로 참새의 못(Struthion Pool) 이라고 불렀으며 에케 호모 수도원 지하의 지하와 연결되어 있으며 이곳에서 나가면 비아돌로로사 1 지 점 과 연결 된다.

저수조

하스모니안 시대의 수로

채석장

헤롯시대의
포장도로와 거리

와렌(Warren)의 문

서쪽 벽

큰 홀과 성전모델

윌슨의 아치

십자군 시대의 교회

비밀통로

터널입구

서쪽 터널 투시도

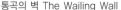
통곡의 벽 The Wailing Wall

서쪽 터널

비아 돌로로사 Via Dolorosa

비아 돌로로사는 라틴어로 "슬픔의 길" 이란 뜻을 가진 십자가의 길을 가리킨다. 비아 돌로로사는 고난의 십자가 여정을 기념하기 위하여 만든 것으로 13세기에 십자군시대부터 시작되어 19세기에 확정되었다. 비아 돌로로사는 빌라도의 법정에서부터 예수님의 무덤까지를 14개의 지점으로 만든 길이다. 제 1지점부터 제 9지점까지는 십자가의 길이며 제 10지점부터 제 14지점까지는 성묘 교회 안에 있다.

1 지점
안토니아 요새의 프레토리움(Praetorium)
알 오마리아(Al Omariya)학교

2 지점-1 채찍 교회(프란치스코회 수도원)

3 지점 예수님께서 처음 넘어지신 곳
(아르메니아 카톨릭 교회)

2 지점-2 선고교회

4 지점 예수님께서 마리아를 만나신 곳
(아르메니안 교회)

5 지점 시몬이 십자가를 진 곳
(프란치스코 수도원 교회(눅 23:26)

6 지점 베로니카가 예수님의 얼굴을 닦아드린 곳
(1953년에 건축한 거룩한 얼굴 교회)

7 지점 예수님께서 두 번째로 쓰러지신 곳
(프란치스코회의 교회)

8 지점
예루살렘의 여인들에게 말씀하신 곳
"예루살렘의 딸들아 나를 위하여 울지말고
너희와 너희 자녀를 위하여 울라"(눅 23:28)
(그리스정교회의 카라람푸스 수도원)

9 지점 예수님께서 세 번째로 넘어지신 곳
(콥틱 족장 교회의 기둥)

11 지점 예수님이 십자가에 못 박히신 곳

10 지점 예수님의 옷이 벗겨지신 곳
(요 19:23;눅 23:34) (성묘 교회)

12 지점 예수님이 십자가에 달리신 곳

13 지점 예수님의 시신을 내린 곳
(마 27:57~59)

14 지점 예수님의 무덤
(막 15:46) 아리마대 요셉의 교회)

에케호모 아치와 박석

비아돌로로사 2지점과 3지점 사이에 있는 에케 호모 아치는 빌라도가 '보라 이 사람이로다(Ecco Homo)에서 유래한다(요 19:5). 주전 30년경 헤롯 대왕은 암반 위에 안토니아 요새(Antonia Fortress)를 건축했다. 이 요새는 예루살렘 성의 북쪽을 방어하는 목적도 있었으나 성전 지역을 감시하는 목적도 있었다. 에케 호모 아치는 로마의 하드리아누스 황제가 세운 세 개의 아치 중에서 가장 큰 것이다. 에케 호모 아치 옆에는 시온 수녀회의 에케 호모 수도원이 있다. 이 수녀원은 안토니아 요새의 북쪽에 위치해 있다. 이 수녀원은 주전 2세기에 건설되고 헤롯 대왕 때에 손상된 것을 하드리아누스 황제 시대에 다시 사용된 스트루시온 저수조(Struthion pool) 위에 세워졌다. 이곳에 있는 포장도로는 하드리아누스 황제때에 주후 70년에 파괴된 안토니아 요새의 안 뜰에 있는 석재들을 이용하여 만들었다.

이곳에는 도로에 깔았던 헬라어로 리토스트로토스(Lithostrotos)라고 부르는 박석과 로마 군인들이 놀이하던 주사위 판이 새겨진 돌이 있다. 박석은 히브리어로 가바다라고 하며 개역한글판에서는 '박석(薄石)'으로, 개역개정판에서는 '돌을 깐 뜰'로 번역되었으며 로마 총독인 본디오 빌라도가 재판한 곳으로 이곳의 정확한 위치는 밝혀지지 않았다(요 19:13; 왕하 16:17; 겔 4:1; 40:17).

에케호모 아치

주사위 판이 새겨진 돌

골고다 Golgotha (Γολγοθά 해골) /해골

성묘교회   31°46′42.21″N 35°13′48.01″E

골고다는 '해골의 곳' 이라는 뜻으로 해골(요 19:17; 눅 23:33)과 해골의 곳(마 27:33; 막 15:22)이라고 번역되었으며 영어성경(KJV)에는 갈보리(Calvary)라고 번역되었다. 해골이라는 뜻의 굴골타(Gulgolta)는 불가타역에서 유래되었는데 헬라어인 카르니온(Kranion)을 라틴어인 갈바리아(Calvaria)로 번역하였다. 이곳을 해골이라고 부르는 것은 처형장이어서 해골이 많이 발견되었거나 또는 해골모양을 하고 있는 지형 때문일 것이라고 추정한다. 골고다는 예수님께서 십자가에 못 박혀 죽으신 곳이다(요 19:17,8). 골고다는 전통적으로 예루살렘의 성묘교회라고 인정되고 있다. 콘스탄티누스 황제는 성묘 위에 세워진 비너스 신전이 있던 곳에 교회를 세웠고 그 위에 오늘날의 성묘교회가 있다. 골고다가 다메섹 문의 북동쪽에 있는 예레미야의 굴과 정원 무덤이 있는 곳이라는 주장도 있다.

예수님 당시의 사형장이었던 골고다는 예루살렘 성 바깥에 있었으나 헤롯 아그립바 1세가 예루살렘 성벽을 확장 하면서 성 안으로 들어 왔다. 1537년에 슐레이만이 예루살렘 성을 건축할 때도 성 안에 위치했다. 예수님의 승천 후에 수 만명에 이르는 그리스도인들이 골고다에서 정기적으로 예배하였다.

주후 135년의 바르 코크바의 반란을 진압한 로마의 하드리아누스 황제는 골고다 위에 세우고 예루살렘이라는 이름 대신 비너스 신전을 알리아 카피톨리아로 바꾸고 이스라엘의 이름도 팔레스틴으로 변경했다. 주후 325년에 콘스탄틴의 어머니 헬레나는 골고다 위에 성묘 교회를 건축 하기 시작하여 주후 333년에 성묘 교회가 완공되었다. 주후 614년에 페르시아가 교회를 파괴하였으나 주후 638년에 무슬림이 규모가 작은 교회를 세웠으나 주후 1010년에 다시 파괴되었다. 십자군은 1149년에 지금과 같은 성묘 교회를 건축하였고, 이 교회는 부활(아나스타시스)교회라고 불렀다. 이슬람은 1244년에 다시 성묘 교회를 빼앗았다.

1555년에 프란시스코회가 재건하고 그리스 정교회와 공동 소유하였으나 1808년에 큰 화재가 발생했다. 지금 성묘 교회의 지붕에 있는 돔은 1870년에 씌운 것이다. 지금의 성묘 교회는 프란시스코회. 그리스 정교회, 시리아 정교회, 동방 정교회, 아르메니아 교회, 콥틱 교회가 공동 관리하고 있다.

비아 돌로로사 11,12지점으로 올라가는 계단

성묘교회 Church of the Holy Sepulcher

예레미야 동굴 Jeremiah's cave

정원 무덤 The Garden Tomb

이스라엘의성지 **273**

베데스다 Bethesda ($B\eta\theta\epsilon\sigma\delta\acute{a}$ 자비의 집)

베데스다(Bethesda)　　　　　　　　　　　31°46′53.19″N 35°14′09.77″E

예루살렘의 양문 곁에 있는 곳으로 신약성경에 한 번 기록되었다(요 5:2). 예수께서 서른여덟 해 된 병자를 치유하신 이곳은 성전 산 북쪽에 있었으며 북쪽과 남쪽으로 이루어진 쌍둥이 못으로 추정되고 일부분만 발굴되었다. 베데스다는 '자비' 란 뜻을 가졌으며 근처에 양 시장이 열렸기에 '양의 못' 이라고 불렸다. 이곳은 빗물을 저장하던 곳으로 양문을 통해 운반한 제사용 동물을 씻던 곳이다.

베데스다는 성경의 윗못으로 추성된다(왕하 18:17; 사 7:3; 36:2). 이 못은 성전 산의 북쪽에 있어 기드론 골짜기로 연결되는 작은 계곡인 벧 제다 골짜기(Beth Zeta Valley)의 물을 저장하던 곳이다. 예루살렘에는 기혼샘과 엔로겔 외에는 샘이 없었다.　주전 2세기에 대제사장 시몬은 이곳을 확장하여 윗못의 남쪽에 또 하나의 저수지를 만들었으며 두 저수지는 다섯 면으로 이루어졌다. 저수지에는 지붕이 기둥들에 의해 받쳐지는 회랑을 가리키는 다섯 행각이 있었다. 이 저수지는 성전으로 가기 전에 정결하게 하기 위한 물을 저장하는 곳이었다. 신약 시대에 베데스다 연못은 구약 시대의 저수지가 중심이 된 두 개의 연못이었다. 헤

롯 대왕은 이 부근에 이스라엘 연못이라는 새로운 연못을 만들었다.　주후 2세기인 로마의 하드리안 황제 시대에 베데스다 연못은 확장되어 아스클레페이온 신전이 되었다. 비잔틴 시대인 주후 4세기에 신전은 교회가 되었다. 십자군 시대인 1138년에 마리아의 어머니 안나가 태어난 곳으로 여기는 곳에 성 안나교회가 세워졌다. 1187년에 살라딘이 점령한 후에 이 교회는 학교로 사용되었다. 1856년에 베데스다 연못은 프랑스 정부에게 양도되었다. 프랑스는 베데스다 남동쪽에 십자군 시대의 교회 터 위에 안나교회를 건축했다.

솔로몬의 채석장 Zedekiah's Cave

즈데키야 동굴(The Cave of Zedekiah)　　　　31°46′57.30″N 35°13′51.84″E

시드기야 동굴이라고 부르는 동굴은 유다의 마지막이었던 시드기야가 이곳을 이용해서 여리고로 도망쳤다고 하여 시드기야 동굴이라고 불렸다. 길이가 약 213m나 되는 석회암 동굴인 이곳은 솔로몬의 채석장으로 알려있는데 이 동굴에서 암석을 채석한 흔적이 보이기 때문이다(왕상 6:7). 예루살렘

은 다양한 지질로 구성되어 있다. 감람 산과 남쪽 지역은 세노니아(Senonian) 지층이어서 건축재료로는 부적합하나 굴을 파기에 쉬운 지질이기 때문에 그 지역에는 무덤이 많았다. 신도시가 들어서 있는 서쪽지역은 세노마니안(Cenomanian) 지층이기에 암석이 매우 단단하여 다루기 어렵다. 예루살렘 성과 동쪽지역은 튜로니안(Turonian) 지층에 속하는 멜렉(meleke)이어서 부드러운 암석이나 공기에 노출된 후에는 더 단단해지는 특성 때문에 건축재료로 사용되기에 솔로몬의 채석장이 들어설 수 있었다.

다윗 성채 (David Citadel)

다윗 탑은 다윗 시대의 건축물이 아니라 헤롯 대왕이 세운 헤롯 궁터 였다. 이 지역에는 히스기야가 쌓은 성벽(대하 32:5)이 있었으나 주전 2세기에 하스모니안이 건물과 성벽을 건축한 곳에 헤롯이 요새로 건축 했다. 이곳에 세 개의 탑을 세웠는데 그 중의 하나가 남아 있어 다윗의 탑이라고 부른다. 주후 70년에 로마 군대는 이곳을 주둔지로 삼았다. 비잔틴 시대에 무너진 탑을 다시 건축 했으며 수도사들이 수도원을 세웠다. 비잔틴 시대에는 이곳이 다윗 궁으로 알고 다윗의 망대(아 4:4)라고 불렀다. 1260년에 마믈룩은 이곳을 파괴했으나 1310년에 다시 재건했고 오스만 시대인 1517년에 이곳을 재건하였고 망대를 세웠다. 이곳은 1988년에 시작된 예루살렘 역사 박물관이 있다.

다비드 성(City of David)   31° 46′ 26.54″N 35° 14′ 08.60″E

다윗이 언약궤를 모셨던 이곳은 이스라엘에게 정복되지 않은 여부스 족의 도시로 시온 산성이라고 불렸으나 다윗이 정복한 후에는 다윗 성이라고 불렸다(수 15:63; 삼하 5:7-9). 다윗이 시온 산성을 점령하여 이곳을 수도로 정한 이유는 정복되지 않은 땅으로 어느 지파에도 속한 영토가 아니기에 갈등의 소지가 없었으며 다윗 시대까지 점령하지 못할 정도로 방어가 용이한 요새였기 때문이다. 이곳은 이스라엘의 정치와 행정의 중심지가 되었다.

다윗 성은 고지대였지만 기혼 샘이 있어 식수가 공급되었으며 남북으로는 족장도로가 지나가고 동서를 연결하는 도로가 지나가는 교통의 요지였다. 다윗 성은 기드론 계곡과 티로포에온 계곡 사이에 있는 산등성이였던 남동쪽 언덕을 중심으로 세워진 도시로, 다윗은 동쪽 봉우리의 북쪽까지 확장하였는데 다윗 성보다 약 75m 더 높은 이곳은 모리아 산이었다. 모리아 산은 솔로몬이 성전을 건축하였기에 성전 산이라고 불리는 곳이 되었다. 다윗 시대에는 약 4만㎡의 규모였다. 바벨론의 느부갓네살이 예루살렘을 공격하였을 때 여호와의 성전과 다윗 성도 불타버렸다(왕하 25:8-10; 렘 39:8-9).

찰스 워렌은 워렌의 수갱을 발견하였고 다윗 성의 위치가 에루살렘 성벽의 바깥에 있음을 확인하였다. 1913-1914년에 베일(Edmond Weil), 1960년대에 캐년(D. K. Kenyon)이 다윗 성을 발굴하였다. 케년은 북부언덕에 솔로몬 시대의 성벽을 발견했다. 1980년대 히브리대학의 이갈 실로(Yigal Shiloh) 교수에 의해서 발굴되었다. 이갈 교수는 이 지역에서 기둥 머리를 여러 개 발굴하였다. 이곳에서는 여부스 사람들의 유적과 다윗과 솔로몬 시대의 축대가 발견되었다. 다윗 성에서는 바벨론에 의해 파괴된 유적들이 발견되었는데 그중에는 아히엘의 집이라고 부르는 가옥이 있다. 아히엘의 집의 맞은편에는 불타버린 방이 발견되었는데 서기관이 사용했던 방으로 추정된다.(G지역) 이곳에서는 인장(bulla)들이 많이 발굴되었다. 인장이 많이 발견된 장소는 인장의 집(House of the Bullae)라고 부른다. 1995년에 다윗 성 발굴이 다시 시작되었다. 다윗 성의 북쪽 언덕을 발굴한 에일랏 마자르 교수는 이곳에서 주전 10세기 경의 건물을 발견하였고 상아조각, 풍뎅이 조각의 인장, 그릇, 그리핀을 발견하였다. 마자르 교수는 G구역의 계단식 구조물(아히엘의 집)이 이 건물을 지탱한다고 주장하였다. 마자르는 거대한 석조건물을 발굴했다. 다윗의 궁전으로 추정하는 건물 벽과 연결되는 경사지에서 므깃도와 하솔과 같은 베니게 양식의 기둥 머리가 발견되었다.

G구역

필자와 에일랏 마자르 교수
(히브리대학교)

수구 the water shaft (צִנּוֹר 물 긷는 데)
워렌의 수갱 (Warren's Shaft)
31° 46′ 24.92″N 35° 14′ 10.66″E

다윗의 군대가 여부스로 공격한 통로로 여겨지는 수구는 개역성경에서는 수구라고 번역되었으나 개정역에서는 '물 긷는 데' 라고 번역되었다(삼하 5:8 참고 대상 11:6). 수구는 히브리어로 '친노르'로 시42편 7절에는 폭포로 번역되었다. 다윗 성에서 영국군 장교인 찰스 워렌(Charles Warren)이 1867년에 발견하였고 그의 이름을 따서 워렌의 수갱 (Warren's Shaft)라고 부르는 길이가 13m가 되는 자연 굴인 수갱이 발견되었다. 여부스 족의 42m의 터널을 파서 수직 굴과 연결하였다. 이곳의 상단에서 계단식 터널을 통과하면 가나안 시대의 성벽 안으로 연결된다. 예전에는 이곳을 수구로 여겨서 요압의 군대가 기혼 샘을 통해 수갱을 기어 올라가 여부스를 점령했다고 추정했다. 그러나 계단식 터널이 주후 8세기에나 지금의 모습을 갖추었고 다윗 시대에는 워렌의 수갱의 상단이 터널 바닥의 1.2m 지하에 있었다.

가나안 통로

이 지역에는 중기 청동기 시대인

주전 19,18세기의 가나안 통로가 발견되었다. 가나안 사람들은 이 통로를 이용하여 기혼 샘의 물을 여부스로 옮긴 것으로 추정한다. 이 지역에서는 가나안 시대의 저수 시설인 베이트 마얀(Beit Mayan)이 발견되었다. 최근에 에일랏 마잘(Eliat Mazar)의 발굴을 통하여 알려진 지하 통로는 다윗 시대의 것으로 알려졌기에 여부스를 침공한 통로로 추정되고 있다.

기혼 샘 Gihon Spring (גִּיחוֹן 솟아오르는 샘)
기혼 샘(Gihon Spring)
31° 46′ 24.92″N 35° 14′ 10.66″E

기혼 샘에는 예루살렘의 물을 공급하던 두 개의 샘인 기혼 샘과 엔 로겔이 있었으며 기혼 샘은 보다 더 중요한 수자원이었다. 예루살렘은 기혼 샘이 있기에 세워졌다고 할 수 있을 정도로 기혼 샘은 중요하였다. 기혼 샘은 솔로몬이 기름 부음을 받고 왕이 된 장소이다(왕상 1:33, 38,45). 히스기야는 앗수르의 산헤립의 공격을 방어하기 위해 기혼의 윗 샘물을 막아 히스기야 터널을 파서 성 안으로 끌어들였다(대하 32:3,30). 히스기야의 뒤를 이은 므낫세 왕은 기혼 샘과 산꼭대기에 있는 성벽 사이에 외성을 쌓았다(대하 33:14).

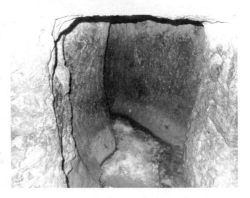

1997년에 발굴을 통하여 기혼 샘을 보호하기 위한 망대와 저수조가 발굴되었다.

히스기야 터널 Hezekiah's Tunnel
히스기야 터널 (Hezekiah's Tunnel)

앗수르 왕 산헤립의 침공에 대비하여 예루살렘의 수자원을 안전하게
확보하기 위해 팠던 터널이다. 이곳은 기혼 샘의 입구를 막아버리고
터널을 파서 물을 성 안으로 끌어들인 것이다(왕하 20:20; 대하 32:3-4,

히스기야 터널 비문(이스탄불 고고학박물관)

30). 히스기야는 앗수르의 공격에 대비하기 위해 자신들의 노력으로
할 수 있는 식수문제를 해결하기 위해 힘을 썼다. 기혼 샘물을 터널을

통해 예루살렘 성 안으로 물을 끌어들인 곳
이 실로암 못이다. 히스기야 터널은 직선으
로는 약 330m 정도이지만 굽은 터널이기에
길이가 약 533m에 이른다. 히스기야 터널은
폭은 약 60cm이고 높이는 1.45m에서 5m정

히스기야터널 측면

히스기야터널 내부

도이다. 이곳에서는 1880년에 실로암 완공 때에 새겨진 돌판이 발견되었
고 도굴범에 의해 깨진 비문의 일부분을 1891년에 터키로 옮겨져서 지금
은 이스탄불 고고학박물관에 전시되어 있다.

실로암 못 Pool of Siloam (κολυμβήθρα τοῦ Σιλωάμ 보냄을 받았다)
실로암 못(Pool of Siloam)
31°46′13.73″N 35°14′06.54″E

예수님이 맹인의 눈을 뜨게 하셨던 기적의 현장이며 예수님이 회개에 대하여 가르치실 때 실로
암 망대가 무너져 열여덟 사람이 죽은 것을 예로 사용하셨을 때 언급된 곳이다(눅 13:4). 예수님
은 시각장애자의 눈을 고치실 때 실로암 못에 가서 씻으라고 말씀하셨다(요 9:7,11). 실로암 못
은 기혼 샘이 히스기야 터널을 통해 흘러온 곳에 있는 샘이다(대하 32:3,4). 실로암 못은 예루살
렘에 물을 공급하는 실로아 물과 연결되는 곳이기도 하다(사 8:6). 실로암 못은 왕의 못(느 2:14)
과 셀라 못(느 3:15)과 동일한 곳으로 추정된다. 윗 못은 기혼 샘 가까이에 있는 실로암 못과 같
은 곳이며 옛 못과 같은 곳이다(사 22:11). 비잔틴 시대에 로마의 엘리아 유도키아 여제가 실로
암 못을 기념 하는 못을 만들었는데 히스기야 터널의 끝에 있다. 2004년에 기혼 샘 지역을 발굴
하던 엘리 슈크론(Eli Shukron)과 로니 라흐(Ronney Reich)가 왕의 정원으로 알려진 무화과
나무 숲의 수로공사 중에 발견한 돌계단을 조사하여 실로암으로 동일시하였다. 이곳은 3개의
층으로 되어 있고 각 층마다 5개의 계단이 발견 되었고 주전 1세기부터 주후 1세기의 동전까지
발견되었다. 2011년에 실로암 못에서 성전 산으로 연결된 통로인 배수로(drainage channel) 발
굴이 마무리되었다. 이 통로를 통하여 통곡의 벽 남쪽에서 실로암 못까지 갈 수 있게 되었다.

비잔틴 시대의 실로암 못(히스기야 터널 출구)

실로암 못

고대 배수로

실로암 못에서 성전 산으로 가는 길은 남쪽 지역에서 성전으로 가는 길이다. 이 도로의 지하에 있던 배수로는 1867년에 촬스 워렌이 부분적으로 발굴 했고 1890년에는 블리스(Bliss), 디키(Dickey)도 부분적으로 발굴했지만 최근에야 이 배수로가 전부 발굴되었다. 이 배수로는 길이가 600m이고 지면에서 약 15-20m 지하에 있었다. 이스라엘 고고학청(IAA)은 2011년 1월25일에 이 배수로(Drainage Tunnel)의 발굴을 마쳤다고 발표했다. 이 배수로는 제 2성전 시대에 만든 것이다. 주후 70년에 예루살렘 성이 함락될 때에 피난 하는데 사용되기도 했으나 로마군이 이 배수로를 파괴했다. 요세푸스는 유대전쟁사에서 이곳에 대하여 기록했다.

가바타

배수로의 터널

시온 산 Zion (הַר צִיּוֹן)

시온 산 Zion   31° 46′ 17.70″N 35° 13′ 44.60″E

예루살렘을 가리키는 표현이면서 예루살렘의 남동쪽 언덕을 가리키기도 하는 이름으로 성경에 많이 기록된 지명이다(사 10:12). 시온 산은 예루살렘의 남동쪽 언덕을 가리키는 곳으로 성경에 최초로 기록되었는데 다윗이 빼앗은 다윗 성을 시온 산성이라고 불렀다(삼하 5:7). 솔로몬이 여호와의 언약궤를 성전으로 옮길 때까지 언약궤는 시온이라고 불리는 다윗 성에 있었다(왕상 8:1; 대하 5:2). 시온 산은 예루살렘에 있는 성전을 가리키는 용어로 사용되기도 했다(렘 50:28; 51:10). 시온 산은 성전이 있는 거룩한 산이며 왕의 성으로 칭송을 받는 곳이다(시 48:2,3). 시온 산은 예루살렘 성 전체를 가리키는 말로도 사용되어 예루살렘과 같은 뜻을 가진 지명이 되었다(사 40:9; 미 3:12; 슥 1:17; 마 21:5; 요 12:15; 히 12:22; 롬 11:26; 벧전 2:6). 시온 산은 의인화되어 시온의 아들(애 4:2)이나 시온의 딸(애 1:6; 렘 4:31; 6:23; 마 21:5; 요 12:15)로도 표현되었다. 시온 산은 예루살렘뿐 아니라 남유다 땅을 가리키는 용어로도 폭넓게 사용되기도 하여 포로가 되어 바벨론 땅에 간 남유다 왕국의 백성들을 시온으로 표현하기도 하였다(슥 2:7; 시 126:1). 시온 산은 어린 양이 서 있을 산이며 구원자가 오실 곳으로도 기록되었다(계 14:1; 롬

11:26). 오늘날의 시온은 예루살렘 서쪽에 있는 해발 765m의 산등성이로 주후 4세기부터 시온 산이라고 불려왔기에 전통에 따라 시온 산이라고 불리고 있다.

오늘날에는 시온 산에는 다윗의 무덤과 마가의 다락방이 있으며 마리아가 잠들었다는 곳에 세워진 마리아 영면교회가 있는 도미시안 수녀원(the Domitian Abbey)와 대제사장인 가야바의 집과 베드로 통곡교회가 있다.

베드로 통곡교회
갈리칸투(Gallicantu)　　　　　　　　　31°46′16.55″N 35°13′54.34″E

베드로 통곡교회는 라틴어로 '수탉이 울다'의 뜻으로 갈리칸두라고 부른다. 이 교회는 체포 되신 예수님이 맞으시고 사형선고 받고 새벽까지 갇히신 곳이다.

1888년에 게메르 두란이 이곳을 발굴하여 1세기의 계단, 비잔틴 시대의 교회, 도로, 가옥, 바위를 깎은 욕조를 발견 했다. 이곳에는 제 2성전 시대의 바위 굴과 예수께서 투옥된 감옥으로 쓰인 동굴이 있다. 이 교회 지역에는 주후 1세기의 로마식 계단이 있는데 기드론 시내로 내려가는 길이다. 주후 457년에 최초로 교회가 건축 되었으나 주후 1010년에 무슬림이 이 교회를 파괴 하였다.

1102년에 십자군이 교회를 다시 세우고 성 베드로 교회(St. Peter' s Gallicantu)라고 불렀으나 1320년에 무슬림이 다시 파괴하였다. 지금의 교회는 1931년에 건축되었다. 이 교회는 윗 교회와 아랫 교회로 구분된다.

베드로 통곡교회 Church of St. Peter in Gallicantu

다윗의 묘실 the tombs of David (קִבְרֵי דָוִיד 다윗의 무덤)
다윗의 무덤 the tombs of David　　　　31°46′18.02″N 35°13′45.35″E

느헤미야가 예루살렘 성을 재건할 때에 벳술 지방의 절반을 다스리는 느헤미야가 중수한 곳에 있었으며 성경에 한 번 기록되었다(느 3:16). 다윗의 묘실 부근에는 파서 만든 못과 용사의 집이 있었다. 예루살렘에는 다윗 자손의 묘실이 있었으며 히스기야는 다윗 자손의 묘실 중에서 높은 곳에 장사되었다(대하 32:33). 다윗은 다윗 성에 장사되었고(왕상 2:10), 베드로는 다윗의 묘가 오늘까지 있다고 했다(행 2:29). 다윗의 묘실은 베들레헴이나 겟세마네 지역 또는 시온 산의 마가의 다락방 아래층에 있는 곳으로 추정되기도 한다.

요세푸스는 헤롯 대왕이 다윗 왕의 묘를 도굴하려고 했으나 실패한 후에 죄책감을 느끼고 나서 기념비를 세웠다고 기록했다. 다윗의 무덤은 985년에 알무콰다시(Almuquadasi), 1100년에 아구일러(Aguilers), 1165년에 벤자민(Benjamin)이 기록한 곳이다. 십자군들은 십자군 시대인 1173년에 비잔틴 시대의 교회를 복원하다가 다윗 왕의 무덤을 발견하고 보존하였다. 1219년에 살라딘은 예루살렘 성을 확장하면서 다윗의 묘를 예루살렘 성 안에 두었으나 그의 조카 무아잠(Al-Muajam)은 허물었다. 1859년에 이 장소의 아래에서 굴로 통하는 입구가 발견되었다. 1948년 5월 18일에 이곳을 점령한 이스라엘 정부는 지금과 같은 모습으로 다윗 무덤을 복원했다. 다윗의 무덤은 믿음으로 성지가 된 곳으로 유대인들의 순례에서 가장 중요한 곳이 되었고 마가의 다락방과 함께 기독교 성지 순례에서도 중요한 곳이되었다.

기드론 시내 건너편 예루살렘 동쪽에 있으며 겟세마네 동산이 있는 감람 산(Mount of Olives)은 다윗 왕이 압살롬의 반란을 피해 도망하면서 기드론 시내를 건너 광야 길로 갈 때 감람 산 길을 올라갔다는 기록이 처음 나온다(삼하 15:30). 감람 산은 스가랴의 에인대로 기록된 산이다(슥 14:4). 예수님은 감람 산으로 가셨다가 다시 성전으로 가셨다(요 8:1). 최후의 만찬 후에 예수님과 제자들을 찬미하고 감람 산으로 가셨다(막 14:26). 감람 산은 다윗의 후손인 예수님이 예루살렘 입성을 앞두고 머무르신 벳바게와 베다니가 있는 곳이다(마 21:1; 막 11:1; 눅 19:37). 예수님은 감람 산에 앉아 제자들에게 세상 끝 날의 징조를 말씀하셨다(막 13:3; 눅 22: 39; 마 24:3). 감람 산 기슭에는 예수님이 기도하신 겟세마네 동산이 있고, 예수님이 승천하신 곳도 감람 산이었다(행 1:11,12). 감람산은 감람원이라는 산으로도 기록되었다(눅 19:29; 21:37; 행 1:12).

감람 산은 길이가 약 3.5km의 산등성이를 이루며 세 개의 산봉우리가 있다. 예루살렘 성전 산의 동북쪽에 있는 제일 높은 봉우리는 해발 826m의 스코푸스(Scopus) 산이다. 스코푸스 산 가까이에 조그마한 봉우리가 있는데 스코푸스 산에 포함시키기도 하는데 이곳을 다른 봉우리로 보면 감람 산은 네 개의 봉우리가 있다고 보기도 한다. 둘째 봉우리는 성전 산 동쪽에 있는 하람 에쉬 세리프(Haram esh-Sherif)라고 부른다. 이 봉우리를 일반적으로 감람 산(Mount of Olives)이라고 부르며 에트 투르(Et-Tur)라고 부르는 아랍 마을이 있다. 세째 봉우리는 제벨 바튼 엘 하와(Jebel Batn el-Hawa)라고 부르며 서쪽 기슭에 실완(Silwan) 마을이 있다. 이 봉우리가 멸망의 산(왕하 23:13)이라고 부르며 예루살렘 앞 산(왕하 11:7)으로 기록되었다.

감람 산은 예루살렘을 감싸고 있는 산으로 기드론 시내 건너편에 있으며 이 지점부터 강수량이 감소되면서 광야로 연결된 곳이다. 감람 산은 기반암이 노출된 지형이기에 주거지로 발달되지 않았다. 해발 802m인 감람 산의 남쪽에는 해발 734m의 멸망의 산이 있고 북쪽에는 히브리 대학교가 있는 해발 826m의 전망 산이 있다. 감람 산에는 11세기에 건축된 승천 교회가 있는데 1187년에 살라딘에 의해 모스크로 사용 되고 있다. 주후 392년에 로마의 포메니아가 이곳에 교회를 세웠다. 주후 5세기에는 팔각형으로 된 비잔틴 교회가 증축되었으나 7세기에 페르시아에 의해 파괴되었다. 1150년에 십자군은 지금의 건물로 다시 건축 하였으나 1187년 살라딘 점령 후에 모스크가 되었다. 1620년에 오스만 은 모스크 탑을 세웠다. 마믈룩 왕조는 승천 돔을 파괴 하지 않았으며 예수님 승천 발자국이라는 바위는 마믈룩 왕조 이후에 생겼다.

주기도문 교회는 헬레나가 승천을 기념한 교회로 30m x 18.6m의 엘레오나 예배당이라고 불렀다. 바사에 의해 파괴되었다가 1099년에 십자군이 다시 건축하고 주기도문 교회(Pater Noster)로 불렀다. 이 교회는 1187년에 살라딘이 훼손하고 1345년 마믈룩이 파괴했다. 1874년에 카르멜 수도원이 지금의 교회를 건축했다. 주기도문 교회는 이탈리아의 건축가인 안토니오 바르루치(Antonion Barluzzi)가 예수님의 눈물

(눅19:41)을 기념한 교회를 건축했다. 이곳은 가나안 시대는 무덤이었고 비잔틴 시대인 5세기에는 교회와 수도원이 있었으나 살라딘에 의해 모스크가되었다. 프란시스 코회는 1891년에 이곳은 구입하고 1953-1954년에 눈물 교회를 건축했다.

승천 교회 Church of Ascension

주기도문 교회 Eleona church

선지자의 무덤 Tombs of the prophets 학개,스가랴,말라기

눈물 교회 Dominius Flevit Church

하나님을 경배하는 마루턱

the top of the ascent where God was worshipped (הָרֹאשׁ אֲשֶׁר יִשְׁתַּחֲוֶה שָׁם לֵאלֹהִים
하나님을 경배하는 봉우리, 꼭대기)

압살롬의 반역으로 요단 강 동쪽으로 피신하던 나윗은 예루살렘의 동쪽에 있는 감람 산 길로 갔다(삼하 15:30). 다윗은 이 길로 바후림으로 갔다가 요단 강에 있는 광야 나루터를 지나 요단 동편으로 피신을 했다(삼하 17:16). 이 길에는 하나님을 경배하는 마루턱이 있었다(삼하 15:32). 이 마루턱에 도착했을 때에 후새가 옷을 찢고 다윗을 맞으러 왔다. 마루턱을 조금 지났 을 때에 시바가 음식물을 가지고 다윗을 맞이했다(삼하 16:1).

이 마루턱은 감람 산 정상으로 보여지며 이곳은 하나님께 경배하던 곳이었다.

감람 산 길 the ascent of the Olives
(מַעֲלֵה הַזֵּיתִים 감람 산 길)

압살롬의 반역으로 요단 강 동쪽으로 피신하던 다윗은 예루살렘의 동쪽에 있는 감람 산 길로 갔다(삼하 15:30). 다윗은 예루살렘에서 여리고가 있는 요단 계곡으로 가는 길을 이용하였다. 이 길은 아라바 길과 연결된다. 아라바 길은 아라바 시내로 가는 여러 길 중의 하나이다(삼하 10:1-5,15-17; 19:15-34; 왕하 25:4; 렘 39:4; 52:7). 예루살렘에서 여리고로 가는 길은 세 가지 길 이 있었다. 그 중의 하나가 감람 산을 넘어 엔 세메스를 지나 베다니를 지나가는 계곡 길이 있었 다(수 15:7; 18:17). 또 다른 길은 스코푸스 산의 등성이를 지나 아나돗을 지나 여리고로 가는 길 이 있었다. 다윗이 지나간 감람 산 길은 감람 산 정상 부근을 지나 북동쪽에 있는 바후림으로 가 는 길이었다.

겟세마네 Gethsemane ($\Gamma\epsilon\theta\sigma\eta\mu\alpha\nu\acute{\eta}$ 기름 짜는 틀)

겟세마네(Gethsemane)   31°46′46.10″N 35°14′23.52″E

예수님이 간절히 피땀 흘려 기도하시다가 체포되신 곳으로 감람산 서쪽 기슭 기드론 시내와 만나는 곳에 있다(마 26:36; 막 14:32). 겟세마네는 '기름 짜는 틀' 이란 뜻을 가진 지명이다. 이곳에는 오래된 감람 나무들이 있고 이곳에는 비잔틴 시대에 교회가 건축 되었으나 614년에 페르시아에 의해서 파괴되었고 8세기의 지진으로 무너졌다. 십자군 시대의 크게 건축된 교회는 1187년에 무너졌다. 주후 1666년에 프란시스코회가 이곳을 구입했다 그 후에 교회 터 위에 이탈리아 건축가 안토니오 바르루치(Antonio Barluzzi)가 설계한 만국교회가 1924년에 세워졌는데 교회 안에는 예수님이 기도하셨다는 슬픔의 바위(Rock of Agony) 가 강단 정면에 있다. 이 교회는 슬픔의 교회(Basilica of the Agony)라고 불렸으나 16개국의 후원으로 건축된 뒤에 만국 교회라고 부른다. 이곳에서 조금 떨어진 곳에는 바위를 파서 만든 굴이 있는데 비잔틴 시대에는 무덤이었으나 지금은 기도실로 사용된다.

겟세마네 동굴 Grotto of Gethesmane

멸망의 산 Mount of Corruption (הַר הַמַּשְׁחִית)

31°46′14.65″N 35°14′22.75″E

솔로몬이 이방인 아내들을 위하여 산당을 지어준 감람 산 남쪽에 있는 이곳은 성경에 한 번 기록된 곳이다(왕하 23:13). 개역한글판에서는 멸망 산이라고 했으나 개역개정판에서는 멸망의 산이라고 번역했다. 솔로몬이 이방 여인들을 위하여 산당을 지어준 곳으로 이곳에서는 모압과 암몬 이방신들을 위해 산당을 짓고 자신들의 신에게 분향하며 제사하였다(왕상 11:8). 요시야는 종교개혁을 할 때 이곳의 신당도 파괴했다. 이곳은 멸망의 산은 예루살렘 앞 멸망의 산이라고 했는데, 감람 산 남쪽의 봉우리로 여기고 있다. 멸망의 산이라는 이름보다는 '파괴자의 산' 이라고 이름 붙이는 것이 적당하다고 보기도 한다.

기드론 시내 Kidron Valley (נַחַל קִדְרוֹן Κεδρών 더러운 골짜기, 어두운 시내)
기드론 시내(Nahal Kidron)

예루살렘과 동쪽에 있는 감람 산 사이에 있는 기드론 시내(Nahal Kidron)는 유대 광야와 아골 골짜기를 지나서 사해까지 이어진다(요 18:1). 이곳은 힌놈 골짜기와 함께 예루살렘을 방어하는 골짜기였다. 기드론 시내는 예루살렘 동쪽 성벽과 감람 산 사이에 있는 골짜기이다. 기드론은 동명이지로 스불론 지파의 기드론(삿 1:30) 성읍과 기드론 시내가 있다.

기드론 시내는 압살롬의 난을 피해 다윗 왕의 일행이 피신할 때 지나간 곳이다(삼하 15:23). 기드론 시내는 솔로몬 왕이 징벌했던 시므이에게 건너가지 말라는 경계선이었다(왕상 2:37). 기드론은 더럽다는 뜻이 있는데 이곳이 쓰레기를 버리는 곳이었기 때문이다(왕상 15:13; 왕하 23:4,6,12; 대하 15:16; 29:16; 30:14; 렘 31:40). 기드론 시내는 예수님이 예루살렘을 방문하실 때마다 건너가셨던 곳으로 겟세마네 동산에서 기도하신 후 체포되었을 때에도 이 골짜기를 지나가셨다(요 18:1).

예루살렘의 기드론 시내에 있는 압살롬의 무덤은 주전 1세기에 만들어졌다(삼하 18:18). 이 무덤은 1950년대에 발견되었으며 헤실 가족의 묘(대상 24:15)와 스가랴 선지자의 묘(대하 24:20-22) 옆에 있다. 압살롬의 무덤은 기드론 시내에서 눈에 가장 잘 띄는 구조물로 석회암으로 된 사각형 기초 위에 원통형 기둥과 원추형 지붕으로 되어 있다.

압살롬의 기념비 Absalom's Mounment (יַד אֲבְשָׁלֹם)
압살롬의 무덤(The Tomb of Absalom)   31° 46′ 37.95″N 35° 14′ 20.64″E

다윗의 셋째 아들인 압살롬이 자기 이름을 이어갈 아들이 없어 왕의 골짜기에 자기 이름으로 세운 비석이다. 압살롬의 기념비는 성경에 한 번 기록되었다(삼하 18:18). 예루살렘의 기드론 시내에는 압살롬의 무덤(The Tomb of Absalom)이 있는데 이 무덤은 주전 1세기에 세워졌다. 돌무더기 속에 있었던 이 무덤은 1950년에 발견되었는데 사각형 석회암 위에 원추형 기둥이 있는 돌기둥이다. 압살롬의 무덤 옆에는 주전 2세기에 만들었으며 헤실 가족의 묘가 있고 남쪽에는 스가랴의 무덤이 있다. 이 스가랴의 무덤은 요아스 왕이 죽인 스가랴(대하 24:20-22, 마 23:35)의 무덤으로 추정되기도 하나 세례 요한의 아버지인 스가랴로 추정되기도 한다.

엔로겔 Enrogel (עֵין רֹגֵל 정탐의 샘) / 에느로겔/용정

비르 아윱(Bir Ayyub)   31˚46´03.00˝N 35˚14´08.83˝E

기드론 시내에 있는 중요한 샘물인 엔로겔은 에느로겔(삼하 17:17; 왕상 1:9)이라고 번역되었다. 엔로겔은 느헤미야가 예루살렘 성을 순찰할 때에 골짜기 문을 통과 한 후에 지나간 용정(龍井; Jackal Well)과 이명동지이다(느 2:13). 엔로겔은 베냐민 지파와 유다 지파의 경계를 표시하는 우물이었다(수 15:7; 18:16). 엔로겔은 기혼 샘과 함께 이 지역의 중요한 식수원이었다.

다윗이 압살롬의 반란 때문에 피신할 때 요나단과 아히마아스는 이곳에서 소식을 기다리고 있다가 다윗에게 들은 정보를 전했다(삼하 17:17). 아도니야는 엔로겔 부근에 있는 소헬렛 돌 곁에서 잔치를 베풀었다(왕상 1:9). 엔로겔은 기드론 시내와 힌놈의 아들 골짜기가 만나는 지점 부근에 있는 '용의 우물' 이라는 뜻을 가진 비르 아윱(Bir Ayyub)과 동일시되었다. 이 우물은 지하수가 있는 곳까지 연결되어 우기에는 지하수가 분출된다. 이곳에 쌓여진 벽은 로마 시대의 것이다.

비르 아윱

힌놈의 골짜기 Valley of Hinnom (גֵיא־הִנֹּם 힌놈의 골짜기)
/ 힌놈의 아들의 골짜기 / 살륙의 골짜기

베냐민 지파와 유다 지파의 경계선이며 도벳 사당이 있는 곳이다(수 15:8; 18:16). 이곳은 바벨론에서 돌아온 유다 지파가 살던 곳이다(느 11:30). 힌놈의 골짜기는 힌놈의 아들 골짜기라고 불리기도 하며 도벳 사당이 있는 도벳과 같은 곳이기에 이명동지이다(렘 7:31; 32:19;2-6). 개역한글판에서 살륙의 골짜기라고 번역된 이곳은 개역개정판에서 죽임의 골짜기로 번역되었다. 힌놈의 골짜기는 예루살렘 성의 남쪽과 서쪽을 이루고 있는 깊은 골짜기로 기드론 시내와 만나

사해로 이어진다. 힌놈의 골짜기는 몰록에게 제사를 지내는 도벳 사당(왕하 23:10; 렘 7:31)이 있었고 이방 사람처럼 자녀를 재물로 바치는 곳이었고 바알의 산당이 건축된 곳이기에 살륙의 골짜기라고 하였다(렘 7:32). 힌놈의 골짜기에는 토기장이의 밭인 아겔다마가 있다. 이곳을 가리키는 게헨나는 그리스어 겐나(geenna)에서 왔으며 이 단어는 아람어 '게힌남' 과 히브리어 '게힌놈' 에서 왔고, '힌놈의 골짜기' 나 '힌놈의 아들의 골짜기' 라는 뜻이다.

아겔다마 Akeldama (Ἀκελδαμά 피밭) /피밭
세인트 오누프리우스 수도원(St. Onuphrius)　　　31° 46′ 05.53″N 35° 14′ 00.51″E

유다가 스스로 목매어 죽은 뒤에 그가 받은 은전
으로 토기장이의 밭을 사서 나그네의 묘지로 삼은
밭으로 '피밭'이라는 뜻이다(마 27:7,8; 행 1:19).
아겔다마에는 1892년에 그리스 정교회가 설립한
세인트 오누프리우스 수도원(St. Onuphrius)이 자
리잡고 있다. 이곳의 지하실에 있는 동굴은 예수님
이 체포되실 때 제자들이 숨어 있었다는 전승이 있
어 시도들의 동굴이라고 불린다.

다락방 Upper Room (ἀνώγεον)
다락방 Upper Room　　　31° 46′ 18.81″N 35° 13′ 45.13″E

　예수님은 이곳에서 제자들과 유월절 마지막 식사를 하셨으며 승천하신 후에 제자들이 이곳에
모였다(막 14:14,15; 눅 22:11,12; 행 1:13). 로마의 하드리아누스(Hadrianus) 황제가 주후 135년
에 예루살렘을 방문하였을 때에 다락방이 있는 건물을 발견했다는 에피파니우스(Epiphanius)의
기록이 있다. 다락방이 있는 이 건물은 보르도 순례단(Bordeaux philgrim), 시릴(Cyril), 실비아
(Sylvia)가 확인하였다. 1948년에 야곱 핀커켈트(Jacob Pinkerfeld)는 다윗 왕의 무덤을 고치면
서 12세경의 건축된 십자군 시대의 교회 바닥을 발굴했다. 그 아래에는 5세기경의 비잔틴 시대
의 바닥인 모자이크를 발견했다. 비잔틴 시대의 모자이크 아래에는 주후 1세기의 회당과 로마
시대의 건물 바닥이 발견되었다. 이 건물은 성전을 향하지 않고 성묘교회가 있는 골고다를 향해
있었으며 초대 기독교인들의 낙서 때문에 교회로 확인되었다. 다락방은 시나클(Cenacle)이라고
불렸다. 1세기의 회당은 유대인 신자를 위한 교회가 된 것으로 추정한다. 비잔틴 시대의 다락방
은 성 시온(Hagia Sion)교회로 동일시한다. 이 교회는 614년에 페르시아에 의해 손상을 입었으
나 모데스투스(Modestus)가 다시 재건하였다. 1009년에 무슬림에 의해 파괴된 교회는 십자군에
의해 다시 재건되었으나 다시 교회는 파괴되었으나 다락방은 파괴되지 않았다. 이 다락방은 시
리아 기독교인(Syrian Christians)이 유지하다가 프란시스코회가 1330년경부터 1524년까지 관리
했으나 오토만 시대에는 모스크로 사용되었기에 지금도 미흐랍(Mihrab)이 남아 있다. 이 건물에

있는 다윗 왕의 무덤 때문에 분쟁이 일어나
모스크가 되었다.
　다윗 왕의 무덤이 아래층에 있고 윗층에
는 다락방이 있는 이유는 초대교회가 모인
장소인 교회와 다윗 왕의 무덤이 같은 곳에
있기에 같은 장소에 있다. 마가의 다락방이
있었던 이곳은 예수님 시대에는 다른 건물
이었으나 지금은 같은 장소에 있다.

전문가들의 성지 탐사

5 유대광야에서 베들레헴까지

1년 강수량 100㎜… 금보다 귀한 '물'

현요한
장신대 교수

광야는 신비한 곳이었다. 안내인 하나가 메마른 사막에도 많은 야생동물이 산다고 소개했다. 전갈 뱀 쥐 도마뱀 여우 하이에나 자칼 표범 늑대 독수리 매 등. 그는 "사막의 돌들을 함부로 건드리지 말라"며 "그 밑에 무엇이 있을지 모른다"고 했다.

우리는 광야에서 베두원족들을 만났다. 그들은 염소 가죽으로 텐트를 치고 이동하며 산다. 염소가죽은 비가 와도

당나귀 닭 등을 기르며 산다. 양 염소는 암컷 위주로 기른다. 수컷들은 자기끼리 싸우기 때문에 분리해서 기른다. 베두원은 저녁에 한번 식사한다. 아침과 점심에는 단맛이 진한 차를 마신다. 아브라함과 이삭과 야곱과 같은 족장들이 바로 이렇게 살지 않았을까?

우리는 한 베두원 가장의 장막으로 초대를 받았다. 바깥은 뜨거운 날씨인데 장막 안은 상당히 시원했다. 우리는 그에게서 커피와 차 대접을 받았다. 작은 잔에 따라 주는데, 빈 잔을 주면 더 달라는 줄 알고 계속 따라 준다. 그만 마시고 싶으면 잔 위에 손을 덮어서 표시한다. 흥미로운 것은 그 장막이 브라질 콜롬비아산 커피자루로 만들어졌다는 것이다. 그들은 생 커피콩을 사서 직접 볶고 갈아서 끓여 먹는다.

탐사팀이 다음에 도착한 곳은 아사셀

'40일 금식' 광야… 풀이라곤 가시덤불이 전부
척박한 땅이지만 원주민들에겐 수백년 텃밭

방수가 된다. 털이 물을 머금고 팽창해서 아래로 떨어뜨리지 않기 때문. 베두원족은 연간 강우량이 100㎜밖에 안되는 광야에서 수백년을 살아왔다. 베두원 마을 옆 많은 돌무더기가 보였다. 옛 무덤들이다. 베두원족은 사람이 죽으면 매장을 하지 않고 땅위에 시신을 싸서 눕히고 돌무더기로 덮는다고 한다. 하지만 요즘 베두원족은 죽은 사람을 팔레스타인 공동묘지에 묻는다고 한다.

베두원의 저수조를 보았다. 우기에 빗물을 모아 두는 시설이었다. 요즘엔 정부에서 공급하는 물을 탱크에 담아 두고 산다고 한다. 집집마다 1~2개의 탱크가 보였다. 먹는 물은 우선 양과 같은 짐승에게 먼저 먹이고 사람은 그 다음 차례이다. 그만큼 그들의 생활에 짐승이 중요하다는 뜻이다. 베두원들은 양 염소

산이었다. 성경 레위기16장 6~28절에 나오는 아사셀 염소를 버리는 산이라고 한다. 산 한쪽은 절벽이고 절벽 아래는 뾰죽뾰죽한 바위들이 가득해 염소가 떨어지면 살이 갈갈이 찢겨져 살아남지 못한다. 유대 전승에 의하면 욤 키푸르(속죄일)에 속죄를 위해 두 마리 숫염소를 택해 한 염소는 희생을 드리고, 한 염소는 아사셀 산으로 보낸다.

젊고 건강하고 정결한 청년이 아사셀 염소를 어깨에 메고 간다. 성전 예식 후 길을 떠나는데 중간에 10군데에 먹고 마실 것을 준비해둔다. 그러나 그는 그것을 먹지 않는다. 단지 심리적 격려로 간주한다. 아세살 산에서 붉은 끈을 반으로 잘라 하나는 산의 바위에 묶고 다른 하나는 염소의 뿔에 묶어 절벽으로 던진다. 그 후 바위에 묶은 끈의 색깔이 희게

탐사팀이 유대 광야에서 만난 베두원족. 이들은 연간 강우량이 100㎜밖에 안되는 광야에서 생존하는 법을 수천년 동안 익혀왔다.
한국성서지리연구원 제공

변하면 속죄가 이루어졌음을 의미한다. 이런 중요한 자리에 그리스인 기독교인들이 1600년 전쯤 전 수도원을 지었다. 그러나 훗날 무슬림이 수도원을 파괴해 지금은 폐허만 남아있었다.

아사셀 산을 떠나 또다시 무섭게 흔들리는 지프를 타고 계곡을 따라오니 절벽 위에 고색창연하고 멋진 수도원이 눈에 들어왔다. 마르 사바수도원이다. 그리스 정교회에 속한 곳으로 AD 439년에 성 사바에 의해 세워졌다. 사바는 이곳 동굴에서 5년간 수도한 뒤 성인의 경지에 들

어갔다고 한다. 한때 수도사가 5000명이나 되는 큰 공동체였지만 현재는 15명 내외의 수도사들이 남아 있을 뿐이다.

여성들은 수도원 입장이 허락되지 않았다. 일행 중 여자들은 아쉽게도 문밖에서 기다려야 했다. 수도원 안내인은 성 사바 묘를 보여주며 그의 썩지 않은 시신에 관한 이야기도 들려 주었다. 우리는 이어 베들레헴으로 향했고 거기서 목자들의 들판교회, 예수탄생교회, 솔로몬의 저수지 등을 본 뒤 감람산으로 이동했다.

요단 계곡의 *여리고* 지역

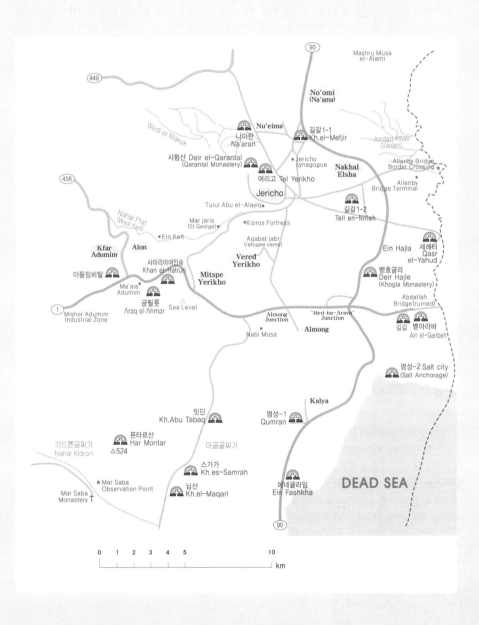

길갈¹⁻¹ 여리고 Gilgal (גִּלְגָּל 구르다, 수레바퀴) /벧길갈

텔 엘 마프자르(Tell el Mafjar)　　　　31°52′30.49″N 35°27′53.61″E

이스라엘 사람들이 요단 강을 건넌 후에 최초로 진을 친 곳은 여리고 평지에 있는 길갈이다(수 4:19; 5:9; 미 6:5). 그들은 요단 강에서 가져온 열두 돌을 세우고 할례를 행하였다(수 4:20; 5:3). 길갈은 애굽에서의 수치를 떠나가게 하였기에 '구르다'의 뜻을 가진 길갈이라는 이름이 되었다. 그들은 길갈이 있는 여리고 평지에서 가나안에서의 유월절을 지켰다. 이곳에서 여호와의 군대장관이 여호수아에게 나타났다(수 5:13-15). 여호수아는 길갈에서 기브온 사람들에게 속아 기브온과 동맹을 맺었으며(수 9:1-15), 도움을 요청한 기브온 사람들을 구하기 위해 아모리 족속의 다섯 왕과 싸워 승리하였다(수 10:1-43). 길갈은 사무엘이 순회하던 중요한 성읍이었으며(삼상 7:16), 사무엘은 길갈에서 사울을 왕으로 세웠다(삼상 11:4,5). 사울이 왕이 된 후에 이스라엘은 길갈에 모여 사울을 지지하여 블레셋과 전쟁을 하였으나 사울은 번제를 직접 드리는 치명적인 잘못을 길갈에서 저질렀다(삼상 13:4,8-15). 길갈은 범죄로 인해 선지자들의 책망을 받는 곳이 되었다(호 4:15; 9:15; 12:11; 암 4:4; 5:5). 느헤미야 때에 예루살렘 성벽 완공 때에 축하의 노래를 부른 사람들의 동네인 벧길갈은 이 명동지로 여겨진다(느 12:29).

　성경에는 동명이지로서 다섯 곳의 길갈이 있다. 이스라엘 민족이 요단강을 건넌 길갈¹(여리고; 수 4:19-20)과 엘리야와 엘리사가 여리고로 가기 전에 들렀던 길갈²(벧엘; 왕하 2:1; 4:38)와 유다 지파의 영토였던 길갈³(유다; 수 15:7; 18:17)과 길갈 왕국이 있던 길갈⁴(가나안; 수 12:23)가 있으며 세겜 근처에 있는 길갈5(세겜; 신 11:30)가 있다. 길갈의 추정장소는 여리고 동쪽 약 3.7km지점에 있는 키르벳 마프자르(Kh. Mefjir)와 키르벳 엔 니틀레(Kh. en-Nitleh)가 있는데 키르벳 메피지르가 유력하다. 텔 엘 마프자르는 20두남 크기의 유적으로

히샴 궁전의 남쪽에 있으며 후기 석기시대(Late Chalcolithic Period)의 마을 유적과 이 시대의 진흙 형상, 석기 그릇과 도기, 부싯돌이 발견되었다. 후기 청동기 시대의 마을 유적과 부싯돌과 토기와 비잔틴 시대의 수도원 유적도 발견되었다. 히샴 궁전은 키르벳 엘 마프자르(Kh. el Mafjar)라고 부르며 칼리프 히샴 이븐 압드 알 말릭에서 비롯된 곳이나 이 궁전은 그의 후계자인 알 왈리드 이븐 야지드가 주후 743년에 시작했으나 744년 중지되고 749년에 지진으로 파괴되었다.

나아라 Naarah (נַעֲרָה 소년의, 젊은) /나아란

텔 엘 지스르(Tell el-Jisr)　　　　31°53′43.98″N 35°25′16.13″E

에브라임의 동쪽 경계에 있는 여리고 북쪽에 있는 성읍으로 성경에 한 번 기록된 지명으로 나아라(수 16:7)와 이명동지이다(대상 7:28). 이곳은 요단 계곡에 있는 여리고 지역의 비옥한 평야 지역에 있었으며 요세푸스 기록에도 나아라(Naara)로 기록되었고 유세비우스는 노아랏(Noarath)으로 불렀으며 여리고에서 북쪽으로 8km 지점에 있었다고 기록했다. 최근에 나아란을 여리고 북동쪽으로 약 9km 지점에 있는 텔 엘 지스르(Tell el-Jisr)로 추정하고 있으나 근거는 미약하다. 키르벳 나아란(Kh. Naaran)으로 부르는 곳은 1918년에 포탄이 떨어진 곳에 회당 터가 발견이 되어 1921년에 발굴되었는데 주후 4-5세기의 회당이었다. 이곳에는 법궤와 다른 그림이 모자이크로 되어있다(31 53 42 70 N 35 35 35 62 E). 글루엑은 아인 둑

(Ain Duyq)보다 와디 엘 아우자(Wadi el Auja) 가까이에 있는 키르벳 엘 아야쉬(Kh. el Ayash)으로 추정한다. 다른 학자들은 로마 시대 유적인 키르벳 엘 아우자(Kh. el-Auja)로 추정하기도 하나 키르벳 나아란 가까이에 있는 텔 엘 지스르가 가장 가능성이 있다. 키르벳 나아란은 5두남의 크기이다. 이곳에서 남서쪽으로 약 350m 떨어진 곳에는 헬라 시대와 로마 시대의 수도 유적이 있다.

벧 호글라 Beth-Hoglah (בֵּית חָגְלָה 메추라기의 집)
아인 하즈라(Ain Hajla)
31° 49′ 41.29″N 35° 30′ 44.26″E

베냐민 지파의 경계에 있으며 여리고와 요단 강 사이 여리고 평지에 있는 곳이다. 벧 호글라는 베냐민 지파에게 분배된 성읍으로 유다 지파의 북쪽 경계에 있었으며 여리고와 에멕 그시스, 벧 아라바 부근에 있었다(수 18:19, 21). 이곳은 사해 입구의 북쪽에 있었으며 벧 아라바와 가까이에 있었다. 베냐민 지파의 경계에 있으며 여리고와 요단 강 사이에 있는 여리고 평지에 있는 벧 호글라는 베냐민 지파에게 분배된 성읍으로 유다 지파의 북쪽 경계에 있었으며 여리고와 에멕 그시스와 벧 아라바 부근에 있었다(수 18:19, 21). 벧 호글라는 '메추라기의 집'이라는 뜻을 가지고 있다. 이곳은 사해 입구의 북쪽에 있었으며 벧 아리비와 가까이에 있었다. 360두남의 큰 유적으로 벧 호글라로 추정하는 아인 하즈라(Ain Hajla)는 철기 시대의 거주지와 토기가 발견되었고 비잔틴 시대의 주거지, 모자이크, 토기가 발견되었으며 후기 이슬람 시대의 토기도 발견되었다(PADIS code 0123). 최근에는 데이르 하즈라(Deir Hajla)로 추정하기도 한다. 이 수도원은 제라시므스 수도원(St. Gerasimus Monastery)으로 루기아 출신의 제라시므스가 세운 수도원이다. (좌표 31 49 13 32 35 30 05 35; PADIS code 0044)

아인 하즐라

제라시므스 수도원

벧 아라바 Beth Arabah (בֵּית הָעֲרָבָה 광야의 집)
아인 엘 가르베(Ain el-Gharbeh)
31° 47′ 53.39″N 35° 32′ 27.02″E

유다 지파와 베냐민 지파의 경계선에 있는 여리고 옆의 벧 아라바는 유다 지파의 성읍으로 베냐민 지파와의 경계(수 15:6)에 있었는데, 광야에 있는 성읍으로도 기록(수 15:61)되었으며 후에는 베냐민 지파의 성읍으로 기록되었다(수 18:22). 벧 아라바는 베냐민 지파의 경계를 정할 때에 나오는 아라바[3](베냐민)과 이명동지로 추정한다(수 18:18).

다윗 왕의 용사였던 아르바 사람 아비알본(아비엘)은 벧 아라바 출신으로 여겨진다(삼하 23:31; 대상 11:32) 벧 아라바는 주후 3세기의 오리겐(origen)이 베다냐[2](요단강)으로 추정하고 주후 4세기에 유세비우스(Eusebius)도 벧 아라바가 세례 요한이 세례를 베푼 곳이라고 했다. 메드바 지도는 5세기에 제작되었는데 이 지도에는 세례 장소가 요단 강 서쪽으로 표시되었다. 벧 아라바는 여리고에서 남동쪽으로 약 5km 떨어진 곳에 있는 와디 켈트 북쪽 언덕에 있는 아인 엘 가르베(Ain el-Gharabe)로 추정된다. 이 지역에는 코렘베(Chorembe)로 부르던 곳으로 추정되는데 2 두남의 크기로 비잔틴 시대의 수도원이 있었다. 이곳에서는 거주지와 석회 가마, 벽돌, 모자이크, 토기와 무덤이 발견되었다(PADIS code 0028). 아인 엘 가르베에는 비잔틴 시대의 다리 유적이 있다고 기록되어 있다. 이 지역은 종려나무 농장이 있고 대규모의 쓰레기 처리장이 있기에 유적을 찾지 못했다(PADIS code 0134). 이 지역의 남동쪽에 있는 요단 강가에는 1939년에 세워졌던 마을의 유적(Beit ha-Arava Ruines)이 있다. 1948년에 이스라엘의 독립전쟁 때 포기했던 이 마을은 200년에 서쪽으로 5km 떨어진 곳에 벧 아라바(Beit ha-Arava) 키부츠(kibbutz)로 다시 세워졌다.

이 지역의 남동쪽에 있는 요단 강 가에는 1939년에 세워졌던 마을의 유적(Beit ha-Arava Ruines)이 있다. 1948년에 이스라엘의 독립전쟁 때 포기했던 이 마을은 200년에 서쪽으로 5km 떨어진 곳에 벧 아라바(Beit ha-Arava) 키부츠(kibbutz)로 다시 세워졌다. 이 지역을 지나는 1번 도로와 90번 도로가 만나는 사거리는 벧 아라바 나들목(Beit ha-Araba Junction)으로 부른다.

베다니 [2] 요단 강 Bethany (בֵּית עֲנִיָה 가난하고 고통 받는 자들의 집)

카스르 엘 야후드(Qasr el-Yahud)   31° 50′ 13.54″ N 35° 32′ 47.44″ E

예수님께서 세례를 받으신 곳으로 요단 강 건너편에 있으며 성경에 한 번 기록된 곳이다(요 1:28). 베다니[2](요단 강)는 나사로가 살던 예루살렘 감람 산 동쪽에 있는 베다니[1](감람 산; 마 21:17)와 다른 곳이기에 동명이지이다. 이곳은 요단 강을 사이에 두고 요르단에 있는 와디 엘 카르라르(Wadi el-Kharrar)와 이스라엘에 있는 카스르 엘 야후드(Qasr el-Yahud)로 추정되기도 한다. 이곳은 이스라엘의 여리고의 동쪽에 있는 요단 강가에 있다. 요르단의 와디 엘 카르라르 건너편이다. 이곳은 기드온이 점령하라고 명령한 요단 강의 나루터였던 벧 바라(삿 7:24)로 추정되기도 한다.

이곳은 지금도 수풀이 우거져 있으며 19세기에는 이곳에 사자, 호랑이, 곰 등의 동물들이 살았다는 기록도 있다. 좁은 요단 강을 사이에 두고 서쪽의 요단 강변은 카스르 이스라엘의 엘 야후드이고 동쪽의 요단 강변은 와디 엘 카르라르이다.

예수님께서 세례를 받으신 베다니[2](요단강)는 요단 강 건너 편에 있으며 성경에 한 번만 기록된 곳이다(요 1:28). 나사로가 살던 예루살렘 감람산 동쪽에 있는 베다니(마 21:17)와 다른 곳이기에 동명이지이다. 이곳은 요단 강을 사이에 두고 요르단에 있는 와디 카르라르(Wadi Kharrar)와 이스라엘에 있는 카스르 엘 야후드(Qasr el-Yahud)가 추정지이다.

예수님이 세례 받으신 장소로 추정하는 근거는 주후 185년부터 254년까지 팔레스틴에서 살았던 오리게네스가 베다니를 벧 아라바라고 읽어야 한다고 했으며 이 지역을 예수님의 세례 받으신 곳이라고 주장했기 때문이다. 벧 아라바(Beth Araba)는 건너가는 집(House of Crossing)의 뜻으로 이곳은 이스라엘 백성들이 요단강을 건너간 지점으로 추정되며 여리고 부근의 길갈 추정지역은 요단 강 건너편이다. 이곳은 기드온이 점령하라고 명령한 요단 강의 나루터였던 벧 바라(삿 7:24)로 추정되기도 한다. 이곳은 지금도 수풀이 우거져 있으며 19세기에는 이곳에 사자, 호랑이, 곰 같은 동물들이 살았다는 기록도 있다.

주후 3세기의 오리겐은 벧 아라바를 베다니로 알았으며 주후 4세기의 유세비우스도 같은 견해를 가졌다. 요르단의 메드바에서 발견된 메드바 지도에는 베다니가 요단 강 서쪽으로 표시되어 있다. 비잔틴 시대의 아타나시우스(Athanasius) 황제 시대에 요단 강 동쪽에 세례기념교회를 건축한 내용이 주후 530년에 데오도시우스(Theodosius) 수도사가 기록했다. 이곳은 고대에는 프로드로모스(Prodromos)라고 불렸으며 1.5 두남의 크기이다.

이곳에서는 헬라 시대의 건축물과 배 정박시설이 있었으며 비잔틴 시대의 교회, 저수조와 십자군 시대의 수도원, 대리석 기둥과 후기 이슬람 시대, 오토만 시대의 수도원이 있었다(PADIS code 0034). 이 교회의 흔적은 고고학자들이 발견했다. 예전에는 일 년에 한 번씩 개방되었으나 최근에는 항상 개방되어 있다.

유다 지파에 속한 성읍이었던 염성은 광야에 있었던 여섯 성읍 중의 하나이다(수 15:62). 이곳은 개역한글판에 염성(鹽城)으로 번역되었으나 개역개정판에서 소금 성읍으로 번역되었다. 염성의 추정 장소는 두 곳이 있는데 여리고 부근의 염해(사해) 옆에 있는 염성이라고 불리는 곳과 쿰란이 있다.

염해(사해) 옆에 있는 염성은 비무장지대 안에 있어 접근할 수 없는 곳이며 자세한 자료가 없기에 일반적으로 염성은 키르벳 쿰란(Kh. Qumran)으로 추정된다. 쿰란은 1947년에 사해 사본이 발견되어서 유명한 장소가되었다. 베드윈 목동인 무하마드 엣 디브는 다른 동료와 함께 1번 동굴이라고 부르게 된 동굴에서 10개의 항아리를 발견했는데 한 항아리에서 세 개의 두루말이를 발견했다.

1947-1956년에 사해 주위의 동굴 11개에서 972개의 문서가 발견되었다. 1949-1956년에 드보 신부는 사해 사본이 발견된 4번 동굴이 있는 쿰란에서 유적을 발견했다. 이곳에서는 주전 8-7세기의 유적도 있기에 염성(소금 성읍)으로 추정한다. 이곳은 주전 130년 경부터 거주지였으나 주전 31년에 지진으로 폐허가 되었다가 주후 68년에 다시 폐허가 되었다. 쿰란에 있었던 공동체는 유대교 종파 중의 하나인 에세네파와 비슷한 공동체로 보여 진다. 쿰란에 살고 있는 공동체는 주후 68년의 로마군의 공격으로 파괴되었다. 이곳에서 후기 철기 시대의 건물 유적과 유물들이 발견되었다. 쿰란이 있는 와디 쿰란을 따라 형성된 길은 아골 골짜기에 있는 성읍들과 연결될 수 있었다.

키르벳 쿰란

사해사본이 발견된 쿰란 동굴(4번 동굴)

염성-2

에네글라임 En Eglaim (עֵין עֶגְלַיִם 송아지의 샘)
아인 파슈카(Ein Fashkha)
31° 42′ 57.47″ N 35° 27′ 10.80″ E

에스겔이 이스라엘의 회복된 시대에 성전의 물이 흘러나와 변화될 것이라고 예언한 장소이다 (겔 47:10). 이곳은 성경에 한 번 기록되었다. 에스겔은 사해가 있는 엔게디 앞에서부터 에네글라임까지 고기를 잡는 놀라운 일이 일어날 것이라고 예언했다. 에네글라임의 추정지는 아인 파슈카(Ein Fashkha)와 아인 하즐라(Ain Hajlah)가 있다. 에노트 츄킴(Einot Tsukim)이라고 부르는 아인 파슈카는 엔게디에서 북쪽으로 약 29㎞ 떨어져 있으며 사해의 서쪽 해변에 있다. 이 샘 때문에 황량한 사해 주위에 아름다운 녹지대가 형성되어 있다.

1838년에 에드워드 로빈슨은 이곳에 샘이 있으며 탑과 건물들이 있다고 기록했고 1883년에 팔레스틴 조사(SWP)는 이곳에 큰 샘인 아인 파슈카와 작은 샘인 아인 에르 탄누르('Ain et Tannur)가 있다고 기록했다. 지금은 에노트 츄킴(Einot Tsukim)이라고 부르며 세 지역으로 나누고 있는데 중간 지역만 공개된다.

이곳은 1956년과 1958년에 드보(Roland de Vaux), 2001년에는 히르쉐 펠드(Y.Hirschfeld)가 발굴하였다. 발굴을 통하여 중심건물(24m×18m)이 있는 주거지가 발견되었는데 헤롯4세의 건축물로 확인되었다. 이곳에서는 철기 시대의 긴 성벽, 로마 시대의 동전들, 비잔틴 시대의 거주지가 발견되었다.

밋딘 Middin (מִדִּין 측정)
키르벳 아부 타바크(Kh. Abu Tabaq)
31° 44′ 28.21″ N 35° 24′ 22.97″ E

아골 골짜기가 있는 유대 광야의 유다 성읍으로 성경에 한 번 기록되었다(수 15:61). 이곳은 벧아라바와 스가가, 닙산, 염성(소금 성읍)이 주위에 있었다. 밋딘은 키르벳 아부 타바크(Kh.

Abu Tabaq)로 추정된다. 밋딘은 아골 골짜기에 있는 세 개의 성읍 중에서 가장 북쪽에 있으며 염성(소금 성읍)으로 추정되는 키르벳 쿰란에서 동쪽으로 약 4.5km 정도 떨어져 있다. 이곳에 철기 시대의 요새와 건물, 벽이 발견되었고 초기·후기 철기, 헬라, 로마 시대의 토기가 발견되었다.

스가가 Secacah (סְכָכָה 덤불, 덮개)
키르벳 에스 삼라(Kh. es-Samrah)
31°43′04.14″N 35°23′35.16″E

아골 골짜기의 세 개의 성읍 중 가장 큰 성읍으로 성경에 한 번 기록되었고 유다 지파에 속했으며 유대 광야에 있었다(수 15:61). 이 성읍의 주위에는 벧 아라바, 밋딘, 닙산, 염성이 있었다. 스가가는 키르벳 에스 삼라(Kh. es-Samrah)로 추정되고 있다. 스가가는 '덤불' 또는 '덮개' 의 뜻을 가지고 있다. 이곳은 염성으로 추정되는 키르벳 쿰란에서 남서쪽으로 약 7㎞ 떨어져 있다. 이곳의 동쪽 편에서 요새 시설, 건물 유적, 후기 철기, 헬라, 로마, 비잔틴 시대의 토기가 발견되었다.

닙산 Nibshan (נִבְשָׁן 용광로)
키르벳 엘 마카리(Kh. el-Maqari)
31°42′01.99″N 35°22′48.52″E

유다 지파의 성읍으로 유대 광야의 아골 골짜기에 있고 성경에 한 번 기록된 성읍으로 유대 광야에 있었다(수 15:61,62). 유다 지파의 서쪽 경계선에 있었던 이 성읍의 주위에는 벧 아라바, 밋딘, 스가가, 염성(소금 성읍)이 있었다. 닙산은 키르벳 엘 마카리(Kh. el-Maqari)로 추정하고 있는데 이곳은 염성(소금 성읍)으로 추정되는 키르벳 쿰란에서 남서쪽으로 9㎞ 지점에 있다. 이곳 남동쪽에서 요새 시설과 물 저장소가 발견되었고 초기 · 후기 철기, 헬라, 로마, 아랍 시대의 토기가 발견되었다.

아골 골짜기 Valley of Achor (עֵמֶק עָכוֹר 괴로움의 골짜기)
엘 부케아(el-Buqeah)

아간을 심판하였던 아골 골짜기는 유다 지파의 북쪽 경계가 되는 골짜기이다(수 15:7). 아골 골짜기는 이스라엘이 가나안을 정복할 때 아간의 범죄로 인해 아이 성에서 패전한 뒤에 아간의 가족을 심판한 곳이다(수 7:24-26). 아골 골짜기는 이사야와 호세아의 예언에서 다시 회복되는 비유로 사용되었다(사 65:10; 호 2:15). 아골 골짜기는 '작은 골짜기'의 뜻을 가진 엘 부케아(el-Buqeah)와 동일시된다. 이곳은 예루살렘에서 기드론 시내를 거쳐서 요단 계곡으로 가는 통로

였다. 로마 제국이 예루살렘과 여리고를 연결하는 와디 켈트(Wadi Kelt)에 교통로를 만들기 전까지는 중요한 통로였다. 아골 골짜기에는 유다 지파의 성읍이었던 밋딘, 스가가, 닙산이 있었으며 예루살렘에서 시작되어 사해로 흐르는 기드론 시내가 지나가고 있다. 이곳의 동쪽 유다 산지에는 아사셀 염소를 바치던 몬타르 산이 있다.

아골 골짜기를 지나가는 기드론 시내

길갈 1-2 여리고 Gilgal (גִּלְגָּל 구르다, 수레바퀴) /벧 길갈
텔 엔 니틀레(Tell en-Nitleh)　　　　31°51′05.80″N 35°29′16.85″E

이스라엘이 요단 강을 건넌 후 최초로 진을 친 곳으로 이스라엘 민족이 가나안에 처음으로 도착한 곳이다. 출애굽 여정의 마지막 여정지로서 의미가 있는 곳이다(수 4:19,20). 여리고에서 동쪽으로 약 3.5km 떨어진 여리고 평원에 있는 작은 텔이며 지리적인 조건에서는 텔 엘 메프자르보다 더 가능성이 높은 곳이다. 그러나 비잔틴 시대 이전의 거주 흔적이 발견되지 않았다.

1945년에 켈소(Kalso)와 바람키(Baramki)에 의해 발굴하였다. 이곳에서는 비잔틴 시대나 초기 아랍 시대의 것으로 보이는 네개의 벽이 바련되었다. 이곳에서는 헬라 시대의 토기, 로마 시대의 토기가 발견되었으며 비잔틴 교회시대의 성읍이기에 가옥과 5개의 교회가 발견되었다.

첫번째 교회는 주후 529년의 사마리아 반란 때, 두번째 교회는 주후 614년에 페르시아에 의해, 세번째 교회는 주후 749년에 지진에 의해 파괴되었다. 네번째 교회는 다섯번째 교회를 위한 창고로 쓰여진 것으로 보여지며 다섯번째 교회는 주후 8세기 말이나 주후 9세기 초의 교회로 보여진다.

유다 지파와 베냐민 지파의 경계에 있던 비탈인 아둠밈 비탈은 성경에 두 번 기록된 곳으로 북쪽의 베냐민 지파의 땅과 남쪽의 유다 지파의 땅의 연결지점에 위치해 있다(수 15:7; 18:17). 이 지역에 아둠밈과 같은 지명인 아둠밈 마을(Kfar Adumim)이 있다. 아둠밈 비탈은 예루살렘에서 여리고로 내려가는 비탈길이다. 와디 켈트의 남쪽에는 '피의 비탈길'이라는 뜻의 탈라트 에드 담(Talat ed-Damm)이라는 아랍어 이름이 남아 있는데 그 이유는 여리고와 예루살렘 사이에 있는 길 양쪽에 있는 이 지역의 토양의 색깔이 붉은색이었기 때문이다. 예루살렘과 여리고를 연결하는 이 길을 아라바 길이라고 불렀고 여리고가 번성하면서 중요한 길이 되었다. 이 길은 갈릴리와 길르앗 지역과 예루살렘을 연결하는 중요한 길이었다. 그뿐 아니라 요단 강에 있는 세례 터와 많은 수도원들과도 연결된 길이기에 성지 순례에도 중요한 도로였다. 이곳은 전통적으로 사마리아인의 배경이 되는 곳으로 알려져 있다(눅 10:25-37).

가이사랴의 주교 유세비우스는 3세기 말에 유다 지파의 영토에 있는 아둠밈은 지금은 버려진 마을이며, 예루살렘에서 여리고로 내려가는 마알레 아둠밈에 있으며 그 곳에는 요새가 하나 있다는 기록을 남겼다. 히에로니무스는 4세기 말에 아둠밈이라는 이름이 여행자를 노리는 도둑들에 의해 흘려진 피 때문에 유래됐다고 했으며 이곳에 군대의 요새가 있었다고 기록했다. 히에로니무스는 마알레 아둠밈과 선한 사마리아인의 비유의 연관성을 처음으로 언급한 사람이다. 아둠밈 비탈의 길은 여리고에 있는 헤롯의 궁전으로 가는 길로 사용되었다. 와디의 중간에서 주전 1세기에서 주후 1세기까지의 유적들이 발굴되었는데 이 유적에 욕실과 모자이크 바닥, 벽토로 장식된 방들이 있었다. 이 길을 따라 이어지는 북쪽과 남쪽의 경사에는 제2성전시대의 것으로 보이는 많은 굴들이 있었으나 현재는 몇 개만 존재한다. 4세기인 비잔틴 시대에 이곳에 기념교회를 건축하고 사마리아 여관으로 추정했을 것이다. 이곳에 있는 비잔틴 교회의 터에서 저수조와 벽과 헤롯 아그립바 1세와 디도 황제의 주화도 발견되었다.

주후 6세기에는 요단 계곡과 여리고를 순례하는 순례자들을 위한 여관이 있었는데 이 여관은 초기 이슬람 시대까지 사용되었다. 1934년에 발견된 이 여관은 너비가 24m이고 길이가 26m인 크기의 사각형 건물이다. 십자군 시대에 수천 명의 사람들이 여리고를 순례했기 때문에 많은 건축물이 세워졌다.

이 장소의 북동쪽 끝에는 1169년부터 1172년 사이에 템플 기사단에 의해 세워진 성채, 여관, 순례자들을 위한 저수조가 있다. 이 여관과 저수조는 많이 바뀌었고 마믈룩 시대까지 사용되었으며 14,15세기까지 이곳에 여관이 있었다. 오토만 시대에 십자군 성채의 남쪽 벽에 사각형의 구조물이 세워졌다. 여관의 역할을 했던 이 구조물은 19세기 중엽에 지어져 있었으나 1차 세계대전 때에 파괴되었고 이후에 복구되었다. 이 구조물이 지금은 개축되어 모자이크 박물관이 되었다. 이곳에는 비잔틴 시대의 모자이크를 복원하여 사마리아, 유대 지역의 교회와 회당의 모자이크가 전시되어 있다.

모자이크 박물관

여리고 Jericho (יְרִיחוֹ 달, 월) (종려나무의 성읍) /종려나무 성읍

텔 예리코(Tel Yerikho)

31°52´14.59˝N 35°26´38.30˝E

이스라엘이 가나안에서 최초로 공격한 세상에서 가장 오래되고 가장 낮은 곳에 있는 여리고는 이스라엘이 가나안 땅에 들어와 최초로 정복한 도시였으며(수 6:2; 10:30) 금과 은과 동철이 풍부한 부유한 도시였다(수 6:24). 이스라엘이 정복한 후에는 베냐민 지파에게 분배된 성읍이었다(수 18:21). 암몬 자손에게 사신으로 갔던 다윗의 부하들의 수염 절반이 깎이는 모욕을 낭하자 다윗이 수염이 자랄 때까지 여리고에서 머물게 하였다(삼하 10:5). 벧엘 사람 히엘은 여리고에서 건축하다가 큰 재앙을 만났다(왕상 16:34). 엘리사는 승천한 엘리야를 만나기 위해 여리고를 방문했고(왕하 2:4-5), 후에 여리고의 물 근원을 고치는 기적을 행했기에 이곳에는 엘리사의 샘이라고 부르는 샘이 있다(왕하 2:19-22). 여리고는 연간 강수량이 100mm가 되는 건조한 지역에 있으나 물이 풍부한 곳이기에 종려나무가 많아 종려나무 성이라고 부르는 사막의 오아시스 같은 성읍이다(신 34:3; 삿 3:13; 대하 28:15). 유대의 마지막 왕 시드기야는 도주하다가 여리고 평지에서 갈대아 군사에게 포로가 되었다(왕하 25:5). 유다 왕 아하스 때 북이스라엘 군대가 유다 사람들을 사마리아로 포로로 잡아갔다가 선지자 오뎃의 책망을 들은 후 귀환시킬 때에 여리고까지 전송을 했다(대하 28:15). 바벨론 포로에서 돌아온 사람들 중에 여리고 자손이 있었고(스 2:34), 느헤미야의 성벽 건축 때 여리고 사람들도 협력했다(느 3:2). 예수님께서는 여리고로 가는 길에서 바디매오를 고치셨고(눅 18:42) 여리고에서는 삭개오를 구원하셨다(눅 19:1-10). 여리고는 지구상에서 가장 오래된 도시이며 가장 낮은 도시이기에 '최고의 도시'와 '최저의 도시'라고 한다. 예루살렘에서 28km 떨어진 여리고는 요단 계곡에 있어 남북을 연결하는 통로에 있으며 동서를 연결하는 교역로에 있기에 예루살렘으로 올라가는 통로인 전략적인 위치에 있는 중요한 도시였다. 여리고는 로마의 안토니우스가 이집트의 클레오파트라에게 주었기에 여리고는 클레오파트라의 영토였다.

구약시대의 여리고는 텔 예리코(Tel Yerikho)라고 부르는 텔 에스 술탄(Tell es-Sultan)과 동일시되었다. 이곳에서는 나투피안, 신석기, 초기, 중기 청동기시대의 거주 흔적이 발견되었고 후기 청동기 시대의 토기와 무덤, 후기 철기시대의 거주지가 발견되었다. 또한 페르시아시대의 거주 층에서는 예후드라는 글자가 새겨진 인장을 가진 항아리가 발견되었다. 그뿐 아니라 이곳에서는 로마, 아랍 초기 시대 오두막의 유적이 발견되었다. 여리고는 엘리사의 샘이라고 부르는 에스 술탄 샘(Ein es-Sultan) 부근에 주전 10,000-주전 9,000년 시대에 사람들이 거주하고 있었고 주전 9세기에는 성벽이 있고 70채 이상의 가옥이 크기가 40,000m가 되는 세계 최고의 성읍이 되었다. 이곳에 있는 돌탑은 주전 6,000년경에 건설되었으며 높이가 3.6m이고 폭이 1.6m 규모로 22개의 계단이 있다. 이 시대의 지층에서는 세석기, 방추, 해골, 화살촉, 돌 칼, 점토 인형, 토기, 장신구가 발견되었다.

1868년에 영국의 워렌(C. Warren)은 흙벽돌로 된 성벽을 발견하였다. 1907-1909년에 셀린(E. Sellin)과 와징거(C. Watzinger)의 지도로 독일과 오스트리아 고고학자들이 여러 개의 성벽들을 발굴하였다. 텔 여리고는 이중 성벽이 있는 상부 도시와 하부 도시로 이루어진 도시였다. 1930년부터 영국의 가스탕(Garstang)은 여러 시대의 무덤을 발굴하였으며 주전 14세기의 토기 조각과 갑충석을 발견하였다. 그는 파괴와 화재의 흔적이 있는 외부 성벽과 내부 성벽을 발견하였으며 이 성벽이 주전 15세기 후반부나 주전 14세기 초 부근에 무너졌다고 주장하였다. 1952년부터 1958년까지 발굴한 영국의 케년(Kathleen M. Kenyon)은 신석기 시대의 성벽과 탑을 발견하였으나 파괴가 있었던 성벽은 주전 16세기이며 힉소스의 무리가 여리고를 공격했다고 주장하였다. 우드(Bryan Wood) 교수는 여리고 성에서 출토된 토기들이 주전 1400년경의 토기이며 지층도 이 시기라고 주장한다. 이 시대의 지층에서 출토된 도구들은 탄소 연대 측정으로 주전 1410+40년의 것으로 확인되었다. 텔 라기스 한국발굴단이 발굴한 르호보암 성벽에서 발견된 감람나무 열매에서 탄소 연대 측정(Radiocarbon(14C)dating)에서 르호보암 시대로 확증되었다. 이곳에서는 약

삭개오의 뽕나무라는 돌 무화과나무

182kg 정도가 되는 불에 탄 곡식을 담은 항아리들이 출토되었으며 큰 화재의 흔적과 무너진 성벽과 파괴된 흔적들이 발굴되어 성경의 기록이 확인되었다(수 3:15; 6:24). 여리고에서 출토된 이집트 인장은 주전 18세기부터 주전 14세기까지의 바로의 이름들이 있었다. 우드 교수는 여리고 성이 주전 1440년경에 무너진 것으로 주장하였다. 신약 시대의 여리고는 텔 에스 술탄에서 남서쪽으로 약 3㎞ 떨어진 곳에 있으며 툴루 알 알라크(Tulu al-Alaq)라고 부른다. 헤롯 대왕은 와디 켈트의 양 편에 다리를 건설하고 연회장과 로마식 목욕탕과 수영장과 정원이 있는 궁전을 지었다. 이 곳에는 세 곳의 궁전이 세워졌다. 헤롯은 어머니의 이름으로 부른 시프로스라는 요새를 세워 이 도시를 방어하게 하였다. 이 지역에서는 주전 1세기의 것으로 추정되는 회당의 유적도 발견되었다. 여리고 지역에는 예수님이 시험을 받으신 시험 산이 있고 삭개오의 뽕나무라는 돌 무화과 나무와 엘리사의 샘과 길갈 추정지가 있다. 여리고에서는 1936년에 바람키(Baramki)에 의해 6-7세기 사이에 건축된 유대인의 회당이 발견되었다.

엘리사의 샘

텔 예리코라고 불리는 텔 에스 술탄(Tell es-Sultan)

시험 산 Mount of Temptation

시험 산(Mount of Temptation)	31°52′27.53″N 35°25′49.90″E

여리고에 위치한 이곳은 예수님이 사십 일간 금식하신 후에 시험을 받으신 곳으로 성경에는 높은 산으로 기록된 곳이다(마 4:8,9; 막 1:13). 주후 326년에 헬레나는 이곳에 있는 동굴을 예수님의 금식 장소로 인정한 후에 이곳은 시험 산으로 여기게 되었다. 십자군 시대부터 여리고 서쪽에 있는 산을 시험 산(Mount of Temptation)으로 기념하기 시작했다. 십자군들은 이 산을 '사십의 산'이란 뜻으로 콰란타나 산(Mount Qaran-tana)이라고 불렀다. 이 산에는 주전 2세기 때의 하스모니안 시대의 성채가 있다. 지금의 산중턱에는 주후 5세기 이후에 건축된 그리스 정교회가 세운 시험 산 수도원(Monastery of Temptation)이 자리 잡고 있는데 이 수도원 안에는 예수님이 금식하셨다는 굴과 앉으셨던 바위가 있다.

염해 the salt Sea (הַמֶּלַח יָם 소금 바다) /소금 바다/아라바의 바다 /동해
사해(the Dea Sea)

죽음의 바다라고 불리는 요단 지구대에 있는 염해는 사해라고 불리는 소금바다를 가리킨다 (창 14:3; 민 34:3; 신 3:17; 수 3:16; 12:3; 15:2,5; 18:19). 염해는 아라바의 바다(수 3:16; 왕하 14:25)와 동해 (겔 47:18; 욜 2:20; 슥 14:8)와 이명동지이다. 염해는 다른 번역에서 '소금바다' 라고 번역되기도 했다. 사해는 길이가 약 80㎞이고 최대 폭은 약 17㎞에 이르며 수심은 약 400m이고 수면의 높이는 해수면보다 약 400m 아래에 있으며 수중 고형물질이 25% 이고 비중 은 1.17이다. 지금의 사해는 물의 사용량의 증가로 인해 유입되는 물이 줄어 성경시대와는 많 이 달라졌다.

유다 지파의 남쪽 경계인 염해의 남쪽 끝에 있는 남향한 해만(the southern end of the Salt Sea)은 성경에 한 번 기록된 지명으로 염해의 남쪽 지역을 가리킨다(수 15:2). 염해는 염해의 동 쪽에 있는 르우벤 지파와 모압 지파와의 자연적인 경계선이 되었다. 염해의 남동쪽에 있는 에돔 은 염해 같은 자연적인 경계선에 있었기에 유다 지파와의 충돌이 잦았다. 베냐민 지파의 동쪽 경계선인 염해의 북쪽 해만(the northern bay of the Salt Sea)은 성경에 한 번 기록된 지명이다

(수 18:19). 염해의 북쪽 해만은 벧 호글라의 남 쪽에 있으며 요단 강의 남쪽 끝이기에 요단 강 과 염해가 합류되는 지역이다. 요단 강은 요단 강 동편의 갓 지파와 자연적인 경계선이 되며 염해의 동쪽은 르우벤 지파의 영토이다.

1968년의 사해 표지판

유대 광야(Judaean Desert)

세례 요한이 천국에 대하여 전파한 유대광야는 유다광야로 번역된 곳이다(마 3:1). 다윗이 마르고 황폐한 땅에서 주를 갈망하며 주를 앙모한 시를 지은 유다 광야는 성경에 한 번 기록된 지명이다(시 63편 표제어). 유대광야는 성경에서 빈들(눅 1:80; 눅 3:2)과 광야(마 4:1; 눅 4:1)로 표현된 곳이다. 유대 광야는 유다 산지와 사해 사이에 있는 폭이 약 25-30km의 광야를 가리킨다. 유다 산지는 평균 고도가 약 800m에 이르고 사해는 해저 약 400m에 이르기에 약 1,200m의 고도차이로 인해 유다 광야에서 사해로 가는 와디들은 깊은 협곡이 형성된다. 이 부근의 연평균 강우량을 보면 서쪽은 300mm 정도 이지만 사해 부근인 동쪽으로 갈수록 강우량이 적어져서 50mm 정도로 내려간다. 유대 광야는 세례요한이 활동허던 곳이며 예수께서 시험을 받으신 광야이기에 매우 중요한 곳이 되었다. 유대 광야는 주거 지역에서 가까운 곳에 있기에 은신처나 피난처로 많이 이용되었다.

유대 광야는 예루살렘, 베들레헴, 헤브론, 드고아, 갈멜, 아랏이 가까이에 있었다. 비잔틴 시대에는 많은 수도원들이 세워졌는데 마르사바 수도원이 대표적인 수도원이며, 가장 오래된 수도원인 파란 수도원, 코지바 조지 수도원, 카란탈 수도원, 유티미우스 수도원이 있다. 유대 광야에는 기드론 시내가 지나가다가 사해와 연결된다. 유다 광야에는 예루살렘과 여리고를 연결하는 지역에 와디 켈트(Wadi Qelt)가 있다.

성 조지 수도원(Monastery of Saint George of Koziba)는 4세기에 시작되었으며 와디 켈트를 그릿 시내로 믿고 이곳의 동굴에서 생활했던 수도원이다. 이 수도원은 5세기 후반에 건축되었다가 614년에 바사의 침략에 의해 파괴되었다. 그 후에 1179년에 십자군이 재건하였다가 1878년에 그리스 정교회 수도사인 칼리니코스가 재건하였다.

유대 광야에는 무슬림들이 12세기 살라딘 이후로 모세의 무덤으로 믿는 나비 무사가 있다. 이곳은 '선지자 모세의 자리'라는 뜻으로 마캄 엘 나비 무사(Maqam el-Nabi Musa)라고 부른다. 팔레스틴 지역에 사는 무슬림들은 이곳을 모세의 무덤으로 믿기에 순례를 오고 그리스 정교회 교인들도 이곳을 방문한다.

유대 광야

마캄 엘 나비 무사(Maqam el-Nabi Musa)

유다 지파와 요셉 지파의 사이에 있는 베냐민 지파의 경계를 설명할 때 성경에 한 번 기록된 지명으로(수 18:17) 아둠밈 비탈 맞은 편에 있던 성읍이다. 유다 지파와 베냐민 지파의 경계에 있는 글릴롯은 길갈³(유다)과 이명동지로 보인다. 글릴롯은 전통적으로 사마리아의 여관으로

보고 있는 칸 엘 아마르(Khan el-Ahmar)의 서쪽으로 1.5km 지점에 있는 아라크 엣 데이르(Araq ed-Deir)로 동일시되고 있다. 이곳에서 철기 시대의 거주지가 발견되었다.

몬타르 산 Mount Montar
몬타르 산(Har Montar)　　31° 44´ 05.76˝N 35° 205´ 42.18˝E

아사셀 염소는 이스라엘에서 속죄의 날에 광야로 보내진 염소였다. 아사셀 염소는 하나님께 드리는 제물이 아니다. 이스라엘의 속죄의 상징으로 염소를 광야로 내몰았다(레 16:8, 10:26). 제비 뽑혀 선발된 아사셀 염소는 예루살렘에서 몬타르 산까지 끌려와 몬타르 산 위에서 던져졌다고 한다. 몬타르 산은 유대광야에 있는 산으로 아골 골짜기가 내려다 보이는 곳에 있다.

　몬타르 산은 동쪽의 절벽이고 날카로운 바위들이 솟아 있어 염소를 버리면 살아남지 못하는 곳이다. 이곳에서 아사셀 염소를 어깨에 메고 온 사람은 붉은 끈을 반으로 잘라서 하나는 산의 바위에 묶고 다른 끈은 염소의 뿔에 묶어 절벽으로 던진 후에 바위에 묶은 끈이 희게 변하면 속죄가 이루어졌다고 생각했다고 한다. 이곳에는 그리스 기독교인들이 약 1600년전에 세웠던 폐허가 남아있다.

몬타르 산 위의 유적

아골 골짜기가 보이는 몬타르 산

유다 산지의 *베들레헴* 지역

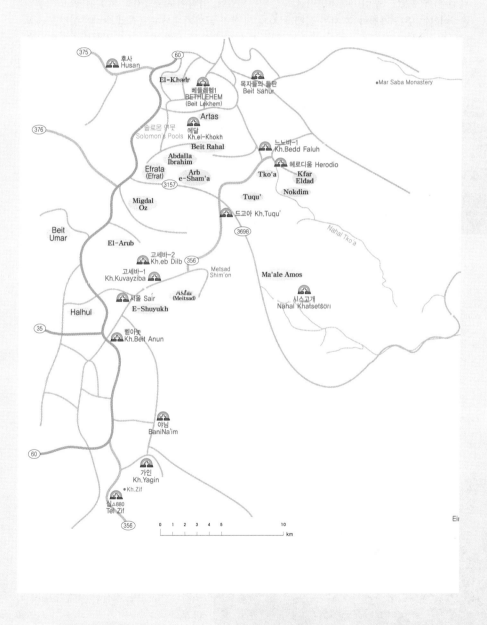

후사
Husan

El-Khadr

목자들의 들판
Beit Sahur

Mar Saba Monastery

베들레헴1
BETHLEHEM
(Beit Lekhem)

Artas

솔로몬 연못
Solomon's Pools

에달
Kh.el-Khokh

Beit Rahal

느노바-1
Kh.Bedd Faluh

Abdalla
Ibrahim

헤로디온 Herodio

Efrata
(Efrat)

Arb
e-Sham'a

Tko'a

Kfar
Eldad

Nokdim

Migdal
Oz

Tuqu'

드고아 Kh.Tuqu'

Beit
Umar

El-Arub

Nahal Tko'a

고세바-2
Kh.eb Dilb

고세바-1
Kh.Kuvayziba

Metsad
Shim'on

Ma'ale Amos

Asfar
(Meitsad)

서울 Sair

E-Shuyukh

시스고개
Nahal Khatsetsori

Halhul

벧아눗
Kh.Beit Anun

야님
BaniNa'im

가인
Kh.Yagin

Kh.Zif

십880
Tel Zif

0 1 2 3 4 5   10
                              km

Ein

후사 Hushah (חוּשָׁה 서두르다)
후산(Husan)
31° 42′ 27.55″N 35° 08′ 36.99″E

블레셋과의 전투에서 싸운 이스라엘의 용사들의 고향인 후사는 다윗의 용사였던 므분네(삼하 23:27)와 십브개(삼하 21:18; 대상 11:29; 20:4; 대상 11:29; 20:4; 27:11)의 고향이다. 후사 출신의 십브개는 곱의 전투에서 거인족인 삽을 쳐 죽이는 전공을 세웠다(삼하 21:18). 후사는 베들레헴 서쪽에 있는 후산(Husan) 마을로 동일시되었다. 아랍어로 후산(Husan)은 '좋고 아름다운'이라는 뜻을 가졌다. 후사는 쉐펠라(평지)의 엘라 골짜기에서 베들레헴과 예루살렘으로 올라가는 언덕 위의 정상에 있는 요충지이며 쉐펠라(평지)와 저지대를 살필 수 있는 곳에 있다.

이 마을에는 철기 시대와 바벨론 시대 후의 유적이 발굴되었다. 이 마을은 주후 3세기부터 아라비아 반도와 예멘에서 온 사람들이 거주했다. 비잔틴 시대의 토기들이 발견되기도 했다. 1863년에 괴랭(Victor Guerin)은 이곳을 방문한 기록을 남겼다. 이곳은 2007년에 5,511명이 사는 아랍 마을이다.

느도바⁻¹ Netophah (נְטֹפָה)
키르벳 베드 팔루 (Kh. Bedd Faluh)
31° 40′ 01.38″N 35° 13′ 20.23″E

베들레헴 부근에 있는 다윗의 용사들의 고향이었던 느도바는 성경에 나온 인물들의 고향으로 자주 언급된 성읍이다. 이곳은 유다 산지였던 베들레헴 부근에 있었던 성읍이었다(대상 2:54). 다윗의 용사 마하래와 헬렘의 고향이었고(삼하 23:28,29) 그달리야의 부하였던 스라야의 출신지였다(왕하 25:23; 렘 40:8,9). 바벨론 포로에서 스룹바벨과 함께 돌아온 사람들 중에 느도바 사람들이 있었고(스 2:22; 느 7:26) 레위인들도 느도바에서 살았다(대상 9:16). 느헤미야의 예루살렘 성벽 낙성식 때에 이곳 사람들도 노래하였다(느 12:27,28).

키르벳 베트 팔루는 베들레헴에서 동남쪽으로 약 5.4㎞ 지점에 위치하며 두 계곡이 만나는 곳에 있다. 이곳이 느도바로 추정되는 이유는 근처에 아인 엘 나투프(Ain el-Natuf)라는 고대 이름을 보존하고 있는 샘이 있기 때문이다. 라맛 레헬보다 더 유력한 느도바의 추정지이다. 이곳에서 지표 조사를 통하여 후기 철기, 로마, 비잔틴 시대의 토기가 발견되었다.

다윗의 고향이며 예수님의 탄생지이다. 베들레헴[1](유다)은 베냐민을 낳고 죽은 라헬이 장사된 곳이며(창 35:19), 사사 시대에 미가의 집의 제사장으로 세운 소년의 고향이다(삿 17:7-9). 베들레헴은 동명이지로 베들레헴[1](유다)과 베들레헴[2](스불론; 수 19:15)이 있다. 베들레헴은 에브랏(창 48:7)과 에브라다(시 132:6, 미 5:2)와 이명동지이며 유다 베들레헴(삿 17:7)이라고 불렸다.

베들레헴은 에브라다와 합쳐져서 베들레헴 에브라다라고 부르기도 한다(미 5:2). 베냐민 지파와의 내전 원인이 된 레위인 첩의 고향도 베들레헴이었으며(삿 19:1) 나오미와 보아스, 다윗의 고향이었다(룻 1:1,2; 2:4). 르호보암은 국방을 강화하기 위해 이곳에 요새를 건축하였고(대하 11:6) 바벨론 포로 후에 귀환한 사람들의 고향이었다(스 2:21). 베들레헴은 예수님의 탄생이 예언된 곳이고(미 5:2) 예수께서 탄생하신 곳이다(마 2:1; 눅 2:4). 에브랏 길(the way to Ephrath)은 헤브론과 세겜을 연결하는 산지 길에서 베들레헴 부근 지역을 지나가는 길의 이름이다(창 35:19; 48:7).

베들레헴은 예루살렘에서 남쪽으로 10㎞정도 떨어진 해발 777m의 산악지대의 석회암 언덕에 있다. 베들레헴은 12두남 크기의 유적지로 콘스탄틴 시대부터 오토만 시대까지의 건물이 있다. 이곳에서 지표조사를 통하여 석동기, 청동기, 초기·후기 철기, 페르시아, 헬라, 초기·후기 로마, 비잔틴 시대의 토기들이 발견되었다. 이곳에는 예수 탄생 교회와 다윗의 우물(삼하 23:16), 라헬의 무덤이 있고 예수 탄생 교회 지하에는 라틴어 성경을 번역한 제롬의 동굴이 있다. 예수 탄생 교회는 주후 327-339년에 헬레나에 의해 예수님이 출생한 굴 위에 건축된 교회이다.

이 교회는 529년 파괴되었다가 565년에 유스티니안이 재건했다. 614년의 바사 침략 때는 동방 박사의 그림 때문에 파괴되지 않았다. 이곳은 1169년까지 십자군 시대의 왕 대관식 때 사용되었다. 1834년과 1837년에 지진으로 훼손되었으나 보수되었다. 지금은 로마 카톨릭, 그리스 정교회, 아르메니안 정교회가 분할하여 관리하고 있다. 본당 지하 모자이크는 헬레나가 건축할 때의 바닥이고 44개의 기둥은 11세기 십자군 시대에 세워진 것이다.

탄생 교회

키르벳 엘 코크(Kh. el-Khokh)   31°41′06.68″N 35°10′46.51″E

베들레헴 옆에 있는 이곳은 성경에 한 번 기록된 성읍으로 르호보암이 유다 땅을 방어하기 위한 요새로 건축한 성읍이다(대하 11:6). 이곳은 베들레헴과 드로아 사이에 있는 성읍이다. 성경에 에담은 동명이지로서 에담¹(유다)과 에담²(시므온; 대상 4:32)와 에담³(애굽)이 있고 에담 바위(삿 15:8,11)가 있다. 요세푸스는 에담이 예루살렘에서 로마 마일로 약 8마일 남쪽에 있으며 솔로몬이 물을 공급하던 곳 부근에 있다고 했다. 에담은 전통적으로 베들레헴 남서쪽 약 3.5㎞

떨어진 솔로몬의 연못(Pools of Solomon) 부근으로 추정되었다. 키르벳 엘 코크(Kh. el-Khokh)는 에담의 추정지로 추정되는 곳으로 전형적인 요새의 위치에 자리잡고 있으며 언덕 정상에는 거주지의 유적이 남아 있다. 이곳은 솔로몬 연못에서 남동쪽으로 약 700m 떨어져 있으며 2007년에 1,877명의 아랍인이 사는 아르타스(Artas) 마을 남쪽에 있으며 아르타스 샘의 남서쪽으로 500m 지점에 있다.

목자들의 들판 Shepherds' Field

베이트 싸후르(Beit Sahur)   31°42′26.32″N 35°13′47.35″E

목자들이 양 떼를 지키다가 천사들이 전해준 예수님의 탄생 소식을 들은 이곳은 전통적으로 베이트 싸후르(Beit Sahur)라는 마을로 보고 있다(눅 2:8). 이곳은 베들레헴에서 동쪽으로 약 2㎞ 떨어진 아랍 마을이다. 제롬은 이곳이 목자들의 들판이라고 기록하였다.

밀과 보리를 재배하고 양을 키우는 마을이며 목자들이 피하던 동굴이 있다. 이곳은 룻과 보아스가 만난 들판이라고 하여 '보아스의 들판'이라고 불리고 있다. 이곳에 1954년에 세워진 천주교회와 그리스 정교회에서 세운 목자들의 들판 교회가 있다. 이곳에서는 로마 시대의 주거지로 사용 되던 1세기의 동굴 거주지 위에 세워진 주후 4-7세기 때의 5개의 교회들의 유적이 발견되었고 6세기 때의 바실리카(Basilica)와 지하 매장지도 발견되었다. 이 마을은 2007년에 12,367명의 주민이 살고 있으며 그리스 정교회의 기독교인이 80%이고 20%가 무슬림인 마을이다.

프란치스코 교회

동굴거주지

시올 Zior (ציער 작은)
사이르(Sa'ir)
31° 35′ 01.94″N 35° 08′ 41.42″E

성경에 한 번 기록된 유다 지파의 성읍으로 헤브론 지역에 있는 아홉 성읍 중 하나이다. 시올은 야님, 벧 답부아, 아베가, 헤브론 부근에 있었던 성읍이다(수 15:54). 시올은 현대 마을 사이르 (Sair)와 동일시되고 있는데 이 마을이 성경 시대의 이름을 가지고 있기 때문이다. 이 마을은 헤 브론의 북동쪽 8㎞ 지점에 있다.

시올은 로마 시대에는 시올(Sior)로 알려졌다. 팔레스틴 조사(SWP)에 의하면 마을의 남쪽에 엘 아이스(El' Ais)의 무덤이 있는데 이 무덤은 에서의 무덤을 뜻한다. 이 장소의 남서쪽에는 바 위 무덤이 있었다. 이곳에서는 비잔틴 시대의 도기가 발견되었다. 이 마을에서는 고대 마을 터 인 아인 사일(Ein Sa' ir), 키르벳 쿠바이지바(Kh. Kuvayziba/Kiziba)가 있다. 이곳은 2007년에 는 19,072명이 살고 있는 팔레스틴 아랍 마을이다.

고세바 ⁻¹ Cozeba (כּוֹזֵבָא 거짓의)
키르벳 쿠바이지바(Kh. Kuvayziba)
31° 36′ 05.73″N 35° 08′ 54.94″E

유다의 아들 셀라의 자손들이 살았던 곳으로 성경에 한 번 기록된 유대의 마을이다(대상 4:21,22). 고세바의 위치를 정확히 알 수는 없으나 쉐펠라 지역으로 추정된다. 고세바로 추정되 는 곳은 두 곳이 있는데, 키르벳 쿠바이지바(Kh. Kuvayziba)와 키르벳 에드 딜브(Kh. ed-Dilb)

이다. 이 두 장소는 베들레헴 남쪽 언덕 지대 가까이에 있는 언덕들이다.

키르벳 쿠바이지바는 물이 풍부하여 비옥한 골짜기에 있는 아랍 마을 쿠바 이지바(Kuvayziba)에 있는 유적으로 고대의 성벽과 주거지가 남아 있다. 쿠 바이지바는 시올 추정지인 사이르 마을 의 북쪽 계곡에 있다.

헤로디움 (Herodium)　　　　　　　　　　　　　31˚39′56.66″N　35˚14′30.16″E

헤롯 대왕이 건축한 베들레헴에서 남동쪽으로 약 6㎞ 떨어진 곳에 세운 궁전으로 요새이다. 헤로디움은 성경의 벧학게렘(렘 6:1)으로 추정되나 추정 근거가 미약하다. 헤로디움은 인공적으로 높인 원추형 언덕 위에 세워졌기에 유다 남쪽 지방에서는 어느 곳에든지 높이와 모양 때문에 잘 볼 수 있다. 이곳은 해발 758m의 높이로 이곳에서 예루살렘, 사해, 베들레헴, 유다 광야를 볼 수 있다. 헤로디움에는 지하 저수조 터널이 있고 요새지 정상에는 반원형 탑들이 있으며 탑의 유적과 로마식 정원까지 있었던 헤롯 궁전의 유적도 남아 있다. 이곳은 상부 헤로디움과 하부 헤로디움으로 나누어진다. 상부 헤로디움에는 바르 코크바 시기의 기습 공격 시설을 위한 숨겨진 구멍도 발견되었다. 요세푸스는 헤롯 대왕이 이곳에 묻혔다고 기록하였는데 2007년에 헤롯 대왕의 무덤을 발견했다.

이곳은 유대인들의 1,2차 항쟁 때 근거지가 되기도 했으나 주후 72년에 루킬리우스 밧수스 (Lucilius Bassus)에 의해 정복당했다. 1838년에 에드워드 로빈슨이 처음으로 이곳을 방문하여 장소를 확인하였고 이후 요세푸스의 기록을 바탕으로 하여, 둥근 형태로 둘러싼 건축 구조를 처음으로 확인한 사람은 19세기 말에 이스라엘에서 살았던 독일 건축가이자 고고학자인 콘라드 쉬크이다. 대규모의 발굴이 1962-1967년 프랑스 신부 비브길리오 코르보에 의하여 발굴되었고 1969년에는 보조 발굴이 기드온 포에르스터에 의하여 발굴되었고 이후 헤롯시대의 물 저장소와 터널 시스템이 1972년부터 후드 네체르 교수에 의하여 2008년에는 석회암으로 된 헤롯의 관이 발굴되었다. 2007년에 12x9m의 규모에 높이가 7m가 되는 건물이 발견되어 헤롯의 무덤으로 동일시되었다. 2013년에 이스라엘 박물관에서는 특별 전시를 하였다.

주전 40년 하스모니안 시대 때에 헤롯이 갈릴리 지역의 지방관으로 일할 때에 그 당시 통치자였던 안티고누스와 갈등이 생겼다. 그 후에 그가 헤롯을 잡으려고 추적하였을 때 지금의 헤로디움이 있는 장소 부근까지 쫓아와 전투가 일어났고 이 전투에서 헤롯이 추격 군대를 물리쳤다. 패전한 그들은 예루살렘까지 후퇴하게되었다. 이 전투가 벌어지기 전에 예루살렘에서 헤롯이 도망할 때에 그의 어머니 키프로스의 마차가 뒤집어져서 그녀는 다치게되었다. 헤롯은 자살을까지 생각하였으나 친구의 설득에 의하여 자살을 포기하였고 그 후에 이곳에서의 전투에서 승리하게되었다. 헤롯은 그의 장지를 이곳으로 선택한 것이 위의 두 사건과 관련되었을 것으로 추정할 수도 있다. 대부분의 지배자들은 예루살렘의 궁전이나 그 근처에 매장이되었다. 헤롯은 자신의 여름 별장으로 헤로디움에 궁전을 짓고 이후 이곳에 매장되었

헤로디움

다. 유대광야 한 가운데에 헤로디움을 건설
하는데는 부하들을 이곳에 상주하게 하는 문
제와 수원지가 없는 이곳에 물을 끌어 오는
문제가 있었다. 그는 지방 수도를 벧술에서
헤로디움으로 옮기고 솔로몬 연못 근처의 샘
에서 헤로디움까지 수로를 건설함으로써 해
결하였다. 그는 그 당시 수도였던 예루살렘
에서 눈에 보이는 기념비적 건물을 건설하는
것과 수도에서 떨어진 이곳에서 지내는 동안
의 안전문제를 해결하기 위하여 헤로디움을
화산 모양의 구조로 건설했다.

헤롯의 무덤

요세푸스는 이것에 대하여 산 모양의 궁전-요새(Mountain Palace-Fortress)처럼 묘사하였다.
이 궁전-요새는 직경 약 63m의 두 개의 원형의 비깥쪽과 안쪽 벽으로 둘러싸였다. 이 요새는
높이는 약 30m의 전체 7층 (지상 5층, 지하 2층)으로 구성된 건물이다. 요셉푸스는 이곳에 약
200개의 대리석 계단이 있었다고 전한다. 이 건물의 구조는 두 부분으로 나뉘어지는데 동쪽은
큰 뜰로 (아무 것도 발견되지 않았기에 아마도 정원으로 사용되었을 것으로 여겨진다) 서쪽은
여러 개의 방을 가진 궁전으로 구성된다. 남쪽에는 트리클리니움이 침대방과 함께 있었으며 이
곳은 모두 프레스코로 장식되었다고 언급되었으며 북쪽에는 목욕 장소가 있다. 이 트리클리니
움은 후에 유대 1차 반란 때에 회당으로 사용되게 되는데 이 때에 이 장소에 네 개의 기둥이 들
어 서게 된다. 이 방은 색깔이 있는 돌로 덮혀 있었다.

이 장소의 북쪽에는 몇 개의 방이 있을 것이라 추정되는데 남아 있는 방들은 십자 형태로 되
어 있고 아마도 둥근 형태의 지붕이 있었을 것이다. 북쪽의 목욕실은 칼다리움, 테피다리움, 프
리지다리움으로 나뉘어져 있고 칼다리움은 둥근 천장 형태로 되어 있고 마사다와는 달리 벽쪽
에 동공 벽돌이 사용하지 않고 굴뚝을 통하여 온기가 통과하게 되었으며 벽은 프레스코로 덮여
졌다. 세 개의 타워는 마지막 지상 5층보다 한층 더 낮게 지워져 맨 위쪽 층에서 발코니처럼 사
용하였을 것이다. (이것은 헤롯 당시 예루살렘의 세 개의 타워 (파자엘, 히피쿠스, 마리암메) 와
관련이 있는지 고려된다. 동쪽의 타워는 가장 높은 것으로 지금 남아 있는 지하에는 두 개의 저
장고와 하나의 물 저장소가
있다.

이것은 여름의 뜨거운 날
씨에 바람을 쐴 수 있는 기
회를 제공하였고 동시에 파
수하기에 용이한 기능도 하
였을 것이기에 이 타워는
다른 곳 보다 더 높이 몇 층
이 더 있었을 것이다.

헤롯의 법정과 정원

고세바 -2 Cozeba (כֹזְבָא 거짓의)
키르벳 에드 딜브(Kh-ed Dilb)   31° 36′ 37.43″N 35° 08′ 43.68″E

유다의 아들 셀라의 자손들이 살았던 곳으
로 성경에 한 번 기록된 유대의 마을이다(대
상 4:21,22). 고세바의 위치를 정확히 알 수
는 없으나 쉐펠라 지역으로 추정된다. 고세
바로 추정되는 곳은 두 곳이 있는데, 키르벳
쿠바이지바(Kh. Kuvayziba)와 키르벳 에드
딜브(Kh. ed-Dilb)이다. 이 두 장소는 베들레
헴 남쪽 언덕 지대 가까이에 있는 언덕들이
다.

키르벳 에드 딜브는 아인 에드 둘바(Ayn
ad Dubah)라고 부르며 키르벳 쿠바이지바
에서 북서쪽 1km 지점 물이 풍부한 지역에
있으며 규모가 큰 고대우물이 있다. 이곳은
팔레스틴 아랍마을 알 아룹(Al-Arub)에 있
는 알 아룹 계곡에 있다.

우물 ▶

시스 고개 Ascent of Ziz (מַעֲלֵה הַצִּיץ 꽃고개)
와디 하사사(Wadi Hasasa)

여호사밧 왕 때 모압과 암몬 군대가 쳐들어오던 길목으로 성경에 한 번 기록된 곳이다 (대하
20:16). 이곳은 엔게디에서 멀지 않은 곳이며 여루엘 들 근처인데 여루엘 들이 어디인지 밝혀지
지 않았다. 시스 고개는 나할 하세손(Nahal Haseson)이라고 불리는 와디 하사사(Wadi
Hasasa)와 동일시되고 있다. 나할 하세손의 하류는 엔게디에서 약 16km 북쪽에 위치하고 있으
며 드고아의 남동쪽으로 연결되는 계곡이다.

벧 아놋 Beth Anoth (בֵּית עֲנוֹת 응답의 집)
키르벳 베이트 아눈(Kh. Beit Anun)
31°33′47.45″N 35°07′38.38″E

벧술 부근에 있는 여섯 성읍 중의 하나이다. 헤브론 가까이에 있는 벧 아놋은 성경에 한 번 기록된 유다 지파의 성읍이다(수 15:59). 벧 아놋 부근에는 할홀, 벧술, 그돌, 마아랏, 엘드곤이 있었다. 유세비우스는 마므레 상수리 나무에서 2마일 떨어져 있고, 헤브론에서 4마일 떨어져 있다고 기록했다. 벧 아놋은 성경의 이름을 보존하고 있는 키르벳 베이트 아눈(Kh. Beit Anun)과 동일시되고 있다. 이곳은 키르벳 아부 리시(Kh. Abu Rish)라고 부르기도 한다.

이곳은 에나임(창 38:14,21) 이명동지인 에남(수 15:34)의 추정지이기도 하다. 이곳은 베이트 아눈(Beit Anun(/Bayt ʾanun/Beit Einun)이라는 아랍 마을이 자리잡고 있다. 이곳은 에남의 추정지이기도 하다(수15;34). 이곳에서 초기 청동기, 후기 철기, 페르시아, 로마, 비잔틴, 아랍 시대의 유물이 발견되었다. 이곳에는 주후 5-

6세기에 건축된 세 개의 교회 건물 유적이 있는데 이 교회는 십자군 시대에 재건축되었다. 이곳에서는 비잔틴 시대의 모자이크가 있고 저수조, 창고 두 개의 포도주틀, 무덤들이 발견되었다. 베이툰 아눈은 2007년에 1,809명의 주민이 사는 팔레스틴 아랍 마을이다.

야님 Janim (יָנִים 수면)
베니 나임(Beni Nai′im)
31°30′54.37″N 35°09′50.19″E

벧 답부아 옆에 있는 헤브론 지역의 이곳은 성경에 한 번 기록되었으며 헤브론 지역에 있는 유다 지파의 성읍이었다(수 15:53). 이 부근에는 야님, 아베가, 훔다, 헤브론, 시올이 있었다. 야님은 베니 나임(Beni Naʾim)으로 동일시되고 있는데 헤브론 동쪽 4㎞ 지점에 있는 이 마을은 해발 958m에 있는 로마 시대 이전에는 브레케(Brekke), 4세기에는 카프하르 바 루차(Caphar Barucha)로 불렸으며 2007년에는 20,084명이 살고 있는 아랍 도시이다. 이곳에서 초기 청동기, 후기 철기, 비잔틴, 초기 아랍 시대의 토기가 발견되었다.

롯의 딸들의 무덤은 반대편 언덕 부근에 있다. 무슬림과 기독교 전승에 의하면 아브라함이 천

사가 떠난 후 소돔과 고모라의 파괴하는 연기를 보았던 곳이라고 한다(창 19:27-29) 이 마을의 중심지에 있는 롯의 무덤은 모스크 안에 있다. 제롬(Jerome)은 롯의 무덤에 대하여 기록했고 1100년에 요한(John of witzburg), 1173년에 알리(Ali of Herat), 1322년에는 요한 만데빌레(John Madeville)가 기록했다. 무슬림 전승에는 롯이 소돔으로 떠나기전에 이곳에 거주했다고 한다.

가인 Kain (קֵין 창조하다, 대장장이)
엔 나비 야킨(en-Nabi Yakin) 31° 29′ 55.72″N 35° 09′ 29.05″E

마온과 갈멜 부근에 있는 가인은 성경에 한 번 기록된 지명으로 유다 지파의 성읍이었다(수 15:57). 가인은 마온 지역에 있는 열 성읍 중의 하나이다. 이 지역에는 다른 성읍으로 마온, 갈멜, 십, 웃다, 이스르엘, 욕드암, 사노아, 기브아, 딤나가 있었다. 가인은 엔 나비 야킨(en-Nabi Yakin)과 동일시된다. 이곳은 요새인 넓은 텔(Tell)로써 석동기, 초기·중기 청동기, 후기 철기, 페르시아, 헬라, 로마, 비잔틴, 초기 아랍 시대의 토기가 발견되었다. 가인은 가까이에 있는 키르벳 바니 다르(Kh. Bani Dar 31° 29′ 47.47″N 35° 09′ 07.79″E)라는 유적지가 있다.

엔 나비 야킨

키르벳 바니 다르

십¹ 갈멜 Ziph (זִיף 녹다, 흐르다)
텔 지프(Tell Zif) 31° 28′ 31.44″N 35° 08′ 07.84″E

유다의 남쪽을 방어하는 요새인 십 광야 가까이에 있었던 유다 지파의 성읍으로 갈멜, 마온, 웃다 부근에 있었던 곳이다(수 15:55, 56). 십은 동명이지로 유다 지파에 분배된 성읍으로 십¹(갈멜)과 십²(네겝; 수15:24)이 있다. 십은 십 광야(삼상 23:14,15; 26:2)에 있었으며 다윗이 사울을 피하여 은신하던 지역에 있었고 요나단은 피신한 다윗을 이곳에서 만났다(삼상 23:16-18). 르호보암은 이곳에 유다 땅을 방어하는 요새를 세웠다(대하 11:8).

1838년에 에드워드 로빈슨은 텔 십(Tell Zif)과 십 마을을 성경의 십으로 동일시하였다. 십(Zif)은 주후 4세기까지는 유대인들이 사는 주거지였고 비잔틴 시대에는 기독교인들이 살았다. 이곳에는 비잔틴 시대의 교회터가 발견되었다.

십이라는 아랍인 마을은 2007년에 848명의 주민이 살고 있다. 텔 십에는 군 부대가 주둔하고 있고 가까이에는 갈멜, 마온, 웃다의 유적이 있다. 텔 지프 가까이에는 키르벳 지프(Kh. Zif)의 유적지가 있으며 이곳에서부터 사해까지는 광야가 계속된다.

텔 지프(Tell Zif)

라헬의 묘 Rakhel's Tomb (קְבוּרָה רָחֵל)
라헬의 무덤(Rakhel's Tomb)
31° 43′ 09.71″N 35° 12′ 07.81″E

벧엘에서 베들레헴으로 가는 길에서 해산하다가 죽은 라헬이 묻힌 이곳에 야곱이 비를 세웠기에 '라헬의 묘비'라고 불렀다(창 35: 20). 야곱은 베들레헴 길에서 라헬을 장사하고 라헬의 묘비를 세웠다(창 35:19). 이후 죽음을 앞둔 야곱은 요셉에게 에브랏 길에서 라헬을 장사지낸 일을 말하였다(창 48:7). 사무엘서에는 라헬의 묘실이 베냐민 경계 셀사에 있었다고 기록 했다(삼상10;2 ; 렘30:15).

라헬의 무덤은 예루살렘에서 베들레헴으로 가는 길의 오른쪽에 있는데 헤브론으로 가는 길과 베들레헴으로 가는 길이 갈라지는 지점 부근에 있다. 라헬의 기념 무덤은 1860년에 세워진 작은 돔의 지붕으로 되어 있으나 유대교의 중요한 성지인 이곳을 지키기 위해 최근에는 벽과 지붕으로 방어벽을 쌓아 요새로 만들었다.

1620년에 오토만 시대에 이곳에 처음으로 건물이 세워졌다. 돔 모양으로 된 무덤은 1841년에 모세 몽포르가 오토만 시대의 건물을 수리한 것이다. 라헬 무덤의 내부에 있는 11개의 돌은 야곱의 아들들을 상징한다. 유대인들은 통곡의 벽, 막벨라 굴 다음으로 라헬의 무덤을 소중히 여긴다.

라헬의 무덤

라헬의 무덤은 베냐민 경계인 셀사(삼상 10:2)와 라마 부근에 있었기에(렘 31:15) 라마 부근에 있는 '이스라엘 자녀들의 무덤'이라는 뜻을 가진 쿠브르 바니 이스라엘(Kubur Bani Yisrail)로 추정하기도 한다. 이곳은 주전 2000년 대의 건축물로 추정한다(31° 50′ 32.95″N 35° 16′ 08.09″E).

쿠브르 바니 이스라엘

르바임 골짜기 Valley of Rephaim (עֵמֶק־רְפָאִים 거인들의 골짜기)
나할 레타임(Nahal Retaim)

다윗이 블레셋 군사를 공격하여 두 번이나 대승을 거둔 이곳은 유다 지파와 베냐민 지파의 경계에 있는 골짜기이다(수 15:8; 18:16; 대상 14:9). 르바임 골짜기는 바산의 옛 이름인 르바임 땅과는 다른 곳이다(신 2:20; 신 3:13). 르바임 골짜기는 다윗을 공격하려고 두 번이나 쳐들어온 블레셋 군대가 진을 쳤던 곳이다(삼하 5:18,22). 이후 다윗이 아굴람 굴에 있을 때에 또 다시 쳐들어온 블레셋 군대가 진을 쳤던 곳도 이곳이다(삼하 23:13). 르바임 골짜기는 예루살렘 남서쪽에 있는 나할 레타임(Nahal Retaim)과 동일시되고 있다. 이곳에는 간다게가 세례를 받았다고 전해지는 물이 있다(행 8:38-39).

간다게 세례터(물)

르바임 골짜기

드고아 Tekoa (תְּקוֹעַ 천막을 치다)
키르벳 테쿠아(Kh. Tequa)　　　　　　　31°38′04.54″N 35°12′40.39″E

아모스의 고향으로 유다 산지에 있는 성읍이다(암 1:1). 요압은 그술로 도망간 압살롬을 다시 데려오기 위해 다윗에게 드고아 여인을 보내 설득했다(삼하 14:2,4,9). 드고아는 다윗의 용사인이라(대상 11:28; 27:9)의 고향이며 르호보암이 요새화한 성읍이었다(대하 11:6). 여호사밧은 쳐들어 온 모압과 암몬과 마온의 연합군을 드고아 들에서 하나님의 도우심으로 승리하였다(대하 20:20). 드고아 사람들은 예루살렘 성벽을 건축할 때 협력하였다(느 3:5,27). 예레미야는 드고아에서 나팔을 불라고 예언하였다(렘 6:1).

　드고아는 유다 산지가 끝나고 유대 광야가 시작되는 지역에 있기에 지리적으로 매우 중요한 곳에 위치하고 있다. 드고아는 베들레헴에서 남쪽으로 약 9.6㎞ 떨어진 해발 840m의 고지에 있는 키르벳 테쿠아와 동일시되고 있다. 이곳에는 비잔틴 시대 이후의 고대 건물의 흔적이 남아

있다. 이곳에서 지표 조사를 통하여 철기, 헬라, 로마, 비잔틴, 초기 아랍, 중세 시대의 토기들이 발견되었다.

　키르벳 테쿠아는 2007년에 8,881명의 주민이 살고 있는 아랍 마을이다. 요세푸스는 이 마을에 대한 기록을 남겼고 괴랭(Victor Guerin)은 1863년에 이곳에 교회와 세례터가 있다고 기록했다.

이스라엘의 남부

아둘람 가는 길의 백합화

텔 소라 부근의 양떼

블레셋 평야의 *아스글론* 지역

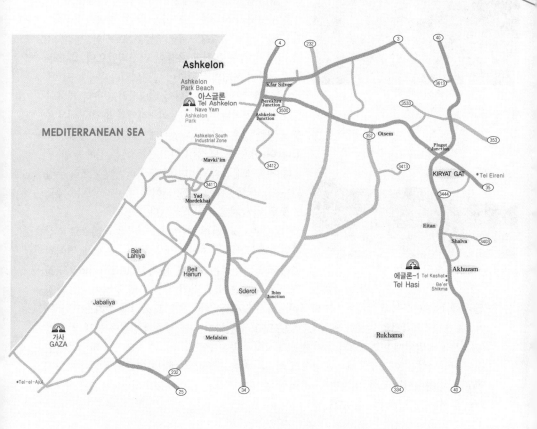

Ashkelon

Ashkelon
Park Beach

아스글론
Tel Ashkelon

• Nave Yam

Ashkelon
Park

MEDITERRANEAN SEA

Kfar Silver

Berekhya
Junction

Ashkelon
Junction

Ashkelon South
Industrial Zone

Otsem

Plugot
Junction

KIRYAT GAT   • Tel Eireni

Mavki'im

Yad
Mordekhai

Eitan

Shalva

Beit
Lahiya

Akhuzam

Beit
Hanun

에글론-1 Tel Keshet
Tel Hasi   Be'er
              Shikma

Sderot

Ibim
Junction

Jabaliya

가사
GAZA

Mefalsim

Rukhama

• Tel-el-Ajul

| 0 | 1 | 2 | 3 | 4 | 5 | | 10 | km |

에글론 ⁻¹ Eglon (עֶגְלוֹן 어린 황소)
텔 엘 헤시(Tell el-Hesi)
31° 32′ 50.44″N 34° 43′ 46.26″E

텔 엘 헤시의 유적

텔 엘 헤시의 전경

블레셋 평야에 있는 곳으로 팔레스틴 고고학에서 매우 중요한 장소이다. 1890년 플린더스 페트리가 이곳을 발굴하였고 지층에 따라 출토되는 토기가 다르다는 것이 매우 중요함을 알게 되어 토기의 형태에 따라 시대 순으로 구분하기 시작하였다. 이곳에서는 발굴을 통해 초기·후기 청동기, 초기·후기 철기, 페르시아, 헬라, 아랍 시대의 거주 흔적과 유물이 발견되었으며 석동기, 중기 청동기 시대의 토기만이 발견되었다.

이스라엘에게 대항하였다가 멸망당하고 유다 지파의 영토가 된 곳이다. 에글론은 이스라엘과 화친한 기브온을 공격한 성읍 중의 하나였는데 여호수아에게 멸망당했다(수 10:5,23, 34,36; 12:12). 에글론은 정복 당한 후 유다 지파에게 분배되었다(수 15:39). 에글론으로 추정되는 텔 엘 헤시(Tell el-Hesi)이며, 올브라이트는 에글론을 텔 엘 헤시로 추정하고 있다.

콘더(C.R. Conder)와 페트리는 이곳을 라기스로 추정하였는데 그 이유가 이곳에서 북서쪽으로 4.5km 떨어진 곳에 비슷한 이름은 키르벳 움 라키스(Kh. Umm Lakis)가 있었기 때문이다. 라기스가 텔 엘 두웨이르로 확정된 후에 1920년대에 올브라이트는 에글론으로 동일시하였다. 1891, 1892년에 블리스(Bliss)는 아크로폴리스의 1/3을 발굴하였다. 1970년부터 1983년까지 여덟 시즌의 발굴을 통해 초기 청동기 시대에 말엽에 버려졌다가 후기 청동기 시대에 다시 건축되어 헬라 시대까지 거주지가 된 것이 확인되었다. 아크로폴리스의 남쪽의 성벽은 이룸 성벽으로 재건축되었는데 폭이 12m에 이른다. 이곳에서는 로마, 비잔틴, 초기 아랍, 오토만 시대의 유적이 확인되었고 400개 이상의 거의 완전한 아랍 무덤이 발굴되었다.

아스글론 Ashkelon (אַשְׁקְלוֹן)
아스글론(Ashkelon)
31° 39′ 42.15″N 34° 32′ 46.54″E

유다 지파가 추가로 정복한 블레셋의 도시였으나 삼손의 시대에는 블레셋의 영토였다(삿 1:18). 삼손은 아스글론에 내려가서 삼십 명을 죽이고 노략질하였다(삿 14:19). 블레셋 사람들은 언약궤 때문에 여호와께 속건제를 드릴 때 아스글론을 위하여 제물을 바쳤다(삼상 6:17). 다윗이 요나단을 위해 슬픈 노래를 부를 때 이 사실을 아스글론에게 알리지 말라고 할 정도로 중요한 도시였다(삼하 1:20). 아스글론은 예레미야의 예언에서 언급된 도시였다(렘 25:20; 47:5,7). 아모스, 스바냐, 스가랴 같은 선지자도 아스글론의 멸망을 예언했다(암 1:8; 습 2:4,7; 슥 9:5). 아스글론은 아스돗에서 남서쪽으로 약 15km 떨어진 해안에 있었던 도시였다. 이곳은 해변 길이 지나가고 있는 비옥한 블레셋 평야에 위치한 도시이기에 산혜립과 느부갓네살에게 정복당했다. 아스글론은 헤롯 대왕의 출생지로 헤롯 왕 때 크게 번성하였고 로마 시대에는 자유도시로 번영을 누렸다. 비잔틴 시대에는 기독교의 중심 도시가 되어 교회들이 세워졌고 북쪽에 있는 현대 아스글론(Ashkelon)은 1948년 이후에 형성된 신도시이다.

국제도로인 해변 길에 위치한 도시들 중 하나인 아스글론은 가사에서는 북쪽으로 16㎞, 아스돗에서 남서쪽에서 15㎞ 떨어진 곳에 위치하고 있다. 관개 농업과 무역 활동에 적합한 위치에 자리잡은 아스글론은 중기 청동기와 철기 시대부터 아랍 시대에 이르기까지 60헥타아르 크기의 대도시의 모습을 지녔다. 이 장소는 1921-1922년에 가르스탕에 의하여 처음으로 발굴되어 이미 블레셋 관련 유적과 유물들이 확인되었다. 이후 1950년대와 60년대에 신석기 시대, 초기 청동기 시대, 고전 시대와 관련된 유적들을 발굴하였다. 1985년 이후 지금까지 계속 하버드 대학교에 의하여 발굴되고 있다.

발굴을 통하여 이 장소는 신석기 시대 때부터 시작하여 석동기 시대, 초기 청동기 시대에 계속 정착하였다. 중기 청동기 시대 중반에 이르러서 처음으로 거대한 미끄럼벽, 성문과 성벽 등을 갖춘 요새화 시설이 건설되었다. 이 시기 성문 지역에서는 은으로 입혀진 송아지 상이 신전 모델과 함께 발견되어 송아지 상 전통이 이미 이 시기에 시작되었음을 드러내 주었다.

후기 청동기 시대의 유적과 유물은 비교적 적게 알려졌지만 사이프러스, 미케네 토기, 이집트 유물 등은 아스글론의 국제적 위치를 가늠케 한다. 후기 청동기 시대 이후 주전 약 1180/

1175년부터 주전 604년도까지 아스글론은 블레셋 도시로 존재하였다. 다른 블레셋 주요 도시와 유사하게 블레셋 단색 토기, 두 채색 토기, 아스돗 토기가 층위별로 발견되었다.

페르시아 시대에 이르러 아스글론은 가장 부유한 도시 중 하나였다. 이곳에서는 기념비적인 건물들과 페니키아 토기 등의 국제 무역용 토기들이 발견되었다. 이 시기의 개 무덤이 발견되었는데 발굴자인 스태거는 이 개들은 사냥 게임을 위하여 사용된 개들이라고 추정하고 있다. 알렉산더 대왕에 의하여 파괴된 이후 이 도시는 1191년 살라딘에 의하여 파괴된 십자군 시대에 이르기까지 중요한 유적이 남아있다.

주전 1850년 경의 가나안 시대의 성문

가사 Gaza (עַזָּה 강한)
텔 하루베(Tell Harube)

삼손이 최후를 맞은 다곤 신전이 있는 블레셋의 도시인 가사는 가나안 시대의 고대 도시로 블레셋 평야에 있었다(창 10:19; 신 2:23). 가사는 가나안의 경계에 속한 곳으로 가나안의 가장 남쪽에 있는 성읍이었으며 갑돌에서 온 갑돌 사람이 아위 사람들을 멸하고 거주하던 곳이다(창 10:19; 신 2:23). 여호수아는 가사 지역까지 공격하여 이스라엘의 영토로 확보하였으나(수 10:41) 가사와 가드와 아스돗에는 아낙 자손 몇몇이 남아 있었다(수 11:21,22; 14:12). 유다 지파는 가사까지 영토로 분배받았으나(수 15:47; 삿 1:18) 사사 시대 때 미디안 사람들이 가장 남쪽에 있는 가사까지 압제하였다. 가사는 다곤 신전이 있는 곳이었고 포로가 된 삼손은 이곳에서 맷돌을 돌리다가 신전을 무너뜨리고 죽었다(삿 16:21,30). 블레셋 사람들은 언약궤로 인하여 여호와께 제사할 때 가사를 위해서도 희생을 드렸다. 가사는 솔로몬 때 이스라엘의 영토가 되었으며(왕상 4:24), 히스기야는 블레셋을 공격하여 가사를 정복하였다(왕하 18:8). 예레미야, 아모스, 스바냐, 스가랴는 가사에 대하여 예언하였다(렘 47:1,5; 암 1:6; 습 2:4; 슥 9:5). 빌립은 가사로 내려가는 길을 가다가 에디오피아 내시를 만났다(행 8:26).

가사는 이집트의 투트모세 3세가 주전 1468년에 점령해 주둔한 중요한 성읍으로 텔 엘 아마르나(Tell el-Amarna) 문서에 성경시대의 이집트에 복속된 성읍으로 기록된 곳이다. 가사는 가자(Gaza) 지역에서 가장 높은 지역에 있는 텔 하루베(Tell Harube)로 55 헥타아르의 크기이다. 이곳은 인구가 밀집한 현대 도시가 세워졌기에 체계적인 고고학적인 발굴이 이루어지지 못했지만 후기 청동기 시대나 철기 시대에 사람이 거주한 발굴물이 나왔고 블레셋의 토기들도 발견되었다. 이곳은 지중해에서 약 4.5㎞ 떨어진 내륙에 위치하고 있으며 해변 길이 지나가는 곳이다. 이곳의 남서쪽에 있는 텔 엘 아줄(Tell el-Ajjul)에서는 주전 200년 경의 마을과 큰 규모의 공동묘지가 발견되었다. 이곳은 팔레스틴의 가자지구에 있기에 답사가 어려운 곳이다.

쉐펠라 지역의 라기스 지역

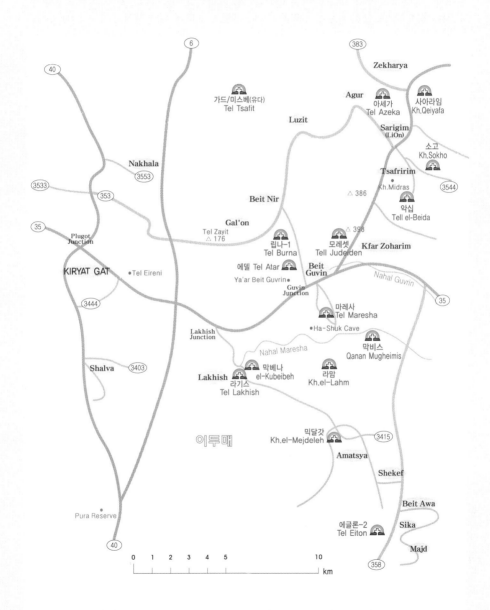

가드/미스베(유다)
Tel Tsafit

Luzit

Agur

아세가
Tel Azeka

사아라임
Kh.Qeiyafa

Sarigim
(LiOn)

소고
Kh.Sokho

Nakhala

Tsafririm
Kh.Midras

△ 386

악십
Tell el-Beida

Beit Nir

Gal'on
Tel Zayit
△ 176

립나-1
Tel Burna

모레셋
Tell Judeiden

△ 398

Kfar Zoharim

Plugot
Junction

에델 Tel Atar
Ya'ar Beit Guvrin

Beit
Guvin

Nahal Guvrin

KIRYAT GAT

• Tel Eireni

Guvin
Junction

마레사
Tel Maresha

• Ha-Shuk Cave

막비스
Qanan Mugheimis

Lakhish
Junction

Nahal Maresha

Shalva

Lakhish
라기스
Tel Lakhish

막베나
el-Kubeibeh

라맘
Kh.el-Lahm

이두매

믹달갓
Kh.el-Mejdeleh

Amatsya

Shekef

Pura Reserve

Beit Awa

에글론-2
Tel Eiton

Sika

Majd

0 1 2 3 4 5   10
|___|___|___|___|___|_____| km

법궤가 머물렀으며, 도망했던 다윗이 미친 체하여 살아난 곳으로 골리앗의 고향인 가드는 가이 (삼상 17:52)와 이명동지이다. 가드는 블레셋의 다섯 도시 중의 하나로 골리앗의 고향으로 유명하다(삼상 17:4). 여호수아가 이곳을 점령하였을 때 몇몇의 아낙 자손이 남았던 곳이며(수 11:22) 아스돗에서 옮겨진 언약궤 때문에 큰 환난이 있었던 곳이다(삼상 5:8,9). 사무엘 시대와 다윗 시대에는 이스라엘이 가드를 점령하여 이스라엘의 영토가 되었다(삼상 7:14; 대상 18:1). 다윗이 사울을 피하여 도망할 때 이곳에서 지냈다(삼상 27:2-11). 다윗의 부하 중에 이곳 출신이 있었으며(삼하 15:18) 석 달 동안 언약궤를 모신 오벧에돔도 가드 출신이었다(삼하 6:10).

가드는 텔 에스 사피(Tell es-Safi)로 부르던 텔 짜핏(Tel Tsafit)과 동일시되고 있다. 텔 짜핏은 립나로 추정되기도 하고 막게다로 추정되기도 한다. 그러나 대부분의 학자들은 가드로 추정한다. 블레셋 도시 중이 하나인 가드가 어디인지에 대해서는 지금까지 이십 개 가까운 장소가 제안되었다. 블레셋 단색 토기가 발견된 지금까지 이루어진 고고학적 발굴의 결과를 볼 때 엘라 골짜기에 위치한 텔 에스 사피로 알려진 언덕이 가장 가능성이 있는 것으로 여겨 진다.

이곳은 1899년부터 블리스에 의하여 발굴되었으나, 중간에 불법 발굴을 제외하고는 거의 백 년 가까운 시기 동안 이 언덕은 잊혀졌었다. 1996년부터 아렌 메이르 (Aren Maeir) 교수에 의하여 지금까지 계속 발굴이 이루어져 총 11개의 지층이 알려졌다. 제일 오래된 지층으로는 초기 청동기 시대의 유적이 알려졌고(A지역과 E지역) 이후 중기 청동기 시대의 공백을 거쳐 후기 청동기 시대에 다시금 정착이 이루어졌다. 이 시기 이집트의 필기체로 된 비문이 발견되었고, 최근 발굴을 통하여서는 아마르나 시대의 성벽으로 여겨지는 것이 드러났다. 초기 철기 시대에 와서는 블레셋이 정착하면서 가지고 온 미케네 IIIC 단색 토기가 A지역에서 발견되었고, 이후에는 두 채색 토기가 발견되었다. 아직까지 성문이나 성벽이 구체적으로 발견되지 않았지만 주 전 10세기부터 가드의 전체적 도시의 윤곽은 알려지지 않았으나 45-50헥타아르의 크기의 강력한 도시로 형성되었다.

주전 10세기말- 9세기 초의 것으로 여겨지는 지층에서 이스라엘 사람들이 사용하였던 글자 형태 그대로 쓰여진 비문이 발견되어 그 당시의 문자 사용을 알려주었다. 주전 9세기 말경에는 화재를 동반한 거대한 파괴가 발견되었다. 이곳에서는 이 지역에서 만들어진 것과 외국에서 수

가드의 발굴 현장에서
아렌 메이르 (Aren Maeir) 교수와 필자

입된 약 500개가 넘는 복원 가능한 토기가 발견되었다.

최근 발굴에서는 텔의 북쪽 D지역에서 뿔이 두 개 달린 제단이 발견되어 블레셋 사람들의 종교적 모습이 드러나기도 하였다. 한편 9세기 말의 지층은 거대한 파괴를 보여주고 있는데, 이는 아마도 아람의 하사엘 왕에 의한 것으로 여겨진다(왕하 12:18). 발굴자에 의하면 하사엘이 가드를 공격할 당시 도시로 공격하기 전에 도시의 둘레에 공격 참호를 판 거대한 포위망을 형성하였다가(C지역), 공격하여 파괴시켰다. 이 파괴 이후에 세워진 도시는 구약과 관련하여 가장 최후의 정착 시대로서 주전 8세기의 모습을 지니고 있다. 람멜렉 인장 뿐만 아니라 가옥 구조

등의 요소들은 이 장소에 유다인들이 거주한 것을 증거해 주고 있다. 이후 이 도시는 황폐하게 남아 다시 거주하지 않았다. 이는 주전 9세기 블레셋 도시의 파괴 이후 다섯 도시 체계가 네 도시 체계로 바뀐 성경의 전승과 주전 8세기 이후에 가드가 언급되지 않는 것과 연결된다.

악십¹ 쉐펠라 Achzib (אַכְזִיב 속이는)

텔 엘 베이다(Tell el-Beida)   31° 38′ 32.24″ N 34° 57′ 07.17″ E

유다가 가나안 사람 수아의 딸과 셀라를 낳을 때 머물렀던 성읍이다. 악십¹(쉐펠라) 쉐펠라 지역에 있으며 거십(창 38:5)과 이명동지이다(수 15:44). 악십¹(쉐펠라)은 아셀 지파에게 주어진 땅으로 바닷가에 위치한 성읍인 악십²(아셀; 수 19:29)와는 동명이지이다. 악십¹은 유다 지파에게 분배된 쉐펠라 지역의 아홉 성읍 중에 하나로 그일라와 마레사 부근에 있었다(수 15:44). 미가는 악십이 이스라엘의 왕들을 속이는 곳이라고 하였다(미 1:14). 유세비우스는 이 지역이 아둘람 근처에 있는 카스비(Chasbi)라고 하였다. 악십은 아둘람에서 서쪽으로 약 5km 떨어진 텔

엘 베이다(Tell el-Beida)로 동일시되고 있다. 이곳에서는 철기 시대의 토기 조각들이 발견되었고 동굴 거주지와 고대 우물이 있다.

에델² 유다 Ether (עֶתֶר 풍부함) /아닥

키르벳 엘 아트르(Kh. el-Atr)　31° 36′ 57.19″N 34° 52′ 42.62″E

립나와 아산 옆에 있었던 유다 지파의 성읍이다(수 15:42). 에델은 한글성경에서 같은 지명으로 번역되었지만 원어에서는 다른 지명이다. 아랏으로 추정되는 에델¹(아랏; 수 15:21)과 에델 망대(창 35:21), 에델²(유다; 수 15:42), 에델³(시므온; 수 19:7)과 동명이지이다. 에델²(유다)과 에델³(시므온)을 같은 곳으로 보는 견해도 있지만 다른 곳으로 보는 것이 더 타당하다. 에델¹(유다)로 추정되는 곳은 키르벳 엘 아트르(Kh. el-Atr)이나 에델²(시므온)은 위치가 확인되지 않는 곳이다. 키르벳 엘 아트르는 베이트 지브린(Beit Jibrin)에서 서쪽으로 약 1.5km 지점에 있다. 이

곳은 립나로 보는 텔 브루나(Tel Burna)에서 남쪽으로 약 1.5km 지점에 있다. 다윗이 아말렉을 물리친 후에 빼앗은 전리품을 선물로 보낸 유다 지파의 성읍인 아닥은 에델¹(유다)과 이명동지로 보여진다(삼상 30:30). 그 이유는 70인 역본들 중 에델(수 15:42)을 아닥으로 읽기도 하기 때문이다. 이곳에서 후기 철기, 페르시아, 헬라, 로마, 비잔틴, 오토만 시대의 유물이 발견되었으나 발굴은 이루어지지 않았다.

이르나하스 Ir-Nahash (עִיר נָחָשׁ 뱀의 성읍)

데이르 나크카스(Deir Nakhkhas)　31° 36′ 57.00″N 34° 55′ 18.00″E

구리 광산이 있었던 이르나하스(Ir-Nahash)는 드힌나의 아들 이르나하스라고 기록되어 있으나 이르나하스는 사람의 이름이라기보다 성읍의 이름으로 보는 것이 더 적합하다(대상 4:12). 70인역은 이르나하스를 나하스 성(City of Nahas)이라고 번역하고 있다.

　이르나하스로 추정되는 장소는 글루엑과 칼라이가 주장하는 곳으로 요르단의 부논 근처에 있는 키르벳 엔 나하스(Kh. en-Nahas)와 아벨이 주장하는 곳으로 이스라엘의 베이트 지브린(Beit Gibrin) 부근에 있는 데이르 나크카스(Deir Nakhkhas)이다.

　이스라엘의 벤 구브린에서 동쪽으로 약 2.3km 떨어진 곳에 있던 아랍 마을 데이르 나크가스가

있었다. 1596년의 오토만 시대에 무슬림 13가정의 72명이 살고 있었다. 1863년에 괴랭은 이 마을에 대하여 기록 했다. 1883년의 팔레스틴 조사(swp)는 이곳이 이르나하스로 추정 할 수 있으며 폐허가 된 주거지와 동굴들이 있다고 기록했다. 이 마을은 1948년에 696명이 살고 있었으나 폐허가 되었으며 서쪽으로 약 3km 떨어진 곳에는 아랍 마을 키르벳 움브르 위에 1982년에 세워진 모샤브 네추샤(Nechusha)가 있다.

스바다 골짜기 Valley of Zephathah (גֵּיא צְפַתָה 망대 골짜기)

와디 에스 사피에(Wadi es-Safiyeh)

구스의 침략군을 패배시킨 곳으로 성경에 한 번 기록되었으며 마레사 북쪽에 있는 골짜기이다(대하 14:10). 이곳은 유다 왕 아사가 그랄에 있는 세라가 지휘하는 구스 침략군을 물리친 장소

이다. 스바다 골짜기는 베이트 구브린(Beit Guvrin) 북동쪽에 있는 와디 에스 사피에(Wadi es-Safiyeh)로 추정되는 곳인데 지금은 나할 구브린(Nahal Guvrin)으로 불리고 있다. 나할 구브린은 베이트 구브린 북동쪽에서부터 시작되어 남동쪽으로 흐르는 조그마한 하천이며 북쪽으로 에델, 립나, 모레셋이 있다.

립나² 쉐펠라 Libnah (לִבְנָה 희다)

31°37′46.93″N 34°52′24.16″E

유다 지파의 성읍이었으며 쉐펠라(평지)에 있는 성읍(수 15:42)이었으나 아론 자손에게 준 레위성읍이었다(대상 6:57). 립나는 여호수아가 아모리의 왕들과 싸워 승리한 곳(수 10:29, 31; 12:15)이었다. 립나가 유다의 지배에서 벗어난 것은 립나의 지역이 남유다 왕국의 변경이었다는 것을 나타내고 있다(왕하 8:22; 대하21:10). 립나는 출애굽 때 이스라엘 백성이 지나간 곳인 립나1(출애굽; 민 38:20, 21), 아맛 땅에 있는 립나3(하맛; 왕하 23, 330와 동명이지이다.

　립나의 추정장소로는 세 곳으로 텔 부르나(Tel Burna), 텔 짜핏(Tel Tsafit), 텔 주이데(Tell Judeideh)이다. 텔 보르낫(Tell Bornat)이라고 부르던 텔 부르나는 라기스에서 북동쪽으로 8㎞ 지점에 있다. 모레셋가드로 추정하는 텔 주데이데로 이곳에서 동쪽으로 약 3㎞ 떨어진 곳에 있다. 주후 4세기 때의 유세비우스는 이곳을 벧 구브린의 큰 마을이라고 기록했다. 이곳은 사각형 모양의 요새 흔적이 보이며 지표 조사를 통하여 초기·후기 청동기, 후기 철기, 페르시아, 로마 시대의 토기가 이곳에서 발견되었다. 이곳은 현재 발굴이 진행중이며 가나안 시대와 이스라엘 시대의 거주층이 발견되었다. 지금까지 알려진 바로는 주전 9세기 이후부터는 산 정상에 요새가 건설되었다

막베나 Machbena (מַכְבֵּנָה 혹, 사슬) /갑본
엘 쿠베이베(el-Qubeiba)

31°34′14.57″N 34°50′59.90″E

유다 지파의 계보에 나오는 이름이지만 지명인 것이 확실하다. 성경에 한 번 기록된 유다 지파의 갑본(수 15:40)과 이명동지이다. 쉐펠라(평지) 지역, 라기스, 에글론, 라맘 부근에 있었다(대상 2:49). 아하로니(Aharoni)는 이곳을 벧술과 헤브론 남쪽에 있는 유대 산지로 갈렙 자손들의 거주지라고 한다. 막베나는 벧 지브린(Beit Jibrin)에서 남쪽으로 약 5㎞ 떨어진 엘 쿠베이베(el-Qubeiba)로 추정되고 있는데 이곳은 라기스 동쪽 언덕 위에 있는 유적지이다.

　십자군 시대에는 데이르 엘 코베베(Deir el-Cobebe)로 부르던 이곳에서는 발굴을 통하여 로마, 비잔틴, 초기아랍, 마믈룩 시대의 유적이 발굴되었다. 오토만 시대에는 33가장의 무슬림이 살고 있었다. 1838년에 에드워드로빈슨은 이 마을인 무슬림이 사는 마을이라고 기록 했다. 영국 통치 시절에 800명이 살았던 이 마을에는 학교 모스크가 있었으며 두 개의 우물이 있었다. 1948년에는 216가정에 1,230명이 사는 아랍 무슬림 마을이었으나 파괴되었다.

라기스 Lachish (לָכִישׁ 완강하다)
텔 라기쉬(Tel Lakhish)

31°33′51.81″N 34°50′52.73″E

아세가와 함께 바벨론의 공격을 끝까지 견딘 견고한 성읍이다. 쉐펠라(평지) 지역의 중요한 성읍으로 여호수아와 연합하여 싸운 아모리 다섯 왕 중 하나가 다스렸던 성읍이었다(수 10:3). 라기스 왕은 막게다에서 죽임을 당하고 이스라엘에게 정복되었다(수 10:22-32). 라기스는 르호보암이 국방을 강화하기 위해 요새화한 성읍 중 하나였다(대하 11:9). 주전 701년에 산헤립은 예루살렘을 공격하기 전에 라기스까지도 포위하였다(왕하 18:13-16). 라기스는 아세가와 함께 마지막까지 함락되지 않은 곳이었다(렘 34:7). 산헤립의 라기스 공격 장면이 니느웨의 산헤립 궁전 벽에 장식되어 있다가 발굴되었다. 이곳에서 발견된 라기스 서신은 역사적으로 또한 히브리어 연구에 매우 중요한 자료이다. 라기스는 1929년 올브라이트에 의해서 텔 에드 두웨이르(Tell ed-Duweir)로 동일시되어 텔 라기쉬(Tel Lakhish)로 불린다.

이곳은 정사각형에 가까운 모양을 하고 있는 약 6헥타아르 크기의 도시이다. 이곳은 석동기 시대인 주전 약 4,000년 전부터 거주지가 되었다가 주전 약 3,000년 전에 큰 성읍이 된 것으로 보인다. 이곳은 중기 청동기 시대에 요새화가 이루어져 텔 주변에 해자를 팠다. 이곳에서 후기 청동기 시대의 가나안 도시 성전과 가나안 신의 형상이 발견되었다. 라기스는 후기 철기 시대 때에야 궁전이 세워지고 거주지가 되었으나 앗수르와 바벨론에 의해 두 번 파괴되었고 페르시아 때 다시 거주지가 되었다.

올브라이트에 의하여 처음으로 성서의 라기스가 현대의 텔 에드-두웨이르로 동일시 될 수 있다고 주장된 이후, 이루어진 발굴에 의하여 출토된 라기스가 언급된 비문과 앗수르 역사 기록의 라기스 정복 언급, 세 번째 지층에서 나온 앗수르에 의한 파괴 유적과 유물 등에 의하여 확증되었다. 지금까지 세 번에 걸친 발굴을 바탕으로 가나안 시대의 신전과 가옥들 등의 성읍과 후기 철기 시대의 남유다인들의 성읍이 드러났다.

지층	시대	주요 발견물	관련된 민족과 사건
1	바벨론, 페르시아, 헬라 시대	태양 신전	남유다인들, 이두메아인들?
2	후기 철기 시대 말 (주전 7-6세기 초)	라기스 편지들	주전 587/6년 바벨론에 의한 파괴
3	후기 철기 시대 중 (주전 8세기)	궁전, 성문, 성벽	주전 701년 산헤립에 의한 파괴
4	후기 철기 시대 중 (주전 9-8세기 중)	궁전, 성문, 도시 성벽	주전 8세기 중반 지진으로 인한 파괴?
5	후기 철기 시대 초 (주전 10세기)	궁전, 제의 방	
	정착의 공백 (주전 12-11세기)		
6	후기 청동기 말 (주전 13세기-12세기 초)	람세스 3세의 카르투쉬, 가나안인들, 인형관, 가나안 신전, 미디안 토기	
7	후기 청동기 시대 중 (주전 14세기)	가나안 신전	아마르나 서신
8	후기 청동기 시대 초 (주전 15세기)	가나안 신전	

여호수아서에서 처음으로 소개되고 있는 라기스는 여호수아가 점령하였던 도시 국가 가운데 하나였다. 이 도시는 지층 8-6까지 이어지는 가나안 도시로서 이전에는 주전 13세기 말 다른 가나안 도시와 함께 같은 시기 파괴된 것으로 여호수아의 정복설을 뒷받침하는 증거로 제시되었으나, 텔아비브 대학교 발굴에서 람세스 3세의 카르투쉬가 적혀 있는 유물이 발견됨으로써, 가나안 도시의 최종 파괴는 주전 12세기 초반에 이루어진 것으로 확인되었다. 후기 청동기 시대의 가나안 도시가 파괴된 이후 약 200년이 넘도록 가나안에는 사람들이 정착하지 않게 되었고, 이후 주전 10세기 말경에 이 장소에 이스라엘 사람들이 처음으로 정착하게 시작하였는데 바로 다섯 번째 지층이다. 지층 5에서는 발굴자들 간에 의견 차이가 있으나 성읍이 요새화되지 않았지만, 중앙에 궁전이 독립된 건물로 존재하였던 것으로 드러났다.

아하로니는 동쪽 지역에서 이 지층에 속한 제의 시설을 겸비한 방을 발견하였는데 이곳에서 주전 10세기 경의 많은 제의 물건들이 출토되었다. 라기스에서 처음으로 남유다 사람들의 요새화된 성읍을 보여주는 것은 바로 위의 지층인 네 번째 지층이다. 성문과 성벽을 갖춘 성읍이 세워졌으며 중앙 지역에는 이전 시대보다 두 배 정도 더 커진 궁전이 건설되었다. 발굴자들에 의하면 이 지층이 성서에서도 기록된(암 1:1, 슥 14:5) 주전 8세기 중반에 일어난 지진에 의하여 파괴된 것으로 추정하고 있다. 지층 3은 앗수르 왕 산헤립이 앗수르의 수도 니느웨 도시 남서쪽 궁전 36번 방에 자세하게 기록하고 있는 라기스 점령 사건과 연관된 것으로 심각한 화재로 철저하게 파괴된 도시의 마지막 모습이 발굴을 통하여 드러났다. 심지어 햇볕에 말려진 진흙 벽돌들도 화재로 구워졌고 탈색된 모습이 발굴에서 드러났다.

발굴을 통하여 드러난 많은 양의 화살촉과 창, 칼 등의 무기와 투석용 돌들이 발견되었다. 특히 남서쪽 모퉁이에서 발견된 인공 언덕은 라기스를 점령하기 위하여 앗수르인들이 쌓아 놓은 약 13000-19000톤의 돌과 흙을 채워 만든 공격용 토성은 주전 8세기 말경의 앗수르 군대와 남유다 군대 사이의 치열한 전투를 가늠하게 한다. 성읍 부근에서 발견된 한 무덤에서는 인골이 약 1500개 정도가 발견되었다. 이 무덤은 이 전투에서 전사한 병사들을 매장된 것으로 추정된다. 또한 400여개의 왕정 인장이 찍힌 저장용 항아리가 이 지층에서 발견되었는데, 이는 히스기야 시대 때 앗수르 침입에 대비하여 유다인들이 기름 또는 포도주를 담은 조세용 항아리로 사용되었을 것으로 추정된다.

약 120년 이후 라기스는 또 한 번 이방인의 손에 의하여 심각한 파괴가 이루어지는데 느부갓네살이 이끄는 바벨론 군대에 이루어진 것이다. 예레미야에 의하면 남유다에서 바벨론 사람들의 공격에 견딘 유다 성읍은 라기스와 아세가 뿐이었는데 (렘 34:7) 이 도시가 바로 두 번째 지층의 도시이다. 이 지층의 성문의 한 방에서는 주로 군대장관 야우쉬에게 보내어지는 편지가 발견되었는데 한 편지에 따르면 라기스와 아세가의 이름이 동시에 언급되고 있다. 바벨론에 의한 파괴 이후에도 라기스는 헬라 시대까지 계속적으로 거주지가 되어 사람들이 정착하였다. 헬라 시대 말기에 이 장소는 버려지고 쉐펠라 지역의 중심은 인근의 마레사나 벤구브린(엘루데로폴리스)으로 옮겨졌다. (부록에 있는 제4차 라기스 발굴 보고서를 보라)

제4차 라기스 발굴현장

한국발굴단 발굴지역

동쪽에서 바라보는 텔 라기스

한국발굴단 스텝

3차 발굴한 우쉬시킨 교수 부부와 필자, 최광현 박사

르호보암 성벽 위에서
강후구,이태종,필자,최광현,장상엽

방문객과 함께 한 필자, 마틴 교수,하셀 교수,요셉 가르핀켈 교수

기획실장 이태종 목사와 필자

한국발굴단을 자택으로 초청한 단 하르카비

2014년 한국발굴단과 단 하르카비 부부

라맘 Lahmam (לַחְמָס)
키르벳 엘 라흠(Kh. el-Lahm)　　　　　31°34′17.59″N 34°53′46.03″E

유다 지파의 성읍으로 성경에 한 번 기록된 곳으로 라기스 부근에 있었던 성읍이며 갑본과 기들리스 사이에 있었다(수 15:40). 라맘은 키르벳 엘 라흠 (Kh. el-Lahm)으로 추정하는데 이곳은 마레사가 있는 베이트 지브린(Beit Jibrin)에서 약 4.5km 남쪽에 있다. 이곳은 주위를 전망할 수 있는 언덕 위에 자리 잡고 있으며 동굴 거주지와 유적이 남아 있다.

막비스 Magbish (מַגְבִּישׁ 쌓아 올리다)
카난 무그헤이미스(Qanan Mugheimis)　　　　31°34′50.15″N 34°55′40.52″E

바벨론 포로에서 돌아온 156명의 고향으로 막비스는 성경에 한 번 기록되었다(스 2:30). 막비스는 두 곳으로 추정되는데 카난 무그헤이미스 (Qanan Mugheimis)와 키르벳 엘 마크비예(Kh. el-Makhibiyeh)이다. 키르벳 엘 마크비예(M.R. 145116)는 언덕 위에 동굴 거주지와 거주지의 유적들이 있으나 자료가 부족하여 확증하기 어려운 곳이다. 카난 무그헤이미스는 전망이 매우 좋은 언덕 위에 자리 잡고 있으며 포도주 틀과 동굴 유적, 비잔틴 시대의 것으로 보이는 교회 터가 남아있다.

에글론-2 Eglon (עֶגְלוֹן 어린 황소)
텔 에이톤(Tel Eiton)　　　　　　　31°29′19.22″N 34°55′43.01″E

이스라엘에게 대항하였다가 멸망당하고 유다 지파의 영토가 된 곳이다. 에글론은 이스라엘과 화친한 기브온을 공격한 성읍 중의 하나였는데 여호수아에게 멸망당했다(수 10:5,23,34,36; 12:12). 에글론은 정복 당한 후 유다 지파에게 분배되었다(수 15:39). 에글론의 추정지는 텔 아

이툰(Tel Aitun)과 텔 엘 헤시(Tell el- Hesi)이다. 올브라이트는 텔 엘 헤시로 추정되고 있다.

이곳에서 1986년 도굴꾼의 파괴로 인하여 구제 발굴이 이루어졌는데 주전 12세기의 블레셋 무덤과 주전 9-8세기의 무덤, 후기 로마 시대의 무덤이 발견되었다. 이곳은 라기스에서 헤브론까지 이어지는 도로에 위치하고 있기에 에글론으로 추정된다.

모레셋 Moresheth (מוֹרֶשֶׁת 소유) / 가드모레셋
텔 엘 주데이데(Tell el-Judeideh)
31°38′00.45″N 34°54′36.60″E

선지자 미가의 고향으로(렘 26:18; 미 1:1) 미가의 예언 속에서 언급된 성읍 중의 하나이다(미 1:14). 모레셋과 가드모레셋(미 1:14)은 이명동지이다. 가드모레셋은 텔 고데드(Tel Goded)라고 부르는 '가드의 소유' 라는 뜻을 가지고 있다. 르호보암이 건축한 성읍 목록(대하 11:5-12)에 기록된 가드(가드²: 쉐펠라)는 가드¹(블레셋)이 아니라 가드모레셋에서 모레셋이 생략된 지명으로 추정된다. 모레셋은 텔 엘 주데이데(Tell el-Judeideh)와 동일한 곳이며 후기 청동기 시대의 주거지였다. 텔 엘 주데이데는 1899년부터 1900년에 발굴되어 주전 8세기 때의 람멜렉 인장이 37개 발견되었고 로마 시대의 요새를 포함한 유적이 발견되었으며 무덤으로 사용된 동굴들이 있다. 이곳은 쉐펠라(평지) 지역에 있으며 마레사가 있는 베이트 구브린(Beit Guvrin)에서 북쪽으로 2㎞ 지점인 전망이 매우 좋은 위치에 자리 잡고 있다. 이곳은 르호보함이 건축한 열다섯 곳의 성읍중의 하나다. 이곳에 기록 된 가드는 가드 모레셋을 가리킨다(대하11:8).

믹달갓 Migdal-Gad (מִגְדַּל-גָּד 갓의 탑)
키르벳 엘 메즈델레(Kh. el-Mejdeleh)
31°32′11.88″N 34°54′09.55″E

쉐펠라(평지) 지역에 있었던 유다 지파의 열여섯 성읍 중 하나이며 성경에 한 번 기록된 곳이다(수 15:37). 이 부근에는 스난, 하다사, 딜르안, 미스베가 있었는데 이 성읍들의 위치는 확인되지 않았다. 믹달갓은 키르벳 엘 메즈델레(Kh. el-Mejdeleh)로 추정되고 있다. 이곳은 라기스에서 남동쪽으로 약 6㎞ 지점에 있다. 철기 시대의 고고학적인 자료가 부족하지만 와디(Wadi)가 지나가는 전망 좋은 언덕 위에 위치하고 있다.

이곳은 청동기 시대부터 오토만 시대까지의 유적이 있는 아랍마을 알 다라위마(Sl-Dawayima) 자리에 1955년에 세워진 아마샤 왕의 이름을 가진 모샤브 아마샤(Amatzia)에서 서쪽으로 1.1㎞ 떨어진 곳에 있다. 이곳의 동쪽에는 2016년에 세워진 유대인 정착촌이 카르메이 카티프(Karmei Katif)가 있다.

이두매 Idumea (Ἰδουμαία 에돔 사람의 땅)
이두메아(Idumea)

사해의 남서 지역에 있던 에돔 사람들의 나라가 있던 지역이다. 이두매는 갈릴리로 예수님을 찾아온 사람들의 지역의 목록에 나온 지명으로 성경에 한 번 기록되었다(막 3:8). 이두매는 에돔 사람의 땅이라는 어원에서 유래되었다. 남유다 왕국이 바벨론에 함락된 후에 에돔 사람들은 유다 지역으로 이주해왔다. 그 후에는 나바티안 사람들에게 밀려서 더 많은 에돔 사람들이 서쪽으로 이동하여 살았다. 에돔 사람들은 사해의 남서쪽의 네겝 지역 뿐 아니라 예루살렘 남쪽 벧술 지역까지 장악하여 살았고 에돔 사람들이 살았기에 이두매라고 부르는 이 지역은 확장되었다.

마카비 시대에 유다 마카비는 이두매를 원정하고 벧술의 방비를 강화하였다. 주전 126년에 요한 히르카누스는 이두매를 정복하여 합병시키고 헤롯 대왕의 아버지가 된 안디바(Antipater)를 총독으로 임명하였다. 주전 63년에 폼페이우스는 이두매를 독립시켰으나 주전 37년에 헤롯 대왕은 이두매 사람이었기에 유대와 이두매를 합병시키기까지 하였다.

마레사 Mareshah (מָרֵשָׁה 소유)
텔 산다하나(Tell Sandahannah)   31˚35´34.67˝N 34˚53´54.28˝E

유다 지파가 분배받은 성읍이었으며(수 15:44), 르호보암이 남 유다 왕국을 강화하기 위해 건축한 중요한 성읍이었다(대하 11:8). 그랄에 있는 시삭의 사령관이었던 구스 사람 세라가 침략했을 때 아사 왕은 마레사의 스바다 골짜기에 진을 치고 싸워 승리하였다(대하 14:9-15). 마레사는 여호사밧과 아하시야의 연합 함대가 실패할 것을 예언했던 엘리에셀의 고향이었고(대하 20:37), 미가서에 멸망당할 것이 예언된 성읍이었다(미 1:15).

마레사는 텔 산다하나(Tell Sandahannah)와 동일시되었다. 이곳은 라기스에서 기브온으로 올라가는 고대 도로와 헤브론에서 가드로 가는 고대 도로의 교차로가 되는 교통의 요지였다. 페르시아 시대에 마레사와 유다 남부 지역에는 에돔 사람들이 정착했으며 시돈과 그리스 사람들도 이곳에 정착하였다. 마레사는 주전 40년대에 파르티아 군대에게 파괴되고 벧 구브린이 이 지역에서 중요한 거주지가 되었다. 이 지역에서는 로마와 비잔틴 시대에 유대인 공동묘지, 교회, 건물 유적이 발견되었다. 유세비우스가 성지의 모든 이정표를 벧 구브린을 기점으로 표시할 정도로 중요한 곳이었다. 이곳은 부드러운 석회암이어서 동굴에서 채석된 돌은 건축용 자재가 되고 캐어낸 공간은 저수조, 저장실, 가축우리, 묘지로 사용되었다. 이곳은 제사용과 식용으로 쓰이는 비둘기 사육 동굴이 있고 목욕 동굴, 공동묘지가 있었다. 또한 로마의 원형 경기장, 십자군 요새, 마믈룩 시대와 오토만 시대의 모스크도 발견되었다.

주거 동굴의 입구

이곳은 1898년부터 1900년까지 브리스(Bliss)와 마카리스테르(Maclister)에 의해 발굴되었다. 1989-2000년에 대규모 발굴이 이루어 졌고 2001년과 2008년에도 발굴이 이루어 졌다. 로마가 건축한 극장은 클로네르(Kloner)에 의해 발굴되었다.

벧 구브린은 철기 시대에는 마레사 였기에 텔 마레사(Tel Maresha)라고 불렀으며 아랍어로는 텔 산다하나(Tell Sandahamma)로 불렀다. 마레사는 남 유다 왕국의 멸망후에 에돔 왕국의 땅이 되었다가 페르시아 시대에는 시돈 사람들이 거주 했다. 로마 시대에 이곳은 자유의 되라는 뜻으로 류데로폴리스(Eleutheropolis)라고 불렀다. 이곳은 초기 아랍시대에는 베이트 지브린(Bayt Jibrin)으로 불렀고 십자군 시대에는 베드 지벨린(Beth Gibelin)으로 불렀다.

1596년에 베이트 지브린은 무슬림 50가정이 살고 있었으며 1838년에 에드워드 로빈슨은 이곳을 방문 했다. 1938년 1월10일에 라기스를 발굴한 스타키(J. L. Starkey)는 베이트 지브린에서

헤브론으로 가는 도중에 살해되었다. 1948년 전쟁 후에 아랍 마을 베이트 지브린은 폐허가 되고 1949년에 키부츠 벧 구브린(Beit Gvrin)이 설립되어 2017년에는 434명의 주민이 살고 있다.

텔 산다하나

사아라임[1] 유다 Shaaraim (שַׁעֲרַיִם 이중 대문)
키르벳 케이야파(Kh. Qeiyafa)   31° 41′ 47.60″N 34° 57′ 23.90″E

쉐펠라(평지)에 있는 유다 지파의 열네 성읍 중의 하나로, 아세가와 아다다임 부근에 있었다 (수 15:36). 다윗이 골리앗을 죽인 후 도망가던 블레셋 군대의 부상자들이 이곳에서 엎드려졌다(삼상 17:52). 이곳은 동명이지로 성경에 사아라임[1](유다)과 사아라임[2](시므온; 대상 4:31)이 있다. 사아라임1(유다)은 최근에 고고학적인 발굴로 인해 예루살렘에서 남서쪽으로 약 32㎞ 떨어진 곳에 있는 키르벳 케이야파(Kh. Qeiyafa)로 동일시되고 있다. 이 지역의 중요한 도로가 지나가는 곳에 자리 잡은 키르벳 케이야파는 엘라 골짜기 북쪽의 언덕에 있으며, 소고와 아세가의 중간에 있다. 엘라 골짜기의 북쪽 산등성이에 위치하고 있는 키르벳 케이야파는 유다의 소고와 아세가 사이에 자리잡고 있다. 이 장소는 학자들에 의하여 성서의 여러 지명과 동일시할 수 있다는 의견이 제안되었지만, 발굴자에 따르면, 성서에서 언급하고 사아라임의 지정학적인 위치(수 15:36; 삼상 17:52), 사아라임의 어원적 의미인 두 개의 성문을 포함한 유다인들과 관련된 고고학적 발견물들을 바탕으로 성서에서 두 번 언급하고 있는 쉐펠라 지역의 사아라임과 동일시 될 수 있다.

타원형의 모습으로 총 면적 2.3 헥타르의 크기의 키르벳 케이야파는 2007년도에 히브리대학교 요셉 가르핀켈 교수와 이스라엘 고고학 당국의 사아르 간노르의 감독하에 처음으로 발굴되기 시작하여 2013년도까지 계속 발굴되었다. 총 8개 지역으로 나누어져 발굴되었는데 이 장소의 중요한 정착 지층은 후기 철기 시대(주전 10세기 초), 페르시아 시대 후기-헬라 시대(주전 4세기 말-주전 2세기 중반), 비잔틴 시대의 것이 확인되었다. 구약 성서 시대와 관련된 맨 아래의 지층은 주로 기반암 위에 세워진 성벽, 성문, 가옥 등의 모습을 보여주며, 토기 등의 유물, 비

문과 탄소 14 등을 바탕으로 주전 10세기 초의 성읍으로 확인되었다. 이 도시는 두 개의 성문과 포곽벽 형태의 도시 성벽으로 요새화의 모습을 보여주고 있는데, 건설에 사용된 돌들은 거석으로 노동력이 징집되어 건설되었음을 알려 준다. 한편, 도시 성벽의 내벽에 접하여 건설된 일반 가옥들은 전형적인 남유다인들의 도시 건설 모습을 보여주며 이와 유사한 형태가 벧세메스, 텔베이트 미르심, 브엘세바, 미스바에서 발견되어 가나안인들, 블레셋인들 심지어 북이스라엘 사람들의 도시 형태의 모습과 차별화된 모습을 지닌다.

한편 각 일반 가옥의 건설은 철저하게 도시 계획된 모습을 지녀 이 장소가 중앙 집권화에 의하여 건설된 도시임을 가리킨다. 한편 지금까지 발견된 약 600개에 가까운 저장용 항아리 손잡이에 찍힌 손가락 인장이 발견되었다. 발굴자에 따르면 이 인장들은 그 당시의 행정화 표시를 알려준다. 키르벳 케이야파는 철기 시대의 정착 말기에 파괴로 인하여 풍부한 토기 유물을 남겨 주었다. 이곳에서 발견된 토기는 지금까지 발굴된 다른 지역들의 토기들과 형태학적 비교한 결과 주전 11세기 말-주전 10세기의 토기 형태가 가장 빈번하게 발견되고 지역적으로는 쉐펠라 지역과 네게브 지역의 장소 토기들과 많은 유사성을 보여주고 있다.

오스트라콘을 발견한 장상엽 집사

한편 수입된 약 2%의 '아스돗 토기'를 제외하고 나머지 모든 토기들은 지방의 진흙으로 만들어진 토기이다. 페트로그라피 분석에 의하여 주전 8세기의 람멜렉 인장이 찍힌 저장용 항아리와 마찬가지로 엘라 골짜기의 진흙을 바탕으로 토기가 제작되었다. 아스돗 토기는 적색 덧입힘 위에 흑색과 백색의 선모양 채색을 가진 것으로 케이야파의 토기군 전체에서 차지하는 비중은 높지 않지만 아스돗 토기가 발견된 지금까지의 모든 장소를 분석한 결과 아스돗 다음으로 많은 형태의 아스돗 토기가 이

사아라임에서 장상엽 집사가 발견한
주전 10세기의 오스트라콘(Ostracon)
(이스라엘 박물관)

키르벳 케이야파

발굴현장의 보고회에서 설명하는
요셉 가르핀겔 교수(2013.7.7. 오후 6시)

장소에서 출토되었다. 후기 철기 시대 초부터 일반적으로 사용되기 시작한 토기 표면 처리 형태인 적색 덧입힘과 손마름질이 대접에 적용되어 키르벳 케이야파의 토기군이 후기 철기 시대 초의 것임을 지지한다.

한편 2008년도에 약 70 글자가 쓰여진 오스트라콘이 서쪽 성문 북쪽의 가옥에서 발견되었다. 잉크로 쓰여진 이 비문은 네 줄의 선으로 나누어져 총 다섯 줄에 걸쳐서 기록되었는데, 이 비문의 내용(인명 기록, 서기관 연습용, 왕위 옹립 비문, 성서의 약자 보호 기술 내용 등)과 언어 자체에 대한 학자들의 의견이 분분하다. 이 비문이 가나안어이든지, 아니면 초기 히브리어일 가능성이 매우 높으며, 일치된 의견은 이 비문은 분명 왼쪽에서 오른쪽으로 쓰여졌다는 점이다. 최근의 주장에 의하면, 이 비문은 주전 10세기 초 이미 상당한 문서화의 수준이 있었음을 지시하는 것으로, 그 당시 성경의 문서화 가능성에 대한 새로운 조명을 알려 주고 있다.

주전 10세기 초 다윗에 의하여 건설된 것으로 추정되는 사아라임은 그 당시 이스라엘인들을 가장 위협하는 가드 중심의 블레셋인들이 엘라 골짜기를 통하여 산지로 침입하는 것을 막기 위하여 건설된 군사적 요새 도시로 추정된다.

아세가 Azekah (עֲזֵקָה 괭이질 된 땅)
텔 아제카(Tel Azekah)   31°41′58.82″N 34°56′09.44″E

라기스와 함께 바벨론의 공격에 끝까지 함락되지 않았던 두 요새 중 하나이다. 쉐펠라(평지) 지역에 있는 중요한 요새로 여호수아가 벧 호론에서부터 도망하는 아모리 족속을 추격했던 곳이다(수 10:10,11). 사울과 블레셋과의 전쟁 때 블레셋은 아세가와 소고 사이에 모였으며 다윗은 이 부근에서 골리앗을 죽였다(삼상 17:1; 대하 11:5-9). 이곳은 느부갓네살의 바벨론 군대가 예루살렘을 향해 가면서 공격한 성읍 중에서 마지막으로 함락당한 두 도시 중 하나였다(렘 34:7). 바벨론에서 귀환한 유대인들은 아세가에 정착하였다(느 11:30). 아세가는 텔 자카리야(Tell Zakariya)와 동일시되어 텔 아제카로 불린다. 텔 아제카는 엘라 골짜기에 위치하고 있으며 발굴에 의하여 주전 2,000년 전부터 비잔틴 시대까지 인간이 거주한 흔적이 이곳에서 드러났고 최근 다시 발굴이 재개되었다.

아세가는 1898년부터 1900년까지 영국의 고고학자 브리스(J. Bliss)와 맥칼 리스트(S. Macalist)에 의해 발굴되었다. 2012년부터 텔 아비브 대학과 하이델베르그 대학과 미국, 영국, 오스트리아의 컨소시움에 의해 발굴이 시작되었다.

쉐펠라 지역의 *아둘람* 지역

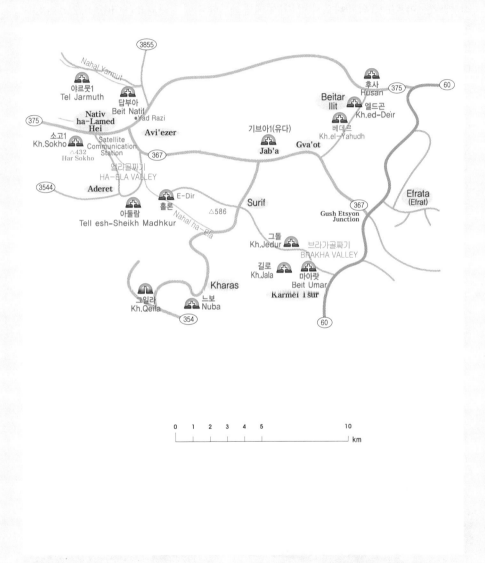

텔 야르무트(Tel Jarmuth)   31° 42′ 36.00″N 34° 58′ 12.86″E

여호수아에게 연합하여 대항하던 다섯 나라 중의 하나로서 유다 지파의 영토가 된 야르뭇¹(유다)은 유다 지파에게 분배된 성읍으로 쉐펠라(평지)에 있으며, 답부아와 아둘람과 소고와 아세가 주위에 있었다(수 15:35). 야르뭇은 야르뭇¹(유다; 수 15:35)와 야르뭇²(잇사갈; 수 21:29)가 동명이지이다. 야르뭇¹(유다)은 기브온은 공격하기 위해 모인 다섯 왕(예루살렘, 헤브론, 라기스, 에글론, 야르뭇)중의 하나로서 여호수아에게 패전한 후에 살해되고 (수 10:3, 5, 23), 여호수아가 멸망시킨 왕들의 목록에 기록되었다(수 12:10). 야르뭇¹(유다)는 바벨론에서 포로에서 돌아온 유다 지파가 다시 거주했다(느 11:29). 야르뭇은 텔 자르무트(Tell Jarmuth)와 동일시되었다. 텔 자르무트는 예루살렘에서 남서쪽에서 약 25㎞ 떨어져 있으며 소렉 골짜기와 엘라 골짜기 사이에 있다.

아둘람과 소고와 아세가 있는 쉐펠라 지역에 있다. 이곳을 유세비우스는 이에르무스(Iermous)라고 불렀으며 비잔틴 시대에는 이에르모코스(Iermochos)라고 불렀다. 1854년에 괴랭은 이곳을 방문하고 야르뭇으로 동일시하였다. 1970년에 벤토르(A. Ben-Tor)는 하부 도시의 서쪽 지역인 세 구역(A,북쪽 B, 남쪽 B)을 발굴하여 초기 청동기 시대와 비잔틴 시대의 건축물을 발견했다. 1980년에 미로쉐드지(P. de. Moroschedji)가 벤토르의 발굴 지역과 6개의 새로운 구역(C-H지역)을 발굴했다. 이 텔의 정상은 640m×420m 크기의 아크로폴리스와 하부 도시가 있다. 이곳은 초기 청동기 시대의 거주지와 요새와 공공건물이 잘 계획된 도시였으며 이 시대의 성문과 요새화된 거주지가 발굴되었다.

이곳은 후기 청동기부터 비잔틴 시대까지의 거주지였다. 이곳에서는 초기 청동기 시대의 인간 모양의 테라코타(terra-cotta)를 비롯하여 초기 철기 시대와 헬라 시대의 토기와 헤롯 대왕 때의 동전도 발견되었다.

텔 야르무트의 아크로폴리스

소고 [1] 쉐펠라 Socoh (שׂוֹכֹה 가시가 많은 곳)
키르벳 아바드(Kh. Abad)　　　　31° 40′ 53.06″N 34° 58′ 26.84″E

골리앗의 블레셋 군대가 사울 왕의 군대와 싸우기 위하여 모인 소고[1](쉐펠라)은 아둘람과 아세가 사이에 있던 성읍이다 (수 15:35). 소고는 동명이지로서 쉐펠라 지역에 있는 소고[1](쉐펠라; 수 15:35)과 유다 남쪽 중앙산악지대에 있는 소고[2](유다; 수 15:48)와 소고[3](사론)이 있다. 블레셋 군대가 골리앗을 앞세우고 이스라엘을 공격할 때 블레셋 군대는 소고에 집결했다가 소고와 아세가 사이에 있는 에베스 담밈에 진을 쳤던 곳이다 (삼상 17:1). 르호보암은 후에 소고를 점령하고 요새화하였으나(대하 11:7) 아하스 왕이 다스리던 시대에는 다시 블레셋이 차지하였다(대하 28:18). 소고[1](쉐펠라)는 엘라 골짜기 가까이에 있는 키르벳 아바드(Kh. Abad)와 동일시되었다. 텔 소코로 부르는 이곳은 아랍어로 '가시'의 뜻을 가진 슈웨이카(Shuweikah)라고 부르던 곳이다. 이곳은 윗 슈웨이카와 아래 슈웨이카(Kh. Shuweikah Fauka, Tahta)라고 부르는 두 개의 유적이 있는 곳이다. 이곳은 헤브론에서 남서쪽으로 약 20km 떨어져 있으며 남동쪽으로 약 4km 떨어진 아둘람과 북서쪽으로 약 4km 떨어진 아세가 사이에 있다. 이곳에서는 람멜렉 토기가 발견된 중요한 성읍이었다. 이곳은 예루살렘 탈무드에 기록된 곳이다. 유세비우스가 벧구브린과 예루살렘 사이에 있는 아홉 번째 마일스톤이 있는 곳에 있으며 토기 제조 중심지인 이중 마을(double village)이라고 기록한 곳이다. 이곳에서는 후기 청동기의 토기, 중기 청동기의 토기와 성벽이 발견되었다. 최근의 소규모 발굴을 통해서 북쪽 기슭에서 주후 6-5세기의 비잔틴 시대의 건물이 발굴되었으나 본격적인 발굴은 아직 이루어지지 않았다.

　2010년의 발굴은 중기 청동기와 철기 시대의 매장 동굴과 십자군 시대와 마믈룩 시대로 여겨지는 토기 작업장의 용재에서 이루어졌다. 필자가 공동 발굴을 시작하려고 할 때에 라기스나 소고 중의 한 곳으로 결정될 것으로 알고 기다렸다가 결국 라기스로 결정되었기에 라기스 발굴을 하게 되었다. 그 때에 발굴 장소가 소고로 결정되었으면 한국발굴단이 소고를 발굴했을 수도 있었던 특별한 장소이다. 이곳은 60두남의 크기로 후기 청동기, 후기 철기, 페르시아, 초기 아랍, 마믈룩, 오토만 시대의 유물이 발견되었다.

엘라 골짜기 Valley of Elah (עֵמֶק הָאֵלָה 상수리나무 골짜기)
엘라 골짜기(Nahal Ha-Ela)

사울이 지휘하는 이스라엘 군대가 블레셋과 싸울 때에 진을 쳤던 곳이다. 다윗은 엘라 골짜기에서 골리앗을 죽이고 이스라엘은 승리를 거두게 되었다(삼상 17:2,19). 엘라 골짜기는 해안 평야 지대에서 중앙 산악 지대로 접근하는 통로가 되는 중요한 골짜기 중의 하나로 지금도 엘라 골짜기(Nahal Ha-Ela)로 부른다. 엘라 골짜기는 소렉 골짜기에서 남쪽으로 약 8km 정도 떨어져 있고 베들레헴으로 올라가는 길목에 있었으며 이 계곡은 아세가와 소고 같은 성읍이 방어해 주었다.

답부아 [1] 유다 Tappuah (תַּפּוּחַ 사과, 사과나무)

베이트 나티프(Beit Natif)
31° 41′ 47.53″N 34° 59′ 46.94″E

쉐펠라 지역의 엔간님 옆에 있던 이곳은 유다의 성읍으로 주위에 사노아, 엔간님, 야르뭇, 아둘람이 있다(수 15:33, 34). 답부아는 동명이지로 답부아[1](유다)와 답부아[2](에브라임; 수 16:8)가 있으며 답부아[2](에브라임)는 엔 답부아와 이명동지이다(수 17:7). 답부아는 지리적인 이유로 베이트 나티프(Beit Natif)와 동일시되고 있다. 마레사가 있는 이곳은 예루살렘에서 벧구브린 사이를 잇는 로마 시대의 도로에 있으며 헤브론에서 북서쪽으로 21km 떨어진 곳에 있다. 로마 시대에는 벧 레테파(Beth Letepha)로 불렸다. 1945년에는 인구가 2,150명이었으나 1948년에 폐허가 된 아랍 마을이다. 이곳은 150두남의 큰 유적지로 후기 철기, 헬라, 로마, 비잔틴, 초기 아

랍, 마믈룩, 오토만 시대의 유적이 이곳에서 발견되었다. 이곳에서는 '베이트 나타프 램프'라고 부르는 램프가 두 곳의 저수조에서 발굴되었다.

호르밧 베이트 나타프(Horbat Beth Natif)에서는 2013년 2월의 발굴에서 바위를 깎아 만든 매장 동굴이 발견되었다.

엘드곤 Eltekon (אֶלְתְּקֹן 반석이 되는 하나님)

키르벳 에드 데이르(Kh. ed-Deir)
31° 41′ 24.67″N 35° 06′ 05.13″E

벧술 부근에 있는 유다 지파의 여섯 성읍의 하나로 할훌과 벧술과 그돌과 마아랏과 벧 아놋 주위에 있었다(수 15:59). 엘드곤은 베들레헴에서 서쪽으로 약 6km, 후사에서 남쪽으로 약 3km 떨어진 곳에 있는 키르벳 에드 데이르(Kh. ed-Deir)가 지리적인 이유에서 동일시되고 있는데 고

고학적인 근거는 미약하다. 이곳은 확장하고 있는 키부츠 옆의 계곡에 위치하고 있다.

아벨(Abel)이 엘드곤으로 동일시 하는 키르벳 에드 데이르는 후사 추정지인 후산의 남쪽에 있는 이스라엘 정착촌인 하다스(Hadas)에서 서쪽으로 약 300m 떨어져 있다.

아둘람 Adullam (עֲדֻלָּם 하나님의 공의)
텔 에쉬 쉐이크 마드쿠르(Tell esh-Sheikh Madhkur)   31°39′06.62″N 35°00′05.64″E

다윗을 따르는 사람들이 함께 모여 살아가던 아둘람 굴이 있는 아둘람은 유다 지파의 성읍으로 르호보암이 국방을 강화하기 위해 세운 요새였다(수 15:35; 대하 11:7). 아둘람은 여호수아가 멸망시킨 왕의 목록에 있으며(수 12:15), 다윗을 지지하는 사람들이 모인 아둘람 굴이 있는 곳이었다(삼상 22:1). 유다는 자기 형제들에게서 떨어져서 아둘람 사람 히라와 살았다가 다말과의 사건이 일어났다(창 38:1). 아둘람 굴은 다윗을 따르는 사람들이 사백명이 모여 살았던 곳이다. 블레셋 군대가 르바임 골짜기에 진을 칠 때에 다윗의 부하 세 명은 아둘람 굴에 있는 다윗을 찾아갔다(삼하 23:13). 다윗은 아둘람 굴에 머물면서 시편을 기록한 것이 시편의 표제에 기록되어 있다(시 34, 57, 142편 표제). 미가 시대에는 힘 있고 부유한 사람들의 피난처가 된 곳이다. 미가 선지자는 이스라엘의 영광이 아둘람까지 이를 것이라고 예언했던 것처럼 산헤립의 침략 때 함락되었던 곳이다(미 1:15). 바벨론 포로에서 돌아온 이스라엘 백성들이 다시 배치될 때 아둘람은 유다 지파가 사는 고장이 되었다(느 11:30).

아둘람은 '피난처' 또는 '격리된 장소'의 뜻이다. 아둘람은 키르벳 에쉬 쉐이크 마드쿠르(Kh. esh Sheikh Madhkur)와 동일시되었다. 이곳은 아랍어로 에드 엘 미흐('Eid el Mieh) 또는 키르벳 이드 엘 민냐(Kh. Id el-Minya)로 부르는 텔(Tell)로서 정상은 평평한 곳이며 북쪽과 동쪽 기슭에는 큰 동굴, 작은 동굴, 무덤들이 있다. 이 지역에는 동굴들이 많이 있다. 주후 4세기에 유세비우스는 이곳을 큰 마을이라고 기록했다. 1596년의 오토만 시대에도 기록되었으며 괴랭은 이 마을에 모스크의 유적이 있다고 기록했다. 1074년의 기록에는 이곳이 사람들이 거주하지 않으며 목동들이 밤에 쉬는 곳이라고 기록되어 있는 곳이다. 이 지역은 1994년부터 아둘람 자연보호구역(The Adullam Grove Nature Reserve)에 속해 있다. 이 지역에는 주전 10세기부터 주후 4세기까지의 유적인 키르벳 미드라스(Kh. Midras)와 호르밧 아타리(Horbat Atari)가 있다. 키르벳 미드라스는 아둘람에서 서쪽으로 약 6km 떨어져 있으며 정상에서 조금 떨어진 곳에는 바르 코크바(주후 132-135년) 항쟁 때 피난처로 사용하던 동굴(The refuge caves 31°39′19.60″N 34°56′17.91″E)도 있다. 이곳은 다윗이 머물던 아둘람 굴이 아니라 아둘람 지역에 있는 많은 동굴 중의 하나일 뿐이다. 이 곳은 1961년에 설립되고 2017년에 919명이 사는 유대인 모샤브인 아데레트(Aderet)에서 남동쪽으로 약 500m 떨어진 텔로서 텔의 남동쪽은 팔레스틴 자치지구와의 분리장벽이다.

주거동굴▶

텔 아둘람

홀론[1] 유다 Holon (חֹלוֹן 모래가 많은)
키르벳 아린(Kh. Alin)
31° 39′ 31.58″N 35° 02′ 49.95″E

유다 지파의 성읍이었으나 제사장 아론의 자손에게 주어진 성읍이었다(수 15:51; 21:15). 홀론은 동명이지로서 홀론[1](유다)과 홀론[2](모압)이 있으며 힐렌(대상 6:58)과 이명동지이다. 홀론의 주위에는 아납과 에스드모아와 고센과 길로가 있었다(수 15:50,51). 홀론은 올브라이트나 시몬 같은 학자에 의해서 키르벳 아린(Kh. Alin)으로 추정되었다. 이곳은 35두님 크기의 유적으로

후기 철기, 로마, 비잔틴 시대의 유적이 이곳에서 발견되었다.

이곳은 앵커성경사전(ABD)에서 방문하기 매우 어려운 곳이라고 한 것처럼 팔레스틴 구역 안에서도 분리 장벽 부근에 있기에 찾기가 어려운 곳에 있다.

마아랏 Maarath (מָעֲרָת 벌거숭이)
베이트 움마르(Beit Ummar)
31° 37′ 14.48″N 35° 06′ 07.35″E

그돌과 벧 아놋 사이에 있는 이곳은 성경에 한 번 기록되었으며 유다 지파의 성읍이었다(수 15:59). 마아랏은 할홀, 벧술, 그돌, 벧 아놋, 엘드곤 부근에 있었다. 마아랏은 베이트 움마르(Beit Ummar)와 동일시된다. 베이트 움마르라는 아랍 마을이 자리잡고 있는데 2016년에는 19,892명이 살고 있다. 이곳에서는 남쪽 경사지에서 큰 매장지가 발견되었으며, 중기 청동기, 페르시아, 헬라, 로마, 비잔틴, 초기 아랍 시대의 토기가 발견되었다.

이 마을은 매라(Maera)라고 불렸으며 십자군 시대에는 벧아멘(Beth Amen)이라고 불렸다.

이 마을은 1838년의 에드워드 로빈슨의 기록에 있는 마을이다. 이 마을의 중요한 모스크는 나

비 마타 무덤(the tomb of Nabi Matta)인데 마타는 마태의 뜻으로 나의 아버지 아밋대를 뜻한다. 가까이에 있는 할홀에는 요나의 무덤이라고 부르는 곳이 있다.

그돌[1] 유다 Gedor (גְּדוֹר 울타리)
키르벳 제두르 (Kh. Jedur)
31°37′57.81″N 35°05′32.16″E

벧술과 마아랏 사이의 산악 지대에 있는 유다 지파의 그돌은 동명이지로 그돌[1](유다)과 그돌[2](베냐민; 대상 12:7)과 그돌[3](지역)이 있다. 그돌[1](유다)은 성경에 한 번 기록된 유다 지파의 성읍으로 할홀, 벧술, 벧 아놋, 마아랏, 엘드곤 부근에 있었다(수 15:58,59). 대부분의 학자들은 그돌을 베들레헴과 헤브론 사이에 있는 키르벳 제두르(Kh. Jedur)와 동일시하고 있다. 이곳에서는 중기·후기 청동기, 초기 철기, 페르시아, 헬라, 로마, 비잔틴, 마믈룩 시대의 유적이 발견되었다.

이곳은 베이트 우마르(Beit Vmmar)의 북서쪽에 위치하고 있으며 슈리프(Surif)와의 사이에 있다. 이곳의 북쪽에는 나할 그돌(Nahal Gdor)이 있으며 이 계곡에는 아인 알카시(Ayn al Kasih)가 있다.

길로 Giloh (גִּלֹה 추방하다)
키르벳 잘라(Kh. Jala)
31°37′05.20″N 35°04′36.78″E

다윗의 모사 아히도벨의 고향으로 유다 산지에 있는 십일 성읍 중 하나이다(수 15:51). 아히도벨은 길로 사람(삼하 15:12; 23:24)이라고 불렀다. 길로는 아납, 에스드모, 아님, 고센, 홀론 주위에 있었다. 길로는 베들레헴 옆에 있는 길로를 길로로 추정하기도 하지만 길로는 바알 브라심으로 추정되었기에 일반적으로 키르벳 잘라(Kh. Jala)로 추정한다. 키르벳 잘라는 헤브론에서 북동쪽으로 약 8㎞ 떨어진 곳에 있다. 이곳에 고대 주거지가 있으며 마아랏의 추정지인 베이트 우마르 마을의 서쪽 언덕에 있다. 그돌의 남쪽 언덕에 있는 키르벳 잘라(Jala) 마을의 입구에 있다.

이 마을은 동쪽에는 베이드 우마르(Beit Vmmar) 북쪽에는 수리프(Surif), 남쪽에는 카라스(Kharas)가 있는 언덕 위에 있고 조그마한 마을로 이 마을에는 두 개의 우물(Ayn Jala, Bir Jala)이 있으며 마을 입구에는 고대 유적이 있는 언덕에는 모스크가 있다.

느보[1] 유다 Nebo (נְבֹו)
누바(Nuba)
31° 36′ 24.71″N 35° 02′ 14.77″E

바벨론에서 52명이 귀환한 성읍으로 벧엘과 아이 다음으로 기록된 곳이다(스 2:29; 느 7:33). 느보는 요르단에 있는 성읍인 느보[2](르우벤)와 느보 산과는 동명이지이다. 느보는 아랍 마을 누바(Nuba)와 동일시되고 있는데 이곳은 그일라에서 동쪽으로 약 3㎞ 정도 떨어져 있다. 이곳에 대한 고고학적인 자료는 알려지지 않았다.

이 마을은 가나안 시대부터 있었던 성읍으로 여겨진다. 이 마을의 이름은 '높은'이라는 뜻을 가진 나보(Nabo)에서 유래되었다. 이 마을은 14세기의 마믈룩 시대의 기록에 누바로 기록하였다.

1596년의 오토만 시대에 82가정이 사는 마을이었다. 1838년에 에드워드 로빈슨은 무슬림이 사는 마을로 기록했다. 누바는 2007년에 4,609명의 주민이 사는 팔레스틴의 아랍 마을이다.

기브아[1] 유다 Gibeah (גִּבְעָה 언덕, 고지)
자바(Jab′a)
31° 40′ 31.25″N 35° 04′ 32.96″E

유다 지파의 성읍으로 마온 부근의 열 성읍 중 하나로 성경에 한 번 기록된 성읍이다. 가인과 딤나 부근에 있었다(수 15:57). 성경에는 기브아라는 이름을 가진 곳이 네 곳이 있다. 기브아[1](유다; 수 15:57), 기브아[2](에브라임; 수 24:33), 기브아[3](기부앗), 기브아[4](베냐민)가 있다. 기브아[3](기부앗)은 기부앗으로 번역되어 있다(수 18:28). 기브아[1](유다)는 베들레헴에서 약 12㎞ 떨어져 있는 아랍 마을 자바(Jaba)로 추정된다. 팔레스틴 지역 안에 있는 이 마을의 언덕에는 유적지가 남아 있다.

자바는 가나안 시대부터의 거주지로 보여진다. 유세비우스(Eusebius)는 이곳을 지리학자 사무엘 클레인(Samuel Klein)의 자바를 가바타(Gabata)로 기록한 것으로 보인다. 15936년에 오

토만 시대의 기록에 3가정의 무슬림이 사는 마을로 기록 되어 있다. 이곳은 1863년의 괴랭(Victor Guerin)의 기록에도 있는 이곳에서는 비잔틴 시대의 토기가 발견되었고 마을 동쪽에도 동굴들이 있다고 한다. 이곳은 2007년에 896명의 주민이 사는 팔레스틴 아랍 마을이다.

브라가 골짜기 Valley of Beracah (עֵמֶק בְּרָכָה 축복의 골짜기)
와디 엘 아룹(Wadi el-Arrub)

이곳은 성경에 한 번 기록된 곳으로 여호사밧 왕 때 갑자기 쳐들어 온 모압과 암몬의 연합군을 하나님의 역사로 승리한 후에 백성들을 다시 모아 하나님을 찬양했던 골짜기이다(대하 20:26). 브라가 골짜기는 '축복의 골짜기' 라는 뜻으로 예루살렘에서 헤브론으로 가는 길목에 있으며

마아랏으로 추정되는 베이트 움마르(Beit Ummar) 앞에 있는 골짜기인 와디 엘 아룹(Wadi el-Arrub)으로 동일시되고 있다. 이곳 가까이에 고대 지명을 가지고 있는 키르벳 베레이쿠트(Kh. Bereikut)가 있다.

그일라 Keilah (קְעִילָה 성채, 요새)
키르벳 킬라(Kh. Qila)   31° 36′ 49.44″N 35° 00′ 10.94″E

유다 지파에게 분배된 성읍으로 입다, 아스나, 느십, 악십, 마레사 부근에 있었던 곳이다(수 15:44). 다윗은 피신 중이었는데도 블레셋 족속의 공격을 당하는 그일라를 구해 주었으나 사울이 이곳에 오자 그일라 사람들의 배신을 염려하고 이곳을 떠났다(삼상 23:1-5). 느헤미야가 예루살렘 성을 건축할 때 그일라의 절반을 다스리는 하사뱌가 자기 구역을 맡아 보수하였다(느 3:17). 그일라는 키르벳 킬라(Kh. Qila)와 동일시되는데 헤브론 북서쪽에 위치하고 있으며 느십 부근에 있다.

이곳의 크기는 55 두남이다. 이곳에서는 중기 · 후기 청동기, 초기 · 후기 철기, 페르시아, 로마, 비잔틴, 마믈룩 시대의 유적이 발견되었다.

블레셋 평야의 양떼

네겝의 낙타

유다 산지의 *헤브론* 지역

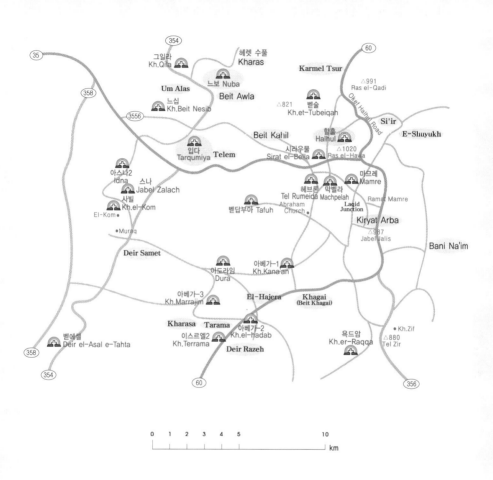

35

354
그일라
Kh.Qila

헤렛 수풀
Kharas

Karmel Tsur

60

△991
Ras el-Qadi

358

Um Alas

느보 Nuba

Beit Awla

벧술
Kh.et-Tubeiqah

△821

Si'ir

E-Shuyukh

3556

느십
Kh.Beit Nesib

Beit Kahil

함훌
Halhul

Oket Halhul Road

임다
Tarqumiya

Telem

시라우물
Sirat el-Bella

△1020
Ras el-Hawa

아스나2
Idna

스나
Jabel Zalach

사빌
Kh.el-Kom

El-Kom

Muraq

헤브론 막벨라
Tel Rumeida Machpelah
Abraham
Church

마므레
Mamre

Ramat Mamre

Lagid
Junction

Kiryat Arba

뻳답부아 Tafuh

△987
Jabel Nalis

Bani Na'im

Deir Samet

아도라임
Dura

아베가-1
Kh.Kana'an

아베가-3
Kh.Marrajim

El-Hajera

Khagai
(Beit Khagai)

Kharasa   Tarama

이스르엘2
Kh.Terrama

아베가-2
Kh.el-Hadab

욕드암
Kh.er-Raqqa

△880
Kh.Zif
Tel Zir

벧에셀
Deir el-Asal e-Tahta

358

Deir Razeh

356

354

60

0 1 2 3 4 5   10
└─────────────────┘ km

벧술 Beth-Zur (בֵּית־צוּר 바위의 집)
키르벳 엣 투베이카(Kh. et-Tubeiqah) 31˚35′22.05″N 35˚05′39.26″E

르호보암이 요새로 만든 유다 땅의 유다 지파 성읍이다. 할훌, 그돌, 마아랏, 벧 아놋, 엘드곤 부근에 있었
다(수 15:58). 벧술은 르호보암이 국방을 강화하기 위하여 요새로 건축했던 열다섯 개의 성읍 중 하나로 중
요한 성읍이었다(대하 11:7). 느헤미야가 예루살렘성을 건축하는 시대에 아스북의 아들인 느헤미야가 벧
술 지방의 절반을 다스렸다(느3:16). 벧술은 키르벳 엣 투베이카(Kh. et-Tubeiqah)와 동일시되었다. 이곳
은 유다와 이두매 사이의 국경 요새였기에 헬라 시대에는 중요한 위치에 있는 성읍이 되었다. 키르벳 엣
투베이카는 1957년에 셀러스(O. R. Sellers)에 의해서 발굴되었다. 이곳에서는 주전 3000년 말기의 주거지,
주전 18-17세기의 가나안 성읍 요새, 철기시대의 주거지, 통치자 히스기야(the governor Hezekiah)가 새

겨진 페르시아 시대의 희귀한 동전이 발견되었다. 요세푸스는 벧술
에 대하여 기록했다. 헬라 시대에는 벧 소라(Bet Soura)로 불려졌으
며 주전 3세기에 성채가 건설되었다.
 주전 164년의 막카비 전쟁 때 벧술 전투가 이곳에서 벌어졌다. 비잔
틴 시대에 유세비우스와 이곳을 벧소로(Bethsoro)로 불렀다. 제롬은
벧술 가까이에는 중세기의 탑이 남아 있는 키르벳 브르즈 에스 수르
(Khirbet Burj as-Sur)라는 유적이 있다. 십자군 시대에는 벧술은 벧수
르(Beit Sur), 벧수라(BethSura)라고 불렸다.

할훌 Halhul (חַלְחוּל 회전하다)
할훌(Halhul) 31˚34′43.27″N 35˚06′23.24″E

유다 지파의 성읍으로 성경에 한 번 기록된 성읍이었다(수 15:58). 할훌은 벧술, 그돌, 마아랏, 벧
아놋과 엘드곤 부근에 있었던 성읍으로 성경 시대의 이름을 가지고 있는 할훌(Halhul)과 동일시

되고 있다. 이곳은 헤브론에서 북쪽으로 약 6㎞에 위치
하고 있으며 해발 916m의 높은 지대에 있다. 이곳은 18
두남의 크기의 유적으로 초기·후기 철기, 페르시아, 헬
라, 비잔틴 시대의 토기가 발견되었다. 무슬림 전통에 의
하면 선지자 요나가 이곳에 묻혀 있다고 하여 요나 모스
크(the Mosque of Nabi Yunus)가 있다. 이 마을은 1838
년에 에드워드 로빈슨의 기록에 있는 성읍이다.

느십 Nezip (נְצִיב 두다, 자리잡다)
키르벳 베이트 느십(Kh. Beit Nesib) 31˚35′08.83″N 35˚00′38.57″E

아스나와 그일라 사이에 있고 성경에 한 번 기록된 유다 지파의 성읍이다. 입다, 아스나, 그일라, 악
십 주위에 있는 성읍이었다(수 15:43). 느십은 키르벳 베이트 느십(Kh. Beit Nesib)으로 동일시되고

있다. 이곳은 헤브론에서 북서쪽으로 약 12㎞ 떨어진 곳
에 있으며 고대의 이름을 보존하고 있다. 이곳은 25두남
크기의 텔(Tell)로서 후기 철기, 페르시아, 헬라, 로마, 비
잔틴, 초기 아랍, 마믈룩, 오토만 시대의 유물이 이곳에서
발견되었고 고대의 주거지가 있다. 키르벳 베이트 느십
은 입다로 동일시되는 아랍 마을 타르쿠미야(Tarqumia)
의 부근에 있는 언덕이다.

입다 Iphtah (יִפְתָּח 그가 열어주신다)
타르쿠미야(Tarqumia)　　　　　　　31° 34′ 26.17″ N　35° 00′ 34.92″ E

립나 지역에 있는 유다 지파의 아홉 성읍 중의 한 곳인 입다는 성경에 한 번 기록된 성읍이다 (수 15:43). 입다는 에델, 아스나, 느십, 그일라 부근에 있었던 성읍이었다. 입다는 팔레스틴 지구 안에 있는 현대 마을 타르쿠미야(Tarqumia)로 동일시되고 있다. 타르쿠미야는 느십으로 동일시되는 키르벳 베이트 느십(Kh. Beit Nesib) 부근에 있는 아랍인 마을이다. 헤브론에서 북서쪽으로 약 8㎞ 떨어진 언덕에 있는 이 마을은 1838년에

에드워드 로빈슨이 가사에서 벧 지브린을 지나 헤브론으로 가는 길에 있다고 기록했다. 1863년에 괴랭(Victor Guerin)은 이 마을에 400명의 주민이 살고 있다고 기록했다. 바위 언덕에 있는 이 마을에는 저수조들이 있으나 고고학 자료는 확인되지 않았다. 이 마을은 2007년에는 15,109명이 살고 있는 팔레스틴 지구에 있는 아랍 마을이다.

아스나 [2] 그일라 Ashnah (אַשְׁנָה 강한)
이드나(Idna)　　　　　　　　　　31° 33′ 32.03″ N　34° 58′ 36.83″ E

입다와 느십 사이에 있는 유다 지파의 성읍으로 그일라 부근에 있는 아홉 성읍 중 하나였다(수 15:43). 이곳은 팔레스틴의 현대 마을 이드나(Idna)로 추정되고 있다. 이드나는 라기스 동쪽 10㎞ 지점에 있으며 느십에서 남서쪽으로 약 3㎞ 떨어진 아랍 마을이다. 이곳은 55두남의 크기로 석동기, 후기 철기, 페르시아, 헬라,

로마, 비잔틴, 초기 아랍, 마믈룩, 오토만 시대의 유적이 이곳에서 발견되었다.

사빌 Shaphir (שָׁפִיר 아름다움)
키르벳 엘 콤(Kh. el-Kom)　　　　　31° 31′ 57.98″ N　34° 57′ 53.95″ E

미가 선지자가 회개하라고 지적했던 사빌은 성경에 한 번 기록된 성읍으로 벗은 몸의 수치를 무릅쓰고라도 나이기 회개해야 된다고 강력하게 질책하였던 성읍이었다(미 1:11). 사빌은 키르벳 엘 콤 (Kh. el-Kom)으로 추정된다. 이곳은 25두남 크기로서 팔레스틴 지역에 있으며 석동기, 초기 청동기,

초기 철기, 헬라, 로마, 비잔틴, 마믈룩, 오토만 시대의 유적과 동굴거주지가 발견되었다. 사빌은 아벨(F. M. Abel)이 부근에 있는 와디 엘 사피르(Wadi es-Saffar)에 근거하여 추정한 곳이다. 최근에 도르세이(D. A. Dorsey)는 이곳을 막게

다로 추정하는 곳이다. 키르벳 엘 콤은 1967년에 코카비와 다른 고고학자들이 만든 고고학 지도에 기록되었다. 1967년의 가을에 디베르(W. G. Dever)가 이곳을 조사하여 성벽과 주전 9-7세기의 토기를 발견했다. 이곳에서는 주전 8-7세기

의 무덤 벤치에서 비문이 기록된 토기들을 발견했다. 무덤 1에서는 비문(Uzzah dauhter of Nethanyahu), 무덤 2에서는 우리야후라고 새겨진 다른 비문이 발견되었다. 우리야후(Uriyahu)라고 알려진 이곳의 송덕문에는 여호와가 그를 축복했으며 그의 아세라가 대적들에게서 구원했다고 하는 아세라까지 인정하는 혼합주의 신앙을 보여주는 유물이 발견되었다. 이 비문은 주전 8세기 후반으로 추정된다. 1971년에는 이곳에 있는 아랍 마을의 남쪽 지역에서 성문과 성벽이 발견되었다.

헤브론 Hebron (חֶבְרוֹן 결합, 친구) /기럇 아바/기럇 아르바
헤브론(Hebron)
31°31′29.91″N 35°06′06.20″E

가나안에 들어온 아브라함이 헤브론에 있는 마므레 상수리 수풀에 머물면서 하나님을 위하여 단을 쌓은 곳이다(창 13:18). 헤브론은 기럇 아르바(수 15:54)와 기럇 아바(느 11:25)와 이명동지이다. 개역한글판에 기럇 아바였으나 개역개정판에서 기럇 아르바로 개정되었다. 기럇 아르바는 '네 개의 도시'라는 뜻이다. 아브라함은 죽은 사라를 위하여 막벨라 굴을 사서 가족을 위한 묘지로 만들었다(창 23:2). 아브라함 이후에 이삭도 헤브론에 살았고 밧단 아람에서 돌아온 야곱은 이삭이 사는 헤브론으로 돌아왔다(창 35: 27). 모세가 보낸 열 두 정탐꾼은 네겝 지방으로 갔다가 헤브론을 정탐했다. 헤브론은 소안보다 먼저 건설된 중요한 성읍이다(민 13:22). 헤브론은 갈렙의 기업이 되었으나 유다 지파를 위한 도피성이 되었다(수 21:13). 다윗은 헤브론에서 유다 장로들에 의해서 왕이 되어 이곳에서 통치했고(삼하 2:11) 압살롬은 이곳에서 스스로 왕이 되는 반역을 했다(삼하 15:10). 르호보암은 헤브론을 요새화하여 국방을 강화했다(대하 11:10). 아브라함의 상수리나무는 헤브론에서 서쪽으로 약 2km 떨어진 곳에 있다(창 18:1). 중세부터 많은 성지 순례객이 다녀갔으며 약 600년 된 상수리나무가 있다. 이슬람에서는 637년에 헤브론을 정복한 후에 아브라함이 묻힌 헤브론을 메카, 메디나, 예루살렘에 이은 4대성지로 공포했다. 헤브론은 해발 927m의 고지대로 유다 산지에서 가장 높은 지역에 있다. 헤브론은 수자원이 풍부하고 포도 재배에 최적이기에 수많은 포도원이 있어 에스골 골짜기의 포도송이를 연상하게 한다(민 13:23,24).

헤브론에는 중요한 고고학적인 장소들이 있다. 구약의 헤브론으로 동일시되는 텔 루메이다(Tel Rumeida)는 50두남 크기로 텔 헤브론(Tel Hebron)으로 부르는 곳이다. 이곳은 아다모트 이샤이라고 부르는 곳이다. 이곳은 제벨 루메이다(Jebel Rumeida)의 낮은 돌출부에 있는 청동기, 철기 시대의 성읍이다. 막벨라 굴은 하람 엘 칼릴(Haram el-Khalil)이라고 부른다. 제 2성전 시대의 헤브론은 텔 헤브론과 막벨라 굴 사이에 있는 헤브론 계곡에 위치하고 있는 것으로 보인다. 마므레로 동일시 하는 하람 라메트 엘 칼릴(Haram Ramet el-Khalil)은 헤브론에서 북쪽으로 약 3km 떨어진 곳에 있다. 제벨 님라(Jebel Nimra)에는 큰 페르시아 시대의 건물이 있고 '기독교인의 유적'이라는 뜻의 키르벳 엔 나사라(Kh. en-Nasara)와 초기 아랍 시대의 유적인 제벨 바트락(Jebel Batrack)이 있다. 텔 헤스본은 1920년대에 올브라이트(W. F.

텔 루메이다

Albright), 마데르(A. E. Mader), 아벨(A. E. Mader)에 의해 동일시되었다. 헤스본의 발굴은 미국의 함몬드 (P.C. Hammond)에 의해, 1984년 이후에는 오페르(A. Ofer)에 의해 발굴되었고 2014년부터 다시 발굴이 시작되었다. 헤스본은 주전 3500년경부터 거주지였으며 주전 2800-주전 2500년경에는 30 두남이 넘는 성벽이 있는 요새화된 성읍이었다. 이곳은 중기 청동기 시대인 주전 2000년부터 주전 1600년에 다시 건축된 성읍으로 약 9.1m의 성벽 일부가 발견되었다. 헤브론은 철기 시대인 주전 1200-1000년의 큰 거주지가 발견되어 헤브론의 황금기라고 할 수 있을 정도로 커다란 성읍인 것이 확인되었다. 이곳에서는 '주전 8세기의 히스기야 시대에 '왕에게, 헤브론'이라는 고대 히브리어가 기록된 토기 손잡이가 발견되었다. 이곳에서는 주전 586년에 파괴된 주전 8세기의 거주지가 발견되었다.

아브넬의 무덤

헤스본은 바벨론 함락 이후에 에돔이 차지했으나 귀환한 유대인들이 종교적으로 역사적으로 중요한 장소였기에 다시 거주하였다(느 11: 25). 신약 시대에도 헤브론은 유대인들의 거주지였기에 헤롯이 막벨라 동굴을 다시 건설하기도 하였다. 헤브론에 거주하던 유대인

아브라함 상수리나무

들은 로마와 타협하지 않았다. 헤브론은 주후 68~70년, 주후 132~135년 로마에 대항하는 유대인 반란의 중심이 되기도 했다. 유대 로마 전쟁 후에 유대 열심당원들이 점령했으나 패전 후에 유대인들은 포로가 되어 끌려갔다. 비잔틴 시대를 지나 중세 시대에도 이곳은 유대인의 성지로 지켜졌다. 비잔틴 시대에는 유대 회당이 건축되었다. 유대인들은 이 지역에 계속하여 거주해왔다. 주후 7세기에 아랍이 이곳을 점령했다. 십자군들은 이곳을 점령하고 아브라함의 성이라고 불렀고 회당과 모스크는 교회가 되었다. 1187년에 살라딘은 헤브론을 점령했으며 아윱비드와 마믈룩 시대에 헤브론은 알 칼릴이라고 불렀으며 그 후에는 오스만 터키가 통치했다. 16세기의 오토만 시대에 세팔릭 유대인들이 헤브론으로 집단 이주하여 회당을 세웠다. 1823년에는 루바비치 유대 정통파 사람들이 헤브론에 유대인 공동체를 세웠다. 1948년 이후에는 서안지구에 속했으나 1967년 후에는 이스라엘의 점령지가 되었다.

1929년에 이곳에 500여명의 유대인들이 살고 있었으나 67명의 유대인들이 살해된 후에 일시적으로 유대인들이 떠났지만 1967년 6일 전쟁 후에 유대인들이 다시 거주하였다. 유대인들은 1975년부터 유대인 거주지(the Jewish Quarter)를 다시 찾았다. 이곳은 팔레스틴 정부가 통치하는 H1 지구와 이스라엘이 치안을 유지하는 H2 지구로 구분되었다. H1 지구는 약 12만 명의 팔레스틴 사람들이 사는 곳이고 H2 지구는 약 700명의 유대인과 약 3만명의 팔레스틴 사람들이 사는 곳이다. 유대인들은 헤브론의 3%에 해당하는 지역에만 갈 수 있는데 막벨라 굴 주변의 1.2㎞의 거리만 통행이 허락되어 있고 이 지역은 아랍인들에게는 통행이 제한되어 있다.

헤브론은 유대와 사마리아 지역에서 유일하게 유대인들이 갈 수 있는 곳이다. 헤브론과 1968년에 설립된 기르얏 아르바(Arba)에는 2017년에 7,339명의 유대인이 살고 있다.

막벨라 Machpelah (מַכְפֵּלָה 이중의 동굴)

막벨라(Machpelah)
31°31′28.84″N 35°06′39.63″E

아브라함의 가족 묘지가 있는 헤브론에 있는 이곳은 죽은 사라를 위하여 소할의 아들 에브론에게 은 사백 세겔을 주고 산 매장지이다. 막벨라 굴은 마므레 앞에 있었고 사라와 아브라함의 매장지가 되었고(창 23:9,17,19; 25:7-9) 그 후에 이삭, 리브가, 야곱, 레아가 묻혔다.

아브라함의 가족 묘지가 있는 헤브론에 있는 막벨라 굴은 헤브론에서 죽은 사자를 위하여 소할의 아들 에브론에게 은 사백 세겔을 주고 산 매장지이다. 막벨라(Machpelah) 굴은 마므레 앞에 있었고 사라와 아브라함의 매장지가 되었다(창 23:9,17,19;25:7-9). 막벨라는 '이중의 동굴' 이란 뜻이다. 막벨라 굴은 이스라엘의 3대 족장 부부인 아브라함과 사라, 이삭과 리브가, 야곱과 레아가 묻혀있는 곳이다. 이스라엘의 전설 중에 하나인 카발라의 이야기 중의 하나에 의하면 이 장소는 에덴 동산의 입구였다고 한다. 아담은 땅을 파고 이브를 묻었고 묘비를 세웠다. 이러한 이유로 아브라함이 이 땅을 사고 사라의 장례 장소로 사용하게 되었다고 한다. 랍비들은 이곳의 중요성을 강조하며 정탐꾼들이 헤브론까지 왔으며(민 13:22) 헤브론에서 사람들이 여분네의 아들 갈렙을 위해 기도하고 있었는데, 갈렙은 스파이로 의심을 받다가 구출되어 족장으로 재임명되었다고 랍비들의 주석에 기록되어 있다.

막벨라 굴은 텔 헤브론의 동쪽 기슭에 있으며 하람 엘 칼릴(Haram el-Khalil)이라고 부르며 족장들의 동굴(Cave of the Patriarchs)이라고 부르기도 한다. 예루살렘 성전을 다시 지은 헤롯 대왕은 헤브론의 막벨라 굴 주위에 커다란 마름돌로 담을 쌓았는데 지금도 대부분 남아있다. 헤롯 대왕은 막벨라 굴 위에 천정을 덮지 않은 건물을 지었다. 이것은 헤롯 시대의 건축물로는 유일하게 남아있는 건축물이다. 건물 안에는 상징적인 기념비로서 중세 스타일의 빈 무덤 6개가 자리 잡고 있다. 이 기념비들은 세 쌍으로 되어있고, 아브라함과 사라의 무덤이 중간에, 이삭과 리브가의 무덤이 동쪽에, 야곱과 레아의 무덤이 서쪽에 있다. 막벨라 굴 위에 세워진 건축물은 많은 변화를 겪었다. 로마 시대에 유대인들은 이곳에 회당을 건축했다. 4세기인 비잔틴시대에 교회(Bacilica)가 세워졌다. 주후 614년에 페르시아의 침략으로 무너졌으나 637년 아랍 무슬림들이 지붕이 있는 모스크로 다시 지었고 이곳에 두 개의 작은 유대교 회당을 허락했다. 12세기에 십자군이 이곳을 점령하고 교회가 되었고 무슬림들은 출입하지 못했다. 십자군들은 이곳을 아브라함 교회라고 불렀다. 1188년에 살라딘은 모스크를 세우고 모서리에 미나렛(minaret)을 세웠으며 기독교인들에게 예배를 허용했다. 지금의 막벨라 굴은 내부는 대부분 주후 8-15세기에 만들어진 것이다. 마믈룩 시대인 1266년에는 기독교인과 유대인은 출입이 불가능하였으며 1490년에는 무슬림도 출입하지 못했다.

주후 14세기에 무슬림들은 지하에 있는 동굴을 막았다. 20세기에 모세 다얀의 지휘 아래 진행된 조사가 이루어졌다. 12세 소녀가 카메라를 가지고 묘지 안에 들어갔다. 지하에는 조그마한 방 하나와 긴 복도와 하나의 계단이 있었다고 한다. 지금 막벨라 굴 위에 길이 59m 너비 33m 높이 약 20m의 웅장한 건물이 세워져 있다.

아브라함과 이삭과 야곱의 무덤이 있는 막벨라 굴

1967년 이후로 막벨라 굴은 구역이 구분되었지만 한 건물 안에서 유대인과 아랍인이 관리하기에 회당과 모스크가 공존하는 곳이다. 아랍인들은 이곳을 아브라함 모스크라고 부른다. 1994년에 한 유대인이 막벨라 굴의 모스크에서 기도하던 아랍인들을 공격하여 29명이 사망하고 125명이 부상하는 사건이 일어났다. 아브라함과 사라, 야곱과 레아의 무덤은 유대인들이 관리하고 이삭과 리브가의 무덤은 아랍인들이 관리한다. 막벨라 굴의 입구에는 「아브넬의 묘」가 있다.

막벨라 굴의 입구

막벨라 굴을 밝히는 등불

마므레 Mamre (מַמְרֵא 강함)
마므레(Mamre)
31°33′23.10″N 35°06′22.16″E

아브라함이 여호와를 위하여 제단을 쌓았던 곳이다(창 13:18). 아브라함은 마므레의 상수리 수풀 근처에 살았다(창 14:13). 아브라함은 이곳에서 하나님의 천사를 만났으며 후손을 주신다는 약속을 받았다(창 18:1-15). 마므레 앞에는 막벨라 굴이 있었다(창 25:9). 마므레(Mamre)는 아랍어로 '친구의 언덕'이라는 뜻을 가진 하람 라메트 엘 칼릴(Haram Ramet el-Khalil)로 부른다. 헤브론에서 북쪽으로 약 3㎞ 떨어져 있으며 헤브론과 예루살렘을 연결하는 통로와 베들레헴과 십을 연결하는 통로의 교차로에 있었다.

아브라함이 여호와를 위하여 제단을 쌓았던 곳이다(창 13:18). 아브라함은 마므레의 상수리 수풀 근처에 살았다(창 14:13). 아브라함은 이곳에서 하나님의 천사를 만났으며 후손을 주신다는 약속을 받았다(창 18:1-15). 마므레 앞에는 막벨라 굴이 있었다(창 25:9). 마므레(Mamre)는 아랍어로 '친구의 언덕'이라는 뜻을 가진 하람 라메트 엘 칼릴(Haram Ramet el-Khalil)로 부른다. 헤브론에서 북쪽으로 약 3㎞ 떨어져 있으며 헤브론과 예루살렘을 연결하는 통로와 베들레헴과 십을 연결하는 통로의 교차로에 있었다.

마므레가 있는 곳에서는 청동기 시대의 토기가 발견되었고 청동기 시대의 제의 장소로 사용되었던 것으로 보여진다. 헤롯 대왕은 에돔인들을 위해 이 곳에 2m 두께의 돌로 된 벽을 세웠는데 아브라함 우물이라는 고대 우물이 있었다. 헤롯의 건축물이 바르 코크바 군대가 파괴한 것을 이곳의 중요한 요지인 것을 아는 로마의 하드리안 황제가 다시 건축

하였다.

콘스탄틴 대제는 이곳에 있던 이방신들을 섬기지 못하도록 이곳에 교회를 세웠다. 이곳에 있던 나무는 7세기까지 그루터기가 남아 있었다고 한다. 이곳에는 7세기에 수도원이 있었다. 이곳의 발굴은 1926년-1928년까지 마데르(A. E. Mader), 1984년-1986년까지 마겐(I. Magen)에 의해 이루어졌다. 이곳은 49.3m x 65.1m의 규모였다. 이곳에서는 남쪽 벽(65m), 서쪽 벽(49.35m), 북쪽 벽(64.77m), 동쪽 벽(48.35m), 우물(직경 2.85m x 깊이 5.3m), 교회의 유적이 있다.

시라 우물 Well of Sirah (בּוֹר סִרָה 변화의 우물)
시레트 엘 벨라(Siret el-Bella)   31° 33′ 52.49″N 35° 06′ 04.90″E

성경에 한 번 나온 곳으로 다윗의 부하 요압이 아브넬을 죽이려고 사자를 보내어 아브넬을 데리고 온 곳이다(삼하 3:26). 시라 우물은 일반적으로 시레트 엘 벨라(Siret el-Bella)로 추정되는 곳인데 헤브론 북쪽에 있다. 요세푸스는 이곳이 베시라(Besira)라는 곳이었다고 기록했다.

벧 답부아 Beth Tappuah (בֵּית תַּפּוּחַ 사과의 집)
타푸흐(Taffuh)   31° 32′ 21.47″N 35° 03′ 04.01″E

헤브론 부근의 아홉 성읍 중 하나로, 유다지파 성읍이다. 벧 답부아는 성경에 한 번 기록되었으며, 답부아와는 다른 곳이다(수 15:53). 이곳은 야님, 아베가, 훔다, 헤브론 주위에 있었다. 이곳의 이름은 헤브론에서 북서쪽으로 약 5km 떨어진 850m의 고지 위에 있는 마을인 타푸흐(Taffuh)에 보존되어 있어 벧 답부아로 추정하고 있다. 이곳에서 후기 철기 시대, 페르시아, 헬라, 로마, 비잔틴, 로마 시대의 유물이 발견되었다. 이곳에서는 고대 도로, 서쪽을 향한 성벽, 저수조, 절단된 돌 같은 유적이 발견되었다. 답부아 북쪽에 있는 두 개의 유적(Kh. Astas, Kh. al Khamajat)는 답부아에 속한 곳이다. 1838년에 에드워드 로빈슨은 기록하였고 1863년에 괴랭

은 400명이 사는 마을로 기록했다. 이 마을은 2007년에 10,597명이 사는 팔레스틴의 아랍인 마을이다.

아도라임 Adoraim (אֲדוֹרַיִם 이중 언덕)
두라(Dura)   31° 30′ 20.28″N 35° 01′ 25.31″E

르호보암이 유다 땅을 방어하기 위해 건축한 성읍인 아도라임은 성경에 한 번 기록된 성읍이다. 이곳은 르호보암 왕이 요새로 건축한 열다섯 개의 성읍 중의 하나로 잘 알려진 헤브론, 라기스, 아세가 같은 성과 같이 선정될 정도로 중요한 곳이었다(대하 11:9). 아도라임은 아마르나 문서와 카르낙 신전의 시삭 왕의 정복 도시 목록에 기록 되어 있다. 아도라임을 팔레스틴의 아랍 마을 두라(Dura)로 추정되는 이유는 마을 이름에 성경 시대의 이름이 분명히 반영되어 있기 때문이다. 이곳에서 중기 · 후기 청동기, 후기 철기, 페르시아, 헬라, 로마, 비잔틴, 아랍 시대의 유적이 발견되었다. 이곳은 이름처럼 두 개의 언덕(Dura al-ʿAmaira, Dura al-Arjan)에 있다. 1838년에 에드워드 로빈슨은 이 마을이 이 지역에서 가장 큰 마을 중의 하나라고 기록했다. 이곳에서 북쪽으로 4㎞ 떨어진 곳에는 1984년에 아도라임의 이름과 같은 아도라(Adora)라는 2017년에 440명이 사는 두라는 2007년에 22,155명의 주민이 사는 팔레스틴 아랍 마을이다.

이스르엘 [2] 유다 Jezreel (יִזְרְעֶאל 하나님께서 씨를 뿌리신다)
키르벳 테르라마(Kh. Terrama)   31° 28′ 44.66″N 35° 01′ 59.14″E

유다 지파가 분배 받은 곳으로 마온과 갈멜과 십과 유다와 욕드암 부근에 있었다(수 15:56). 이곳은 다윗 왕의 아내였던 아히노암의 고향이기도 했다(삼상 25:43).

이곳은 헤브론의 남동쪽에 위치하고 있기에 키르벳 테르라마(Kh. Terrama)와 동일시되고 있다. 팔레스틴 지역 안에 있는 이곳은 주위를 관망할 수 있는 좋은 위치에 있으며 넓은 정상에는 동굴로 된 고대 거주지의 유적이 있다.

아베가⁻¹ Aphekah (אֲפֵקָה 하상(河床))

키르벳 카나안(Kh. Kanaan)　　　　　　　31°30′36.06″N 35°04′17.46″E

헤브론 지역의 벧 답부아 옆에 있는 성읍으로 성경에 한 번 기록된 곳이며 유다 지파에게 분배된 성읍이다(수 15:53). 아베가 주위에는 야님과 벧 답부아와 헤브론과 시올이 있었다. 아베가는 헤브론 남쪽에 있었을 것으로 추정되나 아베가를 추정할 수 있는 근거가 없다. 그러나 키르벳 카나안(Kh. Kanaan), 키르벳 엘 하다브(Kh. el-Hadab), 키르벳 마라짐(Kh. Marajim) 세 곳을 추정지로 보며 세 장소가 모두 가까이에 있다.

팔레스틴 지역에 있는 이곳에서 후기 철기, 페르시아, 헬라, 로마 시대의 유적이 발견되었으며 유적지 부근은 주민들이 거주하는 거주지가 되었다.

아베가⁻² Aphekah (אֲפֵקָה 하상(河床))

키르벳 엘 하다브(Kh. el-Hadab)　　　　　　31°28′44.19″N 35°03′09.74″E

헤브론 지역의 벧 답부아 옆에 있는 성읍으로 성경에 한 번 기록된 곳이며 유다 지파에게 분배된 성읍이다(수 15:53). 아베가 주위에는 야님과 벧 답부아와 헤브론과 시올이 있었다. 아베가는 헤브론 남쪽에 있었을 것으로 추정되나 아베가를 추정할 수 있는 근거가 없다. 그러나 키르벳 카나안(Kh. Kanaan), 키르벳 엘 하다브(Kh. el-Hadab), 키르벳 마라짐(Kh. Marajim) 세 곳을 추정지로 보며 세 장소가 모두 가까이에 있다.

팔레스틴 지역에 있는 이곳에서 초기 청동기, 후기 철기, 페르시아, 헬라, 로마, 비잔틴, 아랍 시대의 유물이 발견되었다. 키르벳 엘 하다브는 하다브 알 파와르(Hadad al-Fawwar)라고 부

르는 팔레스틴 아랍 마을에 있으며 이 마을은 2007년에 1,918명이 거주하고 있는 마을이다.

하다브는 아랍어로 산악지대라는 뜻을 가지고 지고 있다.

아베가 -3 Aphekah (אֲפֵקָה 하상(河床))

키르벳 마라짐(Kh. Marajim)　　　　　31°29′21.29″N 35°01′22.87″E

헤브론 지역의 벧 답부아 옆에 있는 성읍으로 성경에 한 번 기록된 곳이며 유다 지파에게 분배된 성읍이다(수 15:53). 아베가 주위에는 야님과 벧 답부아와 헤브론과 시올이 있었다. 아베가는 헤브론 남쪽에 있었을 것으로 추정되나 아베가를 추정할 수 있는 근거가 없다. 그러나 키르벳 카나안(Kh. Kanaan), 키르벳 엘 하다브(Kh. el-Hadab), 키르벳 마라짐(Kh. Marajim) 세 곳을 추정지로 보며 세 장소가 모두 가까이에 있다. 팔레스틴 지역에 있는 이곳에서 초기 · 후기 철기, 페르시아, 헬라, 로마, 비잔틴, 아랍 시대의 유적이 발견되었고 유적지 북쪽 기슭에는 알 마라짐(al-Marjim/al-Marajem)이라는 팔레스틴 아랍 마을이 자리잡고 있다.

벧에셀 Beth-Ezel (בֵּית הָאֵצֶל 비탈진 곳의 집)

데이르 엘 아살(Deir el-Asal)　　　　　31°28′22.00″N 34°56′45.45″E

미가 선지자가 애곡할 것이라는 예언을 한 곳으로 성경에 한 번 기록되었다(미 1:11). 미가의 예언에 같이 나오는 성읍들은 사빌과 사아난이라는 성읍인데 사아난은 어느 곳인지 알지 못하는 곳이다. 벧에셀은 드빌 추정지인 텔 베이트 미르심(Tell Beit Mirsim)에서 동쪽으로 약 3km 떨어진 깊은 계곡 위에 있는 데일 엘 아살(Deir el-Asal)로 추정되고 있다.

데이르 엘 아살은 '꿀의 수도원' 이라는 뜻으로 계곡으로 분리되어 윗 마을(Deir el Asal al - Fawqe)와 아래 마을(Deir el Asal al-Thata)로 나누어 진다. 윗 마을은 아래 마을 보다 400m 남서쪽에 있으며 규모가 더 큰 마을이다. 이 마을은 2012년 시작된 유대인 정착촌에서 동쪽으로 약 900m 떨어져 있으나 분리장벽이 세워져 있다.

1883년의 팔레스틴 조사에 의하면 비잔틴 시대의 유적으로 보이는 돌 무더기들, 동굴들, 저수조들, 파괴된 교회가 있다고 한다. 1931년에는 이곳을 키르벳 데이르 엘 아살 엘 가르비예(Kh. Deir el Asal-el Garibiye)라고 불렀다. 이 마을은 2007년에는 1,598명의 주민이 사는 팔레스틴의 아랍 마을이다.

욕드암 Jokdeam (יָקְדְעָם, 백성들의 흥분)
키르벳 에르 락카(Kh, er-Raqqa)   31°27′47.01″N 35°07′02.76″E

마온과 갈멜 지역의 열 성읍 중의 하나인 욕드암은 성경에 한 번 기록된 유다 지파의 성읍이다(수 15:56). 욕드암은 주위에 이스르엘과 사노아와 가인이 있었다. 욕드암은 헤브론 남쪽으로 약 7㎞ 떨어진 키르벳 에르 락카(Kh, er-Raqqa)와 동일시되고 있다. 아랍마을이 자리잡고 있는 이곳에서 고대 건물 흔적과 포도주틀과 동굴들과 모자이크가 발견되었으며 후기 철기, 헬라, 로마, 비잔틴, 초기 아랍 시대의 토기도 발견되었다.

헤렛 수풀 Hereth (יַעַר חֶרֶת, 헤렛 수풀)
카라스(Kharas)   31°36′42.35″N 35°02′49.55″E

다윗이 아둘람 굴을 떠나 모압 미스베로 가서 모압 왕에게 부모를 맡긴 후에 선지자 갓의 지시를 듣고 유다 땅으로 돌아와서 머무른 곳으로 성경에 한 번 기록된 곳이다(삼상 22:5). 헤렛은 '조각하다', '새기다'에서 유래되었다. 헤렛은 칠십인역에서는 사레크(Sereik)라고 번역이 되

었다. 헤렛은 그일라 부근에 있는 팔레스틴의 아랍마을인 카라스(Kharas)로 추정되고 있다. 카라스는 1838년에 에드워드 로빈슨이 방문하여 무슬림 마을이라고 기록한 곳이다. 이곳은 1870년에 38가정과 120명이 살았으며 2007년에는 7,328명이 살고 있는 마을이다. 이 마을의 고고학 자료는 확인 되지 않았다.

스난 Zenan (צְנָן, 양의 초장) /사아난
제벨 살라크(Jabel Zalach)   31°32′57.79″N 34°58′01.38″E

유다 지파의 성읍으로 라기스 부근에 있던 열여섯 성읍 중의 하나이며 성경에 한 번 기록되었다(수 15:37). 스난은 미가서의 사아난과 이명동지이다(미 1:11). 스난은 라기스 부근에 있는 아라크 엘 카르바(Araq el-Kharbr)로 추정되기도 하였으나 최근에는 다간(Dagan)이 제벨 살라크

(Jabel Zalach)를 스닌으로 동일시되었다. 이곳에서 지표 조사를 통하여 중기 청동기, 철기, 헬라, 비잔틴, 오토만 시대의 토기가 발견되었다. 제벨 살라크는 팔레스틴 지역에 있는 아스나로 동일시되는 이드나(Idna)의 남쪽에 있는 언덕이다. 이곳에 대한 고고학 자료는 확인되지 않았다.

블레셋 평야의 그랄 지역

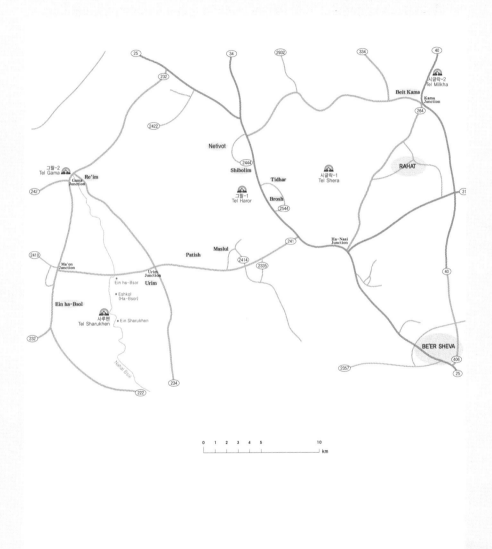

그랄 -2 Gerar (גְּרָר 끌다)
텔 가마(Tel Gama)
31° 23′ 13.83″ N 34° 26′ 42.28″ E

가나안 지방의 경계에서 언급될 정도로 중요한 고대 도시였으며(창 10:19) 가나안으로 옮긴 아브라함이 남쪽의 네겝 지방으로 이주했을 때 살게 되었던 곳이다(창 20:1). 아브라함은 그랄 왕 아비멜렉에게 사라를 누이 동생으로 속이고 보내었으므로 아비멜렉 왕이 아내로 맞았다가 아브라함에게로 돌려보냈다(창 20:2-18). 이삭은 흉년이 들어 그랄의 블레셋 왕에게 갔을 때 아브라함과 같은 일을 겪었으나 그랄에서 거주하였다(창 26:1,6,17). 아사와 함께 한 백성이 구스 사람 세라의 군대를 스바다 골짜기에서 물리쳤을 때 그랄까지 추격하였다(대하 14:13). 이곳은 청동기 시대의 성읍인 유르자(Yurza)로 추정하기도 하는 곳이다. 이곳에서는 발굴을 통하여 석동기, 중기 · 청동기, 초기 · 철기, 페르시아, 헬라, 비잔틴 시대의 지층과 유적이 드러났다. 텔 가마는 브솔 시내 남쪽에 위치하며 해안 평야에 위치한 전형적인 텔(Tell)의 모습을 하고 있다. 텔 가마는 텔 레임(Tell Re' im)이라고 부르기도 하며 일반적으로 텔 제메(Tel Jemmh)라고 부른다. 이곳은 가나안 시대의 우르자(Yurza)와 동일시되기도 한다. 이곳은

1922년에 아담스(W. J. Phythian-Adams), 1926-1927년에는 페 트리(Petrie), 1970년대에는 반 벡(G.W.Van Beek)이 발굴했다. 이곳에서는 석동기 토기, 중기 청동기 건물과 토기, 후기 청동기 건물, 철기 시대의 초기 블레셋 거주지, 주전 10-주전 9세기 건물, 주전 8-7세기의 건물, 앗수르 시대 건물, 주전 6세기외 건물, 페르시아 시대의 건물, 헬라 시대의 건물이 발견되었다. 텔 가마에서 동쪽으로 약 500m 떨어진 곳에는 1949년에 세워진 키부츠 레임(Re' im)이 있으며 2017년에는 416명의 주민이 살고 있다.

시글락 -1 Ziklag (צִקְלַג)
텔 세라(Tell Sera)
31° 23′ 26.71″ N 34° 40′ 48.83″ E

유다 지파의 성읍이었으나(수 15:31) 시므온 지파에게 다시 분배된 성읍이었다(수 19:5). 다윗이 아기스 왕에게서 받은 성읍이었다(삼상 27:6). 다윗이 없는 동안에 아말렉 사람들에게 침략을 당했으나 다윗이 브솔 시내를 건너 남쪽까지 추격하여 가족과 시글락 주민과 약탈당한 재물을 되찾아 왔다(삼상 30:14,16). 다윗은 전리품을 유다 장로들과 자신과 부하들이 왕래하는 모든 곳에 나누어 주었다(삼상 30:26-30). 다윗은 이곳에서 사울과 요나단의 전사 소식을 들었고 소식을 전한 사람을 죽였다(삼하 1:1-16). 시글락의 추정지는 텔 세라(Tell Sera), 텔 밀카(Tell Milkha), 텔 할리프(Tell Halif), 텔 에스사피(Tell es-Safi), 텔 에라니(Tel Erani), 텔 엘 헤시(Tell el-Hesi), 텔 나길라(Tel Nagila), 키르벳 주헤일리카(Kh. Zuheiliqah), 텔 엘 파라(Tell el-Farah

south), 텔 에스세바(Tell es-Seba), 텔 마소스(Tel Masos), 할루자(Haluz)가 있으며 최근에 라기스 옆에 있는 유적으로 발굴 중인 키르벳 알 라이(Kh. al-Rai)가 있다.

 나할 그랄 옆에 있는 텔 에스 샤리아(Tell esh-Sharia)라고 부르는 곳이다. 이곳에는 발굴을 통하여 석동기, 중기 · 후기 청동기, 초기 · 후기 철기, 페르시아, 헬라, 로마, 아랍 시대의 거주 흔적과 유물이 발견되었다.

브솔 시내 Brook Ravine נַחַל הַבְּשׂוֹר 차가운 강)
브솔 시내(Nahal Bsor)

다윗이 시글락을 공격했던 아말렉 사람을 추격할 때에 건넜던 시내였다(삼상 30:9, 10,21). 다윗은 아멜렉 군대를 더 이상 추격할 수 없을 정도로 지친 부하 이백 명을 이곳에 남겨두고 나머지 사백 명을 데리고 추격에 성공하였다. 브솔 시내는 지금도 브솔 시내(Nahal Bsor)라고 불리고 있다. 이곳은 브엘세바 부근에서 시작하여 북서쪽으로 흐르며 사루헨 옆을 지나 그랄로 추정되는 텔 가마 옆을 지나간다.

사루헨 옆을 흐르는 브솔 시내

사루헨 Sharuhen שָׁרוּחֶן 은혜로운 피난처)
텔 사루헨(Tel Sharukhen)   31°16′55.31″N 34°28′58.23″E

시므온 지파가 제비 뽑아 얻은 곳으로 성경에 한 번 기록되었다(수 19:6). 사루헨은 시글락, 벧 말가봇, 하살수심, 벧 르바옷의 부근에 있었다. 사루헨은 텔 엘 파라(Tell el-Farah)로 동일시되어 텔 사루헨(Tel Sharukhen)이라고 불린다. 올브라이트(W. F Albright)는 이곳을 사루헨으로 동일시하였다. 이곳은 텔 엘 파라 남쪽(Tell el-Farah South)이라고 부르며 텔 엘 파라 북쪽(Tell el-Farah North)는 북 이스라엘의 수도였던 디르사이다. 페트리(W. M. F. Petrie)의 지도로 1928, 1929년에 발굴이 이루어졌다. 1930년의 발굴 보고서에는 북쪽 언덕과 몇 개의 무덤의 발굴 내용이 보고 되었다. 1932년의 발굴 보고서에는 남쪽과 북쪽의 언덕의 발굴 내용이 보고되었다.

발굴을 통하여 중기 청동기 시대부터 로마 시대까지의 거주지 흔적과 유물이 나왔고, 동쪽을 제외한 거주지 부근에서는 여러 시대의 많은 무덤들도 발견되었다. 이곳은 다져진 흙벽과 해자가 파여진 요새였으며 이곳에서 경사진 제방이 발견되었고 이집트인 부적의 일종으로 힉소스 왕 키안(Khian)의 이름이 새겨진 다량의 갑충석이 발견되기도 했다.

그랄 -1 Gerar (גְּרָר 끌다)

텔 하로르(Tel Haror)

31° 22′ 55.02″N 34° 36′ 23.87″E

가나안 지방의 경계에서 언급될 정도로 중요한 고대 도시였으며(창 10:19) 가나안으로 옮긴 아 브라함이 남쪽의 네겝 지방으로 이주했을 때 살게 되었던 곳이다(창 20:1). 아브라함은 그랄 왕 아비멜렉에게 사라를 누이 동생으로 속이고 보내었으므로 아비멜렉 왕이 아내로 맞았다가 아 브라함에게로 돌려보냈다(창 20:2-18). 이삭은 흉년이 들어 그랄의 블레셋 왕에게 갔을 때 아브 라함과 같은 일을 겪었으나 그랄에서 거주하였다(창 26:1,6,17). 아사와 함께 한 백성이 구스 사 람 세라의 군대를 스바다 골짜기에서 물리쳤을때 그랄까지 추격하였다(대하 14:13).

그랄은 국제 도로인 해변 길이 지나가는 비옥한 해안 평야 지대에 있다. 그랄의 추정지는 텔 하로르(Tel Haror)과 텔 가마(Tel Gama)이나 일반적으로 텔 하롤이 더 설득력이 있다.

이곳은 그랄 강(Nahal Grar) 옆에 있으며 텔 아부 후레이레(Tell Abu Hureireh)라고 불렸다. 이곳은 브엘세바에서 서쪽으로 약 20㎞ 떨어져 있으며 브엘세바 계곡에서 가사로 가는 중요한 도로에 위치하고 있다.

이 텔은 낮은 텔(lower tell)과 북쪽에 있는 높은 텔(upper tell)로 이루어져 있다. 이 텔은 그랄 시내(Nahal Gerar)의 북쪽에 자리 잡고 있다. 이곳은 처음에는 시므온 지파의 성읍으로 여겨 지기도 했으나 1950년대의 알론(A. Alon)과 아하로니(Y. Aharoni)에 의하여 청동기, 철기 시대 의 거주지로 확인되면서 그랄로 동일시되었다. 이곳은 오렌(E. D. Oren)의 지도로 1982년부터 1990년에 발굴되었다. 이곳에서는 중기 청동기, 후기 청동기, 철기, 페르시아 시대의 유적이 발 굴 되어 주전 18세기부터 주전 4세기까지의 유적이 발굴되었다.

이곳에서는 중기 청동기 시대의 신전, 궁궐로 추정되는 건물, 우물, 수많은 토기, 후기 청동기 시대의 거주지, 철기 시대 거주지, 철기 시대의 요새, 저장용 창고, 페르시아 시대의 거주지가 발견되었다.

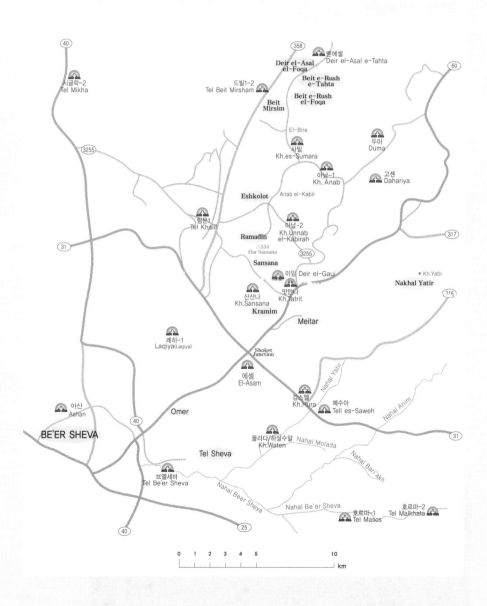

40
시글락-2
Tel Mikha

358
벧에셀
Deir el-Asal e-Tahta

Deir el-Asal
el-Foqa

Beit e-Rush
e-Tahta

60

드빌1-2
Tel Beit Mirsham

Beit e-Rush
el-Foqa

Beit
Mirsim

El-Bire

두마
Duma

3255

사일
Kh.es-Sumara

아납-1
Kh. Anab

고센
Dahariya

Eshkolot

Anab el-Kabir

람몬1
Tel Khalil

아납-2
Kh.Unnab
el-Kabirah

Ramadin

317

31

△534
Har Sansana

3255

Sansana

이임 Deir el-Gaui

산산나
Kh.Sansana

맛마나
Kh.Jatrit

Nakhal Yatir
• Kh.Yatir

316

Kramim

Meitar

레히-1
Laqiya(Lagiya)

Shoket
Junction

에셈
El-Asam

Nahal Yatir

Nahal Anim

아산
Ashan

갑스엘
Kh.Hura

예수아
Tell es-Saweh

BE'ER SHEVA

40

Omer

31

몰라다/하실수알
Kh.Waten

Nahal Molada

Tel Sheva

Nahal Bari'akh

브엘세바
Tel Be'er Sheva

Nahal Beer Sheva

Nahal Be'er Sheva

호르마-1
Tel Masos

호르마-2
Tel Malkhata

40

25

0 1 2 3 4 5   10
⊢⊢⊢⊢⊢⊢——————————⊣ km

시글락 -2   Ziklag (צִקְלַג)
텔 밀카(Tel Milkha)
31° 27′ 44.21″N 34° 46′ 34.31″E

유다 지파의 성읍이었으나(수 15:31) 시므온 지파에게 다시 분배된 성읍이었다(수 19:5). 다윗
이 아기스 왕에게서 받은 성읍이었다(삼상 27:6). 다윗이 없는 동안에 아말렉 사람들에게 침략
당했으나 다윗이 브솔 시내를 건너 남쪽까지 추격하여 가족과 시글락 주민과 약탈당한 재물을
되찾아 왔다(삼상 30:14,16). 다윗은 전리품을 유다 장로들과 자신과 부하들이 왕래하는 모든

곳에 나누어 주었다(삼상 30:26-30). 다윗은 이곳에서
사울과 요나단의 전사 소식을 들었고 소식을 전한 사람
을 죽였다(삼하 1:1-16). 시글락의 추정지는 텔 세라
(Tell Sera), 텔 밀카(Tell Milkha), 텔 할리프(Tell Halif)
를 비롯해 13곳에 이른다.
  텔 밀카는 브엘세바에서 약 북쪽으로 약 20㎞ 지점에
있고 시글락 추정지인 텔 세라에서 북동쪽으로 약 12㎞
지점의 해안 평야 지대에 있다.

두마 1   유다 Dumah (דּוּמָה 침묵)
두마(Duma)
31° 25′ 40.77″N 34° 59′ 05.54″E

헤브론 주위의 아홉 성읍 중의 하나인 이곳은 아랍, 에산, 야님, 벧 답부아와 같이 기록된 것으
로 보아 유다 지파의 남쪽에 있었던 것으로 보인다(수 15:52). 두마는 두마1(유다), 두마2(에돔),
두마3(아라비아)와 동명이지이다. 두마는 키르벳 도마 에드 데이르(Kh. Doma ed-Deir)라는 이
름을 가진 두마(Duma) 마을과 동일시되고 있다. 이 마을은 1838년에 에드워드 로빈슨이 에드
다우메(ed-Daumh)라고 기록했다. 두마는 헤브론에서 브엘세바로 가는 도로에 있으며 헤브론
에서 남서쪽으로 약 15㎞ 떨어져 있다. 이 마을은 다하리야에 북쪽 지역에 인접한 마을이다. 유
세비우스는 두마 마을을 두마로 동일시하였다. 이곳은 팔레스틴 지역에 있는 20두남

크기의 텔(Tell)로써 중기 · 후기 청동기, 후기 철기, 페르시아, 헬
라, 로마, 비잔틴, 마믈룩 시대의 토기가 이곳에
서 발견되었다.

드빌[1-2] 유다 북부 Debir (דְּבִיר 구석진 곳) / 기럇 세벨/기럇 산나
텔 베이트 미르심(Tell Beit Mirsim)　　　　　　　　31°27′18.33″N 34°54′38.22″E

제사장 아론의 자손 중에서 그핫 족속에게 주어진 성읍이었다(수 21:15). 드빌은 동명이지로 드빌[1](유다 남부)과 드빌[2](유다 북부; 수 15:7)이 있다. 드빌[1](유다 남부)은 기럇세벨(수 15:15; 삿 1:11), 기럇산나(수 15:49)와 이명동지이다. 드빌은 그핫 족속에게 주어진 성읍으로(수 21:15) 본 이름은 기럇세벨이었다. 갈렙이 정복하는 사람에게 딸을 준다고 약속하였고 옷니엘이 정복하여 갈렙의 사위가 되었다(수 15:15-19; 삿 1:11-15). 드빌은 남쪽에 있는 네겝 땅에 있었기에 갈렙의 딸 악사는 샘물을 갈렙에게 달라고 요구하였고 갈렙은 윗 샘과 아랫 샘을 주었다(수 15:15-19; 삿 1:11-15). 드빌의 추정지는 텔 베이트 미르심(Tell Beit Mirsim)과 키르벳 라부드 (Kh. Rabud)이다.

텔 베이트 미르심은 헤브론에서 남쪽으로 약 9㎞ 떨어진 언덕 지대에 위치하고 있다. 올브라이트 (Albright)에 의해서 발굴되었다. 청동기 시대부터 철기 시대까지 10개의 주거 층 유적이 발견되었고, 이곳은 다른 지역들의 유적과 비교하는 중요한 유적이다. 이곳에서 발견된 유적들은 불에 타서 파괴된 연소층이 확실하게 구분되어 고고학 연구에 도움을 주었다. 올 브라이트는 이곳이 주전 589년부터 주전 587년 사이에 바벨론의 공격으로 폐허가 되었다고 추정했으나 최근에는 주전 701년에 앗수르의 산헤립의 공격으로 무너진 것으로 추정하고 있다. 이곳은 최근에도 발굴이 진행되고 있다. 텔 베이트 미르심은 산지와 쉐펠라가 만나는 지점으로 해발 497m에 있으며 크기가 7.5헥타아르가 되는 청동기에서 철기 시대까지의 중요한 유적이다. 1924년에 올브라이트(W.F. Albright)에 의해서 드빌로 동일시되었다. 이곳의 발굴은 피셔(C.S. Fisher)의 지도로 1926, 1928, 1930년에 이루어졌다. 이곳의 발굴로 초기 청동기, 중기 청동기, 후기 청

동기, 철기 시대의 유적이 발굴되었다. 이곳의 발굴도 바벨론에 의한 유다의 성읍들의 파괴된 증거를 찾아냈다. 최근의 연구 결과는 드빌의 추정지가 키르벳 라부드(Kh. Rabud)라고 주장되고 있다. 아하로니(Y. Aharoni), 우쉬시킨(D. Ussishkin)같은 학자들은 주전 701년의 앗수르에 의한 파괴라고 주장한다. 1970, 1980년대의 무덤 발굴로 중기 청동기, 후기 청동기, 철기 시대의 수많은 유물이 출토되었다.

사밀[1] 유다 Shamir (שָׁמִיר 단단한 돌, 가시)
키르벳 에스 수마라(Kh. es-Sumara)　　　　　　　31°25′10.20″N 34°55′57.69″E

유다 지파의 성읍으로 유다 남쪽의 산악지대에 있다. 사밀은 얏딜, 소고, 아납이 가까이에 있었으며 성경에 한 번 기록되었다(수 15:48). 사밀은 동명이지로 어느 곳인지 확인할 수 없는 에브라임 지파의 사밀[2](에브라임)과 다른 곳이다(삿 10:1,2). 사밀은 고대 이름이 남아 있는 키르벳 에스 수마라(Kh. es-Sumara)로 추정되는데 이곳은 헤브론에서 남서쪽으로 20㎞ 지점에 있다. 이곳에서 비잔틴, 아랍 시대의 유적이 발견되었다.

고센 [1] 유다 Goshen (גֹּשֶׁן)
다하리야(Dahariya)
31°24′39.08″N 34°58′26.55″E

유대 산지에 있던 유다의 성읍 고센[1](유다)은 아납, 에스드모, 아님, 홀론, 길로 부근에 있었던 유다 지파의 성읍이었다(수 15:51). 성경에는 세 곳의 고센이 있는데 고센[1](유다)과 고센[2](남부; 수 10:41; 11:16)와 이집트의 나일 강 삼각주의 동부 지역인 고센[3](애굽)이 있다. 고센이 어느 곳에 있었는지 잘 알 수가 없으나 두마와 드빌의 남쪽 가까이에 있으며 아납 추정지(아납[1]) 부근에 있는 다하리야(Dahariya) 마을 근처로 추정한다. 다하리야는 헤브론에서 남서쪽으로 약 23 ㎞ 떨어진 팔레스틴의 아랍 마을로 2016년에 38,002명이 살고 있다. 콘더(Conder), 키체너(Kitchener)는 드빌로 추정한다. 이곳에서는 십자군 시대나 로마 시대의 것으로 추정하는 탑이

마을 중앙에 있다. 이 마을은 16세기의 오토만 시대에 기록되어 있고 1838년에 에드워드 로빈슨이 요새가 있는 무슬림 마을이라고 기록했다.

아납 [-1] Anab (עֲנָב 포도가 많은 곳)
키르벳 우납 에츠 차기르(Kh. Anab Unnab es-Saghir)
31°24′42.68″N 34°57′14.93″E

여호수아가 멸절시킨 아낙 사람들의 성읍인 아납은 유다 지파의 성읍으로(수 15:50)으로 여호수아가 아낙 사람들을 전멸시킨 성읍이었다(수 11:21). 아납은 드빌, 에스드모, 아님 부근에 있었던 성읍이었다. 이곳에 대한 역사적인 기록은 애굽 제19왕조의 문서에 기록되어 있어 이곳의 명칭이 키리앗 아납(Kiriath-Anab)이라는 것을 알게 되었다. 아납의 추정 장소는 키르벳 우납 에츠 차기르와 키르벳 우납 엘 카비라가 있다.

이곳은 다하리야(Dahariya) 마을의 서쪽에 있는 지역이다. 이곳에서는 초기 청동기, 후기 철

기, 페르시아, 헬라, 로마, 비잔틴, 아랍 시대의 유물이 발견되었다. 키르벳 우납 에츠 차기르(Kh. Anab Unnab es-Saghir)는 키르벳 우납 엘 카비라에서 북쪽으로 3㎞ 떨어진 곳에 있다.

아납 -2 Anab (עֲנָב 포도가 많은 곳)
키르벳 우납 엘 카비라(Kh. Unnab el-Kabirah)   31°23′32.87″N 34°55′36.47″E

여호수아가 멸절시킨 아낙 사람들의 성읍인 아납은 유다 지파의 성읍으로(수 15:50)으로 여호
수아가 아낙 사람들을 전멸시킨 성읍이었다(수 11:21). 아납은 드빌, 에스드모, 아님 부근에 있
었던 성읍이었다. 이곳에 대한 역사적인 기록은 애굽 제19왕조의 문서에 기록되어 있어 이곳의
명칭이 키리앗 아납(Kiriath-Anab)이라는 것을 알게 되었다. 아납의 추정 장소는 키르벳 우납
에츠 차기르와 키르벳 우납 엘 카비라가 있

다. 이곳은 남쪽 지역이 잘 보이는 매우 전
략적인 위치에 있으며 이곳에서 발굴을 통
하여 석동기, 초기 · 중기 청동기, 후기 청동
기, 초기. 후기 철기, 페르시아, 헬라, 로마,
비잔틴, 아랍, 십자군 시대의 거주지 층과
유물이 발견되었고 비잔틴 시대의 교회 바
닥으로 보이는 모자이크가 이곳에 잘 보존
되어 있다.

림몬 1 유다 Rimmon (רִמּוֹן 고함치다) /에느림몬
텔 할리프(Tel Halif)   31°22′58.52″N 34°51′58.26″E

스가랴의 예언에서 유다 산악 지대가 이곳까지 평지가 될 것이라고 예인한 중요한 유다 지파의
성읍으로 후에 시므온 지파가 살았던 곳이다(수 19:7; 대상 4:32). 림몬은 동명이지로 스불론 지
파의 림몬²(수 19:13)과 유다 지파의 림몬¹(유다)이 있다. 이곳은 림몬 바위와는 다른 곳이다. 이
곳은 에느림몬(느 11:29)와 같은 곳으로 보인다. 림몬¹(유다)은 스가랴의 예언에도 언급이 되었
다(슥 14:10). 림몬은 텔 엘 쿠웨이페(Tell el-Khuweif/Kh. Khuweilifeh)라고 부르던 텔 할리프
(Tel Halif)와 동일시되었다. 텔 할리프는 1952년에 설립된 이스라엘의 키부츠인 라하브
(Lahav)의 북서쪽 언덕에 위치하고 있다. 라하브는 2017년에 520명이 거주하고 있다.

텔 할리프는 아벨(F.M.Abel) 같은 학자들에 의해 시글락으로 추정되기도 했다. 최근에 비란
(A. Biran), 고프나(R. Gophna) 같은 여러 학자들은 이곳을 림몬으로 주장한다.
이 지역에 키부츠가 설립되면서 1970년에 비란과 고프나에 의해서 구제 발굴이 이루어졌고

1972, 1974년에 발굴이 계속되었다. 1976년
에 세게르(J. D. Seger)의 지도로 라하브 조
사 프로젝트가 시작되어 1976, 1977, 1979,
1980, 1985년에 발굴이 이루어졌다. 이곳에
서는 석동기, 초기 청동기, 후기 청동기, 철
기, 페르시아, 헬라, 초기 로마, 비잔틴, 초
기 아랍, 현대 아랍 시대까지의 유적이 발굴
되었다.

이임 [1] 유다 lim (עִיִּים 폐허)
데일 엘 가위(Deir el-Gawi) 31° 21′ 56.61″N 34° 55′ 07.13″E

유다 지파의 최남단에 있었던 이임은 유다 지파의 성읍으로 바알라와 에셈과 엘돌랏 부근에 있는 남쪽 지역에 있었다(수 15:29). 이임은 동명이지로 유다지파의 이임[1](유다)과 요르단에 있는 이임[2](요르단)이 있다. 이임은 데일 엘 가위(Deir el-Gawi)로 추정되고 있는데 이곳은 헤브론 산지의 끝자락에 위치하고 있어 네겝 남쪽 지역이 한 눈에 보이는 중요한 지역이다. 이곳에 대한 고고학적인 조사는 알려져 있지 않으나 로마 시대로 추정되는 건물터가 있고 시대가 확인되지 않은 유적이 있다. 이곳은 아랍인 한 가정이 비닐하우스 농장과 조그만 목공소를 운영

하고 있다.

데일 엘 가위는 브엘세바 북동쪽 19㎞ 지점에 있으며 맛만나에서 북서쪽으로 약 2㎞ 떨어진 곳에 있다. 이곳은 1948년에 세워진 베드윈 마을이며 라마딘(Ramadin)의 남쪽에 수도원과 교회를 포함한 세 곳의 기독교 유적이 있다. 이 마을은 2007년에는 3,281명의 주민이 살고 있다.

산산나 Sansannah (סַנְסַנָּה 종려나무 가지)
키르벳 산산나(Kh. Sansana) 31° 20′ 40.11″N 34° 54′ 04.16″E

유다 지파의 남쪽에 있는 스물아홉 성읍 중 하나로 성경에 한 번 기록되었다(수 15:31). 산산나는 브엘세바 부근에 있었으며 주위에 시글락, 맛만나, 르바옷이 있었다. 산산나는 키르벳 에쉬 삼사니야트(Kh. esh-Shamsaniyat)라고 불리는 키르벳 산산나(Kh. Sansana)와 동일시된다. 이곳은 맛만나에서 서쪽으로 약 2.5㎞ 떨어져 있다. 이곳은 해발 534m의 산산나 산(Har Sansana)의 남동쪽 기슭에 자리 잡고 있어 동쪽과 남쪽의 평원이 내려다보이는 요충지이며 나할 림몬(Nahal Rimmon)의 동쪽에 있다. 이곳에서 북쪽으로 약 1.8㎞ 떨어진 곳에는 산 산나(sansana)라는 1997년에 설립되고 2017년에 408명이 사는 유대인 정착촌이 있다.

맛만나 Madmannah (מַדְמַנָּה 데미) /벧 말가봇
키르벳 타트리트(Khirbet Tatrit)
31° 21′ 12.74″N 34° 55′ 49.46″E

유다 지파의 땅이었다가 시므온 지파의 땅이 된 곳으로 성경에 한 번 기록되었다. 맛만나는 유다 지파의 성읍으로 시글락과 산산나 사이에 있다. 남부 유다 지역의 시므온 지파에게 분배된 성읍 목록에는 벧 말가봇(수 19:5)으로 대체되었기에 두 지명은 같은 곳으로 이명동지이다. 맛만나의 추정지는 키르벳 타트리트(Khirbet Tatrit)와 키르벳 움 에드 데민네(Kh. Umm ed Deimineh)가 있으며, 키르벳 움 에드 데민네는 므고나의 추정지이기도 하다.

키르벳 타트리트(Khirbet Tatrit)에서 철기 시대의 유적이 발견되었다. 이곳은 헤브론 산지의 언덕이 끝나고 네겝의 평원이 시작되는 지역에 있으며 팔레스틴 지역의 경계선 가까이에 위치하고 있다.

레히⁻¹ Lekhi (לֶחִי 턱뼈)
키르벳 라퀴야(Kh. Laqiya)
31° 19′ 30.91″N 34° 51′ 22.90″E

삼손이 나귀의 턱뼈로 천 명의 블레셋 사람을 죽인 곳이다. 삼손이 블레셋 아내와 장인을 살해한 블레셋 사람들에게 보복하자 블레셋 사람들이 유다를 공격하기 위해 레히에 모였다(삿 15:9). 레히에는 라맛 레히와 엔학고레가 있다. 라맛 레히는 삼손이 나귀의 턱뼈로 블레셋 사람 천 명을 죽이고 나서 턱뼈를 던지고 난 후 '턱 뼈의 산'이라는 뜻으로 라맛 레히라고 불렀다(삿 15:17). 목이 말라 부르짖는 삼손을 위해 주신 샘물은 '부르짖은 자의 샘'이라는 뜻으로 엔학고레라고 불렀다(삿 15:19). 레히에 대한 근거는 미약하지만 학자들은 레히의 추정 장소를 키르벳 라퀴야(Kh. Laqiya)와 키르벳 에스 시야그(Kh. es-Siyyaga)로 보고 있다. 이곳은 브엘세바 북쪽에 위치하고 있다.

이곳을 레히로 추정하기에는 블레셋 지역이나 소렉 골짜기에서 멀리 떨어져 있다는 문제점이 있다. 라퀴야(Laqiya)는 후라(Hura) 마을 같이 이 지역에 있는 베드윈 정착촌이다. 이곳은 1982년에 시작되었으며 2017년에는 12,857명의 주민이 사는 베드윈 마을이다. 이 마을의 중앙에는 키르벳 라퀴야(Kh. Laqiya)가 있다. 키르벳 라퀴야는 전망이 좋은 언덕 위에 동굴거주지와 유적이 있다.

갑스엘 Kabzeel (קַבְצְאֵל 하나님이 모으심) /여갑스엘

키르벳 후라(Kh. Hura) 　　　　　　　　31°17′11.40″N 34°56′04.02″E

에돔과의 남쪽 경계에 있었으며 브나야의 출생지였던 갑스엘은 유다 지파의 성읍으로 에돔 경계 가까이에 있었다(수 15:21). 갑스엘은 여갑스엘과 이명동지이다(느 11:25). 갑스엘은 다윗의 용사인 브나야의 고향이었다(삼하 23:20; 대상 11:22). 갑스엘의 추정 장소는 키르벳 후라(Kh. Hura)와 키르벳 엘 가라(Kh. el-Gharrah)이다.

키르벳 후라는 후라(Hura) 마을 옆에 있으며 키르벳 와탄(Kh. Waten)에서 북동쪽으로 약 3

㎞, 예수아에서 서쪽으로 약 2㎞ 떨어진 곳에 있으며 31번 도로가에 있다.

후라는 1989년에 네게브 베드윈 (Negav Bedouin)을 정착하기 위한 베드윈 마을이다. 이 지역에는 네게브 사막 지역에 있는 7개의 베드윈 정착촌 중의 하나이다.

이 마을은 2017년에 20,782명이 사는 마을이다.

예수아 Jeshua (יֵשׁוּעַ 구원)

텔 에스 사웨(Tell es-Saweh) 　　　　　　31°16′35.56″N 34°59′24.78″E

성경에 한 번 기록된 곳으로 바벨론 포로에서 돌아온 이스라엘 사람들이 거주한 유다 지파의 성읍이다(느 11:26). 예수아는 몰라다와 벧벨렛과 하살수알과 브엘세바 부근에 있었다. 예수아는 텔 에스 사웨(Tell es-Saweh)와 동일시되고 있다. 이곳의 정상에서 넓이가 40m이고 길이가 53m가 되는 구조물이 발견되었고 비잔틴 시대의 토기와 물 저장소가 발견되었다. 이곳은 베드윈 정착촌인 후라(Hura)의 동남쪽에 있으며 키르벳 후라의 동쪽에 위치하고 있다.

텔 아래 계곡에 있는 저수조

몰라다 Moladah (מוֹלָדָה 세대, 출생)
키르벳 엘 와탄(Kh. el-Waten) 31°15′26.26″N 34°55′19.52″E

바벨론 포로에서 돌아온 시므온 자손들이 살던 성읍이다. 몰라다는 유다 지파에게 분배되었다가(수 15:26) 시므온 지파에게 다시 분배된 성읍이었다(수 19:2; 대상 4:28). 몰라다는 바벨론 포로 후에 이스라엘 백성이 정착한 마을이었다(느 11:26). 몰라다는 에돔과 접경하고 있는 남쪽 지역에 있었으며 그리욧 헤스론, 아맘, 세마, 하살갓다, 브엘세바가 부근에 있었다. 몰라다는 브엘세바 동쪽에 있는 키르벳 엘 와탄(Kh. el-Waten)으로 추정되고 있다. 키르벳 엘 와탄은 하살수알의 추정지이기도 하다. 이곳은 엘 아삼 에 나바리(El A' sam e-Nabari)라는 베드윈 마을

이 있다. 이 마을의 북동쪽은 얏딜 시내(Nahal Yatir)가 지나가고 동쪽에는 몰라다 시내(Nahal Molada)가 지나가는 사이에 베드윈 마을이 자리잡고 있다. 이곳은 브엘세바 중심지에서 동쪽으로 약 12㎞에 떨어져 있다.

베드윈이 살고 있는
키르벳 엘 와탄▶

하살수알 Hazar Shual (חֲצַר שׁוּעָל 여우의 성읍)
키르벳 엘 와탄(Kh. el-Waten) 31°15′26.26″N 34°55′19.52″E

바벨론에서 돌아온 시므온 자손들이 거주하던 몰라다 옆에 있는 하살수알은 유다 지파의 영토였으나(수 15:28) 시므온에게 분배된 성읍(수 19:3; 대상 4:28)으로 브엘세바 부근에 있었다. 하살수알은 바벨론 포로 귀환 이후에 이스라엘 백성들이 유다 지파의 성읍에 흩어져서 살 때에 거주했던 마을이었다(느 11:27). 하살수알은 '여우의 성읍' 이란 뜻을 가지고 있기에 여우를 숭배하는 가나안 족속이 거주했다고 추정되기도 한다. 이곳은 브엘세바와 몰라다가 주위에 있었

다. 아하로니는 키르벳 엘 와탄(Kh. el-Waten)을 하살수알의 추정지로 보았으나 이곳은 몰라다의 추정지이기도 하다. 이곳은 텔 브엘세바에서 동북쪽으로 약 8㎞ 떨어진 평원지역에 있다.

이스라엘을 '단에서 브엘세바까지' 라고할 정도로 남쪽의 경계선에 있는 중요한 도시이다(삿 20:1; 삼하 3:10; 17:11; 삼하 24:2). 브엘세바를 세바(수 19:2)라고 부르기도 했으므로 세바와 이명동지이다. 브엘세바는 '맹세의 우물' 이나 '일곱 개의 우물' 이라는 뜻이다.

아브라함은 그랄 왕 아비멜렉과 맹세를 한 뒤에 이곳을 브엘세바라고 불렀고 에셀나무를 심고 하나님을 섬기며 살았다(창 21:25-34). 이삭은 브엘세바에서 지내며 아비멜렉과 계약을 맺었으며 새로 만든 우물 이름을 세바라고 불렀고 브엘세바라는 성읍의 이름으로도 불렀다(창 26:23,33). 야곱이 요셉을 만나기 위해 애굽으로 가면서 브엘세바에서 희생을 드릴 때 하나님께서 이삭에게 하셨던 약속을 이루어주겠다고 하셨다(창 46:1- 4).

브엘세바는 유다 지파의 성읍이었으나 시므온 지파에게 분배되었다(수 15:28; 19:2; 대상 4:28). 사무엘의 두 아들이 사사가 되어 브엘세바를 다스렸고(삼상 8:2), 엘리야는 이세벨을 피하여 브엘세바를 지나 광야로 들어갔다(왕상 19:3). 요아스 왕의 모친은 브엘세바 사람이었고(왕하 12:1), 요시야 왕은 브엘세바에 있는 산당을 헐어버렸다(왕하 23:8). 바벨론 포로 후에 브엘세바는 유다 사람들의 거주지가 되었고(느 11:27), 아모스는 브엘세바에 대하여 예언하였다(암 5:5; 8:14).

브엘세바는 예루살렘에서 남쪽으로 약 75㎞ 지점에 있으며 남방에 있는 네겝의 중심지로 에돔 지역과 지중해를 연결하는 도로와 헤브론과 애굽을 연결하는 도로가 교차하는 교통의 중심지였기에 국제 교역로의 중간 정거장의 역할을 했다. 성경 시대의 브엘세바는 현대 도시 브엘세바 동쪽에 있는 해발 300m의 텔 브엘세바(Tel Beer Sheba)이다. 서쪽에 있는 현대 브엘세바는 로마와 비잔틴 시대에 중요한 주거지가 서쪽으로 이동한 지역에 새로 만들어진 도시이다. 브엘세바는 19세기에 터키의 행정중심지가 되었으며 1917년 10월 31일에 호주와 뉴질랜드 연합군이 점령하여 성지가 오스만 터키에서 해방되는 중요한 계기가 되었다. 이곳은 넓은 계곡의 중앙에 있으며 와디 브엘세바와 와디 헤브론이 만나는 곳에 있으며 주위보다 약 20m 높은 곳이다.

텔 브엘세바의 발굴은 1969년부터 1976년까지 텔 아비브 대학에서 발굴했는데 아하로니(Y. Aharoni)교수와 헤르조그(Z. Herzog) 교수의 지도로 이루어졌다. 1990년에는 전반적인 복원 작업이 이루어졌다. 1993년부터 1995년에 헤르조그(Z. Herzog) 교수의 지도로 급수 시스템의 발굴이 이루어졌고 2003년에 공개되었다. 이곳에서 석동기 시대(주전 4000년)의 토기가 발견되어 거주지였던 것이 확인되었다. 이곳에서 초기 철기 시대의 9개의 거주층들이 발견되었다. 주전 12세기와 11세기에는 구덩이와 거주용 건물, 10세기에는 4방 구조 집들이

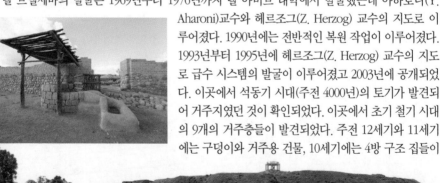

있는 타원형의 주거지가 있었으며 주전 9세기에 요새화된 도시가 되어 유다 왕국의 중요한 도시가 되었다. 텔 브엘세바는 경사제방(Glacis) 위에 있는 4m의 성벽과 성문과 성문을 보호하는 바깥 광장과 바깥 성문이 있었다. 주전 8세기에는 포곽성벽(Casemate Wall)으로 대체하고 바깥 성문을 없애고 새로운 성문을 다시 세웠으며 큰 규모의 저장창고를 만들고 급수시설도 다시 복원했다.

주전 8세기에 이곳을 다스리는 관리의 건물이 건축되었고 지방 성소로 여겨지는 신전이 해체되어 이곳에 있던 돌 번제단의 일부가 저장창고의 벽을 건축하는데 활용되었다가 발굴되었다. 네 개의 뿔이 달린 번제단은 위쪽에 탄 자국이 있어 제사용으로 사용되었음을 알 수 있다. 야딘은 이 제단이 성문 지역에 있었으며 히스기야 시대의 종교개혁 때 파괴되었다고 한다(왕하 18:1-4). 이 번제단은 예루살렘에 있는 이스라엘 박물관에 있으며 현지에는 모조품이 전시되어 있다. 이 시기에 지하층에 깊은 지하 창고가 만들어졌다. 주전 8세기 말의 큰 화재와 파괴 흔적을 산헤립의 공격으로 보인다.

텔 브엘세바는 이 시기인 지층 2를 중심으로 복원되어 있다. 발굴되고 일부 복원된 지층 2의 유적은 110,000m²의 규모로 계획화된 도시의 모습을 보여주고 있으며 70가구와 약 300명이 거주했을 것으로 추정된다. 지층 1에 해당되는 7세기 초에는 도시를 재건하려다기 포기하였다. 이곳에서는 페르시아 시대의 작은 요새, 헬라 시대의 신전, 헤롯 대왕과 후계자들의 시대의 목욕탕이 있는 요새, 초기 아랍 시대에 사용한 로마 시대의 마름모꼴의 요새의 유적이 있다. 텔 브엘세바의 성문 바깥에 있는 고대우물은 69m의 깊이로 물 근원까지 연결되었다.

아브라함과 이삭이 아비멜렉과 언약을 맺은 우물이라고 주장하는 학자들도 있다. 텔 브엘세바에서 서쪽으로 약 4.5km 떨어진 곳에는 아브라함의 우물과 이삭의 우물이라는 고대 우물이 있다(31° 14′ 15. 24″N 34° 47′ 35.47″E). 물 저장소는 와디 헤브론이 범람할 때 땅 속에 있는 수로로 물이 들어오게 하는데 헬라 시대 말기에 지진으로 매몰되어 사용이 중단될 때까지 사용했다. 이곳은 17m의 깊이로 계단으로 내려갈 수 있으며 연석회암 바위를 파고 방수처리를 한 5개의 저수조로 구성되어 있다. 텔 브엘세바는 1986년에 국립공원으로 지정되었고 2005년에 므깃도, 하솔과 함께 유네스코의 세계문화 유산으로 등재되었다.

이스라엘 박물관에 있는 번제단

므고나 Meconah (מְכֹנָה km 무덤)
키르벳 움 에드 데민네(Kh.Umm ed-Deimineh)　　　31° 22′ 22.00″N 34° 56′ 01.52″E

바벨론 포로에서 돌아온 유다 자손들이 살던 성읍이다. 시글락과 에느림몬 주위에 있었으며 브엘세바 지역에 있었던 곳으로 성경에 한 번 기록된 곳이다(느 11:28). 시몬스(Simons)는 브엘세바 북동쪽에 있는 키르벳 움 에드 데민네(Kh.Umm ed-Deimineh)로 제안하나 확실하지 않다. 이임 가까이에 있는 키르벳 움 에드 데민네는 전망이 좋은 계곡 위에 있

는 고립된 언덕이며 철기 시대의 유적은 발견되지 않았으나 정상에는 비잔틴 시대의 교회 유적이 있다. 이곳의 정상에는 베드윈 한 가족이 살고 있다. 이곳은 맛만나의 추정지이기도 하다. 이곳은 팔레스틴 안에 있는 이스라엘 정착촌인 테네 오마림(Teneh Omarim)에서 서쪽으로 약 1.9㎞ 떨어진 곳이다.

야굴 Jagur (יָגוּר 속박)
텔 이라(Tel Ira)   31° 13′ 58.32″N 34° 59′ 09.79″E

에돔과의 남쪽 경계선에 있었던 유다 지파의 성읍으로 성경에 한 번 기록되었다(수 15:21). 이곳은 갑스엘과 에델과 기나와 디모나 부근에 있었다. 야굴은 키르벳 엘 가라(Kh. el-Gharrah)로 부르던 텔 이라(Tel Ira)로 추정되고 있는데 이곳은 갑스엘과 엘돌랏의 추정지이기도 하다. 이곳은 1950년대에 아론(D. Alon)이, 1956년에 아하로니가 답사했다.

이곳은 1979년부터 1987년 사이에 7시즌에 걸쳐 발굴했다. 아벨과 시몬스는 텔 이라는 야굴로 동일시했다. 철기시대의 성벽으로 둘러 쌓인 6헥타아르의 유적인 이곳에서는 초기 청동기 시대와 주전 10세기와 주전 9세기의 토기와 무덤이 발견되었다. 텔 이라는 주전 8세기와 7세기에 요새화된 성읍이 되었고 페르시아, 헬라, 초기 로마, 비잔틴, 초기 아랍 시대의 유적이 발굴되었다.

호르마 -2 Hormah (חָרְמָה 파괴하기로 작정된) /스밧/홀마
텔 말하타(Tel Malkhata)   31° 13′ 01.90″N 35° 01′ 32.90″E

가나안 사람의 성읍이었던 호르마는 아랏의 남쪽 지역에 있는 시므온 지파의 성읍이다(수 19:4; 대상 4:30). 모세의 명령에 불순종한 이스라엘 백성은 아말렉과 가나안 사람들이 사는 산 꼭대기를 공격했다가 패전하여 이곳까지 추격을 당했다(민 14:45). 이스라엘 백성은 아랏 왕에게 사로잡힌 후에 서원하였고 서원 후에 이곳을 점령하고 호르마라는 이름을 붙였다(민 21:1-3). 호르마는 유다가 시므온과 함께 스밧(삿 1:9)을 점령한 후에 호르마라고 이름을 바꾼 성읍이기도 하다(삿 1:17). 호르마는 여호수아가 이끄는 이스라엘이 정복한 가나안 왕들의 목록에 기록이 되었다(수 12:14). 호르마는 스밧(삿 1:17)과 홀마(수 15:30)와 이명동지이다.

텔 엘 밀흐(Tell el-Milh)라고 불리던 이곳에서는 석동기, 중기 청동기, 철기, 로마, 비잔틴, 초기 아랍 시대의 거주지가 발견되었다. 이곳은 1967년과 1971년에 코카비(M. Kochavi)의 지도로 발굴되었다. 텔 말하타(Tel Malkhata)는 네겝 평원의 군부대 안에 있기에 가까이 접근할 수 없었다. 아벨(F. M. Abel)과 가르스탕(J. Garstang)은 호르마로 주장한다.

군부대 안에 있는 마라타

호르마 ⁻¹ Hormah (הָרְמָה 파괴하기로 작정된) /스밧/홀마

텔 마소스(Tel Masos)   31° 12′ 47.94″N 34° 57′ 58.51″E

가나안 사람의 성읍이었던 호르마는 아랏의 남쪽 지역에 있는 시므온의 성읍이다(수 19:4; 대
상 4:30). 모세의 명령에 불순종한 이스라엘 백성은 아말렉과 가나안 사람들이 사는 산꼭대기
를 공격했다가 패전하여 이곳까지 추격을 당했다(민 14:45). 이스라엘 백성은 아랏 왕에게 사
로잡힌 후에 서원하였고 서원 후에 이곳을 점령하고 호르마라는 이름을 붙였다(민 21:1-3). 호
르마는 유다가 시므온과 함께 스밧(삿 1:9)을 점령한 후에 호르마라고 이름을 바꾼 성읍이기도
하다(삿 1:17). 호르마는 여호수아가 이끄는 이스라엘이 정복한 가나안 왕들의 목록에 기록이
되었다(수 12:14). 호르마는 스밧(삿 1:17)과 홀마(수 15:30)와 이명동지이다.

　이곳은 키르벳 엘 메사쉬(Kh. el-Meshash)라고 불리던 곳으로 나할 브엘세바(Nahal
Beersheba) 옆의 고대 우물이 있는 곳이다.

　이곳은 1962년에 아하로니가 답사했으며 1972년부터 1975년까지 3시즌에 걸쳐 발굴되었고
1979년에 재정리되었다. 네스토리안 수도원(Nestorian Monastery)의 유적도 발견되었다.

　이곳에서는 석동기, 초기 청동기 시대
의 토기가 발견되었으며 중기 청동기의
요새, 철기 시대의 건물, 무덤이 발견되
었으며 철기 시대의 요새 옆에는 네스
토리안 수도원(Nestorian Monastery)의
유적도 발견되었다. 남쪽 지역에서는
중기 청동기 시대 유적이 있으며 고대
우물이 있었다.

아산 Ashan (עָשָׁן 연기(煙氣))

키르벳 아산(Khirbet Ashan)   31° 16′ 52.11″N 34° 45′ 54.58″E

레위 지파의 분깃이 된 이곳은 유다 지파에게 분배되었으나(수 15:42) 그 후에 시므온 지파에게
다시 분배되었고(수 19:7; 대상 4:32), 그 후에는 레위 지파의 성읍으로 지정되었다(대상 6:59). 아
산은 고라 산(삼상 30:30)과 이명동지이다. 레위 지파의 성읍인 아인(수 21:16)은 아산과 같은 곳
으로 보는 견해가 있으나 확실하지 않
다.

　아산은 남방에 있었던 성읍으로 브엘
세바 북서쪽에 있는 나할 아산(Nakhal
Ashan) 옆에 있는 키르벳 아산(Khirbet
Ashan)으로 동일시되며 이곳에 대한 고
고학적인 조사는 확인되지 않았다.

네겝 Negev (נֶגֶב 건조한 땅)

팔레스틴의 건조한 남쪽의 사막 지대이다. 개역한글판에서 남방과 네겝으로 번역되었으나 개역개정판에서 남방(창12:9; 시 126:4), 네게브(창 13:1,3; 20:1; 24:62), 네겝(민 13:22; 사 30:6; 렘 13:19)으로 번역되었다. 가나안 땅을 정탐하는 열두 정탐꾼들은 네겝에 있는 길을 지나 산지로 올라갔다(민 13:17,22). 아랏은 네겝에 있는 성읍이었다(민 21:1). 여호수아는 네겝 지역까지 정복하였고(수 10:40; 11:16; 12:8) 시므온 지파는 네겝 지역의 성읍들을 분배받았다(수 19:8). 네겝은 회오리바람이 부는 곳이며(사 21:1), 짐승들이 사는 곳이었다(사 30:6). 네겝은 예레미야와 오바댜의 예언에도 언급된 중요한 지역이었다(렘 13:19; 17:26; 32:44; 33:13; 옵1:19, 20). 네겝은 해안에 있는 블레셋 평야에서부터 사해에서 남쪽으로 약 19㎞ 지점까지의 지역을 가리킨다. 그랄은 해안 평야 지대의 남쪽이면서 네겝의 서부 지역에 속한다.

네겝은 연간 강수량이 200-300mm 정도로 곡물을 재배할 수 있는 곳이었다. 그러나 농경지보다는 목초지로 더 많이 사용되었다. 네겝은 유목민에게 적합한 땅이었기에 아브라함과 이삭이 거주하였던 땅이었다. 네겝은 사람이 거주하기에도 척박한 곳이었지만 많은 성읍들이 세워졌고 유다의 웃시야 왕은 네겝 지역까지 망대와 물웅덩이를 파고 정착지를 확보하였으며 네겝의 대표적인 성읍이었던 브엘세바에서는 물웅덩이와 망대가 발굴되었다. 네겝은 통일 왕국 시대와 남유다 왕국 시대에 남쪽 경계선이 되었으며 에돔과의 경계선이 되었다. 네겝은 통일 왕국 시대와 남유다 왕국 시대에 남쪽으로 연결되는 도로가 지나가는 지역이었기에 교역로가 지나가는 전략적인 위치에 있던 곳이었다.

겐 사람의 네겝은 블레셋 땅으로 피신한 다윗이 공격했다고 아기스에게 거짓말하였던 지역이다. 다윗은 술과 애굽 땅으로 사는 길에 있었던 그술 사람과 기르스 사람과 아말렉 사람이 거주하던 곳을 공격했다(삼상 27: 10-12). 겐 사람이 사는 네겝 부근에는 유다 네겝과 여라무엘 사람이 사는 네겝이 있었다.

에셈 Ezem (עֶצֶם 뼈)
엘 아셈(El-Asam)
31°17′44.91″N 34°54′11.14″E

유다 지파의 남쪽 끝에 있는 에돔 경계와 맞닿은 지역에 있는 스물아홉 성읍 중 하나로 이임과 엘돌랏 부근에 있었다(수 15:29). 에셈은 시므온 지파의 성읍에게 분배되어 발라와 엘돌랏 부근에 기록된 성읍이다(수 19:3; 대상 4:29). 텔 에쉬 샤리아(Tell esh-Sharia)에서 나온 도기 조각(Ostracon)에 에셈이 기록되어 있는데 브엘세바 북쪽에 있는 어느 지점으로 추정된다. 에셈의 다른 추정지는 브엘세바에서 남동쪽으로 약 20㎞ 떨어진 움 엘 아잠(Umm el-Azam)이지만 너무 남쪽에 위치하고 있기에 설득력이 떨어진다. 에셈은 시삭 왕의 정복 도시 목록 중 66번째 기록된 곳으로 보인다. 에셈은 브엘세바의 북동쪽 4㎞ 지점에 엘 아셈(El-Asam)이라는 베드윈들이 살고 있는 마을로 추정되나 확실하지 않다.

엘 아셈

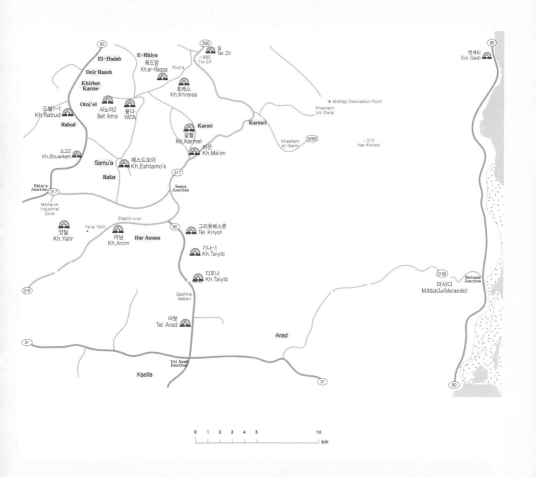

제사장 아론의 자손 중에서 그핫 족속에게 주어진 성읍이었다(수 21:15). 드빌은 동명이지로 드빌¹(유다 남부)과 드빌²(유다 북부;수 15:7)이 있다. 드빌¹(유다 남부)은 기럇세벨(수 15:15; 삿 1:11), 기럇산나(수 15:49)와 이명동지이다. 드빌은 그핫 족속에게 주어진 성읍으로(수 21:15) 본 이름은 기럇세벨이었다. 갈렙이 정복하는 사람에게 딸을 준다고 약속하였고 옷니엘이 정복하여 갈렙의 사위가 되었다(수 15:15-19; 삿 1:11-15). 드빌은 남쪽에 있는 네겝 땅에 있었기에 갈렙의 딸 악사는 샘물을 갈렙에게 달라고 요구하였고 갈렙은 윗 샘과 아랫 샘을 주었다(수 15:15-19; 삿 1:11-15). 드빌의 추정지는 텔 베이트 미르심(Tell Beit Mirsim)과 키르벳 라부드 (Kh. Rabud)이다.

키르벳 라부드는 헤브론에서 남서쪽으로 약 13㎞ 떨어진 곳에 있고 지리적인 이유와 고고학적인 이유로 인해 드빌¹(유다 남부)로 동일시되고 있다. 키르벳 라부드는 네겝 지역이 시작되는 곳에 있으며 이 성읍의 역사는 성경의 기록과 일치하며 갈렙이 준 것으로 보이는 샘물이 북쪽의 2㎞ 되는 곳에서 두 개(Bir Alaqa el-Fauqani, Bir Alaqa et Tahta)가 발견되었다. 키르벳 라부드는 갈링(K. Galling)에 의해 드빌로 동일시되었다. 이곳은 1968년과 1969년에 코카비(M. Kochavi)에 의해 발굴되었다. 이곳에서는 초기 청동기 시대의 거주지와 토기, 중기 청동기 시대의 토기와 무덤이 발견되었다. 이곳은 주전 14세기인 후기 청동기 시대에 성벽이 쌓인 요새화된 성읍이 되었다. 무덤에서는 수입된 토기가 발견되었다. 이곳에서는 10세기의 무덤과 저수조가 발견되었고 주전 9세기의 거대한 성벽이 발견되었다. 이 성벽은 주전 7세기에 넓은 곳은 7m가 되는 성벽으로 다시 세워졌다. 이 기간의 성벽 없는 거주지가 발견되었고 로마 시대 감시탑도 발견되었다.

1863년에 괴랭은 동굴과 지수조, 무너진 가옥, 탑의 잔해가 있는 마을이라고 기록했다. 라부드는 2007년에 2,262명이 사는 팔레스틴의 아랍 마을이다.

아랍 Arab (בָרֲע 은신처, 매복)
키르벳 에르 라비예(Kh.er-Rabiyeh)　　　　　31° 25′ 54.36″N 35° 01′ 56.36″E

유다 산지의 남쪽 지역에 있는 유다 지파의 아홉 성읍 중의 하나이며(수 15:52) 다윗의 용사였던 바아래의 출신지였다(삼하 23:35). 아랍은 두마, 에산, 야님, 벧 답부아, 아베가, 훔다, 헤브론 부근에 있었다. 아랍은 고대 이름이 반영된 키르벳 에르 라비예(Kh.er-Rabiyeh)와 동일시된다.

이곳은 헤브론에서 남서쪽으로 약 13 km 지점에 있으며 라부드(Rabud)마을에서 동쪽으로 약 500m 떨어진 전망이 좋은 언덕 위에 있다. 유적지의 기슭에 아랍 가정 몇 가구가 살고 있으며 유적지 부근에는 지금도 사용하는 오래된 우물과 비잔틴, 아랍 시대의 유적들이 있다.

윳다 Juttah (הָטֻּי 뻗치는, 경사진)
야타(Yatta)　　　　　31° 26′ 54.40″N 35° 04′ 59.78″E

유다 지파의 성읍이었으나 제사장 아론 자손에게 주어진 성읍이다(수 21:16). 윳다 주위에는 마온, 갈멜, 십, 이스르엘, 욕드암, 사노아, 가인, 기브아, 딤나가 있었는데 열 성읍이 같이 기록되었다(수 15:55; 21:16). 윳다는 유다 광야가 시작되는 곳에 있는 야타(Yatta)와 동일시되었다. 야타는 헤브론과 에스드모아 사이에 있었고 교통의 요지에 있던 고대 성읍이었으며 헤브론에서 남쪽으로 8km 떨어진 아랍 마을이다. 이곳에서 초기 · 중기 청동기, 후기 철기, 페르시아, 헬라, 로마, 비잔틴, 아랍 시대의 유물이 발견되었다. 1931년에 주후 2세기의 유대인 집단 매장지가 발견되었다.

　4세기의 유세비우스가 매우 큰 유대인 마을이라고 기록된 야타는 1838년에 에드워드 로빈슨이 무슬림 마을로 기록한 곳이며 1863년에 괴랭이 2,000명이 사는 마을이라고 기록한 곳이다. 1883년 팔레스틴 조사에는 저수조들, 바위 무덤들, 포도주 틀이 마을에 펼쳐져 있다고 한다. 야타는 2007년에 43,995명이 사는 팔레스틴의 아랍 도시이다.

소고 [2] 유다 Socoh (שׂוֹכֹה 가시가 많은 곳)
키르벳 슈웨이케(Kh. Shuweikeh) 31° 24′ 22.88″N 35° 06′ 07.23″E

소고[2](유다)는 유다 자손의 성읍으로 유다 산지에 있는 열 한 성읍 중의 하나로 성경에 한 번 기록된 성읍이다(수 15:48). 이곳은 헤브론에서 남서쪽으로 약 17㎞지점에 있는 키르벳 슈웨이케(Kh. Shuweikeh), 키르벳 수스야(Kh. Susya)라고 부르는 곳으로 동일시되었다. 이곳은 헤브론 남쪽에서 유일한 동굴 문화를 보여주는 곳이다. 이곳은 주후 5세기-주후 8세기의 회당이 모스크로 바뀐 유적이다. 이곳은 팔레스틴 마을인 수시야 알 카디메(Susiya Al-Qadime)가 있었다. 이곳은 고대 회당과 인접한 크고 오래된 거주지로 규모가 80두남에 이르는 유적이다. 이곳의 회당은 주후 4세기부터 7세기까지의 회당이었으며 9세기까지 계속된 것으로 보인다. 이 회당은 규모가 9 x 16m가 되는 규모로 바닥에 모자이크가 남아있다. 아랍 점령 후에 이 지역으로 새로운 무슬림들이 이주해왔다. 이 회당은 주후 10세기에 모스크가 되었다.

괴랭(Victor Guerin)은 1869년에 이곳의 중요성을 기록했다. 수시야(Susya)는 1986년에 세워진 유대인 정착촌으로 키르벳 수시야에서 남동쪽으로 약 1.5㎞ 떨어져 있으며 2017년에 1,170명이 살고 있다. 소고[2](유다)는 헤브론 남서쪽 약 17㎞ 지점에 있는 키르벳 슈웨이케(Kh. Shuweikeh)와 동일시된다. 이곳에서 비잔틴, 아랍 시대의 대규모 유적들이 발견되었고 이곳은 동굴 거주지, 규모가 큰 유대교회당 유적이 있어 유대인들이 많이 찾아오는 곳이다.

고대 회당이 있는 키르벳 슈웨이케

수풀 호레스 Horesh,Wood (חֹרֶשׁ 수풀)
키르벳 호레샤(Kh. Horeisa) 31° 27′ 15.88″N 35° 07′ 43.51″E

사울에게 쫓기던 다윗이 피신했던 곳이다. 한글성경에 수풀이라는 일반적인 뜻으로 번역되었지만 호레스라고 불리는 지명이었다(삼상 23:15). 다윗은 십 황무지 지역의 호레스에 있을 때 몰래 요나단을 만난 후 헤어졌다. 호레스는 '산림'이나 '숲'을 의미한다.

이곳은 영어성경(NIV)에서 호레스(Horesh)로 번역되었고, 공동번역에서 호레스로 번역됐다. 호레스는 키르벳 호레샤(Kh. Horeisa)로 추정되는데 이곳은 십으로 추정하는 텔 십(Tell Zif)에서 남쪽으로 약 2.4㎞ 떨어져 있고 엔게디에서 서쪽으로 약 24㎞ 떨어져 있다. 지금은 아랍 마을이 자리 잡고 있는 이곳에서는 로마, 비잔틴, 아랍 시대의 조그만 유적들이 발견되었다.

아랍인 마을이 있는 키르벳 호사

에스드모아 Eshtemoa (אֶשְׁתְּמֹעַ 듣다) /에스드모

키르벳 에쉬타모아(Kh. Eshtamoa)   31° 23′ 55.19″N   35° 04′ 02.93″E

다윗이 아말렉에게서 빼앗은 노획물을 나누어준 성읍으로 남쪽에 있는 유다 지파의 성읍이었다가 제사장 아론 자손에게 주어진 성읍이다(수 21:14; 대상 6:57). 에스드모아는 성경에 한 번 기록된 에스드모(수 15:50)와 이명동지이다. 다윗이 시글락을 공격했던 아말렉 군대에게 빼앗은 노획물을 에스드모아 사람들에게도 보낸 것을 보면 가까운 지역이었다는 추정이 가능하다(삼상 30:28).

에스드모아 마을은 에스 사무(es-Samu) 또는 사무아(Samua)로 부르는 아랍 마을로 4세기에는 에스드모아의 하사(Hasa of Eshtemoa)라고 불렸다. 키르벳 에쉬타모아(Kh. Eshtamoa)에는 석동기, 초기 청동기, 초기 · 후기 철기, 로마, 비잔틴, 헬라, 아랍 시대의 유적이 있다. 이곳에는 5세기경의 것으로 보이는 큰 규모의 유대교 회당 유적이 남아있다.

로마시대와 비잔틴 시대에 규모가 큰 유대인 마을이었다. 이 회당은 1934년에 유대교 회당으로 확인되었고 1969-1970년에 발굴되었다. 이 회당은 무슬림의 정복 이후에 모스크가 되었다. 이곳에서는 12세기에는 십자군의 탑이 있었다. 1838년에 에드워드 로빈슨은 이곳을 성경의 에스드모아로 동일시했다. 에스사무는 2007년에 19,649명이 사는 팔레스틴의 아랍 마을이다.

마온[1] 이스라엘 Maon (מָעוֹן 주거)

키르벳 마온(Kh. Maon)   31° 24′ 33.43″N   35° 08′ 02.37″E

마온 황무지에 있는 다윗의 피난지로 유다 지파의 성읍이다. 유다 산지에 있으며 갈멜, 십과 같은 지역으로 유다 광야의 서쪽 지역에 있었다(수 15:55). 다윗은 사울을 피하여 광야의 남쪽에 있는 마온 황무지에 머물렀으나 다윗을 추격하던 사울은 블레셋 군대가 쳐들어왔다는 급보에 추격을 포기하였다. 그로 인해 이곳에는 갈림 바위라는 뜻의 셀라 하마느곳이라는 이름이 생겼다(삼상 23:24-28). 마온의 부자였던 나발은 다윗의 요청을 무시했다가 분노한 다윗 때문에 낙심하여 죽었고, 나발의 아내 아비가일은 다윗의 아내가 되었다.

마온은 텔 마인(Tell Main)이라고 부르던 키르벳 마온(Kh. Maon)과 동일시되었다. 키르벳 마온은 갈멜에서 남쪽으로 2㎞ 지점에 있는 고립된 원추형으로 생긴 높은 언덕 위에 있으며 전망이 좋아 군사적으로 중요한 곳이었다. 이곳에서는 초기 청동기, 후기 철기, 페르시아, 헬라, 로마, 비잔틴, 아랍 시대의 유적들이 발견되었다.

갈멜 Carmel (כַּרְמֶל 포도원)
키르벳 갈멜(Kh. Karmel)

사울 왕의 기념비가 있던 유다의 성읍(수 15:55)으로 사울이 자기를 위하여 기념비를 세운 곳이다(삼상 15:12). 다윗의 아내가 된 아비가일의 남편이었던 나발은 갈멜 사람(삼상 30:5)이라고 불렸으며 마온에 살았으나 갈멜에서 양을 길렀다(삼상 25:2). 갈멜은 다윗의 용사였던 히스레의 고향이기도 하다(대상 3:1). 갈멜은 성경의 이름을 보존하고 있는 팔레스틴의 아랍 마을인 칼밀(al-Karmil)에 있는 키르벳 갈멜(Kh. Karmel)과 동일시되었다. 이 마을은 2007년에 3,741명의 주민 살고 있다. 이곳에서 중기 청동기, 후기 철기, 로마, 비잔틴, 아랍 시대의 유물들이 발견되었고 큰 저수지도 발견되었다. 이곳에는 비잔틴 시대인 주후 6,7세기에는 교회가 건축되었다.

1838년에 에드워드 로빈슨은 고대의 탑과 교회의 유적이 있다고 기록했고 1863년에 괴랭은 이 마을에 교회 유적이 있다고 기록 했다.

1874년 10월의 팔레스틴 조사(SWP)에 의하면 이곳에는 광범위한 폐허와 물이 차 있는 저수지가 있다고 했다.

1961년에 요르단 인구 조사에 의하면 146명의 주민이 살고 있다고 하였다. 이곳에 있는 고대 저수지(Birket Al-Karmel)은 수영장 같은 휴식 장소가 되었다. 이곳의 중요한 유적은 고대 거주지와 저수지와 갈멜 궁전(Al Karmil Palace)이다.

우물

키르벳 카르멜의 저수지

얏딜 Jattir (יַתִּיר 높이)
키르벳 아티르(Kh. Attir)

이곳은 유다 지파에게 분배되었으나(수 15:48) 제사장 아론 자손에게 주어진 성읍이다(수 21:14). 다윗은 시글락을 침략한 아말렉 사람들을 추격하여 빼앗은 노획물을 얏딜에 있는 사람들에게도 보냈다(삼상 30:27). 얏딜은 사밀과 소고, 드빌, 에스드모 부근에 있었다. 얏딜은 키르벳 아티르(Kh. Attir)로 추정되고 있다. 이곳은 헤브론에서 남서쪽으로 약 21㎞ 정도 떨어진 지점에 있으며 드빌의 추정지였던 텔 베이트 미르심(Tell Beit Mirsim)에서 남동쪽으로 15㎞ 떨어진 곳에 있다. 분리장벽 남쪽에 있는 얏딜 산림(Yatir Forest) 지역에 있다. 이곳은 레브 얏딜(Lev Yatir)로 알려진 마하네 얏딜(Mahane Yatir)에서 서쪽으로 약 4㎞ 떨어진 곳에 있다.

레브 얏딜은 1979년에 설립되어 2017년에 225명이 사는 유대인 마을이다. 큰 규모의 유적이 남아 있는 이곳에서는 후기 철기, 비잔틴, 아랍 시대 건물들의 유적이 발견되었다.

아님 Anim (עָנִים 샘)
키르벳 아님(Kh. Anim) 31° 21′ 08.35″N 35° 03′ 47.67″E

성경에 한 번 기록된 곳으로 유다 산지에 있는 유다 지파의 성읍이다(수 15:50). 아님은 유다 산지에 있는 십일 성읍 중 하나로 에스드모, 고센, 홀론, 길로 부근에 있었다.

아님은 키르벳 그후웨인 에트 타흐타(Kh. Ghuwein et-Tahat)라고 부르던 키르벳 아님(Kh. Anim)과 동일시되고 있다. 이곳은 헤브론에서 남쪽으로 약 20㎞ 떨어져 있고 에스드모아에서 약 4㎞ 정도 떨어져 있으며 해발 650m에 위치하고 있다. 이곳은 1838년에 에드워드 로빈슨에 의해 아님으로 동일시되었다.

이곳은 1968년에 코카비(M. Chochavi)에 의해 조사되어 성경의 아님과 바잔틴 시대의 아나이아(Anaia)로 확정되었다. 이곳에서는 후기 철기, 페르시아, 헬라, 비잔틴, 아랍 시대의 건물들과 유적들이 발견되었다. 1976년-1977년에 메쉘(Z. Meshel)은 얏딜 지역의 조사를 통하여 비잔틴 시대의 자료를 제공했다.

1986-1987년에 일리안(Z. Ilian)은 비잔틴 시대의 회당인 것을 확인했다. 1988-1989년에 이란과 아미트(D, Amit)가 발굴하였다. 비잔틴 시대의 회당에서는 동전들, 등잔들, 주전 4세기의 토기들이 발견되었다. 이곳은 레브 얏딜에서 이스라엘 정착촌인 북쪽으로 약 400m 떨어진 곳에 있다.

그리욧 헤스론 Kerioth Hezron (קְרִיּוֹת חֶצְרוֹן 헤스론의 건물들) / 하솔³
키르벳 엘 카르야틴(Kh. el-Qaryatein) 31° 20′ 48.43″N 35° 07′ 21.08″E

유다 지파의 성읍으로 하솔³(네겜)과 이명동지이다(수 15:25). 그리욧 헤스론은 브알롯, 하솔 하닷다, 몰라다, 브엘세바의 부근에 있기에 배신자였던 가룟 유다는 가룟 출신으로 볼 수 있는데 그리욧 헤스론은 가룟 유다의 고향일 가능성이 높다. 물론 그리욧이 요르단에 있는 그리욧이라는 주장도 있다(암 2:2; 렘 48:24). 그리욧 헤스론은 헤브론과 아랏 사이에 있었을 것으로 추정하기에 키르벳 엘 카르야틴(Kh. el-Qaryatein)으로 추정되기도 한다. 이곳에서 건물, 농업

설비, 물 저장소, 농굴과 저장소 등이 많이 발견되었는데 특히 로마와 비잔틴 시대의 건물들이 많이 있다. 이곳의 발굴을 통하여 비잔틴 시대의 교회와 모자이크가 발견되었다. 이곳은 얏딜 산림지역에 있는 유대인 마을인 하르 아마사(Har Amasa)에서 동쪽으로 약 1.9㎞ 떨어진 광야에 있다. 1984-1989에 설립된 하르 아마사는 2017년에 159명이 살고 있다.

기나 ⁻¹ Kinah (קִינָה 슬픔, 애가)

키르벳 타위브(Kh. Taiyib)
31° 19′ 40.01″ N 35° 08′ 52.96″ E

유다 지파의 영토 중 남쪽 지방에 있는 기나는 성경에 한 번 기록된 곳으로 에돔 경계에 접근한 부근에 갑스엘, 에델, 야굴, 디모나가 있다(수 15:21,22).

기나의 추정 장소는 키르벳 타위브(Kh. Taiyib)와 히브리어로 호르밧 웃짜 (Horbat Uzza)라고 부르는 키르벳 가세(Kh. Ghazze)이다. 그 이유는 기나 계곡(Nahul Kina)이 지나가고 있기 때문이다. 이곳은 바알랏 브엘로 추정되는 곳이기도 하다(호르밧 웃짜 (Horbat Uzza)는 바알랏 브엘을 보라). 키르벳 타위브는 텔 아랏에서 북동쪽으로 약 5km 떨어진 곳에 고대 거주지의 유적이 있으며 이곳의 북서쪽에는 그리욧 헤스론이 있다. 키르벳 타위브는 남쪽에 있는 디모나의 추정지와 이름이 비슷하여 혼돈되기 쉬운 곳이다.

디모나 Dimonah (דִימוֹנָה 갈망)

키르벳 에드 드헤이바(Kh. ed-Dheiba)
31° 18′ 17.81″ N 35° 08′ 50.74″ E

유다 지파의 남쪽의 에돔 경계에 있는 기나 옆의 유다 성읍으로 야굴, 기나, 아다다, 그리욧 헤스론 부근에 있었다(수 15:22). 디모나를 추정하는 것은 매우 어렵다. 디모나는 기나와 아로엘로 보이는 아다다 사이에 있으며 디본(느 11:25)과 같은 곳으로 보기도 하나 확실하지는 않다.

디모나는 현대 도시 디모나에서 떨어져 있는 키르벳 에드 드헤이바(Kh. ed-Dheiba)로 추정되고 있다. 이곳은 히브리어로는 호르밧 타이브(Horbat Taiyib)라고 기록되어 있다. 이 지역에는 고대 거주지의 유적들이 많이 남아 있다. 이곳의 서북쪽 언덕과 동쪽 계곡에 또 다른 유적이 있는데 이는 같은 거주지로 보인다. 최근에 이 지역에 사는 베드윈들이 농사를 짓기 위해 물을 저장하는 조그마한 저수지를 만들었다. 서쪽 골짜기에 무너진 저수지가 있으며 이곳은 거주지의 조건을 가진 지역에 위치하고 있다. 이곳은 텔 아라드(Tel Arad)에서 북동쪽으로 약 3.4km 떨어져 있으며 베드윈 마을 카스 카르 나바리(Qash kar Nabari)에서 동쪽으로 약 1.6km 떨어진 구릉 지대에 있다.

출애굽한 이스라엘 사람들을 사로잡았다가 멸망당한 아랏은 네겝에 있는 가나안 도시이다. 이곳은 이스라엘 사람들이 아다림 길로 오는 것을 아랏 왕이 사로잡았던 곳이기도 하다(민 21:1). 이스라엘은 서원한 뒤에 이 지역의 성들을 전멸시키고 호르마라고 이름을 붙였는데 아랏과 호르마는 동일 장소가 아닌 것으로 추정된다. 모세의 장인은 겐 사람이었는데 그의 자손이 아랏 남방의 유다 황무지에서 살았다(삿 1:16). 사울은 아멜렉을 공격할 때 겐 사람들을 같이 공격할까 염려하여 피신하게 하였다(삼상 15:6). 아랏은 텔 아라드(Tell Arad)와 동일시된다. 아랏은 유다 지파의 성읍인 에델(Eder)과 같은 곳으로 추정된다(수 15:21). 이곳은 70인역에서 아라(Ara)로 기록되어 있어 아랏과 이명동지로 보인다. 텔 아랏은 현대 아라드에서 서쪽으로 약 7㎞, 텔 브엘세바에서 동쪽으로 약 30㎞ 떨어져 있다.

이곳은 주전 4000년 전부터 정착이 시작되어 가나안 시대에 발달하였고 1,200m에 이르는 성벽을 가졌으며 신전과 궁전, 공공건물, 주택들이 있었다. 이곳은 철기 시대에도 거주지였으며 페르시아 시대의 성채와 헬라 시대의 성채가 있었다. 아랏의 특별한 유적은 성채의 북서쪽 모퉁이에 있는 이스라엘의 신전이다. 이것은 고고학적으로 유일하게 발견된 이스라엘 사람들의 신전 건물이다. 아랏 주민들은 농부들과 목축업에 종사하기도 하였지만 중요한 교통로에 있었기에 이집트와 무역을 하기도 했다.

성서의 아랏으로 동일시되는 텔 아라드는 해발 570m에 위치한 곳으로 네게브와 에돔 지역을 잇는 주요한 도로에 위치하고 있다. 성경 뿐만 아니라 이집트 역사자료 (저주문서?, 시삭의 원정목록)에도 언급되고 있는 이 장소는 1960년대(1962-66년), 70년대(1971-1978년) , 80년대(1980-1984년)에 아미란과 아하로니의 지도로 발굴되었다. 발굴을 통하여 석동기 시대부터 초기 청동기 중반까지 가나안의 거주지가 드러났고, 특히 주전 30세기부터는 이곳에 도시 성벽과 망대와 공공 시설을 갖춘 약 25에이커에 이르는 도시의 모습이 등장하기 시작하여 주전 27세기 중반경에 파괴되면서 정착이 끝이 났다.

이스라엘인들의 정착은 북동쪽에 위치한 50m×55m의 거의 정사각형 모양의 요새에 집중되어 나타나며 이후 아랍 시대까지 유적이 발견되어 12개의 지층이 발견되었다. 이 지층의 연대에 관하여 현재 재조정되고 있는 추세이다. 지층 12에서 처음으로 정착이 시작되었고 이후 지층 11에서 처음으로 요새로서의 모습을 갖추게 된다. 이전에는 이 지층이 주전 10세기로 편년되어 이 요새를 시삭의 원정 목록에도 기록되어 있는 '위대한 아라드' 라고 이해되었으나 현재

표7. 가나안 시대의 지층

지층	고고학적 시기	대략적 연대	관련 이집트 연대	주요한 발견물
I-II	초기 청동기 중	주전 2800-2650년	덴에서 제 2왕조 끝까지	아비도스 토기
III	초기 청동기 중	주전 2950-2800년	제 1왕조: 호르-아하,	도시 성벽, 신전, 물저장소, 드제르에서 덴까지 아라드 가옥, 아비도스 토기
IV	초기 청동기 초	주전 3100-2950년	나카다 III	'나메르' 세레크
V	석동기 시대	주전 4천년기-3300년	바다리안, 나카다 I	

는 출토된 토기 형태를 바탕으로 지층 12가 시삭이 원정하였을 때의 지층이라고 주장되어 연대가 조정되었다.

이 요새 내부에는 지금까지 이스라엘인들의 성전이라고 알려지는 유일한 것이 발견되었는데 곧 열 번째 지층 (지층 10)부터 건설되어 종교적 기능을 하다가 주전 7세기 말경에 파괴되었다. 이는 아마도 요시야가 종교 개혁을 하면서 파괴된 것으로 이해된다. 한편 이 성전에는 솔로몬 성전의 제단과 규격이 같은 뿔이 없는 제단과 솔로몬 성전의 구조와 유사한 삼방 구조(주랑, 성소, 지성소)의 모습을 지니고 있으며 성전 안과 그 주변에서 제기들과 동물 뼈 등의 제의 관련 유물들이 발견되었다. 이곳에서 발견된 한 오스트라콘(18번)에서는 '야훼의 집(성전)' 이라는 글자가 적혀져 이 제의 시설이 야훼 종교와 관련된 것임을 확인시켜 준다. 아라드 성전의 제일 중요한 지성소 부분은 가로와 세로의 길이가 약 2m의 정사각형 모양을 하고 있는데, 이곳은 계단을 통하여 올라가게 되어 있으며, 계단 좌우에 잘 깎은 돌로 만들어진 분향단이 각각 하나씩, 큰 것이 좌측, 작은 것이 뒷편에 있고, 지성소 가장 후미쪽에 주상(마체바) 두 개가 서 있는데, 분향단과 마찬가지로 큰 것이 좌측, 작은 것이 우측에서 벽에 박혀 있는 채로 발견되었다. 이는 야훼 종교가 가나안 종교와 혼합된 모습을 지는 것으로 이해되고 있다. 이스라엘 정착이 끝이 난 이후 한 동안 이 장소는 버려져 있다가 주전 5세기 페르시아 시대에 정착이 새롭게 시작되었다. 헬라 시대에 큰 망대 (12m×12m)가 발견되었으며 정착이 이루어졌다가 아랍 시대까지 유적이 발견되었다.

이스라엘 요새의 지층

지층	고고학적 시기	대략적 연대	주요 유적
I	아랍 시대–마믈룩 시대	주후 10–16세기	무덤
II	아랍 시대 초기	주후 7–8세기	여인숙
III	초기 로마 시대	주후 70–100년	요새
IV	헬라 시대	주전 3–2세기	망대와 정착
V	페르시아 시대	주전 5–4세기	정착 (구덩이)
VI	후기 철기 시대 말	주전 6세기 초	요새
VII	후기 철기 시대 말	주전 7세기	요새
VIII	후기 철기 시대 중/말	주전 8세기 말	요새
IX	후기 철기 시대 중/말	주전 8세기 말	요새
X	후기 철기 시대 중	주전 9세기/8세기	요새
XI	후기 철기 시대 초/중	주전 10세기/9세기	요새
XII	초기 철기 시대/ 후기 철기 시대 초	주전 12세기 말–11세기 초/ 10세기	정착

유다 지파에게 분배된 성읍으로 다윗이 사울을 피할 때 피신했던 곳이다(수 15:62; 삼상 23:29).
엔게디는 엔게디 요새(삼상 23:29), 엔게디 황무지(삼상 24:1)로 불렸다. 이명동지인 하사손다
말(대하 20:2)은 아모리 사람들이 거주했던 곳으로 반역하는 아말렉 사람들을 그돌라오멜과 동
맹한 왕들이 공격해서 무찌른 곳이다(창 14:7). 다윗은 엔게디의 동굴에서 사울을 죽일 수도 있
었으나 사울이 하나님의 기름 부음을 받았기에 죽이지 않았다(삼상 24:1-7; 참고 시 142편).

엔게디는 포도원으로 유명할 정도로 비옥한 곳이었으며(아 1:14) 에스겔은 사해에서 물고기
를 잡는 기적이 일어날 것을 예언할 때에 엔게디와 에네글라임을 예로 들었다(겔 47:10). 엔게
디는 드고아로 올라가는 길에 위치하고 있기에 지리적으로 중요한 지역이었기에 암몬과 모압
연합군이 침공하는 길이 되기도 했다(대하 20:1-30).

엔게디는 유대 광야의 동편에 있으며 사해와 연결된 황량한 지역이지만 엔게디 샘, 다윗 샘,
슐라밋 샘, 루고트 샘이라는 네 개의 샘이 연간 약 300만㎥의 물을 일정하게 공급하는 지역이
다. 엔게디에는 와디 아르고트(Wadi Arugot)와 와디 다윗(Wadi David)이 있으며 와디 다윗에
는 다윗 폭포가 있다(31° 28′ 16.44″N 35° 23′ 20.04″E). 이 샘들은 사해보다 약 200m 높은 지역
에 있는 오아시스를 이룬다. 이곳은 독특한 기후 조건으로 인해

다양한 식물이 자라는 곳으로 야생 염소와 동물들의 서식
처이기도 하다. 엔게디는 1848년에 미국의 발굴단에 의
해 위치가 되었다. 이스라엘의 마자르(B. Mazar)교수는
1960년대부터 계속해서 발굴 하고 있다. 엔게디에서
는 석동기인 주전 4000-3150년 경의 직사각형으로 길
이가 20m이고 폭이 2.5m가 되는 신전이 발견되었다.
이 계곡의 텔 고렌에서 주전 7세기의 성읍 유적에서 이
스라엘의 왕실 인장이 있는 항아리와 용기들이 발견되었
고 은 조각을 담은 항아리도 발굴되었다. 이곳에서는 1996년
의 발굴로 북서쪽에서 30여개의 방이 발견되었다. 엔 게
디에서는 주전 5-4세기인 페르시아 시대의 마을 유적
주전 1세기부터 주후 1세기의 로마 시대의 성읍, 주후
2-6세기의 로마 황실 소유의 성읍이 발견되었다. 이 성
읍은 주후 6세기에 화재로 파괴되었다.

다윗 폭포

사울 왕을 피해 도망다니던 다윗과 6백 명의 사람들이 그일라를 떠나 돌아다니던 곳으로 성경에 한 번 기록된 곳이다(삼상 23:14). 이곳은 그일라에서 멀지 않은 곳으로 십 광야 부근에 있었으며 개역한글판에서 황무지 요새, 개역개정판에서 광야의 요새로 번역되었다. 이곳은 맛사다로 추정하기도 한다.

맛사다는 "요새"라는 뜻으로 사해 서편 해발 450m의 높이의 언덕 위에 있다. 이곳은 요단 동편과 사해 일대와 동편의 광야도 볼 수 있는 천혜의 요새지이다. 헤롯왕이 주전 43년에 차지하여 주전 35년에 호화로운 궁전과 강력한 요새를 건설했다. 맛사다는 길이 약 600m, 폭은 약 250m에 이르는 정상에 성벽과 망대, 식량저장소, 저수조, 목욕탕, 수영장까지 있는 요새였다. 이곳은 주후 70년의 로마군의 예루살렘 점령 후에 마지막으로 3년간 저항했던 최후의 보루였다. 맛사다에서 저항하던 유대인들은 함락 직전에 두 명의 부인과 다섯명의 아이들을 제외하고 960명이 자살을 하였다.

맛사다는 요새의 뜻으로 헤롯 대왕이 주전 1세기에 하스모니안 시대의 천연 요새로 잘 알려진 곳에 요새와 궁전을 건축한 곳이다. 맛사다는 동쪽은 높이가 400m이고 서쪽은 약 90m가 되는 곳으로 이곳의 정상은 남북의 길이가 약 600m이고 동서의 길이는 약 240m가 되어 전체의 길이가 약 1,300m가 되는 곳으로 해발 59m의 위치에 있다.

요세푸스는 유대 전쟁사에서 맛사다가 헤롯 대왕이 유대인들의 반란에 대비하여 요새와 궁전을 지었으며 로마에 의해 예루살렘이 함락된 후에 저항군들이 3년간의 교전 후에 주후 73년 4월15일에 집단 자살을 한 곳으로 기록했다. 1838년에 에드워드 로빈슨은 맛사다로 동일시하였다. 이스라엘 고고학자 구트만(Shmarya Guttman)은 이갈 야딘(Yigael Yadin)은 1963년부터 1965년까지 발굴하여 요세푸스의 기록이 사실인 것을 확증했다.

발굴을 통하여 맛사다 전체에 쌓은 성벽, 저장소, 공성추, 제비 뽑기에 사용된 이름이 적힌 토기 조각, 수비대 건물, 저수조, 수영장, 비둘기 양식장, 화덕, 5세기의 비잔틴 교회, 회당의 서고에서는 신명기 33-34장과 에스겔 35-38장이 발견되었으며 주후 1세기 회당이 발굴되었다.

북쪽에 있는 궁전은 절벽의 경사면에 세 개의 계단식으로 건축되었고 세 개의 테라스가 있다. 서쪽 궁전은 규모가 400m에 이르는 큰 건물로 왕의 거주하는 긴물이 있다.

이곳의 건물 중 특이한 것은 로마 시대의 목욕탕이다. 이곳에서는 28명의 시신이 발견되었다.

맛사다를 공격하기 위한 로마군의 포위용 성벽, 8곳의 숙영지, 공격을 위한 인공 언덕이 있다. 길이가 70m이며 두께가 18m인 공격용 언덕은 1932년에 솔첸이 발견하였다.

아다림 길 Way of the Atharim (דֶּרֶךְ הָאֲתָרִים 연합의 길)

이스라엘 민족이 지나가다가 아랏 왕에게 공격받은 이곳은 성경에 한 번 기록된 지명으로 이스라엘이 출애굽 할 때에 지나간 곳이었다(민 21:1). 가데스 바네아에서 떠난 이스라엘이 호르 산에서 아론을 장사지낸 후에 네겝에 있는 아랏 지역을 갈 때 이 길을 통해 갔다. 이스라엘 백성들이 이 길을 갈 때 아랏 왕이 몇 명을 사로잡은 일 때문에 이스라엘이 서원한 후에 이 지역에 있는 성을 점령하고 호르마 라고 이름을 붙였다(민 21:1-3).

아다림 길은 가데스 바네아에서 아랏으로 가는 길이다.

사노아² 마온 Zanoah (זָנוֹחַ 악취, 역겨운)
베이트 아므라(Beit Amra)

31° 27′ 01.14″N 35° 02′ 49.80″E

유다 지파의 성읍 중 남동쪽 지역에 있었던 열 개의 성읍 중의 하나이다. 사노아²(마온)은 마온, 갈멜, 욕드암, 가인 부근에 있었던 곳이다(수 15:56). 이곳은 베이트 아므라(Beit Amra)로 동일시되었다. 베이트 아므라는 윳다로 추정되는 야타(Yatta)에서 서쪽으로 약 3㎞ 떨어져 있으며 헤브론에서 남서쪽으로 약 12㎞ 떨어진 곳에 있다. 이 마을은 괴랭이 1863년에 유적이 있는 언덕으로 수많은 저수조와 두 개의 교회 흔적이 있다고 기록한 마을이다. 1883년에 팔레스틴 조사에서도 저수조, 파괴된 성벽, 기둥, 쌍인방 돌(lintel stone)들이 있다고 기록했다.

이곳은 사람들의 방문이 거의 없는 팔레스틴의 아랍 마을로 2007년에 2,165명의 주민이 살고 있다.

386 이스라엘의 성지

네겝의 바알랏 브엘 지역

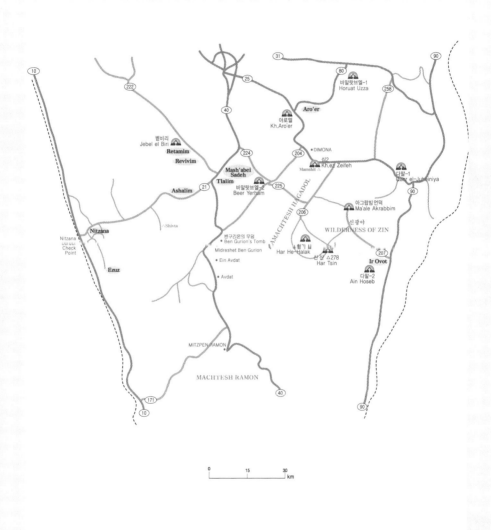

벧 비리 Beth Biri (בֵּית בִּרְאִי 창조적인 사람의 집)
제벨 엘 비리(Jebel el-Biri)

다윗이 왕위에 오를 때까지 시므온 자손이 살던 성읍이다. 벧 비리는 성경에 한 번 기록되었다
(대상 4:31). 벧 비리는 르바옷(수 15:32)과 벧 르바옷(수 19:6)과 동일시되기도 하나 확실하지
않다. 벧 비리로 추정되는 제벨 엘 비리(Jebel el-Biri)는 이름을 보존하고 있긴 하나 고고학적인
증거는 없다. 제벨 엘 비리는 브솔 시내가 지나가는 호르밧 칼루차(Horbat Khalutsa M.R.
117056 좌표 31°05′49.02″N 34°39′07.02″E)의 남서쪽 10㎞에 있다고 하나 제벨 엘 비리의 위
치는 확인하지 못했다. 이 지역에는 고고학 장소인 르호봇(Kh. Rekhovot-in-the-Negev 좌표
31°01′46.42″N 34°33′57.20″E)이 있다. 호르밧 칼루차는 할루자(Haluza)로 부르며 하라사
(Halasa), 첼로우스(Chellous), 엘루사(Elusa), 알 칼라사(al-Khaasa/al-Khalus)로 부르는 곳으
로 나바티안 향료 길(Natian Incense Route)에 있기에 다른 유적(Mamshit, Avdat,Shivta)와 함
께 유네스코 인류 문화 . 유산에 등재되어있다. 할루자는 요새의 뜻을 가진 이름으로 시글락의

지명이 변형된 것으로 추정되기에 시글락의 추정지 중
의 하나이다. 이 지역은 브엘라헤로이(창 16:7,13)가 있
었던 지역으로 주장되기도 한다(Targrums). 히아리온
(Hiarion)은 엘루사에 큰 규모의 아프로디테 신전이 있
으며 이곳의 기독교에 대하여 기록했다. 발굴을 통해 두
개의 교회, 극장, 포도주 틀, 탑이 있는 나바티안 시대의
거리가 발굴되었다. 이곳에서 남쪽으로 5.5㎞ 떨어진 곳
에는 1983년에 시작되고 2017년에 480명의 주민이 사
는 키부츠인 레타밈(Retamim)이 있다.

할루자 유적

아로엘[1] 유다 Aroer (עֲרוֹעֵר 버림받은, 벗은) /아다다
키르벳 아로에르(Kh. Aroer)   31°09′08.80″N 34°58′46.43″E

다윗이 시글락을 습격한 아말렉을 추격하여 뺏은 노획물을 나누어준 성읍으로 에돔과의 경계
선에 있는 유다 지파의 성읍이다(삼상 30:28). 아로엘은 기나와 디모나 부근에 있었던 성읍이
었다. 아로엘은 아다다(수 15:22)의 이명동지이다. 아로엘은 네 곳의 동명이지가 있는데 유다
지파의 아로엘[1](유다)과 모압의 아로엘[2](모압)과 암몬의 아로엘[3](암몬)과 아로엘[4](다메섹)이 있
다. 1838년에 에드워드 로빈슨은 이곳을 아로엘로 동일시하였다. 1975년에 비란(A. Biran)과
코헨(R. Cohen)에 의해 발굴되었다. 그후에 1976-1978년, 1980-1981년, 1982년에 발굴이 되었
다. 이곳에서는 제 1성전시대의 큰 건물이 발견되었으며 주전 7세기의 건물과 히브리어가 기록
된 세 개의 서신이 있는 토기가 발견되었으며 몇 개의
석동기 시대의 토기도 출토되었다.

이곳에서는 철기 시대의 성벽, 에돔 인장, 에돔 스타일
의 그릇, 헬라 시대 토기, 헤롯 시대의 거주지로 추정 되
는 유적 초기 아랍 시대의 건물이 발견되었다. 이곳에서
철기 시대의 성벽과 토기와 헤롯 시대의 요새가 발견되
었으며 에돔 인장과 토기도 발견되었다.

에돔 가까운 네겝에 있는 유다 지파의 성읍으로 하솔, 잇난, 델렘, 브알롯 부근에 있었다(수 15:24). 십²(네겝)은 키르벳 에즈 제이페(Kh. ez-Zeifeh)로 추정되는데 맘솃(Mamshit) 유적지 부근에 있으며 오래된 주거지의 흔적이 보이기는 하지만 고고학적인 자료는 확인되지 않았다. 맘솃은 주후 1세기에 나바티안인들이 건설하였고 로마에 점령되어 비잔틴 시대까지 확장 발전 되었다. 네겝 지방에는 아브닷트(Avdat), 쉬바타(Shivta), 니산나(Nitsana) 같은 나바티안의 도 시들이 있었다.

키르벳 에즈 제이페

맘솃(Mamshit)의 교회터

맘솃의 유적

바알랏 브엘[-1] Baalath Beer (בַּעֲלַת בְּאֵר 우물의 여주인) /라마[4] /브알롯/바알
호르밧 웃짜(Horvat Uzza) 31°12′32.94″N 35°09′57.06″E

유다 지파의 분깃 가운데 있는 시므온 지파의 성읍이었다. 바알랏 브엘은 라마[4](네겝)과 같은 이명동지이다(수 19:8). 개역한글판에 남방 라마로 되어 있으나 개역개정판에 네겝의 라마로 되어 있다. 다윗은 시글락을 침공한 아말렉에게 빼앗은 노획물을 남방 라못 사람들에게 나누어 주었는데 라못[1](남방)은 남방 라마와 같은 곳으로 추정된다.

바알랏 브엘은 유다 지파의 남쪽에 있던 성읍인 브알롯(수 15:24)과 같은 곳으로 보이며 시므온 지파의 성읍으로 주어진 바알(대상 4:33)과 같은 곳으로 추정된다. 이에 바알랏 브엘과 라마[4](네겝), 라못[1](남방), 브알롯, 바알은 이명동지이다. 바알랏 브엘은 호르밧 웃짜(Horvat Uzza)와 예로함 우물(Beer Yeruham) 두 곳의 추정지가 있다.

이곳은 키르벳 가제(Kh. Ghazzeh)로 불리던 곳으로 텔 아랏에서 남동쪽으로 약 8㎞ 정도 떨어진 곳에 있다. 호르밧 웃짜는 기나의 추정지이기도 하다. 20세기 초에 무실(Musil)에 의해 처음으로 조사되었다. 알트(A. Alt)와 아비요나(M. Avi-Yonah)가 로마 요새로 여겨졌으며 1956년에

는 주전 8세기-주전 9세기의 철기 시대의 요새로 추정하면서 바알랏 브엘로 동일시한 곳이다.

1982, 1983, 1986, 1988년의 발굴을 통하여 주전 7세기의 큰 요새(51×42m의 요새가 발굴되었다. 또한 1차 성전 시대의 요새, 거주지, 29개의 오스트라카(ostraca), 헬라 시대의 거주지, 주후 1-3세기의 로마시 요새, 동전, 토기들이 발견되었다.

다말[-2] Tamar (תָּמָר 종려나무, 대추야자나무)
카스르 엘 주헤이니야 (Qasr el-Juheiniya) 31°01′40.15″N 35°14′31.41″E

이스라엘의 남쪽 경계선에 있으며 성경에 두 번 기록된 곳이다. 에스겔서에 기록된 이스라엘의 남쪽 경계선 동쪽에 있는 성읍이다(겔 47:19; 48:28). 다말은 경계선에 있는 성읍이어서 성서지리에서 자주 언급되는 중요한 곳이다. 다말은 종려나무 성읍으로 추정되기도 하는데 일반적으로 종려나무 성읍으로 동일시되는 여리고와 다른 곳으로 보인다(삿 1:16). 그 이유는 이 지역의 지리적인 상황이 여리고로 보기에는 어렵기 때문이다. 경계선에 있는 장소의 추정은 단순히 한 성읍의 문제가 아니라 영토의 범위가 달라지기에 매우 중요하다.

에돔과 모압으로 가는 초기의 도로 옆에 있으며 지금도 사해와 연결되는 25번 도로 옆에 있다. 이 지역에서부터 사해까지 이어지는 나할 다말(Nahal Tamar)이 시작되는 곳이다. 이곳에는 옛 주거지의 유적이 남아 있다.

유다 지파의 분깃 가운데 있는 시므온 지파의 성읍이었다. 바알랏 브엘은 라마[4](네겝)과 같은 이명동지이다(수 19:8). 개역한글판에 남방 라마로 되어 있으나 개역개정판에 네겝의 라마로 되어 있다. 다윗은 시글락을 침공한 아말렉에게 빼앗은 노획물을 남방 라못 사람들에게 나누어 주었는데 라못[1](남방)은 남방 라마와 같은 곳으로 추정된다.

바알랏 브엘은 유다 지파의 남쪽에 있던 성읍인 브알롯(수 15:24)과 같은 곳으로 보이며 시므온 지파의 성읍으로 주어진 바알(대상 4:33)과 같은 곳으로 추정된다. 이에 바알랏 브엘과 라마[4](네겝), 라못[1](남방), 브알롯, 바알은 이명동지이다. 바알랏 브엘은 호르밧 웃짜(Horvat Uzza)와 예로함 우물(Beer Yeruham) 두 곳의 추정지가 있다.

예로함에는 주전 10세기의 유적인 텔 라마(Tel Rahma)가 있다. 예로함의 서쪽 지역에는 로마 시대와 비잔틴 시대의 나바티안 마을(Nabatian Village)의 유적이 있다. 예로함은 1951년에 크파르 예로함(Kfar Yeruham)이 세워졌고 2017년에는 9,511명이 살고 있다.

아하로니는 이곳을 예로함 우물(Beer Yeruham)과 동일시하고 있다. 예로함(Yeruham)에는 예로함 우물이 있고 옆에는 큰 연못이 있어 예로함 공원(Yeruham Park)이 되어 있다. 이곳에 '예로함 우물이 아하로니에 의해서 바알랏 브엘과 동일시되었다' 는 표지판이 세워져 있고 하나님께서 하갈의 눈을 밝혀 보여주신 샘물이라는 설명도 기록되어 있다(창 21:15-19). 고대 우물인 예로함 우물은 라마 우물(Be'er Rahma)이라고 부른다.

할락 산 Halak Mount (הָהָר הֶחָלָק 발가벗은 산)

Halak Mount

30°51′42.66″N 35°01′50.36″E

여호수아가 정복한 영토의 남쪽 경계선에 있는 할락 산은 성경에 두 번 기록된 곳으로 이스라엘 영토의 남쪽 경계를 나타내는 중요한 곳이다(수 11:17; 12:7). 여호수아가 정복한 영토의 북쪽에는 헤르몬 산이 있고 남쪽에는 할락 산이 있다. 이곳에서는 이스라엘의 영토를 '단에서부터 브엘세바까지' 라는 개념을 북쪽은 헤르몬 산으로부터 남쪽은 할락 산까지로 예로 들어 설명하고 있다. 이곳은 세일로 올라가는 곳에 있었다. 할락 산은 아그랍빔 비탈 가까이에 있으며 아라바 동쪽의 경사면과 신 광야 지역에 있다. 해발 498m의 높이의 할락 산은 세 개의 봉우리가 있다. 매끄러운 자갈이 있는 할락 산 정상에서는 동쪽으로는 신 산(Har Tsin)과 신 광야 지역을 지나가는 나할 신(Nahal Tsin)이 보인다 .

아그랍빔 언덕 Akrabbim (עֲקְרַבִּים 전갈, 채찍의 언덕)

마알레 아그랍빔(Ma' ale Akrabim)

30°54′24.74″N 35°07′54.03″E

가나안 땅의 남쪽 경계선에 있는 이곳은 아그랍빔 언덕(민 34:4)과 아그랍빔 비탈(수 15:3; 삿 1:36)로 기록되었다. 아그랍빔 비탈은 브엘세바로부터 아라바 계곡까지의 길로 와디 무라(Wadi Murra)까지의 급경사지와 동일시되고 있다 이곳은 '함석의 좁은 길' 이라는 뜻으로 네크브 에스사파(Neqb es-Safa)라고 불린다. 이곳에 로마 시대의 고대도로가 있으며 그 옆에 급경사 지역에 만든 현대 도로가 있으며 이곳을 아그랍빔 비탈(Maale Akrabim)이라고 불리고 있

다. 로마 시대의 도로는 전갈의 언덕(Scorpion's pass)로 불렀기에 히브리어로 마알레 아그랍빔으로 부른다. 로마 제국은 주후 1세기에 와디 신(Wadi Tsin)에서 북부 네겝의 고지대를 연결시켜 이 지역을 통제하였다. 영국 통치 시대에 이 길을 다시 만들어졌다. 1950년에 이스라엘 육군 공병들이 다시 포장하였고 2004년에 또 다시 정비되었다.

다말 [-1] Tamar (תָּמָר 종려나무, 대추야자나무)

Tamar 아인 호셉 (Ain Hoseb)　　　　　　30°48′32.72″N 35°14′41.25″E

이스라엘의 남쪽 경계선에 있으며 성경에 두 번 기록된 곳이다. 에스겔서에 기록된 이스라엘의 남쪽 경계선 동쪽에 있는 성읍(겔 47:19; 48:28)이다. 다말은 경계선에 있는 성읍이어서 성서지리에서 자주 언급되는 중요한 곳이다.

카스 엘 주헤이니야보다 더 남쪽에 있으며 사해의 남서쪽에서 약 40㎞ 떨어진 곳에 있다. 아인 호셉은 아그랍빔 비탈과 사해 북단으로 올라가는 길이 교차하는 교통의 요지이며 지명에서 알 수 있듯이 샘이 있는 곳이었다. 이곳은 에돔 족속이 차지한 곳이며 이두매로 알려진 곳이다. 이곳은 아인 하체바(Ain Hazeva)라고 부르며 성서 시대부터 영독 통치시기(1917-1947년)까지의 유적이 있는 곳으로 이스라엘 왕국 시대부터 초기 아랍 시대까지 이곳에 있는 유적은 주전 10세기의 6시대의 거주지가 있었다. 성경의 다말이라고 부르는 요새가 있었다. 이곳에서 주전 9-8세기의 요새로 두꺼운 포곽벽(Case mate wall)로 둘러 쌓인 요새(100×100m)로 성문은 북쪽에 있었으며 세 곳의 탑이 있었으며 주전 7-6세기 유다 왕국의 요새가 있었다. 주후 1세기에는 여행자 숙소가 있었으며 주후 2-4세기에는 로마 시대 요새(46×46m), 거주지가 있었다. 주후 7-8세기인 초기 아랍 시대에도 주거지가 있었다.

소돔 산 Har Sodom

소돔 산(Har Sodom)　　　　　　30°05′19.17″N 35°23′38.53″E

소돔 산은 사해의 남서쪽에 위치하고 있으며 바위 소금으로 형성된 산으로 길이는 약 11㎞ 이고 폭은 약 1.5㎞에서 3㎞ 정도 되는 규모로서 롯의 아내라고 부르는 바위 소금이 있는 지역이다. 소돔은 사해의 남부 지역에 위치했을 것이라고 보는 견해가 일반적인 것으로 받아들인다.

소돔의 추정지가 요르단 쪽에서는 밥 에드라로 보고 있으나 이 지역을 소돔으로 보는 견해도 있다. 사해 남쪽 지역은 바닷물 속에서 광물질을 추출하는 사해 지역의 공장들이 세워졌다.

롯의 아내라고 부르는 기둥

네겝(남방)의 하늘

다윗 성에서 만난 밥 코루눅(Bob Cornuke) 박사

아라바 계곡의 아브로나 지역

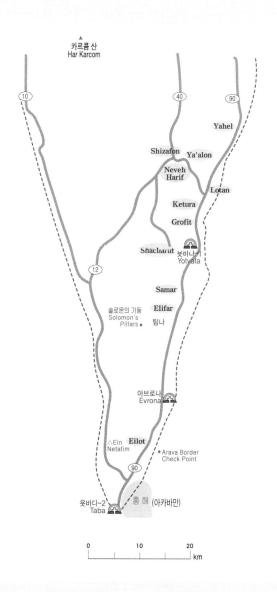

카르콤 산
Har Karcom

Yahel

Shizafon Ya'alon

Neveh
Harif

Lotan

Ketura

Grofit

Shacharut 욧바타-1
Yotvata

Samar

Elifar

솔로몬의 기둥
Solomon's
Pillars 팀나

아브로나
Evrona

Ein Eilot
Netafim

Arava Border
Check Point

욧바다-2
Taba 홍 해 (아카바만)

0   10   20
          km

욧바다 ⁻¹ Jotbathah (יָטְבָתָה 좋은)

요트바타(Yotvata)
29° 52′ 47.53″N 35° 02′ 34.98″E

이스라엘 민족이 출애굽 할 때 지나갔던 곳으로 홀하깃갓이나 굿고다와 아브로나 사이에 있었다(민 33:33,34; 신 10:7). 성경에는 욧바다가 물 흐르는 시내가 많은 곳이라고 기록하고 있다. 욧바다는 두 곳의 추정지가 있는데 와디 가하헤드(Wadi Ghahaghed)와 타바(Taba)이다.

이곳은 아인 가디안(Ein Ghadian/Ein Radia)이라고 불리기도 하는 곳이다. 이곳은 에이랏에서 북쪽으로 약 40㎞ 떨어진 아라바 계곡에 있다. 이곳에는 1951년 요트바타(Yotvata)라는 키브츠가 만들어져 있고 야생 동물 보호구역(Yotvata Hai-Bar Nature Reserve)이 만들어져 있다. 키브츠 요트바와는 2017년에 667명이 살고 있다. 이곳에서 석동기, 초기 · 중기 청동기 시대의 유적과 초기 철기, 로마 시대의 요새와 목욕탕과 초기 아랍 시대의 유적들이 발견되었다. 키부

츠에 동쪽 지역에서는 주후 700년경의 아랍 요새가 발견되었다. 키부츠의 서쪽 언덕에서는 주전 12세기의 요새가 발견되었다.

키부츠 동쪽에서는 북쪽과 남쪽으로 지하로 연결된 수도가 발견되었다.북쪽에서는 두 개의 표범 덫이 발견되었다.

욧바다 ⁻² Jotbathah (יָטְבָתָה 좋은)

타바(Taba)
29° 29′ 26.85″N 34° 54′ 09.33″E

이스라엘 민족이 출애굽 할 때 지나갔던 곳으로 홀하깃갓이나 굿고다와 아브로나 사이에 있었다(민 33:33,34; 신 10:7). 성경에는 욧바다가 물 흐르는 시내가 많은 곳이라고 기록하고 있다. 욧바다는 두 곳의 추정지가 있는데 와디 가하헤드(Wadi Ghahaghed)와 타바(Taba)이다.

타바는 에일랏에서 서남쪽으로 약 11㎞ 떨어진 곳으로 타바 국경이 있는 지역이다. 로빈슨

(Robinson)은 이 지역을 성경의 장소로 연결시키지 못하였으나 아하로니(Aharoni)는 타바 부근을 욧바다의 추정지로 보았다.

아브로나 Abronah (עַבְרֹנָה 통로)
아브로나(Abronah)

29° 40′ 22.98″N 35° 00′ 49.88″E

이스라엘 백성들이 출애굽할 때에 욧바다를 떠난 후 에시온게벨로 가기 전에 머물렀던 곳이다 (민 33:35). 아브로나는 욧바다와 에시온게벨의 추정지인 텔 엘 칼레이페(Tell el-Khelifeh) 사이에 있는 아인 데피예(Ain Defiyeh)로 추정된다. 이곳은 요르단의 아카바 만에서 북서쪽으로 약 15㎞ 정도 떨어진 곳에 있는 곳이나 지금은 이곳에서 우물을 찾을 수 없기 때문에 정확한 위치를 찾기 어렵다. 이 지역의 이스라엘 영토에는 아브로나의 이름을 붙인 아인 아브로나(Ain Avrona)가 있다. 지금은 말라 버렸지만 과거에 물이 풍성할 때도 있었다고 한다. 이 지역은 과거에 아랍 시대의 고대 농장이 있었던 곳으로 연결된 우물들(Chains of Wells)이라는 뜻인 푸가라스(Fugaras)가 있다.

신 광야 [2] 가데스 바네아 Wilderness of Tsin (מִדְבַּר צִן 울퉁불퉁한 바위의 광야)
진 광야 Wilderness of Tsin

가나안 땅의 남쪽 경계에 있는 이곳은 가데스 바네아가 있는 곳으로 아그랍빔 비탈과 가데스 바네아 사이에 있으며 하나님께서 주신 가나안 땅의 남쪽 경계에서 에돔의 경계선에 닿은 곳이

다(민 34:3). 성경에는 두 개의 신 광야가 있고 성읍 신(겔 30:15; 16; 펠루시움)이 있다. 엘림과 시내 산 사이에 신 광야[1](홍해)가 있고(출 16:1; 17:1; 민 33:11, 12), 유대 남쪽에 있는 가데스 바네아 부근에 신 광야(가데스 바네아; 민 34:3,4)가 있다.

이 지역을 지나가는 와디를 나할 진(Nahal Tsin)이라고 부른다.

아라바[1] 시내 Arabah (נַ֫חַל הָעֲרָבָה 사막, 광야의 계곡)
아라바(Arabah)

갈릴리 바다의 남쪽 끝 부분에서부터 사해를 지나 홍해가 있는 아카바 만까지 이어지는 건조하고 황량한 계곡이다. 이곳은 이스라엘의 지형에서 중요한 지역을 나타내고 있다(암 6:14). 아라바 광야가 중요한 이유 중의 하나는 이스라엘 백성들이 출애굽 할 때 지나간 통로였기 때문이다(신 1:1,7; 2:8). 아라바 시내 주위에는 출애굽과 관련된 장소들이 많이 있다. 아라바[1](시내)는 넓게는 갈릴리 바다의 남쪽으로부터 홍해의 아카바 만까지의 지역이지만 요즈음은 좁은 의미로 사해 남쪽에서부터 아카바 만까지의 지역을 가리킨다. 아라바 시내는 길이가 약 170㎞ 정도가 되고 폭은 4-6㎞이며 물이 흐르는 강이 없는 메마르고 황량한 곳이다. 아라바 시내는 아카바 만에서 약 70㎞까지는 200m 정도로 높아졌다가 사해까지 90㎞를 지나가는 동안 약 600m를 내려가는 특이한 지형을 가지고 있다.

아라바는 아라바(시내)와 아라바[2](베냐민)와 아라바[3](마온)와 동명이지이다. 아브넬은 기브온에서 패전한 후에 아라바를 지나 요단을 건너 도망쳤으며(삼하 2:29) 이스보셋을 죽인 사람들은 헤브론에 있는 다윗에게 목을 벤 이스보셋의 머리를 주려고 아라바 길을 갔다(삼하 4:7). 시드기야 왕은 예루살렘에서 도망할 때 아라바 길(삼하 4:7; 왕하 25:4; 렘 52:7)을 이용했다. 사해인 염해는 아라바 바다(왕하 14:25)라고 불렸는데 아라바 시내에 있는 바다라는 뜻으로 이해할 수 있다. 이 지역은 농경이 거의 불가능한 지역이지만 교통 때문에 중요한 지역이 되었다.

아라바 시내의 남쪽에 있는 에시온게벨이나 엘롯은 가나안 땅의 남서쪽의 관문이었다. 에시온게벨은 해상 교통의 중요한 항구이었기에 에돔 지역을 거쳐 왕의 큰 길(왕의 대로)과 연결되는 교통의 중심지였다. 아라바 시내를 동서로 연결하는 교통로는 아그랍빔 비탈길을 통하여 브엘세바와 가사로 연결되었다.

동쪽에서 바라본 아라바

팀나 Timnah

29° 46′ 07.61″N 34° 57′ 19.47″E

팀나는 에일랏에서 북쪽으로 약 25㎞ 떨어진 곳에 있는 계곡으로 아름다운 풍경으로 잘 알려진 곳이다. 팀나는 성경에 인명으로 두 번 기록되었다(창 36:22; 대상 1:39).

이곳의 구리 광산은 5,000년- 6,000년 전부터 시작된 것으로 여겨진다. 이집트는 주전 14 세기부터 이곳을 자신들의 영토로 삼고 구리를 채취하였다. 세티 1세(주전 1291-주전1278년)은 이 지역을 지배했다. 팀나에는 이집트 광부들의 거주지와 이집트의 여신인 하토르의 신전이 발견되었다. 이곳에서는 구리로 만든 뱀이 발견되기도 했다. 이 신전은 세티 1세 때에 세워졌으나 지진으로 손상된 것을 람세스 2세가 재건축하였다. 이곳에는 무기를 가진 이집트 군인과 사냥하고 있는 구리 제련 노동자들과 염소, 뱀, 개, 타조, 사슴 같은 동물들이 그려져 있는 주전 13세기부터 주전 12세기까지의 벽화가 있다. 이곳에서는 구리를 채굴했던 구멍 틀이 수 천 개가 발견되었다. 이곳은 솔로몬 시대로부터 나바티안 시대, 1-32 세기의 로마 시대, 세기의 아랍 시대까지 구리 광산으로 사용되었다.

팀나는 1845년 페데릭(J. Petherick)이 처음으로 기록한 곳이며 1902년에 무실이 건축물의 기초를, 1934년에 프랑크가 구리 제련소를, 1935년에 글루엑이 철기 시대의 토기를 발견하였다. 글루엑은 팀나를 솔로몬의 광산이라고 불렀다. 이곳에는 솔로몬의 광산이라고 부르는 큰 바위가 있다. 로벤베르그는 1959년부터 1960년대까지 체계적인 조사를 하였다. 1990년대의 발굴을 통하여 10,000개의 구리 광산과 제련소가 발견되었다.

2009년에 벤 요셉에 의해 발굴이 시작되었고 에돔이 이곳에서 채굴한 것이 확인되었다. 2013년에는 새로운 발굴(The Central Timna Valley Project)가 시작되었다. 2002년에 팀나는 42,000 두남의 크기의 자연보호구역으로 지정되었다. 이곳에는 성경에 기록된 성막을 재현한 성막의 모형이 있다.

성막 모형

하토르 신전

솔로몬의 기둥

제련소가 있는 지역

이곳에는 호르 산이라고 추정하기도 하는 신 광야의 신 산 (Har Tsin)이 있다. 이 산은 신 광야의 나할 찐(Nahal Tsin)에 있는 해발 278m 높이의 산이며, 이스라엘 사람들이 호르 산(민 20:22; 21:4; 33:39)으로 여기고 있는 곳이어서 이 산을 호르 산(Har ha-Hor)이라고 불리기도 한다. 이곳은 사해의 남쪽에서 남서쪽으로 약 32㎞ 떨어져 있으며 할락 산에 남동쪽으로 약 4㎞ 떨어져 있고 가데스바네아 에서는 북동쪽으로 약 64㎞ 떨어진 곳이다.

신 산은 호르 산의 추정지인 제벨 마두라(Jebel Maderah)이다. 호르산의 추정지는 제벨 하룬과 제벨 마두라이다. 조지 로빈슨(George L. Robinson)은 그의 글(The True Mount Hor)에서 제벨 마두라가 호르 산이라는 주장을 하였다. 이곳이 호르 산이라는 근거는 지리적인 이유로 가데스바네아, 신(tsin)광야에 가깝고 에돔 변경인 것이다. 이 산은 넓은 광야에 있어 접근이 쉬우며 산 아래에서 이 산을 볼 수 있는 지형에 있다. 제벨 마두라는 아랏 왕의 사건이 일어난 아랏으로 가는 방향이 일치한다. 로빈슨 교수의 글은 1908년에 발표한 것이다. 호르산에 대한 위치는 확정되지 못하였고 이

북쪽에서 본 신 산

곳에 대한 위치는 가데스바네아에서 북동쪽에 있는 것으로 알려 졌으나 신 산이 호르 산 추정지인 제벨 마두라이다.

동쪽에서 본 신 산

신 산의 정상

신 산으로 올라가는 길

할락 산 전망대에서 본 신 산

카르콤 산
카르콤 산(Har Karcom)   30°17′17.96″N 34°44′33.85″E

이스라엘의 네겝 사막의 남쪽, 나할 바란(Nahal Paran)의 북쪽 가장 자리에 있으며 카르콤 샘 (Beer Karkom)의 약 7㎞ 남쪽에 있다. 이곳은 가데스 바네아에서 남동쪽으로 약 50㎞ 떨어진 곳에 있는 해발 847m의 높이의 산이다. 카르콤 산의 용마루는 길이가 약 4.5㎞이고 폭은 1-2.5 ㎞이며 300m가 되는 절벽으로 둘러싸인 산이다. 이 산은 아라바 계곡과 요르단의 모압과 에돔 지역까지 볼 수 있는 곳이다. 1954년에 카르콤 산에서 이스라엘의 고고학자인 임마누엘 아나 티(Emmauel Anati)는 고대의 암각화를 발견하였다. 1980년 이후 이스라엘과 공동으로 이탈리 아 고고학 발굴단이 아나티 교수의 안내로 20년 이상에 걸쳐 1,300곳 이상의 고고학 장소를 발 견하였다. 이곳에서 구석기, 석동기, 초기 청동기 시대의 주거지 흔적, 제의용 돌기둥, 수천 점 의 암각화를 발견하였다. 아나티는 이곳을 출애굽기의 시내 산과 동일시하였으며 이스라엘 민 족의 종교적인 중심지라고 하였으나 고고학자들의 많은 비판을 받았다. 네겝 사막에는 수많은 암각화와 주거지의 흔적이 남아 있고 카르콤 산에는 제의 흔적이 집중되어 있다. 이곳은 산세 가 다른 곳과는 다른 산이어서 관심을 끌고 있지만 시내 산이라는 결정적인 증거는 갖고 있지 못하다.

카르콤 산

키르콤 산의 정상

열두 기둥

사마리아인의 유월절

부록

ㄱ

ㄴㄷ

ㄹ

□

ㅂ

ㅅ

ㅇ

ㅈ ㅌ ㅍ

ㅎ

유대 광야의 무지개

참고 도서 목록

Aharoni, Y, The Land of the Bible, Philadelphia: The Westminster Press, 1919-1976.

Aharoni, Yohanan, Avi-Yonah, Michael, F.Rainey, Anson, Safrai, Ze??ev, The
Carta Bible Atlas, Jerusalem: Carta Jerusalem, 2002.

Alon Azaria, 300 Wild Flowers of Israel, Steimatzky, 1993.

Ariel, Israel, Richman, Chaim, Carta??s Illustrated Encyclopedua of the Holy
Temple in Jerusalem, Carta, 2005.

Bahat, Dan, Touching the Stones of our Heritage, The Western Wall heritage Foundation, 2002.

Bahat, Dan, Rubinstein, Chaim T., The Illustrated Atlas of Jerusalem, Carta Jerusalem, 1996.

Bruce, F.F., The Illustrated Bible Atlas, Carta Jerusalem, 1994.

Bruce, F.F., Bible History Atlas, Carta, 2005.

Cleave Richard, The Holy Land Satellite Atlas 1,2, R hr Productions, 1999.

Cottridge, David M., Porter, Richard, Birds of Israel and the Middle East, Steimatzky, 2000.

Dorsey, David A, The Roads and Highways of Ancient Israel, Johns Hopkins, 1991.

Elitzur, Yoel, Ancient Place Names in the Holy Land Preservation and History,
The Herew University Magnes Press, 2004.

Eshbol, Yossi, Paz, Uzi, Birds in the Land of the Bible, Palphot Ltd., 1984.

Foggi, Bruno, Flowers of Isreal, Bonechi & Steimazky, 1999.

Frankel, R. et als. Settlement Dynamics and Regional Diversity in Ancient
Upper Galilee: Archaeological Survey of Upper Galilee. Jerusalem: Israel Antiquities Authority. 2001.

Frankel, R," Upper Galilee in the Late Bronze-Iron I Transition" in Finkelstein, I. and Na??aman, N.
(eds.) From Nomadism to Monarchy: Archaeological and Historical Aspects of Early Israel.
Jerusalem: Israel Exploration Society. 1994. pp. 18-34.

Gal, Z." Iron I in Lower Galilee and the Margins of the Jezreel Valley" in Finkelstein, I. and Na' aman,
N. (eds.) From Nomadism to Monarchy: Archaeological and Historical Aspects of Early
Israel. Jerusalem: Israel Exploration Society. 1994. pp. 18-34.

Hareuveni, Nogah, Nature in Our Biblical Heritage, Neot Kedumim, 1980.

Hareuveni, Nogah, Tree and Shrup in Our Biblical Heritage, Neot Kedumim, 1989.

Hareuveni, Nogah, Desert and Shepherd in Our Biblical Heritage, Neot Kedumim, 2000.

Kallai, Zecharia, Historical Geography of the Bible, Jerusalem: Magnes Press, 1986.

Kallai, Zecharia, Biblical Historiography and Historical Geography, Peter Lang, 1998.

Lewitt, Irene, The Israel Museum, The Vendome Press, 1995.

Maimon, Yossi, Discover the Land of Israel Volume One, Mazo Publishers, 2006.

Mazar, Eilat, The Complete Guide to the Temple, Mount Excavations, Shoham Academic Research and Publication, 2002.

Monson James M., The Land Between, Biblical Backgrounds, INC., 1983.

Nun, Mendel, The Land of the Gadarenes, Kibbutz Ein Gev, 1996.

Nun, Mendel, The Sea of Galilee and Its Fishermen in the New Testament, Kibbutz Ein Gev, 1989.

Nun, Mendel, Ancient Stone Anchors and Net Sinkers from the Sea of Galilee Kibbutz Ein Gev, 1993.

Pixner, Bargil, With Jesus in Jerusalem - His First and Last Days in Judea, Corazin, 1996.

Pixner, Bargil, With Jesus through Galilee according to the Fifth Gospel, Corazin, 1992.

Ritmeyer, Leen and Kathleen, From Sinai to Jerusalem the Wanderings of the Holy Ark, Carta, 2000.

Richman, Chaim, A House of Prayer for All Nations, The Temple Institute Carta, Jerusalem, 1997.

Ritmeyer, Leen & Kathleen, Jerusalem in the time of Nehemiah, Carta, 2005.

Robinson, Edward, Biblical Researches in Palestine Mount Sinai and Arabia Petraea 1,2,3, New York: Arno Press, 1977.

Stern, Ephraim, The New Encyclopedia of Archaeological Excavations in the Holy Land 1,2,3,4,5 Simon & Schuster, 1993.

Thompson J A, Handbook of Life in Bible Times, Ivp, 1986.

Tishby, Ariel, Holy Land in Maps, Jerusalem: The Israel Museum, Jerusalem, 2001.

Vamosh, Miriam Feinberg, Daily Life at the time of Jesus, Palphot, 2001.

Ussishkin,D.1982, The Conquest of Lavhish by Sennacherib(tel Aviv University).

Ussishkin, D. (ed.) 2004, The Renewed Archaeological Excavations at Lachish (1973-1994) Vols. I-5(Tel Aviv: Tel Aviv University).

Vos, Pfeiffer, The Wycliff Historical Geography of Bible Lands, Moody Press, 1979.

Wright Paul H., Atlas of Bible Lands, Holman Bible Publishers, 2002.

Yamauchi, Edwin, Harper??s World of the New Testament, Harper & Row, 1981.

지도 Atlas of the Bible Index and Chronological Table, Carta.

강석오, 성서의 풍토와 역사, 종로서적, 1990.

강창희, 복음서의 지명과 복음서의 역사성, 도서출판 솔로몬, 2001.

강후구, 성서고고학, 서울장신대학교, 2014

김영진, 이스라엘 역사 서설, 올람하타낙, 2002.

김진우, 이스라엘? 이스라엘!, 대한기독교서회, 2003.

박준서, 성지순례, 조선일보사, 1993.

사이몬 젠킨스, 성경과 함께보는 지도, 목회자료사, 2004.

이강근, 에레쯔 이스라엘, 메시지, 1995.

이강근, 이스라엘 성지, KDMIN, 2004.

유바울, 축복의 땅, 약속의 땅 이스라엘, 기독교문서선교회, 2015

이요엘, 고고학자들의 카리스마를 클릭하라, 평단, 2006.

이요엘, 이스라엘 디스커버리, 홍성사, 2015

이진희, 성지에서 본 성서, 쿰란출판사, 2003.

임미영, 고고학으로 읽는 성경, 기독교문서선교회, 2016

정양모, 이영헌, 이스라엘 성지 어제와 오늘, 생활성서사, 1999.

존 브라이트, 이스라엘 역사, 크리스챤 다이제스트, 2003.

팔머 로벗슨, 성경지리 이해, 서울: CLC, 2003.

피터 콘놀리, 나사렛 예수와 그 시대, 스타이마츠키, 1995

Aharoni, Yohanan, and Avi-Yonah, Michael 성경지도, 서울: 아가페, 1979

아하로니 Y., 구약성서지리학, 대한기독교출판사, 2002.

Blaiklock, E. M., 김규병, 신정일역, 성경지리개론, 서울: 기독교문서선교회, 1994.

Vos, Howard F., 한정건, 신정일역, 성경지리개론, 서울: 기독교문서선교회, 1999.

홍순화.GPS성경지명사전, 서울; 한국성서지리연구원,2012

성지사진 Photographic Credits

홍순화 - 이 책의 모든 사진

이스라엘 성경지명목록

가나 1 갈릴리
가나 시내
가나안
가나안 족속의 땅
   가나안 족속의 모든 땅
가나안 족속의 모든 땅
가드 1 블레셋
가드 2 쉐펠라
   가드 모레셋
   모레셋
가드림몬 1 단
가드림몬 2 므낫세
가드모레셋
   모레셋
   가드2
가드헤벨
가렙 언덕
가룟
가르다
가르단
   기라다임1
가바다
   박석
가버나움
   본동네2
가버나움 회당
가불 1 성읍
가불 2 지역
가사
가아스 산
가아스 시내
가이
   가드2
가이사랴
가이사랴 빌립보
   빌립보 가이사랴
가인
갈렙 남방
갈렙 에브라다
   베들레헴 1 유다
   에브라다1
   유다 베들레헴
   다윗의 동네
갈릴리
갈릴리 가나
   가나1
갈릴리 게데스
   게데스1
갈릴리 호수
   갈릴리 바다
   긴네롯 바다
   긴네렛 바다
   게네사렛 호수
   디베랴 호수
   디베라 바다
갈릴리 바다
   갈릴리 호수
   긴네롯 바다
   긴네렛 바다
   게네사렛 호수
   디베라 바다
   디베랴 호수
갈릴리 산
갈림 1 베냐민
갈림 2 발디
갈멜
갈멜 산
감람 산
감람 산 길

감옥 문
갑본
   막베나
갑스엘
   여갑스엘
갓닷
갓몬 족속의 땅
거룩한 땅
거십
   악십 1 쉐펠라
게네사렛 땅
   긴네렛 2 땅
게네사렛 호수
   디베라 바다
   디베라 호수
   갈릴리 바다
   갈릴리 비호수
   긴네렛 바다
   긴네롯 바다
게데스 1 납달리
게데스 2 잇사갈
게데스 3 유다
게델
   벧 가델
게롯 김함
게바
   베냐민 게바
게빔
게셀
게하라심
   장인들의 골짜기
   공장 골짜기
겐 사람의 네겝
겐 사람의 성읍
겟세마네
겨울 궁전
경사지
결문
   샛문
고라산
   아산
고라신
고세바
고센 1 유다
고세 2 남부
고아
골고다
   해골
   해골의 곳
골짜기 문
곱
공장 골짜기
   게하라심
   장인들의 골짜기
관정
   브라이도리온
광야 길
   지역 길
광야 나루터
광아의 요새
구르
구르바알
군기고
궁궐 동산
   웃사의 동산
그니스족속의 땅
그데라 1 유다
   산울
그데라 2 기브온

그데로다임
그데롯
그돌 1 유다
그돌 2 베냐민
그돌 3 지역
그랄
그랄 골짜기
그렛 사람의 남방
그리심 산
그리옷 헤스론
   하솔3
그발 암모니
그비라
그살론
   여아림 산
그술
그술롯
   기슬롯 다볼
그술 족속의 모든 지역
그실
   벧엘 2
   브둘
   브두엘
그일라
글길롯
기나
기돈의 타작 마당
   베레스 웃사
   나곤의 타작마당
기돔
기드론
기드론 시내
기들리스
기라나임 l 납달리
   가르단
기량
기럇 바알
   기럇여아림
   바알라1
   바알레 유다
기럇 산나
   기럇 세벨
   드빌1
기럇 세벨
   드빌1
   산나
기럇 아르바
   헤브론
   기럇 이비
기럇 아바
   헤브론
   기럇 아르바
기럇여아림
   기럇 바알
   바알라1
   바알레 유다
기르가스 족속의 땅
기부앗
   기브앗3
기브아 1 유다
기브아 2 에브라임
기브아 3 기브앗
기브아 4 베냐민
   사울의 기브아
   베냐민 기브아
기브아의 들로 가는 길
기브아 초장
기브온
기브온 산당

기손 강
기슬롯 다볼
   그술롯
기시온
기아
기초문
기혼 샘
긴네렛 1 바다
   갈릴리 바다
   갈릴리 호수
긴네롯 바다
   게네사렛 호수
   디베라 바다
   디베라 호수
긴네렛 2 땅
   게네사렛 땅
긴네렛 3 성읍
   게네사렛 호수
   갈릴리 바다
   갈릴리 호수
   긴네렛 바다
   디베라 바다
   디베라 호수
길갈 1 여리고
   벧 길갈
길갈 2 벧엘
길갈 3 유다
길갈 4 가나안
길갈 5 세겜
길로
길보아 산
김소
깁브돈
깁사임
깃다임
나곤의 타작 마당
   기돈의 타작마당
   베레스 웃사
나단멜렉의 집
나단의 집
나무 밭
나밧 돌
   돌
나봇의 포도원
나사렛
   본동네1
나손의 집
나아라
   나아란
나아란
   나아라
나아마 1 유다
나욧
   라마다임 소빔
   라마 나욧
   라마1
나인
나할랄
   나할롤
나할롤
   나할랄
남방 1 네게브
   네겝
   네게브
남방 2 남쪽
남방 라마-네겝의 라마
   바알랏 브엘
   라못1

모리아 산
아리엘
살렘1
여호와의 성
여부스
예루살렘 앞 산
예루살렘에서 가사로 가는 길
예수아
옛 못
옛 문
오노
오렙 바위
오르난의 타작 마당
　아라우나의 타작 마당
오벧에돔의 집
오벤
오브니
　에브라임
오브라 1 베냐민
오브라 2 므낫세
오브라 길
왕곡
　왕의 골짜기
　사웨골짜기
왕궁
왕들의 묘실
왕의 골짜기
　사웨골짜기
　왕곡
왕의 동산
왕의 못
왕의 문
왕의 윗 궁
왕의 포도주 짜는 곳
외성
요단 강
　요단의 수풀
　요단 강의 깊은 숲
　요단의 자랑
요단 강에 이르는 수로
요단 강의 깊은 숲
　요단 강
　요단의 수풀
　요단의 자랑
요단 길
요단 나루터
요단 서쪽 산지
요단의 수풀
　요단 강
　요단 강의 깊은 숲
　요단의 자랑
요단의 자랑
　요단 강
　요단 깅의 깊은 숲
　요단의 수풀
요아스의 묘실
요압의 밭
요압의 집
욕느암 1 스불론
욕느암 2 에브라임
　욕므암
욕느암 앞 시내
욕드암
욕드엘 1 유다
욕므암
　욕느암 2 에브라임
욥바
욧바
욧바다
용사의 집
용정
　엔로겔
　에느 로겔

우리아의 집
우센세에라
움마
웃사의 동산
　궁궐동산
윗못
윗문
베냐민 문
윗 벧호론
유다 광야
　유대 광야
유다 네겝
유다 베들레헴
　유대 베들레헴
유다 산지
유다 왕궁
유다의 평지
유다 황무지
유대
유대 광야
　유다 광야
유대 베들레헴
　유다 베들레헴
유대 산골
유대인의 땅
유대 한 동네
유브라데 물 가
욧다
이달라
이두매
이들라
이르나하스
이르브엘
이르세메스
　벧세메스1 쉐펠라
이블르암
　빌르암
이상 골짜기
　환상의 골짜기
이스라엘 땅
이스라엘 산지
이스라엘 왕들의 묘실
　열왕의 묘실
　다윗 자손의 묘실
　여러 왕의 묘실
이스르엘 1 잇사갈
이스르엘 2 유다
이스르엘 골짜기
이스보셋의 집
이임 1 유다
입다
입다엘 골짜기
잇난
장인들의 골짜기
　공장 골짜기
　게하라심
저수지
저지대
　쉐펠라
　평지1
정원의 정자 길
　벳하간
　동산 정자길
젖과 꿀이 흐르는 땅
제단
제 삼문
　셋째 문
제 이 구역
　둘째 구역
종려나무 성읍
　여리고
죽임의 골짜기
　살룩의 골짜기

지역 길
　광야 길
첫 문 자리
파서 만든 못
판결 골짜기
　심판의 골짜기
　여호사밧 골짜기
평민의 묘지
평지 1 쉐펠라
　쉐펠라
　저지대
풀무 망대
　화덕 망대
피장의 집
　무두장이의 집
　시몬의 집1
피발
　아겔다마
하길라
하나넬 망대
하나님을 경배하는 마루턱
하나님의 사람을 장사한 묘실
하다드림몬
하다사
하딧
하로셋
　하로셋학고임
하로셋학고임
　하로셋
하룻
하룻 샘
하바라임
하사손다말
　엔게디
하살갓다
하살수사
　하살수심
하살수심
　하살수사
하살수알
하살 야달
　아달
　헤스론
하솔 1 갈릴리
하솔 2 유다
　그리옷 헤스론
하솔 3 네겝
하솔 4 베냐민
하솔 하닷다
하시드 문
하윌라 2 이스마엘
한나돈
할락 산
할레 산
할리
활홀
함맛
　함못 돌
　함몬 1 레위
함메아 망대
함몬 1 레위
　함맛
　함못 돌
함못 돌
　함몬 1 레위
　함맛
함밉갓 문
해골
　골고다
　해골의 곳
해골의 곳
　해골
　골고다

해만
해변
해변 길
　블레셋사람의 땅의길
해지는 쪽으로 가는 길
헐몬
　헤르몬 산
　시온2
　스닐
　시룐
헤레스 산
헤렛 수풀
헤롯 궁
헤르몬 산
　시온2
　헐몬
　스닐
　시룐
헤벨
헤브론
　기럇 아르바
　기럇 아바
헤브론 골짜기
헤브론 앞산 꼭대기
헤스론
　아달
　하살 아달
헤스몬
헬갓
헬갓 핫수림
헬렘
헬바
　알랍
헷 사람들의 땅
헷 족속의 온 땅
호렘
호르마
　홀마
　스밧
홀론 1 유다
　힐렌
홀마
　호르마
　스밧
홍해
홍해 길
화덕 망대
　풀무망대
환상의 골짜기
　이상 골짜기
후곡
후사
훅곡
흡다
히브리 땅
히스기야 터널
히위 족속의 땅
힌놈의 아들의 골짜기
　힌놈의 아들의 골짜기
　힌놈의 골짜기
힐렌
　홀론 1 유다

GPS지명사전에 있는
목록 중에서 발췌하였습니다.

제 4 차

텔 라기스
발굴보고서
(CC,BC지역)

홍 순 화 목사
(텔 라기스 한국발굴단장)

한국성서지리연구원
텔 라기스 한국발굴단

제4차 텔 라기스 발굴보고서 (CC, BC 지역)

홍순화 목사 (텔 라기스 한국발굴단장.)

꿈(Dream)에서 비젼(Vision)이었다가 현실(Fact)이 된 발굴

필자는 1982년에 제자의 길이라는 성경교재를 발간하기 시작하여 많은 성경공부교재를 집필하였다. 성경을 연구하고 가르치면서 성서지리의 중요성을 알게 된 후에 카메라와 GPS를 들고 답사가 가능한 성지의 장소들을 조사하여 2012년에 GPS 성경지명사전을 출판하였다. 2012년에 GPS 성경지명사전에서 성경에 기록된 지명을 소개하였다. 그러나 세겜 동쪽에 있는 모레 산에서 이스라엘 사람들이 해지는 쪽으로 가는 길(신 11:30)을 가르치는 것을 보고 충격을 받았다. 그동안 소홀히 여겼던 일부 지명을 모두 조사하여 한글 성경 개역 한글판과 개역 개정판에 있는 1715개의 지명을 소개하였다.

필자는 지구상에서 성경과 관계된 곳은 다 찾아가고 사진과 좌표로 성경의 장소를 확인하고 알리겠다는 목표가 거의 이루어져 가면서 새로운 도전을 받게 되었다. 성서지리를 연구하면서 가장 관심을 갖게 된 것은 성경에 기록된 장소가 지금의 어느 곳인지를 확인하는 것이다. 성경에서도 중요한 장소는 잘 알려졌지만 성경을 연구하는 입장에서는 모든 장소를 다 알고 싶었고 가보고 싶었다. 성경의 장소를 확인하기 위해서는 성서고고학적인 도움이 절실했다. 이 과정에서 성서고고학을 공부하는 강후구 박사를 만나게 되어 장소를 확인하기 위한 고고학 자료를 공급받으면서 고고학의 중요성을 절감하게 되었다. 최소한 한 곳은 발굴하기로 계획하였으나 같이 발굴을 계획했던 이스라엘 고고학자가 다른 곳의 발굴을 시작하였다. 이미 발굴이 시작되었으면 최소한 5-6년을 기다려야 하기에 다른 길을 찾게 되었다. 강후구 박사의 지도교수인 요셉 가르핀켈(Yosef Garfinkel) 교수가 성경의 사아라임으로 동일시되는 엘라 골짜기의 키르벳 케이야파(Khirbet Qeiyafa)의 발굴을 마치고 라기스 발굴을 시작하기에 공동발굴을 요청하여 2012년에 라기스 공동발굴에 참여하기로 하였다. 성서지리를 연구하던 필자가 성지 발굴까지 하게 된 것이다. 요셉 가르핀켈 교수는 필자에게 질문을 했다. "고고학자가 아닌데 어떻게 하겠느냐? 필자의 대답은"교수의 제자들인 한국의 고고학자들이 나와 함께 일할 것이니까 가능하다." 그때는 실감하지 못하고 들은 말이 발굴을 마칠 때까지 계속 귓가를 맴돌았다. "고고학은 돈이 많이 들어가는 일이다." 필자의 대답은 "문제없다."고 했지만 고고학과 발굴은 돈이 많이 들어가는 것을 알게 되었다. 발굴한 유물이 많이 나올수록 자료를 분석하는 비용이 추가로 들어간다. 그렇다고 추가 비용 때문에 유물이 적게 나오기를 바랄 수는 없었다. 우리 발굴 지역에서는 흙을 버리는 난간을 설치하느라고 비용이 추가로 들어갔다. 필자는 재정은 문제가 없을 것이라고 약속했고 지금까지 재정 때문에 일이 중단되는 때는 없었다. 발굴현장에서 만나는 사람들이 필자에게 하는 질문이 대부분은 고고학자인 것을 확인하는 질문이다. 그때마다 필자는 성서지리 연구한다고 하면 사람들은 의아해하거나 흥미를 가지게 된다. 고고학자들이 필자를 소개할 때에는 성서지리학자가 고고학 까지 하게 되었다고 한다.

필자에게 성서지리의 중요성을 다시 강조하는 것은 새삼스런 일이다. 필자가 성서지리의 중요성을 강조할 때마다 즐겨 쓰는 말이 있다.

"전 세계에 있는 모든 종교의 거룩한 문서들 중에서 오직 성경만이 지리적인 메시지를 담고 있다. 그것은 종교 중심지의 위치를 가리킨다기보다는, 그 땅에 살던 사람들의 경험을 가리킨다."[1]

1. 한국발굴단 발굴의 의미

라기스 발굴은 한국발굴단이 한 지역을 맡아서 발굴단장과 발굴 스텝과 자원봉사자가 모두 한국인으로 구성되며 발굴 성과물에 대한 모든 연구 권한을 가지며 발굴에 대한 재정도 분담하는 것으로 국내에서는 초유의 일이다.

지금까지 한국인들 가운데 발굴에 참여한 사람의 수가 그리 많지 않다. 지금까지 발굴에 참여한 한국인은 발굴단의 스텝으로 참여한 몇 명의 구획책임자가 있었으나 대부분 발굴 자원자로 봉사하는 수준이었다.

이번 제 4차 텔 라기스 발굴의 CC지역과 BC지역은 한국인이 재정을 담당하고 한국인 고고학자들이 발굴에서부터 연구부터 보고까지 모든 책임을 지고 진행하고 있다.

이웃나라 일본은 오래전에 텔 즈로르(Tel Zeror) 발굴을 주도하여 발굴 보고서를 출판하였다. 갈릴리 바다 옆에 있는 아벡으로 추정지인 텔 엔게브(Tel Ein Gev)는 1961년도에는 이스라엘 학자들이 발굴하였으나 1990년부터 2005년까지 이스라엘과 일본의 공동발굴이 이루어졌다. 최근에는 벧엘로 추정되는 키르벳 베이트 엘(Khiret Beit El)의 비잔틴 시대의 유적 지역을 발굴하고 있다. 필자가 이곳을 답사할 때 마다 일본과 우리나라의 교회를 비교하면 안타까운 생각을 하였으나 우리도 발굴에 직접 참여하게 된 것은 매우 뜻깊은 일이다.

페트리(Flinders Petrie)가 라기스라고 생각하였던 이스라엘 지역 남서부에 위치한 텔 엘헤시(Tell el-Hesi)를 발굴한 이후 석지 않은 이들이 성지를 발굴하였다. 초기에는 성서를 중요시 여겼던 기독교인들에 의하여 이루어졌다. 영국, 프랑스 특히 미국인들에 의하여 주도적으로 발굴되었다. 이스라엘이 독립한 이후에는 이스라엘 내의 성지를 발굴하는데 발굴권이 이스라엘인들에 의하여 주어졌고, 이와 더불어 이스라엘 고고학자들의 등장과 그들의 괄목할 만한 활동과 업적은 이후 발굴 주도권이 이스라엘인들에게 넘어가는 상황을 낳았다. 외국인이 이스라엘 지역 내의 어떤 장소를 발굴하고자 하면 소수를 제외하고 적어도 한 명의 이스라엘 고고학자를 파트너로 포함하여 발굴하고 있다.

---

1. 성경 역사, 지리학, 고고학 아틀라스, 앤슨 F. 레이니, 스티븐 나틀리, 2010, 11.(서울:이레서원)

필자는 고고학자인 최광현 박사와의 대화하면서 발굴단을 조직해서 직접 발굴해야하는 또 하나의 이유를 알게 되었다. 독립적인 발굴단은 1차 자료를 갖기에 해석의 우선권을 가진다. 구약학계에서 이스라엘 학자들의 영향력은 그들이 유대인이기도 하지만 이스라엘 발굴 권한을 가지고 있기에 1차 자료를 가지고 해석의 우선권을 가지는 것을 알게 되었다. 한국 발굴단은 발굴한 지역의 해석 권한을 가진다. 2019년에 라기스 제 4차 발굴보고서 제 1권이 출판되어 학계에 보고된다.[2]

성서고고학자인 강후구 교수는 발굴을 해야 하는 이유를 이렇게 말한다.

"발굴자는 저마다 자신의 성서와 고고학에 대한 견해를 가지고 있으며 이 견해는 발굴한 내용에 직간접적으로 영향을 미친다. 한 장소를 누가 발굴하느냐에 따라 해석이 달라지는 것이 이러한 이유에서이다. 한 장소 또는 한 지역을 독립적으로 발굴한다는 것은 그 장소에서 나온 고고학적 유적과 유물이 그들에 의하여 이해되고 해석된다는 것을 의미하고 또 한편으로 발굴자의 이해와 목적에 따라 발굴 지역에 선정된다는 것을 의미한다. 이러하기에 오늘날은 한 발굴자가 한 장소 전체를 발굴할 수 있게끔 허락하지 않는데 이는 이후의 다른 견해를 가진 사람이 그 장소를 발굴할 수 있는 여지를 남기고자 함이며, 또 한편으로 발굴자는 반드시 다른 사람들이 객관적으로 발굴한 과정과 내용을 확인 또는 비판할 수 있도록 발굴 보고서를 출판해야만 계속적으로 발굴할 수 있는 권한을 준다. 따라서 독립적으로 발굴 장소(site) 또는 발굴 지역(area, 한 발굴 장소에서는 여러 지역이 있을 수 있다)을 선정하여 발굴한다는 것은 이전의 발굴자의 신념과 견해에 의하여 오염되지 않은 내용을 발굴자가 일차적으로 발굴하여 자신의 이해와 신념으로 해석하여 보고한다는 의미를 지닌다."[3]

발굴이 중요한 또 한 가지의 이유는 성서 고고학자들이 양성되는 것이다. 성서 고고학은 현장을 떠나서는 존재할 수 없는 학문이다. 텔 하솔(Tell Hazor) 발굴을 통해서 이스라엘 학자들이 양성되었고 텔 게셀(Tell Gezer) 발굴을 통하여 미국인 학자들이 양성되는 기회로 삼았다. 이번 발굴을 통해 한국발굴단이 발굴도 직접 할 수 있는 기회와 경험을 갖는 기회가 될 뿐 아니라 한국의 성서고고학자들도 양성되는 기회가 되기를 소망했다.

2. 한국발굴단의 조직

라기스의 네 번째 발굴은 예루살렘 히브리대학교의 고고학과와 미국 대학교와 한국발굴단의 공동 발굴로 진행되었다. 텔 라기스 한국발굴단(Tel Lachish Korean Expedition Team)은 한국성서지리연구원이 주관한다. 한국성서지리연구원은 원장 홍순화 목사, 기획실장 이태종 목사(수지교회), 연구실장 최현준 교수(대전신학대학교 구약학 교수), 발굴실장 강후구 교수(서울장신대학교), 학술실장 최광현 박사이다.

---

2. 발굴보고서는 다음과 같이 출판될 것이다. The Fourth Expedition to Tel Lachish Vol. 1Excavation Report of 2013-2017 (Area BC and Area CC), Soon hwa Hong and Yosef Garfinkel, Institute of Bible Geography in Korea, Israel Exploration Society, The Hebrew University of Jerusalem.

3. 목회와 신학, 한국 성서고고학, 르호보암 성벽 첫 단독 발굴 쾌거, 강후구, 2015년 10월호, 170-173.

발굴단장(General Director); 홍순화 교수(한국성서지리연구원장), 발굴실장(Academic Director)과　지역책임자(Area Supervisor); 강후구 박사(서울장신대학교 교수), 구역책임자(Square Supervisor);　최광현(히브리대학교 고고학 박사)와 장상엽 집사(히브리대학교 고고학 박사과정)으로 시작되었다.

　라기스 발굴을 계획하고 진행하면서 어려운 상황이 계속되었다. 발굴을 후원하기로 한 단체의 발굴지원 취소로부터 2014년에는 타바 국경에서의 폭탄 테러 사건이 있었고 세월호 사건으로 첫 해에 자원봉사자들의 지원이 거의 전무해서 필자의 제자 2명 만이 한국에서 건너갔을 뿐이다. 어렵게 시작된 발굴은 가자지구의 전쟁으로 인해 6주의 발굴이 4주 만에 중단되었다. 2015년에는 IS의 소식으로 인해 성지에 대한 두려움으로 인해 성지순례에 대한 관심이 식어드는 와중에 메르스 사태로 인해 한국에서 자원봉사자를 구하지 못하고 시작하였다.　2015년은 텔 라기스 발굴의 중요한 목적인 르호보암 발굴이 한국발굴단이 책임진 CC지역에서 발굴될 것이라는 희망을 가지고 시작되었으나 발굴을 계속할수록　이 지역의 지층의 명확하게 드러나지 않으며 지층 5의 토기가 발견되지 않는 상황 속에서 시즌은 끝나가고 있었다.　2015년의　마무리 모임 때에 르호보암 성벽 발굴은 내년으로 미루고 발굴을 마무리하는 것으로 결론이 났다. 그러나 마무리 모임 후에 2015년의 발굴 마지막 날인 2015년 7월 27일 오후에　그토록 바랐던 르호보암 성벽의 증거인 철기시대의 토기들이 나오기 시작하였고 지층 5인 르호보암 성벽의 기초가 지층 4보다 더 낮은 곳에서 발견되었다. 2015년 7월 27일 오후 6시에 발굴단장인 홍순화 목사는 르호보암 성벽을 발견했다고 현장에서 발표하였다. 텔 라기스 발굴을 취재하던 국민일보 신상목 기자는 속보를 송고하였고 국민일보는 2015년 7월 28일 미션란 1면에 한국발굴단이 세계 최초로 르호보암 성벽을 발견한 것을 보도하였다.[4] 위키피디아에서는 최근에 이렇게 라기스를 소개하고 있다.

　In 2014, during the Fourth Expedition to Lachish, a small potsherd with letters from a 12th century BCE alphabet, was found in the ruins of a Late Bronze Age temple. One researcher called it, a "once in a generation" find.[23][24]

　The Korean Lachish Excavation Team led by Hong Soon-hwa, reported that they had "uncovered a wide range of 10th century BC items, from houses with earthenware items and cooking stoves, to animal bones, olive seeds, spearheads, fortress walls and other objects" on July 5, 2017.[25][26]

---

4. Korean Excavation Team Discovers 3,000 Year-old "Wall of Rehoboam"

2015-07-31 15:33

On July 26 (local time), the "Korean Tel Lachish Excavation Team" (Director: Hong Soon-hwa) discovered a stone wall in Tel Lachish, Israel, presumably built during the reign of Jeroboam in the 10th century B.C., together with earthenware from the same period. This is the first known stone wall from the Jeroboam age, so much scholarly attention from world Biblical archeological circles is expected. The Korean team began working in this area in 2013, with another team led by Prof. Yosef Garfinkel (Archeology, Hebrew University of Jerusalem). In the photo, the Korean team works in the excavation site on the "Wall of Jeroboam" in Tel Lachish, Israel.Lachish was one of the poleis occupied by Joshua, and appears 24 times in the Bible. It is the second largest castled town after Jerusalem.Article and photos by reporter Sangmok Shin (smshin@kmib.co.kr), from Lachish, Israel, with Yeara Ahn-Park (yap@kmib.co.kr)

3. 발굴 지역인 라기스

라기스는 이스라엘 역사에서 가장 중요한 장소이기에 지금까지 발굴이 계속되어 왔다.

라기스 Lachish   31° 33′51.81″N 34° 50′52.73″E [5)

4. 라기스 발굴의 목적

왜 라기스인가? 이스라엘에서 지금 발굴 중인 장소가 약 250여개에 이르지만 라기스를 다시 발굴하게 된 배경에는 키르벳 케이야파와 연결된다. 2005년부터 이후 몇 년 동안 계속된 다윗 성과 오벨(Ophel) 지역의 발굴과 2007년부터 2013년까지 발굴된 키르벳 케이야파 발굴을 통하여 다윗 시대인 주전 10세기 초부터 이미 왕국이 시작되었음을 보여주고 있다. 키르벳 케이야파 발굴 단장이었던 히브리대학교의 요셉 가르핀켈 교수는 주전 10세기경에 왕정 국가다운 모습을 보여주는 요새화된 성읍, 공공건물, 문서 등이 발견되기에 그 이후의 시대에 관심을 갖게 되었다. 요셉 가르핀켈 교수는 주전 10세기 하반기와 주전 9세기 때의 남유다 왕국을 연구하려고 텔 라기스를 발굴하게 되었다.

텔 라기스는 2013년 이전에 세 번 발굴되었기에 재 4차 발굴이 되었다. 제 4차 텔 라기스 발굴은 2013년도의 1주간의 시험 발굴부터 시작하여 2017년까지 5년 동안 총 23주간(2014년 4주, 2015-2017년 6주) 발굴되었다.

발굴은 미국 발굴단이 발굴한 AA지역, 이스라엘 발굴단이 발굴한 BB지역, 한국인들이 발굴한 BC지역과 CC지역으로 나누어져 진행되었다. AA지역은 아하로니가 1960년대에 발굴한 지역에 가까이에 위치하고 있으며, BB지역은 텔 라기스의 북동쪽에 위치한 우물에 인접한 지역이며, BC지역은 BB지역에서 드러난 가나안 신전 서쪽 지역이며, CC지역은 텔 라기스의 북쪽 중앙 끝자락에 위치하고 있다.

첫째. 이번 발굴은 제 4차 발굴로서 주요 목적은 다섯 번째 지층인 르호보암의 성읍을 찾는 것이다. 역대하 11장 5절에서 10절에는 르호보암이 유다 땅에 건축하였다고 전하는 열 다섯 성읍 가운데 언급된 라기스의 모습을 드러내는 것이다. 아직까지 발견되지 않은 주전 10세기 말경에 건축된

성문과 성벽을 지닌 라기스 성읍의 모습을 찾아내는 것이다. 라기스는 르호보암이 국방을 강화하기 위해 요새화한 성읍 중 하나였다(대하 11:5-12). 르호보암이 견고한 성읍으로 만든 15개의 성읍 중에서 르호보암이 건설한 성읍은 다른 곳에서도 아직까지 발굴되지 않았다. 성경의 역사성을 증명하기 위해서는 성서 외적인 역사 자료와 고고학 발굴이 구체적으로 답변을 제시할 수 있다.

텔 라기스 전경

---

5. 이스라엘의 성지, 홍순화, 서울 한국성서지리연구원, 2014, 320-322.

둘째. 유다 왕국의 첫 200년이었던 주전 10세기부터 주전 9세기 때의 남 유다를 연구 조사하기 위하여 가장 적합한 장소가 라기스이다. 라기스는 유다 왕국에서 두 번째로 중요한 도시이다. 라기스에서 행하여진 이전 발굴은 그곳이 유다 왕국 400년 동안 네 번 파괴되었다는 것을 밝혀졌지만 주전 10세기부터 주전 9세기 때의 유적과 유물은 오늘날까지 널리 발굴되지 않았기에 알려진 것이 빈약하기에 라기스에서의 5년 동안의 발굴을 통하여 이 시대의 유다 왕국의 특성과 생활상을 보여주려고 한다.

4. 라기스 발굴의 역사

텔 라기스는 성서고고학계의 주요 목표점이 되었다. 라기스의 제 1차 발굴은 1932-1938년도에 페트리의 제자인 영국인 제임스 레슬리 스타키(J.L. Starkey)와 조수인 올가 투프넬 (Olga Tufnell)에 의해 이루어졌다. 이 발굴은 스타키가 예루살렘의 록펠러 박물관의 준공식에 참석하기 위하여 올라가다가 살해당하면서 끝을 맺게 되었다. 이 발굴을 통하여 텔 라기스와 주변의 고대 묘지들의 유적과 유물들이 드러났다.

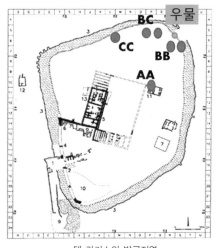

텔 라기스의 발굴지역

중기 청동기 초기공동묘지, 북서쪽에 있는 경사면에서는 후기 청동기 시대의 '해자 신전(Fosse Temple)' 이 발견되었다. 텔 라기스 발굴에서 남유다 왕국과 페르시아인들의 도시 성문들, 바깥쪽 버팀 벽, 페르시아인들의 태양 신전(Solar Shrine)과 거주지이다, 해자 신전은 고대 근동 고고학 역사에서 최초로 문명화의 물품들이 한 층 위에 또 다른 층이 겹으로 세 층을 이루는 발굴이 이루어졌다. 이 발굴은 이집트 연대를 가나안, 사이프러스, 미케네의 그리스의 연대와 연관시킬 수 있게 하여 라기스는 사실 지중해 주변 지역의 후기 청동기 시대를 편년케 하는 주요한 지점이 되었다, 해자 신전의 발굴을 통하여 후기 청동기 시대의 세 지층이 구별되어 신전의 건축 모습이 다르게 나타난 것이 드러났다. 각 지층에서는 가나안 지방 토기와 함께 이집트인들의 정교한 물품들인 인장, 상아, 보석, 석기들 등과 구브로(사이프러스) 수입 토기와 미케네의 수입된 그리스 토기가 출토되었다.

제 2차 발굴은 1966,1968년간에 두 시즌에 이스라엘의 요하난 아하로니(Y. Aharoni)에 의한 발굴이다. 그는 브엘세바와 아랏(Arad)에서 발견된 신전을 바탕으로 유다의 경계 지역에 신전이 있을 것으로 예상하고 스타키에 의하여 발견된 페르시아 시대의 '태양 신전' 그 아래를 발굴하게 되었다. 그의 예상과는 달리 지층 2부터 시작되는 남유다인들의 도시에서는 신전의 건물이 발견되지 않았다. 지층 6의 가나안 시대 파괴 층 위에서 지층 5의 유적과 유물을 발견하였다. 그는 이것들이 지층 6의 파괴 약 200년 이후에 건설된 것이라고 주장하였다. 지층 5에서 그가 서쪽 지역에서 발견한 것은 제의와 관련된 물품과 고고학적 문맥을 보여주는데 그는 이를 제의방이라고 정의하였다. 이 방에서는 이십 여점의 제의 물품이 발견되었다. 이외에도 그 부근에서 발견된 주상(standing stones)과 거룩한 파기소(favissae)는 분명히 이 장소가 제의와 관련된 것임을 보여준다. 그러나 지층 5에서 제의와 관련된 시설들과 제의 물품들이 그의 발굴을 통하여 새롭게 드러나게 되었다. 그의 발굴을 통하여 페르시아 시대부터 후기 청동기 시대까지의 지층이 드러나게 되었다

아하로니는 지층 1을 두 단계로 나누었다. 신전 건물 거주시기와 관련된 IA와 이 건물의 건축 기초를 다진 단계인 IB인데, 초기 단계인 IB는 몇 개의 구덩이와 관련이 있다. 이 단계에서 나온 토기들은 페르시아 시대의 것이며 태양 신전은 헬라 시대의 것으로 주전 200년경에 세워졌으며 가장 최후의 것으로 여겨지는 토기는 주전 2세기 때의 것이다. 아하로니의 의견에 따르면 이 신전의 남쪽에서 발견된 건물인 거주 건물로 정의된 건물이 페르시아 시대의 신전 역할을 하였던 것이라고 주장하였다. 한편 아하로니는 이 신전에서 발견된 제단에 새겨진 비문의 분석과 신전의 구조가 아라드에서 발견된 신전과 유사하고 신전 안에서 제의 물건가운데 이방인들의 것이 발견되지 않기에 이 신전이 유대인들의 야훼 신앙과 관련 있음을 주장하였다.

제 3차 발굴은 1973-1994년에 이스라엘의 다비드 우시쉬킨(D. Ussishkin)에 의해 이루어졌다. 이 발굴은 조직적인 대규모의 발굴과 복원 작업이었다. 발굴들은 스타키에 의하여 이전에 발굴되었던 지역들은 물론 새로운 발굴 지역들에 집중되었다(Areas D, G, P, R, S).

이곳의 발굴을 통하여 알려진 가장 아래쪽의 지층들은 후기 청동기 시대의 것으로 편년된다. 제 1,2차 발굴과 우시쉬킨의 발굴 결과를 바탕으로 라기스의 정착을 연대별로 파악이 가능하게 되었다. 우시쉬킨에 따르면 가나안의 라기스는 주전 1130년경 화재로 완전히 파괴되었고, 주전 10세기 말경 또는 주전 9세기경, 유다 왕들 중 한 명이 이곳에 요새 도시를 건축하여 라기스를 유다에서 예루살렘 다음으로 중요한 도시로 탈바꿈시켰다. 지층 4와 3에서 발견된 이 요새화된 도시는 주전 701년 산헤립에 의하여 파괴되기 전까지 유다 왕국의 중요한 요새로 계속 사용되었다. 도시 성벽은 돌 기초 위에 6m가 넘는 두께의 진흙 벽으로 세워졌다. 라기스의 성문은 이 지역에서 가장 크고, 강력하고 거대한 규모의 도시 성문으로 외성문과 내성문으로 이루어졌으며 두 성문 사이에는 넓은 뜰이 있다. 텔 정상 중심에는 유다 지방관의 거주지와 요새 중심지로로 사용되었던 거대한 궁전-요새 건물이 자리 잡고 있다.

이 발굴의 가장 큰 업적은 산헤립의 라기스 점령을 고고학적으로 텔 라기스 지층 3과 연관시킨 것이다. 니느웨에서 발견된 부조에서 나타난 것처럼, 라기스 정복은 독특한 중요성을 지닌 중요한 군사적 업적이었다. 남서쪽 모퉁이(R지역)의 발굴은 스타키에 의하여 1932년에 시작되었는데, 1983년에 다시 발굴되었다. 이 발굴에 의하여 이곳의 돌무더기는 앗수르인들의 공성퇴를 통한 공격로였으며 유일한 유적이다. 세 번째 지층에 있는 앗수르 산헤립의 파괴 지층은

제 3차 발굴의 우시쉬킨 교수(가운데)와
4차 발굴의 필자와 요셉 가르핀켈 교수(오른쪽)

성서의 내용, 역사 자료, 고고학 자료가 모두 증거를 지닌 역사적 사건과 연결된다. 두 번째 지층의 파괴는 바벨론의 의한 것이어서 이 역시 성서에서 기록된 내용과 양상이 고고학적으로 확인된 사건이다. 지층 5와 관련되어 가장 많은 부분을 드러내 준 발굴은 우시쉬킨이 이끈 제 3차 발굴이었다. 지층 5는 그가 이끈 발굴에서 R지역을 제외하고 모든 지역에서 드러났으나 온전한 건물 하나도 보여주고 있지 않다. S지역에서는 지층 5에 속한 셋 또는 네 개의 직사각형 모양의 방들이 드러났다. 우시쉬킨은 궁전·요새 지역에서도 지층 5의 유적을 드러내었다. 몇 개의 구덩이들과 벽들이 드러났지만, 이들의 건물 형태가 어떠한지는 파악할 수 없다.

ASOR에서 만난 5차 발굴책임자인
사아르 가노르(Saar Ganor)

제 5차 발굴은 2013년부터 2017년까지의 4차 발굴 기간에 성문 지역에서는 이스라엘 발굴단에 의해 시작되었다. 이 발굴에서는 히스기야의 신앙적 개혁을 증명하는 유물이 발견됐다.

이스라엘 고고학 당국(IAA)의 고고학자는 텔 라기스에서 주전 8세기 시대의 바알 신전과 벤치, 화장실 등을 발견했으며 화장실의 경우 구약성경 열왕기하 10장 27절의 기록이 사실임을 입증했다"고 한다. 이 화장실 유물이 라기스 성문 지역에서 발견됐으며 1970년대 예루살렘에서 발굴된 화장실에 이어 두 번째로 발견된 화장실이다.[6]

제6차 발굴은 2017년 제 4차 발굴이 마치는 시기에 오스트리아 발굴단에 의해 시작되었다. 유럽에서 온 발굴단 학생이 필자가 다큐멘타리를 제작하는 것을 알고 자신들도 볼 수 있도록 영어 자막을 넣어달라고 요청하여 약속하였기에 2017년에 CTS방송과 제작한 '성경의 땅, 이스라엘' 을 'Israel, the Land of the Bible' 로 자막 처리하여 유튜브에 올렸다. 므깃도나 하솔 같은 유적지가 지금도 발굴이 진행되는 것처럼 라기스는 발굴될 것으로 보인다.

6. 라기스 발굴보고

1. 2013년도 텔 라기스 시험 발굴 결과

쉐펠라 지역에서 가장 중요한 유다 도시인 라기스는 세 번에 걸쳐 발굴되었다. 2014년부터 시작되는 네 번째의 발굴을 본격적으로 시작하기 전에 지난 2013년 7월 21일부터 25일까지 5일간에 걸쳐 시험 발굴을 행하였다.

요셉 가르핀켈 교수는 이 지역이 주전 10세기 유다의 도시가 형성된 곳이라고 가정하고 2014년부터 이곳을 중점적으로 발굴하고자 하였다. 2013년 7월에 시행된 이번 시험 발굴은 이 지역에서 세 군데를 골라 시험 조사하였다. 가장 높은 지역인 A지역은 1960년대 아하로니가 발굴한 장소 가

---

6. Saar Ganor(Isreal Aniquities Authority)가 주도한 발굴이다.

유튜브 Archaelogists discovered a symbolic toilet from 8th century BC found in Tel Lachish, Gate-Shrine from First Temple period was unearthed at Tel Lachishnational heritage site 에 기록되어 있다.

국민일보 2016년 9월29일 보도

까운 곳에 위치하며 미국발굴단에 의하여 발굴되었고, 우물과 성벽이 위치한 지역인 C지역은 히브리대학교의 이스라엘 발굴단에서, 이 두 지역의 중간 지대인 B지역은 한국발굴단에 의하여 발굴되었다.

A지역에서는 지표면 바로 밑에서 발굴한지 삼일 만에 지층 2의 바닥에 도달하였다. 이 지층은 주전 7세기에 유다 백성들이 거주하였다가 주전 6세기 초에 바벨론에 의하여 파괴된 지층이다. 이 지층에 속한 가옥 벽 일부가 드러났고, 바닥에 도달하였을 때 몇 개의 온전한 토기들이 발견되었다. 이 토기들은 이전 발굴을 통하여 알려진 토기와 또 새로운 형태의 것들이다.

한국발굴단이 발굴한 B지역에서는 5일 동안의 발굴을 통하여 거주 층이 발견되지 않아 이 지역에 아마도 수로 시설이 있었을 것이라는 가능성이 제기되었으나 레이다 탐지기를 가동하여 지반을 조사하였더니 지하에 대규모의 진흙 구조물이 있는 것이 확인되었다. 한편 B지역에서 아주 특이한 형태의 화살촉이 발견되었다. 그것은 작은 나뭇잎 모양의 화살촉으로 청동으로 만들어 졌으며 길이가 약 3cm 너비 1cm로 끝에 소켓 모양으로 몸통 부분과 연결되도록 제작되었다. 이와 유사한 형태가 이전 텔아비브 발굴에서 알려졌는데 모두 청동으로 만들어졌으며 앗수르인들에 의하여 파괴된 지층 3에서만 출토되었다. 따라서 B지역에서 나온 것은 지금까지 발견된 이 시대의 화살촉으로 네 번째의 것으로 철로 된 화살촉을 사용하였던 앗수르 군대에 대항한 유다인들이 청동 화살로 대항했다는 것을 보여준다.

2013년에 시험발굴한 한국발굴단

발견된 청동 화살촉

한편 이스라엘 발굴단이 발굴한 C지역에서는 우물 가까이에서 너비 3m 가까운 도시 성벽을 드러내었다.

2014년부터 본격적인 발굴을 위해 기자회견과 학술세미나를 열었다.

2013년 2월 12일 발굴장소를 답사하고 기도한 한국목회지원회
(강후구 박사, 손은경 목사, 이태종 목사, 필자, 박창빈 목사, 손연화 목사)

2013년 9월4일에 연동교회 가나의 집에서 발굴을 위한 기자회견을 가지고 텔 라기스의 발굴과 발굴 자원봉사자 모집에 대하여 홍보를 하였다. 발굴단장 홍순화 목사의 인사와 발굴실장 강후구 박사의 설명이 있었다. CBS TV는 뉴스와 파워 인터뷰의 대담 프로그램으로 발굴 소식을 심층 보도하였고 C채널은 발굴소식을 뉴스로 보도하였다.

CGN TV에서는 요셉 가르핀켈 교수와의 대담 프로그램에서 키르벳 케이야파 발굴 결과와 텔 라기스 발굴 계획을 소개하였다. 텔 라기스 발굴을 위한 학술세미나를 2013년 10월 4일(금) 오후2시-4시 30분에 소망교회(김지철 목사 시무)에서 가졌다. 이 학술세미나는 한국성서지리연구원 기획실장 이태종목사의 사회와 장로회신학대학교의 현요한 교수의 기도 후에 강의가 있었다. 홍순화 교수가 텔 라기스의 지리적인 이해를, 강사문 교수가 텔 라기스의 성서적인 이해를, 강후구 교수가 텔 라기스 지층 5 토기와 함축된 고고학적 의미를, 요셉 가르핀켈 교수가 텔 라기스의 고고학적인 이해를 강의했다.

2. 2014년의 한국발굴단의 CC지역 발굴

발굴이 시작되기 전에 KBS 한민족 방송에서 라기스 발굴 소식을 듣고 종교와 인생이라는 코너에서 라기스 발굴에 대하여 2시간 30분간의 대담을 7회로 나누어 방송하였다.

한민족 방송(AM 952 kHz)2014년 5월12일(월)-5월18일 오전 02;20-03;00(재방송) 오후 3:20-4;00 한민족 2 방송(AM 1170 kHz) 5월 12일(월)-5월18일(일) 오전 09;20-10;00 재방송 3 라디오(FM 104.9 MHz) 5월 12일 (월)-5월18일(일) 오전 23;20-10;00

한국 발굴단이 발굴한 CC지역은 텔의 북쪽 가장 자리에 위치한 곳으로 이전까지 어느 누구도 발굴하지 않았던 곳이다. 미국 발굴단 발굴 지역은 AA지역으로, 이스라엘 발굴 지역은 BB 지역으로 한국 발굴단 지역은 CC지역으로 구분하였고 2017년에 이스라엘 발굴 지역과 연결된 지역은 한국 발굴단의 지역으로 BC지역으로 부르게 되었다.

한국 발굴단이 발굴한 CC지역은 텔 라기스의 북쪽 중앙 지역으로 동쪽에 위치한 우물에서 서쪽으로 약 100m 떨어진 곳에 위치하고 있다. 이곳으로 옮긴 근본적인 이유는 2013년에 시험 발굴한 지역이 더 이상 발굴할 필요가 없는 지역이기 때문이다. 한국 발굴단은 이번 발굴의 목표인 르호보암 성벽 찾기에 집중하기 위해서 르호보암 성벽의 가능성이 있는 이 지역을 발굴하기로 결정하였다. 이 지역이 발굴 지역으로 정하여진 이유로 크게 두 가지 요인이 있다. 첫째는 이 지역이 이전에 발굴된 적이 없기 때문이다. 이전 발굴의 다른 지역에서 알려진 일련의 요새화된 모습이 북쪽 지역에서도 있는지를 조사하려고 하였다. 이 지역에는 시표면에 돌들이 드러나 있었으며, 몇 개의 돌들은 지표면에서 이미 선을 이루고 있었다. 둘째는 이 지역이 지형적인 면을 고려하였다. CC지역에서 동쪽으로 바라보면 텔의 북쪽 가장자리 면에 약 2-3m 정도의 경사면이 CC지역에서는 그 경사면에 사라진 이유를 조사할 필요가 있었다. 이 지역에 경사면의 변화의 원인을 발굴을 통하여 조사할 필요가 발생되었다. 이곳에도 요새화의 흔적이 있는지 조사할 필요가 있었고, 각 지층에 따른 거주의 모습이 어떠한지를 발굴을 통하여 확인할 필요가 있어 발굴되었는데 이곳에서의 2014년도 발굴을 통하여 지층 1에서부터 지층 3까지 연속적으로 요새화의 모습을 갖춘 것으로 드러났다. 2014년 발굴에는 미국에 유학중인 방승호 박사와 이스라엘에 유학중인 이 삭 전도사가 스텝으로 일했다. 이집트에서 온 시내산 언약연구소장 권혁기 목사가 발굴에 참여했고 한국에서는 두 명의 발굴단원(양은아. 박금옥; 서울장신대학교)이 참여하였으며 고성기 목사와 가족(고현주, 고경주)이 발굴에 참여하기도 하였다. University of Holyland의 부총장인 정연호 박사는 2014년부터 자

University of Holyland의 자원봉사자들

원봉사하며 학생들을 해마다 인솔하여 발굴에 참여하였다. 이스라엘에 유학 중인 강신일 목사도 발굴에 참여하였다.

이곳에 총 85 m² 너비의 지역이 네 개의 정방형구역으로 나뉘어져 발굴되었다. 적갈색의 표토 층을 약 10cm 깊이로 제거하니 동서로 난 성벽이 발견되었다. 이 성벽은 페르시아 시대(지층 1)에는 너비 2.6-2.7m의 돌로 된 성벽이다. 이 성벽의 성 안쪽 즉 남쪽에서 성벽과 직각으로 접하여 건설된 세 개의 벽이 두 개의 정방형 구역에서 발견되었다. 아래에서 이 이 벽들은 각각 다른 시기에 건설되었다. 비교적 작은 돌로 만들어진 벽은 오직 하나의 층만이 보존되었으며 한 층이 내려간 이후에는 이미 떠 있는 상태로 드러났는데, 이 벽 바로 아래에 하나의 화덕이 발견되었다. 바닥에서는 바닥 높이에서 파져 석회를 두른 수조로 여겨지는 설비시설이 발견되었다. 페르시아 성벽과 관련하여 거주 지층이 적어도 세 단계에 걸쳐서 나타났기에 비교적 오랜 기간 동안 라기스에 사람들이 살았음이 확인되었다. 거주와 관련된 벽들은 모두 성벽에 직각으로 붙어져서 건설되었는데 이는 공공구조물인 성벽과 개인 건물인 가옥의 벽이 연결되었기에 남 유다인들의 전형적인 도시 건설의 전통이 페르시아 시대에도 계속된 것을 알 수 있다. 이 지역의 발굴을 통하여 라기스가 페르시아 시대 정착 초기부터 요새화된 것이 확인되었다.

1. **페르시아 시대** CC지역의 첫 번째 지층으로 성벽과 가옥 벽 등의 건축적인 요소를 갖춘 세 단계의 시기를 거쳐 형성되었다. 모든 시기 동안 가옥 벽은 성벽과 직각으로 접하여 건축되었다. 이 층위의 가장 이른 시기에 라기스는 2.6m 너비의 성벽이 있는 요새의 모습을 갖추었다. 이 성벽은 이미 스타키의 제 1차 발굴에서 알려진 것으로 이 시대의 남서쪽의 성문과 2014년도 새로운 발굴에서 알려진 북동쪽의 성문과 함께 텔 전체를 두르는 요새화의 도시가 페르시아 시대에 형성되었음을 알 수 있다. 곡식 저장고로 사용되었던 둥근 설비, 가옥 벽과 화덕, 또 다른 설비 그리고 그와 연관한 또 다른 화덕이 이 시기 건설되었다. 이러한 설비들은 텔 라기스 주변 지역에서 경작된 곡식을 바탕으로 한 농경생활의 정착 모습을 보여준다. 이 지역에서 세 개의 방을 이루고 있다. 이 층위 어떤 단계에서도 파괴의 모습은 보여 지지 않고 있다.

첫째, 지층 1은 건축적으로 구분되는 세 단계의 정착 단계를 지녔다. 이전과는 달리 처음 단계 때부터 요새화된 도시의 모습으로 정착이 이루어졌다.

둘째, 이전 발굴에서 전형적인 지층 1의 토기로 알려진 암포라 밑 부분이 발견되었다 이 토기는 페르시아 시대의 것으로 그리스 스타일의 암포라를 지방에서 만든 것으로 알려졌다. 이는 두 번째 단계에 속한 것으로 세 번째 단계에 속하는 아래 두 번째 단계에 속하는 타분, 석회가 발라진 설비, 바닥들이 발견되었다. 세 개의 동전이 C지역에서 발견되었다. 하나는 주후 4세기 말경의 청동 동전이었고 또 다른 하나는 7세기경의 움마야드 시대의 납 동전이었으며 마지막 하나가 주전 4세기 말경의 은 동전이다.

셋째, 첫 번째 단계의 정착 모습을 보여주는 일반 가옥 벽이 성벽에 연관되어 건설되었다. 이는 철기 시대 성읍의 모습인 공공건물인 성벽과 개인 가옥이 함께 연합되어 건축된 유다인들 성읍의 특징이 페르시아 시대에도 계속적으로 이루어진 모습이라고 할 수 있다. 지층 1의 첫 번째 단계부터 분명 요새화의 모습을 갖춘 도시로서 정착이 이루어졌음을 보여준다. 이 단계의 가옥 벽은 지층 2의 폐허 위에 세워졌으며 약 40cm의 공백을 지닌 채 건설되었다. 그러나 지층 1의 성벽이 지층 2의 성벽 바로 위에서 아무런 공백 없이 세워졌다. 이는 어느 정도의 정착의 공백이 있음을 보여주고 있으나 그 공백이 길지 않았음을 보여주는 것이다.

이 시기의 성벽 위에서 거의 수직으로 놓인 토판 모양을 닮은 물체가 발견되었다. 이 물건은 고고학자들도 처음 본 특이한 물건이어서 2014년의 발굴 기간에서는 최고의 관심을 끄는 물건이 되었다. 석회암으로 만들어진 이 물건에는 선이 다섯 개 그어져 있어 여섯 단을 이루고 각 단에는 각기 다른 모양의 도형들이 그려져 있다. 이 물건은 의도적으로 누군가 성벽에 넣은 것으로 아마도 방어를 위한 주술적 행위를 하고 성벽 안에 둔 것이라 추정된다.

페르시아 성벽 위에서 발견된 기형학 장식을 지닌 물체를 발굴한 박금옥 전도사(서울장신대학교)

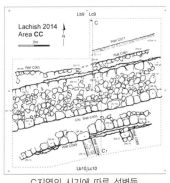

C지역의 시기에 따른 성벽들
(페르시아 시대 WC005, 후기 철기 시대
말 WC047, 후기 철기 시대 중 WC077)

CC 지역의 항공사진
(2014년 7월 7일 촬영)

2. 예레미야 시대(후기 철기 시대 말: 주전 7-6세기 초)인 지층 2에서는 너비 3.5-3.6m의 돌로 된 성벽이 발견되었다. 지층 1부터 지층 5까지의 요새화된 모습이 연속에서 드러났고 지층 5 아래에

서는 지층 6의 파괴 지층이 드러났다. 그 아래쪽으로 BB지역에서 알려진 성문과 연결된 성벽이 발견되었다.

각 지층의 요새화의 모습은 각기 다른 것으로 지층 1에서는 너비 2.5m의 돌로 된 성벽이며 세 단계에 걸쳐서 거주의 모습을 보여주고 있다. 페르시아 시대부터 헬라 시대에 이르기까지 거주 지층으로서 초기부터 마지막 단계까지 모든 가옥들이 성벽과 붙어서 건축된 모습이 드러났다. 약 40cm의 공백 아래에 지층 2의 성벽이 드러났는데 이 공백은 바벨론의 느부갓네살에 의한 파괴 이후에 정착 공백이 있었음을 드러내 주는 것이다. 지층 2의 아래 부분에서는 주전 8세기 때의 진흙 벽돌로 쌓아 올린 성벽의 일부가 발견되었기에 이곳을 지층 3으로 추정했다. 지층 2에서는 무너진 돌들을 걸어 낸 이후 바닥에서 화재로 인한 파괴 지층을 발견할 수 있었다. 지층 2의 파괴는 바벨론의 의한 것이어서 이 역시 성서에서 기록된 내용과 양상이 고고학적으로 확인된 사건이다. 발견된 지층 2의 성벽은 더 넓어져서 바닥에서는 매우 좁은 지역이 발굴되었지만, 온전한 토기들이 발견되었고, 이 시대의 철로 된 거의 비슷한 낫 두 점이 발견되었고 청동 무게 추 같은 금속제품도 발견되었다. 이 파괴 지층은 느부갓네살이 이끈 바벨론 군대에 의한 것으로 추정되고 있다. 이곳은 예레미야가 이 라기스 성읍을 언급하고 있는 것과 연결되는 곳이다(렘 34:7). 이 발굴된 지역이 성문과 비교적 먼 거리에 위치하고 있는데 이 파괴 지층 발견으로 인하여 바벨론 군대가 라기스 성읍 전체를 철저하게 파괴했음이 밝혀졌으며 라기스가 페르시아 시대 정착 초기부터 요새화된 주거지인 것이 확인되었다.

3. 지층 3의 진흙 벽 · 지층 2의 아래 부분에서는 주전 8세기 때의 진흙 벽돌로 쌓아 올린 성벽의 일부가 발견되었기에 이곳을 지층 3으로 추정했다. 앗수르 왕 산헤립의 파괴 지층은 성서의 내용, 역사 자료 그리고 고고학 자료가 모두 증거를 지닌 역사적 사건과 연결된다.

2014년의 발굴에서는 세 지층에서 연속으로 이루어진 요새화의 모습이 드러났다. 주전 8세기부터 주전 4세기까지 라기스는 요새화되었을 뿐만 아니라 도시의 크기가 거의 변화 없이 동일한 모습으로 유지되었음을 알 수 있게 되었다. 이 발굴은 성경에 기록된 라기스의 모습을 보여주고 있다(왕하 14:19; 18:14; 미가 1:13; 사 36-37장; 렘 34장; 느 11장). 2014년은 가자 지구 전투로 인해 4주 만에 발굴을 중단하였고 직항 비행기 노선이 운행 중단되어 유럽으로 우회하여 귀국하였다.

라기스에 거주하는 단 하르카비(Dan Harkabi)는 2014년부터 해마다 발굴단 스텝과 자원봉사자를 집으로 초대하여 식사 대접을 하였으며 발굴 현장에 자주 방문하여 격려하였다.

지층 3 히스기야 시대

미국에서 유학중인 방승호 박사 / 시내산 언약연구소장 권혁기 목사   단 하르카비(Dan Harcabi)과 필자   2014년 한국발굴단 자원봉사자
(발굴단을 초청하여 식사초대한 단 하르카비)

3. 2015년의 한국발굴단의 CC지역 발굴

2015년 발굴은 가자지구 전투로 인해 조기 중단 후에 다시 시작된 발굴이었다. 2015년에는 텔라기스 발굴단의 조직 개편이 있었다.[7]

2015년 발굴에는 한국성서지리연구원에서는 발굴단장 홍순화 목사, 기획실장 이태종 목사, 발굴행정실장 최광현 박사. 발굴실장 강후구 교수, 장상엽 집사가 참여하였다. 이스라엘 유학중인 이삭 전도사가 스텝으로 일했다. 그밖에 많은 자원봉사자들이 자원하여 무더위 속에서도 발굴 봉사를 하였다. 성지순례를 왔던 약 40명의 총신대학교 성지순례단(인솔: 이문범 목사)이 방문하여 발굴 봉사에 참여하여 발굴단에게 큰 힘이 되었다. 특히 이스라엘에 머물고 있는 유학생과 교민들이 발굴에 참여하였고 중동에서 사역하는 선교사들도 발굴에 참여하였다. 이집트의 시내산 언약 연구소장으로 사역하는 권혁기 목사가 자원봉사자로 참여했으며 이스라엘에 유학 중인 이익상 목사와 유택수 목사가 자원봉사자로 참여했으며 요르단에서 힌동희 목사가 자원봉사자로 일했다. 2015년 9월 13일에는 CBS 라디오에서 크리스천 초대석에서 르호보암 성벽 발굴이라는 주제의 대담 내용이 방송되었다.

2015년 발굴단

2015년 한국발굴단 스텝을 초청한 단 하르카비

---

7. 새로운 조직은 발굴단장(General Director) 홍순화 교수, 발굴행정실장(Administrative Director for Excavation) 최광현 박사, 발굴실장(Academic Director) / 지역책임자(Area Supervisor) 강후구 교수, 구역책임자(Square Supervisor) 강후구, 구역책임자(Square Supervisor) 최광현, 구역책임자(Square Supervisor) 장상엽이었다. 늘어나는 발굴단의 업무를 분담하여 발굴실장의 업무는 현장 발굴에서의 지역책임자역할을 하며, 행정적인 업무는 발굴행정실장이 담당하게 하였다. 현장 스태프의 부족을 메꾸기 위해 지역책임자도 구역책임자 역할을 하였다. 외부에서 방문객이 방문할 때에 소개와 의전은 행정실장이 맡으며 발굴지역 설명은 발굴실장이 담당하게 되었다.

2015년 발굴단에 참여한 이스라엘에 있는 한인 자원봉사자들

신간 라기스를 선물하는 우쉬시킨 교수와 필자

우쉬시킨 교수와 국민일보 신상목 기자

　　2014년도 CC지역에서 드러난 지층 2의 성벽 아래에서 진흙 벽의 일부가 발견되었다. 2015년도 발굴에서 그 아래를 발굴하여 이 벽이 북쪽으로 더 연장되어 건설되었음이 확인되어 이것은 일반 가옥 벽이 아닌 성벽으로 확인되었다. 이 성벽의 북쪽 선이 드러났지만, 남쪽으로는 지층 2의 성벽 아래쪽으로 연결되어 있기에 정확한 너비는 알 수 없다. 또한 이 성벽 안쪽을 발굴하지 않았기에 이 성벽과 연결된 바닥이 확인되지 않았기에 CC지역의 토기를 통하여 지층 4l-3의 것으로 확증할 수는 없다. 이 지층의 내부는 발굴되지 않았기에 가옥이 성벽과 어떻게 연결되어 건축되었는지 가옥이 어떠한 형태인지는 파악되지 못하였다. 이 성벽의 바깥쪽은 강우에 의하여 침식되는 것을 막기 위하여 석회를 바른 흔적이 발견되었다. 2015년에는 세 개의 성벽이 발굴되었다. 발굴된 세 번째의 성벽과 네 번째의 성벽은 진흙 벽돌로 되어 있는데 두 시대의 성벽이 서로 연결되어 있는 것이 2015년의 발굴을 통해 확인되었다. 지층 3과 연결된 지층 4는 진흙 벽돌로 된 너비가 약 6m에 이른 성벽으로 히스기야 시대와 아마샤 왕의 시대의 성벽으로 추정된다. 이번에 발굴된 성벽은 너비가 3m가 되는 돌로 된 성벽으로 진흙 벽돌로 되어 있는 6m가 되는 주전 8세기 때의 흙으로 성벽과 돌로 된 청동기 시대의 성벽 사이에 있다. 너비 6m로서 보존된 것 가운데 가장 높은 것은 약 3m 높이까지 보존되어 그 높이가 상당했을 것으로 추측된다. 지층 3의 아래에는 지층 4로 추정하는 성벽이 발견되었다. 그러나 이 성벽이 제 3차 발굴 S지역에 알려진 너비 6m의 지층 4-3의 것으로 확인된다. 이 성벽은 돌로 된 성벽과 연결되어 있었다. 성벽은 이미 제 3차 텔 라기스 발굴 때의

S지역에서 알려진 것으로 동일하게 돌로 된 기초 위에 진흙 벽돌로 건설되었다. 2015년의 발굴은 유물은 거의 발견하지 못하고 성벽 찾는 발굴 작업이 되어 버렸다.

지층 4,3   6m의 진흙 성벽 | 지층 4의 기초 벽 | 지층 4의 기초 벽과 지층 5의 성벽

지층 4의 기초벽, 지층 5의 하수로 | 지층 5 성벽의 하수로 | 지층 5와 성벽

청동기 시대의 성벽은 주전 20, 19세기로 족장 시대의 성벽으로 이스라엘 발굴단도 이 성벽을 발견하였기에 2016년에는 족장 시대의 성벽이 어떻게 연결되었는지가 큰 관심사가 되어 있다. 족장 시대의 성벽을 발굴한 이스라엘 발굴단의 발굴 지역에서는 르호보암 성벽은 발굴되지 않았기에 한국발굴단 만이 이 르호보암 성벽을 발굴한 것이다. 이 성벽에 일부분 지표 부분에 돌출되어 있고 장상엽 집사는 배수구를 발견하였다.

지층 5의 배수구

이 성벽은 중기 청동기 시대의 성벽으로 추정하던 성벽이었으나 발굴해보니 르호보암 시대의 성벽이 확실했으나 고고학적인 증거가 필요했기에 발굴단은 세 지역으로 나누어 발굴을 시작했으나 복잡한 구조이기에 지루한 작업이 계속되었다. 더군다나 점점 깊어지는 발굴 장소와 급한 경사로 인해 발굴보다도 흙 나르기가 발굴단원들을 지치게 하였다. 경사지에서 파낸 흙을 경사지 위로 손으로 옮기는 중노동이었다. 그러나 발굴 마지막 날에 세 가지의 발굴 결과가 이루어져 르호보암 성벽이 세계 최초로 확인되었다.

1. **강후구 박사의 구역**(Square)에서 성벽의 연대 설정을 위하여 결정적인 역할을 하는 철기 시대의 토기가 발견되어 이 성벽이 르호보암 시대의 성벽인 증거가 되었다. 성벽 남쪽에서 드러난 가옥 벽과 바닥은 이 성벽과 연결되어 건설된 것으로 동시대의 것이다. 이곳에서 발굴된 토기는 첫째, 형태학적으로 둥근 대접으로 단순한 구연부 형태를 지닌 것은 전형적인 후기 철기 시대 초(Iron Age IIA)의 것으로 판단된다. 특히 구연부 약간 아래에 하나의 홈을 지닌 특징은 더욱 이 시

지층 5

대의 것으로 연대를 설정하게 한다. 둘째, 이 바닥에서 나온 토기 형태는 손 마름질을 지닌 적색 덧입힘의 표면 장식을 하고 있다. 이 표면 장식 적색 덧입힘은 초기 철기 시대부터 시작되었으나 적색 덧입힘의 바탕 위에 손마름질의 장식이 일어난 것은 전형적인 후기 철기 시대 초의 표면 장식이다.

2. 장상엽 집사가 발굴한 구역(Square)에서는 히스기야와 아마샤 시대의 진흙벽돌로 된 성벽의 위치보다 더 낮은 곳에 이 성벽이 위치하고 있는 결정적인 발굴이 이루어졌기에 가장 확실한 증거이다. 이 성벽(W200)은 지층 4-3의 진흙 성벽 아래쪽에서 건설된 것으로 좀 더 북쪽에 위치했기에 이 성벽은 지층 4-3의 진흙 성벽보다 더 이른 시기인 지층 5의 것으로 여겨진다. 그 이유는 첫째로 지층 4-3의 진흙 성벽(W212)은 그 아래에 돌로 된 기초가 놓여 졌고 그 위에 진흙 성벽이 건설되었다. 이 성벽(W200)이 성벽 기초보다 더 아래쪽으로 내려가 이 성벽이 더 먼저 건설되고 이후에 성벽 기초가 건설된 것으로 이해된다.

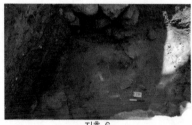
지층 6

둘째로 성벽의 맨 아래쪽 부분과 연결된 바닥과 가옥 벽은 지층이 성벽 기초보다 더 아래쪽에 위치하고 있어 성벽이 경사면에 건설되었기 때문에 성벽이 더 아래쪽에 건설되어 버팀벽 역할을 하고 그 위에 성벽 기초와 함께 진흙 성벽이 발견되었다고 하는 가능성은 제외된다. 셋째로 이 구역에서 드러난 성벽의 하수로가 진흙 성벽과 성벽 기초와의 관계를 확인확인한 결과 하수로는 성벽 기초의 돌로 막혀졌다. 이는 성벽 기초와 성벽이 동시대가 될 수 없음을 보여주는 것이다. 하수로는 성벽 기초보다 먼저 건설되었고 이후 성벽 기초를 쌓은 이들이 이 하수로를 막고 그 위에 진흙 성벽을 건설하였다고 이해할 수 있다.

3. 최광현 박사가 발굴한 구역(Square)에서는 중기 청동기 2기(MB II, 주전 20-16세기) 시대의 성벽으로 추정되는 성벽이 르호보암 시대의 성벽보다 더 낮은 위치에서 발견되었다.

청동기 시대의 성벽

성벽 아래쪽의 발굴을 통하여 화재로 인한 파괴 지층이 구역에서 드러났다. 이미 성벽 의 밑바닥은 이미 끝난 상태에서 드러난 이 파괴 지층에서는 불탄 진흙 벽돌과 함께 지층 6의 전형적인 토기가 발견되었다. 따라서 성벽은 지층 6보다 더 위쪽에 위치한 지층이기에 더 후대에 건설되었다고 할 수 있다. 발굴을 시작하면서 르호보암 성벽을 청동기 시대의 성벽

최광현 박사, 최성진(최박사 아들), 김주승(조카)

으로 추정하였으나 청동기 시대의 성벽은 이 성벽의 아래에 위치하고 있었다. 이 성벽이 발견되므로 우리가 발굴한 성벽이 르호보암 성벽으로 확증된 것이다. 청동기 시대를 연구하는 최광현 박사는 고등학생인 아들(최성진)과 조카(김주승)와 함께 이 성벽을 발견하였다.

CC 지역의 발굴 전 모습

르호보암 성벽 위에서 기뻐하는 발굴실장 강후구, 발굴단장 홍순화

지층 5 르호보암 성벽 위에서 강후구 박사,이태종 목사, 홍순화 목사, 최광현, 장상엽(2015년7월26일 오후6시)

2016년의 CC지역 발굴

　2016년 6월 19일부터 7월 28일까지 이루어진 발굴에는 한국성서지리연구원에서는 발굴단장 홍순화 목사, 기획실장 이태종 목사, 발굴행정실장 최광현 박사, 발굴실장 강후구 교수, 장상엽 집사가 참여하였으며 많은 자원봉사자들이 발굴 봉사를 하였다. 한국에서는 2명(김종섭; 서울장신대학교, 조한근 사관; 구세군 사관대학원대학교 교수)의 발굴단원이 참석하였다. 이들과 함께 현지에 있는 이스라엘인들과 이스라엘에 유학 온 한국인들이 발굴에 참여하였다. 이에 한국발굴단은 감사의 뜻으로 7월22일에 이스라엘 한인회를 초청하여 발굴 결과와 함께 텔 라기스 전반의 안내

를 실시하였다.

조한근 교수

김종섭 전도사

이강근 목사와 가족

성지순례를 왔던 약 30명의 호남신학대학교 성지순례단(인솔 주철현 목사)이 방문하여 발굴봉사에 참여하여 발굴단에게 큰 힘이 되었다. 특히 이스라엘에 머물고 있는 유학생과 교민들이 발굴에 참여하였고 중동에서 사역하는 선교사들도 발굴에 참여하였다. 예루살렘에 있는 유대학연구소의 이강근 박사가 발굴 현장을 방문하였고 C채널의 성지 프로그램에서 발굴현장이 소개되었다. CTS 기독교 방송은 두 번에 걸쳐 라기스 발굴 소식을 뉴스에 보도하였다.

경사지에서 파낸 흙을 경사지 위로 손으로 옮기는 중노동을 피하느라고 나무로 계단을 만들어 언덕 아래로 던지는 방법으로 변경 했기에 2015년 보다 더 빨리 진행되었다. 이 나무 계단은 라기스 발굴 현장의 명물이 되었다.

강신일 목사

올리브 씨앗

황세형 목사, 필자. 주철현 목사

호남신학대학교 성지순례단

기획실장 이태종 목사와 아들 이지훈

2016년 발굴을 통하여 이루어진 발굴 성과는 아래와 같이 요약할 수 있을 것이다.

첫째, 이스라엘인들이 발굴한 지역에서는 레이더를 통한 지하탐지를 실시한 결과 라기스에도 수로시설이 있을 가능성을 확인하였다. 아직까지 발굴이 되지 않았지만, 라기스에도 하솔, 므깃도, 게셀, 브엘세바 등과 같은 거대한 수로시설이 도시 내에 건설되었음이 처음으로 확인된 것이다. 앞으로 기금이 마련되면 대규모 장비를 투입하여 수로시설을 드러낼 것으로 전망된다. 이를 통하여 언제 누구에 의하여 얼마나 큰 수로 시설이 건설되었는지 밝혀 질 것이다.

둘째, 2015년도에 이미 발견되었던 우물 근처의 가나안 신전의 구조가 완전히 드러났다. 많은 부분 경사면 침식에 의하여 손실되었지만, 입구 양쪽의 위치한 두 개의 기둥 받침, 성전 안쪽 뜰과 양쪽의 방들 등은 분명한 대칭구조를 보여주고 있다. 청동으로 주조된 바알 신상이 하나 더 발견되었는데, 이전의 신상과 마찬가지로 신전 입구 반대쪽에서 발견되어 이곳이 신전의 중심지였음을 알려주었다.

셋째, 미국인지역에서는 주전 8세기 앗수르 파괴 지층에서 하나의 이집트 문양이 새겨진 인장이 발견되었는데, 이것은 이집트 제 25왕조 구스 왕조의 디르하가(Tirhaqa/Taharqa, 왕하 19:9, 사 37:9)의 아버지 피예(Piye)의 것이었음이 확인되었다. 이에 대한 전문가 중의 하나인 독일학자 스테판 뮌거(Stephan Münger)교수에 따르면, 이제까지 피예의 인장이 몇 개 알려졌지만, 고고학적 발굴에 의하여 알려진 것은 이번이 처음이어서 고고학적인 가치를 더한 것이라고 전하였다.

마지막으로 한국발굴단지역(CC지역)의 발굴을 통하여 2015년도에 확인된 주전 10세기경의 르호보암 시대의 성벽의 길이가 10m에 불과했다. 2016년에는 이 성벽을 기준으로 좌우의 폭을 늘려 총 35m의 성벽을 더 발굴했다. 좌측과 우측으로 확장 발굴한 성벽 사이에는 파지 않은 지면이 20m 이상이 있다. 그 아래 성벽이 이어져 있을 것이기 때문에 한국발굴단은 이번 발굴이 확장 발굴되어 최대 70여 m까지 적어도 존재하였음이 확인되었다. 한편 이 성벽의 연대를 확증하기 위하여 성벽 안쪽 바닥에서 단기간 존재하였다가 소비되었던 곡식 씨앗 또는 올리브 씨앗 등의 방사성 동위원

2016년 미국 자원봉사자   국민일보의 이사야 기자

요나단 웨이브라이트와 학생들   장상엽 집사와 빈츠

장상엽 집사, 그레이스(미국 자원봉사자)   2016년 미국 자원봉사자(캐서린, 홍순화 목사)

소 탄소 14 연대 측정을 위한 샘플 채취가 이루어져야 하는데 매우 좁은 지역의 발굴에서 무려 20개가 넘는 샘플이 채취되었다. 이들은 네 번째 지층의 맨 밑바닥과 다섯 번째 지층의 바닥에서 나온 것이어서 다섯 번째 지층의 연대를 확증하는데 충분한 샘플이라고 할 수 있다. 이중에서 5개의 샘플이 옥스포드에 보내져 2017년 초기에 이 성벽이 르호보암 시대의 성벽인 것이 확인되었다.

2016년에는 두 번의 학술 발표가 있었다.

2016년 4월29일에 서울장신대학교에서 모인 한국구약학회 춘계학술대회에서 제 4차 텔 라기스 발굴과 역대하 11장 5-12절이라는 주제로 홍순화, 강후구 교수가 발표하고 최광현 박사가 논찬을 하였다.

2016년 11월16~19일에는 텔 라기스 한국발굴단이 르호보암 성벽 발굴 성과 ASOR 학술대회서 발표하였다.

2016년 미국 텍사스 주 샌안토니오에서 개최된 미국고대근동학회(ASOR;American School of Oriental Research) 학술대회에서 르호보암 성벽의 발굴 성과를 발표했다. 한국발굴단은 단장인 홍순화 교수와 발굴실장인 강후구 교수가 중기 청동기 시대부터 헬라 시대까지의 성벽들을 바탕으로 텔 라기스가 요새화된 변화 과정을 제시했다. ASOR은 성서와 연관된 고대 근동 지역을 연구하기 위해 1900년 미국인 학교와 단체가 연합해 설립한 연구기관이다. ASOR는 매년 추수감사절 직전 성서고고학회로는 세계 최대 학회를 개최하고 있는데 800~1000명의 학자들이 모여 그해 여름 또는 최근에 발견된 내용들을 발표하고 토론을 펼친다. 이번 학술대회에서는 96개 분야에서 600여 개의 다양한 주제들이 발표됐다. 이번 대회는 세계성서학계의 최대 모임인 세계성서학회(SBL)와도 연동해 개최됐다. 고고학 발굴에서 특정 유물이 공인을 얻기 위해서는 권위 있는 학술 기관이나 대회의 발표를 거치며 발굴이 마치면 발굴보고서를 출판하게 된다.

2016년 11월16-19일 Annual Meeting 2016, 미국 San Antonio

ASOR

Area CC Fortification in Tel Lachish

Presentation at ASOR 2016 (San Antonio, TX)

Good Afternoon,

Area CC is located at the center of the northern edge of Tel Lachish, which has never been excavated before. However, from 2014 to 2016, it has been excavated by the Tel Lachish Korean Expedition team, the team of the Institute Bible Geography in Korea. A number of volunteers from South Korea, USA and other countries have joined. I would like to thank them all for their enthusiastic work which made it possible to achieve the main goal of our excavation. Especially, I would like to thank Professor Jonathan Waybright and his students from Virginia Commonwealth University.

In Area CC, 260 square meters were newly excavated by our 11 squares. The reason to excavate the area is coming from two facts.

First, since the area has never been excavated, the examination is able to provide data of the size and feature of the site according to the periods. Since, the stones on the northern edge of Tel were exposed creating a line, comparatively a huge stone stands on the area, which looks like no more stones remain to the west. This assume there was a city wall of stones that could end somewhere in the area, which needs further verification along with the time period.

Second, In topographical point of view, Area CC is different from other areas of Tel. There is a slope, about 2 to 3 meters high, looking like stairways which is seen on the northeast at the edge of Tel. As mentioned before, on top of the slope, stones are exposed on the surface and the slope suddenly ends. Therefore, it is necessary to figure out the topographical changes in this area.

The excavations at Area CC took 16 weeks in three consecutive seasons. It brought out tremendous archaeological results; three settlement phases in Level I, Babylonian destructions in Level II and a series of fortifications from MB(Middle Bronze) and Iron Age, which will be explained in detail by Doctor Kang.

2016년 발굴단 스텝

2016년 홍순화 목사,마틴 교수,하셀 교수,
요셉 가르핀켈 교수와 방문객

2017년의 BC지역 발굴

발굴의 마지막 기간인 2017년은 다섯 번째 지층의 성벽 안쪽을 대규모로 발굴하여 일반 가옥과 그 안의 생활상을 드러내어 그 당시 남유다인들의 문화적, 경제적인 모습을 살펴보려는 목적을 가지고 시작했다. 이 지역은 BC지역으로 부르며 이스라엘 BB지역에 연결된다. BB지역에서는 주전 12세기의 가나안 신전이 발굴되었다. 이스라엘 발굴 지역인 BB지역과 연결된 지역이기에 2017년의 발굴 지역은 BC지역이라고 부르기에 한국발굴단은 CC지역과 BC 지역을 발굴하게 된 것이다. 서울장신대학교 성지발굴단(고경민, 김대은, 박정철, 최윤수, 박종우)이 발굴에 참여하였고 서울장신대학교 성지순례단이 답사하였다(인솔 서울장신대학교 전만영 목사).

서울장신대학교 성지순례단

서울장신대학교에서 발굴을 떠나는 발굴단

서울장신대학교 고경민 전도사

박정철, 최윤수, 고경민, 윤조셉, 박종우, 김대은

강후구박사와 아들(강의민)

장상엽 집사와 아들(장예준)

서울장신대학교 전만영 목사

이익상 목사

2017년 한국발굴단

윤조셉 교수

요나단 웨이브라이트 교수

이 이 기간에는 부족한 발굴단원을 위하여 히브리대학교에서 고고학을 전공하는 학생들을 보내주었다. 스위스에서 유학하는 부부(임종훈 목사 김예슬 사모)가 봉사하였다. 해마다 예루살렘에 있는 University of Holyland에 있는 한국인 학생들이 자원봉사자로 참여했다.

미국에 있는 Virginia Commonwealth University의 요나단 웨이브라이트(Jonathan Waybright) 교수는 2014년부터 해마다 한국발굴단에 자원봉사자들을 보내주었다.

캐나다 교포인 이화여자대학교의 윤조셉 교수가 자원봉사자로 봉사하였다.

성지순례를 왔던 만나교회 성지순례단(인솔 김병삼 목사)이 이익상 목사의 안내로 방문하여 발굴 봉사에 참여하였다. 르호보암 성벽은 이스라엘이 발굴하고 있는 BB지역에서 끝이 난다. 르호보암 성벽은 2016년까지 55m 길이가 발견됐고 2017년에는 25m 정도가 더 발견돼 총 80m의 성벽이 모습을 드러냈다. 이 지역은 4차 발굴의 두 번째 목표인 르호보암 시대의 사람들의 생활을 알 수 있는 지역이기에 큰 기대를 가지고 시작하였다. 성서고고학에서 남유다왕국에서 주전 10세기부터 주전 8세기까지의 자료가 거의 없다고 한다. BC지역에서 성벽과 함께 드러난 발견물은 지층 5의 가옥이다. 2017년도 발굴을 통하여 새롭게 알려진 이 시대의 가옥은 기둥을 지닌 3방 가옥구조로, 사방가옥(four room house)으로 불린다. 이 가옥은 이스라엘인들의 전형적인 집 형태라고 여겨지는 가옥구조로 처음으로 이 지역에서 발견되었다. 이 가옥들은 성벽과 연관하여 건설되었다. 공공건물이 성벽과 개인 건물인 가옥이 연관되어 건설되었으며 가옥 벽들의 간격은 매우 일정한 것으로 약 5.2m로서 왕정 규빗으로 10규빗이었기에 계획화된 도시의 모습을 보여준다. 이는 지층 5가 성벽과 연결된 요새화된 도시일 뿐만 아니라 가옥의 너비가 동일하게 계획되어 건설한 계획화된 도시의 모습을 지는 것으로 이해된다. 이 성벽과 연관한 가옥 바닥에서는 주전 10세기경의 토기, 화덕, 짐승뼈, 창의 머리 부분, 성벽 등이 발견됐다. 이와 함께 올리브 씨앗이 발견되어 그 연대를 종합하면 주전 10세기 하반기 경의 것으로 그 연대를 설정할 수 있으며 성경의 르호보암 왕과 연관시킬 수 있다. 이 가옥들 안의 바닥에서 발견된 주전 10세기의 전형적인 토기가 다수 발견되어 층위학적 관계뿐만 아니라 유물을 통해서도 그 연대가 확인되었다. 발굴된 토기 중에는 손바닥 크기의 '저글렛(juglet)'으로 불리는 병이 온전한 모습으로 발견됐다. 이 병은 고대에 액체를 담던 용기였다. 이 병은 우리나라의 호리병과 유사한 모습으로 손잡이가 달린 작은 향수병으로 증발을 막기 위해 입구가 작은 게 특징이다. 이 토기는 긴 목과 둥근 몸체를 지니고 있으며 손잡이가 목에서 나와 어깨에 연결돼 있는 것으로 미뤄볼 때 BC 10세기의 전형적 토기이다. 제 3차 텔 라기스 발굴의 S지역과 제 4차 텔 라기스 발굴에서 미국발굴단 지역인 AA지역에서 발견된 파괴의 모습과는 달리 이 지역에서는 부분적인 파괴만이 발견되었다.

지층 5의 성벽 아래쪽에 있는 지층 6에서는 화재로 인한 심각한 파괴가 발견되었다(CC 지역). 좁은 구역을 발굴하였지만, 이 지층에서 드러난 불탄 진흙 벽과 깨진 토기들은 화재로 이 지층이 끝이 났음을 보여주고 있다.

CC지역의 가장 북쪽인 지층 5의 북쪽 3-4m 아래쪽에서 중기 청동기 시대의 성벽이 발견되었다. 이 성벽의 바깥 선은 알려졌지만, 안쪽 선은 발굴되지 않아 어디서 끝이 나는지 알 수 없다. 르호보암 성벽은 BC지역에서 중단되지만 규모가 확인되지 않았다.

BC지역 지층 5에서 발견된 가옥과 성벽

2017년도 지표 조사를 통하여 텔 라기스 동쪽의 지표면에 드러난 벽들은 이 지층의 성벽 연장선으로 여겨진다. 따라서 지층 5의 성벽은 우물 가까이 지역에서만 둘러 건설된 것이 아닌 언덕 전체를 두르며 건설된 것으로 볼 수 있다[8]

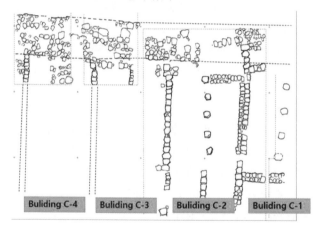

2017년 7월 17일에 제 4차 텔 라기스 발굴 보고회를 현지에서 가졌다. 이스라엘 고고학 책임자들과 이스라엘에 있는 세계 각국의 고고학자들과 초청받은 사람들이 모여 음악회와 발굴보고회를 가졌다. 유적지 위에 많은 사람들이 그룹으로 다니며 발굴현장에서 직접 보고를 듣고 보고회에 참석하고 식사까지 하는 뜻깊은 시간이었다. 2013년에 키르벳 케이야파 발굴보고회에는 손님으로 참여했지만 이 모임에는 한국발굴단장으로 손님을 맞이하는 영광을 누렸다. 필자는 이 모임에 한국발굴단장으로서 그동안 참여한 발굴봉사자들과 같이 사역한 이스라엘, 미국발굴단에게 감사의 인사를 전했다.

8) "Gate of Tel Lachish Level V: Where Is It?", H.-G. Kang, presented at ASOR 2017, Nov. 16, Boston, MA.

Greeting Words (July 17, 2017)

Shallom Everyone!

I would like to thank Prof. Garfinkel and Hasel for giving me an oppotunity to deliver my thankful words.

It was a great honor and pleasure to form a Korean excavation team in the Land of Israel for the first time and join in the Fourth Expedition of Tel Lachish.

First of all, I give my sincere gratitude to our staffs, Dr. Choi, Hoo-Goo, Sang-Yeop and Vintz for directing all works in their squares, and all volunteers. Volunteers from Virginia Commonwealth University, Hebrew University, Southen adventist University and Korean volunteers from Switzerland, Israel and Korea. Among volunteers I must mention Bob, at the age of 63 as I am, he worked more than anyone else. I' m very proud of you. I' m very proud of you! all volunteers of Area CC and Area BC. Time will pass by, my memories become vague, but I will never forget you. I will never forget your sweat and blood, espeically the sweat of VCU rams in 2015. I would like to give my thanks to Prof. Jonathan Waybright and VCU students.

All volunteers, without you, we could not achieve such a great thing to find the city of King Rehoboam.

Thank you.

한국발굴단을 지원해주는 히브리대 고고학과 학생들(2017년)

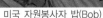
미국 자원봉사자 밥(Bob)   김예슬, 임종훈 목사 이요셉 사장

제 4차 라기스 발굴의 발굴 결과들

1. 미국발굴단의 발굴 결과

미국발굴단의 지역(AA지역)은 아하로니가 1960년대에 발굴한 지역에 가까이에 위치하고 있기에 아하로니가 발굴한 결과와 거의 동일하게 층위학적인 순서를 지니면서 발굴되었다. 지층 2부터 알려진 이 지역의 발굴에서 분명한 바벨론의 파괴 지층이 발견되었고, 그 아래에서 산헤립에 의하여 파괴된 지층이 알려졌고, 그 아래 지층 4에서는 돌과 석회로 포장된 거리와 공공건물, 그리고 개인 가옥 등이 발견되었다. 특히 지층 4는 거주 지층이 두 단계로 나누어져 이 지층에서 장기간동안 거주되었음이 알려졌다.

AA지역에서 알려진 지층 4와 지층 3의 거리와 가옥은 이 시기의 건설이 궁전 벽과 병행으로 이루어진 계획적인 모습을 보여주고 있다. 이는 비록 지층 4와 지층 3의 전체적 계획화된 도시 건설의 모습이 알려지지 않았지만, 적어도 궁전 지역 주변의 가옥들이 무계획적으로 건설되지 않고 궁전 건설과 병합하여 이루어진 모습이다. 궁전과 같은 공공 건축물과 개인 가옥의 연합이 계획 하에 이루어진 것은 중앙 관청의 지도하에 이루어진 복합적 사회구조를 기대하게 된다.

제 4차 발굴의 주요 목적인 지층 5가 분명한 파괴의 모습을 지닌 채 발견되었다. 이곳에서는 흑색 덧입힘을 지닌 토기와 적색 덧입힘, 손 마름질 등의 표면 장식을 지닌 토기들과 지층 5의 전형적인 형태를 지닌 요리용 항아리 등의 토기들의 출토되었다. 이 지층 바닥 아래에서는 지층 6의 토기들이 발견되었다.

이 지역에서는 다섯 개의 인장이 발견되었다. 이 인장들은 주전 8세기에 해당되는 세 번째 지층에서 발견된 것으로 두 개의 인장은 동일한 이름을 지닌 것이 확인되었으며 다른 두 개는 파손이 심하게 된 개인 인장으로 확인된다. 마지막 하나는 이집트 인장으로서 성경에 언급된 구스 왕조의 바로인 디르하가(왕하 19:9; 사 37:9)의 아버지인 피예(Piye)의 인장이 발견되었다. 이전에도 그의 인장이 알려졌지만, 모두 고고학적 발굴에 의한 것이 아닌 개인소장품에서 알려졌는데 AA 지역에서 알려진 이 인장만은 확인된 발굴 현장에서 출토된 것이다.

미국발굴단(AA지역)

2. 이스라엘 발굴단의 발굴 결과

이스라엘의 히브리대학교가 발굴하고 있는 이 지역(BB지역)에서는 이전에 알려지지 않은 가나안 신전이 발견되었다. 이 지역은 한국발굴단이 르호보암 시대의 성벽이 끝이 나는 지역(BC지역)과 연결된 지역이다. 이 지역에서는 발굴 초기부터 후기 청동기 시대인 가나안 시대의 거주 지층과 구조물이 발견되었다. 특히 이전에 알려지지 않고 새롭게 이 지역에서 풍부한 유물이 발견된 가나안 신전은 가나안 인들의 제의와 관련된 두 개의 청동 바알 상을 포함하여 주상들 도기 등의 종교적 물품이 출토되어 가나안들의 종교적 행위가 매우 활발하게 이루어졌음을 보여주는 것이다. 정동으로 된 큰 솥, 곡식이 담겨진 나무 상자, 새겨진 비문 금속 제품 같은 풍부한 물질문화를 지닌 채 발견되었다. 이 도시를 파괴한 이는 그 안의 물건들을 취하지 않고 파괴시켰음을 알 수 있다. 한 항아리에서 천 개 가까운 곡식알갱이가 탄화된 채 발견되었다.

이곳의 발굴을 통하여 신전이 단순히 종교적 활동뿐만 아니라 경제적, 문서적 활동의 중심지이며 가나안 시대의 제사장들은 신전을 중심으로 가나안 종교 활동의 중심 역할 뿐만 아니라 문서 기록과 지역 경제 활동 중심 역할을 하였을 가능성을 보여준다.

BB지역에서 발견된 신전의 입구 양쪽에 기둥 받침이 발견되어 솔로몬의 성전 입구처럼 두 개의 기둥이 건축학적인 기능과는 별도로 존재하였음이 알려졌다. 이와 함께 이 신전에서 비문이 발견되었다. 이 신전은 가나안 시대의 마지막 지층의 것으로 스타키에 의하여 발견된 해사지역의 신전과는 다르게 후기 청동기 시대에서 연속해서 있었던 신전이 아님이 밝혀졌다.

BB지역에서는 우물 가까이에 위치한 가나안 시대의 성문이 발굴되었다. 이 성문은 이후 시대에 마쳐진 것으로 알려졌는데 층위학적으로 중기 청동기 시대(족장 시대)의 것으로 알려졌다. 가나안 시대에 성문 지역에 진흙으로 건설된 거대한 긴물과 구조물이 있었음이 드러났다. 이 발견으로 인하여 족장 시대에 라기스가 게셀, 므깃도, 하솔 등과 마찬가지로 요새화된 도시-국가의 모습을 지닌 것으로 확인되었다.

BB지역의 철기 시대 발견 중의 하나는 제의시설이다. 네 번째 지층의 것으로 알려진 한 방에서 제대(chalice) 등의 제의 물건들이 발견되어 개인 제의 시설이 존재하였음이 드러났다.

한편 지층 5와 관련되어 분명한 건물 구조를 보여주는 유적이 이곳에서도 발견되지 않았지만, 발굴 동쪽 지역의 페르시아 시대 성문 아래쪽에서 지층 5의 유물이 일부 발견되었다. 후기 철기 시대 초의 손 마름질과 적색 덧입힘 상식을 지닌 토기 형태가 발견되어 이곳에서 지층 5의 유적 발견 가능성이 제기되었다. 이 토기가 발견된 곳에서 올리브 씨앗이 발견되어 탄소 14 연대 측정이 가능하게 되었다.

이스라엘발굴단(BB지역)

제4차 텔 라기스 발굴에서 알려진 내용

첫째, 성경의 족장시대에 속하는 라기스가 드러났다. 성문과 성벽을 지닌 도시의 모습을 지녔다. 이는 이 당시 게셀, 딤나, 벧세메스, 텔 베이트 미르심 등과 함께 쉐펠라 지역에서 중요한 도시였다고 생각할 수 있다. 그러나 율법서 특히, 창세기에서는 한 번도 라기스를 언급하지 않았다. 이는 창세기에 나타난 족장들의 주요 활동은 중앙 산악지역과 네게브 지역에 편향되어 이루어진 특성에 주목케 한다. 달리 말하면, 여호수아 이후 포로 후기 까지, 특히 분열왕국 시대에 쉐펠라 지역에서 가장 중요한 성읍이었던 라기스가 율법서와 단절되어 나타나는데 이는 성읍이 존재하지 않은 이유가 아니라 선택적 편향이었다고 할 수 있다.

둘째, 여호수아서의 라기스와 연관된 가나안인들의 마지막 도시에서 또 하나의 신전이 우물 가까운 곳에서 BB지역에서 발견되었으며 파괴되었다.4차 발굴까지의 결과를 종합한다면, 라기스에서 발견된 가나안의 신전은 성안에 두 개, 성 바깥에 하나 모두 세 개가 있었음이 알려졌고 모두 파괴되었다.

셋째, 이전 발굴 결과와 같이 제 4차 발굴에서도 가나안 도시의 파괴이후 다시 정착한 시대는 주전 10세기 말경 즉 성경의 르호보암 시대이다. 이는 앞서 살펴본 사사시대에서 솔로몬시대까지의 공백 기간과 연관이 되는데 이 시대에 라기스에 어떤 사람들도 거주한 흔적을 찾아 볼 수 없다. 한편 라기스를 처음으로 요새화된 도시로 만든 사람은 르호보암 이었음이 제 4차 텔 라기스 발굴에서 알려졌다.

넷째, 주전 9세기부터 주전 8세기 말까지 라기스는 이전 발굴에서 알려진 사실과 함께 너비 6m의 진흙벽돌 성벽과 6실 성문으로 견고하게 요새화되었고, 중앙에서는 궁전이 새롭게 건설되었다. 따라서 아마샤 왕이 예루살렘의 쿠데타로 인하여 라기스로 피난 할 때(왕하 14:19; 대하 25:27), 남유다 왕국의 다른 어떤 장소보다 라기스가 그의 피신처로 적합한 장소였음이 확인되었다. 미가 선지자는 이 도시와 관련하여 준마와 병거를 언급하고 있다(미 1:13). 라기스는 산헤립에 의하여 철저하게 파괴된다. 이전 발굴에서 알려진 파괴 모습뿐만 아니라 성문에서 가장 먼 곳에 위치한 곳에서도 이 도시가 파괴되었음이 드러났다. 성경에서는 라기스의 파괴는 기정사실로 받아들여지고 이보다 예루살렘이 산헤립에 의하여 파괴되지 않고 하나님의 구원을 받았다는 사실을 강조하고 있다(왕하 18:13-19:37; 사 36-37장; 대하 32:9-23).

2018년 2월의 르호보암 성벽(CC지역)

다섯째, 바벨론에 의한 파괴 이후에 어느 기간에 라기스는 사람들이 거주하지 않았으나 다시 거주민이 와서 파괴되었던 도시 위에 정착하게 된다. 제 4차 발굴에서 알려진 새로운 사실은 공백 기간 이후에 사람들이 정착한 라기스는 2.5m 너비의 성벽을 이룬 도시가 되어 있었다. 정착 시대는 세 단계로 나누어지며 가장 초기의 시대는 주전 5세기 중반으로 느헤미야에 언급된(느 11:30) 라기스와 연관시킬 수 있다. 이 도시는 약 주전 2세기경까지 계속 정착되다가 이후 다시는 거주하지 않게 된다. 로마 시대와 그 이후 어느 시대에도 라기스는 사람이 살지 않는 폐허가 되었다가 1930년대 발굴되기 전까지 고대 유적지 언덕으로 남아 있었다. 여섯째. 라기스는 르호보암 시대의 요새화된 도시였음이 이번 발굴을 통해 확인되었다. 제 4차 텔 라기스 발굴에서 가장 큰 업적은 바로 르호보암 시대의 요새화된 성읍을 발견한 것이다. 제 1-3차 발굴에서 어느 누구도 르호보암 시대의 성벽과 성문을 발견하지 못하였으며 따라서 라기스를

포함하여 열다섯 개의 성읍을 르호보암 왕이 건설하였다고 전하는 성경본문(대하 11:5-12)을 르호보암 시대의 것이 아닌 히스기야 왕 또는 요시야 왕 시대의 상황을 반영하는 것이라고 주장하였고 어떤 이는 심지어 하스모니안 시대의 것이라고 주장하였다.

2018년 2월의 르호보암 성벽(BC지역)

2015년도에 세상에 처음으로 알려진 르호보암 성벽은 주목할 이유가 있다.

1. 2013년에 제 4차 텔 라기스 발굴을 시작하면서 만약 우리가 르호보암 시대의 성벽을 라기스에서 발견하고자 한다면 다른 어떤 지층이 아닌 다섯 번째 지층에서 발견되어야 한다고 이미 주장되었다. 이는 르호보암 시대 성벽이 발견되기 2년 전의 일이기에 발견된 이후 그 내용을 성서의 인물 또는 사건과 억지로 맞추려는 노력이 아니었다.

2. 이 성벽은 6m 너비의 진흙 벽돌 성벽 아래에 있었으며 가나안 시대의 파괴 지층 위에서 발견되었기에 층위학적으로 다섯 번째 지층의 것이라고 할 수 있다.

3. 이 성벽은 돌로 건설된 것으로서 손실이 된 부분과 발굴 지역 사이의 것을 고려한다면 너비 3.5m, 지금까지 발견된 것만으로 길이 80m에 이른다.

4. 이 성벽과 연관된 가옥들이 발견되었고 이들은 단일 거석 기둥을 지닌 3방 구조를 지녔기에 거주민은 유다 사람이며 3방 구조를 지닌 가옥은 라기스에서 처음으로 발견되었으나 유일하게 발견된 가옥이다.

5. 이 가옥들은 성벽과 연관하여 건설되었기에 공공건물이 성벽과 개인 건물인 가옥이 연관되어 건설되었다. 이곳의 가옥들의 벽들의 간격은 매우 일정하여 약 5.2m로서 왕정 규빗으로 10규빗이기에 계획된 도시의 모습을 보여준다. 이 성벽과 연관한 가옥 바닥에서는 주전 10세기경의 토기들이 출토되었으며 올리브 씨앗이 발견되었다.

마무리

제 4차 텔 라기스 발굴은 짧은 발굴 기간이었음에도 불구하고 다섯 번째 지층에서 나온 요새화된 성읍과 가옥은 르호보암 시대의 것으로 확인되었다. 라기스와 관련한 성경구절은 발굴 이전에

도 발굴 이후에도 변함없이 우리 곁에 존재한다. 보다 객관적이고 실질적인 고고학적 증거를 가지고 이 성경구절들을 이해한다고 하지만, 이전의 발굴 결과는 새로운 발굴에 의하여 바뀌어 진다. 성경구절에 대한 이해와 해석이 고고학적 증거를 바탕으로 이루어진다고 하지만 이 또한 바뀌어 진다는 것을 제 4차 텔 라기스 발굴 결과는 분명히 보여주고 있다.

성서지도에서는 라기스와 르호보암 성읍 목록에 대하여 이렇게 설명한다.

이 목록(대하 11:5-12)은 여러 면에서 문제가 있다. 가장 눈에 띄는 점은 이 건축 활동에 대한 고고학적인 증거가 없다는 것이다.... 다른 한편으로는 라기스는 이 무렵에 요새화되었을 가능성이 충분하다. 지층 4에서 발견된 대규모의 벽돌 요새 성벽과 세 개의 방을 가진 성문, 또 언덕 중심부에 자리 잡은 '궁전A' 는 르호보암, 아사, 또는 여호사밧의 건축 활동으로 볼 수 있다. 목록에 나오는 고고학적인 문제 때문에 원래 목록은 히스기야나 요시야 통치시대에 속한다는 견해도 있다.[9]

2019년에 제4차 텔 라기스 발굴보고서가 학계에 보고되면 이 내용은 다르게 기술될 것으로 보인다. 필자는 이렇게 수정되기를 바란다.

라기스의 지층 5에서는 (한국성서지리연구원의 텔 라기스 한국발굴단에 의해) 르호보암 시대의 성벽이 발견되었는데 길이가 80m에 이른다. 그뿐 아니라 라기스에서는 이 성벽과 연관된 3방 구조를 지닌 가옥들이 발견되었으며 이 가옥들은 성벽과 연관하여 건설되었다. 성벽과 개인 건물인 가옥이 연관되어 건설되었으며 벽들의 간격은 매우 일정하여 약 5.2m로서 왕정 규빗으로 10규빗이기에 계획화된 도시의 모습을 보여준다. (텔 라기스 제 4차 발굴 발굴보고서 Vol.1)

제 4차 텔 라기스 발굴은 새로운 질문들에 대하여 답을 얻기 위하여 앞으로 이루어야할 과제를 정리해 보면 다음과 같다.

첫째, 중기 청동기 시대의 도시에 대해서는 알려지지 않은 것이 아직 많이 남아 있다. 언덕 중간쯤에 세워진 성벽이 지층 3의 이중 성벽의 아래쪽 성벽이 아닌 중기 청동기 시대의 성벽이라고 밝혀졌지만, 이 시대의 성안의 주민들은 어떠한 가옥에서 어떠한 문화를 지니며 생활하였는지, 어떠한 시설에서 어떠한 종교적 생활을 하였는지 성 안쪽에서 알려진 바가 없다. 따라서 족장시대의 라기스 주민의 생활상을 알기 위하여서 중기 청동기 시대의 거주 지층을 성 안쪽에서 발굴해야 하는 과제가 남아 있다.

둘째, 지층 5의 가옥들이 계획적 도시 건설을 보여주지만 이 지층의 가옥의 온전한 형태와 다른 건물과 연결과 도시 구조와의 연결은 발굴 기간의 부족으로 확인되지 않았다. 앞으로 BC지역의 남쪽 구역 발굴을 통하여 밝혀질 수 있을 것이다.

셋째, 단일 석조 기둥을 지닌 가옥 형태가 지층 5에서 발견된 이 가옥 형태가 이후의 지층 가옥에서 나타나는지 확인할 필요가 있다. 라기스는 추가적인 발굴이 필요하다.

누가? 언제? 어떻게?

르호보암 성벽의 추가 확인과 이 시대의 계획도시의 모습을 발굴 할 수 있을까? 한국발굴단이

---

9) 포이에마 성서지도, 앤손 레이너, 스티븐 나틀리, 이미숙 옮김. 서울 포이에마, 2012, 126.

2013년에 시험 발굴하였던 B지역의 지하에 있는 구조물은?

텔 라기스 4차 발굴에 관한 연구 결과가 Radiocarbon(by the Arizona Board of Regents on behalf of the University of Arizona) 61-3(2019년)의 (2019년 p.1-18)에 게재되었다.[10]

---

10) 제목; LACHISH FORTIFICATIONS AND STATE FORMATION IN THE BIBLICAL KINGDOM OF JUDAH IN LIGHT OF RADIOMETRIC DATINGS

Yosef Garfinkel ;the Hebrew University, Jerusalem, Israel • Michael G Hasel;Southern Adventist University, USA • Martin G Klingbeil ;Southern Adventist University, USA • Hoo-Goo Kang ;Seoul Jangsin University, Korea • Gwanghyun Choi;the Hebrew University, Jerusalem, Israel • Sang-Yeup Changthe Hebrew University, Jerusalem, Israel • Soonhwa Hong ;Korea 4Institute of Bible Geography of Korea, Korea • Saar Ganor ;Israel Antiquities Authority • Igor Kreimerman1 ;the Hebrew University, Jerusalem, Israel • Christopher Bronk Ramsey; Research Laboratory for Archaeology and the History of Art, University of Oxford, UK

2017년의 발굴단 스탭

2017년 발굴단원

참고문헌

강후구, 2013, "텔 라기스 지층 5의 토기와 함축된 고고학적 의미", 미간행 텔 라기스 발굴 학술세미나
　　　자료집 (2013년 10월 4일) (서울: 한국성서지리연구원, 2013). 28-42.

강후구, 2015, "성서와 고고학: 2013-2014년 텔 라기스 발굴을 중심으로", 서울장신논단 제23집.
　　　571-599.

강후구, 2016, "2014년 텔 라기스 발굴과 느헤미야 11장 30절 '라기스와 그 들판'", 서울장신논단
　　　제24집. 521-545.

강후구, 제 4차 텔 라기스 발굴과 역대하 11장 5-12절 서울장신논단 25(2017).

강후구, 2017, "제 4차 텔 라기스 발굴과 대하 11장 5-12절", 장신논단 49/2. 13-33.

강후구, 2017, "이스라엘 핀켈쉬타인(Israel Finkelstein)의 '저연대(Low Chronology)' 주장에 대한
　　　고고학적 고찰", 구약논단 65집. 172-209.

강후구, 2017. "르호보암 시대의 도시계획과 함축된 의미: 2017년 텔 라기스 발굴을 중심으로",
　　　구약논단 66집. 384-409.

강후구, 2018, "제 4차 텔 라기스 발굴 (2013-2017)의 성서고고학적 기여점과 앞으로의 과제",
　　　서울장신논단 제26집. 69-85.

강후구, 성경과 이스라엘 창간호 2018, 제 4차 텔 라기스 발굴 결과 종합.

강후구, 2015, 목회와 신학, 10월호, '한국 성서고고학자들의 발굴과 그 의미'.

최광현, 2018, 성경과 고고학 87호 제4차 라기스(Lachish) 발굴 프로젝트: 한국성서지리연구원
　　　텔 라기스 한국발굴단의 C지역 (Area C) 발굴 진행, 전망 그리고 의의.

앤손 레이니, 스티븐 노틀리. 2010, 성경 역사, 지리학, 고고학 아틀라스. 강성열 역(서울: 이레서원).

앤손 레이니, 스티븐 노틀리. 2012, 포이에마 성서지도. 이미숙 역(서울: 포이에마).

홍순화, 2014, 이스라엘의 성지, 서울 한국성서지리연구원.

홍순화, 2016, GPS 성경지명사전, 서울 한국성서지리연구원.

Ussishkin, D. 1982, The Conquest of Lachish by Sennacherib(Tel Aviv: Tel Aviv University).

Ussishkin, D. (ed.) 2004, The Renewed Archaeological Excavations at Lachish (1973-1994) Vols.
　　　1-5(Tel Aviv: Tel Aviv University).

제 4차 텔 라기스 발굴과 대하 11장 5-12설 강후구, 홍순화(서울장신대학교) 2016.4.29.
　　　제101차 한국구약학회 춘계학술대회 보고서, 95-107.

강후구, 한국 성서고고학, 르호보암 성벽 첫 단독 발굴 쾌거, 목회와 신학

한국성서지리연구원, 2013, 텔 라기스발굴 안내.

한국성서지리연구원, 2015, 텔 라기스발굴 안내.

한국성서지리연구원, 2016, 텔 라기스발굴 안내.

ASOR Annual Meeting 2016, 2016년 11월16-19일 미국 San Antonio
　　ASOR Area CC Fortification in Tel Lachish

한국 발굴단, 3000년 전 '르흡보암 성벽' 첫 발견

〈솔로몬 아들〉

2015년 07월 28일
29년 (금요일)

예루살렘 남서쪽 40km 고대 제2도시 라기스
르흡보암이 BC 10세기경 너비 3m 石城 축조
성경 내용 뒷받침… 세계 성서고고학계 주목

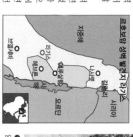

❶한국의 텔 라기스 발굴단원들이 26일 '르흡보암 성벽' 위에 올라가 한창 작업하고 있다. ❷주전 10세기쯤 축조된 르흡보암 성벽이 발견된 텔 라기스 전경. ❸르흡보암

"맞습니다. 르흡보암 시대의 성벽
이 틀림없다니까요. 이 토기들이
BC 10세기 임시실을 입증하고 있잖
아요!"

세계 성서고고학계에서 보기 드문
이 없는 르흡보암 성벽이 솟아났
다. 26일(현지시간) 오후, 이스라
엘의 수도 예루살렘에서 남서쪽으
로 40km 떨어진 '텔 라기스(Tel
Lachish)' 발굴 현장 북측 경사면
해발 255m 지점에서 작업 중이던
'텔 라기스 한국 발굴단'(단장 호
순태 서울장신대 교수) 발굴현장

이날 오후 최고 온도는 섭씨 39
도, 구름 한 점 없는 청지 쨍쨍한
여름 햇볕 아래에서 작업하던 발굴
단원들의 얼굴은 땀과 먼지로 뒤범
벅이 됐다. 이날 따라 발굴을 더하고
바람은 평소보다 세고 해지기 직전 만
지면서 먼지를 만들었다. 해지기 직전
현재 3000년 전 토기 조각들이 그
모습을 드러냈다.

성서고고학 발굴단에 의해 최초로
모습을 드러냈다. 르흡보암 시대의
성벽이든 지금까지 세계 성서 고고
학계에도 알려진 성서 시대 유적 중
유일한 것이다. 이번 발굴은 한
국 교회 성서고고학자들에 의해 이
뤄졌다는 점에서 그 의미를 더하고
있다.

르기스는 이중수아기 정생했던
기의 성읍이다. 각각 20~30km 내
이들 성벽의 너비 3m…

기 위해들 그대로 지니고 있다."

단가 이번에 한국 발굴단에 의해
발굴 보녀 된 것이다. 성벽 기둥에
이스라엘은 지금까지 놓거나 물이
있는 지역에 도시를 건설하던 이
후 전쟁으로 파괴되다라도 그 위
에 흙을 덮고 다시 도시를 구축
했다. 이들이 되면 지층이 형성된
다는 뜻이다. 발굴단이 이번에 발굴
한 성벽 전체에 대해 관망하면
음심시될 계획이다.

르기스의 총 면적은 6만5000㎡
(1만 9697평)에 이른다. 1932년
부터 3차의 걸쳐 고고학계
기 발굴 작업을 펼쳤다. 하지만
르흡보암 성벽을 발견하지 못

smshin@kmib.co.kr
(31.9×20.6)cm

이스라엘 '텔 라기스' 한국 발굴단 동행 취재

사막 폭염·흙먼지 뚫고 비지땀
3000년 전 근동문명 흔적 만나다

라기스 한국 발굴단이 지난달 20일 이스라엘 라기스에서 3000년 전 근동 문명 유적 시대를 발굴하고 있다. 한국 선박수산대학교 대학원 기독교고고학 전공 발굴단이 작업에 쓰고 있다.

한국 발굴단이 지하에서부터 올라온 라기스 연장.

(31.3×30.5cm)

2015년 08월 06일
20면 1단 기고

국민일보

"이스라엘 다기스는 르호보암 시대 계획도시"

〈남유다의 초대 왕〉

한국발굴단 유물 발굴로 입증
BC 10세기 당시 규격적 가옥
집안서 쓰던 토기·화덕 등 발견
도시계획에 의한 건설 입증

그동안 BC 8~7세기 히스기야
요시야 시대로 추정 했으나
성서고고학 일대 수정 불가피

국내 성서고고학 발굴팀이 이스라엘 남서부에 위치한 텔(언덕)라기스가 BC 10세기 남유다의 첫 번째 왕이었던 르호보암 시대에 조성된 계획도시였다는 사실을 입증했다. 이를 증명하는 가옥과 토기 등이 다수 발견되면서다. 그동안 학계에서는 라기스가 BC 8~7세기 히스기야와 요시야 시대에 건설된 도시로 추정하고 있었다. 향후 성서고고학과 성서학 분야에 일대 지각변동이 예고된다.

텔라기스 한국발굴단(단장 종순화 목사)은 지난 5일(현지시간) BC 10세기 르호보암 시대를 입증해 집안에서 사용하던 토기와 가옥을 비롯해 건물 일부 터 등을 발견했다고 발표했다.

한국발굴단은 2015년 텔라기스 유적지 다섯 번째 지층에서 세계 최초로 르호보암 시대를 보여주는 성벽을 발견해 3년간 발굴 작업을 이어왔다. 올해는 이지대 진입까지 50m 길이로 발견했고 성벽을 지난해까지 5m 정도까지 발견해 총 30m의 성벽이 모습을 드러냈다.

한국발굴단 단원들이 지난 5일(현지시간) 이스라엘 남서부 텔라기스 발굴 현장에서 작업을 하고 있다. 오른쪽 사진은 온전한 모습으로 발견된 3000년 전 항아리.

"특히 3000년 전 사용하던 토기 등이 온전히 나오면서 이 사실이 명백해졌다"고 말했다.

지난 형태를 띠고 있어 사방가옥(four room house)으로 불린다"며 "이는 라기스가 산북을 갖춘 도시였을 뿐 아니라 도시계획에 의해 일정한 구조를 지닌 도시로 건설됐다는 것을 입증하는 것"이라고 설명했다.

라기스는 구약성경에 24차례나 등장한다. 예루살렘을 공격하려는 적들이 이지대를 지나는 요충지였다. 원래 가나안 땅이었으나 유다 도시국가였던 라기스는 이후수많은 도시국가였던 라기스는 BC 10세기르호보암에 의해 요새화됐다.

구약성경에서 라기스는 재건 기록으로 역사에 등장한다. BC 10세기의 견고한 도시라고 할 수 있다. "도기는 큰 뒤로 돌도 유물로 만들로 때 BC 10세기의 견고한 도기로 역사에 남아 있는 것으로 미뤄볼 때 가까이 인근까지 작은 규모가 독에서 나온 인구가 작은 계 독특이 "이라고 신정은 "도기는 큰 뒤로 돌도 돌도 하나로 난다"고 말했다.

이번 발굴에서는 3000년 전 당시 생활상을 보여주는 토기들이 다수 발견해 관심을 모았다. 토기 중에는 손바닥 크기의 "작은병(juglet)"으로 불리는 내구 예제를 담던 용기였다.

기독원 있어 200~300년 후 또는 그리스시대에 건설됐을 것이라는 주장을 펼쳤다. 그런다 이번에 한국발굴단의 발견한 유물들이 모두 BC 10세기 것이고 고대에나 성서학계의 학설 수정이 불가피해졌다.

대기(대형 11:9)에 등장한다. 르호보암이 유다 땅을 방비하기 위해 15개의 성읍을 건설했다고 돼 있는데 라기스도 그 중 하나다. 함께지은 이 기록이 일화기가 아닌 역대기에 단 한번만 기록돼 있는데 라기스도 그 중 하나다.

신상묵 기자 smshin@kmib.co.kr

(24.2×18.2)cm

"내년엔 아쿱·이삭 시대 유물 발굴 기대하세요"

'근호보암 성벽' 발굴 주역 홍순화 목사·강후구 교수

2015년 08월 10일
29면 (종교)

"내년엔 근호보암 시대를 비롯해 아쿱과 이삭 시대를 보여주는 성서고고학적 증거가 발굴될 것으로 예상하고 있습니다. 한국교회가 동참하면 좋겠습니다."

지난달 26일(현지시간) 이스라엘 라기스에서 3000년 전 근호보암 시대 성벽 기스에서 3000년 전 근호보암 시대 성벽 을 발굴한 쾌거를 이룬 '텔 라기스 한국 발굴단' 홍순화(62·한국성서지리연구 원, 주신교회) 발굴단장과 강후구(45·서 울장신대) 발굴선임은 앞으로의 기대를 내비쳤다. 이들은 미약한 한국교회의 성서고고학 현실에서 한국인에 의한 첫 고고학 성과를 이뤄냈다.

홍 발굴단장은 한국 발굴단의 책임자로 이집트 제3지역과 헤롯 등을 발굴했다. 성서고고학 탐방 등을 통해 성지를 수없이 드나들었다. 고고학 발굴 과정을 직접 카메라로 담는 그는 발굴 과정을 늘 동영상과 사진으로 직접 촬영했다. 30kg이 넘는 장비를 들고서도 중장비의 현장을

성경에 나오는 장소면 어디든 달려가는 수많은 중동 유적지 방문

"한국의 성서고고학 미약 성도들 발굴 체험 참여 기대"

누볐다.

성지라면 전문가이기도 그는 중동의 상황수 역사 유적지가 성경의 장소였다는 것을 확인했다. 중동의 많이 성지는 안 다녀본 곳이 없을 정도로, '현장에 답이 있다'는 신념으로 수많은 유적지를 다녔다. 이스라엘만 47회, 요르단은 20회를 방문했다. 한 장소를 방문하기 위해 4~5번을 방문하는 등 성경에 등장하는 모든 지명의 장소를 직접 찾았다. 최근엔 GPS를 활용한 '성경지명사전'까지 출간했다. 2013년 박사 학위를 받았다.

강후구 발굴선임(왼쪽)과 홍순화 발굴단장.

현지에서 두 발을 마음껏 힘을 쏟았다. 지칠 줄 몰랐다. 고고학은 그 시절 사람들이 살았던 삶을 하나하나 복원해 내는 첫 길이라고 말했다. '연장에 답이 있다'는 사람 1m 정도의 발굴 현장에서 허리 한 번 펴지 못하고 3~4시간을 발굴 작업을 하기도 했다. 그러다 토기가 나오면 종종 '토기!'를 주제로 하며 "한국 성도들도 발굴 체험을 더 많이 경험했다"며 고고학을 전공한 그는 '토기'를 발굴했다.

강 발굴선임은 "흙의 성지 고고학은 성경을 증명하는 학문으로 받아들여 대요. 성경은 중앙 내용이 아니라 성경고 진리 '라며 "그렇에도 성서고 고학은 성경을 뒷받침하는 사람에게 성경 내용이 사실이라는 증거를 제시한다는 점에서 중요하다"고 말했다.

그는 "성서고고학은 땅을 파서 2000년, 3000년 전 사람들과 만나는 학문"이라며 "성서지리와 밀접히 연관되는 데다 그게 집중한다면, 성서

강 발굴선임은 "흙의 성지 고고학은 성경을 증명하는 학문으로 받아들여 대요. 성경은 중앙 내용이 아니라 성경고 진리 '라며 "미국이나 유럽 기독교인들은 성서고고학에 많이 참여해야 한다"며 "한국 성도들도 발굴 체험을 통해 성경을 더 깊이 알아야 할 수 있기를 바란다"고 덧붙였다.

라기스(이스라엘)=글·사진 신상목 기자

(24.3×12.8cm)

국민일보 2016년 11월 21일
27면 (종교)

르호보암 성벽 발굴 성과
ASOR 학술대회서 발표
텔라기스 한국발굴단

텔라기스 한국발굴단(단장 홍순화 목사·사진)은 지난 16~19일 미국 텍사스 주 샌안토니오에서 개최된 미국고대근동학회(ASOR) 학  술대회에서 지난해와 올해 발굴된 르호보암 성벽 성과를 발표했다. 르호보암 성벽은 이스라엘 예루살렘에서 남서쪽으로 40㎞ 떨어진 텔라기스에서 한국발굴단이 최초로 발굴한 3000년 전 고고학 유물이다. 올 여름엔 이를 확증하는 올리브씨앗이 발견됐다.

홍순화(한국성서지리연구원, 주심교회 담임) 단장은 "ASOR에서 지난 3년간 한국발굴단이 텔라기스 지역에서 발굴한 성과를 발표했다"며 "특히 2015~2016년 새롭게 발견된 르호보암 시대(후기 철기) 성벽을 세계 학계에 최초로 소개했다"고 말했다.

통상 고고학 발굴에서 특정 유물이 공인을 얻기 위해서는 권위있는 학술기관이나 대회의 발표를 거치게 된다. 한국발굴단은 이번 ASOR에서 발굴 결과를 발표함에 따라 세계 성서고고학계로부터 인정받게 됐다.

ASOR는 성서와 연관된 고대 근동지역을 연구하기 위해 1900년 미국인 학교와 단체가 연합해 설립한 연구기관이다. ASOR는 매년 추수감사절 직전 성서고고학회로는 세계 최대 학회를 개최하고 있다. 800~1000명의 학자들이 모여 그해 여름 또는 최근에 발견된 내용들을 발표하고 토론을 펼친다. 이번 학술대회에서는 96개 분야에서 600여개의 다양한 주제들이 발표됐다.

한국발굴단 발굴실장인 강후구(서울장신대) 교수는 "이번 대회는 세계성서학계의 최대 모임인 세계성서학회(SBL)와도 연동해 개최됐다"며 "우리 발굴단은 중기 청동기 시대부터 헬라 시대까지의 성벽들을 바탕으로 텔라기스가 요새화된 변화 과정을 제시했다"고 말했다.

신상목 기자 smshin@kmib.co.kr

(5.7*26.5)cm

2016년 07월 22일
21면 (종교)

이스라엘 '르호보암 성벽' 발굴 현장을 가다

르호보암 성벽 발견지 라기스

한국발굴단이 이스라엘 텔 라기스에서 발굴한 르호보암 성벽 전경. 좌우측 확장 발굴 성벽의 길이를 합치면 35m, 둘 사이에 파지 않은 20m 땅 아래 성벽이 이어져 있는 것으로 보면 한국발굴단은 지금까지 성벽 55m가량을 확인한 셈이다.

르호보암 시대 확증할 '올리브 씨앗' 나왔다
〈솔로몬의 아들〉

가나안의 부유했던 도시 라기스를 르호보암이 요새화
성경에 24차례나 언급- 한국 발굴단 성벽 55m 확인
올리브 씨앗 英 옥스퍼드대 보내 탄소연대 측정키로

주전(BC) 1150년경 가나안의 부유한 도시국가 라기스(수 10:31)는 이스라엘 민족에 의해 파괴됐다. 이후 오랫동안 버려졌던 이 도시는 BC 10세기 르호보암에 의해 요새화 됐다.

라기스는 구약에 24차례 등장한다. 천연요새인 예루살렘을 침공하려는 적들이 애용했던 우회 침공로의 초입에 위치해 있어 많은 전투를 겪은 것으로 알려져 있다. 라기스는 예루살렘서 남쪽으로 40㎞ 떨어져 있다. 열왕기하 18~19장에는 히스기야 왕(BC 701년) 때 앗수르의 산헤립이 예루살렘을 공격하기 전에 라기스를 포위했다는 기록이 나온다.

과거 이스라엘은 지대가 높거나 붙어 있는 지역을 찾아 도시를 건설했고, 그곳이 전쟁 등으로 파괴되더라도 그 위에 흙을 덮고 또 다시 도시를 구축했다. 라기스 유적도 도시가 시대별로 겹겹이 쌓여있는 셈이다. 그 중 르호보암 시대의 성벽이 지난해 '텔(언덕) 라기스' 한국발굴단(단장 홍순화 한국성서지리연구원장)에 의해 처음 발견됐다(국민일보 2015년 7월 28일자 29면 참조). 발굴단은 이스라엘 고고학 당국(IAA)의 허락을 받아 4년 전부터 히브리대와 공동으로 발굴을 해왔으며, 발굴 성과에 대한 독립적인 연구 권한을 갖고 있다.

발굴과정에서 BC 10세기 것으로 보이는 토기 조각 등이 출토됐고, 이들 유물을 통해 르호보암 시대의 성벽일 것으로 추정됐다. 그러나 일각에서 토기가 시대를 확실히 판단한다고 보기 어렵다는 이견도 있었다. 발굴단은 지난달 중순부터 발굴 작업을 재개해 이

한국발굴단이 이번 4차 발굴에서 발견한 올리브씨앗. 르호보암 시대의 것으로 추정된다. 각국 발굴단원들이 베이스캠프에서 현장에서 나온 토기 조각 등을 놓고 품평을 하고 있다. 한국발굴단과 미국 자원봉사자들이 르호보암 성벽 확장 발굴 작업을 하고 있다.(왼쪽 위부터 시계방향)

성벽이 르호보암 시대의 것임을 확증하는데 한걸음 더 다가섰다.

◆'올리브 씨앗', 확증의 열쇠= 21일(현지시간) 찾은 텔 라기스 4차 발굴현장의 분위기는 고무적이었다. 이번 발굴의 가장 큰 성과는 그 시대 것으로 추정되는 올리브씨앗 약 스무 알을 찾은 것. 고고학에서는 토기와 곡식(씨앗), 뼈 등을 연대 추정의 중요 증거물로 삼고 있다.

한국발굴단 발굴실장 강후구(서울장신대) 교수는 "올리브 씨앗을 묻은 깊이에 따라 분류했고,

이를 영국 옥스퍼드 대학에 보내 방사성탄소연대 측정을 할 예정"이라며 "올리브 씨앗은 나무 등 다른 생물체에 비해 생존할 수 있는 기간이 짧기 때문에 방사성탄소연대 측정 시 비교적 정확한 결과를 얻을 수 있다"고 밝혔다. 실제로 나무 등의 경우 수백년 동안 사는 것도 있어 탄소연대를 정확하게 측정하기 어렵다고 알려져 있다.

강 교수는 "이번에 발견한 올리브 씨앗이 르호보암 시대의 것이라는 결과가 나온다면 한국발굴단의 발굴결과를 누구도 부인할

수 없을 것"이라고 말했다. 방사성탄소연대 측정이란 방사성탄소동위원소인 탄소14가 약 5730년의 반감기에 의해 질소14로 붕괴하는 것을 이용해 생물체가 죽은 후 경과한 햇수를 측정하는 방법이다.

◆BC 9~10세기에 대한 지식공백 채우길 기대=한국발굴단이 지난해 발견한 성벽은 너비 3m의 돌 성벽으로 총 길이가 10m에 불과했다. 올해는 그곳을 기준으로 좌우의 폭을 늘려 총 35m의 성벽을 더 발굴했다. 좌측과 우측으로 확장 발굴한 성벽 사이에 파지 않은 지면이 20m 이상 있다. 그 아래 성벽이 이어져 있을 것이기 때문에 한국발굴단은 이번 발굴에서 르호보암 성벽 55m 이상을 확인한 셈이다. 특별히 확장 발굴한 성벽 우측 끝에서 불과 10여m 거리에는 히브리대학의 발굴현장이 있다. 여기에서는 르호보암 시대 이전인 가나안 시대의 유물이 발굴됐다. 홍순화 단장은 "이로 인해 이곳이 르호보암 성벽의 한 쪽 모서리 부분임을 짐작할 수 있다"며 "마지막 발굴인 내년에는 성벽 안쪽에 있을 것으로 보이는 가옥 등을 발굴할 계획"이라고 말했다.

4차발굴 책임자인 요셉 가르핀켈 히브리대(고고학) 교수는 "라기스 발굴의 최종목표는 지층들이 수평으로 넓게 모습을 드러내면서 당시의 무역 행정 사회조직 예술 등 시대적 특징을 찾아내는 것"이라며 "이로 인해 BC 10세기와 9세기의 생활상을 발견하고, 유다왕국의 초기 200년에 대한 지식의 공백을 채울 수 있을 것이라 기대한다"고 말했다.

라기스(이스라엘)=글·사진 이사야 기자 Isaiah@kmib.co.kr

(20.8×32.4)cm

이스라엘 '텔 라기스' 한국발굴단 현장

한국인 자원봉사자 3명뿐… 한국교회 성서고고학에 관심을

국민일보는 지난 19일부터 23일까지 이스라엘 '텔 라기스' 한국발굴단(단장 홍순화 한국성서지리연구원장)의 4차 발굴 작업을 동행 취재했습니다(국민일보 7월 22일자 21면 참조).

발굴단의 작업환경은 혹독했습니다. 섭씨 40도에 가까운 폭염과 얼굴을 때리는 흙먼지가 단원들을 괴롭힙니다. 그러나 이들은 지난달 중순부터 매일 오전 5시에서 오후 1시까지 진행되는 험난한 일정을 감당해내고 있습니다. 매일매일 조심스럽게 흙을 파내며 지층의 형태를 분석했습니다. 행여 토기 조각이나 동물 뼈 같은 게 흙에 섞여있을까 직은 도구를 이용해 흙을 고르고 털어냅니다. 어렵게 찾아낸 유물들을 발굴구역별로 일일이 분류합니다. 돌을 캐내고 닦아내다 보면 손과 발, 다리에 상처가 생기는 건 일상적인 일이 되고 맙니다.

단원들은 왜 이토록 발굴에 열심일까요. 성서 유적이나 유물의 발굴은 성경이 실제 역사임을 보여주는 직접적인 증거이기 때문입니다. 이번 발굴의 책임자 요셉 가르핀켈 히브리대 교수는 "땅에서 나온 유물들은 더하거나 빼지는 것 없이 그 시대를 대변한다"며 "고고학은 성경이 사실임을 증명하는 학문"이라고 말했습니다.

약 30년 전 일부 고고학자를 중심으로 '성경에 역사적으로 신뢰할 만한 것이 아무것도 없다'는 주장이 강하게 일었습니다. 그들은 다윗과 솔로몬 이야기도 신화라고 주장했습니다. 실제 오랫동안 다윗과 솔로몬 시대 도시의 지층은 발견되지 않았기 때문에 다윗과 솔로몬이 역사적 인물이 아니라는 주장이 퍼져 나갔습니다. 그러나 1993년 북이스라엘

이스라엘 '텔 라기스' 한국발굴단 단원들이 최근 이스라엘 라기스 발굴 작업 현장에서 기념촬영을 하고 있다. 아래 사진은 한 단원이 발굴 현장에서 발견한 토기를 들어 흙을 터는 모습.

**고고학은 성경이 사실임을 증명하는 학문
서양 기독교인들은 자원봉사 참여하는 것을 자랑스럽게 생각**

**한국발굴단 도운 것은 美 대학생 20여명
국내 신학교·기독교대학 과목 개설한 곳 드물어**

텔단 지역에서 주전 9세기 다윗 왕조를 언급한 아람어 비문이 발견됐습니다. 다윗 이야기가 신화라는 주장은 설득력을 잃게 된 거

지요. 발굴단 발굴행정실장 최광현(히브리대 고고학) 박사도 "성경과 성경외적인 고대자료, 고고학적 발굴이 세 가지가 일치될 때 이스라엘 민족을 통해 일하신 하나님의 역사를 견고히 세울 수 있다"고 강조했습니다.

안타까운 부분도 있었습니다. 발굴에는 자원봉사자들의 참여가 절대적으로 필요합니다. 땅을 파고 흙을 나르고 출토된 유물을 세척하는 등의 중노동을 몇 안 되는 고고학자들이 다 감당하기는 어렵습니다. 실제 텔 라기스 발굴 현장에는 자원봉사자들이 전체 인력의 80% 이상을 차지했습니다. 그러나 한국인 자원봉사자들은 찾아보기 어려웠습니다. 이번 발굴에서 한국발굴단을 도운 것은 미국 버지니아 코먼웰스대(VCU)의 인류학·종교학과 학생 20여명이었습니다. 한국인 자원봉사자는 3명에 불과했습니다.

홍순화 한국발굴단장은 "미국과 유럽 등 서양의 기독교인들은 성서고고학 발굴 작업에 자원봉

사로 참여하는 것이 문화로 자리잡았고 이를 자랑스럽게 여긴다"며 "하지만 한국교회에는 성서고고학에 대한 관심이 미미한 편"이라고 말했습니다.

성서고고학자의 부족도 문제입니다. 국내에서 성서고고학을 가르치는 신학교나 기독교대학은 찾아보기 힘듭니다. 한 성서고고학자는 "성서고고학 전공자는 받아주고 지원해주는 곳이 없어 먹고 살기 힘들다"며 "이런 인식이 팽배해 대학도 과목을 개설하지 않고 지원자도 없는 것"이라고자조 섞인 말을 했습니다.

이스라엘에만 유적지로 예상되는 곳이 3만 곳에 이른다고 합니다. 성서의 구약과 신약에 관련된 곳이 다수일 것으로 예상됩니다. 하지만 발굴이 완료됐거나 진행 중인 곳은 극소수에 지나지 않습니다. 성경을 더욱 힘 있게 만드는 일에 한국교회가 조금 더 열심을 내보면 어떨까요.

라기스(이스라엘)=글·사진 이사야 기자
Isaiah@kmib.co.kr

(20.8×26.5)cm

한국성서지리연구원
Institute Bible Geography in Korea : IBGK

한국성서지리연구원은 올바른 성서지리 교육, 올바른 성지순례 교육,
성지 고고학 발굴을 진행하고 있는 기관입니다.

원　　장 : 홍 순 화 목사 (서울장신대학교 성지연구원장, 텔 라기스 한국 발굴 단장, 주심교회)

원　　목 : 우 기 식 목사 (주심교회)

간　　사 : 정진영 목사, 전용재 전도사

기획실장 : 이 태 종 목사 (수지교회)

연구실장 : 최 현 준 교수 (대전신학대학교, 구약학)

발굴실장 : 강 후 구 교수 (서울장신대학교, 성서고고학, 텔 라기스 한국발굴단 발굴실장)

학술실장 : 최 광 현 박사 (히브리대학교, 고고학박사, 텔 라기스 한국발굴단 발굴 행정실장)

사 무 실 : 서울특별시 강남구 일원본동 샘터마을상가 3층

전　　화 : 02-3411-0091

홈페이지 : www.ibgk.or.kr

이스라엘의 성지 聖地

초 판 1쇄 발행	2007년 10월 5일
초 판 2쇄 발행	2008년 6월 5일
개 정 판 1쇄 발행	2014년 5월 10일
재 개 정 판 1쇄 발행	2019년 5월 30일

펴 낸 이 : 홍 순 화
펴 낸 곳 : 한국성서지리연구원
출판등록 : 2005년 6월 17일 제16-3650호

서울특별시 강남구 일원본동 샘터마을상가 3층
전   화 : 02) 3411-0091
홈페이지 : www.ibgk.or.kr

값 28,000원
파본은 바꾸어 드립니다.